Alexandra Mohn
Die Gesellschaftsgruppe im italienischen Recht

Schriften zum Europäischen
und Internationalen Privat-, Bank-
und Wirtschaftsrecht

EIW Band 42

Schriften zum Europäischen und Internationalen Privat-, Bank- und Wirtschaftsrecht

EIW Band 42

De Gruyter

Alexandra Mohn

Die Gesellschaftsgruppe im italienischen Recht

Eine Untersuchung unter besonderer Berücksichtigung der Entwicklung im Europäischen Recht

De Gruyter

Dr. *Alexandra Mohn*, Berlin.

ISBN 978-3-11-028829-2
e-ISBN 978-3-11-028865-0

Bibliografische Information der Deutschen Nationalbibliothek

Die Deutsche Nationalbibliothek verzeichnet diese Publikation in der Deutschen Nationalbibliografie; detaillierte bibliografische Daten sind im Internet über http://dnb.d-nb.de abrufbar.

Einbandabbildung: © Mike Kemp/Getty Images
Satz: Werksatz Schmidt & Schulz GmbH, Gräfenhainichen
Druck: Hubert & Co. GmbH & Co. KG, Göttingen

♾ Gedruckt auf säurefreiem Papier

Printed in Germany

www.degruyter.com

Meinen Eltern

Vorwort

Die vorliegende Arbeit wurde zum Ende des Wintersemesters 2010/2011 von der Juristischen Fakultät der Humboldt-Universität zu Berlin als Dissertation angenommen. Die Druckfassung ist aktualisiert und auf dem Stand von Ende Dezember 2011.

Frau Professor Dr. Christine Windbichler, LL.M. danke ich herzlich für die Betreuung der Arbeit und den dabei gewährten Freiraum. Insbesondere danke ich ihr dafür, dass ich promotionsbegleitend als wissenschaftliche Mitarbeiterin am Lehrstuhl tätig sein durfte. Dies hat mir viele wertvolle juristische und interdisziplinäre Anregungen beschert, die mich in hohem Maße, auch über den unmittelbaren Zusammenhang mit dem Entstehen meiner Dissertation hinaus, bereichert haben. Herrn Professor Dr. Dr. Stefan Grundmann, LL.M. danke ich für die Erstellung des Zweitgutachtens.

Den Herausgebern der „Schriften zum Europäischen und Internationalen Privat-, Bank- und Wirtschaftsrecht" gilt mein Dank für die Aufnahme in ihre Schriftenreihe.

Gespräche mit italienischen Juristen und die Unterstützung italienischer Freunde bei der Literaturbeschaffung haben zum Fortgang des Dissertationsvorhabens beigetragen. Ihnen allen möchte ich an dieser Stelle nochmals danken. Insbesondere danke ich Prof. Dr. Lorenza Bullo für ihre stets freundschaftliche und vielfältige Unterstützung.

Den ehemaligen Kollegen des Lehrstuhls für Handels- und Wirtschaftsrecht, Arbeitsrecht und Rechtsvergleichung an der Humboldt-Universität zu Berlin danke ich für die gute gemeinsame Zeit und den vorherrschenden kooperativen Geist, sowie Dr. Kaspar Krolop für wertvolle Gespräche.

Schließlich bedanke ich mich bei der Deutsch-Italienischen Juristenvereinigung, die die Veröffentlichung großzügig mit der Gewähr eines Druckkostenzuschusses unterstützt hat.

Meine Eltern haben mit ihrer steten Förderung und dem von ihnen gewährten Rückhalt die Voraussetzungen für meine gesamte Ausbildung und damit auch für das Entstehen dieser Arbeit geschaffen. Dafür danke ich ihnen von Herzen und widme ihnen meine Arbeit.

Inhaltsverzeichnis

Abkürzungsverzeichnis

a.A.	anderer Ansicht
abgedr.	abgedruckt
ABI	Associazione Bancaria Italiana
Abl.	Amtsblatt
AblEG	Amtsblatt der Europäischen Gemeinschaften
Abs.	Absatz
AcP	Archiv für die civilistische Praxis (Zeitschrift)
a.E.	am Ende
a.F.	alte Fassung
AG	Aktiengesellschaft/Die Aktiengesellschaft (Zeitschrift)
AG-R	AG-Report (Sonderteil der Zeitschrift Die Aktiengesellschaft)
Allg.	Allgemein/Allgemeine
AktG	Aktiengesetz
Alt.	Alternative
Anh/Anh.	Anhang
Art./Artt.	Artikel/Artikel (pl.)
Assonime	Associazione fra le società italiane per azioni
Aufl.	Auflage
BB	Betriebsberater (Zeitschrift)
Bd.	Band
BGB	Bürgerliches Gesetzbuch
BGH	Bundesgerichtshof
BGHZ	Entscheidungen des Bundesgerichtshofes in Zivilsachen
Bilanzgesetzes-dekret n. 127/1991	D. lgs. 9 aprile 1991, n. 127. Attuazione delle direttive n. 78/660/CEE e n. 83/349/CEE in materia societaria, relative ai conti annuali e consolidati, ai sensi dell'art. 1, comma 1, della l. 26 marzo 1990, n. 69
BilMoG	Bilanzrechtsmodernisierungsgesetz
bzgl.	bezüglich
bzw.	beziehungsweise
ca.	circa
Cap.	Capìtolo (Kapitel)
Cass. Civ.	Corte di Cassazione civile
Cass. Pen.	Corte di Cassazione penale
c.d.	cosidetto
cod. civ.	codice civile
Consob	Commissione nazionale per le società e la borsa
Contr. e impr.	Contratto e impresa (Zeitschrift)

Corr. giur.	Corriere giuridico (Zeitschrift)
D.	Decreto
DCGK	Deutscher Corporate Governance Kodex
ders.	derselbe
d.h.	das heißt
dies.	dieselbe/dieselben
diesbzgl.	diesbezüglich
D.l.	Decreto legge
D.lgs.	Decreto legislativo
Doc.	documento
D.p.r.	Decreto del Presidente della Repubblica
DStR	Deutsches Steuerrecht (Zeitschrift)
EBOR	European Business Organization Law Review (Zeitschrift)
ECFR	European Company and Financial Law Review (Zeitschrift)
EG	Europäische Gemeinschaft
Ermächtigungs- gesetz n. 366/2001	Legge 3 ottobre 2001, n. 366. Delega al Governo per la riforma del diritto societario
EU	Europäische Union
EuGH	Europäischer Gerichtshof
EuZW	Europäische Zeitschrift für Wirtschaftsrecht
EWG	Europäische Wirtschaftsgemeinschaft
f	folgende
ff	fortfolgende
Fallimento	Il Fallimento e le altre procedure concorsuali (Zeitschrift)
FKVO	Fusionskontrollverordnung
Fn	Fußnote
FS	Festschrift
gem.	gemäß
Gesetzesdekret n. 270/1999	D.lgs. 8 luglio 1999, n. 270. Nuova disciplina dell'amministrazione straordinaria delle grandi imprese in stato di insolvenza
ggf.	gegebenenfalls
Giur. comm.	Giurisprudenza commerciale (Zeitschrift)
GmbH	Gesellschaft mit beschränkter Haftung
GmbHG	Gesetz betreffend die Gesellschaften mit beschränkter Haftung
GmbHR	GmbH-Rundschau (Zeitschrift)
GWB	Gesetz gegen Wettbewerbsbeschränkungen
HGB	Handelsgesetzbuch
h.L.	herrschende Lehre
h.M.	herrschende Meinung
Hrsg.	Herausgeber
HS	Halbsatz
IAS	International Accounting Standards
IFRS	International Financial Reporting Standards

Impr. e soc.	Impresa e società (Zeitschrift)
InsO	Insolvenzordnung
IPR	Internationales Privatrecht
IRZ	Zeitschrift für Internationale Rechnungslegung
i.V.m.	in Verbindung mit
JbItalR	Jahrbuch für Italienisches Recht
JZ	Juristenzeitung
Kap.	Kapitel
Kartellgesetz n. 287/1999	Legge 10 ottobre 1990, n. 287. Norme per la tutela della concorrenza e del mercato.
KGaA	Kommanditgesellschaft auf Aktien
KWG	Gesetz über das Kreditwesen (Kreditwesengesetz)
l.	legge
lit.	Litera/Buchstabe
Lit.	Literatur
max.	maximal
MiFiD	Richtlinie über Märkte für Finanzinstrumente
Mio.	Million
MoMiG	Gesetz zur Modernisierung des GmbH-Rechts und zur Bekämpfung von Missbräuchen
mwN	mit weiteren Nachweisen
n./Nr.	numero/Nummer
NJW	Neue Juristische Wochenzeitschrift
NZG	Neue Zeitschrift für Gesellschaftsrecht
OIC	Organismo Italiano Contabilità
OLG	Oberlandesgericht
PublG	Gesetz über die Rechnungslegung von bestimmten Unternehmen und Konzernen
RabelsZ	Rabels Zeitschrift für ausländisches und internationales Privatrecht (Zeitschrift)
R.d.	Regio decreto
Regolamento Emittenti	Regolamento Consob n. 11971 di attuazione del d.lgs. n. 58/1998, concernente la disciplina degli emittenti, zuletzt geändert durch Beschluss n. 18049 vom 23.12.2011
Regolamento Mercati	Regolamento Consob recante norme di attuazione del d.lgs n. 58/1998 in materia di mercati, adottato con delibera n. 16191 del 29 ottobre 2007, zuletzt geändert durch Beschluss n. 17389 vom 23.06.2010.
Regolamento OPC	Regolamento Consob recante operazioni con parti correlate, adottato dalla Consob con delibera n. 17221 del 12.03.2010, zuletzt geändert durch Beschluss n. 17389 vom 23.06.2010
Rev. Soc.	Revue des Sociétés (Zeitschrift)
Riv. dir. civ.	Rivista di diritto civile (Zeitschrift)
Riv. dir. comm.	Rivista di diritto commerciale (Zeitschrift)
Riv. dir. priv.	Rivista di diritto privato (Zeitschrift)

Riv. soc.	Rivista delle società (Zeitschrift)
RIW	Recht der Internationalen Wirtschaft (Zeitschrift)
RL	Richtlinie
Rn	Randnummer
Rspr.	Rechtsprechung
s.	siehe
S.	Seite
s.a.p.a.	società in accomandita per azioni
SE	Societa Europaea
Sez.	Sezione
SIC	Standing Interpretations Committee
SIM	Società di intermediazione mobiliare
s.o.	siehe oben
Società	Le Società (Zeitschrift)
sog.	sogenannt/sogenannte
s.p.a.	Società per azioni
s.r.l.	Società a responsabilità limitata
Stud. iur.	Studium iuris (Zeitschrift)
s.u.	siehe unten
Suppl.	Supplemento
TUB	Testo Unico delle leggi in materia bancaria e creditizia
TUF	Testo Unico delle disposizioni in materia di intermediazione finanziaria
Tz	Teilzeichen
u.a.	und andere/unter anderem
vgl.	vergleiche
Vorb/Vorb.	Vorbemerkung
WM	Wertpapiermitteilungen (Zeitschrift)
WpHG	Wertpapierhandelsgesetz
WpÜG	Wertpapiererwerbs- und Übernahmegesetz
WuW	Wirtschaft und Wettbewerb (Zeitschrift)
z.B.	zum Beispiel
ZEuP	Zeitschrift für Europäisches Privatrecht
ZGR	Zeitschrift für Unternehmens- und Gesellschaftsrecht
ZHR	Zeitschrift für das gesamte Handels- und Wirtschaftsrecht
Ziff.	Ziffer
ZIP	Zeitschrift für Wirtschaftsrecht
z.T.	zum Teil
ZVglRWiss	Zeitschrift für vergleichende Rechtswissenschaft

Abgekürzt zitierte Europäische Richtlinien und sonstige das Europäische Recht betreffende Quellen

Richtlinien und Verordnungen auf dem Gebiet des Gesellschaftsrechts

Erste Richtlinie 68/151/EWG vom 9. März 1968 zur Koordinierung der Schutzbestimmungen, die in den Mitgliedstaaten den Gesellschaften im Sinne des Artikels 58 Abs. 2 des Vertrages im Interesse der Gesellschafter sowie Dritter vorgeschrieben sind, um diese Bestimmungen gleichwertig zu gestalten (***Publizitätsrichtlinie***),

Zweite Richtlinie 77/91/EWG vom 13. Dezember 1976 zur Koordinierung der Schutzbestimmungen, die in den Mitgliedstaaten den Gesellschaften im Sinne des Art. 58 Abs. 2 des Vertrages im Interesse der Gesellschafter sowie Dritter für die Gründung der Aktiengesellschaft sowie für die Erhaltung und Änderung ihres Kapitals vorgeschrieben sind, um diese Bestimmungen gleichwertig zu gestalten (***Kapitalrichtlinie***),

Vierte Richtlinie 78/660/EWG vom 25. Juli 1978 aufgrund von Artikel 54 Absatz 3 Buchstabe g) des Vertrages über den Jahresabschluss von Gesellschaften bestimmter Rechtsformen (***Jahresabschlussrichtlinie***),

Siebente Richtlinie 83/349/EWG vom 13. Juni 1983 aufgrund von Artikel 54 Absatz 3 Buchstabe g) des Vertrages über den konsolidierten Abschluss (***Richtlinie über den konsolidierten Abschluss***),

Zwölfte Richtlinie 89/667/EWG vom 21. Dezember 1989 betreffend Gesellschaften mit beschränkter Haftung mit einem einzigen Gesellschafter (***Einpersonen-Gesellschafts-Richtlinie***),

Verordnung 1602/2002/EG vom 19. Juli 2002 betreffend die Anwendung internationaler Rechnungslegungsstandards (***IAS-Verordnung***),

Richtlinie 2003/51/EG vom 18. Juni 2003 zur Änderung der Richtlinien 78/660/EWG, 83/349/ EWG 86/635/EWG und 91/674/EWG über den Jahresabschluss und den konsolidierten Abschluss von Gesellschaften bestimmter Rechtsformen, von Banken und anderen Finanzinstituten sowie von Versicherungsunternehmen (***Modernisierungsrichtlinie***),

Richtlinie 2004/25/EG vom 21. April 2004 betreffend Übernahmeangebote (***Übernahmerichtlinie***),

Richtlinie 2006/43/EG vom 17. Mai 2006 über Abschlussprüfungen von Jahresabschlüssen und konsolidierten Abschlüssen, zur Änderung der Richtlinie 78/660/EWG und 83/349/EWG und zur Aufhebung der Richtlinie 84/253/EWG (***Abschlussprüferrichtlinie***),

Richtlinie 2006/46/EG vom 14. Juni 2006 zur Änderung der Richtlinien 78/660/EWG, 83/349/ EWG, 86/635/EWG und 91/674/EWG (***Abänderungsrichtlinie***),

Richtlinie 2007/36/EG vom 11. Juli 2007 über die Ausübung bestimmter Rechte von Aktionären in börsennotierten Gesellschaften (***Aktionärsrechterichtlinie***).

Richtlinien auf den Gebieten Kapitalmarkt- und Bankrecht, sowie Betriebsverfassungsrecht

Richtlinie 88/627/EWG vom 12. Dezember 1988 über die bei Erwerb und Veräußerung einer bedeutenden Beteiligung an einer börsennotierten Gesellschaft zu veröffentlichenden Informationen (***Beteiligungstransparenzrichtlinie***),

Richtlinie 2001/34/EG vom 28. Mai 2001 über die Zulassung von Wertpapieren zur amtlichen Börsennotierung und über die hinsichtlich dieser Wertpapiere zu veröffentlichenden Informationen (***Kapitalmarktpublizitätsrichtlinie***),

Richtlinie 2004/39/EG vom 21. April 2004 über Märkte für Finanzinstrumente, zur Änderung der Richtlinien 85/611/EWG und 93/6/EWG und der Richtlinie 2000/12/EG und zur Aufhebung der Richtlinie 93/22/EWG (***Richtlinie über Märkte für Finanzinstrumente – MiFID***),

Richtlinie 2004/109/EG vom 15. Dezember 2004 zur Harmonisierung der Transparenzanforderungen in Bezug auf Informationen über Emittenten, deren Wertpapiere zum Handel auf einem geregelten Markt zugelassen sind, und zur Änderung der Richtlinie 2001/34/EG (***Transparenzrichtlinie***),

Richtlinie 2006/48/EG vom 14. Juni 2006 über die Aufnahme und Ausübung der Tätigkeit der Kreditinstitute (Neufassung) (***Bankenkoordinierungsrichtlinie (Neufassung)***),

Richtlinie 2009/38/EG vom 6. Mai 2009 über die Einsetzung eines Europäischen Betriebsrats oder die Schaffung eines Verfahrens zur Unterrichtung und Anhörung der Arbeitnehmer in gemeinschaftsweit operierenden Unternehmen und Unternehmensgruppen (Neufassung) (***Richtlinie über die Einsetzung eines Europäischen Betriebsrates***).

Weitere genannte Richtlinien werden jeweils mit vollem Titel und Datum ihres Erlasses zitiert.

Sonstige das Europäische Recht betreffende Quellen

Bericht der Hochrangigen Expertengruppe auf dem Gebiet des Gesellschaftsrechts über die Abwicklung von Übernahmeangeboten vom 10.01.2002, abzurufen unter http://ec.europa.eu/internal_market/company/docs/takeoverbids/2002-01-hlg-report_de.pdf (***High Level Group, Report I***),

Bericht der Hochrangigen Expertengruppe auf dem Gebiet des Gesellschaftsrechts über moderne gesellschaftsrechtliche Rahmenbedingungen in der Europäischen Union vom 4.11.2002, abzurufen unter http://europa.eu.int/comm/internal_market/en/company/company/modern/consult/report_de.pdf (***High Level Group, Report II***),

Mitteilung der Kommission an den Rat und das Europäische Parlament, Modernisierung des Gesellschaftsrechts und Verbesserung der Corporate Governance in der Europäischen Union – Aktionsplan vom 21.5.2003, KOM(2003) 284 endgültig (***Aktionsplan***),

Empfehlung der Kommission zu den Aufgaben von nicht geschäftsführenden Direktoren bzw. Aufsichtsratsmitgliedern börsennotierter Gesellschaften sowie zu den Ausschüssen des Verwaltungs-/Aufsichtsrats vom 15.02.2005 (2005/162/EG) (***Empfehlung der Kommission zu den Aufgaben von nicht geschäftsführenden Direktoren bzw. Aufsichtsratsmitgliedern***),

Internal Market and Services, Directorate General: Summary Report, Consultation and Hearing on future priorities for the Action Plan on modernising Company Law and enhancing Corporate Governance in the European Union, 2006, abzurufen unter: http://ec.europa.eu/internal_market/company/docs/consultation/final_report_en.pdf (***Summary Report on future priorities for the Action Plan***),

Report on the Proportionality Principle in the European Union, Proportionality Between Ownership and Control in EU Listed Companies, External Study Commissioned by the European Commission, 18. Mai 2007, abzurufen unter: http://ec.europa.eu/internal_market/company/docs/shareholders/study/final_report_en.pdf. (***Report on the Proportionality Principle in the European Union***),

Mitteilung der Kommission über ein vereinfachtes Unternehmensumfeld in den Bereichen Gesellschaftsrecht, Rechnungslegung und Abschlussprüfung vom 10.07.2007, KOM(2007) 394 endgültig (***Mitteilung der Kommission über ein vereinfachtes Unternehmensumfeld***),

Report on more stringent national measures concerning Directive 2004/109/EC on the harmonisation of transparency requirements in relation to information about issuers whose securities are admitted to trading on a regulated market, 10.12.2008, SEC(2008) 3033 final, abzurufen unter: http://ec.europa.eu/internal_market/securities/docs/transparency/report_measures_122008_en.pdf (***Report on more stringent national measures concerning Directive 2004/109/EC***),

Europäische Kommission, Grünbuch Corporate Governance in Finanzinstituten und Vergütungspolitik, 02.06.2010, KOM(2010) 284 endgültig (***Grünbuch Corporate Governance Finanzinstitute***),

Europäische Kommission, Grünbuch Weiteres Vorgehen im Bereich der Abschlussprüfung: Lehren aus der Krise, 13.10.2010, KOM(2010) 561 endgültig (***Grünbuch Abschlussprüfung***),

Europäische Kommission, Vorschlag für eine Richtlinie zur Änderung der Richtlinie 89/666/EWG, 2005/56/EG und 2009/101/EG in Bezug auf die Verknüpfung von Zentral-, Handels- und Gesellschaftsregistern, 24.02.2011, KOM(2011) 79 endgültig (***Vorschlag für eine Richtlinie zur Verknüpfung von Unternehmensregistern vom 24.02.2011***),

Europäische Kommission, Grünbuch Europäischer Corporate Governance-Rahmen, 05.04.2011, KOM(2011) 164/3 (***Grünbuch Corporate Governance-Rahmen***),

Report of the Reflection Group On the Future of EU Company Law, 05.04.2011, abzurufen unter: http://ec.europa.eu/internal_market/company/docs/modern/reflectiongroup_report_en.pdf (***Reflection Group, Report***),

Europäische Kommission, Vorschlag für eine Richtlinie über Märkte für Finanzinstrumente zur Aufhebung der Richtlinie 2004/39/EG des Europäischen Parlaments und des Rates – Neufassung, 20.10.2011, KOM(2011) 656 endgültig (***Vorschlag für eine Neufassung der MiFID vom 20.10.2011***),

Europäische Kommission, Vorschlag für eine Richtlinie zur Änderung der Richtlinie 2004/109/EG zur Harmonisierung der Transparenzanforderungen in Bezug auf Informationen über Emittenten, deren Wertpapiere zum Handel auf einem geregelten Markt zugelassen sind, sowie der Richtlinie 2007/14/EG der Kommission, 25.10.2011, KOM(2011) 683 endgültig (***Vorschlag für eine Änderung der Transparenzrichtlinie vom 25.10.2011***),

Europäische Kommission, Vorschlag für eine Richtlinie über den Jahresabschluss, den konsolidierten Abschluss und damit verbundene Berichte von Unternehmen bestimmter Rechtsformen vom 25.10.2011, KOM(2011) 684 final, (***Vorschlag für eine Richtlinie über die Rechnungslegung vom 25.10.2011***),

Europäische Kommission, Vorschlag für eine Verordnung über spezifische Anforderungen an die Abschlussprüfung bei Unternehmen von öffentlichem Interesse, 30.11.2011, KOM(2011) 779/4 (***Vorschlag für eine Verordnung über spezifische Anforderungen an die Abschlussprüfung bei Unternehmen von öffentlichem Interesse vom 30.11.2011***),

Europäische Kommission, Vorschlag für eine Richtlinie zur Änderung der Richtlinie 2006/43/EG über Abschlussprüfungen von Jahresabschlüssen und konsolidierten Abschlüssen, 30.11.2011, KOM(2011) 778/2 (***Vorschlag für eine Richtlinie zur Änderung der Abschlussprüferrichtlinie vom 30.11.2011***).

§ 1 Einleitung

I. Ausgangspunkt: Regelungsvorhaben der Europäischen Union und das Recht der Gesellschaftsgruppe in Europa

Gesellschaftsgruppen stehen immer wieder auf der Tagesordnung, wenn es um Regelungsvorhaben der Europäischen Union auf dem Gebiet des Gesellschaftsrechts geht. Zuletzt ist dies mit dem Aktionsplan vom 21. Mai 2003 der Fall gewesen[1]. Insgesamt lässt sich seit Beginn der Harmonisierung des Gesellschaftsrechts ein Auftauchen von – teils hochfliegenden – Plänen und ein Abtauchen selbiger in die Versenkung beobachten[2].

Dass Gesellschaftsgruppen immer wieder zum Gegenstand von europäisch einheitlichen Regelungen werden sollen, hat zum einen mit der erheblichen wirtschaftlichen Bedeutung von Gesellschaftsgruppen für die Wirtschaft der einzelnen Mitgliedstaaten[3], in denen die Mehrheit der Kapitalgesellschaften entsprechend organisiert ist, zu tun. Die Gruppenstruktur wird jedoch nicht nur von Großunternehmen, sondern in gleichem Maße von der mittelständischen Wirtschaft gewählt[4]. Die wirtschaftliche Bedeutung bezieht sich auch auf den Binnenmarkt insgesamt[5], zumal eine Vielzahl von Gruppen grenzüberschreitend tätig und entsprechend organisiert ist[6]. Schließlich war bis zum Inkrafttreten der SE-Verordnung[7] die Gruppenstruktur, neben der Bildung von Zweigniederlassungen oder der Gründung von joint-ventures mit ausländischen Partnern, die einzige Möglichkeit für Gesellschaf-

---

1 Vgl. Aktionsplan, sub 3.3. Unternehmensgruppe und -pyramiden, S. 21 ff.

2 Ähnlich *Hopt*, ZHR 171 (2007), S. 199 (200, zu den Entwicklungsstadien im einzelnen S. 202 ff); *ders.* in Hommelhoff/Hopt/v. Werder (Hrsg.), Handbuch Corporate Governance, 2. Aufl., S. 39 (50 f).
Zu den Perspektiven einer weiteren Vorgehensweise auf Grundlage des Aktionsplanes *Hopt*, The European Company Law Action Plan Revisited: An Introduction (2010), S. 13 ff, http://ssrn.com/abstract=1554662.

3 Zahlen für Deutschland, Frankreich und Großbritannien bei *Lübking*, Ein einheitliches Konzernrecht für Europa S. 17 mwN; für die osteuropäischen Transitionsstaaten *Hopt/Pistor*, EBOR 2 (2001), S. 1 (3 mwN); für Italien ausführlich unten § 2 I 4.

4 *Windbichler* in GroßKomm AktG Vor § 15 Rn 16. Unterschiede beziehen sich insbesondere auf die geringere Anzahl der gruppenzugehörigen Unternehmen, *Grundmann*, Europäisches Gesellschaftsrecht Rn 1006; vgl. zu aktuellen statistischen Angaben für Italien unten § 2 I 4.

5 Vgl. *High Level Group*, Report II, Kap. V 1 (S. 102); *Reflection Group*, Report, sub 4.1.1 (S. 59).

6 Zur zunehmenden Bedeutung grenzüberschreitender Unternehmensgruppen in der Europäischen Union sowie insgesamt auf internationaler Ebene *Hopt/Pistor*, EBOR 2 (2001), S. 1 (6 mwN).

7 Verordnung (EG) Nr. 2157/2001 des Rates vom 8.10.2001 über das Statut der Europäischen Gesellschaft (SE), AblEG L 294 vom 10.11.2001, S. 1.

ten zur grenzüberschreitenden Tätigkeit[8] und galt wegen der Selbständigkeit der Tochtergesellschaften als bevorzugte Organisationsform[9].

Dennoch sind gruppenspezifische Regelungen bei den bisherigen europäischen Maßnahmen[10] des Kapitalgesellschaftsrechts weitgehend ausgeklammert worden. Zwar wurden sie in Rechtsakten zu einzelnen Rechtsgebieten, wie etwa dem Bilanzrecht und dem branchenspezifischen Aufsichtsrecht, berücksichtigt[11].

Im übrigen hat man lange Zeit auf eine eigene Lösung in Form einer gesonderten Richtlinie gesetzt. Entsprechende Harmonisierungsversuche sind jedoch erfolglos geblieben. Die Vorentwürfe für eine 9. Konzernrechtsrichtlinie von 1974/75[12] und 1984[13] haben sich nicht durchsetzen können[14]. Eine Harmonisierung auf dieser Grundlage gilt allgemein[15] bereits seit längerem[16] als gescheitert.

Die durch die Gruppensituation hervorgerufenen Rechtsprobleme haben indes gerade die wissenschaftliche Diskussion um eine europäische Regelung nicht verstummen lassen. Dies gilt insbesondere für Deutschland[17]. 1996 hat sich in Venedig das *Forum Europaeum Konzernrecht*[18] einer Bestandsaufnahme der verschiedenen vorhandenen Regelungen zu Gesellschaftsgruppen in Europa gewidmet. Ziel war die

---

8 Zum Zusammenhang mit der Niederlassungsfreiheit *Forum Europaeum Konzernrecht,* ZGR 1998, S. 672 (675). Zu mit grenzüberschreitenden Zusammenschlüssen verbundenen, im Rahmen dieser Arbeit nicht vertieften, insbesondere steuer- und verfassungsrechtlichen Rechtsfragen ausführlich *Kloster*, Grenzüberschreitende Zusammenschlüsse S. 55 ff (ökonomischer Hintergrund), S. 85 ff (europa- und verfassungsrechtliche Erwägungen), S. 181 ff (steuerrechtliche Implikationen).

9 *Hommelhoff*, ZGR 1992, S. 121 (122); zu den Vorteilen näher *Windbichler* in Albach (Hrsg.), Konzernmanagement S. 57 (62 f).

10 Einen systematischen Kurzüberblick über die bisher harmonisierten Bereiche des Gesellschaftsrechts liefern *Grundmann*, Europäisches Gesellschaftsrecht § 31; sowie *Habersack/Verse*, Europäisches Gesellschaftsrecht § 4.

11 Vgl. dazu den Überblick bei *Hopt*, ZHR 171 (2007), S. 199 (204 ff mwN); *ders.* in Hommelhoff/Hopt/v. Werder (Hrsg.), Handbuch Corporate Governance, 2. Aufl., S. 39 (50 f).

12 Abgedr. bei *Lutter*, Europäisches Gesellschaftsrecht S. 187 ff.

13 Abgedr. bei *Lutter*, Europäisches Unternehmensrecht S. 239 ff.

14 *Grundmann*, Europäisches Gesellschaftsrecht Rn 1004; *Hopt,* Aufbruch nach Europa, 75 Jahre Max-Planck-Institut für Privatrecht S. 17 (18 f).
Ein Überblick zu den Vorbehalten, die insbesondere in der starken Anlehnung der Vorentwürfe an das deutsche Aktienrecht liegen, findet sich bei *Druey* in Lutter (Hrsg.), Konzernrecht im Ausland S. 310 (341 f). Zur italienischen Sichtweise u.a. *Cerrai*, Riv. soc. 1995, S. 389 (405 ff); *Pavone La Rosa*, Giur. comm. 1986, I, S. 831 ff; *Tombari*, Il gruppo di società S. 9 (Fn 23 mwN); die Vorbehalte aus deutscher Sicht reflektierend statt vieler *Hommelhoff*, ZGR 1992, S. 121 (134 ff).

15 Aus deutscher Perspektive u.a. *Hommelhoff* in Gutachten 59. Juristentag 1992 G 47; *Hopt*, EuZW 1999, S. 577; *Neye*, ZGR 1995, S. 191; aus vergleichender Perspektive zuletzt *Reflection Group*, Report, sub 4.1.1 (S. 59). Zum lediglich noch historischen Wert des 9. Richtlinienentwurfes *Tombari,* Il gruppo di società S. 9 (Fn 23).

16 Für die seit längerem bestehende Absehbarkeit des Scheiterns der 9. Richtlinie schon 1991 *Wymeersch* in Buxbaum/Hertig/Hirsch/Hopt (Hrsg.), European Business Law S. 227 (229); 1999 *Windbichler* in GroßKomm AktG Vor § 15 Rn 7 mwN; *Hopt*, ZIP 2005, S. 461 (463), *ders.*, FS Röhricht S. 235 (237).

17 Statt vieler *Hommelhoff*, ZGR 1992, S. 121 ff (139 ff) mwN.

18 Deutsche Zusammenfassung: ZGR 1998, S. 667–772; einzelne Beiträge in Balzarini/Carcano/Mucciarelli (Hrsg.), I gruppi di società, 1996.

Ermöglichung einer Diskussionsgrundlage zwischen den Mitgliedstaaten[19]. Dabei verabschiedete es sich von der auf eine Harmonisierung gerichteten Herangehensweise der Richtlinienvorentwürfe. Stattdessen wählte das *Forum Europaeum Konzernrecht* den Ansatz einer sog. Kernbereichsharmonisierung zur Schaffung eines *equal playing field*[20]. Dementsprechend folgen die Vorschläge dem Prinzip einzelner Bausteine. Zur Umsetzung wird die Vorgabe von Leitprinzipien und Empfehlungen als ausreichend erachtet.

Dieser Regelungsansatz hat sich auf europäischer Ebene – auch für das Gesellschaftsrecht insgesamt – durchgesetzt[21]. Die Veröffentlichung des Berichtes der *Hochrangigen Expertengruppe auf dem Gebiet des Gesellschaftsrechts über moderne gesellschaftsrechtliche Rahmenbedingungen in der Europäischen Union* (im folgenden, der Kürze halber und nicht des Anglizismus wegen, *High Level Group*) hat gezeigt, dass in den Mitgliedstaaten Einigkeit besteht über das Vorhandensein von besonderen Risiken insbesondere für Anteilseigner und Gläubiger der Gesellschaften auf den unterschiedlichen Ebenen einer Gruppe[22]. Während die Zulässigkeit dieser Organisationsstruktur insgesamt nicht zur Diskussion steht[23], war man sich zunächst einig über die Notwendigkeit der Lösung bestimmter Probleme auf europäischer Ebene, ohne dass es dazu eines zusammenhängenden eigenständigen Regelungswerkes bedürfe[24]. Im Vordergrund steht die Verbesserung der Transparenz der Gruppenstruktur und gruppeninterner Beziehungen[25]. Dies gelte insbesondere für grenzüberschreitende Gruppen. Dieser Ansatz entspricht der Rechtsrealität in den meisten Mitgliedstaaten, die auf Gruppengesellschaften teilweise allgemeines Gesellschafts- und Zivilrecht anwenden, teilweise spezifische Regelungen für Gruppen, etwa auf dem Gebiet des Arbeits- oder Insolvenzrechts kennen[26]. Demzufolge ist die Gruppenproblematik in den einzelnen Rechtsordnungen durchaus bekannt[27], wenn ihr auch nicht notwendigerweise zumindest teilweise systematisch, wie in Deutschland[28] und Portugal[29] sowie Slowenien, Tschechien und Ungarn[30], aber auch Kroatien[31], begegnet wird.

---

19 *Forum Europaeum Konzernrecht,* ZGR 1998, S. 672 (684 f).

20 *Forum Europaeum Konzernrecht,* ZGR 1998, S. 672 (686 f).

21 Von einer auf die moderne ökonomische Regelungstheorie zurückgehende Regelungsphilosophie spricht insoweit *Hopt,* FS Röhricht S. 235 (238).

22 Vgl. *High Level Group,* Report II, Kap. V 1 (S. 102) sowie Anhang IV sub 4 (S. 165 ff).

23 *Forum Europaeum Konzernrecht,* ZGR 1998, S. 672 (675 mwN in Fn 6).

24 Vgl. *High Level Group,* Report II, Kap. V 1 (S. 102); davor auch schon *Druey* in Lutter (Hrsg.), Konzernrecht im Ausland S. 310 (359).

25 *High Level Group,* Report II, Kap. V 2 (S. 103), Anhang 3 sub 4.2 (S. 165 f).

26 Vgl. zur Rechtslage in den EU-Mitgliedstaaten *Forum Europaeum Konzernrecht,* ZGR 1992, S. 672 (676 ff mwN), sowie Reflection Group, Report, sub 4 (S. 60 ff); zum Regelungsansatz *Hopt* in Reimann/Zimmermann (Hrsg.), The Oxford Handbook of Comparative Law S. 1161 (1175 f mwN); zum Gruppenkontext im französischen Arbeitsrecht *Teichmann,* Die Gesellschaftsgruppe im französischen Arbeitsrecht S. 37 ff, 152 ff, 209 ff, 243 ff, 295 ff, 358 ff; zur insolvenzrechtlichen Behandlung von Gesellschaftsgruppen in Spanien *Girgado,* ECFR 2006, S. 363 (371 f).

27 *Hopt,* Riv. soc. 2006, S. 906 (916).

28 §§ 15–19, §§ 291 ff AktG. Dabei handele es sich lediglich um die Regelung von Problemgruppen, nicht aber um ein gesichertes Konzept, so dass auch in Deutschland weite Teile des Rechts über verbundene Unternehmen dem allgemeinen Zivil- und Gesellschaftsrecht entsprängen, vgl. *K. Schmidt,* Gesellschaftsrecht § 17 II 3a).

Mit dem Aktionsplan vom 21. Mai 2003 hat die Kommission deutlich gemacht, dass sie auf dem Gebiet des Gesellschaftsrechts keine Vollharmonisierung verfolgt, sondern sich auf punktuelle Maßnahmen beschränken wolle[32]. Nicht nur methodisch, sondern auch inhaltlich knüpft der Aktionsplan damit an den Bericht der *High Level Group* an[33]. In Gruppen soll demzufolge die Transparenz gruppeninterner Beziehungen und der Gruppenstruktur insgesamt durch die Ergänzung vorhandener Richtlinien verbessert werden. Darüber hinaus sieht der Aktionsplan die Schaffung eines eigenen Rahmens für die Legitimation einer abgestimmten Gruppenpolitik unter bestimmten Voraussetzungen vor. Diese Vorschläge gehen auf die des *Forum Europaeum Konzernrecht* zurück[34]. Ob besondere Maßnahmen gegenüber, insbesondere von italienischer Seite aus problematisierten[35], Pyramidenstrukturen zu ergreifen seien, sollte zunächst Gegenstand einer näheren Untersuchung sein.

Die von der personell anders besetzten Kommission zwischen Dezember 2005 und März 2006 durchgeführte Umfrage mit anschließender Anhörung im Mai 2005 über die künftigen Prioritäten des Aktionsplanes bei der Modernisierung des Gesellschaftsrechts[36] hat ergeben, dass abgesehen von einer Verbesserung der Transparenz die Mehrzahl der Umfrageteilnehmer gegen eine europäische Regelung war[37]. Dies betrifft im wesentlichen den Aspekt einer einheitlichen Gruppenpolitik.

Der neuerlich von einer Gruppe von Juristen aus verschiedenen Mitgliedstaaten (sog. *Reflection Group*) im Auftrag der Kommission erstellte Bericht zur Zukunft des Europäischen Gesellschaftsrechts vom 5. April 2011 enthält wiederum ein eigenes Kapitel zu Gruppen und knüpft an die Vorschläge der *High Level Group* an. Diese werden in Bezug auf die Transparenz gruppeninterner Beziehungen und der Gruppenstruktur insgesamt im wesentlichen als durch verschiedene, zwischenzeitlich erlassene Regelungsmaßnahmen, erfüllt angesehen[38]. Für kleine und mittlere

---

29 Ausführlich zum portugiesischen Konzernrecht *Gause*, Europäisches Konzernrecht im Vergleich; kritisch zur portugiesischen Regelung *Engrácia Antunes*, ECFR 2005, S. 323 (376 f).

30 Eine kurze Übersicht zu den Regelungen in den unterschiedlichen Staaten bieten *Portale*, Corr. Giur. 2003, S. 145 (147); *Tombari*, Il gruppo di società S. 13 (Fn 35); ausschließlich zum Konzernrecht in Mittel- und Osteuropa *Kalss*, ZGR 2000, S. 819 (863 f).

31 Zum kroatischen Konzernrecht *Petrović*, EBOR 2001, S. 281 ff.

32 Zum Wechsel des Regelungsansatzes der Kommission *Habersack/Verse*, Europäisches Gesellschaftsrecht § 4 Rn 17; zum Inhalt des Aktionsplanes überblicksartig u.a. *Hopt*, ZIP 2005, S. 461 ff; *van Hulle/Maul*, ZGR 2004, S. 484 ff.

33 Zum Zusammenhang von Aktionsplan und Bericht der *High Level Group* vgl. Aktionsplan, Einleitung (S. 4); *Baums*, European Company Law beyond the 2003 Action Plan (2007), S. 2, http://ssrn.com/abstract=973456; *Hopt* u.a. in Reimann/Zimmermann (Hrsg.), The Oxford Handbook of Comparative Law S. 1161 (1177); *van Hulle/Maul*, ZGR 2004, S. 484 (486); *Sparano/Adducci*, Società 2004, S. 237.

34 Lediglich bezüglich des Rahmens für die Legitimation einer abgestimmten Gruppenpolitik *Habersack*, NZG 2004, S. 1 (7); *van Hulle/Maul*, ZGR 2004, S. 484 (500); hinsichtlich beider Vorschläge *Hopt*, FS Röhricht S. 235 (239).

35 Vgl. *Hopt*, ZIP 2005, S. 461 (464).

36 Zur Neubewertung der im Aktionsplan vorgesehenen Vorhaben *Baums*, European Company Law beyond the 2003 Action Plan (2007), S. 8 ff, http://ssrn.com/abstract=973456.

37 Vgl. *Directorate General for Internal Market and Services*, Summary Report on future priorities for the Action Plan, Question 10 – Groups and Pyramids, S. 22.

38 *Reflection Group*, Report, sub 4.3 (S. 68 ff).

Unternehmen befürwortet die *Reflection Group* eine Art Muster für 100 %ige Tochtergesellschaften, das sich in den jeweiligen nationalen Rechtsrahmen für Gesellschaften mit beschränkter Haftung einfügen solle[39]. Darüber hinaus schlägt sie der Kommission im Hinblick auf die Anerkennung eines Gruppeninteresses vor, sollte eine Untersuchung dessen Nützlichkeit ergeben, eine entsprechende Empfehlung abzugeben[40]. Der Bericht der *Reflection Group* war Gegenstand der Diskussion einer Konferenz zur Zukunft des europäischen Gesellschaftsrechts am 16./17. Mai 2011[41], bei der die Kommission für 2012 ein Grünbuch zum Gesellschaftsrecht angekündigt hat.

Art und Umfang einer Gesellschaftsgruppen betreffenden europäischen Regelung stehen demnach weiterhin zur Diskussion.

Abschließend lediglich zu nennen sind weitere Aktivitäten auf der Agenda der Europäischen Kommission, die zwar nicht unmittelbar Gesellschaftsgruppen zum Adressaten haben, jedenfalls aber Bezüge zu diesen aufweisen. Während das Grünbuch Corporate Governance in Finanzinstituten eher sektorspezfisch ist, berührt das Grünbuch Corporate Governance-Rahmen Fragen der internen Corporate Governance[42] und fragt u.a. nach einem Regelungsbedarf für Gruppen mit einem Kontrollaktionär, insbesondere in Gestalt von besonderen Schutzrechten für Minderheitsgesellschafter[43]. Das die externe Corporate Governance berührende Grünbuch Abschlussprüfung hat Eingang in entsprechende Regelungsvorschläge der Kommission gefunden[44]. Schließlich ist ein Vorschlag zur Reform der Richtlinien auf dem Gebiet der Rechnungslegung ergangen[45].

II. Die Regelung von Gesellschaftsgruppen in Italien – Modell für die europäische Rechtsentwicklung?

Zum 01.01.2004 ist in Italien eine umfassende Reform des Kapitalgesellschaftsrechts in Kraft getreten[46]. Sie hat u.a. die Einführung eines gesonderten Kapitels im codice civile über die Regelung einiger gruppenspezifischer Probleme bewirkt. Hinsichtlich letzterer hat der italienische Gesetzgeber einen problemorientierten An-

---

39 *Reflection Group*, Report, sub 4.2 (S. 66 f).
40 *Reflection Group*, Report, sub 4.1.2 (S. 60 ff).
41 Programm und einzelne Beiträge zu den jeweiligen Diskussionsforen sind abzurufen unter http://ec.europa.eu/internal_market/company/modern/index_de.htm (zuletzt: 07. Dezember 2011).
42 Zu dieser Einordnung *Hopt*, EuZW 2011, S. 609 f.
43 Grünbuch Corporate Governance-Rahmen, sub 2.7 (S. 19 f).
44 Vorschlag für eine Richtlinie zur Änderung der Abschlussprüferrichtlinie sowie Vorschlag für eine Verordnung über spezifische Anforderungen an die Abschlussprüfung von Unternehmen von öffentlichem Interesse, jeweils vom 30.11.2011.
45 Vorschlag für eine Richtlinie über die Rechnungslegung vom 25.10.2011.
46 Decreto Legislativo 17.1.2003, n. 6 – *Riforma organica della disciplina delle società di capitali e società cooperative, in atttuazione della legge 3 ottobre 2001, n. 366.*

satz gewählt: die Gruppe soll nach den Prinzipien von Transparenz und Interessenausgleich geregelt werden[47].

Diese Herangehensweise ähnelt dem Konzept der Kernbereichsharmonisierung des *Forum Europaeum Konzernrecht* sowie des Aktionsplanes der Europäischen Kommission[48]. Dies gilt auch hinsichtlich des vorgesehenen Vorrangs von Offenlegungsvorschriften[49]. Insofern scheint eine genauere Untersuchung der italienischen Vorschriften vielversprechend.

Aufmerksamkeit verdient die italienische Lösung auch aufgrund der in Italien – gerade in Bezug auf den deutschen und den französischen Rechtskreis[50] – verbreiteten Kultur der Rechtsvergleichung[51].

III. Ziel, Gegenstand und Gang der Untersuchung

Ziel der Arbeit ist, zunächst das Grundverständnis der italienischen Regelung der Gesellschaftsgruppe herauszuarbeiten. In Ermangelung praktischer Erfahrungen mit dem neuen italienischen Recht liegt der Schwerpunkt in der Auseinandersetzung mit dem Gesetzestext. Methodisch werden, im Sinne eines funktionalen Rechtsvergleiches[52], Instrumente und Lösungen, die für einige im Zusammenhang mit Gesellschaftsgruppen typischerweise auftretende Rechtsprobleme bereitgehalten werden, untersucht. Zugrunde liegen jeweils klassisch gesellschaftsrechtliche Fragestellungen, denn sofern Gesellschaftsgruppen eigenständig geregelt sind, ist dies als Teildisziplin des Gesellschaftsrechts geschehen[53]. In den Rechtsordnungen, in denen ihnen keine eigene Rechtsmaterie gewidmet ist, werden sie regelmäßig

47 Vgl. Art. 2 Abs. 1h) des die Regierung zur Umsetzung der Reform ermächtigenden Gesetzes Legge 3 ottobre 2001, n. 366. Zu den Leitlinien des italienischen Gesetzgebers *Peter*, FS Nobel S. 251 (256 f).

48 So auch *Embid Irujo*, RabelsZ 69 (2005), S. 723 (744), der diese Feststellung ebenfalls für den spanischen Reformentwurf trifft. Zum Konzept der Kernbereichsharmonisierung im Gesellschaftsrecht *Windbichler/Krolop* in Riesenhuber (Hrsg.), Europäische Methodenlehre S. 554 (566 Rn 20).

49 Zum Vorrang von Information und Offenlegung im Aktionsplan *Hopt*, ZIP 2005, S. 461 (463).

50 *Canaris* in Canaris/Zaccaria (Hrsg.), Die Umsetzung von zivilrechtlichen Richtlinien der europäischen Gemeinschaft in Italien und Deutschland S. 129 (‚*Mittlerfunktion der italienischen Rechtskultur*').

51 Zu Merkmalen und Rolle der italienischen Rechtsliteratur, sowie deren Verhältnis zur Rechtsprechung, das nicht unbedingt durch eine Bezugnahme aufeinander geprägt ist G. *Cian*, ZEuP 1993, S. 120 (128 ff). Zur rechtsvergleichenden Orientierung als besondere Stärke der italienischen Literatur, aber auch zu den Schwierigkeiten bei der Auseinandersetzung mit der italienischen Rechtswissenschaft *Druey* in Lutter (Hrsg.), Konzernrecht im Ausland S. 310 (326 bzw. 343).

52 Zur funktionalen Sicht Armour/*Hansmann/Kraakman* in Kraakman/Armour/Davies u.a., Anatomy of Corporate Law sub 1.1 (S. 4); *Kischel*, ZVglRWiss 104 (2005) 10, 15 ff; speziell in Bezug auf das Recht der Gesellschaftsgruppe *Immenga*, FS Fischer S. 297 (298 f).

53 Für das deutsche Konzernrecht vgl. *Emmerich/Habersack*, Konzernrecht § 1 Rn 3; für Portugal *Gause*, Europäisches Konzernrecht im Vergleich S. 47 ff, 57 f, 60; für den spanischen Entwurf der Regelung von Gruppen *Embid Irujo*, RabelsZ 69 (2005), S. 723 (724, 730 f); für Mittel- und Osteuropa *Kalss*, ZGR 2000, S. 819 (863 f).

mit Instrumenten des allgemeinen Gesellschaftsrechts erfasst[54]. Rechtstatsächliche Umstände werden dabei soweit wie möglich berücksichtigt. Sofern sich aus dem Rechtsvergleich Anregungen für einen europäischen Rahmen ergeben[55], werden diese herausgestellt. Dabei geht es nicht um die Frage, inwieweit die italienische Lösung Modellcharakter für die nach den Vorschlägen des Aktionsplanes und des *Forum Europaeum Konzernrecht* zu treffenden Regelungen auf europäischer Ebene aufweist. Vielmehr soll mithilfe des italienischen Ansatzes versucht werden die Aspekte herauszuarbeiten, die sich bei der Suche nach dem auf europäischer Ebene zu regelnden Kern gesellschaftsrechtlicher Regeln über die Gruppe als problematisch erweisen könnten[56].

Der Untersuchungsgegenstand ist ausgewählt mit Rücksicht auf die möglicherweise im europäischen Kontext am ehesten einer Regelung zugängliche Rechtsform. Primäres Regelungsobjekt des Europäischen Gesellschaftsrechts sind Kapitalgesellschaften[57]. Wegen ihres grundsätzlich offenen Anlegerkreises hat die Aktiengesellschaft, im Gegensatz zur Gesellschaft mit beschränkter Haftung, einen intensiveren Binnenmarktsbezug[58] und wird in den meisten Ländern verbreiteter als diese als Baustein in Gesellschaftsgruppen eingesetzt[59]. Daher gilt das Hauptaugenmerk der Untersuchung der Aktiengesellschaft. Aus diesem Grund erfolgt keine nähere Auseinandersetzung mit dem Vorschlag der *Reflection Group* zum Muster für eine 100%ige Tochtergesellschaft für kleine und mittlere Unternehmen. Schwerpunktmäßig betrachtet werden Gruppen im Unterordnungsverhältnis als in der europäischen Rechtspraxis wohl am häufigsten vorkommend[60]. Entsprechendes gilt für ein faktisches Verhältnis als Grundlage der Gruppenbeziehung. Unternehmensverträge sind nicht nur im europäischen Ausland tatsächlich kaum verbreitet[61], sondern unter Beteiligung von Aktiengesellschaften als Tochtergesellschaften

---

54 Aus rechtsvergleichender Perspektive jeweils *Hopt* in Reimann/Zimmermann (Hrsg.), The Oxford Handbook of Comparative Law S. 1161 (1176); *Windbichler*, Gesellschaftsrecht § 25 Rn 17.

55 Zur Bedeutung der Rechtsvergleichung für die Rechtsentwicklung allgemein *Bogdan*, FS Jayme S. 1233 (1235); sowie für die europäische Privatrechtsentwicklung im Besonderen *Grundmann*, Europäisches Gesellschaftsrecht Rn 1168; *Windbichler* in GroßKomm AktG vor § 15 Rn 48.

56 *‚Rechtsvergleichung kann die Probleme nicht lösen, aber finden helfen'*, *Wiedemann*, Unternehmensgruppe im Privatrecht S. 40.

57 *Grundmann*, ZIP 2004, S. 2401. Zu den Gründen *Grundmann/Möslein* in Bayer/Habersack (Hrsg.), Aktienrecht im Wandel, Bd. II, 2. Kapitel Rn 3.

58 Vgl. die Argumente bei *Grundmann*, ZIP 2004, S. 2401 (2410).

59 Rechtsvergleichend *Druey* in Lutter (Hrsg.), Konzernrecht im Ausland S. 310 (363); für Italien *Tombari* in Benazzo/Patriarca/Presti (Hrsg.), Il nuovo diritto societario fra società aperte e società private S. 237 (241). Zur Geeignetheit der AG für die Teilnahme am Verbund *Windbichler*, Gesellschaftsrecht § 25 Rn 15, 17.

60 Zur geringen Verbreitung von Gleichordnungsgruppen in Italien, *Pavone La Rosa*, Giur. comm. 2001, I, S. 557 (560); *Tombari*, Il gruppo di società S. 3 (Fn 7), sowie in Deutschland *Kübler/Assmann*, Gesellschaftsrecht § 29 II 4a) bb); aus rechtsvergleichender Sicht *Windbichler* in GroßKomm AktG § 18 Rn 48. Zu möglichen Gestaltungs- und Erscheinungsformen *Krieger* in MünchHdbGesR Bd. 4 § 68 Rn 80, *Raiser/Veil*, Recht der Kapitalgesellschaften § 57 Rn 27.

61 Selbst in Portugal, wo der Unternehmensvertrag im Código das Sociedades Comerciais von 1986 gesetzlich geregelt ist, ist er – jedenfalls bis 1996 – in der Praxis nicht vorgekommen, vgl. *Gause*, Europäisches Konzernrecht im Vergleich S. 152 ff.

auch in Deutschland selbst[62]. Diese Sichtweise entspricht zudem den jüngsten Entwicklungen im Gesellschaftsrecht auf europäischer Ebene[63]. Ausgeschlossen bleiben schließlich Gruppen, die von Unternehmen, die keine Gesellschaften sind, etwa einer Stiftung oder einem Einzelunternehmen, kontrolliert werden.

Die Arbeit ist in mehrere Teile gegliedert: Zur Einführung in den Hintergrund der italienischen Regelungen dient ein Abriss über das wirtschaftliche und rechtliche, sowie teilweise das politische Umfeld, aus dem die italienische Gesellschaftsrechtsreform und mit ihr die Regelungen der Gesellschaftsgruppe entstanden sind[64]. Zu Beginn der inhaltlichen Auseinandersetzung steht die Problematik der Definition der Gesellschaftsgruppe und eines geeigneten Grundtatbestandes für die rechtliche Anknüpfung. Es folgt, entsprechend den Bereichen, in denen Überschneidungen zwischen den europäischen Vorhaben und der italienischen Gesellschaftsrechtsreform bestehen, eine Darstellung des Informationsansatzes des italienischen Rechts in Bezug auf die Gruppe. Danach wird auf die Problematik einer ordnungsgemäßen Gruppengeschäftsführung eingegangen. Abschließend werden Regelungsfragen im Zusammenhang mit dem Entstehen einer Gruppenbeziehung auf der Ebene der Tochtergesellschaft behandelt. In der Schlussbetrachtung wird der Frage nachgegangen, welche Folgerungen sich aus den italienischen Regelungen über Gesellschaftsgruppen für Regelungsvorhaben auf europäischer Ebene ziehen lassen können.

IV. Terminologie

Schließlich soll vorab geklärt werden, wie die zu behandelnde Problematik bezeichnet werden soll: geht es um das Recht der Gesellschaftsgruppe, das der verbundenen Unternehmen oder um das Konzernrecht? Dabei handelt es sich nicht nur um eine begriffliche Problematik, sondern auch um eine inhaltliche – nicht nur im deutschen Recht[65], sondern gerade auch im Rechtsvergleich und auf europäischer Ebene[66]. Kennzeichen ist jeweils die Verbindung mindestens zweier rechtlich selbständiger Gesellschaften mittels Beteiligung zu einer funktionalen Einheit[67]. Diese Einheit ergibt sich aus einer, typischerweise von der Obergesellschaft ausgehenden, gemeinsamen Geschäftspolitik[68].

---

62 Zur Anzahl der in den Jahren 2004 und 2005 abgeschlossenen Unternehmensverträge *Bayer/Hoffmann*, AG-R 2006, S. 488 f; aktueller die Zahlen bis zum Jahr 2009 bei *Veil* in Spindler/Stilz (Hrsg.), AktG Vor § 291 Rn 56.

63 Weder der Bericht II der *High Level Group*, noch der Aktionsplan befürworten die Einführung einer vertraglichen Grundlage, vgl. dazu auch *Schön*, ZHR 168 (2004), S. 629 (635 f).

64 Zur Untersuchung des außerrechtlichen Umfeldes als wesentlich für das Verständnis einer ausländischen Regelung und die Rechtsvergleichung *Bogdan*, FS Jayme S. 1233 (1237); *Merkt*, ZGR 2007, S. 532 (537 f).

65 *K. Schmidt*, Gesellschaftsrecht § 17 I 2a.

66 Zur Problematik der begrifflichen Erfassung ausführlich *Druey* in Lutter (Hrsg.), Konzernrecht im Ausland S. 310 (344 ff); aber auch *Gause*, Europäisches Konzernrecht im Vergleich S. 58 f.

67 Zu dieser übergreifenden Definition *Forum Europaeum Konzernrecht*, ZGR 1998, S. 672 (674).

68 *Hopt/Pistor*, EBOR 2 (2001), S. 1 (11).

In Deutschland wird nicht nur allgemeinsprachlich, sondern auch in der Rechtsliteratur im Hinblick auf die §§ 15 ff, 291 ff AktG häufig vom Konzernrecht gesprochen. Der Konzern ist jedoch nur eine von insgesamt fünf Arten von Unternehmensverbindungen[69]. Wegen der rechtstechnischen Verwendung des Begriffes ‚Konzern' für die in § 18 AktG geregelte Form der Unternehmensverbindung ist diese Bezeichnung daher schon im Hinblick auf das deutsche Recht zwar angesichts der auch allgemeinsprachlichen synonymen Verwendung griffig, aber streng genommen nicht korrekt[70].

Für den Rechtsvergleich bietet sich die Bezeichnung zudem insofern nicht an, als im Ausland unter dem auch dort bekannten Begriff ‚Konzernrecht' ein Verständnis von einem ausführlichen Regelungskomplex, insbesondere des Vertragskonzerns, vorherrscht[71]. Ferner werden die Unschärfen des Konzernbegriffes kritisiert[72]. Der Konzernbegriff scheint mithin international nicht konsensfähig[73]. Im Rechtsvergleich hat sich daher die Bezeichnung Gruppe bewährt, zumal der Wortstamm im romanischen (gruppo, grupo, groupe) wie auch anglo-amerikanischen (group) Rechtskreis für das vorliegende Phänomen verwendet wird und verständlich ist[74].

Der Begriff ‚Unternehmen' kann im Zusammenhang mit Gesellschaftsgruppen mehrdeutig sein. Zum einen ist er im deutschen Recht als Ausdruck der besonderen, konzernspezifischen Gefahr untrennbar mit dem Konzernbegriff verbunden[75]. Andere Rechtsordnungen aber nehmen keine Differenzierung vor zwischen einem Unternehmens- und einem sonstigen Gesellschafter[76]. Im übrigen ist das Konzept vom Unternehmen weiter und erfasst auch andere Rechtsformen als Gesellschaften[77]. Zugleich ist es weniger eindeutig als das der Gesellschaft und schwankt je nach Regelungszusammenhang[78]. Der Untersuchungsgegenstand dieser Arbeit soll auf Gesellschaften beschränkt sein. Daher wäre die Verwendung der Begriffe ‚Unternehmensgruppe' oder ‚verbundene Unternehmen' nur widersprüchlich. So ist denn von der Gesellschaftsgruppe die Rede.

---

69 *Hüffer* AktG § 15 Rn 16; *Windbichler* in GroßKomm AktG § 18 Rn 3.

70 *Bayer* in MünchKomm AktG § 15 Rn 6 und *Raiser/Veil*, Recht der Kapitalgesellschaften § 50 Rn 2 differenzieren daher zwischen Konzernrecht im weiteren und im engeren Sinne. Kritisch auch *Schall* in Spindler/Stilz (Hrsg.), AktG Vor § 15 Rn 1.

71 So *Forum Europaeum Konzernrecht*, ZGR 1998, S. 672 (691); *K. Schmidt*, Gesellschaftsrecht § 17 III 1b).

72 Vgl. *Druey* in Lutter (Hrsg.), Konzernrecht im Ausland S. 310 (341 mwN).

73 Vgl. *K. Schmidt*, JZ 1992, S. 856 (857).

74 Ebenso der Ansatz des *Forum Europaeum Konzernrecht*, ZGR 1998, S. 672 (692).

75 Vgl. auch *Gause*, Europäisches Konzernrecht im Vergleich S. 59.

76 Vgl. *Windbichler* in GroßKomm AktG Vor § 15 Rn 74.

77 *Associazione Preite*, Morera/Olivieri/Perassi u.a. (Hrsg.), Il diritto delle società, Cap. I 1 (S. 19 ff), III 1 (S. 37 ff).

78 *Kübler/Assmann*, Gesellschaftsrecht § 5 IV 1; zum Verhältnis von Gesellschafts- und Unternehmensrecht *K. Schmidt*, Gesellschaftsrecht § 1 II 4b.

1. Kapitel – Grundfragen

§ 2 Rechtstatsächlicher Kontext

I. Unternehmenslandschaft in Italien

Die Regelung der Gesellschaftsgruppe in Italien lässt sich nicht ohne den rechtstatsächlichen Zusammenhang der italienischen Wirtschaftsstruktur und Wirtschaftspolitik untersuchen[1]. Daher soll eingangs ein entsprechender Überblick gegeben werden.

1. Wirtschaftspolitische Rahmenbedingungen

Die Industrialisierung hat im lange Zeit hauptsächlich landwirtschaftlich geprägten Italien gegen Ende des 19. Jahrhunderts eingesetzt und damit im Vergleich zu anderen westlichen Industrienationen deutlich später[2]. Nach einer kurzfristigen, explosionsartigen Phase wirtschaftlichen Aufschwunges Anfang des 20. Jahrhunderts, innerhalb derer sich u.a. die Zahl der an der Mailänder Börse notierten Gesellschaften verdreifachte[3], kam es ab 1907 zu einem Abschwung, der verbreitet als Ursache für die folgende jahrzehntelange Schwäche des italienischen Kapitalmarktes angesehen wird[4].

Die ab den 20er Jahren folgende Phase des Korporativismus[5] war insgesamt gekennzeichnet durch staatlichen Dirigismus und die staatliche Monopolisierung ganzer

---

1 So auch *Tombari*, FS Jayme S. 1589.

2 *Procacci*, Geschichte Italiens und der Italiener S. 323 ff.

3 Die Zahl der börsennotierten Gesellschaften stieg zwischen 1900 und 1907 von 59 auf 169 vgl. *Siciliano*, Cento anni di borsa in Italia S. 17 ff.

4 Näher *Ferrarini*, Corporate Governance Changes in the 20th Century: A View from Italy (2005), S. 9 mwN, http://ssrn.com/abstract=695762.

5 Vieldeutige wirtschaftlich-gesellschaftliche Ideologie des italienischen Faschismus, die in der historischen Entwicklungslinie des Ständestaates steht. Jenseits von egoistischem Liberalismus und klassenkämpferischem Sozialismus sollten Kapital und Arbeit im Rahmen von Kooperationen im Sinne eines dritten Weges paritätisch organisiert werden, wobei die Rolle des Staates zwischen Rahmenplanung und Kontrolle des korporativen Eigentums gesehen wurde, Brockhaus Enzyklopädie, Bd. 12, 1990; zum Verhältnis des Korporativismus zum Kapitalmarkt *Ferrarini*, Corporate Governance Changes in the 20th Century: A View from Italy (2005), S. 11, http://ssrn.com/abstract=695762; zur Verbreitung des Korporativismus in Portugal unter der Salazar-Diktatur *Gause*, Europäisches Konzernrecht im Vergleich S. 41 f; zum Falangismus in Spanien und dessen Auswirkungen auf die Unternehmensmitbestimmung *Henneberger*, Unternehmensführung und Arbeitnehmerinteressen in Spanien und Deutschland S. 81 f.

Wirtschaftszweige[6]. Folglich wird das italienische Wirtschaftssystem dieser Epoche auch als *‚mixed economy'* bezeichnet[7]. Die Weltwirtschaftskrise verstärkte diese Strukturen weiter. In einer staatlich angelegten Rettungsaktion fast der Hälfte der großen Industrieunternehmen wurde 1933 das eigens für diese Zwecke von der Regierung gegründete *Istituto per la Ricostruzione Italiana, IRI,* Mehrheitsgesellschafter der betroffenen Unternehmen[8]. Zunächst als vorübergehende Maßnahme gedacht, wurde die staatliche Beteiligung an Unternehmen zu einem charakteristischen Merkmal der italienischen Wirtschaft für die folgenden Jahrzehnte. Der staatliche Eingriff führte langfristig zu einem Ersatz des privaten Sektors bei der Sammlung von Kapital zur Unternehmensfinanzierung[9].

Damit wurden die Grundlagen gelegt für die das italienische Wirtschaftssystem in der Folgezeit kennzeichnende komplexe Vermischung öffentlicher und privater Einflüsse[10].

Am System der Staatswirtschaft änderte sich auch in der Zeit nach dem Zweiten Weltkrieg nichts[11]. Vielmehr wurden weitere staatliche Unternehmen gegründet, die Beteiligungen des Staates in einzelnen Industriezweigen verwalteten und deren Geschäftsleitungen regelmäßig eng mit der jeweiligen Regierungspartei verflochten waren[12]. Zugleich gewannen in dieser Zeit Familienunternehmen erstmalig an wirtschaftlicher Bedeutung[13].

Staatliches Eigentum an Unternehmen prägte die italienische Wirtschaft bis in die 70er Jahre[14]. Rettungsmaßnahmen krisengeschüttelter Privatunternehmen durch

---

6 *Cassese,* La nuova costituzione economica S. 15 f. Dazu gehörten insbesondere Schiff- und Luftfahrt, Telephongesellschaften, Wasserwirtschaft und Bergbau. Überblicksartig zur wirtschaftspolitischen Entwicklung auch *Visentini,* Giur. comm. 2007, I, S. 695 (696 ff).

7 U.a. *Cassese,* La nuova costituzione economica S. 14 ff; *Ferrarini,* Corporate Governance Changes in the 20th Century: A View from Italy (2005), S. 9 f, http://ssrn.com/abstract=695762. Zu den Merkmalen der *mixed economy* gegenüber denen der Marktwirtschaft *Visentini,* Giur. comm. 2007, I, S. 695 (699 ff).

8 *Aganin/Volpin,* History of Corporate Ownership in Italy (2003), S. 2 f, 8, http://ssrn.com/abstract=391180, zu den Funktionen von IRI *Visentini,* Giur. comm. 2007, I, S. 695 (696 f).

9 Nach dem Verbot der Universalbanken von 1936 durften nur noch einige wenige staatlich kontrollierte Einrichtungen mittel- und langfristige Kredite vergeben, einzige Investmentbank war die staatliche Mediobanca, vgl. *Aganin/Volpin,* History of Corporate Ownership in Italy (2003), S. 2 f, 6, http://ssrn.com/abstract=391180; zu dieser Entwicklung im italienischen Bankrecht überblicksartig *Grundmann/Massari* in Grundmann/Zaccaria (Hrsg.), Einführung in das italienische Recht 4. Teil 3. Kap. I 1; *Schäfer,* JbItalR 7 (1994), S. 181 f.

10 So etwa *Ferrarini,* Corporate Governance Changes in the 20th Century: A View from Italy (2005), S. 11 f, http://ssrn.com/abstract=695762; *Siciliano,* Cento anni di borsa in Italia S. 139 ff mwN. Vgl. ferner die Schilderung am Beispiel der Pesenti Gruppe bei *Aganin/Volpin,* History of Corporate Ownership in Italy (2003), S. 14 ff, http://ssrn.com/abstract=391180.

11 Vgl. *Hilpold/Brunner,* ZVglRWiss 105 (2006), S. 519 f; zur traditionellen Bedeutung des Staates im italienischen Wirtschaftssystem *Rossi,* Riv. soc. 2001, S. 6 (7).

12 Vgl. hierzu *Aganin/Volpin,* History of Corporate Ownership in Italy (2003), S. 8, http://ssrn.com/abstract=391180.

13 *Visentini,* Giur. comm. 2007, I, S. 695 (699).

14 Nach dem Ansatz der *'political economy'* trägt staatlicher Einfluss auf die Wirtschaft dazu bei, dass sich der Kapitalmarkt nicht entwickeln kann, vgl. in Bezug auf Italien etwa *Roe,* Political Determinants of Corporate Governance S. 83 ff. Zur Auseinandersetzung mit diesem Ansatz in Bedie staatlichen Beteiligungsgesellschaften blieben die Regel[15]. Der erhebliche Umfang staatlicher Beteiligungen ist als Reformbremse für das Gesellschafts- und Kapitalmarktrecht angesehen worden[16].

Das Voranschreiten des Gemeinsamen Marktes und die Kapitalfreiheiten der Europäischen Gemeinschaft führten – nicht nur in Italien – zu einem Wandel der Wirtschaftspolitik ab den 80er Jahren[17]. Europäische Vorgaben, wie die Kriterien für die Aufnahme in die Währungsunion und die Einführung des Euro, sowie die eingeschränkte Zulässigkeit staatlicher Subventionen, waren Anlass für die in den 90er Jahren einsetzende Privatisierung staatlicher Beteiligungen und Unternehmen sowie des bis dahin weitgehend staatlich gelenkten Bankwesens[18]. Daneben rückte die Förderung des Kapitalmarktes in den Blickpunkt des Gesetzgebers[19].

2. Wirtschafts- und Finanzstruktur italienischer Unternehmen

Wie in den meisten OECD-Staaten[20] ist auch die italienische Wirtschaft von kleinen und mittleren[21] Unternehmen geprägt. Dabei handelt es sich traditionell zumeist um Familienunternehmen[22]. Eine italienische Besonderheit ist die Bedeutung von

---

zug auf Italien *Aganin/Volpin*, History of Corporate Ownership in Italy (2003), S. 2, 9 ff, http://ssrn.com/abstract=391180; *Ferrarini*, Corporate Governance Changes in the 20th Century: A View from Italy (2005), S. 19 mit entsprechenden Nachweisen, http://ssrn.com/abstract=695762; *Rossi*, Riv. soc. 2001, S. 6 ff.

15 Dazu aus wettbewerbsrechtlicher Sicht *Kaufmann*, Das italienische Kartellgesetz von 1990 und sein Verhältnis zum europäischen Recht der Wettbewerbsbeschränkungen S. 81 f.

16 *Ferrarini*, Corporate Governance Changes in the 20th Century: A View from Italy (2005), S. 28, http://ssrn.com/abstract=695762; hinsichtlich des Fehlens einer umfassenden Konzerngesetzgebung *Druey* in Lutter (Hrsg.), Konzernrecht im Ausland S. 310 (321).

17 *Aganin/Volpin*, History of Corporate Ownership in Italy (2003), S. 7, http://ssrn.com/abstract=391180; *Ferrarini*, Corporate Governance Changes in the 20th Century: A View from Italy (2005), S. 20 ff, http://ssrn.com/abstract=695762.

18 Ausführlich zu den Privatisierungen *Cassese*, La nuova costituzione economica S. 126 ff. Zur Reform des italienischen Bankwesens und dessen rechtlicher Grundlagen *Grundmann/Massari* in Grundmann/Zaccaria (Hrsg.), Einführung in das italienische Recht 4. Teil 3. Kap. I 2; *Schäfer*, JbItalR 7 (1994), S. 181 ff.

19 *Bianchi/Enriques*, Corporate Governance in Italy after the 1998 reform (2001), S. 32 ff, http://ssrn.com/abstract=203112; *Tombari*, FS Jayme S. 1589 (1592).

20 *Ebke*, RIW 2004, S. 241 mit Zahlen zur Verbreitung von KMU in Deutschland und den USA; zur Bedeutung in der EU, in der sie 99 Prozent aller Unternehmen darstellen, *ders.*, ZVglRWiss 104 (2005), S. 1 (3 f).

21 Zu den Definitionen von mittleren, kleinen und Kleinstunternehmen vgl. Empfehlung der Kommission der Europäischen Union betreffend die Definition der Kleinstunternehmen sowie der kleinen und mittleren Unternehmen (2003/261/EG), vom 06.05.2003, AblEG vom 20.05.2003 L 124/36 ff.

22 *Buenger*, RIW 2004, S. 249; *Cera* in Benazzo/Patriarca/Presti (Hrsg.), Il nuovo diritto societario fra società aperte e società private S. 257; *Faini*, Piccole imprese non crescono, La Voce 19.09.2005, http://www.lavoce.info/articoli/pagina1741.html; *Kaufmann*, Das italienische Kartellgesetz von 1990 und sein Verhältnis zum europäischen Recht der Wettbewerbsbeschränkungen S. 78; *Mosco*, Giur. comm. 2004, I, S. 1079 f.; *Scarpetta*, Perché restano piccole imprese, La Voce 29.09.2005, http://www.lavoce.info/articoli/pagina1759.html; *Tombari*, FS Jayme S. 1589 (1591).

Kleinunternehmen gerade wegen ihres Anteils an der Gesamtbeschäftigung[23]. Mittlere und Großunternehmen kommen weniger häufig vor und sind insbesondere im italienischen Norden ansässig[24].

Das Entwicklungsgefälle zwischen Norden und Süden ist insgesamt betrachtet noch immer ein wesentliches Merkmal der italienischen Wirtschaft[25]. Dies gilt auch für die Verbreitung von Gesellschaftsgruppen: fast ein Drittel aller Gruppenunternehmen sind allein in der Lombardei angesiedelt, in weitem Abstand gefolgt von Latium, Emilia-Romagna und dem Veneto. In Süditalien hingegen ist nur ein geringer Anteil der Unternehmen gruppenzugehörig[26]. Weiteres typisches Merkmal ist demnach die örtliche Nähe der jeweils zu einem Gruppenverbund gehörenden Unternehmen[27]. In Norditalien finden sich zudem auch die meisten von ausländischen Unternehmen kontrollierten Tochtergesellschaften[28].

Ebenso befinden sich in Norditalien die meisten *distretti industriali*. Bei den industriellen Distrikten handelt es sich um Ballungen von Hunderten oder bis zu Tausenden spezialisierter, unabhängiger kleiner und mittlerer Unternehmen, die im gleichen Sektor im selben geographischen Gebiet tätig sind. Die Unternehmen innerhalb des Gebietes unterhalten typischerweise untereinander enge Beziehungen[29]. Die etwa 200 *distretti industriali* gelten als Triebkraft der italienischen Wirtschaft[30].

Die geringe Größe italienischer Unternehmen wird teilweise als Ursache für einen geringen Grad an internationaler Expansion angesehen[31]. Dies gilt weniger für den

---

23 *Associazione Preite,* Olivieri/Presti/Vella (Hrsg.), Il nuovo diritto delle società, Introduzione sub 3 (S. 11), Cap. 11 A 1 (S. 335). Dieses Phänomen wird auch als *nanismo delle imprese italiane* bezeichnet, vgl. *Drüke* in: Aus Politik und Zeitgeschichte, Beilage zu Das Parlament 23.08.2004, S. 18 (23 mwN). Zur Bedeutung von Kleinstunternehmen gerade im verarbeitenden Gewerbe: *Scarpetta,* Perché restano piccole imprese, La Voce 29.09.2005, http://www.lavoce.info/articoli/pagina1759.html. Annähernd die Hälfte der italienischen Arbeitnehmer ist in Kleinstunternehmen mit weniger als 10 Angestellten beschäftigt, vgl. diesbzgl. die Zahlen im europäischen Vergleich Eurostat Yearbook 2010, Tabelle 7.5 (S. 360).

24 Vgl. *Drüke* in: Aus Politik und Zeitgeschichte, Beilage zu Das Parlament 23.08.2004, S. 18 (23).

25 Näher *Drüke* in: Aus Politik und Zeitgeschichte, Beilage zu Das Parlament 23.08.2004, S. 18 (23 mwN); zu den historischen Ursachen, insbesondere zu der unterschiedlichen wirtschaftlichen Entwicklung in Norden und Süden, *Procacci,* Geschichte Italiens und der Italiener S. 226 ff, 254 f, 273, 275, 286 ff, 298.

26 *Unioncamere,* 2ª Giornata dell'Economia, Rapporto Italia 2004, Appendice statistica, Sezione 3, Assetti proprietari e gruppi d'impresa, Tav. 3.1 (Zahlen beziehen sich auf das Jahr 2000).

27 *Unioncamere,* 2ª Giornata dell'Economia, Rapporto Italia 2004, Osservatorio Unioncamere sui gruppi d'impresa, S. 94.

28 *Unioncamere,* 2ª Giornata dell'Economia, Rapporto Italia 2004, Appendice statistica, Sezione 3, Assetti proprietari e gruppi d'impresa, Tav. 3.1 (Zahlen beziehen sich auf das Jahr 2000).

29 Zur Definition vgl. Art. 36 Legge 5 ottobre 1991, n. 317.

30 *Associazione Preite,* Morera/Olivieri/Perassi u.a. (Hrsg.), Il diritto delle società, Cap. XX 1 (S. 407); *Galletti* in Maffei Alberti (Hrsg.), Il nuovo diritto delle società, Art. 2497-*quater* sub 1.2 mwN (S. 2407); *Tombari,* Giur. comm. 2004, I, S. 61 (64 f). Zur ambivalenten Bedeutung der *distretti industriali* für die italienische Wirtschaft *Drüke* in: Aus Politik und Zeitgeschichte, Beilage zu Das Parlament 23.08.2004, S. 18 (23 f) mwN; *Onida,* Perchè le imprese non crescono?, La Voce 27.05.2004, http://www.lavoce.info/articoli/pagina1096.html.

31 *Associazione Preite,* Rapporto sulla società aperta, Tesi 6; *Drüke* in: Aus Politik und Zeitgeschichte Beilage zu Das Parlament 23.08.2004, S. 18 (23 f mwN).

Export – Italien ist ähnlich wie Deutschland ein exportorientiertes Land – als für direkte Präsenz an ausländischen Märkten[32].

Ein weiteres Hindernis für die Internationalisierung italienischer Unternehmen dürfte deren Finanzierung darstellen: die der meisten, insbesondere der kleinen und mittleren Unternehmen, erfolgt durch Kredite bei Banken[33], vorwiegend solche mit kürzerer Laufzeit[34]. Typischerweise ist das Eigenkapital selbst der großen Unternehmen in Italien verhältnismäßig gering[35]. Diese Probleme bei der Finanzierung werden verstärkt durch die, jedenfalls bisher, mangelhafte Erfüllung und Durchsetzung von Informationspflichten[36].

3. Unternehmensorganisationsformen

Deutlich höher als in Deutschland ist die Anzahl von Personengesellschaften[37]. Entsprechendes gilt für die Zahl der Aktiengesellschaften[38]. Die *società per azioni*[39] (*s.p.a.*) ist traditionell auch unter kleinen Familienunternehmen verbreitete Gesellschaftsform[40]. Noch immer beträgt das Verhältnis der Anzahl der *società per azioni* zu der der *società a responsabilità limitata* (*s.r.l.*) grob gerechnet eins zu 20[41].

---

32 *Associazione Preite,* Rapporto sulla società aperta, Tesi 1; *Onida,* Perchè le imprese non crescono?, La Voce 27.05.2004, http://www.lavoce.info/articoli/pagina1096.html.

33 *Forestieri* in Benazzo/Patriarca/Presti (Hrsg.), Il nuovo diritto societario fra società aperte e società private. S. 273 (274); *Lener,* Giur. comm. 2005, I, S. 269 (273); *Tombari,* FS Jayme S. 1589 (1597); *Visentini,* Giur. comm. 2007, I, S. 695 (703 f).

34 *Associazione Preite,* Olivieri/Presti/Vella (Hrsg.), Il nuovo diritto delle società, Introduzione sub 3 (S. 11); *Onida,* Perchè le imprese non crescono?, La Voce 27.05.2004, http://www.lavoce.info/articoli/pagina1096.html.

35 *Ventoruzzo,* ECFR 2005, S. 207 (266 mwN) - *‚original sin' of undercapitalization.*

36 *Ventoruzzo,* ECFR 2005, S. 207 (263 f).

37 1.227.138 Personengesellschaften (einschließlich der *società semplice,* die in etwa der GbR entspricht) zum 30.06.2005, vgl. *Montalenti,* Giur. comm. 2006, I, S. 504 (516). Vgl. zu den Zahlen für Deutschland Umsatzsteuerstatistik von 2005, Tabelle 2.2 (S. 28), abzurufen unter www.destatis.de.

38 Am 30.06.2005 waren 61.314 *s.p.a.* im italienischen Unternehmensregister eingetragen, vgl. die Zahlen bei *Montalenti,* Giur. comm. 2006, I, S. 504 (516). Davon galten 46.043 als aktiv, also weder einem Liquidations- oder Insolvenzverfahren unterliegend, vgl. *Notari,* Riv. soc. 2006, S. 385 ff, der jeweils auch die Anzahl der Gesellschaften im Zeitraum vor und nach Inkrafttreten der Gesellschaftsrechtsreform gegenüber stellt.

39 Im Rahmen dieser Arbeit sollen im Zusammenhang mit dem italienischen Recht jeweils die italienischen Bezeichnungen der Gesellschaftsformen verwendet werden. Der Begriff der Aktiengesellschaft bzw. Gesellschaft mit beschränkter Haftung wird im Folgenden hingegen als Oberbegriff, unabhängig vom jeweiligen nationalen Recht, verwendet.

40 Vgl. *Bianchi/Bianco/Enriques* in Barca/Becht (Hrsg.), The Control of Corporate Europe S. 154 (157). Zu den Gründen dafür bzgl. der Rechtslage vor der Reform jeweils *Kindler,* Italienisches Handels- und Wirtschaftsrecht § 4 Rn 113; *Kronke* in Behrens (Hrsg.), Die Gesellschaft mit beschränkter Haftung im internationalen und europäischen Recht, Länderbericht Italien, Rn 4.

41 Zum 30.06.2005 waren 1.046.139 *s.r.l.* im italienischen Unternehmensregister eingetragen, vgl. *Montalenti,* Giur. comm. 2006, I, S. 504 (516). Davon waren 809.903 aktiv, vgl. *Notari,* Riv. soc. 2006, S. 385 (388 ff), dessen Tabellen ein deutlicher Anstieg der Anzahl der *s.r.l.* seit der Gesellschaftsrechtsreform zu entnehmen ist.

Auffällig ist die traditionell verhältnismäßig geringe Anzahl börsennotierter italienischer Aktiengesellschaften[42]: etwa im August 2006 waren 284 börsennotiert, in Deutschland dagegen 650[43]. Nur bei einem sehr geringen Teil der an der italienischen Börse notierten Gesellschaften handelt es sich um ausländische Aktiengesellschaften[44]. Auch ist der Anteil ausländischer Aktionäre in Italien seit langem eher gering, 2007 lag er bei nur 12,3 Prozent und damit erheblich niedriger als in den meisten übrigen westeuropäischen Industriestaaten[45].

4. Gruppen, Eigentümerstruktur und das Phänomen des Familienkapitalismus

Familie, Staat und Gruppen sind die Säulen, auf denen die italienische Unternehmenslandschaft den Großteil des letzten Jahrhunderts ruhte[46].

Seit der Privatisierungswelle der Neunziger Jahre ist der Anteil von Aktien, die der italienische Staat hält, rückläufig, 2007 lag er in Bezug auf börsennotierte Unternehmen noch bei 5,6 Prozent[47].

An der traditionellen Bedeutung der Gesellschaftsgruppe in der italienischen Unternehmenslandschaft hat sich hingegen nichts geändert[48]. Vielmehr steigt diese weiterhin kontinuierlich an[49]. Rund 72.000 Unternehmensgruppen, zu denen ca. 184.000 Gesellschaften gehörten, waren im Jahr 2005 statistisch nachweisbar[50].

Im Gegensatz dazu lag das Verhältnis von AG (KgaA eingerechnet) zu GmbH in Deutschland in diesem Zeitraum bei etwa eins zu 66, vgl. Umsatzsteuerstatistik 2005, Tabelle 2.2 (S. 28), abzurufen unter www.destatis.de.

42 Die möglichen Gründe dafür untersuchend und dabei einen Vergleich mit Deutschland, Frankreich und Großbritannien anstellend *Siciliano*, Cento anni di borsa in Italia S. 137 ff.

43 Vgl. Report on the implementation of the Directive on Takeover Bids, SEC(2007) 268 vom 27.02.2007, Annex I (S. 12), Zahlen aus den Mitgliedstaaten mit Stand August 2006.

44 Im September 2006 waren von den börsennotierten Gesellschaften nur 16 ausländische Gesellschaften, vgl. zur Anzahl letzterer DAI Factbook 2006 Übersicht 02-4 (S. 48); im September 2008 waren es sogar nur 6, vgl. DAI Factbook 2008 Übersicht 02-4 (S. 46).

45 Zahlen für Italien aus den Jahren 1998 bis 2007 DAI-Factbook 2008 Übersicht 08.7 Italien 2 (S. 361). Immerhin bedeutete dies einen Anstieg gegenüber der Zeit vor der Kapitalmarktrechtsreform von 1998 – 1994 hatte der Anteil ausländischer Aktionäre noch 8 Prozent betragen, vgl. *Associazione Preite*, Rapporto sulla società aperta, Tesi 5.

46 Vgl. *Associazione Preite*, Rapporto sulla società aperta, Tesi 15.

47 Vgl. DAI-Factbook 2008 Übersicht 08.7 Italien 2 (S. 361).

48 Vgl. zur Entwicklung der jeweils zehn größten italienischen Unternehmensgruppen anhand ihrer Marktkapitalisierung von 1930 bis 2000 *Aganin/Volpin*, History of Corporate Ownership in Italy (2003), Table 7 (S. 30), http://ssrn.com/abstract=391180.

49 Zahlen aus dem Jahr 1999 weisen 42.000 Gruppen mit etwa 120.000 zugehörigen Unternehmen auf, vgl. *Unioncamere*, La rete delle piccole e medie imprese, Osservatorio Unioncamere sui gruppi d'impresa, Primi Risultati 2002. Im Jahr 2001 waren 66.500 Gruppen statistisch nachweisbar, vgl. *Unioncamere*, 2ª Giornata dell'Economia, Rapporto Italia 2004, Osservatorio Unioncamere sui gruppi d'impresa, S. 91 (Kriterium für die Gruppenzugehörigkeit war bei dieser Untersuchung das Innehaben von mehr als 50 Prozent des Gesellschaftskapitals).

50 *Unioncamere*, Rapporto Unioncamere 2007, S. 40, im Vergleich dazu auch Zahlen aus dem Jahr 2003.

Rund ein Viertel aller italienischen Kapitalgesellschaften galten vor der Gesellschaftsrechtsreform als gruppenzugehörig[51]. Dies galt im wesentlichen dadurch bedingt, dass bis zur Gesellschaftsrechtsreform die Beteiligung von Kapitalgesellschaften an Personengesellschaften von der Rechtsprechung als unzulässig angesehen wurde[52].

Nach der Reform, bis zum Juli 2005, haben die Erklärung, der Leitung und Koordinierung durch eine andere Gesellschaft im Sinne von Art. 2497-*bis* cod. civ. zu unterliegen[53], 12,49 Prozent (7.658) der italienischen *s.p.a.* und 1,67 Prozent (17.438) der *s.r.l.* abgegeben[54]. Auffällig ist hier wiederum der verhältnismäßig hohe Anteil von Aktiengesellschaften. Von den *s.p.a.* waren wiederum ein Drittel Ein-Personen-Gesellschaften, also 100 %ige Tochtergesellschaften[55].

Zuletzt waren insgesamt 3,7 % aller italienischen Unternehmen Bestandteil einer Gruppe[56]. Bedeutend ist die Gruppenstruktur weniger durch ihren Anteil an der Gesamtheit der italienischen Unternehmen, als wegen ihres Anteils an der Gesamtbeschäftigung sowie an der nationalen Wertschöpfung[57].

Die Gruppenstruktur ist dabei kein nur bei Großunternehmen auftauchendes Phänomen[58]. Vielmehr steht sie auch im Zusammenhang mit einer Vielzahl kleiner Unternehmen[59]. Der Verbund mit anderen Unternehmen zu einer Gruppe gilt für italienische Unternehmen als ein Mittel zur Überwindung der Nachteile einer geringen Größe sowie als eine Alternative zum eigenen, internen Wachstum[60].

51 1999 lag ihr Anteil bei 24,6 Prozent, vgl. *Unioncamere,* La rete delle piccole e medie imprese, Osservatorio Unioncamere sui gruppi d' impresa, Primi Risultati 2002, Tab. 4.

52 Vgl. *Spada* in Wymeersch (Hrsg.), Groups of Companies in the EEC S. 165 (166 f).

53 Dazu näher unter § 4 III 1 b.

54 Alle Zahlen hinsichtlich der Erklärung nach Art. 2497-*bis* cod. civ. bei *Aristeia,* Analisi dei primi dati relativi all'applicazione del nuovo diritto societario, Doc. n. 54, gennaio 2006, sub 5.2 (S. 11 f).

55 Demgegenüber scheinen die vom Gesetzgeber als Alternative zur 100%igen Tochtergesellschaft eingeführten Modelle von Sondervermögen (*Patrimoni destinati ad uno specifico affare,* Artt. 2447-*bis* ff cod. civ.) in der Rechtspraxis bisher mit Vorsicht aufgenommen worden zu sein, nur jeweils drei Aktiengesellschaften hatten bis Juli 2005 diese Institute eingeführt, vgl. die Zahlen bei *Aristeia,* Analisi dei primi dati relativi all'applicazione del nuovo diritto societario, Doc. n. 54, gennaio 2006, sub 6.2 (S. 15).

56 *Unioncamere,* 2ª Giornata dell'Economia, Rapporto Italia 2004, Osservatorio Unioncamere sui gruppi d' impresa, S. 92.

57 Vgl. im Einzelnen *Galgano,* Diritto Civile e Commerciale, III/2, par. 124 (S. 177); *Unioncamere,* 2ª Giornata dell'Economia, Rapporto Italia 2004, Osservatorio Unioncamere sui gruppi d'impresa, S. 92; *dies.,* La rete delle piccole e medie imprese, Osservatorio Unioncamere sui gruppi d'impresa, Primi Risultati 2002, Tab. 4.

58 Vgl. allgemein *Windbichler* in Großkomm AktG vor § 15 Rn 13, 16.

59 Hinsichtlich der Situation in Italien *Assonime,* Riv. soc. 2002, S. 1592 (1595); *Cannari/Gola* in Balzarini/Carcano/Mucciarelli (Hrsg.), I gruppi di società S. 813 (815 f); *Montalenti* in Cottino (Hrsg.), Trattato Diritto Commerciale IV/2, Cap. XII sub 141. (S. 354); *Ventura* in Balzarini/Carcano/Mucciarelli (Hrsg.), I gruppi di società S. 2327.

60 *Associazione Preite,* Morera/Olivieri/Perassi u.a. (Hrsg.), Il diritto delle società, Cap. XX 1 (S. 407); *Tombari,* FS Jayme S. 1589 (1592 mwN); *ders.,* Giur. comm. 2004, I, S. 61 (64 f mwN).

Zwar handelt es sich bei Eigentumskonzentration und Gesellschaftsgruppen um unterschiedliche Phänomene[61]. Jedoch stehen beide in Italien in engem Zusammenhang – selbst bei der kapitalmarktnotierten Aktiengesellschaft[62]. Ende 1999 etwa wurde mehr als die Hälfte der rund 240 börsennotierten *s.p.a.* von einem Aktionär mit einem Mehrheitsanteil von über 50 Prozent kontrolliert, im weiteren Großteil übte ein Aktionär mit einem Anteil von 40 Prozent faktisch die Herrschaft aus oder es bestand ein Stimmbindungsvertrag, der zu einer gemeinsamen Einflussnahme durch über 50 Prozent der Anteile führte[63]. 2005 betrug der durchschnittliche Umfang der Anteile des Mehrheitsaktionärs noch rund 45 Prozent[64]. Im Jahr 2007 lag der Anteil von Aktien börsennotierter Unternehmen, die von nichtfinanziellen Kapitalgesellschaften gehalten wurden, bei 38,6 Prozent und hat sich damit gegenüber Ende 1998 nahezu verdoppelt[65]. Der hohe Anteil von Unternehmen am Aktienbesitz gilt als Hinweis auf die Verbreitung von Pyramidenstrukturen[66].

Ähnlich ist die Situation bei der nicht börsennotierten Gesellschaft: Durchschnittlich hat sie drei Aktionäre, von denen der Mehrheitsaktionär über zwei Drittel der Kapitalanteile verfügt[67]. Streubesitz ist dementsprechend in Italien wenig verbreitet[68].

Mit der hohen Konzentration geht meist die familiäre Verbundenheit der Anteilseigner untereinander einher[69]. Wegen dieses Merkmals wird die italienische Wirtschaft bisweilen mit dem Begriff ‚*Familienkapitalismus*'[70] charakterisiert. So gelten von den Unternehmen mit mehr als 50 Angestellten 80 Prozent als Familienunter-

---

61 *Windbichler* in Großkomm AktG Vor § 15 Rn 14.

62 Zu dieser Entwicklung *Aganin/Volpin*, History of Corporate Ownership in Italy (2003), S. 11 f. mwN, sowie Figure 5 (S. 35), http://ssrn.com/abstract=391180; *Bianchi/Enriques*, Corporate Governance in Italy after the 1998 reform (2001), S. 24 ff, http://ssrn.com/abstract=203112; *Rossi*, Riv. soc. 2001, S. 6 (8 f).

63 Im Einzelnen *Bianchi/Enriques*, Corporate Governance in Italy after the 1998 reform (2001), S. 24 ff, http://ssrn.com/abstract=203112.

64 Zur Entwicklung der Eigentumskonzentration in börsennotierten Aktiengesellschaften zwischen 1990 und 2005 *Bianchi/Bianco*, Italian corporate governance in the last 15 years: from pyramids to coalitions? (2006), S. 2 f, Table 7, http://ssrn.com/abstract=952147.

65 Vgl. DAI-Factbook 2008 Übersicht 08.7 Italien 2 (S. 361).

66 Vgl. *Bianchi/Bianco*, Italian corporate governance in the last 15 years: from pyramids to coalitions? (2006), S. 9 f, Table 8, http://ssrn.com/abstract=952147. Näher dazu unten § 2 I 5.

67 *Associazione Preite*, Olivieri/Presti/Vella (Hrsg.), Il nuovo diritto delle società, Introduzione sub 3 (S. 11); zur Entwicklung von 1993 bis 2005 vgl. *Bianchi/Bianco*, Italian corporate governance in the last 15 years: from pyramids to coalitions? (2006), S. 2 f, Table 1, http://ssrn.com/abstract=952147.

68 Dazu *Tombari*, FS Jayme S. 1589 (1591 mwN); *ders.*, Giur. comm. 2004, I, S. 61 (64). In Italien lag der Anteil von Aktionären mit weniger als zehn Prozent der Stimmrechte 1999 bei 7,5 Prozent, vgl. *Wymeersch* in Hopt/Wymeersch (Hrsg.), Capital Markets and Company Law, S. 573, 575 (Table 1); ferner: *Associazione Preite*, Rapporto sulla società aperta, Tesi 5; sowie aus kartellrechtlicher Perspektive *Kaufmann*, Das italienische Kartellgesetz von 1990 und sein Verhältnis zum europäischen Recht der Wettbewerbsbeschränkungen S. 80.

69 *Associazione Preite*, Rapporto sulla società aperta, Tesi 5.

70 Näher *Aganin/Volpin*, History of Corporate Ownership in Italy (2003), S. 1, http://ssrn.com/abstract=391180.

nehmen[71]. Ferner wird bei etwa einem Drittel der italienischen Gruppen die Kontrolle durch eine Gruppe natürlicher Personen, in der Regel einer Familie, ausgeübt[72]. Persönliche Beziehungen prägen oftmals auch die Beziehungen zwischen unterschiedlichen Unternehmen und Unternehmensgruppen[73].

Die Geschäftsführung, auch in großen börsennotierten Gesellschaften, liegt in der Regel in den Händen von Familienmitgliedern[74]; externe Manager sind dagegen eher selten[75]. Das Leitungsorgan erfüllt, jedenfalls in geschlossenen *s.p.a.*, oftmals nur formelle Funktionen. Maßgeblich sind die Entscheidungen, die die wichtigsten Aktionärsgruppen untereinander bzw. der Familienrat treffen[76]. Diese sind oftmals durch einen Stimmbindungsvertrag miteinander verbunden[77]. Damit sind ferner die typischen Konflikte innerhalb von Familienunternehmen verbunden, wie etwa in der *s.p.a.* Zwistigkeiten zwischen geschäftsführenden und nicht geschäftsführenden Familienmitgliedern[78], aber auch Nachfolgestreitigkeiten[79].

5. ‚Typische' Gruppenstrukturen in Italien

Die ‚typische' Gruppenstruktur als solche gibt es nicht, die Organisationsformen sind vielmehr unendlich vielgestaltig[80]. Einige Merkmale werden in Bezug auf das Gruppenphänomen in Italien jedoch immer wieder hervorgehoben. Sie stehen größtenteils im Zusammenhang mit den bisher beschriebenen Charakteristika der italienischen Wirtschaft.

---

71 *Faini*, Piccole imprese non crescono, La Voce 19.09.2005, http://www.lavoce.info/articoli/pagina1741.html, der auf jeweils niedrigere Prozentsätze in Spanien, GB und den USA verweist. Vgl. im Gegensatz dazu zur ökonomischen Bedeutung von Familiengesellschaften in Deutschland *Bettermann/Heneric* in Hommelhoff/Hopt/v.Werder (Hrsg.), Handbuch Corporate Governance, 2. Aufl., S. 849 (860 ff).

72 *Unioncamere*, 2ª Giornata dell'Economia, Rapporto Italia 2004, Osservatorio Unioncamere sui gruppi d'impresa, S. 92.

73 *Associazione Preite*, Rapporto sulla società aperta, Tesi 3; zu den dadurch hervorgerufenen kartellrechtlichen Problemen *Ghezzi*, Riv. soc. 2010, S. 999 ff.
Als ein Beispiel für die persönlichen Beziehungen zwischen Unternehmen lässt sich anführen, dass an dem von einem Sohn der Familie Benetton gegründeten Private Equity Unternehmen 21 Investimenti neben der Benetton Familienholding auch Marina Berlusconi beteiligt ist. Die Tochter des Unternehmers und Politikers Silvio Berlusconi ist zugleich Präsidentin der Fininvest Holding, die die wirtschaftlichen Beteiligungen der Familie Berlusconi kontrolliert, vgl. Im Namen der Familie, Handelsblatt 10.11.2005.

74 *Girello*, Società 2004, S. 29; *Ventoruzzo*, ECFR 2005, S. 207 (258).

75 *Kronke*, FS Lutter S. 1449 (1453).

76 *Mosco*, Giur. comm. 2004, I, S. 1079 (1080).

77 Vgl. *Bianchi/Bianco*, Italian corporate governance in the last 15 years: from pyramids to coalitions? (2006), S. 8 ff, 12 ff http://ssrn.com/abstract=952147. Zur Bedeutung von Stimmbindungsvereinbarungen vgl. die Zahlen in Report on the Proportionality Principle in the European Union, sub 4.4.10 (S. 62 f). Zu den rechtlichen Merkmalen unten § 6 V 1 a, 2 a.

78 Für deren Lösung wird das durch die Reform eingeführte dualistische Organisationsmodell für die *s.p.a.* empfohlen, bei dem die nicht geschäftsführenden Familienmitglieder das Kontrollorgan besetzen können, vgl. u.a. *Ghezzi/Malberti*, ECFR 2008, S. 1 (31 ff); *Girello*, Società 2004, S. 29 ff.

79 *Mosco*, Giur. comm. 2004, I, S. 1079 (1080).

80 Vgl. *Windbichler* in Großkomm AktG Vor § 15 Rn 12 ff.

Die Vielzahl der Gruppen, etwa 86 Prozent, besteht aus nur zwei bis drei Unternehmen, dagegen nur ein verschwindend geringer Anteil von 0,3 Prozent aus mehr als 20 Unternehmen[81]. Oft gehören zu einer Gruppe Unternehmen verschiedener Produktionsstufen, von der Bearbeitung der Ausgangsmaterie bis zum Vertrieb[82].

In großen, familiendominierten Gruppen ist die Bildung einer reinen Holding als Obergesellschaft verbreitet. An ihr ist allein die Unternehmerfamilie beteiligt[83]. Typischerweise obliegt der Holding die Koordination der gemeinsamen Geschäftspolitik. Oftmals sind auf der Stufe darunter weitere Holdings vorzufinden, die den einzelnen Geschäftsfeldern vorstehen. Teilweise handelt es sich bei diesen wiederum um reine Holdings, teilweise sind sie aber auch operativ tätig[84]. Mehrstufige Strukturen dürften demnach, ähnlich wie in Deutschland[85], die Regel sein.

Auf diese Weise werden häufig Ketten von Holdings gebildet und Dritte an den Tochtergesellschaften lediglich mit Minderheitsbeteiligungen beteiligt, sog. Pyramidenstrukturen[86]. Dies dürfte unterschiedliche Ursachen haben.

So ist insbesondere die Besteuerung gruppeninterner Dividenden durch das Gesetz n. 904/77 weggefallen[87].

Zum anderen war die Rechtslage vor der Gesellschaftsrechtsreform dergestalt, dass der Alleinaktionär einer *s.p.a.* unter bestimmten Voraussetzungen für deren Verbindlichkeiten haftete (vgl. Art. 2362 cod. civ. a. F.), und zwar i.V.m. Art. 147 Insolvenzgesetz (R.d. 16.3.1942, n. 267) unbeschränkt. Um dies zu vermeiden, wurden in Tochtergesellschaften Minderheitsgesellschafter aufgenommen[88]. Die Änderung dieser Rechtslage im Zuge der Gesellschaftsrechtsreform dürfte bewirkt haben, dass

---

81 *Unioncamere*, 2ª Giornata dell'Economia, Rapporto Italia 2004, Osservatorio Unioncamere sui gruppi d'impresa, S. 94.

82 *Unioncamere*, 2ª Giornata dell'Economia, Rapporto Italia 2004, Osservatorio Unioncamere sui gruppi d'impresa, S. 93.

83 *Girello*, Società 2004, S. 29.

84 *Campobasso*, Diritto Commerciale 2, Cap. VI B 7 (S. 286, Fn 78); zu dieser Entwicklung *Siciliano*, Cento anni di borsa in Italia S. 35 ff.

85 Vgl. zur Verbreitung von mehrstufigen Unternehmensverbindungen, allerdings basierend auf Zahlen von 1992, *Görling*, Die Konzernhaftung in mehrstufigen Unternehmensverbindungen S. 50 ff, 58 ff; zur Verbreitung von Holdingkonzepten in Deutschland *Lutter* in Lutter (Hrsg.), Holding Handbuch, § 1 Rn 1 ff.

86 Vgl. zur Definition von Pyramidenstrukturen *High Level Group*, Report II, Kap. V 4 (S. 107); zur Häufigkeit in Italien *Associazione Preite*, Olivieri/Presti/Vella (Hrsg.), Il nuovo diritto delle società, Introduzione sub 3 (S. 11); zu ihrer Funktionsweise *Cannari/Gola* in Balzarini/Carcano/Mucciarelli (Hrsg.), I gruppi di società S. 813 (818 ff); *Kallfass* in Mestmäcker/Behrens (Hrsg.), Das Gesellschaftsrecht der Konzerne im internationalen Vergleich S. 19 (38 f).

87 Legge 16 dicembre 1977, n. 904. Vgl. zu diesem Gesetz *Aganin/Volpin*, History of Corporate Ownership in Italy (2003), S. 13, http:/ssrn.com/abstract=391180; *Spada* in Wymeersch (Hrsg.), Groups of Companies in the EEC S. 165 (177 f). Kritisch zur aktuellen Form der Besteuerung gruppeninterner Dividenden *Mengoli/Sandri*, Le Piramidi e il Fisco, La Voce 12.11.2007, http://www.lavoce.info/articoli/pagina1000118.html.

88 Regelmäßig mit einem Anteil von 5 Prozent, damit die Beteiligung von der Rechtsprechung nicht als Umgehung beurteilt wurde, vgl. *Rittatore Vonwiller/Ippolito*, I Gruppi Societari, Cap. 4.1 (S. 87 f).

im Juli 2005 bereits ein Drittel der in der Rechtsform einer *s.p.a.* strukturierten Tochtergesellschaften 100 %-ige Beteiligungen waren[89].

Schließlich kommt, gerade in familiendominierten Unternehmen hinzu, dass die Aufnahme von Minderheitsbeteiligungen es ermöglicht, den Kapitalbedarf zu erfüllen[90]. Die Stimmrechtsmehrheit und damit die Kontrolle über die Geschäftsführung werden auf diese Weise jedoch nicht gefährdet[91]. Allerdings führt dies in der Regel zu einer geringen Eigenkapitalausstattung der betroffenen Gesellschaften[92].

Pyramidenstrukturen werden allgemein, insbesondere bei Beteiligung börsennotierter Gesellschaften, als problematisch angesehen[93]. Dies hat insbesondere mit der ihnen mangelnden Transparenz zu tun[94]. Dennoch ist gerade diese Form von Pyramidenstrukturen in Italien, im Vergleich zu den anderen EU-Mitgliedstaaten, in besonderem Maße verbreitet[95]. Die Verbreitung von Pyramidenstrukturen hat im Jahr 2002 die *High Level Group* dazu veranlasst, der EU spezifische Regeln für die Börsenzulassung vorzuschlagen, mitunter ihre Zulassung zum Handel zu verweigern[96]. Dieser Vorschlag ist in anderen Mitgliedstaaten, gerade in Deutschland,

---

89 Vgl. die Zahlen bei *Aristeia*, Analisi dei primi dati relativi all'applicazione del nuovo diritto societario, Doc. n. 54, gennaio 2006, sub 5.2 (S. 11 f).

90 *Associazione Preite*, Rapporto sulla società aperta, Tesi 3. Zur Bedeutung von Pyramidenstrukturen bei familiendominierten Gruppen, vertieft am Beispiel der Pesenti Gruppe: *Aganin/Volpin*, History of Corporate Ownership in Italy (2003), S. 12 ff, http://ssrn.com/abstract=391180.

91 Vgl. *Cannari/Gola* in Balzarini/Carcano/Mucciarelli (Hrsg.), I gruppi di società S. 813 (829), *Spada* in Wymeersch (Hrsg.), Groups of Companies in the EEC S. 165 (167 mit Beispielen); *Onida*, Perchè le imprese non crescono?, La Voce 27.05.2004, http://www.lavoce.info/articoli/pagina1096.html. Ein Beispiel für eine familiendominierte Gruppe ist etwa die *Gruppo de Agostini*. Börsennotierte Tochtergesellschaften sind u.a. *Lottomatica s.p.a.*, die zuvor Tochtergesellschaft der Fiat-Gruppe war, sowie *Dea Capital s.p.a.*. Der Mehrheitsanteil an der ebenfalls börsennotierten *Toro Assicurazioni s.p.a.* wurde im Juni 2006 veräußert. 1996 hatte letztere noch zur Fiat-Gruppe gehört.

92 Vgl. *Associazione Preite*, Rapporto sulla società aperta, Tesi 5 (allerdings zur Situation vor der Gesellschaftsrechtsreform): durchschnittlich umfasste das gesamte Eigenkapital aller Gesellschaften, die Teil einer pyramidal strukturierten Gruppe sind, zu der zumindest eine börsennotierte *s.p.a.* gehört, nur das Sechsfache des Kapitalanteiles des jeweils kontrollierenden Rechtssubjektes.

93 *Associazione Preite*, Rapporto sulla società aperta, Tesi 3; *Bianchi/Bianco*, Italian corporate governance in the last 15 years: from pyramids to coalitions? (2006), S. 16 mwN, http://ssrn.com/abstract=952147; *Ferrarini*, Riv. soc. 2004, S. 551 (565 f); *Montalenti* in Cottino (Hrsg.), Trattato Diritto Commerciale IV/2, Cap. XII sub 141 (S. 354); aus ökonomischer Perspektive *Siciliano*, Cento anni di borsa in Italia S. 146 ff. Aus europäischer Perspektive *High Level Group*, Report II, Kap. V 4 (S. 107 f); Aktionsplan sub 3.3, Unternehmensgruppe und -pyramiden, S. 23.

94 Vgl. u.a. *High Level Group*, Report II, Kap. V 4 (S. 107 f); *Hopt*, ZIP 2005, S. 461 (464).

95 Vgl. Report on the Proportionality Principle in the European Union, sub 3.2.4 (S. 19), sub 4.3.4, Figure 4.13 (S. 29): während sie im EU-Durchschnitt in 18 Prozent der börsennotierten Gesellschaften vorkommen, sind sie Italien in 28 Prozent der börsennotierten Aktiengesellschaften zu finden. Anschaulich das aus dem Jahr 1996 stammende Beispiel der Agnelli Gruppe bei *Bianchi/Bianco/Enriques* in Barca/Becht (Hrsg.), The Control of Corporate Europe S. 154 (155, Figure 6.1). Aktueller die Beispiele in Report on the Proportionality Principle in the European Union, sub 4.4.10 (S. 60 ff - Figures 4.72 bis 4.74); ausführlich zum Beispiel Telecom Italia *Enriques/Volpin*, Corporate Governance Reforms in Continental Europe (2007), S. 119 ff (121), http://ssrn.com/abstract=970796.

96 *High Level Group*, Report II, Kap. V 4 (S. 107 f).

jedoch auf Skepsis gestoßen[97]. Immerhin sind sie in der überwiegenden Anzahl der Rechtsordnungen rechtlich zulässig[98]. Entsprechende gesetzgeberische Maßnahmen sind, auch in Italien, unterblieben[99]. Allerdings hat die italienische Börse in ihrer Verordnung die Zulassung zum Handel von Gesellschaften, deren Gewinne oder Erlöse sich überwiegend aus der Investition in börsennotierte Gesellschaften zusammensetzen, in einem bestimmten Segment durch Verordnung beschränkt[100]. Pyramidenstrukturen haben in den letzten Jahren in Italien rechtstatsächlich an Bedeutung verloren[101].

An ihre Stelle scheinen als Mittel der Aufrechterhaltung familiärer Kontrolle Stimmbindungsvereinbarungen und, jedenfalls in nicht börsennotierten *s.p.a.*, Beschränkungen der Übertragbarkeit zu treten[102]. So wurden im Jahr 2005 34,5 Prozent aller börsennotierten *s.p.a.* mithilfe von Stimmbindungsvereinbarungen kontrolliert. Maßgeblich sind dabei solche zwischen Familien, aber auch solche unter Beteiligung von Banken[103]. Ihre Verwendung ist im europäischen Vergleich ebenfalls auffällig[104].

Abschließend lassen sich als die genannten Charakteristika der italienischen Unternehmenslandschaft geradezu beispielhaft zusammenfassend die Transaktionen der börsennotierten Ifil S.p.a. im Sommer 2005 anführen.

An dieser hielt die Fiat-Gründerfamilie Agnelli 30,06 Prozent der stimmrechtsberechtigten Anteile. Im Jahr 2002 war die Insolvenz der Fiat Gruppe mithilfe mehrerer Darlehen von Banken abgewendet worden. Den Banken waren dabei Wandelschuldverschreibungen im weiteren Sinne an Aktien der Fiat S.p.a. eingeräumt worden. Um zu verhindern, dass mehrere Banken durch Umwandlung ihrer Darlehensforderungen in Aktien ihren Anteil an der Fiat S.p.a. von 27 auf über 30 Pro-

---

97 U.a. *Arbeitsgruppe Europäisches Gesellschaftsrecht*, ZIP 2003, S. 863 (876); *Habersack*, NZG 2004, S. 1 (8); *Hopt*, ZIP 2005, S. 461 (464), *ders.*, FS Röhricht S. 235 (240); für eine Sachdiskussion jedoch zuletzt *ders.*, ZHR 171 (2007), S. 199 (222).

98 Vgl. Report on the Proportionality Principle in the European Union, sub 3.1 (S. 16 – Figure 3.4): demnach sind Pyramidenstrukturen in 75 Prozent der Rechtsordnungen der Mitgliedstaaten zulässig.

99 Allerdings waren sie Gegenstand eines Gesetzgebungsvorschlages, des disegno n. 1624 del 7 giugno 2007 – Delega al Governo in materia di controllo delle società quotate e di contrasto al fenomeno delle cosiddette „scatole cinesi", abzurufen unter: www.senato.it. Kritisch dazu *Montalenti*, Riv. soc. 2008, S. 318 (336 ff).

100 Vgl. 2.2.3 3c) Regolamento dei Mercati Organizzati e Gestiti da Borsa Italiana S.p.a. vom 08.11.2010, abzurufen unter: www.borsaitaliana.it.

101 Vgl. *Bianchi/Bianco*, Italian corporate governance in the last 15 years: from pyramids to coalitions? (2006), S. 3, Table 3, http://ssrn.com/abstract=952147; *Mengoli/Pazzaglia/Sapienza*, Is It Still Pizza, Spaghetti and Mandolino? On the Evolution of Corporate Ownership in Italy (2007), S. 22 f, http://ssrn.com/abstract=966085; *Montalenti*, Riv. soc. 2008, S. 318 (332 f).

102 Vgl. ausführlich *Bianchi/Bianco*, Italian corporate governance in the last 15 years: from pyramids to coalitions? (2006), S. 3 ff, 12 ff, http://ssrn.com/abstract=952147.

103 Vgl. *Bianchi/Bianco*, Italian corporate governance in the last 15 years: from pyramids to coalitions? (2006), S. 12 ff, Table 15 ff, http://ssrn.com/abstract=952147.

104 Report on the Proportionality Principle in the European Union, sub 3.2.13 (S. 22), näher zum Vorkommen in Italien sub 4.4.10 (S. 62).

zent vergrößern und damit größter Anteilseigner von Fiat S.p.a. hätten werden können, erwarb die Ifil S.p.a. von der nicht börsennotierten Exor Gruppe Anteile der Fiat S.p.a.. Mehrheitsaktionär der Exor Gruppe ist ebenfalls die Agnelli Familie. Der Erwerb erfolgte dabei zu einem geringeren Preis (6,50 €) als dem Börsenwert (7,50 €). Auch lag er erheblich unter dem der an die Gläubigerbanken ausgegebenen Wandelschuldverschreibungen (10,28 € je Aktie). Schließlich hat sich die Ifil S.p.a. geweigert, ein Übernahmeangebot abzugeben, wozu sie angesichts des Überschreitens der 30 Prozentschwelle verpflichtet gewesen wäre[105]. Wegen Verletzung von Informationspflichten in diesem Zusammenhang wurden verschiedenen Mitgliedern der Leitungsorgane der Ifil S.p.a. sowie anderer Gesellschaften Anfang 2007 von der Börsenaufsichtsbehörde *Consob* Bußgelder in Höhe von insgesamt 16 Mio. € auferlegt[106]. Letztlich wurden diese Entscheidungen allerdings in Teilen wiederum gerichtlich aufgehoben[107].

II. Geschichtliche Entwicklung des Unternehmensrechts in Italien

Die geschichtliche Entwicklung des Unternehmensrechts in Italien hat sich seit dem 19. Jahrhundert in Abständen von jeweils 60 Jahren und letztlich in drei wesentlichen großen Schritten vollzogen[108]. Sämtliche allgemein gesellschaftsrechtlichen Normen finden sich im italienischen Zivilgesetzbuch *Codice civile;* daneben existiert eine Reihe von Spezialgesetzen.

1. Die Ausgangslage nach der Vereinigung Italiens im 19. Jahrhundert

Die erste Kodifizierung des italienischen Gesellschaftsrechts, der *Codice di commercio von 1866* war noch stark am französischen Code de Commerce von 1807 orientiert[109]. Der *Codice di commercio* vom 31.10.1882 gilt dagegen als ein Beispiel für die gegenseitige Beeinflussung der Handelsgesetze im 19. Jahrhundert[110], indem er eine Annäherung an die Rechtsentwicklung im übrigen Europa brachte[111].

---

105 Vgl. dazu u.a. Macchiavelli wäre stolz, Handelsblatt 30.09.2005; Le redini Fiat restano in mano agli Agnelli, Il Sole 24 Ore 16.09.2005. Zu den Beteiligungsverhältnissen von Fiat, Ifil und Exxor die Darstellung auf der Homepage der Ifilgruppe, abzurufen unter www.gruppoifil.com.

106 Vgl. Ifil-Exor, sanzioni Consob per 16 milioni di euro, Il Sole 24 Ore 13.02.2007.

107 Vgl. zu der Fallkonstellation auch Report on more stringent measures concerning Directive 2004/109/EC, S. 11 f (Fn 43).

108 Dazu auch *Vietti*, Società 2003, S. 266 ff.

109 Ausführlich *Padoa Schioppa* in Coing (Hrsg.), Handbuch der Quellen und Literatur der neueren Privatrechtsgeschichte Band III/3, S. 3211 ff (3221 f).

110 *Ferrarini*, Corporate Governance Changes in the 20th Century: A View from Italy (2005), S. 6 f, http://ssrn.com/abstract=695762.

111 Zur Beeinflussung des *Codice di Commercio von 1882* durch das französische Handelsrecht und das ADHGB im Einzelnen *Padoa Schioppa* in Coing (Hrsg.), Handbuch der Quellen und Literatur der neueren Privatrechtsgeschichte Band III/3, S. 3240 ff. Insbesondere zur Beeinflussung des Aktienrechts durch das deutsche Recht *Ranieri* in Coing (Hrsg.), Handbuch der Quellen und Literatur der neueren Privatrechtsgeschichte Band III/3, S. 3264 bzw. durch das englische Recht

Dennoch wurde er bald zum Ziel der Kritik seitens der italienischen Rechtswissenschaft. *Cesare Vivante* erhob 1888 erstmals für Italien die Forderung nach der Regelung des Zivil- und Handelsrechts in einem Gesetz[112]. Daneben wurde der *Codice di Commercio* als gegenüber den im Zuge der wirtschaftlichen Entwicklung zu Beginn des 20. Jahrhunderts auftretenden Phänomene nicht mehr ausreichend angesehen[113]. Dazu gehörten u.a. Gruppen und Überkreuzbeteiligungen, die Anfang der 30er Jahre zum Gegenstand von Diskussionen in der italienischen Rechtswissenschaft wurden[114]. Aus dieser Zeit rührte auch die erste gesetzliche Regelung im Zusammenhang mit der Gruppe. Sie erklärte die Beteiligung einer Aktiengesellschaft an einer anderen ohne Änderung des Gesellschaftszweckes für grundsätzlich zulässig[115].

2. Der Codice Civile von 1942 als Quelle des Kapitalgesellschaftsrechts

Im *Codice civile* von 1942 wurden Zivil- und Handelsrecht, entsprechend der vorangegangenen jahrzehntelangen Diskussion, in einem einheitlichen Gesetzeswerk geregelt[116]. Erst- und einmalig für die kontinentaleuropäischen Gesetzgebungsmodelle dieser Zeit wurde damit das Kapitalgesellschaftsrecht als ein Bereich der Gesamtheit der privaten Rechtsverhältnisse in einem Zivilgesetzbuch geregelt[117].

Als neue Kapitalgesellschaftsform wurde die *società a responsabilità limitata, s.r.l.*, eingeführt, die jedoch auf der Aktiengesellschaft als Grundmodell der Kapitalgesellschaft aufbaut. Alle geregelten Gesellschaftstypen waren charakterisiert durch eine gewisse Starrheit hinsichtlich der inneren Strukturen[118].

Ferrarini, Corporate Governance Changes in the 20th Century: A View from Italy (2005), S. 6, http://ssrn.com/abstract=695762.

112 Vgl. die Zusammenfassung der Position Vivantes und der sich anschließenden Diskussion bei *Padoa Schioppa* in Coing (Hrsg.), Handbuch der Quellen und Literatur der neueren Privatrechtsgeschichte Band III/3, S. 3250; *Rotondi*, AcP 167 (1967), S. 29 (37) jeweils mit zahlreichen Nachweisen.

113 Dazu im einzelnen *Ferrarini*, Corporate Governance Changes in the 20th Century: A View from Italy (2005), S. 7, http://ssrn.com/abstract=695762.

114 Zu Regelungsansätzen und Diskussionsbeiträgen in den 30er Jahren *Musso*, Contr. e impr. 1995, S. 19 ff; dazu, sowie insbesondere zum Einfluss Vivantes, *Rescigno* in Mestmäcker/Behrens (Hrsg.), Gesellschaftsrecht der Konzerne im internationalen Vergleich S. 339 (340 in Fn 3), sowie *Tombari*, Il gruppo di società S. 14.

115 Vgl. zur Einführung dieser Regelung mit dem R.d. 13 novembre 1931, n. 1398 im Vergleich zur Entwicklung in den USA *Galgano* in Commentario del Codice Civile Scialoja Branca Introduzione sub 1 (S. 3).

116 Zu den ausschlaggebenden Motiven *Portale*, FS Hopt S. 969 (976 ff); *Weigmann*, FS Lutter S. 203 (204 f); zu den Kennzeichen und Grundgedanken des *Codice Civile* von 1942 *G. Cian*, ZEuP 1993, S. 120 (122).

117 Vgl. *Ranieri* in Coing (Hrsg.), Handbuch der Quellen und Literatur der neueren Privatrechtsgeschichte Band III/3, S. S. 3264.

118 Kritisch *Arnò/Ianni*, La riforma del diritto societario, Cap. 1 (S. 4), sowie dies als die Fortwirkung der Leitlinien des Codice di commercio von 1882 bewertend *Associazione Preite*, Rapporto sulla società aperta, Tesi 11.

Auf die mit der Gesellschaftsgruppe verbundene Problematik wird in der Gesetzesbegründung des *Codice Civile* von 1942 Bezug genommen als auf ‚*ein Phänomen der Gruppierung von verschiedenen Gesellschaften um eine Gesellschaft, die sie kontrolliert, das typischerweise den Orientierungen der modernen organisierten Wirtschaft entspricht*'[119]. Regelungsbedarf sah der Gesetzgeber allein im Bereich der Kapitalbildung und -erhaltung[120], so dass er lediglich die Zulässigkeit wechselseitiger Beteiligungen begrenzte.

3. Entwicklungen seit 1942

Obwohl insbesondere gering ausgeprägter Minderheitenschutz, mangelhafte Trennung zwischen Eigentum und Kontrolle, sowie fehlende behördliche Kontrolle börsennotierter Gesellschaften bald Anlass für Kritik an den kapitalgesellschaftsrechtlichen Vorschriften des *Codice civile* waren[121], beschränkte sich der Gesetzgeber auf diesem Gebiet in der Folgezeit weitgehend auf die Umsetzung europäischer Richtlinien. Von den wenigen übrigen Reformen sollen diejenigen, die Gesellschaftsgruppen betreffen, kurz benannt werden[122].

Grundlage für das Kapitalmarktrecht und zugleich erste Reform des Kapitalgesellschaftsrechtes nach drei Jahrzehnten wurde das Gesetz n. 216/1974[123]. In erster Linie betraf es die Einrichtung und Funktionsweise der Börsenaufsichtsbehörde *Commissione nazionale per le società e la borsa* (*Consob*). Insgesamt wurde nunmehr zwischen börsennotierter und nicht börsennotierter *s.p.a.* unterschieden[124]. Bei dieser Gelegenheit wurde der allgemein gesellschaftsrechtliche Kontrollbegriff in

---

119 Zitat abgedruckt bei *Rescigno* in Mestmäcker/Behrens (Hrsg.), Gesellschaftsrecht der Konzerne im internationalen Vergleich S. 339 (340) und *Spada* in Wymeersch (Hrsg.), Groups of Companies in the EEC S. 165 (201) unter Verweis auf den Bericht zum *Codice Civile*, Nr. 963.

120 *Rescigno* in Mestmäcker/Behrens (Hrsg.), Gesellschaftsrecht der Konzerne im internationalen Vergleich S. 339 (340); *Rordorf*, Società 2004, S. 538 (539); *Spada* in Wymeersch (Hrsg.), Groups of Companies in the EEC S. 165 (201 f).

121 Näher hierzu *Ferrarini*, Corporate Governance Changes in the 20th Century: A View from Italy (2005), S. 13 f mwN, http://ssrn.com/abstract=695762; *Kronke* in Behrens (Hrsg.), Die Gesellschaft mit beschränkter Haftung im internationalen und europäischen Recht, Länderbericht Italien Rn 5; *Pavone La Rosa*, Giur. comm. 1999, I, S. 137, alle jeweils mit weiteren Nachweisen.

122 Vgl. die Chronologie zu den wesentlichen Gesetzen für börsennotierte Gesellschaften und den Kapitalmarkt bei *Aganin/Volpin*, History of Corporate Ownership in Italy (2003), Table 1 (S. 24), http://ssrn.com/abstract=391180; sowie zu den wesentlichen, Gesellschaftsgruppen betreffenden Spezialgesetzen *Aristeia*, Direzione e coordinamento di società nella riforma del diritto societario, Doc. n. 35, ottobre 2003, sub 2; *Peter*, FS Nobel S. 251 (255); *Rordorf*, Società 2004, S. 838 (839).

123 Legge 7 giugno 1974, n. 216. – *Conversione in legge, con modificazioni, del d.lgs. 8 aprile 1974, n. 95, recante disposizioni relative al mercato mobiliare ed al trattamento fiscale dei titoli azionari.* Zu dieser Entwicklung *Asscociazione Preite*, Il nuovo diritto delle società Cap. I A. 3 (S. 22); *Pavone La Rosa*, Giur. comm. 1999, I, S. 137 f.

124 *Conti*, La disciplina del mercato mobiliare S. 73 ff; *Pavone La Rosa*, Giur. comm. 1999, I, S. 137 (138).

Art. 2359 umformuliert[125]. Organisationsrechtliche Aspekte des Gesellschaftsrechts blieben weitestgehend außen vor[126].

Das Gesetz n. 95/1979 führte ein besonderes Verfahren für Großunternehmen in der Krise ein. Es traf u.a. Sonderregelungen für Gesellschaftsgruppen. Dies war Anlass für die italienische Rechtswissenschaft, sich vertieft mit der Problematik der Gesellschaftsgruppe zu befassen und die Einführung allgemeiner gesellschaftsrechtlicher Regeln in diesem Bereich zu diskutieren[127].

1985 legte eine vom Justizministerium beauftragte Kommission unter der Leitung von *Giuseppe Ferri* einen Gesetzesentwurf über eine Unternehmensverfassung, *Statuto dell Impresa*[128], vor. Dieser enthielt u.a. Regeln über Gruppen in Art. 14 bis 20[129]. Eine Umsetzung unterblieb.

Der wirtschaftspolitische Wandel ab den Achtziger Jahren, auch als ‚*La nuova Costituzione Economica* – Die neue wirtschaftliche Verfassung'[130] bezeichnet, führte zu einer raschen Umsetzung mehrerer europäischer gesellschaftsrechtlicher Richtlinien[131]. Im übrigen konzentrierte sich der Gesetzgeber auf das Kapitalmarktrecht. Dies mündete im Erlass verschiedener Spezialgesetze, die 1998 im D.lgs. 24 febbraio 1998, n. 58 – TUF[132] zusammengefasst wurden[133].

Im gleichen Zeitraum wurden das Bankensystem und damit auch dessen Rechtsgrundlagen völlig neu gestaltet, insbesondere das auch die Bankengruppe betref-

---

125 Zu den Gründen für die Umformulierung *Colombo* in Jura Europae Gesellschaftsrecht Bd. III, sub 40.70.6; *Siciliano*, Cento anni di borsa in Italia S. 144.

126 Kritisch diesbezüglich *Associazione Preite*, Rapporto sulla società aperta, Tesi 12; *Conti*, La disciplina del mercato mobiliare S. 74; *Ferrarini*, Corporate Governance Changes in the 20th Century: A View from Italy (2005), S. 16 ff, http://ssrn.com/abstract=695762.

127 *Spada* in Wymeersch (Hrsg.), Groups of Companies in the EEC S. 165 (190 ff); zu Schwerpunkten dieser Diskussion vgl. den Überblick bei *Aristeia*, Direzione e coordinamento di società nella riforma del diritto societario, Doc. n. 35, ottobre 2003, sub 2. Insbesondere wurde die Ausdehnung der Anwendbarkeit der insolvenzrechtlichen Regeln auf entsprechende Situationen außerhalb des Insolvenzverfahrens diskutiert; vgl. diesbezgl. die Darstellung bei *Daccò-Tatozzi* in G. Cian/Trabucchi, Codice civile, Art. 2497 sub I; *Patti* in Lo Cascio (Hrsg.), La riforma del diritto societario, Art. 2497 sub 1 (S. 241 f), jeweils mwN zu Lit. und Rspr.; ausführlich zudem *Rescigno* in Mestmäcker/Behrens (Hrsg.), Gesellschaftsrecht der Konzerne im internationalen Vergleich S. 339 (363 ff).

128 Der Entwurf ist abgedruckt in Giur. comm. 1984, I, S. 150–172.

129 Zur Auseinandersetzung mit dem Unternehmensstatut vgl. *Cerrai*, Riv. soc. 1995, S. 389 (410 ff); *Vanetti* in Lutter (Hrsg.), Konzernrecht im Ausland S. 126 (141 ff).

130 Vgl. dazu ausführlich *Cassese*, La nuova costituzione economica.

131 Vgl. diesbezüglich den Überblick bei *Kindler*, ZGR 1995, S. 225 ff, *Marchetti*, ZGR 1992, S. 545 ff.

132 D.lgs. 24 febbraio 1998, n. 58 – Testo unico delle disposizioni in materia di intermediazione finanziaria.

133 Überblicksartig zu dieser Entwicklung *Grundmann/Massari* in Grundmann/Zaccaria (Hrsg.), Einführung in das italienische Recht 4. Teil 3. Kap. I 3, IV; *Kindler*, Italienisches Handels- und Wirtschaftsrecht Rn 117; *Oelkers*, Die italienische Aktiengesellschaft im institutionellen Wettbewerb S. 42 ff; *Pavone La Rosa*, Giur. comm. 1999, I, S. 137 ff; zum Inhalt des TUF *Bianchi/Enriques*, Corporate Governance in Italy after the 1998 reform (2001), S. 32 ff, http://ssrn.com/abstract=203112; *Dolce*, JbItalR 11 (1998), S. 3 ff; *Weigmann*, FS Lutter S. 203 (208 ff).

fende Bankgesetz D.lgs. 1 settembre 1993, n. 385 – TUB erlassen[134]. Dabei wurden jeweils auch gruppenrelevante Regelungen eingeführt[135].

Die Konzentration des Gesetzgebers auf die Einführung von Spezialgesetzen ohne dabei eine systematische Reform des im *Codice civile* geregelten Gesellschaftsrechts anzustreben wurde wiederholt kritisiert[136].

III. Das Reformprojekt: Die Debatte um die Einführung und der Weg der Gesetzgebung

Zur Jahrtausendwende schließlich galt das Kapitalgesellschaftsrecht als nicht mehr zeitgemäß und damit als Wettbewerbsnachteil für italienische Unternehmen im europäischen sowie internationalen Markt[137]. Standortüberlegungen sind daher ein Anlass für die italienische Gesellschaftsrechtsreform gewesen[138], wie dies auch für die Gesellschaftsrechtsreformen im gleichen Zeitraum in Deutschland, England und Frankreich gilt[139]. Maßgeblich war daneben das durch die umfangreichen kapitalmarktrechtlichen Reformen entstandene Gefälle zwischen dem Recht der börsennotierten und der nicht-börsennotierten Aktiengesellschaft[140].

---

134 D.lgs. 1 settembre 1993, n. 385 – Testo unico delle leggi in materia bancaria e creditizia. Zum Regelungsinhalt *Grundmann/Massari* in Grundmann/Zaccaria (Hrsg.), Einführung in das italienische Recht 4. Teil 3. Kap. I 2.

135 Näher dazu *Ferrarini/Giudici/Stella Richter*, RabelsZ 69 (2005), S. 658 (691).

136 Hervorzuheben ist die kritische Bestandsaufnahme des italienischen Kapitalgesellschaftsrechts unter Berücksichtigung des italienischen Wirtschaftssystemes und der vorhandenen Gesellschaftsstrukturen einschließlich entsprechender Reformvorschläge von *Associazione Preite,* Rapporto sulla società aperta – 100 tesi per la riforma del governo societario in Italia (1997). Dabei geht es auch um die Einführung von Regelungen hinsichtlich der Gesellschaftsgruppe, wie die Verbesserung der Transparenz (Tesi 78), die Stärkung der abhängigen Gesellschaft und ihrer Minderheitsgesellschafter (Tesi 80, 82), Einschränkungen hinsichtlich der Notierung der abhängigen Gesellschaft in regulierten Märkten (Tesi 79) und schließlich gruppeninterne Finanzierungen (Tesi 81).

137 *Associazione Preite,* Rapporto sulla società aperta, Tesi 2, 3; *Buse,* RIW 2002, S. 676 (677); *Flick,* Riv. soc. 2000, S. 1 (4 ff).

138 Für Italien ergibt sich dies unmittelbar aus Art. 2 lit. a. Ermächtigungsgesetz n. 366/2001: *... perseguire l'obiettivo prioritario di favorire la nascita, la crescita e la competitvità delle imprese, anche attraverso il loro accesso ai mercati interni e internazionali dei capitali.*

139 Dazu rechtsvergleichend *Grundmann,* ZIP 2004, S. 2401 (2405) mit entsprechenden Nachweisen für die genannten Rechtsordnungen; aus italienischer Sicht *Tombari,* FS Jayme S. 1589 (1593) mwN.

140 Vgl. die Argumentation des derzeitigen Justizministers *Flick* für die Beauftragung der Reform-Kommission, Riv. soc. 2000, S. 1 (2); entsprechend Punkt 2 der Begründung des Reformentwurfes, abgedruckt in Riv. soc. 2000, S. 25 (26 f). Zu diesem Ziel der Reform u.a. *Ferrarini/Giudici/Stella Richter,* RabelsZ 69 (2005), S. 658 (660 ff); *Fortunato,* Giur. comm. 2003, I, S. 728 (729 f); kritisch *Enriques,* Scelte pubbliche e interessi particolari nella riforma delle società di capitali (2005), S. 6 f, http://ssrn.com./abstract=701141.

1. Das Mirone-Projekt und der Gegenentwurf

Die durch den Justizminister eingesetzte, außerparlamentarische Kommission unter Vorsitz von Antonio Mirone begann daher 1999, einen Entwurf für ein Ermächtigungsgesetz für eine organische Reform des Gesellschaftsrechts auszuarbeiten[141]. Am 15. Februar 2000 legte sie den ersten, elf Artikel umfassenden Entwurf vor[142], der Grundlage der Diskussion im Abgeordnetenhaus ab Mai 2000 war.

Inhaltlich sah der Entwurf neben umfangreichen Änderungen des Rechts der Kapitalgesellschaften Änderungen strafrechtlicher Vorschriften sowie die Einführung einer auf Unternehmensrecht spezialisierten Gerichtsbarkeit vor[143]. Hinsichtlich der Gesellschaftsgruppe konzentrierte er sich auf den Schutz von Minderheitsgesellschaftern und Gläubigern der Tochtergesellschaft. Insbesondere sollte die Muttergesellschaft zum Ausgleich zwischen den Interessen der Gruppe und denen der Tochtergesellschaften sowie deren Minderheitsgesellschaftern, aber auch zur Einhaltung von Transparenzkriterien verpflichtet werden[144]. Die deutschen Erfahrungen mit dem Konzernrecht des Aktiengesetzes wurden der Entwurfsbegründung[145] zufolge als ungeeignet angesehen, als dass der Gesetzgeber sich an ihnen als Modell orientieren könnte.

Aufgrund der zwischenzeitlichen Auflösung der Regierung kam es jedoch nicht zu seiner Verabschiedung[146].

Parallel zur Mirone-Kommission hatte auch eine Gruppe von Abgeordneten einen 23 Artikel langen Entwurf zur Gesellschaftsrechtsreform verfasst[147]. Dieser war nicht nur ausführlicher als der Entwurf der Mirone-Kommission, er sah auch u.a. die Möglichkeit von nachteiligen Weisungen der Obergesellschaft an das Leitungsorgan der Tochtergesellschaft vor[148]. Aufgrund der politischen Mehrheitsverhältnisse fehlte es ihm an der Chance auf Umsetzung.

---

141 Zu den Motiven für die Einsetzung der Kommission *Flick*, Riv. soc. 2000, S. 1 ff; ein historischer Abriss über die Reform findet sich u.a. bei *Arnò/Ianni*, La riforma del diritto societario, Cap. 2 (S. 9 ff); *Hirte*, FS Th. Raiser S. 839 (840); *Tombari*, FS Jayme S. 1589 (1590).

142 Abdruck des Entwurfes in Riv. soc. 2000, S. 14 ff; die Erläuterungen finden sich auf S. 25 ff.

143 Ausführlich zum Mirone-Projekt statt vieler *Montalenti*, Giur. comm. 2000, I, S. 378 ff.

144 Vgl. Art. 9 a), c) Entwurf, abgedruckt in Riv. soc. 2000, S. 14 (23).

145 Abgedruckt in Riv. soc. 2000, S. 25 (68).

146 Vgl. dazu *Tombari*, FS Jayme S. 1589 (1590).

147 Abdruck des Entwurfes in Riv. soc. 2000, S. 91 ff; er wurde erstmalig am 10. Februar 2000 dem Abgeordnetenhaus zur Abstimmung vorgelegt.

148 Art. 14 f), h) Entwurf, abgedruckt in Riv. soc. 2000, S. 91 (101 f).

2. Der Erlass des Ermächtigungsgesetzes n. 366/2001

Nach dem Regierungswechsel wurde über einen neuen Gesetzesentwurf zur Gesellschaftsreform in den parlamentarischen Kammern[149] abgestimmt. Dieser orientierte sich inhaltlich stark am Mirone-Entwurf[150], der Kapitalgesellschaften betreffende Teil war diesem gegenüber nahezu unverändert geblieben[151], die Formulierung des Artikels bzgl. der Gesellschaftsgruppe wurde wortgleich übernommen[152].

Am 3.10.2001 trat das Ermächtigungsgesetz n. 366/2001 in Kraft[153]. Es sah den Entwurf einer oder mehrerer Ausführungsverordnungen zu einer grundlegenden Reform von Kapitalgesellschaften, Genossenschaften, wirtschaftsstrafrechtlichen Vorschriften sowie Verfahrensregeln vor. Die Änderung der strafrechtlichen Vorschriften wurde getrennt behandelt; sie trat bereits im April 2002 in Kraft[154].

3. Die Ausführungsverordnungen zur Reform

Die Ausarbeitung der Ausführungsverordnungen wurde einer neuen, nach ihrem Vorsitzenden Vietti benannten, Kommission übertragen[155]. Diese legte Ende September 2002 ihre Entwürfe der Regierung zur Bestätigung vor.

Als wesentliche Neuerungen[156] im Kapitalgesellschaftsrecht gelten neben einer erheblichen Erweiterung der Satzungsautonomie[157] die Ausgestaltung der *s.r.l.* als

---

149 Gem. Art. 55, 70 italienischer Verfassung besteht das italienische Parlament aus zwei für die Gesetzgebung gleichermaßen zuständigen Kammern: dem Abgeordnetenhaus und dem Senat. Unterschiede bestehen insbesondere im aktiven Wahlrecht zu den Kammern, vgl. Art. 56 ff italienische Verfassung.

150 So u.a. *Messori* in Associazione Preite, Benazzo/Ghezzi/Patriarca (Hrsg.), Verso un nuovo diritto societario S. 279 (282); *Montalenti*, Società 2003, S. 341; *Tombari*, FS Jayme S. 1589 (1590).

151 *Messori* in Associazione Preite, Benazzo/Ghezzi/Patriarca (Hrsg.), Verso un nuovo diritto societario S. 279 (282); *Montalenti* in Associazione Preite, Benazzo/Ghezzi/Patriarca (Hrsg.), Verso un nuovo diritto societario S. 237 (anders die Titel über Genossenschaften und das Wirtschaftsstrafrecht).

152 Sie wurde lediglich mit der Nummer 10 nummeriert.

153 Legge 3 ottobre 2001, n. 366. Delega al Governo per al riforma del diritto societario – im Folgenden Ermächtigungsgesetz n. 366/2001. Zu dessen Inhalt vgl. *Buse*, RIW 2002, S. 676 ff.

154 D.lgs. 11 Aprile 2002, n. 61; vgl. den Überblick bei *Ferrarini/Giudici/Stella Richter*, RabelsZ 69 (2005), S. 658 (660); *Oelkers*, Die italienische Aktiengesellschaft im institutionellen Wettbewerb S. 52; zu den Motiven *Enriques*, Scelte pubbliche e interessi particolari nella riforma delle società di capitali (2005), S. 9 ff, http://ssrn.com./abstract=701141.

155 Näher *Messori* in Associazione Preite, Benazzo/Ghezzi/Patriarca (Hrsg.), Verso un nuovo diritto societario S. 279 (282).

156 Vgl. zu diesen u.a. *Ferrarini/Giudici/Stella Richter*, RabelsZ 69 (2005), S. 658 (664 ff); *Montalenti*, ECFR 2004, S. 368 ff; *ders.*, Società 2003, S. 341 ff; *Oelkers*, Die italienische Aktiengesellschaft im institutionellen Wettbewerb S. 53 ff; *Tombari*, FS Jayme S. 1589 (1594 ff) – jeweils mwN; insbesondere zu den konzeptionellen Leitlinien *Vietti*, Società 2003, S. 266 ff.

157 *Associazione Preite*, Olivieri/Presti/Vella (Hrsg.), Il nuovo diritto delle società, Introduzione sub 5 (S. 14); *Ventoruzzo*, ECFR 2005, S. 207 (208 ff).

eigenständiger Gesellschaftstyp[158], Wahlmöglichkeiten hinsichtlich der Organisationsverfassung bei der *s.p.a.*[159], sowie die Einführung neuer finanzieller Beteiligungsformen[160] und der Regeln über die Leitung und Koordinierung von Gesellschaften (Art. 2497 bis Art. 2497-*sexies* cod. civ.)[161]. Auch wird nunmehr deutlich zwischen kapitalmarktorientierten (*società che fanno ricorso al mercato del capitale di rischio*) und sonstigen Aktiengesellschaften differenziert[162].

Das Recht der Personengesellschaften wurde nicht direkt in die Reform einbezogen, z.T. ist es aber mittelbar betroffen[163].

Nach der vorläufigen Bestätigung durch die Regierung wurde Rechtswissenschaft und Interessenverbänden die Möglichkeit gegeben, den Entwurf einer kritischen Bewertung zu unterziehen. Einige der in diesem Stadium eingegangenen Vorschläge führten zu Änderungen.

Am 10. Januar 2003 wurde die Endfassung durch die Regierung bestätigt und am 17. Januar 2003 als Gesetzesdekret[164] Nr. 6 veröffentlicht[165]. Das am selben Tag erlassene Gesetzesdekret Nr. 5 führte das Verfahren in gesellschaftsrechtlichen Angelegenheiten neu ein, das eine Reform des Zivilprozessrechts im Allgemeinen eingeleitet hat[166].

Das Datum des Inkrafttretens wurde entsprechend der im Vorfeld geäußerten Kritik insbesondere aus der Praxis[167] auf den 1.1.2004 verschoben, die Satzungen schon bestehender Kapitalgesellschaften konnten ferner bis zum 30.9.2004 angepasst werden[168].

---

158 Hierzu u.a. *Buenger*, RIW 2004, S. 249 ff; *Witt*, ZGR 2009, S. 872 (905, 906 ff); *Zanarone*, Riv. soc. 2003, S. 58 ff.

159 Näher dazu *Ghezzi/Malberti*, ECFR 2008, S. 1 (9 ff); *Hirte*, FS Th. Raiser S. 839 (841 ff); *Montalenti*, ECFR 2004, S. 368 (374 f).

160 Dazu insbesondere *Ferrarini/Giudici/Stella Richter*, RabelsZ 69 (2005), S. 658 (664 ff); *Steinhauer*, RIW 2004, S. 772 ff; *Witt*, ZGR 2009, S. 872 (914 ff).

161 Siehe zu den wesentlichen Neuerungen insbesondere *Tombari*, FS Jayme S. 1589 (1600 ff); ferner, gerade auf die Bedeutung für deutsche Unternehmen mit italienischen Tochtergesellschaften verweisend, *Steinhauer*, EuZW 2004, S. 364 (367).

162 Vgl. *Grundmann/Massari* in Grundmann/Zaccaria (Hrsg.), Einführung in das italienische Recht 4. Teil 2. Kap. III 1. Näher zum Begriff der kapitalmarktorientierten *s.p.a.* unten § 4 III 4 c aa.

163 Vgl. *Fortunato*, Giur. comm. 2003, I, S. 728 (735 ff); *Ventoruzzo*, ECFR 2005, S. 207 (210) jeweils mit Beispielen.

164 Zur Bedeutung der Gesetzesdekrete im italienischen System der Rechtsquellen *Trabucchi*, Istituzioni di diritto civile, § 6 (S. 16 ff); *Schefold* in Grundmann/Zaccaria (Hrsg.), Einführung in das italienische Recht, 2. Teil, 7. Kap., IV (S. 71 ff): demnach handele es sich bei einem *decreto legislativo* (*D.lgs.*) um ein Gesetz im materiellen, nicht aber im formellen Sinne.

165 D.lgs. 17 gennaio 2003, n. 6.

166 Näher zu dessen Inhalt und praktischer Bedeutung *Magrini/Causin*, ZVglRWiss 105 (2006), S. 208 (214 f, 220 ff); *Oelkers*, Die italienische Aktiengesellschaft im institutionellen Wettbewerb S. 331 ff.

167 Vgl. die Beispiele u.a. von *ABI (Associazione Bancaria Italiana)*, Riv. soc. 2002, S. 1599 ff; *Borsa Italiana s.p.a.*, Riv. soc. 2002, S. 1564 ff; *Consob*, Riv. soc. 2002, S. 1552 ff.

168 Art. 223-*bis* disposizioni attuative.

Einzelne Änderungen wurden wie vorgesehen innerhalb eines Jahres nach Inkrafttreten der Reform durch das D.lgs. 6 febbraio 2004, n. 37[169] und das D.lgs. 28 dicembre 2004, n. 310[170] vorgenommen. Sie dienten im wesentlichen der Koordinierung mit Vorschriften des TUF sowie des TUB.

4. Die Inhalte der Gesellschaftsrechtsreform betreffend Gesellschaftsgruppen im Überblick

Kapitel IX des *Codice civile* (Art. 2497 bis Art. 2497-*septies*) enthält ausschließlich Vorschriften über die Leitung und Koordinierung von Gesellschaftsgruppen, weitere einzelne Regelungen betreffend Gesellschaftsgruppen finden sich verstreut insbesondere im Aktienrecht des *Codice civile*.

Neben besonderen Anknüpfungstatbeständen (vgl. näher § 3) handelt es sich im wesentlichen um Vorschriften, die die Transparenz der Gruppe und der gruppeninternen Beziehungen verbessern sollen. Dazu dienen u.a. die Pflicht zur Offenlegung der Gruppenzugehörigkeit, insbesondere im Unternehmensregister, sowie diejenige zur Begründung und Offenlegung von Entscheidungen, die von der Muttergesellschaft beeinflusst worden sind. Neben derartigen Informationsregeln als Instrument externer Corporate Governance[171] galt ein Augenmerk des Gesetzgebers auch dem Informationsfluss innerhalb der Gruppe, insbesondere zwischen Gesellschaftsorganen (vgl. zum Informationsansatz § 4). Des weiteren enthält das Gesetz nunmehr einen Maßstab für die ordnungsgemäße Gruppengeschäftsführung, der zugleich als Rechtsfolge bei Verletzung unterschiedliche Konstellationen von Haftung vorsieht. Er wird von weiteren, Einzelaspekte betreffenden Vorschriften flankiert (vgl. zur ordentlichen Gruppengeschäftsführung § 5). Schließlich ist eine Form des Gruppeneingangsschutzes eingeführt worden, die insbesondere aus einem Austrittsrecht für Minderheitsgesellschafter in gruppenspezifischen Situationen besteht (vgl. zum Gruppeneingangsschutz § 6).

IV. Zusammenfassung § 2

Die Situation in Italien ist mit der in Deutschland, aber auch derjenigen in den übrigen langjährigen EU-Mitgliedstaaten, nur bedingt vergleichbar. Neben den *distretti industriali* gilt die Gesellschaftsgruppe als wichtiges Wettbewerbsinstrument für die im Regelfall eher kleinen italienischen Unternehmen.

---

169 D.lgs. 6 febbraio 2004, n. 37 – modifiche ed integrazioni ai decreti legislativi numeri 5 e 6 del 17 gennaio 2003.

170 D.lgs. 28 dicembre 2004, n. 310 – integrazioni e correzioni alla discplina del diritto societario ed al testo unico in materia bancaria e creditizia.

171 Zur Abgrenzung von interner und externer Corporate Governance *Hopt*, FS Hüffer S. 355 (358); *ders.* in Hommelhoff/Hopt/v. Werder (Hrsg.), Handbuch Corporate Governance, 2. Aufl., S. 39 (44 ff).

Die im Zusammenhang mit Gesellschaftsgruppen auftauchenden Probleme dürften jedoch grundsätzlich denen in anderen, weniger kapitalmarktorientierten Rechtsordnungen[172], bzw. in Kontinentaleuropa allgemein ähneln[173]. Angesichts der erheblichen Eigentumskonzentration in Verbindung mit den durch die Vielzahl familiendominierter Gesellschaften typischerweise entstehenden Konflikten dürften sie in Italien eher noch verstärkt auftreten. Unter Corporate Governance Gesichtspunkten stellen sich insofern andere Probleme als in einer von Gesellschaften mit Streubesitz geprägten Unternehmenslandschaft wie etwa in Großbritannien[174]. Die Konfliktlage in der italienischen Aktiengesellschaft allgemein und in Gruppen im Besonderen spielt sich vielmehr in der Regel zwischen Minderheitsgesellschaftern und Mehrheitsgesellschaftern, letztere in Form von Großaktionären oder Familien, ab[175].

Der Gesetzgeber benannte seine Absicht, die Informationssituation über die Gruppe zu verbessern, einen der Schwerpunkte der Reform. Die eingeführten Regelungen betreffen gruppeninterne Beziehungen und deren Auswirkungen auf die beteiligten Gesellschaften gleichermaßen. Informationsregeln gelten als Instrument externer Corporate Governance[176]. Möglicherweise sollte auf Information als Instrument des Selbstschutzes für Anleger zurückgegriffen werden. Dafür spricht das gleichzeitig eingeführte Austrittsrecht als Instrument eines Gruppeneingangsschutzes[177]. Ein entsprechendes übergeordnetes Konzept ist den veröffentlichten Dokumenten über den Gesetzgebungsprozess allerdings nicht zu entnehmen.

Ob die Gesellschaftsrechtsreform der Bewältigung der genannten Probleme dienen kann, hängt auch davon ab, ob die Reform den rechtstatsächlichen Rahmen hinreichend berücksichtigt[178]. Diese Arbeit versucht einen Beitrag zu leisten, diese Frage in Bezug auf die eingeführten Gruppenregelungen zu beantworten. Dabei ist zu berücksichtigen, dass Gesellschaftsrecht zwar ein Instrument wirtschaftlichen Wettbewerbs ist. Materielles Recht kann die geschilderten Konflikte allein aber

---

172 Vgl. zu den mehr bzw. weniger kapitalmarktorientierten Rechtsordnungen *Grundmann*, Europäisches Gesellschaftsrecht Rn 1171.

173 Zur Ausgangslage in Kontinentaleuropa *Hopt* in Reimann/Zimmermann (Hrsg.), The Oxford Handbook of Comparative Law S. 1161 (1166); *ders.*, FS Canaris, Bd. II, S. 105 (112 ff).

174 Näher, im Vergleich zu Großbritannien und Kanada *Cheffins*, Giur. comm. 2001, I, S. 161 (184 ff); *Enriques/Volpin*, Corporate Governance Reforms in Continental Europe (2007), S. 117, http://ssrn.com/abstract=970796; in Bezug auf die Wahl von Corporate Governance Modellen *Ghezzi/Malberti*, ECFR 2008, S. 1 (9 ff).

175 Vgl. *Bianchi/Bianco/Enriques* in Barca/Becht (Hrsg.), The Control of Corporate Europe S. 154 (156 f); *Montalenti*, Riv. soc. 2008, S. 318 (339). *Hopt*, ZHR 171 (2007), S. 199 (211) nennt dieses Argument der Systemunterschiede als eines für das Ausbleiben einer Konzernrechtsharmonisierung in Europa. Zu diesem Interessenkonflikt und möglichen Regelungsstrategien *Armour/Hansmann/Kraakman* in Kraakman/Armour/Davies u.a., Anatomy of Corporate Law, sub 2 (S. 35 ff); *Hopt*, Riv. soc. 2006, S. 906 (915 ff); *ders.* FS Hüffer S. 355 (358); die Frage nach möglichen Regelungsansätzen stellt auch das Grünbuch Corporate Governance-Rahmen, sub 2.7 (S. 19 f).

176 Vgl. *Enriques/Volpin*, Corporate Governance Reforms in Continental Europe (2007), S. 126, http://ssrn.com/abstract=970796; *Hopt*, FS Hüffer S. 355 (358).

177 Vgl. *Pennisi*, Liber Amicorum G. F. Campobasso, Bd. III, S. 887 (892).

178 Dies anzweifelnd *Ferrarini*, Corporate Governance Changes in the 20th Century: A View from Italy (2005), S. 29, http://ssrn.com/abstract=695762; *Mosco*, Giur. comm. 2004, I, S. 1079 ff.

nicht beheben helfen[179]. Wesentlich sind auch andere Institutionen[180]. In diesem Zusammenhang stellen sich gerade in Italien die Probleme von als schwach geltenden Kontrollinstanzen und mangelhafter Transparenz[181]. Dies hat nicht zuletzt mit mangelhafter Beachtung von Rechtsregeln und Durchsetzbarkeit von Recht zu tun. Neben dem geschilderten Beispiel um die Fiat S.p.a. dürften dazu weitere Beispiele bekannt sein[182]. Das italienische Justizsystem setzt wegen der überlangen Verfahrensdauer wiederholt die Ursache für Verurteilungen seitens des europäischen Gerichtshofes für Menschenrechte. So ist Italien mit einer durchschnittlichen Verfahrensdauer von 1210 Tagen nicht nur in Europa der Staat mit der längsten, sondern nach einer Studie der Weltbank weltweit unter den Staaten mit der längsten Verfahrensdauer überhaupt. Dementsprechend deutlich höher als in anderen Staaten sind die Kosten der Rechtsdurchsetzung[183]. Die Reform des italienischen Zivilprozessrechts von 2005 dürfte diese Missstände nicht beseitigt haben[184]. Einzelne gesetzliche Änderungen aus dem Jahr 2009[185] hatten wiederum u.a. das Ziel, die Verfahrensdauer von Zivilprozessen zu kürzen.

---

179 Vgl. *Ferri* in Benazzo/Patriarca/Presti (Hrsg.), Il nuovo diritto societario fra società aperte e società private S. 261 (269).

180 Vgl. *Hopt*, FS Hüffer S. 355 (359); *Merkt*, ZGR 2007, S. 532 (537 f); *Visentini*, Giur. comm. 2007, I, S. 695 (696), der neben der Rechtsprechung auch die staatliche Verwaltung im allgemeinen anführt.

181 *Ferrarini*, Corporate Governance Changes in the 20th Century: A View from Italy (2005), S. 29, http://ssrn.com/abstract=695762; *Rossi*, Riv. soc. 2001, S. 6 (12 f); *Ventoruzzo*, ECFR 2005, S. 207 (263 f).

182 Zum Fall Parmalat ausführlich *Enriques/Volpin*, Corporate Governance Reforms in Continental Europe (2007), S. 123 ff, http://ssrn.com/abstract=970796.

183 Vgl. die Zahlen für das Jahr 2010 im Bericht der Weltbank 2011 (S. 60 ff), abzurufen unter www.doingbusiness.org, Reports, Italy.

184 Vgl. die Kritik von *Magrini/Causin*, ZVglRWiss 105 (2006), S. 208 ff, 220 f.

185 Vgl. Legge 18 giugno 2009, n. 69 mit Änderungen zum Zivilprozessrecht in Art. 46.

§ 3 Die Gesellschaftsgruppe als Regelungsgegenstand: Möglichkeiten einer rechtlichen Anknüpfung – Bildung eines Grundtatbestandes

Unabdingbar für die Auseinandersetzung mit dem Recht der Gesellschaftsgruppe ist die Frage nach dem Regelungsgegenstand und damit nach einem möglichen Ansatz für eine Regelung[1].

Ein gemeinsames Verständnis der Gesellschaftsgruppe existiert in Europa nicht. Die Mehrzahl der europäischen Rechtsordnungen legt für gruppenrechtliche Regelungen das Control-Konzept zugrunde[2]. Ihm steht das Beherrschungsprinzip als Ansatz gegenüber[3]. Aus den bisherigen europäischen Harmonisierungsmaßnahmen sticht die Richtlinie über den konsolidierten Abschluss hervor. Sie enthält in Art. 1 eine weitreichende Umschreibung ihrer Anwendung auf Mutter- und Tochterunternehmen, die im wesentlichen auf dem Control-Konzept basieren[4]. Art. 1 der Richtlinie über den konsolidierten Abschluss ermöglicht jedoch zusätzlich auch die Anknüpfung an andere Merkmale wie ‚Abhängigkeit' oder ‚einheitliche Leitung' (Art. 1 Abs. 2)[5]. Insofern kann von einer Modifizierung des Control-Konzepts gesprochen werden. Eine Vielzahl anderer europäischer Rechtsakte verweist auf den Kontrollbegriff bzw. die Definition von Mutter- und Tochterunternehmen in der Richtlinie über den konsolidierten Abschluss[6]. Oft handelt es sich dabei um jeweils

---

1 Aus rechtsvergleichender Perspektive insbesondere *Forum Europaeum Konzernrecht*, ZGR 1998, S. 672 (693); aber auch *Druey* in Lutter (Hrsg.), Konzernrecht im Ausland S. 310 (344 ff); ferner ausführlich *Gause*, Europäisches Konzernrecht im Vergleich S. 168 ff. Vgl. zudem aus deutscher Sicht *K. Schmidt*, JZ 1992, S. 856; in Bezug auf den Entwurf von 1984 für eine 9. Richtlinie *Pavone La Rosa*, Giur. comm. 1986, I, S. 831 (843).

2 Zur Differenzierung zwischen Beherrschungskonzept und Control-Konzept *Grundmann*, Europäisches Gesellschaftsrecht Rn 569 f; *Schwarz*, Europäisches Gesellschaftsrecht Rn 924.
Zu den auf dem Control-Konzept aufbauenden europäischen Rechtsordnungen vgl. die Nachweise bei *Forum Europaeum Konzernrecht*, ZGR 1998, S. 672 (694).

3 Vgl. *Forum Europaeum Konzernrecht*, ZGR 1998, S. 672 (693 ff).

4 Vgl. *Forum Europaeum Konzernrecht*, ZGR 1998, S. 672 (695); *Habersack/Verse*, Europäisches Gesellschaftsrecht § 9 Rn 41, 43.

5 Der Vorschlag für eine Richtlinie über die Rechnungslegung vom 25.10.2011 enthält insoweit keine Wahlmöglichkeit mehr, sondern schreibt auch diese Alternativen als umsetzungspflichtig vor.

6 Dazu *Neye*, ZGR 1995, S. 191 (192, 196 ff); *Wymeersch*, FS Druey S. 675 (685). Von den dort jeweils genannten sind einige mittlerweile außer Kraft getreten.
Derzeit verweisen etwa Art. 4 Nr. 28 (Mutterunternehmen), Nr. 29 (Tochterunternehmen) und Nr. 30 (Kontrolle) Richtlinie 2004/39/EG über Märkte für Finanzinstrumente – MiFID, sowie Art. 4 Nr. 9 (Kontrolle), Nr. 12 a) (Mutterunternehmen) und Art. 12 b) (Tochterunternehmen) Bankenkoordinierungsrichlinie (Neufassung) auf die entsprechende Definition von Artt. 1, 2 Richtlinie über den konsolidierten Abschluss. Im von der Kommission unterbreiteten Vorschlag für eine Neufassung der MiFID vom 20.10.2011 sind der Verweis auf den Kontrollbegriff der Richt-

bereichsspezifische Definitionen. Andere Richtlinien stellen eigene Definitionen von Kontrolle bzw. von Mutter- und Tochterunternehmen auf[7].

Das *Forum Europaeum Konzernrecht* empfiehlt, ‚*für eine europaweite Gesetzgebung einheitliche Begriffe für verwandte Tatbestände zu gebrauchen*‘[8]. Weder der Bericht der *High Level Group* noch der auf diesem jeweils aufbauende Aktionsplan oder Bericht der *Reflection Group* enthalten jedoch Hinweise darauf, an welchen Tatbestand die einzuführenden Regelungen über Gesellschaftsgruppen anknüpfen könnten bzw. sollten.

Es soll daher im Rahmen dieses Abschnittes untersucht werden, ob nicht den bisher vorhandenen Definitionen eine gemeinsame Grundlage zu eigen ist, die dann funktional für die Lösung spezifischer Probleme in den jeweiligen Spezialgesetzen ähnlich einem Baukastensystems ergänzt werden kann. Der Suche nach derartigen möglichen Elementen eines Grundtatbestandes soll exemplarisch eine nähere Untersuchung der im italienischen Recht vorhandenen Anknüpfungstatbestände vorausgehen.

I. Einführung in die Begriffsvielfalt – Anknüpfungstatbestände im italienischen Recht

Eine gesetzliche Definition der Gesellschaftsgruppe existiert in Italien nicht, der Begriff *gruppo* findet allenfalls in vereinzelten Normen Verwendung[9]. Obwohl das Ermächtigungsgesetz vom 3.10.2001, n. 366 im Bereich von Gruppen zu treffende Regelungen benennt (vgl. Art. 10), hat auch die Gesellschaftsrechtsreform an diesem Zustand nichts geändert.

---

linie über den konsolidierten Abschluss gestrichen, nicht dagegen die Verweise für die Definition des Begriffes Mutterunternehmen und Tochterunternehmen auf die jeweilige Definition in Artt. 1 und 2 Richtlinie über den konsolidierten Abschluss. Der Vorschlag für eine Richtlinie über die Rechnungslegung vom 25.10.2011 regelt die Voraussetzungen der Konsolidierungspflicht allerdings in Art. 23.
Ferner bestimmt sich nach der Empfehlung der Kommission zu den Aufgaben von nicht geschäftsführenden Direktoren bzw. Aufsichtsratsmitgliedern börsennotierter Gesellschaften die Unabhängigkeit u.a. danach, dass die betreffende Person keine Kontrolle im Sinne von Art. 1 Abs. 1 Richtlinie über den konsolidierten Abschluss ausübt (Anhang II, sub 1 d).

7 Vgl. z.B. Art. 87 Kapitalmarktpublizitätsrichtlinie. Zu den unterschiedlichen Begriffen in Art. 24a Kapitalrichtlinie und Art. 2 Abs. 1b, Art. 3 Richtlinie 94/45/EG vom 22.09.1994 über die Einsetzung eines Europäischen Betriebsrates, sowie deren Umsetzung in den Mitgliedstaaten *Forum Europaeum Konzernrecht*, ZGR 1998 S. 672 (692). Die Verwendung eigener Definitionen ist in der Neufassung der Richtlinie über die Einsetzung eines Europäischen Betriebsrates erhalten geblieben, wobei Erwägungsgrund 17 auf das Bedürfnis für die Verwendung eigener Begriffe verweist.

8 *Forum Europaeum Konzernrecht*, ZGR 1998, S. 672 (697).

9 So etwa in Art. 2545-*septies* (*Gruppo cooperativo paritetico* – Genossenschaftsgruppe im Gleichordnungsverhältnis) und Artt. 2621, 2622 (Strafvorschriften über falsche gesellschaftsrechtliche Informationen) cod. civ.; Art. 80 ff (Titolo IV, *Gruppo di imprese* – Unternehmensgruppe) Gesetzesdekret über die Zwangsverwaltung großer Unternehmen n. 270/1999 und Art. 60 ff (*Gruppo bancario* – Bankengruppe) TUB.

Eine einheitliche Definition des Phänomens *gruppo* wird gegenüber der Vielfalt der rechtstatsächlich anzutreffenden Gestaltungen, die zudem einer ständigen Entwicklung unterlägen, als ungeeignet angesehen[10]. Auch in anderen europäischen Rechtsordnungen ist die Gruppe nicht als rechtlicher Anknüpfungstatbestand bekannt[11]. Die Argumente für das Fehlen einer Definition des Begriffes *gruppo* ähneln denen in Deutschland für das Fehlen einer Definition des Begriffes ‚Konzern'[12]. Schließlich greift auch das deutsche Konzernrecht meist nicht auf den Konzerntatbestand des § 18 AktG[13], sondern in der Regel auf die Abhängigkeit im Sinne des § 17 AktG zurück. Die Abhängigkeit gilt mithin als der zentrale Tatbestand für die Anknüpfung im deutschen Konzernrecht[14].

Traditionell betrachtet das italienische Recht die Verbindung von rechtlich selbständigen Gesellschaften unter dem Gesichtspunkt des *‚controllo'*[15]. Insoweit baut es auf dem Control-Konzept auf. Es existiert eine Reihe spezialgesetzlicher Kontrolltatbestände, die funktional zu den jeweils geregelten Rechtsgebieten und Problemen sind[16]. Auf diese Weise könne der Begriff *gruppo* von Fall zu Fall mit Bezug auf die jeweilige Regelung ausgelegt werden[17]. Der Begriff *controllo* kommt dabei in verschiedenen Rechtsgebieten in derartig vielfältigen Variationen vor, dass diesbezüglich schon von einem *‚babele di linguaggi – einem babylonischen Sprachgewirr'* die Rede war[18].

10 Die Sicht des italienischen Gesetzgebers spiegelt sich in der Begründung zum Gesetzesdekret n. 6/2003 wieder, abgedr. in Giur. comm. 2003, Suppl. al n. 4/2003, S. 64 ff (99 – § 13 ‚Della direzione e del coordinamento di società'). Zur übereinstimmenden Sicht der Literatur u.a. *Patti* in Lo Cascio (Hrsg.), La Riforma del diritto societario, Art. 2497 sub 1 (S. 241); entsprechend vor der Reform *Rescigno* in Mestmäcker/Behrens (Hrsg.), Das Gesellschaftsrecht der Konzerne im internationalen Vergleich S. 339 (342).

11 Vgl. für Frankreich *Falcke*, Konzernrecht in Frankreich S. 24 ff – nichts anderes gilt für die geltende Fassung in Art. L. 233-3 Code de Commerce. Lediglich in Art. L. 439-1 *Code du Travail von 1982* findet sich eine für die Einrichtung des *comité de groupe* erhebliche Definition der Gruppe, die allerdings wiederum auf die handelsrechtliche Definition von Kontrolle zurückgreift, vgl. dazu *Teichmann*, Die Gesellschaftsgruppe im französischen Arbeitsrecht S. 299 ff.
Selbst der portugiesische *Código das Sociedades Comerciais*, der sich ausführlich der Regelung der Gesellschaftsgruppe widmet, enthält keine Definition der Gruppe, sondern nur eine Aufzählung von Tatbeständen, die zu ihrem Vorliegen führen können, vgl. *Gause*, Europäisches Konzernrecht im Vergleich S. 88.

12 Vgl. zu den Argumenten für das Fehlen einer Definition des Konzerns: *Emmerich* in Emmerich/Habersack Aktien- und GmbH-Konzernrecht § 18 Rn 9 ff, zum Fehlen einer Definition von einheitlicher Leitung vgl. Begründung zum Regierungsentwurf des AktG von 1965, abgedr. bei *Kropff*, Aktiengesetz S. 33.

13 Zu den Verweisungen auf den Konzernbegriff *Bayer* in MünchKomm AktG § 18 Rn 22 ff; ausführlich *Windbichler* in Großkomm AktG § 18 Rn 8 ff.

14 Statt vieler *Bayer* in MünchKomm AktG § 17 Rn 1; *Hüffer* AktG § 17 Rn 1 (*‚zentraler Tatbestand'*).

15 Instruktiv ist die Einordnung eines allgemeinsprachlichen Verständnisses von *controllo* in den gesetzlichen Zusammenhang bei *Spolidoro*, Riv. soc. 1995, S. 457 (467).

16 So u.a. *Cerrai*, Riv. soc. 1995, S. 389 (410); *Dal Soglio* in Maffei Alberti (Hrsg.), Diritto delle Società Art. 2359 sub I Rn 4; *Niutta*, Giur. comm. 2004, I, S. 983 (985); *Rittatore Vonwiller/Ippolito*, I Gruppi Societari, Cap. 2.1 (S. 17).

17 Vgl. *Rescigno* in Mestmäcker/Behrens (Hrsg.), Das Gesellschaftsrecht der Konzerne im internationalen Vergleich S. 342.

18 So *Marchetti*, Riv. soc. 1992, 1 (12).
Entsprechend kritisch zur Rechtslage in Spanien *Girgado*, ECFR 2006, S. 363 (365 ff).

Diese Entwicklung hat mit dem Erlass zahlreicher gesellschafts- und kapitalmarktrechtlicher Spezialgesetze Anfang der 90er Jahre begonnen und ist seitdem seitens der italienischen Literatur immer wieder – u.a. als *legislatorischer Aktionismus*[19] – kritisiert worden. Diese pluralistische Herangehensweise des Gesetzgebers führe insbesondere zu Anwendungsschwierigkeiten in der Praxis[20].

1. Art. 2359 cod. civ. als Grundtatbestand von Kontrolle

Der Kontrolltatbestand hat in Italien, wie auch im französischen Recht[21], zunächst bei der Regelung wechselseitiger Beteiligungen bei der *società per azioni* (*s.p.a.*) in Artt. 2359 ff cod. civ. Bedeutung erlangt[22]. Mittlerweile wird Art. 2359 als auf alle Formen von Kapitalgesellschaften anwendbarer Grundtatbestand angesehen[23]. Insofern besteht eine Parallele zu den §§ 15–18 AktG, die, obwohl im AktG geregelt, ebenfalls nicht nur auf Aktiengesellschaften Anwendung finden[24]. Während jedoch in §§ 15–19 AktG rechtsformneutral von verbundenen Unternehmen die Rede ist, beschränkt sich der Regelungsgegenstand in Art. 2359 dem Wortlaut nach auf Gesellschaften, und zwar auf beiden Seiten der Kontrollbeziehung[25]. Das Ausüben von Kontrolle durch einen einzelnen Unternehmensgesellschafter wird somit[26], anders als von §§ 15 ff AktG, nicht erfasst. Entsprechendes gilt für die Ausübung von Kontrolle durch den Staat[27].

---

19 So Anfang der 90er Jahre *Spada* in Lutter (Hrsg.), Konzernrecht im Ausland S. 115 (118 ff). Ähnlich kritisch *ders.* in Wymeersch (Hrsg.), Groups of Companies in the EEC S. 165 (223 ff, 225). Vorsichtiger und auf das Bemühen des Gesetzgebers um Reduktion der Begriffsvielfalt verweisend *Spolidoro*, Riv. soc. 1995, S. 457 f (mit entsprechenden Nachweisen). Zu *‚delle ormai numerose fattispecie di controllo'* im Jahr 1997 *Tombari*, Il gruppo di società S. 33.
Die Vervielfachung der Begriffe hat sich seitdem fortgesetzt, so dass *Associazione Preite*, Olivieri/Presti/Vella (Hrsg.), Il nuovo diritto delle società, Cap. II B 2 (S. 78) im Jahr 2003 noch immer auf die in den vergangenen Jahren erfolgte Vermehrung von Kontrollbegriffen in immer mehr Spezialgesetzen hinweisen.

20 *Marchetti*, Riv. soc. 1992, S. 1 (3).

21 Zur parallelen Entwicklung des *‚contrôle'*-Begriffes *Falcke*, Konzernrecht in Frankreich S. 28 f.

22 Zu den Änderungen von Wortlaut und Inhalt des Art. 2359 cod. civ. seit 1942 vgl. *Ferri*, Manuale di Diritto Commerciale, par. 305 (S. 524). Zur Regelung wechselseitiger Beteiligungen vgl. unten § 5 VI 2.

23 Siehe statt vieler *Dal Soglio* in Maffei Alberti (Hrsg.), Diritto delle Società Art. 2359 sub I Rn 2 mwN, der auch die Diskussion um eine Anwendung auf die Kontrolle von Personengesellschaften darstellt.

24 Zur Frage der rechtsformunabhängigen Regelung in §§ 15 ff AktG *Emmerich* in Emmerich/Habersack Aktien- und GmbH-Konzernrecht § 15 Rn 4a, 5; *Hüffer* AktG § 15 Rn 4, 6; *Koppensteiner* in KölnKomm AktG Vorb. § 15 Rn 11; *Windbichler* in Großkomm AktG vor § 15 Rn 53.

25 *M. Cian* in G. Cian/Trabucchi (Hrsg.), Codice Civile, Art. 2359 sub II Rn 2; *Colombo* in Jura Europae Gesellschaftsrecht Bd. III, sub 40.70.5; *Corapi* in Bonfante/Corapi et al. (Hrsg.), Codice commentato delle nuove società, Art. 2359 Rn 1.

26 Vgl. *M. Cian* in G. Cian/Trabucchi (Hrsg.), Codice Civile, Art. 2359 sub II Rn 2.

27 Dies wird – wohl im Hinblick auf den Wortlaut von Art. 2359 cod. civ. und die systematische Stellung im Zusammenhang mit den Regelungen über wechselseitige Beteiligungen von Gesellschaften (zu diesen unten § 5 VI 2 b) – für selbstverständlich gehalten und in der italienischen Literatur nicht einmal erwähnt. Anders ist die Situation im Hinblick auf Artt. 2497 ff, die auf die Leitung und Koordinierung durch *enti*, d.h. Körperschaften, abstellen, näher unten § 3 IV.

Ebenso wie sich die Voraussetzungen von Abhängigkeit gem. § 17 AktG aus Sicht der abhängigen Gesellschaft beurteilen[28], stellt Art. 2359 für das Vorliegen von Kontrolle auf die Situation in der kontrollierten Gesellschaft ab[29]. Die Vorschrift enthält jedoch, wie auch die spezialgesetzlichen Tatbestände, keine Definition von Kontrolle, sondern lediglich eine Umschreibung von Situationen, in denen eine Gesellschaft als kontrolliert gilt[30].

a. *Interne Kontrolle auf rechtlicher Grundlage, Art. 2359 Abs. 1 Nr. 1 cod. civ.*

Eine Gesellschaft gilt als kontrolliert, wenn eine andere Gesellschaft über die Mehrheit der in der ordentlichen Aktionärsversammlung ausübbaren Stimmen verfügt, Art. 2359 Abs. 1 Nr. 1[31]. Wie in §§ 16 Abs. 1 Alt. 2, 17 Abs. 2 AktG kommt es demnach auf ein rein formales Kriterium, nämlich das der Mehrheit, an – mit dem Unterschied, dass im italienischen Recht allein die Mehrheit der Stimmen und nicht auch die der Kapitalanteile maßgeblich ist. Ebenso wie in § 16 Abs. 3 S. 1 AktG[32] werden zur Berechnung[33] der Stimmenmehrheit nur die Stimmrechte herangezogen, die ausgeübt werden können[34]. Im Unterschied zum deutschen Recht kommt es im italienischen nur auf die in der ordentlichen Aktionärsversammlung ausübbaren Stimmen an. Diese Form der Kontrolle wird als *controllo interno di diritto*, also als wegen Anknüpfens an die rechtliche Situation der Verfügbarkeit über das Stimmrecht interne Kontrolle auf rechtlicher Grundlage bezeichnet[35].

---

28 Statt vieler *Windbichler* in Großkomm AktG § 17 Rn 18.

29 Vgl. den Wortlaut ‚*sono considerate società controllate …*'; dazu auch *M. Cian* in G. Cian/Trabucchi (Hrsg.), Codice Civile, Art. 2359 sub II Rn 1; *Spolidoro*, Riv. soc. 1995, S. 457 (489).

30 Kritisch diesbezüglich *Tombari*, Il gruppo di società S. 32.

31 Die Stimmenmehrheit in der ordentlichen Aktionärsversammlung ist grundsätzlich bei 50 Prozent und einer Stimme gegeben, vgl. *Galgano*, Trattato di Diritto Commerciale, Cap. VI 2 (S. 146). Die ordentliche Aktionärsversammlung ist gem. Art. 2368 Abs. 2 cod. civ. bei Anwesenheit von mindestens der Hälfte des Gesellschaftskapitals beschlussfähig.

32 Vgl. *Windbichler* in Großkomm AktG § 16 Rn 43 f.

33 Zur Mehrheitsberechnung *Associazione Preite*, Morera/Olivieri/Perassi u.a. (Hrsg.), Il diritto delle società, Cap. V B 2 (S. 99); *Sbisà*, Riv. soc. 1992, S. 906 (910).

34 Zur Ausübbarkeit der Stimmrechte, die nicht notwendigerweise mit der Inhaberschaft der Anteile übereinstimmen muss vgl. *Campobasso*, Diritto Commerciale 2, Cap. VI B 8 (S. 289 f); *Galgano*, Diritto Civile e Commerciale III/2, par. 121 (s. 159). *Sbisà*, Riv. soc. 1992, S. 906 (915) zufolge komme es für das Feststellen von Entscheidungsmacht nicht darauf an, wer die Stimmrechte innehabe, sondern wer sie tatsächlich ausübe.
Zu Beschränkungen der mit der Aktie verbundenen Administrativrechte, insbesondere durch Pfandrecht und Nießbrauch *Associazione Preite*, Morera/Olivieri/Perassi u.a. (Hrsg.), Il diritto delle società, Cap. V A 12 (S. 97).
Eine Einschränkung der Ausübbarkeit kann sich u.a. auch ergeben, wenn der Gesellschafter mit der Einlageleistung im Verzug ist (Art. 2344 Abs. 4 cod. civ.), sowie bei Vorliegen einer wechselseitigen mehrstufigen Gruppenbeziehung (Art. 2359-*bis* Abs. 5 cod. civ.).

35 Zur Begriffsbildung *Associazione Preite*, Morera/Olivieri/Perassi u.a. (Hrsg.), Il diritto delle società, Cap. V B 2 (S. 99); *M. Cian* in G. Cian/Trabucchi (Hrsg.), Codice Civile, Art. 2359 sub II Rn 3; *Colombo* in Jura Europae Gesellschaftsrecht Bd. III, sub 40.70.5; *Ferri*, Manuale di Diritto Commerciale, par. 305 (S. 523).

b. *Interne Kontrolle auf tatsächlicher Grundlage, Art. 2359 Abs. 1 Nr. 2 cod. civ.*

Eine Gesellschaft ist auch dann kontrolliert, wenn eine andere Gesellschaft über ausreichend Stimmen verfügt, um in der ordentlichen Aktionärsversammlung der ersteren einen beherrschenden Einfluss (*influenza dominante*) auszuüben, Art. 2359 Abs. 1 Nr. 2.

Dies kann der Fall sein bei Fehlen einer absoluten Mehrheit in der Aktionärsversammlung, also bei in Italien tatsächlich selten vorkommendem Streubesitz[36], oder bei geringer Aktionärsversammlungspräsenz[37]. Demnach ist die bloße Aktionärsversammlungsmehrheit ebenso ausreichend für das Vorliegen von Kontrolle, wie sie es für das Vorliegen von Beherrschung im Sinne des § 17 Abs. 1 AktG ist[38].

Schließlich kann sich das Verfügen über die Mehrheit der Stimmrechte auch aus einer gesicherten Position (*forza assicurata*) aufgrund einer Stimmrechtsvereinbarung (*sindacato di voto*) ergeben. Dabei ist umstritten, ob dies auch zu einer Zurechnung der faktischen Kontrolle an mehrere Rechtssubjekte gleichermaßen führen kann. Nach zur Zeit wohl herrschender Auffassung wird die Mehrheit der Stimmrechte nur dem die Stimmrechtsvereinbarung dominierenden Aktionär zugerechnet[39]. Daneben hält eine Auffassung eine Zurechnung an alle Beteiligten der Stimmbindungsvereinbarung gleichermaßen für möglich[40]. Sie bezieht sich insbesondere auf die Regelung in Art. 2341-*bis* Abs. 1 c) cod. civ., wonach Stimmbindungsvereinbarungen, die die gemeinsame Ausübung von Kontrolle zum Gegenstand haben, in der Dauer beschränkt sind[41].

Insgesamt stellt Art. 2359 Abs. 1 Nr. 2 somit auf die tatsächliche Lage in der kontrollierten Gesellschaft ab. Daher wird diese Kontrollsituation auch als *controllo interno di fatto,* also als interne, tatsächlich vermittelte Kontrolle bezeichnet[42]. Parallel dazu wird Abhängigkeit im Sinne von § 17 AktG, nicht aber Stimmenmehrheit gem. § 16 Abs. 3 S. 1 AktG[43], auch bei einer Minderheitsbeteiligung angenommen, wenn die

---

36 Zur Möglichkeit von Kontrolle ohne Stimmrechtsmehrheit bei Vorliegen von Streubesitz u.a. *Campobasso,* Diritto Commerciale 2, Cap. VI B 8 (S. 290); *Dal Soglio* in Maffei Alberti (Hrsg.), Diritto delle Società Art. 2359 sub III Rn 2; allerdings alle jeweils ohne Hinweis auf das in Italien *tatsächlich* seltene Vorkommen von Streubesitz – vgl. dazu jedoch oben § 2 I 4.

37 Mangelnde Aktionärsversammlungspräsenz benennen u.a. *M. Cian* in G. Cian/Trabucchi (Hrsg.), Codice Civile, Art. 2359 sub II Rn 8 ff; *Galgano,* Diritto Civile e Commerciale III/2, par. 121 (S. 159).

38 H.M., vgl. etwa BGHZ 69, 334 (347) – Veba/Gelsenberg; BGHZ 135, 107 (113 ff) – Volkswagen; *Koppensteiner* in KölnKomm AktG (2. Bearb.) § 17 Rn 40 f mwN.

39 Vgl. *Associazione Preite,* Morera/Olivieri/Perassi u.a. (Hrsg.) Il diritto delle società, Cap. V B 2 (S. 99); *Campobasso,* Diritto Commerciale 2, Cap. VI B 8 (S. 291 f mwN); *Galgano,* Diritto Civile e Commerciale III/2, par. 121 (S. 159); *Bertone* in Marchetti u.a. (Hrsg.), Commentario alla riforma delle società, Art. 2359 sub 2.1.2.2 (S. 678 f).

40 *Lamandini* in Niccolini/Stagno d'Alcontres (Hrsg.), Le società di capitali, Art. 2359–2359-*quinquies* sub 4 (S. 401); *Niutta,* Giur. comm. 2004, I, S. 983 (992).

41 Näher dazu unten § 4 III 4 c bb.

42 Vgl. *Associazione Preite,* Morera/Olivieri/Perassi u.a. (Hrsg.), Il diritto delle società, Cap. V B 2 (S. 99).

43 *Emmerich* in Emmerich/Habersack Aktien- und GmbH-Konzernrecht § 16 Rn 23; *Schall* in Spindler/Stilz (Hrsg.), AktG § 16 Rn 28.

Aktionärsversammlungspräsenz entsprechend gering ist, und deshalb eine beständige, umfassende und gesellschaftsrechtlich vermittelte Einflussnahme erfolgt. Stimmbindungsverträge finden ebenfalls im Rahmen der Bestimmung der Abhängigkeit gem. § 17 AktG, nicht aber der Stimmenmehrheit Berücksichtigung[44]. Die mehrfache Abhängigkeit ist die Ausnahme und nur unter bestimmten Voraussetzungen anerkannt[45].

c. *Gemeinsame Elemente gesellschaftsintern vermittelter Kontrolle*

aa. Maßgeblichkeit der Stimmenmehrheit

Anders als in § 16 AktG kommt es im Rahmen des italienischen gesellschaftsrechtlichen Kontrolltatbestandes also nur auf die Stimmenmehrheit an; die reine Anteilsmehrheit begründet keine Kontrolle[46].

Ebenso wie nach deutschem Recht[47] können auch nach italienischem Recht Stimmen- und Anteilsmehrheit auseinander fallen. In der Satzung der *s.p.a.* kann vom Grundsatz ‚one share – one vote' insbesondere durch Ausgabe von Aktien mit beschränktem Stimmrecht gem. Art. 2351 Abs. 2 (sofern dem nicht spezialgesetzliche Regeln entgegenstehen)[48] und *azioni di godimento* (Genussaktien) gem. Art. 2353[49] cod. civ. abgewichen werden. In der börsennotierten *s.p.a.* ist ferner die Ausgabe von *azioni di risparmio* (Anlageaktien)[50] (vgl. Art. 145–147, 208 Abs. 2 TUF) zulässig[51]. Ob in der *s.r.l.* die Satzung das Auseinanderfallen von Anteils- und Stimmenmehrheit

---

44 Vgl. statt vieler *Windbichler* in Großkomm AktG § 16 Rn 37 ff mwN zur Literatur. Anderer Auffassung ist *Emmerich* in Emmerich/Habersack Aktien- und GmbH-Konzernrecht § 16 Rn 18 a, 25 mwN.

45 Vgl. BGHZ 62, 193, 199 ff (Seitz); speziell zu § 23 GWB a.F. BGHZ 74, 359, 363 ff (WAZ); *Hüffer* AktG § 17 Rn 13 mwN; ausführlich *Windbichler* in Großkomm AktG § 17 Rn 59 ff.

46 Vgl. auch *Kindler* in Hommelhoff/Hopt/Lutter (Hrsg.), Konzernrecht und Kapitalmarktrecht S. 123 (125).

47 Zum Auseinanderfallen von Kapitalanteilen und Stimmrecht im deutschen Recht vgl. *Hüffer* AktG § 16 Rn 2; *Windbichler* in Großkomm AktG § 16 Rn 1.

48 Zur Schaffung von Aktien, bei denen das Stimmrecht auf unterschiedliche Weise eingeschränkt werden kann *Associazione Preite*, Morera/Olivieri/Perassi u.a. (Hrsg.), Il diritto delle società, Cap. V A 3 (S. 87 ff); *Campobasso*, Diritto Commerciale 2, Cap. V 8–11 (S. 215 ff); *Oelkers*, Die italienische Aktiengesellschaft im institutionellen Wettbewerb S. 135 f.

49 Zu den *azioni di godimento*, die meist mit ‚Genussaktien' übersetzt werden, vgl. *Associazione Preite*, Morera/Olivieri/Perassi u.a. (Hrsg.), Il diritto delle società, Cap. V A 4 (S. 89 f); *Magrini*, Italienisches Gesellschaftsrecht S. 62 f. Sie werden den Inhabern rückerstatteter Aktien (z.B. aufgrund einer Kapitalherabsetzung) zugeteilt und gewähren ein nachgeordnetes Recht bei einer Dividendenausschüttung oder im Falle der Auflösung der Gesellschaft. Rechtstatsächlich kommen sie nur selten vor, so *Campobasso*, Diritto Commerciale 2, Cap. V 11 (S. 223 f).

50 Näheres zu den *azioni di risparmio* bei *Campobasso*, Diritto Commerciale 2, Cap. V 10 (S. 217 ff); *Galgano*, Diritto Civile e Commerciale III/2, par. 196, 197 (S. 476–481); *Montalenti* in Cottino (Hrsg.), Trattato Diritto Commerciale IV/2, Cap. IV sub 49 (S. 121 ff), sub 52 (127). Ein kurzer Überblick über die Entwicklung der *azioni di risparmio*, an denen in der zuerst 1974 eingeführten Form kein Interesse von Seiten der Anleger bestand, findet sich bei *Associazione Preite*, Morera/Olivieri/Perassi u.a. (Hrsg.), Il diritto delle società, Cap. V A 4 (S. 90).

51 Dazu *Montalenti* in Cottino (Hrsg.), Trattato Diritto Commerciale IV/2, Cap. IV sub 55 (S. 132 ff).

festlegen kann, ist umstritten[52]. Für die Bestimmung von Kontrolle sind diese jeweils nicht relevant.

bb. Einbeziehung mittelbarer Kontrolle

Zur Berechnung der Stimmenmehrheit werden auch die Stimmen herangezogen, die von kontrollierten Gesellschaften, Treuhandgesellschaften oder dazwischengeschalteten Personen[53] gehalten werden, nicht aber die Stimmrechtsanteile, die auf Rechnung Dritter gehalten werden (Art. 2359 Abs. 2 cod. civ.). Damit soll der unmittelbaren die mittelbare Kontrolle gleichgestellt werden, die durch das Einfügen einer dritten Gesellschaft – oder Person – zwischen die kontrollierende und die kontrollierte Gesellschaft erreicht wird[54]. Auf diese Weise sollen Umgehungen der Zurechnung verhindert werden[55]. Im Ergebnis entspricht dies Zweck und Inhalt nach den Zurechnungsregeln für Kapitalanteile in § 16 Abs. 2 S. 3, Abs. 4 AktG[56].

d. Zwischenfazit: Bedeutung des stimmrechtlich vermittelten Einflusses

Maßgeblich für den gesellschaftsrechtlichen Kontrollbegriff ist das durch Stimmenmacht vermittelte Einflusspotential. Dabei wird davon ausgegangen, dass wer über die Stimmenmehrheit verfügt, über die Besetzung des Geschäftsführungsorganes der Gesellschaft bestimmen kann[57]. Denn die Geschäftspolitik der *s.p.a.* wird im wesentlichen allein vom Geschäftsführungsorgan bestimmt (vgl. Art. 2380-*bis* cod. civ.)[58]. Daher manifestiert sich tatsächlich die Einflussnahme der Gesellschafter-

---

52 Vgl. unten § 6 V 2 b. Für das deutsche Recht zum Auseinanderfallen von Anteils- und Kapitalmehrheit, auch in Bezug auf die GmbH, vgl. *Emmerich* in Emmerich/Habersack Aktien- und GmbH-Konzernrecht § 16 Rn 3 ff, *Hüffer* AktG § 16 Rn 5.

53 Zum Begriff der zwischengeschalteten Person vgl. *Sbisà*, Riv. soc. 1992, S. 906 (913).

54 Zur mittelbaren Kontrolle *M. Cian* in G. Cian/Trabucchi (Hrsg.), Codice Civile, Art. 2359 sub II Rn 7; vgl. ferner das Beispiel bei *Galgano*, Diritto Civile e Commerciale III/2, par. 121 (S. 161). Zur Gleichstellung der unmittelbaren und der mittelbaren Kontrolle *Galgano*, Diritto Civile e Commerciale III/2, par. 121 (S. 160); *Bertone* in Marchetti u.a. (Hrsg.), Commentario alla riforma delle società, Art. 2359 sub 2.3 (S. 691); *Sbisà*, Riv. soc. 1992, S. 906 (910).

55 *Galgano*, Diritto Civile e Commerciale III/2, par. 121 (S. 160): Zweck der Einbeziehung der mittelbaren Kontrolle sei es zu verhindern, dass das Verbot wechselseitiger Beteiligungen umgangen werde. *Associazione Preite*, Morera/Olivieri/Perassi u.a. (Hrsg.), Il diritto delle società, Cap. V B 2 (S. 100): Mit Einbeziehung der mittelbaren Kontrolle habe man die vertikale Ausbreitung der Kontrolle, also die Kontrollbeziehung zwischen Gesellschaften auf verschiedenen Ebenen einer Kette, erfassen wollen.

56 Zum Zweck der Zurechnung gem. § 16 Abs. 3, 4 AktG vgl. *Koppensteiner* in KölnKomm AktG (2. Bearb.) § 16 Rn 29 f; zur Gleichstellung von unmittelbarer und mittelbarer Beherrschung *Windbichler* in Großkomm AktG § 17 Rn 57 f.

57 Aus deutscher Sicht *Bayer* in MünchKomm AktG § 17 Rn 26 f; *Emmerich* in Emmerich/Habersack Aktien- und GmbH-Konzernrecht § 17 Rn 6 ff; aus italienischer Sicht statt vieler *Campobasso*, Diritto Commerciale 2, Cap. VI B 8 (S. 289 f); *Tombari*, Il gruppo di società S. 42, 43 mwN für die italienische Literatur. Rechtsvergleichend *Enriques/Hansmann/Kraakman* in Kraakman/Armour/Davies u.a., Anatomy of Corporate Law, sub 3.1 (S. 56).

58 Dazu *Associazione Preite*, Morera/Olivieri/Perassi u.a. (Hrsg.), Il diritto delle società, Cap. VI B 1 (S. 155 f). Kritisch zur strukturellen Anhäufung von Macht insbesondere in den Händen einzelner Leitungsorganmitglieder durch die Gesellschaftsrechtsreform *Visentini*, Giur. comm. 2007, I, S. 695 (705 ff).

versammlung auf die Geschäftsführung einer Gesellschaft weniger im Fassen von Beschlüssen, als im wesentlichen in der Bestimmung (Berufung bzw. Abberufung) der Mitglieder des Geschäftsführungsorganes[59]. Daraus leitet sich wiederum die Möglichkeit ab, die Tätigkeit der Tochtergesellschaft zu bestimmen[60]. Ob die Einflussnahmemöglichkeit in unmittelbarer oder mittelbarer Form besteht, ist demnach jeweils unerheblich.

e. *Sonderfall: Kontrolle aufgrund besonderer vertraglicher Bindungen, Art. 2359 Abs. 1 Nr. 3 cod. civ.*

Ein anderer Ansatz findet sich in der dritten Tatbestandsalternative des Art. 2359 Abs. 1.

aa. Inhalt der Regelung

In Abweichung der bisher geschilderten Tatbestände ist eine Gesellschaft gemäß Art. 2359 Abs. 1 Nr. 3 cod. civ. kontrolliert, wenn eine andere Gesellschaft aufgrund besonderer vertraglicher Bindungen einen beherrschenden Einfluss auf sie ausüben kann. Anders als in den bisher geschilderten Tatbestandsalternativen ist das Einflusspotential also nicht an die Gesellschafterstellung und das mit dieser verbundene Stimmrecht in der Gesellschafterversammlung geknüpft[61]. Auch muss sich der Einfluss nicht auf die ordentliche Aktionärsversammlung, sondern auf die Gesellschaft – bzw. deren Tätigkeit[62] – auswirken[63]. Der beherrschende Einfluss ist demnach nicht Gegenstand, sondern Folge der vertraglichen Verbindung[64]. Daher wird diese Konstellation als *controllo esterno di fatto* bezeichnet[65]. Aufgrund eines fehlenden Verweises in Art. 2359 Abs. 2 wird nur dessen unmittelbare Ausübung erfasst.

Von beherrschendem Einfluss im Sinne des Art. 2359 Abs. 1 Nr. 3 wird bei Verträgen ausgegangen, die die wirtschaftliche Abhängigkeit der einen Gesellschaft gegenüber der anderen zur Folge haben. Diese Situation wird von der Mehrheit der italienischen Literatur dann angenommen, wenn das Andauern der Rechtsbeziehung eine Frage der Existenz und des Überlebens für die kontrollierte Gesellschaft dar-

---

59 Vgl. *Corapi* in G. Cian (Hrsg.), Le grandi opzioni della riforma del diritto e del processo societario S. 75 (95 f); *Lamandini* in Niccolini/Stagno d'Alcontres (Hrsg.), Le società di capitali, Art. 2359–2359-*quinquies* sub 3 (S. 399 f); *Montalenti*, Riv. soc. 2007, S. 317 (320).

60 *Ferri*, Manuale di Diritto Commerciale, par. 305 (S. 523); *Ferrucci/Ferrentino*, Le Società di capitali, le società cooperative e le mutue assicuratrici, Cap. CLV 5 (S. 1932); *Salafia*, Società 2004, S. 5; *Tombari*, Il gruppo di società S. 42, 43 mwN für die italienische Literatur.

61 *Campobasso*, Diritto Commerciale 2, Cap. VI B 8 (S. 290); *Galgano*, Trattato di Diritto Commerciale, Cap. VI 2 (S. 147); *Salafia*, Società 2004, S. 5 (6); *Schiuma*, Controllo, governo e partecipazione al capitale S. 110.

62 *Schiuma*, Controllo, governo e partecipazione al capitale S. 111 mit Beispiel sowie weiteren Nachweisen.

63 Vgl. *Notari* in Marchetti u.a. (Hrsg.), Commentario alla riforma delle società, Art. 2359 sub 3.1 (S. 706); *Spolidoro*, Riv. soc. 1995, S. 457 (470).

64 *Sbisà*, Riv. soc. 1992, S. 906 (908); zuletzt *ders.*, Contr. e impr. 2011, S. 369 (385 mwN)

65 Statt vieler *Associazione Preite*, Morera/Olivieri/Perassi u.a. (Hrsg.), Il diritto delle società, Cap. V B 2 (S. 98).

stellt[66]; wenn also die andere Gesellschaft durch Ausüben etwa eines Kündigungsrechts sie entsprechend schwer zu schädigen in der Lage sei. Als Beispiele werden insbesondere Alleinbelieferungs-, Absatzmittlungs-, Finanzierungs- und Patentlizenzverträge angeführt[67]. Einigen zufolge müsse die vertragliche Bindung zu ähnlichen Folgen führen wie die interne Kontrolle. Dies wäre etwa dann der Fall, wenn wesentliche Geschäfte der Gesellschaft zustimmungspflichtig seien oder die andere Gesellschaft sich das Recht vorbehalte, die Mitglieder der Geschäftsführung zu bestimmen[68]. Insgesamt wird der Tatbestand eng ausgelegt[69].

Bis zur Gesellschaftsrechtsreform bestand Einigkeit darüber, dass mit der besonderen vertraglichen Bindung im Sinne von Art. 2359 Abs. 1 Nr. 3 keinesfalls ein Beherrschungsvertrag im Sinne der §§ 291 ff AktG gemeint sei, der nach italienischem Recht als unzulässig galt[70]. Vereinzelt wird in der Einführung von Art. 2497-*septies*, demzufolge die Leitung und Koordinierung von Gesellschaften auch auf Grundlage eines Vertrages oder einer Satzungsbestimmung ausgeübt werden kann, ein Ansatz zur Änderung dieser Sichtweise gesehen[71]. Die wohl herrschende Meinung in der italienischen Literatur sieht jedoch keine Überschneidung zwischen dem Regelungsgehalt beider Vorschriften[72].

---

66 *Associazione Preite*, Morera/Olivieri/Perassi u.a. (Hrsg.), Il diritto delle società, Cap. V B 2 (S. 99 f); *Campobasso*, Diritto Commerciale 2, Cap. VI B 8 (S. 290); *M. Cian* in G. Cian/Trabucchi (Hrsg.), Codice Civile, Art. 2359 sub II Rn 10 f mit Nachweisen zur Rechtsprechung; *Salafia*, Società 2004, S. 5 (6); *Sbisà*, Riv. soc. 1992, S. 906 (909); *Tombari*, Il gruppo di società S. 49; Tribunale Milano 28.04.1994, abgedr. in Società 1995, S. 74 ff; anderer Auffassung *Lamandini* in Niccolini/Stagno d'Alcontres (Hrsg.), Le società di capitali, Art. 2359–2359-*quinquies* sub 6 (S. 407).

67 Vgl. die Beispiele bei *Ferri*, Manuale di Diritto Commerciale, par. 305 (S. 523); *Ferrucci/Ferrentino*, Le Società di capitali, le società cooperative e le mutue assicuratrici, Cap. CLV 5 (S. 1933); *Bertone* in Marchetti u.a. (Hrsg.), Commentario alla riforma delle società, Art. 2359 sub 2.2 (S. 688 f); *Sbisà*, Riv. soc. 1992, S. 906 (909). Dabei komme es nicht auf den Vertragstyp, sondern jeweils auf dessen konkreten Inhalt im Einzelfall an, so *Tombari*, Il gruppo di società S. 49.

68 *Galgano*, Diritto Civile e Commerciale III/2, par. 121 (S. 159 f). Ähnlich *Musso*, Contr. e impr. 1995, S. 19 (37 f); *Corapi* in Bonfante/Corapi et al. (Hrsg.), Codice commentato delle nuove società, Art. 2359 Rn 3.

69 Vgl. *Spolidoro*, Riv. soc. 1995, S. 457 (482 ff); Tribunale Milano 28.04.1994, abgedr. in Società 1995, S. 74 ff

70 Vgl. u.a. *Campobasso*, Diritto Commerciale 2, Cap. VI B 9 (S. 290 mwN in Fn 85); zur Rechtslage vor der Reform *Rossi*, Riv. soc. 1995, S. 1131 (1137); *Spada* in Wymeersch (Hrsg.), Groups of Companies in the EEC S. 165 (194 f); *Tombari*, Il gruppo di società S. 50.

71 Seit der Reform ist im Zusammenhang mit Art. 2359 vereinzelt erwähnt worden, dass nunmehr mit Art. 2497-*septies* cod. civ. ein Beherrschungsvertrag entsprechend § 291 AktG zulässig sei, vgl. *Associazione Preite*, Morera/Olivieri/Perassi u.a. (Hrsg.), Il diritto delle società, Cap. V B 2 (S. 100); *Corapi* in Bonfante/Corapi et al. (Hrsg.), Codice commentato delle nuove società, Art. 2359 Rn 3.

72 Vgl. u.a. *Dal Soglio* in Maffei Alberti (Hrsg.), Il nuovo diritto delle società, Artt. 2497 *sexies*-2497 *septies* sub 3 (S. 2435); *Irace* in Sandulli/Santoro (Hrsg.), La riforma delle società, Art. 2497-*sexies* sub 3 (S. 348 f); *Montalenti*, Riv. soc. 2007, S. 317 (330); *Niutta*, Giur. comm. 2004, I, S. 983 (999); *Valzer*, Liber Amicorum G.F. Campobasso, Bd. III, S. 831 (841 f); anders wohl *Lamandini* in Niccolini/Stagno d'Alcontres (Hrsg.), Le società di capitali, Art. 2359–2359-*quinquies* sub 3 (S. 399); *Salafia*, Società 2004, S. 5 (6).

bb. Einordnung in das Recht der Wettbewerbsbeschränkungen statt in das Gesellschaftsrecht?

Die Einbeziehung wirtschaftlicher Abhängigkeit in den gesellschaftsrechtlichen Kontrollbegriff stellt, soweit ersichtlich, eine italienische Besonderheit dar. Es scheint, als sei die Regelung zu dem Zweck eingefügt, die nicht auf einer Beteiligung beruhende Kontrolle rechtlich zu erfassen[73]. Möglicherweise beruht die Regelung darauf, dass Italien erst 1990 Wettbewerbsbeschränkungen eigenständig gesetzlich geregelt hat[74].

Die Vorschrift ist von geringer praktischer Bedeutung[75]. Schließlich wird davon ausgegangen, dass wirtschaftliche Abhängigkeit tatsächlich kaum getrennt von intern vermittelter Kontrolle vorkommt[76].

Dabei wird sich auch in Italien für eine deutliche Differenzierung zwischen gesellschaftsrechtlicher Kontrolle und der Problematik der Konzentration ausgesprochen[77].

Dies entspricht dem in Deutschland – seit langem[78] – vorherrschenden Verständnis, dass wirtschaftliche Abhängigkeit allenfalls eine schon bestehende Abhängigkeitssituation stärken[79], nicht aber für sich genommen Abhängigkeit im Sinne von § 17 AktG begründen kann. Diese erfordert vielmehr eine gesellschaftsrechtlich zumindest vermittelte Grundlage in Form einer Beteiligung[80]. Inhaltlich beruht dies auf

---

73 *Schiuma*, Controllo, governo e partecipazione al capitale S. 112 mwN.

74 Ausführlich zum italienischen Kartellrecht *Kaufmann*, Das italienische Kartellgesetz von 1990 und sein Verhältnis zum europäischen Recht der Wettbewerbsbeschränkungen. Zur davor geltenden Rechtslage *Beck*, RIW 1991, S. 707 f; *Spada* in Wymeersch (Hrsg.), Groups of Companies in the EEC S. 165 (188 f).

75 Vgl. *Spolidoro*, Riv. soc. 1995, S. 457 (482 f). Eine Ausnahme bildet insoweit das Urteil Tribunale Milano 28.04.1994, abgedr. in Società 1995, S. 74 ff.

76 *Colombo* in Jura Europae Gesellschaftsrecht Bd. III, sub 40.70.7; zur entsprechenden Sichtweise der Rechtsprechung *Musso*, Contr. e impr. 1995, S. 19 (40 f, 51 ff).

77 Vgl. die Nachweise bei *Schiuma*, Controllo, governo e partecipazione al capitale S. 119 f; *Olivieri* in Alessi/Olivieri, La Disciplina della Concorrenza e del Mercato, Commento al Regolamento CEE n. 4064/89, Art. 3 sub 2.2.

78 Vor Erlass des Aktiengesetzes von 1965 wurden Kartell und Konzern verbreitet als ein einheitliches Problem gesehen, vgl. *Oechsler*, ZGR 1997, S. 464 (466 f) mit entsprechenden Nachweisen. Zum Zeitpunkt des Erlasses des AktG von 1965 war die Einordnung rein tatsächlicher Abhängigkeit noch umstritten, vgl. die Begründung des Regierungsentwurfes zum Aktiengesetz, abgedr. bei *Kropff*, Aktiengesetz, S. 31.

79 *Bayer* in MünchKomm AktG § 17 Rn 31 f mwN; ausführlich *Koppensteiner* in KölnKomm AktG (2. Bearb.) § 17 Rn 58 ff mwN; *Krieger* in MünchHdbGesR Band 4, § 68 Rn 40; *Raiser/Veil*, Recht der Kapitalgesellschaften § 51 Rn 24; *Vetter* in Schmidt/Lutter (Hrsg.), AktG § 17 Rn 15; *Windbichler* in Großkomm AktG § 17 Rn 40.

80 Zum Verständnis der Rechtsprechung insbesondere BGHZ 90, 381 (395 f) (BuM/WestLB); aus der herrschenden Literatur: jeweils mit Überblick zum Streitstand *Emmerich* in Emmerich/Habersack Aktien- und GmbH-Konzernrecht § 17 Rn 14 ff; *Koppensteiner* in KölnKomm AktG (2. Bearb.) § 17 Rn 58 ff; *Vetter* in Schmidt/Lutter (Hrsg.), AktG § 17 Rn 16; *Windbichler* in Großkomm AktG § 17 Rn 12.
Eine entgegengesetzte Meinung vertreten *Wiedemann*, Unternehmensgruppe im Privatrecht S. 27 und *Bayreuther*, Wirtschaftlich-existentiell abhängige Unternehmen im Konzern-, Kartell- und

der Erwägung, dass das Recht der Gesellschaftsgruppe sich typischerweise mit Konflikten befasst, die sich aus der Ausübung von Gesellschafterrechten ergeben und damit die innere Organisation der Gesellschaft betreffen[81]. Bei rein wirtschaftlicher Abhängigkeit werden derartige Konflikte aber gerade nicht ausgelöst[82]. Demzufolge können sie auch nicht mit gesellschaftsrechtlichen Mitteln gelöst werden[83].

Der Schutz der wirtschaftlich schwächeren Partei kann durch das Kartellrecht und das allgemeine Vertragsrecht besser als durch gesellschaftsrechtliche Regeln gewährleistet werden[84]. Das europäische Kartellrecht lässt auch gerade bei Wettbewerbsbeschränkungen durch Missbrauch einer marktbeherrschenden Stellung – um diese Art der Wettbewerbsbeschränkung wird es sich in Fällen wirtschaftlicher Abhängigkeit in der Regel handeln – strengere nationale Lösungen zu[85]. Von dieser Möglichkeit hat allerdings Italien keinen Gebrauch gemacht[86].

Ohnehin knüpfen an Art. 2359 cod. civ. keine entsprechenden Rechtsfolgen an. Vielmehr wird im italienischen – wie im deutschen – Recht der die innere Organisation der Gesellschaft betreffende Konflikt zwischen dem kontrollierenden Gesellschafter und den übrigen Gesellschaftern als typischer Regelungsgegenstand des Rechts der Gesellschaftsgruppe angesehen[87].

cc. Keine Gleichsetzung mit Zweckgesellschaften

Wegen des Fehlens einer gesellschaftsrechtlich vermittelten Grundlage für den Kontrolltatbestand des Art. 2359 Abs. 1 Nr. 3 cod. civ. ist eine Parallele zu den Voraussetzungen für die Einbeziehung von Zweckgesellschaften in den konsolidierten Abschluss zu erkennen. Zweckgesellschaften sind Unternehmen, die der Erreichung eines begrenzten, genau definierten Ziels der Mutter dienen[88]. Für die Konsolidierung von Zweckgesellschaften nach dem mit der Bilanzrechtsmodernisierung[89]

Arbeitsrecht S. 527 ff (für Franchise-Verträge), S. 579 ff (für Just-in-Time-Produktionen), S. 361 ff (für sonstige Unternehmensbeziehungen).
Differenzierend *Schall* in Spindler/Stilz (Hrsg.), AktG § 17 Rn 21 ff.

81 *Koppensteiner* in KölnKomm AktG (2. Bearb.) § 17 Rn 59 f; *Oechsler*, ZGR 1997, S. 464 (478 f); *Windbichler* in Großkomm AktG § 17 Rn 12 f; 40 f.

82 So *Oechsler*, ZGR 1997, S. 464 (480 f); ähnlich *Spolidoro*, Riv. soc. 1995, S. 457 (483).

83 Vgl. *K. Schmidt*, Gesellschaftsrecht § 17 III.

84 So, schon vor BGHZ 90, 381 (395 f), differenzierend *Martens*, Existenzielle Wirtschaftsabhängigkeit S. 54 ff, 65 ff, 124 ff. Aus neuerer Sicht: *Emmerich* in Emmerich/Habersack Aktien- und GmbH-Konzernrecht § 17 Rn 16 ff; *K. Schmidt*, Gesellschaftsrecht § 31 II 3 b). *Raiser/Veil*, Recht der Kapitalgesellschaften § 51 Rn 23, sehen auch das Recht der allgemeinen Geschäftsbedingungen für geeignet an, diesen Zweck zu erfüllen.

85 Vgl. Art. 3 Abs. 3 S. 2 Verordnung (EG) 1/2003 vom 16. Dezember 2002 zur Durchführung der in den Artikeln 81 und 82 des Vertrags niedergelegten Wettbewerbsregeln.

86 Gemäß Art. 1 italienisches Kartellgesetz gilt dieses insgesamt nur subsidiär gegenüber dem europäischen Kartellrecht, vgl. dazu *Mangione* in Marchetti/Ubertazzi (Hrsg.), Proprietà Intellettuale e Concorrenza, Legge 10 ottobre 1990, n. 287, Art. 1 sub II, insbesondere Rn 5 ff.

87 Vgl. *Rossi*, Riv. soc. 1995, S. 1131 (1136); *Spada* in Wymeersch (Hrsg.), Groups of Companies in the EEC S. 165 (221).

88 Vgl. *Merkt* in Baumbach/Hopt HGB § 290 Rn 12; *Theile/Pawelzik* in Heuser/Theile, IFRS Handbuch Rn 3025.

89 Vgl. Bilanzrechtsmodernisierungsgesetz – BilMoG vom 25. Mai 2009.

eingeführten § 290 Abs. 2 Nr. 4 HGB – bzw. den derzeit noch geltenden[90] IAS 27, SIC 12 – ist eine wirtschaftliche Betrachtungsweise maßgeblich; auf eine Beteiligung des Mutterunternehmens an der Zweckgesellschaft kommt es gerade nicht an[91]. Eine Konsolidierungspflicht besteht demnach, wenn das Mutterunternehmen bei wirtschaftlicher Betrachtungsweise die Mehrheit der Chancen und Risiken eines Unternehmens trägt, das zur Erreichung eines eng begrenzten und genau definierten Ziels des Mutterunternehmens dient. Die wirtschaftliche Betrachtungsweise soll helfen, Konstellationen zu erfassen, in denen die Pflicht zur Einbeziehung in den Konsolidierungskreis durch bestimmte rechtliche Gestaltungen, mitunter gerade das Fehlen einer Beteiligung an der betreffenden Tochtergesellschaft, umgangen wird[92]. § 290 Abs. 2 Nr. 4 HGB orientiert sich dabei – jedenfalls bislang – an SIC-12[93].

(1) Keine Gleichsetzung wirtschaftlicher Abhängigkeit mit der wirtschaftlichen Betrachtungsweise im Rahmen der Gruppenkonsolidierung

Nach derzeitigem Erkenntnisstand ist die wirtschaftliche Betrachtungsweise im Rahmen der Gruppenkonsolidierung nicht mit wirtschaftlicher Abhängigkeit gleichzusetzen[94]. Insbesondere fällt wirtschaftliche Abhängigkeit – jedenfalls derzeitig – nicht unter die Beherrschungsmöglichkeit nach IAS[95]. Nichts anderes dürfte für den neuen Konsolidierungsstandard IFRS 10 gelten[96].

Wirtschaftliche Abhängigkeit betrifft regelmäßig eigenständig unternehmerisch tätige Gesellschaften, die nicht durch eine eng umgrenzte Zwecksetzung gekennzeichnet sind. Dagegen verfolgen Zweckgesellschaften im Hinblick auf ihre enge Zwecksetzung meist gerade keine derartigen eigenen wirtschaftlichen Interessen mittels einer nach außen am Rechtsverkehr teilnehmenden Organisation[97]. Bestimmte Situationen können einen Hinweis auf das Vorliegen beherrschenden Ein-

---

90 Das IASB hat mit IFRS 10 einen neuen Standard erlassen, der für Geschäftsjahre ab dem 01.01.2013 anzuwenden ist und IAS 27 und SIC-12 ersetzt. Während letzterer gänzlich entfällt, soll IAS 27 für Einzelabschlüsse Anwendung finden. Näher zur Neuregelung etwa *Reiland,* DStR 2011, S. 2729 ff; *Zülch/Popp,* DStR 2011, S. 1532 ff. Das Entfallen von IAS 27 und SIC-12 als Indiz für das Scheitern der vom deutschen Gesetzgeber mit der Neukonzeption von § 290 HGB bezweckten Angleichung an die internationale Rechnungslegung wertend *Küting/Mojadadr,* GmbHR 2011, S. 897.

91 Vgl. SIC-12.9; zum Fehlen des Beteiligungserfordernisses *Lüdenbach/Freiberg,* BB 2009, S. 1230; *Theile/Pawelzik* in Heuser/Theile, IFRS Handbuch Rn 3026.

92 Vgl. *Küting/Seel,* Beiheft zu DStR 26 2009, S. 37 (39 f).

93 Vgl. Beschlussempfehlung und Bericht des Rechtsausschusses zum Entwurf des BilMoG, Bundestags-Drucksache 16/12407 S. 89; ferner *Baetge/Kirsch/Thiele,* Konzernbilanzen Kap. III.411 (S. 123); *Kozikowski/Ritter* in Beck'scher Bilanzkommentar § 290 Rn 67.

94 Vgl. *Küting/Koch* in Küting/Pfitzer/Weber (Hrsg.), Das neue deutsche Bilanzrecht S. 377 (392 ff).

95 Vgl. *Küting/Seel,* BB 2010, S. 1459 (1462).

96 Vgl. ausführlich *Reiland,* DB 2011, S. 2729 ff, demzufolge der neue Standard verstärkt auf dem Kriterium der Entscheidungsmacht aufbaue.

97 Vgl. *Küting/Seel,* BB 2010, S. 1459 (1461); *Lüdenbach/Freiberg,* BB 2009, S. 1230 (1232 f).

flusses bei einer Zweckgesellschaft bei wirtschaftlicher Betrachtung geben; insoweit ist eine Gesamtbetrachtung maßgeblich[98]. Dazu gehört etwa, dass die Entscheidungsmacht des Mutterunternehmens durch Einrichtung eines sog. ‚Autopilot'-Mechanismusses gesichert wird. Der ‚Autopilot'-Mechanismus ist dadurch gekennzeichnet, dass mit seiner Hilfe bereits bei Gründung der Gesellschaft alle operativen Entscheidungen festgelegt werden, so dass nach Gründung keine Partei ausdrücklich über die Befugnis verfügt, auf die Geschäftstätigkeit der Zweckgesellschaft Einfluss zu nehmen[99]. Durch diese Gestaltungsmethode wurde bislang eine Konsolidierung von Zweckgesellschaften vermieden[100]. Derartiges ist für wirtschaftlich abhängige Gesellschaften nicht bekannt[101]. Ein alternatives Kriterium für das Vorliegen beherrschenden Einflusses ist es, wenn das Mutterunternehmen den überwiegenden Teil der mit der Zweckgesellschaft oder ihren Vermögenswerten verbundenen Rest- oder Eigentumsrisiken hält, um Nutzen aus ihrer Geschäftstätigkeit zu ziehen. In dieser Konstellation trägt das Mutterunternehmen die Risiken vergleichbar einem Mehrheitsgesellschafter[102]. Dies ist bei wirtschaftlicher Abhängigkeit gerade nicht der Fall, das Verwertungsrisiko trägt die abhängige Gesellschaft selbst, bzw. ihre Gesellschafter[103].

(2) Unwahrscheinlichkeit von Rückwirkungen auf den gesellschaftsrechtlichen Beherrschungs- bzw. Kontrollbegriff

Insgesamt bleibt die weitere Entwicklung in diesem Bereich abzuwarten. Dies gilt insbesondere für die Frage, ob sich aus dem relativ eng umrissenen Ausnahmetatbestand der Konsolidierung von Zweckgesellschaften Rückschlüsse auf den allgemein gesellschaftsrechtlichen Beherrschungsbegriff ziehen lassen. Nach derzeitigem Erkenntnisstand dürfte dies unwahrscheinlich sein[104]. Dafür spricht auch die Tatsache, dass die internationalen Rechnungslegungsstandards künftig nicht mehr zwischen der Konsolidierung von traditionell operierenden Unternehmen und Zweckgesellschaften unterscheiden werden, sondern mit IFRS 10 ein einheitlicher Standard für die Konsolidierungspflicht geschaffen worden ist. Die Übernahme der Mehrheit der Chancen und Risiken wird dabei nur ein notwendiges, aber kein hinreichendes Kriterium für das Vorliegen von Beherrschung sein[105].

---

98 Dabei sind, in Anlehnung an SIC-12, bestimmte Umstände heranzuziehen, näher *Kozikowski/Ritter* in Beck'scher Bilanzkommentar § 290 Rn 69 ff; *Küting/Seel,* Beiheft zu DStR 26 2009, S. 37 (40 f).
99 Zum ‚Autopilot'-Mechanismus *Baetge/Kirsch/Thiele,* Konzernbilanzen Kap. III.122 (S. 92); *Kozikowski/Ritter* in Beck'scher Bilanzkommentar § 290 Rn 71 ff.
100 Vgl. etwa *Küting/Seel,* BB 2010, S. 1459 (1462); *Lüdenbach/Freiberg,* BB 2009, S. 1230 (1232); *Schall* in Spindler/Stilz (Hrsg.), AktG § 17 Rn 21.
101 Vgl. *Küting/Seel,* BB 2010, S. 1459 (1461).
102 *Kozikowski/Ritter* in Beck'scher Bilanzkommentar § 290 Rn 75.
103 Vgl. *Bayreuther,* Wirtschaftlich-existentiell abhängige Unternehmen im Konzern-, Kartell- und Arbeitsrecht S. 585; *Oechsler,* ZGR 1997, S. 464 (472).
104 Vgl. *Lüdenbach/Freiberg,* BB 2009, S. 1230 (1232, 1234). Anders dagegen jedenfalls für *‚scheinselbständige Zweckgesellschaften von Banken'* *Schall* in Spindler/Stilz (Hrsg.), AktG § 17 Rn 22.
105 *Reiland,* DB 2011, S. 2729 (2734 f), der dies im Hinblick auf die Konsolidierung von Zweckgesellschaften kritisch sieht; anders dagegen *Küting/Mojadadr,* GmbHR 2011, S. 897 (906).

Zudem bestimmt sich der Abhängigkeitsbegriff des § 17 AktG nach den Rechtsfolgen, nämlich der Anwendung konzernspezifischer Regelungen[106]. Für diese ist der Konflikt zwischen Mehrheit und Minderheit charakteristisch. In der Zweckgesellschaft dürfte dieser Konflikt gerade nicht vorkommen. Ist ein Autopilot-Mechanismus eingerichtet, ist eine Einflussnahme auf die laufenden Geschäfte der Zweckgesellschaft nach ihrer Gründung formal nicht mehr möglich[107]; auf Organentscheidungen kommt es mithin gar nicht an[108]. Dies dürfte vermutlich auch dann nicht anders sein, wenn sich die der Festlegung des Autopilot-Mechanismus zugrunde gelegten Gegebenheiten ändern[109]. Damit aber kann ein Konflikt zwischen Mehrheit und Minderheit in der Zweckgesellschaft gar nicht auftreten.

Aber auch dann, wenn kein Autopilot-Mechanismus eingerichtet ist, dürfte es nicht zur Austragung von gruppenspezifischen Mehrheits-/Minderheitskonflikten in der Zweckgesellschaft kommen. An einer formalen Beteiligung an der Zweckgesellschaft fehlt es regelmäßig gerade[110]. Ihr Verhältnis zueinander können die Beteiligten daher nur außerhalb der Gesellschaft regeln. Außerhalb der Gesellschaft getroffene Vereinbarungen sind jedoch von den in der Satzung geregelten Rechtsverhältnissen und -beziehungen der Gesellschafter abzugrenzen[111]. Sie sind selbständige Rechtsgeschäfte, die in der Regel als schuldrechtliche Verträge einzuordnen sind. Rein schuldrechtliche vertragliche Bindungen genügen für eine Abhängigkeit im Sinne von § 17 AktG jedoch gerade nicht[112]. Damit dürfte auch der Vorschlag, die Gründung unter das Aufsetzen der Struktur der Zweckgesellschaft als gesellschaftsrechtliche Vermittlung ausreichen zu lassen[113], abzulehnen sein.

Schließlich ist der andere Regelungszweck des Konsolidierungstatbestandes, nämlich die Konsolidierung der Gruppe als wirtschaftliche Einheit allein zu Informationszwecken, anzuführen[114]. Rechtsfolgen, die sich auf das Verhältnis des Mehrheitsgesellschafters zu Minderheitsgesellschaftern innerhalb der Gesellschaft und damit auf den typischen Gruppenkonflikt auswirken, sind damit nicht verbunden.

Keine anderen Schlussfolgerungen dürften sich für den gesellschaftsrechtlichen Kontrollbegriff ergeben, für den bislang eine entsprechende Diskussion um Rückschlüsse aus dem bilanzrechtlichen Kontrollbegriff nicht ersichtlich ist.

---

106 H.M., vgl. statt vieler BGHZ 90, 381, 395 ff; *Bayer* in MünchKomm AktG § 17 Rn 21 mwN; *Hüffer* AktG § 17 Rn 8. Teilweise kritisch *Schall* in Spindler/Stilz (Hrsg.), AktG § 17 Rn 21.

107 Vgl. *Baetge/Kirsch/Thiele,* Konzernbilanzen Kap. III.122 (S. 92).

108 *Kozikowski/Ritter* in Beck'scher Bilanzkommentar § 290 Rn 72; *Lüdenbach/Freiberg,* BB 2009, S. 1230 (1231 f).

109 Insoweit kann nur eine Vermutung angestellt werden, da es an Kenntnis über die tatsächlich vereinbarten Bedingungen von Autopilot-Mechanismen fehlt. Diese werden in der bilanzrechtlichen Literatur, soweit ersichtlich, nicht näher erörtert.

110 *Baetge/Kirsch/Thiele,* Konzernbilanzen Kap. III.122 (S. 92); *Küting/Seel,* BB 2010, S. 1459 (1462).

111 Vgl. *Hüffer* AktG § 23 Rn 47; *Noack,* Gesellschaftervereinbarungen bei Kapitalgesellschaften S. 61 ff.

112 Vgl. oben die Nachweise zur wirtschaftlichen Abhängigkeit § 3 I 1 e bb.

113 So *Vetter* in Schmidt/Lutter (Hrsg.), AktG § 17 Rn 15.

114 Näher zu Art. 1 Abs. 2 Richtlinie über den konsolidierten Abschluss und darauf fußend § 290 Abs. 2 Nr. 4 HGB sogleich unten § 3 I 2 a bb, cc, 2 c.

dd. Fazit

Soweit ersichtlich beziehen die Ansätze anderer europäischer Rechtsordnungen[115] – wie etwa Frankreichs[116] und Spaniens[117] – wirtschaftliche Abhängigkeit nicht in gesellschaftsrechtliche Kontrolltatbestände ein. Selbiges gilt für die Verbundklauseln in europäischen Richtlinien[118]. Die Einbeziehung vertraglicher Verbindungen im Sinne des Art. 2359 Abs. 1 Nr. 3 in die Definition von Kontrolle stellt, soweit ersichtlich, eine Ausnahme des italienischen Rechts dar. Rechtspraktisch spricht für die fehlende Berücksichtigung wirtschaftlicher Abhängigkeit in Anknüpfungstatbeständen das Erfordernis der Rechtssicherheit, denn die Merkmale wirtschaftlicher Abhängigkeit lassen sich nicht so umschreiben, dass diese sich ohne Auslösen größerer Rechtsunsicherheit unter die Begriffe Beherrschung bzw. Kontrolle subsumieren ließen[119].

f. Sonderfall: verbundene Gesellschaften, Art. 2359 Abs. 3 cod. civ.

Der Vollständigkeit halber ist zu ergänzen, dass das italienische Recht neben der kontrollierten auch die verbundene Gesellschaft (*società collegata*) kennt.

Eine solche ist dadurch gekennzeichnet, dass eine andere Gesellschaft auf sie einen bedeutenden Einfluss (*influenza notevole*) ausübt (Art. 2359 Abs. 3 S. 1 cod. civ.). Dieser wird vermutet[120], wenn eine Gesellschaft in der ordentlichen Aktionärsversammlung mindestens 20 Prozent der Stimmen ausüben kann, bzw. 10 Prozent, sofern es sich um eine an einem geregelten Markt notierte[121] Gesellschaft handelt (Art. 2359 Abs. 3 S. 2). Das Einflusspotential ist damit geringer als beim beherrschenden Einfluss[122]. Mittelbare Einflussnahmemöglichkeiten werden nicht erfasst[123].

---

115 *Druey* in Lutter (Hrsg.), Konzernrecht im Ausland S. 310 (351).

116 Für Frankreich s. *Falcke*, Konzernrecht in Frankreich S. 31, allerdings findet sich die Regelung aktuell in Art. L. 233-3 Code de Commerce.

117 Vgl. Art. 42 Código de Comercio, Art. 4 Ley del Mercado de Valores.

118 Art. 1 Richtlinie über den konsolidierten Abschluss verweist in keinem der zahlreichen Tatbestände auf eine wirtschaftliche Abhängigkeit, so auch nicht die Umsetzung in Art. 26 Bilanzgesetzesdekret n. 127/1991 (s.u. § 3 I 2 a aa). Der von der Kommission unterbreitete Vorschlag für eine Richtlinie über die Rechnungslegung vom 25.10.2011 hat daran nichts geändert. Gleiches gilt für die auf die Kontrolldefinition der erstgenannten Richtlinie verweisenden Richtlinien, wie etwa Art. 4 Nr. 30 der Richtlinie über Märkte für Finanzinstrumente – MiFID.

119 Vgl. statt vieler *Koppensteiner* in KölnKomm AktG (2. Bearb.) § 17 Rn 60.

120 Unklar scheint, ob es sich um eine widerlegliche oder unwiderlegliche Vermutung handelt, vgl. *Associazione Preite*, Morera/Olivieri/Perassi u.a. (Hrsg.), Il diritto delle società, Cap. V B 3 (S. 101). Für die Widerleglichkeit *M. Cian* in G. Cian/Trabucchi (Hrsg.), Codice Civile, Art. 2359 sub III Rn 4; *Corapi* in Bonfante/Corapi et al. (Hrsg.), Codice commentato delle nuove società, Art. 2359 Rn 3; *Santosuosso*, Giur. comm. 2002, I, S. 712 (714).

121 Die Definition des geregelten Marktes ergibt sich aus Artt. 61-77 TUF.

122 Allgemeine Auffassung, u.a. *M. Cian* in G. Cian/Trabucchi (Hrsg.), Codice Civile, Art. 2359 sub III Rn 3; *Santosuosso*, Giur. comm. 2002, I, S. 712 (714), mit verschiedenen Beispielen für bedeutenden Einfluss.

123 *Ferri*, Manuale di Diritto Commerciale, par. 304 (S. 522), was sich schon aus Wortlaut und systematischer Stellung des Art. 2359 Abs. 3 zu Abs. 2 ergebe; hingegen zwischen unterschiedlichen Arten der Verbundenheit differenzierend *Santosuosso*, Giur. comm. 2002, I, S. 712 (721 ff).

Der Tatbestand findet lediglich im Rahmen der Aufstellung des Jahresabschlusses Anwendung[124]: dieser hat die jeweils gleichen Angaben und Informationen hinsichtlich kontrollierter sowie verbundener Unternehmen[125] zu enthalten (Art. 2424 cod. civ.). Alle Beteiligungen an anderen Unternehmen, die mindestens die Schwelle des Art. 2359 Abs. 3 erreichen, gelten nach der Vermutung des 2424-*bis* cod. civ. als Anlagevermögen. Art. 2359 Abs. 3 dient also dazu, eine Vermutung für jene Beteiligungen aufzustellen, die unter Finanzanlagen[126] zu fassen sind[127]. Dies hat Folgen für ihre bilanzielle Bewertung, denn sonstige Beteiligungen, die keine Finanzanlagen darstellen, sind in der Bilanz unter Umlaufvermögen zu fassen und unterliegen einer anderen Bewertung[128]. Eine ähnliche Funktion erfüllt der Beteiligungsbegriff in § 271 HGB, wenn auch die Vermutung für das Vorliegen einer Beteiligung auf einen Anteil von mindestens 20 Prozent am Nennkapital abstellt (§ 271 Abs. 1 S. 3 HGB)[129].

2. Bilanz- und kapitalmarktrechtliche Erweiterungen des gesellschaftsrechtlichen Grundtatbestandes von *controllo*

So wie die Definitionsnormen in §§ 15 ff AktG jedenfalls über lange Zeit als Verweisungsziel[130] für Vorschriften aus anderen Gesetzen dienten, enthält in Italien eine Vielzahl von Gesetzen, die spezifische Fragen der Gesellschaftsgruppe regeln, eigene Kontrolltatbestände. Diese verweisen oftmals auf Art. 2359 cod. civ.; in diesem Verhältnis gilt Art. 2359 cod. civ. als Grundtatbestand[131]. In den spezialgesetzlichen Vorschriften wird dieser entsprechend dem jeweiligen Regelungszweck konkretisiert[132]. Methodisch werden zu diesem Zweck in der Regel widerlegliche Vermutungen für das Vorliegen beherrschenden Einflusses aufgestellt[133].

---

124 Vgl. *Associazione Preite*, Olivieri/Presti/Vella (Hrsg.), Il nuovo diritto delle società, Cap. II B 1, 3 (S. 78, 81); *Colombo* in Jura Europae Gesellschaftsrecht Bd. III, sub 40.70.12; *Schiuma*, Controllo, governo e partecipazione al capitale S. 355.

125 In Art. 2424 und 2424-*bis* cod. civ. ist von *imprese,* also Unternehmen, und nicht von *società,* d.h. Gesellschaften die Rede.

126 Gliederungspunkt B. III in der Bilanz, vgl. Art. 2424.

127 *Magrini*, Italienisches Gesellschaftsrecht S. 137.

128 Dazu *Ferri*, Manuale di Diritto Commerciale, par. 304 (S. 522); *Galgano*, Trattato di Diritto Commerciale, Cap. VI 6 (S. 168).

129 Vgl. zum auf Art. 17 der Jahresabschlussrichtlinie beruhenden Beteiligungsbegriff des § 271 HGB sowie zu dessen Verortung in der Bilanz unter Finanzanlagen *Merkt* in Baumbach/Hopt HGB § 271 Rn 1 ff.

130 Vgl. *Windbichler* in Großkomm AktG Vor § 15 Rn 58 mwN. Zur jüngeren Entwicklung, die von einem Vordringen des Kontrollbegriffes gekennzeichnet ist, *Schall* in Spindler/Stilz (Hrsg.), AktG Vor § 15 Rn 2 ff.

131 *Associazione Preite*, Morera/Olivieri/Perassi u.a. (Hrsg.), Il diritto delle società, Cap. V B 1 (S. 97 f); *Campobasso*, Diritto Commerciale 2, Cap. VI B 8 (S. 289); *Fasciani*, ECFR 2007, S. 195 (200); *Schiuma*, Controllo, governo e partecipazione al capitale S. 26 f.

132 Allgemeine Auffassung, statt vieler: *Associazione Preite*, Morera/Olivieri/Perassi u.a. (Hrsg.), Il diritto delle società, Cap. V B 1 (S. 98).

133 H.M., vgl. *Campobasso*, Diritto Commerciale 2, Cap. VI B 8 (S. 289); *Ferri*, Manuale di Diritto Commerciale, par. 305 (S. 524 f); *Marchetti*, Riv. Soc. 1992, I, S. 1 (5); *Spada* in Wymeersch (Hrsg.), Groups of Companies in the EEC S. 165 (224).

Im Folgenden sollen zunächst die Definitionen im Bilanz- und Kapitalmarktrecht dargestellt und im Anschluss daran auf ihre gemeinsamen Elemente eingegangen werden.

a. Imprese controllate *im Sinne des Bilanzgesetzesdekretes n. 127/1991*

Um die Vergleichbarkeit und Gleichwertigkeit der Information über gruppenzugehörige Gesellschaften zu verbessern, wird die Gruppe unter bestimmten Voraussetzungen bilanzrechtlich als Einheit betrachtet[134]. Die Vorgaben ergeben sich gemeinschaftsweit einheitlich aus der Richtlinie über den konsolidierten Abschluss. Sie sind im D.lgs. 9 aprile 1991, n. 127. – *Attuazione delle direttive n. 78/660/CEE e n. 83/349/CEE in materia societaria, relative ai conti annuali e consolidati* (im folgenden: Bilanzgesetzesdekret n. 127/1991) umgesetzt[135]. Demnach sind die Mutterunternehmen verpflichtet, zusätzlich zu ihrem eigenen Jahresabschluss eine konsolidierte Bilanz zu erstellen. Für die Einbeziehung in die Konsolidierung kommt es auf das Vorliegen einer Kontrollbeziehung an.

aa. Der bilanzrechtliche Kontrolltatbestand im Einzelnen

Bezugspunkt für die Konsolidierungspflicht ist die Rechtsform des kontrollierenden Unternehmens als *s.p.a., s.a.p.a.*[136] oder *s.r.l.* (Art. 25 Abs. 1 Bilanzgesetzesdekret n. 127/1991). Die Konsolidierungspflicht trifft auch bestimmte Körperschaften des öffentlichen Rechts[137], Genossenschaften oder Versicherungsvereine auf Gegenseitigkeit, wenn es sich bei dem kontrollierten Rechtssubjekt um eine *s.p.a., s.a.p.a.* oder *s.r.l.* handelt (Art. 25 Abs. 2 Bilanzgesetzesdekret n. 127/1991). Dagegen hat der deutsche Gesetzgeber die Konsolidierungspflicht nach HGB auf Kreditinstitute (§ 340i HGB) und auf Versicherungsunternehmen (§ 341i HGB), unabhängig von ihrer jeweiligen Rechtsform, sowie auf bestimmte andere Unternehmen, insbesondere Personenhandelsgesellschaften und Einzelkaufleute erstreckt, sofern sie bestimmte Größenkriterien überschreiten (§ 11 PublG)[138]. Hinsichtlich des Mutterunternehmens ist der Anwendungsbereich damit jeweils weiter als der durch die Richtlinie über den konsolidierten Abschluss definierte[139]. Grundsätzlich ausge-

---

134 *Associazione Preite*, Morera/Olivieri/Perassi u.a. (Hrsg.), Il diritto delle società, Cap. VI B 7 (S. 221); *Habersack/Verse*, Europäisches Gesellschaftsrecht § 9 Rn 1; *Windbichler*, Gesellschaftsrecht § 31 Rn 37.

135 Zur Umsetzung der Jahresabschlussrichtlinie sowie der Richtlinie über den konsolidierten Abschluss im Bilanzgesetzesdekret n. 127/1991 *Kindler* in Hommelhoff/Hopt/Lutter (Hrsg.), Konzernrecht und Kapitalmarktrecht S. 123 (130).

136 *Società in accomandita per azioni* – Kommanditgesellschaft auf Aktien.

137 Dabei handelt es sich um Körperschaften im Sinne von Art. 2201 cod. civ., also solche, die der Eintragungspflicht ins Handelsregister für öffentliche Körperschaften unterliegen. Sie gilt für Körperschaften, deren ausschließlicher oder hauptsächlicher Unternehmensgegenstand eine *attività commerciale*, also ein Handelsgewerbe darstellt.

138 Zur Aufstellungspflicht nach dem PublG *Baetge/Kirsch/Thiele*, Konzernbilanzen Kap. III.13 (S. 95 f).

139 Art. 4 Abs. 1 Richtlinie über den konsolidierten Abschluss sieht die Konsolidierungspflicht vor, wenn entweder das Mutter- oder das Tochterunternehmen die Rechtsform einer Aktiengesellschaft, einer Kommanditgesellschaft auf Aktien oder einer Gesellschaft mit beschränkter Haftung

schlossen von der Konsolidierungspflicht sind Personengesellschaften und Einzelunternehmen[140].

Entsprechend der Terminologie der Richtlinie über den konsolidierten Abschluss ist hinsichtlich der Beteiligten, anders als im Sprachgebrauch des codice civile, auf Seite des kontrollierten Rechtssubjektes nicht von Gesellschaften, sondern von *imprese* – Unternehmen – die Rede. Dabei muss es sich nicht notwendigerweise um Gesellschaften handeln, auch wenn dies in der Regel der praktisch relevante Fall sein dürfte[141]. Dieselbe Vorgehensweise hat auch Deutschland bei der Richtlinienumsetzung (vgl. § 290 HGB) gewählt. Die Verwendung dieser Terminologie bewirkt, dass der Kreis konsolidierungspflichtiger Unternehmen möglichst weit gezogen wird[142]. Für die Eigenschaft als kontrolliertes Unternehmen verweist Art. 26 Abs. 1 Bilanzgesetzesdekret n. 127/1991 zum einen auf Art. 2359 Abs. 1 Nr. 1 und 2 cod. civ., auch wenn dort Gesellschaften Regelungsgegenstand sind.

Vertragliche Bindungen als Grundlage beherrschenden Einflusses hielt der Gesetzgeber dagegen nicht für geeignet, zu einer Einbeziehung in die Konsolidierung zu führen, so dass es an einem Verweis auf Art. 2359 Abs. 1 Nr. 3 cod. civ. fehlt[143]. Dies entspricht den verschiedenen Tatbestandsalternativen von Art. 1 Abs. 1 Richtlinie über den konsolidierten Abschluss, die jeweils nur auf Formen interner Kontrolle abstellen[144]. Dagegen eröffnet Art. 1 Abs. 2 Richtlinie über den konsolidierten Abschluss seit den Modifizierungen durch die Modernisierungsrichtlinie die Option, die Aufstellung eines konsolidierten Abschlusses auch dann vorzuschreiben, wenn es an einer Beteiligung fehlt[145].

---

hat. Der von der Kommission unterbreitete Vorschlag für eine Richtlinie über die Rechnungslegung vom 25.10.2011 erweitert den Kreis der konsolidierungspflichtigen Unternehmen in Art. 22, 24 i.V.m. Anhang I, II im Hinblick auf die Rechtsform, stellt aber zugleich kleine Gruppen von der Pflicht frei.

140 Ausnahmen gelten, entsprechend der Richtlinie 90/605/EWG (GmbH & Co. KG Richtlinie), für Personenhandelsgesellschaften, in denen keine natürliche Person persönlich haftender Gesellschafter ist – sie sind ebenfalls zur Erstellung eines konsolidierten Abschlusses verpflichtet (vgl. Art. 111-*duodecies* Disposizioni per l'attuazione del codice civile e disposizioni transitorie bzw. § 264a HGB).

141 So *Associazione Preite*, Morera/Olivieri/Perassi u.a. (Hrsg.), Il diritto delle società, Cap. VI C 8 (S. 221). *Schiuma*, Controllo, governo e partecipazione al capitale S. 365, hält jedenfalls das Einzelunternehmen für ungeeignet, ein im Sinne des Art. 26 Bilanzgesetzesdekret n. 127/1991 kontrolliertes Unternehmen zu sein.

142 Vgl. *Baetge/Kirsch/Thiele*, Konzernbilanzen Kap. III.11 (S. 84); *Neye*, ZGR 1995, S. 191 (197); für Italien: *Montalenti* in Cottino (Hrsg.), Trattato Diritto Commerciale IV/2, Cap. XII sub 143 (S. 359).

143 Vgl. Begründung Bilanzgesetzesdekret n. 127/1991, abgedr. bei *Spolidoro*, Riv. soc. 1995, S. 457 (481 Fn 64). Dazu auch *Colombo* in Jura Europae Gesellschaftsrecht Bd. III, sub 40.70.14; *Sbisà*, Riv. soc. 1992, S. 906 (917); zuletzt *ders.*, Contr. e impr. 2011, S. 369 (384 f).

144 Vgl. diesbezüglich zur Richtlinie über den konsolidierten Abschluss *Grundmann*, Europäisches Gesellschaftsrecht Rn 571; zu IAS 27 *Baetge/Kirsch/Thiele*, Konzernbilanzen, Kap. III.411 (S. 122).

145 Vgl. *Grundmann*, Europäisches Gesellschaftsrecht Rn 571; *Küting/Koch* in Küting/Pfitzer/Weber (Hrsg.), Das neue deutsche Bilanzrecht S. 377 (383 ff).

Zum anderen gelten in jedem Falle[146] Unternehmen als kontrolliert, in denen ein anderes Unternehmen aufgrund eines Vertrages oder einer Satzungsklausel einen beherrschenden Einfluss ausübt, sofern dies nach dem anwendbaren Recht zulässig ist (Art. 26 Abs. 2 a) Bilanzgesetzesdekret n. 127/1991[147]), oder in denen ein Unternehmen auf Grundlage von Vereinbarungen mit anderen Gesellschaftern die Stimmenmehrheit innehat (Art. 26 Abs. 2 b) Bilanzgesetzesdekret n. 127/1991[148]).

Erstere Variante geht eindeutig über die Tatbestandsalternativen des Art. 2359 cod. civ. hinaus. Bezüglich der vertraglichen Bindung kann sie – jedenfalls nach bisher herrschender Auffassung – nur für ausländische Gesellschaften gelten, da nach italienischem Recht ein Vertrag, in dem sich ein Unternehmen der Leitung eines anderen unterwirft, jedenfalls bis vor der Gesellschaftsrechtsreform einhellig als unzulässig angesehen wurde[149].

Die zweite Variante bezieht jegliche Art von Gesellschaftervereinbarung (*accordi con altri soci*), also nicht nur den Stimmbindungsvertrag (*sindacato di voto*)[150], mit ein, sofern diese die Kontrollposition einem Unternehmen allein zuordnet. Damit ist die Bedeutung von Gesellschaftervereinbarungen im allgemeinen und Stimmbindungsverträgen im besonderen für den konsolidierungsrechtlichen Kontrollbegriff – anders als im Rahmen des Art. 2359 Abs. 1 Nr. 2 cod. civ.[151] – gesetzlich festgeschrieben.

Zum Zwecke der Zurechnung werden die einem Tochterunternehmen, einer Treuhandgesellschaft oder einer zwischengeschalteten Person, nicht aber die Dritten zustehenden Rechte herangezogen (Art. 26 Abs. 3 Bilanzgesetzesdekret n. 127/1991). Umfassender als im Rahmen des gesellschaftsrechtlichen Kontrollbegriffes geht es dabei um die Zurechnung von Rechten statt von Stimmrechten. Dies entspricht der Richtlinienumsetzung in § 290 Abs. 3 HGB.

Der italienische Gesetzgeber hat dagegen darauf verzichtet, auch die einheitliche Leitung als Anknüpfungstatbestand in Art. 26 Bilanzgesetzesdekret n. 127/1991

---

146 Das Merkmal *in ogni caso* – in jedem Falle – wird unterschiedlich ausgelegt. Als einen Hinweis auf eine unwiderlegliche Vermutung fassen es auf *Schiuma*, Controllo, governo e partecipazione al capitale S. 361 f und *Tombari*, Il gruppo di società S. 44. Dagegen *Sbisà*, Riv. soc. 1992, S. 906 (920 f), der es als Verweis auf die Unabhängigkeit vom Vorliegen der Voraussetzungen des Art. 2359 cod. civ. versteht. Wesentliche Unterschiede in Bezug auf die Anwendung dürften sich daraus nicht ergeben.

147 Dies entspricht der Regelung in Art. 1 Abs. 1 c) Richtlinie über den konsolidierten Abschluss.

148 Dies entspricht der Regelung in Art. 1 Abs. 1 d) bb) Richtlinie über den konsolidierten Abschluss.

149 Zur traditionellen Sicht der Unzulässigkeit eines Beherrschungsvertrages nach italienischem Recht *Spada* in Wymeersch (Hrsg.), Groups of Companies in the EEC S. 165 (194); *Tombari*, Il gruppo di società S. 50; ebenso *Campobasso*, Diritto Commerciale 2, Cap. VI B 8 (S. 290), der aber auf eine potentielle Änderung der Sichtweise durch die Einführung des Art. 2497-*septies* verweist. Vgl. zur Diskussion um den Regelungsgehalt des Art. 2497-*septies* unten § 3 IV 2.

150 Dazu *Sbisà*, Riv. soc. 1992, S. 906 (918).

151 Zu den Voraussetzungen der Berücksichtigung von Stimmbindungsverträgen für den gesellschaftsrechtlichen Kontrolltatbestand des Art. 2359 Abs. 1 Nr. 2 cod. civ. vgl. oben § 3 I 1 b.

einzuführen, obwohl es zum Zeitpunkt der Umsetzung der Richtlinie über den konsolidierten Abschluss in der italienischen Literatur eine Diskussion um die Bedeutung des Begriffes der einheitlichen Leitung (*direzione unitaria*) gab[152]. Nach der Richtlinie über den konsolidierten Abschluss ist diese Anknüpfung optional (vgl. Art. 1 Abs. 2 b) der Richtlinie)[153]. So griff der die Konsolidierungspflicht aufstellende § 290 HGB a.F. sowohl auf das Tatbestandsmerkmal der einheitlichen Leitung (Abs. 1 a.F.), als auch auf das Control-Konzept (Abs. 2 a.F.) zurück[154]. Die Anknüpfung an das Merkmal der einheitlichen Leitung wurde indes kritisch gesehen[155]. Schließlich war diese Tatbestandsalternative neben der an das Control-Konzept anknüpfenden von relativ geringer praktischer Bedeutung für die Konsolidierungspflicht[156].

bb. Annäherung an internationale Rechnungslegungsstandards

Indes hat der deutsche Gesetzgeber im Rahmen der Bilanzrechtsmodernisierung neben der Aufgabe des Beteiligungserfordernisses[157] auf das Anknüpfungsmerkmal der einheitlichen Leitung vollständig verzichtet. Insbesondere aber ist nunmehr statt tatsächlich ausgeübter Kontrolle die Möglichkeit der Beherrschung ausreichend[158]. Damit soll an die Konsolidierung nach internationalen Standards angeknüpft werden[159]. Für die Möglichkeit der Beherrschung dienen, mit einigen Erweiterungen, im wesentlichen die bisher dem Control-Konzept folgenden und nach der Richtlinie über den konsolidierten Abschluss umsetzungspflichtigen Tatbestände[160] als Konkretisierungen[161]. Darüber hinaus werden Zweckgesellschaften in den Konsolidierungskreis einbezogen, indem beherrschender Einfluss unter den Voraussetzungen des 290 II Nr. 4 HGB vermutet wird, wenn das Mutterunterneh-

---

152 Vgl. unten § 3 I 3 c bb, III.
153 Zum Wegfall dieser Wahlmöglichkeit im Vorschlag für eine Richtlinie über die Rechnungslegung vom 25.10.2011 oben Fn 5.
154 Zur Divergenz der Anknüpfungen als Folge eines politischen Kompromisses bei Erlass der Richtlinie über den konsolidierten Abschluss *Hopt* in Hommelhoff/Hopt/Lutter (Hrsg.), Konzernrecht und Kapitalmarktrecht S. 31 (35).
155 Vgl. *Schall* in Spindler/Stilz (Hrsg.), AktG § 17 Rn 2.
156 *Busse von Colbe* in MünchKomm HGB § 290 Rn 25.
157 Näher zum Entfallen des Beteiligungserfordernisses *Busse von Colbe* in MünchKomm HGB § 290 Rn 3; *Merkt* in Baumbach/Hopt HGB § 290 Rn 5 f; *Kozikowski/Ritter* in Beck'scher Bilanzkommentar § 290 Rn 10.
158 *Baetge/Kirsch/Thiele,* Konzernbilanzen Kap. III.121 (S. 87); *Kozikowski/Ritter* in Beck'scher Bilanzkommentar § 290 Rn 9.
159 Vgl. Gesetzesbegründung, Bundestags-Drucksache 16/12407 S. 89.
160 Vgl. Art. 1 Abs. 1 Richtlinie über den konsolidierten Abschluss.
161 *Baetge/Kirsch/Thiele,* Konzernbilanzen Kap. III.121 (S. 86); *Kozikowski/Ritter* in Beck'scher Bilanzkommentar § 290 Rn 31 f; *Merkt* in Baumbach/Hopt HGB § 290 Rn 6. Zum sich in § 290 HGB manifestierenden Widerspruch, wonach die Control-Situationen nach der Richtlinie über den konsolidierten Abschluss lediglich auf das formelle Innehaben einer Rechtsposition abstellen, IAS 27 hingegen bei Verwendung weitgehend gleicher Kriterien die tatsächliche Möglichkeit der Einflussnahme voraussetzen *von Keitz/Ewelt,* IRZ 2010, S. 447 (448, 450 ff); *Küting/Seel,* BB 2010, S. 1459 (1460); *dies.,* Beihefter zu DStR 26 2009, S. 37 (39).

men bei wirtschaftlicher Betrachtung die Mehrheit der Chancen und Risiken der Zweckgesellschaft trägt[162].

Demgegenüber hat Italien nicht sein allgemeines Bilanzrecht an die internationale Rechnungslegung angepasst, sondern die Anwendung der IFRS auf bestimmte Gesellschaften erstreckt. Zu diesem Zweck hat es von der in IAS-Verordnung vorgesehenen Möglichkeit Gebrauch gemacht, die Anwendung der IAS/IFRS für Einzeljahresabschlüsse börsennotierter Gesellschaften sowie für bestimmte nicht kapitalmarktorientierte Gesellschaften vorzuschreiben (vgl. Art. 5 IAS-Verordnung)[163]. Der ausgedehnte Anwendungsbereich erfasst unter anderem neben Banken und Versicherungsunternehmen bestimmte Finanzdienstleister (vgl. Art. 2 D.lgs. 28 febbraio 2005, n. 38 – Gesetzesdekret n. 38/2005)[164]. Von den Optionen der Modernisierungsrichtlinie hat es hingegen keinen Gebrauch gemacht[165].

cc. Maßgebliche Unterschiede gegenüber dem gesellschaftsrechtlichen Kontrolltatbestand

Zusammenfassend lässt sich feststellen, dass der bilanzrechtliche Kontrollbegriff im italienischen Recht weiter ist als der gesellschaftsrechtliche[166], nicht nur hinsichtlich des erweiterten Kreises erfasster Rechtssubjekte, sondern auch bezüglich der in Art. 26 Abs. 2 Bilanzgesetzesdekret n. 127/1991 geregelten Formen von Kontrolle. Dies lässt sich mit dem rechtspolitischen Zweck der konsolidierten Bilanz begründen: So wird die Lage der einzelnen Unternehmen sowie der Gruppe an sich allein durch die Addition der Einzelabschlüsse aller gruppenzugehörigen Unternehmen nicht ausreichend transparent[167]. Die konsolidierte Bilanz soll die Vermögens-, Finanz- und Ertragslage so darstellen, als handele es sich bei der Gruppe um eine rechtliche Einheit[168]. Dies gilt unabhängig davon, nach welchem Recht (eines europäischen Mitgliedsstaates) die jeweilige Gesellschaft zu beurteilen ist. Daher können und sollen auch unternehmensvertraglich verbundene Tochtergesellschaften mit einbezogen werden. Die Sichtweise der Gruppe als Einheit unterscheidet

---

162 Näher dazu oben § 3 I 1 e cc.

163 Zur Umsetzung der in Art. 5 IAS-Verordnung eröffneten Möglichkeit, die Bilanzierung nach IFRS auch für nicht kapitalmarktorientierte Gesellschaften zu gestatten bzw. vorzuschreiben, vgl. Art. 25 l. Delega 31.10. 2003, n. 306, ausführend D.lgs. 28 febbraio 2005, n. 38.

164 Näher zum Anwendungsbereich des Art. 2 D.lgs. 28 febbraio 2005, n. 38: *Associazione Preite*, Morera/Olivieri/Perassi u.a. (Hrsg.), Il diritto delle società, Cap. VI C 3.7 (S. 213 f); *Blandini*, Società quotate e società diffuse, Cap. V par. 67 (S. 328 ff); *Campobasso*, Diritto Commerciale 2, Cap. XII 2 (S. 449 f); *De Angelis*, Giur. comm. 2010, I, S. 561 f; *Fortunato*, Società 2006, S. 1070 ff; *Lolli* in Maffei Alberti (Hrsg.), Il nuovo diritto delle società, Artt. 2423–2426 sub 1 (S. 1380).

165 Zu den Änderungen im italienischen Bilanzrecht aufgrund der Modernisierungsrichtlinie *De Angelis*, Giur. comm. 2010, I, S. 561 (563 ff); *Sottoriva*, Società 2007, S. 657 ff.

166 So auch *Schiuma*, Controllo, governo e partecipazione al capitale S. 365 f.

167 Vgl. Erwägungsgründe Richtlinie über den konsolidierten Abschluss; ferner *Grundmann*, Europäisches Gesellschaftsrecht Rn 564; *K. Schmidt*, Gesellschaftsrecht § 31 V 1 (S. 967).

168 *Associazione Preite*, Morera/Olivieri/Perassi u.a. (Hrsg.), Il diritto delle società, Cap. VI C 7 (S. 222); *Campobasso*, Diritto Commerciale 2, Cap. XII 12 (S. 484); *Galgano*, Trattato di Diritto Commerciale, Cap. VI 10 (S. 191); *Habersack/Verse*, Europäisches Gesellschaftsrecht § 9 Rn 40, 50.

sich dabei vom gesellschaftsrechtlichen Ansatz des Trennungsprinzips[169]. Der konsolidierte Abschluss dient allerdings ausschließlich der Vergleichbarkeit und Gleichwertigkeit von Information für Gesellschafter und Dritte[170]. Materiell-rechtliche Folgen knüpfen an ihn nicht an, insbesondere dient der konsolidierte Abschluss, anders als der Einzelabschluss, nicht als Grundlage für die Gewinnausschüttung[171].

b. Controllo *im Sinne des Art. 93 TUF*

Der kapitalmarktrechtliche Kontrollbegriff findet sich zu Beginn des Emittenten betreffenden Teil IV, Titel I des italienischen Kapitalmarktgesetzes TUF[172].

aa. Der kapitalmarktrechtliche Kontrolltatbestand im Einzelnen

Der kapitalmarktrechtliche Kontrolltatbestand verweist wiederum zunächst auf den gesellschaftsrechtlichen Kontrollbegriff in Art. 2359 Abs. 1 Nr. 1 und 2 cod. civ. (Art. 93 Abs. 1 TUF). Daneben gelten italienische oder ausländische Unternehmen als kontrolliert, in denen ein Rechtssubjekt beherrschenden Einfluss ausübt aufgrund einer entsprechenden vertraglichen Bestimmung oder Satzungsklausel, sofern diese jeweils nach dem anwendbaren Recht zulässig ist (Art. 93 Abs. 1 a) TUF). Gleiches gilt, wenn ein Gesellschafter beherrschenden Einfluss aufgrund einer Vereinbarung mit anderen Gesellschaftern ausübt (Art. 93 Abs. 1 b) TUF). Die h. M. sieht in den letztgenannten Tatbeständen symptomatische Fälle, mithin widerlegliche Vermutungen, für das Vorliegen von *controllo*[173].

bb. Verhältnis zum bilanz- und zum gesellschaftsrechtlichen Kontrollbegriff

Auf der Seite der Tochter werden, wie im Bilanzgesetzesdekret n. 127/1991, Unternehmen und nicht, wie im codice civile, Gesellschaften erfasst[174].

---

169 *Pellens/Strzyz* in Hommelhoff/Hopt/v.Werder (Hrsg.), Handbuch Corporate Governance, 2. Aufl., S. 533 (539); *Pellens/Amshoff/Schmidt*, ZGR 2009, S. 231 (232); *Schiuma*, Controllo, governo e partecipazione al capitale S. 363; *K. Schmidt*, Gesellschaftsrecht § 17 I 2 b) (S. 490).

170 Vgl. Erster Erwägungsgrund der Richtlinie über den konsolidierten Abschluss; für den Abschluss nach IAS/IFRS vgl. *Baetge/Kirsch/Thiele*, Konzernbilanzen Kap. II.4 (S. 81 f); für das italienische Recht *Associazione Preite*, Morera/Olivieri/Perassi u.a. (Hrsg.), Il diritto delle società, Cap. VI C 7 (S. 221).

171 *Habersack/Verse*, Europäisches Gesellschaftsrecht § 9 Rn 40; zur zwar nicht formalen, jedoch faktischen Bedeutung des konsolidierten Abschlusses auch für die Gewinnausschüttung *Busse von Colbe* in MünchKomm HGB Vorb § 290 Rn 33; *Pellens/Amshoff/Schmidt*, ZGR 2009, S. 231 (233, 262 mwN). Letztgenannte befürworten eine Übertragung der bilanzrechtlichen Sichtweise der Gruppe auf die aktienrechtliche gerade zum Zwecke der Bemessung der Gewinnausschüttung im Aktienkonzern (S. 255 ff).

172 Zu dessen Erlass vgl. oben § 2 II 3; zu dessen wesentlichen Inhalten vgl. *Dolce*, JbItalR 11 (1998), S. 3 ff; *Grundmann/Massari* in Grundmann/Zaccaria (Hrsg.), Einführung in das italienische Recht, 4. Teil 3. Kap. I 3, IV.

173 Vgl. den kurzen Überblick zum Streitstand bei *Montalenti* in Cottino (Hrsg.), Trattato Diritto Commerciale IV/2, Cap. XII sub 143 (S. 359) mit entsprechenden Nachweisen. Andere, wie etwa *Tombari*, Il gruppo di società S. 43 sehen darin eine unwiderlegliche Vermutung.

174 Dazu *Montalenti* in Cottino (Hrsg.), Trattato Diritto Commerciale IV/2, Cap. XII sub 141 (S. 359).

Neben dem Verweis auf Art. 2359 Abs. 1 Nr. 1 und 2 cod. civ. entsprechen die Tatbestandsalternativen inhaltlich im wesentlichen den bilanzrechtlichen[175]. Der aufgrund einer entsprechenden vertraglichen Bestimmung oder Satzungsklausel ausgeübte beherrschende Einfluss kann wohl wiederum nur ausländische Unternehmen betreffen[176].

Abweichend ist die Regelung der im Zusammenhang mit Gesellschaftervereinbarungen ausgeübten Kontrolle. Im Kapitalmarktrecht (Art. 93 Abs. 1 b) TUF) genügt es, wenn ein Gesellschafter aufgrund der Gesellschaftervereinbarung über ausreichend Stimmen verfügt, einen beherrschenden Einfluss auszuüben; über die konkrete Mehrheit der Stimmrechte muss er, anders als im Bilanzrecht (Art. 26 Abs. 2 b) Bilanzgesetzesdekret n. 127/1991), nicht verfügen[177]. Damit sind u.a. Konstellationen erfasst, in denen der Gesellschafter aufgrund einer Stimmrechtsvereinbarung das Recht zur Benennung der Geschäftsführung hat, aber auch Stimmbindungsverträge sonstiger Art[178]. Der Anwendungsbereich des kapitalmarktrechtlichen Kontrollbegriffes ist insofern geringfügig weiter als der des bilanzrechtlichen[179]. Anders als jener bezieht er auch ausländische Unternehmen ausdrücklich mit ein. Schließlich ist der persönliche Anwendungsbereich, wonach es für die kapitalmarktrechtliche Kontrolle ausreicht, wenn diese durch ein *soggetto,* also irgendein Rechtssubjekt (Art. 93 Abs. 1 a) TUF) bzw. einen Gesellschafter (Art. 93 Abs. 1 b) TUF) ausgeübt wird, weiter als der auf Unternehmen abstellende bilanzrechtliche. Insbesondere bezieht er natürliche Personen mit ein[180]. Damit geht der kapitalmarktrechtliche Kontrollbegriff auch über den gesellschaftsrechtlichen, der nur die durch Gesellschaften ausgeübte Kontrolle erfasst, erheblich hinaus.

Die Zurechnung von Stimmrechten bestimmter Dritter gem. Art. 93 Abs. 2 TUF deckt sich hingegen weitestgehend sowohl mit dem gesellschaftsrechtlichen (vgl. Art. 2359 Abs. 2 cod. civ.) als auch mit dem bilanzrechtlichen Kontrollbegriff (vgl. Art. 26 Abs. 3 Bilanzgesetzesdekret n. 127/1991)[181]. Entsprechend dem weiteren Anwendungsbereich auf Seite des kontrollierenden Rechtssubjektes erfasst Art. 93 TUF statt treuhänderischen Gesellschaften jedoch Treuhänder.

---

175 So auch *Montalenti* in Cottino (Hrsg.), Trattato Diritto Commerciale IV/2, Cap. XII sub 141 (S. 357 ff), der aber auch auf die bestehenden Unterschiede verweist.

176 Vgl. zu diesem oben unter § 3 I 2 a aa.

177 Vgl. hierzu *Kindler* in Hommelhoff/Hopt/Lutter (Hrsg.), Konzernrecht und Kapitalmarktrecht S. 123 (140).

178 *Salimei* in Rabitti Bedogni (Hrsg.), Il testo unico della intermediazione finanziaria, Art. 93 sub 7 (S. 555) mit Verweis auf die Vorläuferregelung von Art. 93 TUF.

179 *Kindler* in Hommelhoff/Hopt/Lutter (Hrsg.), Konzernrecht und Kapitalmarktrecht S. 123 (140 f).

180 Dazu auch *Montalenti* in Cottino (Hrsg.), Trattato Diritto Commerciale IV/2, Cap. XII sub 143 (S. 359); *Salimei* in Rabitti Bedogni (Hrsg.), Il testo unico della intermediazione finanziaria, Art. 93 sub 6, 7 (S. 555).

181 Zu den geringfügigen Unterschieden *Salimei* in Rabitti Bedogni (Hrsg.), Il testo unico dell' intermediazione finanziaria Art. 93 sub 8 (S. 555 f).

cc. Relevanz des kapitalmarktrechtlichen Kontrollbegriffes

Der kapitalmarktrechtliche Kontrollbegriff ist insbesondere für die Bestimmung der publizitätspflichtigen Unternehmen gem. Art. 114 TUF von Bedeutung[182]. Die Publizitätspflicht über Tatsachen, die sich auf den Börsenpreis der Wertpapiere auswirken können, trifft neben den Emittenten auch die sie kontrollierenden Subjekte. Die Information hat sich auch auf die von den Emittenten kontrollierten Gesellschaften zu beziehen, Art. 114 Abs. 1 TUF. Die Emittenten sind ermächtigt, die von ihnen kontrollierten Gesellschaften anzuweisen, sie regelmäßig mit allen für eine korrekte Information des Marktes notwendigen Informationen zu versehen, Art. 114 Nr. Abs. 2 TUF[183]. Die Überprüfung der Angemessenheit zu diesem Zwecke erteilter Weisungen gehört zu den Aufgaben des Kontrollorganes, Art. 149 Abs. 1 d) TUF. Der Börsenaufsichtsbehörde *Consob* stehen Aufsichtsinstrumente in diesem Kontext nicht nur gegenüber den börsennotierten Emittenten, sondern auch gegenüber den sie kontrollierenden und den von ihnen kontrollierten Rechtssubjekten zu (Art. 115 TUF). Ferner spielt der kapitalmarktrechtliche Kontrollbegriff unter anderem eine Rolle hinsichtlich mitteilungspflichtiger Gesellschaftervereinbarungen (Art. 122 Abs. 1 TUF). Die Offenlegungspflicht trifft börsennotierte *s.p.a.* und Gesellschaften, die diese kontrollieren[184]. Die Geschäftstätigkeit der Gesellschaft und der von ihr kontrollierten Gesellschaften ist Gegenstand der quartalsmäßigen Berichtspflicht des Geschäftsführungsorganes ebenso wie der Untersuchungskompetenzen des Kontrollorganes (Artt. 150 ff TUF)[185].

dd. Bedeutung innerhalb der Zurechnung für kapitalmarktrechtliche Mitteilungspflichten

Die Offenlegungspflicht über bedeutende Beteiligungen an einer börsennotierten *s.p.a.* setzt als maßgebliche Schwelle nicht beim kapitalmarktrechtlichen Kontrollbegriff an, sondern beim Halten von mehr als zwei Prozent der stimmberechtigten Anteile (vgl. Art. 120 Abs. 1, 2 TUF)[186]. Die Festlegung der übrigen die Offenlegungspflicht jeweils auslösenden Schwellenwerte, sowie die Kriterien für die Stimmrechtszurechnung bestimmen sich nach einer Verordnung der *Consob* (Art. 120 Abs. 4 a), b) TUF). Dieser Verordnung zufolge werden dem Meldepflichtigen u.a. Anteile oder Stimmrechte von kontrollierten Gesellschaften zugerechnet[187]. Einen

---

182 Zum Anwendungsbereich des Art. 93 TUF *Campobasso*, Diritto Commerciale 2, Cap. VI B 9 (S. 295 f); ausführlicher *Montalenti* in Cottino (Hrsg.), Trattato Diritto Commerciale IV/2, Cap. XII sub 141 (S. 354), sub 142 (S. 356 ff); *Salimei* in Rabitti Bedogni (Hrsg.), Il testo unico della intermediazione finanziaria, Art. 93 sub 9 ff (S. 556 ff).

183 Vgl. *Montalenti* in Cottino (Hrsg.), Trattato Diritto Commerciale IV/2, Cap. XII, sub 144 (S. 360 f); *Rordorf*, Società 2005, S. 538 (539).

184 Näher zu diesen unten § 4 III 4 c dd.

185 Näher dazu unten § 4 IV 1 a, c.

186 Näher dazu unten § 4 III 4 b aa.

187 Art. 118 Regolamento di attuazione del d.lgs. n. 58/1998, concernente la disciplina degli emittenti, zuletzt geändert durch delibera n. 18049 del 23.12.2011 (Regolamento Emittenti). Zur Erfüllung der Meldepflicht bei Vorliegen einer Kette von kontrollierten Gesellschaften Corte di Appello di Milano, Sez. I, decr., 02.04.2010, abgedr. in Società 2010, S. 1229 ff.

eigenen Kontrollbegriff enthält die Verordnung nicht, so dass in ihrem Rahmen der kapitalmarktrechtliche Kontrollbegriff Anwendung finden dürfte. Seit kurzem ist die *Consob* zum Zwecke des Anlegerschutzes unter bestimmten Voraussetzungen auch zur Festlegung niedrigerer Schwellen befugt (Art. 120 Abs. 2-*bis* TUF)[188].

§ 21 WpHG stellt für die Mitteilungspflichten über den Anteilserwerb auf das Halten von mindestens drei Prozent der Stimmrechte ab. Die Zurechnung von Stimmrechten ist auch nach § 22 WpHG gruppendimensional ausgestaltet[189] und berücksichtigt die Stimmrechte von Tochterunternehmen des Meldepflichtigen (§ 22 Abs. 1 Nr. 1 WpHG). Für den Begriff der Tochterunternehmen wird dabei an die bilanzrechtliche Definition in § 290 HGB angeknüpft (§ 22 Abs. 3 WpHG). Damit wird im WpHG weitestgehend der bilanzrechtliche Kontrollbegriff zugrunde gelegt[190]. Diese Vorgehensweise deckt sich inhaltlich mit dem Kontrollbegriff der Kapitalmarktpublizitätsrichtlinie. Zwar verweist er nicht auf Art. 1 Richtlinie über den konsolidierten Abschluss, enthält aber dessen Tatbestandsalternativen[191]. Auswirkungen der Neufassung des § 290 HGB, insbesondere im Hinblick auf den Verzicht auf das Beteiligungskriterium oder die Einbeziehung von Zweckgesellschaften[192], werden für das WpHG, anders als für das WpÜG[193], soweit ersichtlich, bislang nicht diskutiert.

ee. Keine Relevanz im Zusammenhang mit dem Übernahmerecht

Im Rahmen der Vorschriften über Übernahmeangebote findet der kapitalmarktrechtliche Kontrollbegriff keine Anwendung[194], obwohl sich diese im selben Teil IV des TUF befinden. Für die Abgabe eines Pflichtangebotes wird vielmehr unmittelbar auf das Halten von 30 Prozent der stimmberechtigten Aktien abgestellt (Art. 106 TUF)[195]. Nur für die Bestimmung der zu einem Angebot verpflichteten Rechtssubjekte beim gemeinschaftlichen Paketerwerb spielt der kapitalmarktrechtliche Kon-

---

188 Eingefügt durch legge 9 aprile 2010, n. 33, in Ausführung von d.l. 10 febbraio 2010, n. 5; vgl. dazu *Montalenti/Balzola*, La società per azioni quotata, sub 3 (S. 12).

189 So *Hopt* in Hommelhoff/Hopt/Lutter (Hrsg.), Konzernrecht und Kapitalmarktrecht S. 31 (50 f); *Schneider* in Assmann/Schneider (Hrsg.), WpHG § 22 Rn 7.

190 Vgl. zur Rechtslage vor dem BilMoG *Hopt* in Hommelhoff/Hopt/Lutter (Hrsg.), Konzernrecht und Kapitalmarktrecht S. 31 (39 ff).

191 Art. 87 Abs. 1 Kapitalmarktpublizitätsrichtlinie stellt ab auf die Stimmrechtsmehrheit, das Recht zur Bestimmung der Mehrheit der Mitglieder des Geschäftsführungs- bzw. des Aufsichtsorgans oder eine die Stimmrechtsmehrheit begründende Gesellschaftervereinbarung. Inhaltlich ist er nahezu deckungsgleich mit Art. 8 der durch Art. 111 Kapitalmarktpublizitätsrichtlinie aufgehobenen Beteiligungstransparenzrichtlinie. Die genannten Kriterien entsprechen Art. 1 Abs. 1 a), b) und d) bb) der Richtlinie über den konsolidierten Abschluss.

192 Vgl. oben § 3 I 1 e cc sowie § 3 I 2 a bb.

193 Kritisch *Versteegen* in KölnKomm WpÜG § 2 Rn 193 ff, der im Rahmen des WpÜG für eine einschränkende Auslegung des Verweises auf § 290 HGB plädiert.

194 Anders die Regelung vor Erlass des TUF, dazu *Kindler* in Hommelhoff/Hopt/Lutter (Hrsg.), Konzernrecht und Kapitalmarktrecht S. 123 (149 f).

195 *Messina* in Di Noia/Razzante (Hrsg.), Il nuovo diritto societario e dell' intermediazione finanziaria, Parte II, Cap. I, par. 1.3 (S. 271).

trollbegriff eine Rolle, indem die Stimmrechte kontrollierter Gesellschaften zugerechnet werden (Artt. 109 Abs. 1, 101-*bis* Abs. 4-*bis* b) TUF)[196].

Die Regelungstechnik im WpÜG ist eine andere: der sich im Abschnitt über freiwillige Übernahmeangebote befindende § 29 Abs. 2 WpÜG enthält die Legaldefinition des übernahmerechtlichen Kontrollbegriffes und stellt dazu auf das Halten von – ebenfalls – 30 Prozent der Stimmrechte der Zielgesellschaft ab. Die Rechtsfolge ist im Abschnitt über Pflichtangebote geregelt und bedeutet die Pflicht zur Abgabe eines solchen bei Erlangen von Kontrolle (vgl. § 35 WpÜG). Zur Bestimmung von Kontrolle ist der Kontrollbegriff des § 29 Abs. 2 WpÜG maßgeblich[197].

c. *Zwischenfazit zu bilanz- und kapitalmarktrechtlichem Kontrollbegriff*

Zusammenfassend ist festzustellen, dass sowohl der bilanz- als auch der kapitalmarktrechtliche Kontrollbegriff über den gesellschaftsrechtlichen erheblich hinausgehen. Dies gilt insbesondere in Bezug auf die erfassten Rechtssubjekte, weniger dagegen hinsichtlich der Formen der Kontrollausübung, mit Ausnahme der Einbeziehung unternehmensvertraglich verbundener Gesellschaften. Trotz des jeweils weiteren Anwendungsbereiches enthalten beide keinen Verweis auf die im gesellschaftsrechtlichen Tatbestand enthaltene Kontrolle aufgrund wirtschaftlicher Abhängigkeit.

Rechtspolitisches Ziel sowohl des Bilanz- als auch des Kapitalmarktrechts ist jeweils die Verbesserung der Informationssituation. Dementsprechend geht es darum, jeweils einen möglichst weiten Kreis von Unternehmen zu erfassen. Verfolgt der europäische Gesetzgeber diesen Zweck, verweist er daher oftmals auf die Begriffsbildung der Richtlinie über den konsolidierten Abschluss[198]. Als Beispiel lässt sich etwa die kapitalmarktrechtliche Richtlinie über Märkte für Finanzinstrumente anführen[199].

Dennoch zeigt sich am Beispiel des italienischen Rechts, dass trotz der parallelen Zielsetzung und der teilweise gleichen Begriffsverwendung im Bilanz- und im Kapitalmarktrecht keine einheitliche Definition verwendet wird. Vielmehr geht der

---

196 Dazu, wenn auch in Bezug auf die inhaltlich deckungsgleiche Wortlautfassung vor Umsetzung der Übernahmerichtlinie in Art. 109 TUF *Messina* in Di Noia/Razzante (Hrsg.), Il nuovo diritto societario e dell'intermediazione finanziaria, Parte II, Cap. I, par. 1.3 (S. 271).

197 Zu den Rechtsfolgen von § 29 Abs. 2 WpÜG statt vieler *von Bülow* in KölnKomm WpÜG § 29 Rn 144 f; *Schlitt/Ries* in MünchKomm AktG § 35 WpÜG Rn 4, 53 ff.

198 Dazu *Neye*, ZGR 1995, S. 191 (197); ähnlich *Wymeersch*, FS Druey S. 675 (685 f).

199 Vgl. Art. 4 Abs. 1 Nr. 28, 29, 30 Richtlinie über Märkte für Finanzinstrumente – MiFID verweist für die Definition von Mutter- und Tochterunternehmen sowie von Kontrolle auf Art. 1 und 2 Richtlinie über den konsolidierten Abschluss. Der Verweis auf die Definition von Mutter- und Tochterunternehmen in Art. 1 und 2 ist auch in dem Vorschlag für eine Neufassung der MiFID vom 20.10.2011 enthalten; allerdings sieht der Vorschlag für eine Richtlinie über die Rechnungslegung vom 25.10.2011 eine entsprechende Regelung in Art. 23 vor.
Anders dagegen die kapitalmarktrechtliche Transparenzrichtlinie, die in Art. 2 Abs. 1 f) eine eigene Definition von kontrolliertem Unternehmen aufstellt, die inhaltlich jedoch im wesentlichen deckungsgleich ist. Diese bleibt im Vorschlag für eine Änderung der Transparenzrichtlinie vom 25.10.2011 erhalten.

kapitalmarktrechtliche Kontrollbegriff über den bilanzrechtlichen hinaus. In Bezug auf die erfassten Rechtssubjekte dürfte die Ursache die Berücksichtigung der durch eine verbesserte Information zu schützenden Rechtssubjekte sein: will die konsolidierte Bilanz Gesellschafter und Dritte allgemein schützen, geht es im Kapitalmarktrecht um den Schutz sowohl der Anleger, als auch des Marktes selbst und seiner Funktionsfähigkeit. Insofern kann es nicht nur auf den Einfluss von Unternehmen auf Gesellschaften, sondern auch auf den von sonstigen Rechtssubjekten, insbesondere natürlichen Personen, ankommen. Dies erfordert im Kapitalmarktrecht eine gegenüber sowohl dem Gesellschaftsrecht als auch dem Bilanzrecht niedrigere Schwelle.

Damit lässt sich wohl auch die weiterreichende Erfassung von Gesellschaftervereinbarungen, die im Kapitalmarktrecht nicht zu einer Stimmrechtsmehrheit führen, sondern lediglich beherrschenden Einfluss vermitteln müssen, erklären. Diese findet im europäischen Primärrecht indes keine Entsprechung. Die Richtlinie über den konsolidierten Abschluss (vgl. Art. 1 Abs. 1 d) bb)) und damit auch die ihre Definition zugrunde legenden Richtlinien gehen von Gesellschaftervereinbarungen aus, aufgrund derer ein Unternehmen allein die Mehrheit der Stimmrechte ausüben kann. Gleiches gilt für die kapitalmarktrechtlichen Richtlinien, die einen eigenen Kontrollbegriff aufweisen[200].

Eine Ausnahme von der Feststellung, dass der kapitalmarktrechtliche Kontrollbegriff noch über den bilanzrechtlichen hinausgeht, gilt für den Verzicht gesellschaftsrechtlich vermittelten Einflusses im Rahmen von Art. 1 Abs. 2 Richtlinie über den konsolidierten Abschluss einerseits, für die Einbeziehung von Zweckgesellschaften in den konsolidierten Abschluss gem. IAS 27, SIC-12 bzw. den daran anknüpfenden nationalen Regelungen andererseits (vgl. § 290 Abs. 2 Nr. 4 HGB, Art. 2 Gesetzesdekret n. 38/2005 i.V.m. der IAS-Verordnung für die betreffenden Gesellschaften)[201]. Während für den erstgenannten Ausnahmetatbestand nicht ersichtlich ist, dass die Mitgliedstaaten von der ihnen eröffneten Option seitdem in Vielzahl Gebrauch machen, ist der letztgenannte Ausnahmetatbestand derart eng gefasst, dass er den soeben geschilderten Grundsatz jedenfalls derzeit nicht in Frage zu stellen geeignet ist. Hierbei ist zu berücksichtigen, dass das Bilanzrecht im Hinblick auf die Konsolidierungspflicht von der Gruppe als wirtschaftliche Einheit ausgeht. Zweck ist allein die Information von Gesellschaftern und Dritten über die Vermögens-, Finanz- und Ertragslage der Gruppe[202]. Weiterreichende Rechtsfolgen knüpfen an den konsolidierten Abschluss nicht an, insbesondere nicht solche, die sich auf das Verhältnis des Mehrheitsgesellschafters zu Minderheitsgesellschaftern innerhalb der Gesellschaft und damit auf den typischen Gruppenkonflikt auswirken[203].

---

200 Vgl. Art. 2 Abs. 1 f) iii) Transparenzrichtlinie, sowie Art. 87 Abs. 1 c) Kapitalmarktpublizitätsrichtlinie.

201 Näher oben § 3 I 2 a bb.

202 Vgl. *Pellens/Strzyz* in Hommelhoff/Hopt/v.Werder (Hrsg.), Handbuch Corporate Governance, 2. Aufl., S. 533 (539).

203 Vgl. zum maßgeblichen Unterschied zwischen dem betriebswirtschaftlichen Konzernverständnis, das die Rechnungslegung prägt, und dem gesellschaftsrechtlichen Ansatz *Pellens/Ams-*

3. Sonstige spezialgesetzliche Ansätze

Aus der Vielzahl der vorhandenen spezialgesetzlichen Kontrolltatbestände sollen nur die für diese Arbeit sonstigen relevanten dargestellt werden.

a. Controllo *im Sinne des TUB*

Bei der Schaffung der neu eingeführten Regeln über die Gesellschaftsgruppe hat der italienische Gesetzgeber mit der *attività di direzione e coordinamento,* d.h. der Tätigkeit von Leitung und Koordinierung, eine Formulierung aus dem Recht über die konsolidierte Aufsicht über Bankengruppen aufgegriffen. Daher soll dieses im folgenden kurz beleuchtet werden. Daran lässt sich zugleich die Besonderheit eines aufsichtsrechtlichen Kontrollbegriffes aufzeigen.

aa. Der bankaufsichtsrechtliche Kontrolltatbestand im Einzelnen

Die informative Aufsicht und Regulierung mittels der italienischen Zentralbank zustehenden Auskunftsrechten und Prüfungsbefugnissen ist in Artt. 51–69 TUB geregelt. Die für dieses Kapitel des TUB maßgebliche Definition von Kontrolle richtet sich gem. Art. 59 Nr. 1 a) TUB nach der allgemein bankrechtlichen Kontrolldefinition des Art. 23 TUB.

Kontrolle liegt demnach in den von Art. 2359 Abs. 1, 2 cod. civ. vorgesehenen Fällen vor sowie bei Verträgen oder Satzungsklauseln, die die Befugnis zur Ausübung von Leitung und Koordinierung zum Gegenstand oder zur Folge haben, Art. 23 Abs. 1 TUB [204]. Dies gilt auch hinsichtlich anderer Subjekte als Gesellschaften [205].

Gem. Art. 23 Abs. 2 TUB ist ferner in bestimmten widerleglich[206] vermuteten Situationen von Kontrolle in Form beherrschenden Einflusses auszugehen: wenn ein Subjekt aufgrund von Absprachen das Recht hat, die Mehrheit der Mitglieder des Leitungsorganes oder des *consiglio di sorveglianza*[207] zu ernennen oder abzuberufen, bzw. allein über die Mehrheit der ausübbaren Stimmen für bestimmte Beschlüsse verfügt (Nr. 1)[208], Innehaben von ausreichend Anteilen, um der Ernennung oder Abberufung der Mehrheit der Mitglieder des Leitungsorganes oder des *consiglio di*

---

hoff/Schmidt, ZGR 2009, S. 231 (232, 250 ff), die eine Übertragung des bilanzrechtlichen Verständnisses für die Bemessung der Gewinnverwendung auch aus Gründen des Minderheitenschutzes vorschlagen (S. 255 ff).

204 Der Verweis in Halbsatz 2 ist erst mit dem d.lgs. 28.12.2004, n. 310, das die Koordinierung der Gesellschaftsrechtsreform mit verschiedenen Spezialgesetzen zum Gegenstand hat, eingefügt worden.

205 Banken und Kreditunternehmen können in Italien neben der Rechtsform einer *società per azioni*, auch die einer *cooperativa,* einer Genossenschaft, annehmen, vgl. Art. 14 Nr. 1 a) TUB. Dazu *Costi,* L'ordinamento bancario, Cap. IV 6 (S. 320).

206 *Costi,* L'ordinamento bancario, Cap. IV 10.2. (S. 331).

207 Dabei handelt es sich um das für die Aufsicht und Kontrolle zuständige Organ im dualistischen Organisationsmodell (Art. 2409-*octies* cod. civ.). Näher zu diesem *Oelkers,* Die italienische Aktiengesellschaft im institutionellen Wettbewerb S. 219 ff.

208 Vgl. die Übersetzung des gesamten Art. 23 TUB im Anhang, IV.

sorveglianza zuzustimmen (Nr. 2), Vorhandensein von Rechtsbeziehungen, finanziellen oder organisatorischen Charakters, zwischen den Gesellschaftern mit bestimmten Wirkungen (Nr. 3), und bei gemeinsamer Leitung aufgrund der Zusammensetzung der Geschäftsführungsorgane oder anderer, gleichartiger Elemente (Nr. 4).

bb. Regelungstechnik im Lichte der Bankenkoordinierungsrichtlinie und deren Umsetzung

Die Bankenkoordinierungsrichtlinie verweist für die Definition von Kontrolle, Mutter- und Tochterunternehmen auf die Definitionen der Art. 1 und 2 Richtlinie über den konsolidierten Abschluss[209].

Auch das KWG verweist hinsichtlich der Definition von Mutterunternehmen und Tochterunternehmen auf § 290 HGB (vgl. § 1 Abs. 6, 7 KWG). Diese Vorgehensweise entspricht derjenigen der Bankenkoordinierungsrichtlinie. Tatsächlich ist die für das gesamte KWG geltende Definitionsnorm im Zusammenhang mit der Beaufsichtigung von Bankengruppen auf konsolidierter Basis entstanden[210]. Die Begriffe Mutter- und Tochterunternehmen sind gegenüber dem der Kontrolle (vgl. Art. 1 Abs. 8 KWG) im Rahmen des deutschen Bankaufsichtsrechts allerdings von größerer Bedeutung[211].

Die Regelungstechnik des italienischen Rechts unterscheidet sich indes erheblich von der Umsetzung im KWG; offen ist, ob die Neufassung des § 290 HGB zudem inhaltliche Unterschiede bewirkt hat. Während Art. 23 Abs. 1 TUB auf den gesellschaftsrechtlichen Kontrolltatbestand verweist, beziehen sich die Vermutungen in Art. 23 Abs. 2 TUB hingegen ebenso auf das Merkmal des beherrschenden Einflusses, wie die in § 290 Abs. 2 HGB enthaltenen, der Verweisungsziel des KWG ist. Jedoch nimmt das italienische Recht insoweit eine an den Zwecken des Bankrechts ausgerichtete Konkretisierung des allgemeinen Kontrollbegriffes vor[212]. Soweit sich die Vermutungen in Nr. 1 auf die aufgrund einer Gesellschaftervereinbarung bestehende Befugnis zur Ernennung oder Abberufung der Mehrheit der Mitglieder des Geschäftsführungs- oder des Aufsichtsorganes beziehen, ergibt sich im Ergebnis nichts anderes als zu Art. 2359 cod. civ., bei dem als Folge der Stimmenmehrheit die Einflussnahme über die Bestimmung der Geschäftsführungsorgane vermutet wird. Allerdings geht es jeweils um andere Mittel der Einflussnahme, die Art. 23 Abs. 2 TUB in weiterem Umfang als der nur auf Stimmrechte abstellende gesellschafts-

---

209 Art. 4 Nr. 9 (Kontrolle), Art. 4 Nr. 12 a) (Mutterunternehmen) und Art. 12 b) (Tochterunternehmen) Bankenkoordinierungsrichtlinie (Neufassung); zuvor Richtlinie 2000/12/EG vom 20.3.2000 über die Aufnahme und Ausübung der Tätigkeit der Kreditinstitute (Kodifizierungsrichtlinie).

210 Zum entstehungsgeschichtlichen Zusammenhang von § 1 Abs. 7 KWG *van de Sande,* Die Unternehmensgruppe im Banken- und Versicherungsaufsichtsrecht S. 59 f.

211 So *van de Sande,* Die Unternehmensgruppe im Banken- und Versicherungsaufsichtsrecht S. 57 mwN, zu den möglichen Gründen im Hinblick auf § 290 HGB a.F. S. 93 ff. Zur Bedeutung der Begriffe Mutter- bzw. Tochterunternehmen im KWG *Schäfer* in Boos/Fischer/Schulte-Mattler, Kreditwesengesetz § 1 Rn 208 bzw. Rn 210.

212 So *Costi,* L'ordinamento bancario, Cap. IV 10.2. (S. 331).

rechtliche Kontrolltatbestand erfasst. Die letztgenannte Aussage lässt sich auch für das Verweisungsziel des KWG, § 290 HGB, treffen[213]. Insbesondere verzichtet § 290 HGB auf das Beteiligungserfordernis und erfasst auch Zweckgesellschaften. Fraglich ist, ob der deutsche Gesetzgeber mit der Neufassung des § 290 HGB Zweckgesellschaften zugleich in die bankaufsichtsrechtliche Konsolidierung hat einbeziehen wollen[214]. Möglicherweise ist die Funktion des § 290 HGB als Verweisungsziel nicht nur im KWG[215] nicht bedacht worden. Das italienische Recht differenziert insoweit hingegen, indem es für die bankaufsichtsrechtliche Konsolidierung einen eigenen Anknüpfungstatbestand aufstellt.

cc. Relevanz des Kontrollbegriffes und die Tätigkeit von Leitung und Koordinierung im Rahmen des italienischen Bankaufsichtsrechts

Der Kontrollbegriff findet im Kapitel des TUB über die konsolidierte Aufsicht Anwendung in der Regelung der *capogruppo*, d.h. des Mutterunternehmens. Art. 61 Abs. 1 TUB definiert als *capogruppo* die italienische Bank oder Finanzgesellschaft mit Sitz in Italien, die Kontrolle über die der Bankengruppe zugehörigen Gesellschaften ausübt[216].

Art. 61 Abs. 4 TUB regelt die Befugnisse, die der *capogruppo* bei der Ausübung der Tätigkeit von Leitung und Koordinierung zukommen[217]. Die im Bankaufsichtsrecht erstmalige Verwendung[218] des Begriffes der Ausübung von Leitung und Koordinierung hat in der italienischen Literatur eine Diskussion verursacht über die Frage, ob und ggf. wie die Regelung des Art. 61 Abs. 4 TUB sich auf die Interpretation des allgemeinen Unternehmensrechtes auswirken könne[219]. Dagegen ist von

---

213 Vgl. *Küting/Seel*, BB 2010, S. 1459 (1460 ff); ferner oben § 3 I 2 a aa, bb.
214 Vgl. zu den Auswirkungen der Neufassung des § 290 HGB auf die aufsichtsrechtliche Konsolidierung von Eigenmitteln und Risikopositionen gem. § 10a KWG *Thelen-Pischke*, IRZ 2010, S. 187 (189 ff, 193 ff), die im Ergebnis eine Einbeziehung von Zweckgesellschaften in den aufsichtsrechtlichen Konsolidierungskreis verneint.
215 Kritisch zum Verweis in § 2 Abs. 6 WpÜG *Versteegen* in KölnKomm WpÜG § 2 Rn 209.
216 Das Mutterunternehmen darf nicht seinerseits durch eine italienische Bank oder eine Finanzgesellschaft mit Sitz in Italien kontrolliert sein. Zur Bedeutung der Definition des Art. 61 Abs. 1 TUB *Costi*, L'ordinamento bancario, Cap. IX, 9.2.1. (S. 623)
217 Art. 61 Abs. 4: Das Mutterunternehmen gibt bei der Ausübung der Tätigkeit von Leitung und Koordinierung Anordnungen an alle Bestandteile der Gruppe aus für die Ausführung der von der Banca d'Italia im Interesse der Stabilität der Gruppe erteilten Weisungen. Die *amministratori* der Gruppengesellschaften sind gehalten, jede Gegebenheit und jede Information für die Erteilung der Anordnungen und die notwendige Zusammenarbeit in Anerkennung der Normen über die konsolidierte Aufsicht herauszugeben.
Zu den Befugnissen der *capogruppo Costi*, L'ordinamento bancario, Cap. IX 9.2.4. (S. 626 ff).
218 Erstmals war die Formulierung in einem der im TUB aufgegangenen Vorläufergesetze, nämlich in Art. 25 Abs. 4 D.lgs. 356/1990 zu finden; vgl. dazu *Ferro-Luzzi/Marchetti*, Riv. soc. 1992, S. 786 (789). Danach hat sie auch Eingang gefunden in Art. 12 Abs. 2 TUF, der die Aufsicht in sog. SIM – Società di intermediazione mobiliare (Wertpapierdienstleistungsunternehmen) betrifft.
219 *Montalenti* in Cottino (Hrsg.), Trattato Diritto Commerciale IV/2, Cap. XII sub 141 (S. 353) mwN; vgl. jeweils die Hinweise für eine solche Sichtweise und die für eine restriktive Auslegung bei *Perassi* in Associazione Preite, Benazzo/Ghezzi/Patriarca (Hrsg.), Verso un nuovo diritto societario S. 263 (267 f), überblicksartig *Marcucci* in Capriglione (Hrsg.), Disciplina Delle Banche e Degli Intermediari Finanziari, Art. 64 sub IV (S. 246 ff); *Rivaro*, Giur. comm. 2007, II, S. 296 (299).

der h.M. der besondere Regelungszweck, eine effektive Aufsicht über Banken und Kreditunternehmen zu ermöglichen, indem ein stabiles Gleichgewicht zwischen den einzelnen Gesellschaften und damit der Gruppe insgesamt garantiert wird, angeführt worden[220]. Sinn und Zweck ist es, den Geschäftsbetrieb im Einklang mit den aufsichtsrechtlichen Anforderungen zu halten und mögliche Abweichungen zu korrigieren[221]. Dementsprechend stehen dem Mutterunternehmen auch besondere Befugnisse hinsichtlich der Durchsetzung von Anweisungen der Zentralbank zu[222]. Allein der spezielle Regelungszweck der konsolidierten Aufsicht über das Bankenwesen führt somit zu einer Behandlung der Gruppe als ein Aufsichtssubjekt[223]. Diese Sichtweise wird mittlerweile als im Einklang mit den allgemeinen gruppenrechtlichen Anforderungen an die Tätigkeit der Leitung und Koordinierung von Gesellschaften gesehen[224].

Sie ergibt sich im übrigen aus der Bankenkoordinierungsrichtlinie[225]. Die einheitliche Betrachtungsweise der Gruppe findet sich daher gleichermaßen im deutschen Bankaufsichtsrecht[226]; dort allerdings ergibt sich die Steuerungsaufgabe des übergeordneten Unternehmens aus dem Zusammenspiel verschiedener Vorschriften des KWG[227].

b. *Bestimmender Einfluss und Kontrolle im Sinne des Kartellgesetzes n. 287/1990*

aa. Kartellrechtlicher Kontrolltatbestand und Regelungszusammenhang

Der kartellrechtliche Kontrollbegriff steht im Zusammenhang mit dem Zusammenschluss in Form eines Kontrollerwerbs (vgl. Art. 5 b) Legge 10 ottobre 1990, n. 287. – *Norme per la tutela della concorrenza e del mercato* – im folgenden Kartellgesetz n. 287/1990). Art. 7 Kartellgesetz n. 287/1990 umschreibt[228] den Kontrolltatbestand näher. In seinen Anwendungskriterien entspricht er – mit Ausnahme des Verweises auf Art. 2359 cod. civ. – weitgehend Art. 3 Europäische Fusionskontrollverordnung[229].

---

220 Vgl. die Nachweise bei *Perassi* in Associazione Preite, Benazzo/Ghezzi/Patriarca (Hrsg.), Verso un nuovo diritto societario S. 263 (268 ff); *Tombari*, Il gruppo di società S. 59 (Fn 126).
221 Zum Regelungszweck *Costi*, L'ordinamento bancario, Cap. IX 9.2.4. (S. 627 f); *Fasciani*, ECFR 2007, S. 195 (201); *Ferro-Luzzi/Marchetti*, Riv. soc. 1992, S. 786 (790 f); *Sbisà*, Contr. e impr. 2011, S. 369 (392 f).
222 Näher zu selbigen *Costi*, L'ordinamento bancario, Cap. IX 9.2.4. (S. 576 ff).
223 Vgl. *Fasciani*, ECFR 2007, S. 195 (201); *Rivaro*, Giur. comm. 2007, II. S. 296 (299).
224 *Costi*, L'ordinamento bancario, Cap. IX 9.2.4. (S. 630 f); *Sbisà*, Contr. e impr. 2011, S. 369 (392 f). Näher zur Tätigkeit der Leitung und Koordinierung von Gesellschaften nach dem cod. civ. sogleich unten § 3 IV.
225 Zu diesem Regelungsansatz im europäischen Aufsichtsrecht *Wymeersch*, FS Druey S. 675 (688 f).
226 Vgl. *Braun* in Boos/Fischer/Schulte-Mattler, Kreditwesengesetz § 25a Rn 555 ff.
227 Vgl. *van de Sande*, Die Unternehmensgruppe im Banken- und Versicherungsaufsichtsrecht S. 293 ff.
228 Vgl. die Kritik von *Beck*, RIW 1991, S. 707 (712): es handele sich bei der Definition letztlich nur um die tautologische Umschreibung bestimmter Kontrolltatbestände.
229 *Kaufmann*, Das italienische Kartellgesetz von 1990 und sein Verhältnis zum europäischen Recht der Wettbewerbsbeschränkungen S. 91 f (insbesondere zu den einzelnen Änderungen im Gesetzesvorhaben); *Kindler* in Hommelhoff/Hopt/Lutter (Hrsg.), Konzernrecht und Kapitalmarkt-

Von den bisher behandelten Kontrolltatbeständen unterscheidet sich der kartellrechtliche bereits vom Wortlaut her: insbesondere kommt es nicht auf den beherrschenden (*dominante*) Einfluss durch eine Gesellschaft, sondern auf das Bestehen der Möglichkeit bestimmenden (*determinante*) Einflusses auf die Unternehmenstätigkeit (*attività di un' impresa*) an[230]. Zu diesem Zweck wird nicht allein auf die Stimmrechtsausübung in der Gesellschafterversammlung abgestellt; vielmehr genügt die Möglichkeit eines bestimmenden Einflusses auf die Zusammensetzung, die Entscheidungsfindung oder Beschlüsse der Gesellschaftsorgane (Art. 7 Abs. 1 b) Kartellgesetz n. 287/1990). Dieser Einfluss kann auch durch eine natürliche Person oder durch mehr als ein Unternehmen – also anders als beim gesellschaftsrechtlichen Kontrollbegriff ausdrücklich auch gemeinschaftlich[231] – ausgeübt werden (Art. 7 Abs. 2 Kartellgesetz n. 287/1990). Ob angesichts der niedrigeren Schwelle der Verweis auf Art. 2359 cod. civ. überhaupt zu einem eigenständigen Anwendungsfall führt, dürfte zweifelhaft sein[232].

bb. Inhaltlich anderer Ansatz als der des gesellschaftsrechtlichen Kontrolltatbestandes

Das Wortlautargument wird denn auch von der h.M. in der italienischen Literatur für eine inhaltliche Unterscheidung des gesellschaftsrechtlichen vom kartellrechtlichen Kontrollbegriff angeführt[233]. Für diese Sichtweise spricht zudem der unterschiedliche Regelungszweck: so geht es bei der Zusammenschlusskontrolle um die Zurechnung von Marktanteilen und letztlich das Verhindern des Entstehens einer marktbeherrschenden Stellung[234]. Demzufolge komme es im Rahmen des Art. 7 Kartellgesetz n. 287/1990 auch nicht auf die Einflussnahme innerhalb der gesellschaftlichen Organisation, sondern auf diejenige auf die gesellschaftliche Tätigkeit an, unabhängig von den Instrumenten, die eine solche Einflussnahme ermöglichen[235].

---

recht S. 123 (136), jeweils noch zur VO (EWG) 4064/89. Daran hat sich auch mit der Neufassung der Fusionskontrolle in der VO (EG) 139/2004, außer einer Verschiebung der Absätze, nichts geändert. Ferner allgemein zur weitgehenden Übereinstimmung des italienischen Kartellgesetzes mit der VO (EWG) 4064/89 *Ebenroth/Kaiser*, RIW 1991, S. 8 ff; *Mangioni* in Marchetti/Ubertazzi (Hrsg.), Proprietà Intellettuale e Concorrenza, Legge 10 ottobre 1990, n. 287, Art. 7 sub I Rn 1.

230 Vgl. *Mangioni* in Marchetti/Ubertazzi (Hrsg.), Proprietà Intellettuale e Concorrenza, Legge 10 ottobre 1990, n. 287, Art. 7 sub IV Rn 12; *Alessi* in Alessi/Olivieri, La Disciplina della Concorrenza e del mercato, Legge 10 ottobre 1990, n. 287, Art. 7 sub 3 (S. 53).

231 Vgl. zur gemeinschaftlichen Kontrolle nach dem Kartellgesetz n. 287/1990 *Spolidoro*, Riv. soc. 1995, S.457 (489 ff).

232 Vgl. *Alessi* in Alessi/Olivieri, La Disciplina della Concorrenza e del mercato, Legge 10 ottobre 1990, n. 287, Art. 7 sub 3 (S. 52).

233 Umstritten ist die Art des Unterschiedes: während einige von einem quantitativen Unterschied ausgehen, nimmt wohl die Mehrheit einen qualitativen Unterschied an, überblicksartig *Spolidoro*, Riv. soc. 1995, S. 457 (470 ff) und *Tombari*, Il gruppo di società S. 25 (in Fn 25), jeweils mwN.

234 Nach *Spolidoro*, Riv. soc. 1995, S. 457 (502) können Marktanteile etwa durch den Erwerb eines Betriebes, Teilen eines Betriebes oder von Marken- und Patentrechten betroffen sein.

235 *Alessi* in Alessi/Olivieri, La Disciplina della Concorrenza e del Mercato, Legge 10 ottobre 1990, n. 287, Art. 7 sub 3 (S. 53).

Diesbezüglich liegt eine Übereinstimmung[236] mit dem europäischen und damit auch mit dem deutschen Kartellrecht vor, wonach die Zusammenschlusstatbestände strukturelle Gefährdungslagen für den Wettbewerb erfassen sollen. Diese können schon unterhalb des gesellschaftsrechtlich relevanten beherrschenden Einflusses auf die Gesellschafterversammlung gegeben sein. Aus diesem Grund setzt der kartellrechtliche Kontrollbegriff bei einer geringeren Schwelle an[237]; maßgeblich ist wegen des wettbewerbsrechtlichen Bezuges ein Einfluss auf für den Markt maßgebliche Entscheidungen[238]. Dieser muss nicht unbedingt formell durch die Stimmrechtsausübung in der Aktionärsversammlung erfolgen, er kann sich auch aus dem Zusammenspiel mit weiteren, auch tatsächlichen, Umständen ergeben[239]. Sogar rein tatsächliche Faktoren, insbesondere Fälle von wirtschaftlicher Abhängigkeit, sollen ausreichen[240], wenn sie auch praktisch selten ohne gleichzeitig gesellschaftsrechtlich vermittelte Einflussmöglichkeiten vorkommen dürften[241].

Dem kartellrechtlichen Kontrollbegriff liegt folglich eine andere Konzeption zugrunde als dem gesellschaftsrechtlichen: Es geht nicht um die Bewältigung des in der Gesellschaftsgruppe typischerweise bestehenden Interessenkonfliktes[242] zwischen Minderheitsgesellschaftern[243] oder Gläubigern und dem kontrollierenden Gesellschafter sowie die damit verbundenen Rechtsprobleme, sondern vorrangig um den Schutz des Marktes vor Konzentration, mittelbar auch um den der übrigen Marktteilnehmer.

Aufgrund dessen gilt für den kartellrechtlichen Kontrollbegriff im Ergebnis nichts anderes als für Art. 2359 Abs. 1 Nr. 3 cod. civ. – für die Schaffung eines Grundtatbestandes für gesellschaftsrechtliche Regelungsinstrumente kann der kartellrechtliche Ansatz außen vor gelassen werden.

---

236 Zur besonders starken Vereinheitlichung des Wettbewerbsrechts in Europa vgl. Geleitwort 7. GWB-Novelle, abgedr. in Sonderveröffentlichung WuW, 7. GWB-Novelle 2005, S. 3.

237 Zum GWB *Ruppelt* in Langen/Bunte Kartellrecht, Bd. I, § 37 Rn 1, 29. Für das italienische Kartellgesetz *Mangioni* in Marchetti/Ubertazzi (Hrsg.), Proprietà Intellettuale e Concorrenza, Legge 10 ottobre 1990, n. 287, Art. 7 sub III Rn 3.

238 *Scarpa*, Contr. e impr. 2011, S. 656 (673); *Spolidoro*, Riv. soc. 1995, S. 457 (502).

239 Zur FKVO 139/2004 *Baron* in Langen/Bunte Kartellrecht, Bd. II, FKVO 139/2004, Art. 3 Rn 52; zum deutschen Recht *Ruppelt* in Langen/Bunte Kartellrecht, Bd. I, § 37 Rn 21.

240 Zum italienischen Kartellgesetz *Kaufmann*, Das italienische Kartellgesetz von 1990 und sein Verhältnis zum europäischen Recht der Wettbewerbsbeschränkungen S. 92, der als Beispiele vertragliche Abhängigkeiten im Zulieferbereich sowie personelle Verflechtungen anführt; ferner *Spolidoro*, Riv. soc. 1995, S. 457 (503 ff).
Vgl. entsprechend zur früheren Fusionskontrollverordnung die Mitteilung der Kommission vom 2. März 1998 über den Begriff des Zusammenschlusses der Verordnung (EWG) Nr. 4064/89 des Rates über die Kontrolle von Unternehmenszusammenschlüssen, Abl C 66/5, sub III. 9.

241 Für das GWB *Ruppelt* in Langen/Bunte Kartellrecht, Bd. I, § 37 Rn 29.
Bei *Mangioni* in Marchetti/Ubertazzi (Hrsg.), Proprietà Intellettuale e Concorrenza, Legge 10 ottobre 1990, n. 287, Art. 7 sub VIII Rn 1 ff, findet sich nur ein Beispiel aus der italienischen Kartellrechtspraxis ohne Einfluss auf die Struktur der betroffenen Gesellschaft.

242 So *Spada* in Lutter (Hrsg.), Konzernrecht im Ausland S. 115 (122); im Ergebnis ähnlich *Schiuma*, Controllo, governo e partecipazione al capitale S. 369.

243 Der Begriff ‚Minderheitsgesellschafter' wird im folgenden als Gegenbegriff zum ‚kontrollierenden Gesellschafter' oder ‚Mehrheitsgesellschafter' verwandt.

c. *Gruppenunternehmen und einheitliche Leitung im Sinne des Gesetzesdekretes über die außerordentliche Verwaltung großer Unternehmen, n. 270/1999*

Große Unternehmen, die bestimmte Voraussetzungen[244] erfüllen, sollen im Falle der Krise nach dem Verfahren der außerordentlichen Verwaltung vorrangig saniert werden. Ziel der Sanierung soll die Bewahrung des Produktionsvermögens durch Weiterverfolgung, Reaktivierung oder Umstellung der unternehmerischen Tätigkeit sein (vgl. Art. 1 *D.lgs. 8 luglio 1999, n. 270. – Nuova disciplina dell'amministrazione straordinaria delle grandi imprese in stato di insolvenza* – im Folgenden: Gesetzesdekret n. 270/1999).

Die Behandlung von *imprese di gruppo* – Gruppenunternehmen, ist in einem eigenen Titel geregelt[245]. Dieser zielt darauf ab, dass im Falle der Unterstellung eines gruppenzugehörigen Unternehmens unter das Verfahren der außerordentlichen Verwaltung (sog. *procedura madre* – Mutterverfahren)[246] andere Unternehmen dieser Gruppe demselben Verfahren unterstellt werden[247]. Dem liegt eine Betrachtung der aus jeweils juristisch selbständigen Unternehmen bestehenden Gruppe als wirtschaftliche Einheit zugrunde[248].

aa. *Imprese di gruppo* – Gruppenunternehmen

Das Gesetzesdekret n. 270/1999 enthält keinen eigenen Kontrollbegriff, sondern lediglich eine bereichsspezifische Definition von *imprese di gruppo*. Diese greift auf das Vorliegen bestimmter Kontrollbeziehungen zurück. Unter die Definition von Gruppenunternehmen fallen Unternehmen, die unmittelbar oder mittelbar die dem Verfahren unterliegende Gesellschaft kontrollieren (Art. 80 Abs. 1 b) Nr. 1 Gesetzesdekret n. 270/1999) und Gesellschaften, die unmittelbar oder mittelbar von dem der *procedura madre* unterliegenden Unternehmen – oder von einem dieses Unternehmen kontrollierenden Unternehmen – kontrolliert werden (Art. 80 Abs. 1 b) Nr. 2 Gesetzesdekret n. 270/1999). Das Vorliegen der Kontrollbeziehung richtet sich dabei nach Art. 2359 Abs. 1, 2 cod. civ., und zwar auch hinsichtlich anderer Subjekte als Gesellschaften (Art. 80 Abs. 2 Gesetzesdekret n. 270/1999)[249]. Diese Erstreckung

---

244 Sie müssen, unabhängig von der Rechtsform, mindestens 200 abhängig Beschäftigte seit mindestens einem Jahr sowie Schulden in bestimmter Höhe haben, vgl. Art. 2 Gesetzesdekret n. 270/1999.

245 Titolo IV (Artt. 80–91) – *Gruppo di imprese.*

246 Die *procedura madre* wird in Art. 80 Abs. 1 a) Gesetzesdekret n. 270/1999 wie folgt definiert: das Verfahren der außerordentlichen Verwaltung eines Unternehmens, das die Voraussetzungen gem. Art. 2 (subjektive Anforderung an das Unternehmen) und Art. 27 (Zulassung zum Verfahren) erfüllt und das Teil einer Gruppe ist; vgl. dazu: *Campobasso,* Diritto Commerciale 2, Cap. VI B 11 (S. 303).

247 Dies gilt auch, wenn sie nicht die Merkmale des Art. 2 Gesetzesdekret n. 270/1999 erfüllen, vgl. *Campobasso,* Diritto Commerciale 2, Cap. VI B 11 (S. 303); *Pavone La Rosa,* Giur. comm. 2001, I, S. 557 (559).

248 *Ferri,* Manuale di Diritto Commerciale, par. 385 (S. 642).

249 Praktisch werde dies nur der Fall sein, wenn das kontrollierende Subjekt ein *imprenditore* oder eine öffentliche oder private Körperschaft sei, so *Pavone La Rosa,* Giur. comm. 2000, I, S. 481 (484).

auf andere Rechtssubjekte als Gesellschaften erweitert den Anwendungsbereich gegenüber dem gesellschaftsrechtlichen Kontrollbegriff[250]. Gleiches gilt für Art. 80 Abs. 1 b) Nr. 3 Gesetzesdekret n. 270/1999[251], wonach unter Gruppenunternehmen auch Unternehmen fallen, die aufgrund der Zusammensetzung der Geschäftsführungsorgane oder anderer Elemente unter einer gemeinsamen Leitung (*direzione comune*) mit dem der *procedura madre* unterliegenden Unternehmen stehen.

bb. *Direzione unitaria* als Anknüpfungsmerkmal einer Haftungsregelung

Die Betrachtungsweise der Gruppe als wirtschaftliche Einheit wirkt sich nicht nur auf die Zulassung zum Verfahren, sondern auch auf die Frage der Haftung aus[252]. So haften bei Vorliegen von einheitlicher Leitung (*direzione unitaria*) die Geschäftsleiter der Muttergesellschaft, die diese Leitung(sbefugnis) missbraucht haben, gesamtschuldnerisch mit den Geschäftsleitern der insolventen Gesellschaft für die ihr infolge der erteilten Weisungen entstandenen Schäden. Das Gesetz enthält allerdings keine Aussage oder Vermutung darüber, was unter einheitlicher Leitung zu verstehen ist. Selbst an einer Umkehr der Beweislast fehlt es[253]. Bereits die nahezu wortgleiche Vorschrift[254] im Vorläufergesetz legge n. 95/1979 (‚*legge Prodi*‘) hat – trotz ihrer fehlenden Anwendung durch die Rechtsprechung[255] – aufgrund dieser Begriffswahl eine umfangreiche Diskussion[256] ausgelöst, u.a. über den Inhalt der einheitlichen Leitung. Gegenstand dieser Kontroverse ist, wie sich die Einflussnahme äußern müsse, damit von einheitlicher Leitung gesprochen werden könne[257]. Letztlich gehe es weniger um den Einfluss in der Gesellschafterversammlung, als um eine Form der Koordinierung der Geschäfte einer Gesellschaft mit der einer anderen, und zwar auf Grundlage einer einheitlichen Geschäftspolitik[258]. Dies

---

250 So auch *Pavone La Rosa*, Giur. comm. 2000, I, S. 481.

251 *Pavone La Rosa* geht davon aus, dass Nr. 3 keine Kontrollverbindung erfordert, und hält die darin enthaltene Definition daher für die Bildung eines allgemeinen Gruppenbegriffes für ungeeignet, Giur. comm. 2001, I, 557 (560); *ders.*, Giur. comm. 2000, I, S. 481 (484 f).

252 *Ferri*, Manuale di Diritto Commerciale, par. 385 (S. 643).

253 Kritisch diesbezüglich *Rescigno* in Mestmäcker/Behrens (Hrsg.), Gesellschaftsrecht der Konzerne im internationalen Vergleich S. 339 (348 f).

254 Die Diskussion drehte sich um den nahezu wortgleichen Art. 3 Abs. 10 des Vorläufergesetzes legge n. 95/1979, vgl. *Pavone La Rosa*, Riv. soc. 2002, S. 793.
Teile des Gesetzes waren vom EuGH als verbotene Beihilfe beurteilt worden, was die Neufassung im Gesetzesdekret n. 270/1999 zur Folge hatte, vgl. hierzu *Kindler* in Hommelhoff/Hopt/Lutter (Hrsg.), Konzernrecht und Kapitalmarktrecht S. 123 (137) mwN; *ders.*, Italienisches Handels- und Wirtschaftsrecht § 6 Rn 99.

255 Vgl. *Dal Soglio* in Maffei Alberti (Hrsg.), Il nuovo diritto delle società, Art. 2497 sub 1 (S. 2304); sowie *Associazione Preite*, Rapporto sulla società aperta, Tesi 80.

256 So wurde die Anwendung auf nicht der außerordentlichen Verwaltung unterliegende Gesellschaften diskutiert, bzw. ob nicht die Norm die dogmatische Grundlage für eine allgemein deliktische Haftung der Obergesellschaft für Schäden der kontrollierten Gesellschaft bilden könne, vgl. die Darstellung bei *Ferrarini/Giudici/Stella Richter*, RabelsZ 69 (2005), S. 658 (691). Vgl. auch oben § 2 II 3.

257 Vgl. den Überblick zum Streitstand mit Nachweisen bei *Daccò-Tatozzi* in G. Cian/Trabucchi (Hrsg.), Codice Civile, Art. 2497 sub V, zu diesem Aspekt auch *Sacchi*, Giur. comm. 2000, I, S. 358 (368).

258 Vgl. *Tombari*, Il gruppo di società S. 57 mwN.

bedeute nicht, dass die einzelnen Gesellschaften ihrer Entscheidungsbefugnisse völlig beraubt würden[259]. Einigkeit besteht jedenfalls dahingehend, dass es sich bei der Ausübung einheitlicher Leitung um die tatsächliche Ausübung von Einflussnahme handelt[260].

Lange sah es so aus, als habe sich der Begriff der einheitlichen Leitung im italienischen Recht nicht als Anknüpfungstatbestand durchgesetzt. Mit der Einführung der Artt. 2497 ff cod. civ. hat sich dies jedoch möglicherweise geändert[261].

cc. Der Tatbestand der einheitlichen Leitung im Rechtsvergleich

Bei dem Begriff der einheitlichen Leitung handelt es sich um einen unbestimmten Rechtsbegriff[262].

Was genau sich hinter dem Konzernmerkmal des § 18 AktG, der Zusammenfassung unter einheitlicher Leitung verbirgt, ist umstritten. Diskutiert wird, ebenso wie im italienischen Recht, wie sich die Einflussnahme äußern müsse, damit von einheitlicher Leitung gesprochen werden könne[263]. Dabei kommt es bei der einheitlichen Leitung, anders als etwa bei der Abhängigkeit, auf eine Sicht aus der Perspektive der Obergesellschaft an[264]. § 18 Abs. 1 S. 3 AktG steht am oberen Ende der konzernrechtlichen Begriffskaskade, so dass sich ihm immerhin entnehmen lässt, dass bei Abhängigkeit das Vorliegen eines durch einheitliche Leitung gekennzeichneten Konzerns widerleglich zu vermuten ist[265]. Somit steht die einheitliche Leitung grundsätzlich in Beziehung zu einer gesellschaftsrechtlichen Grundlage. Das Merkmal der einheitlichen Leitung stellt jedoch im Konzernrecht des AktG keinen eigenen Anknüpfungstatbestand dar[266]. Dies beruht im wesentlichen auf der schutzrechtlichen Konzeption des Aktiengesetzes, die Regelungsinstrumente bereits vor dem Vorliegen eines Konzerns anzusetzen[267].

---

259 *Montalenti*, Riv. soc. 2007, S. 317 (321).

260 Vgl. aus der Rechtsprechung beispielhaft Cass. Civ. 26.02.1990, n. 1439, abgedr. in Giur. comm. 1991, II, S. 366 (380); weitere Nachweise zur Rechtsprechung bei *Aristeia*, Direzione e coordinamento di società nella riforma del diritto societario, Doc. n. 35, ottobre 2003, sub 2. Zur entsprechenden Sicht der Literatur statt vieler *Patti* in Lo Cascio (Hrsg.), La riforma del diritto societario, Art. 2497 sub 1 (S. 242) mwN.

261 Dazu sogleich unten § 3 IV 1.

262 *Busse von Colbe* in MünchKomm HGB § 290 Rn 13; *Windbichler* in Großkomm AktG § 18 Rn 17; *Zünd* in Druey (Hrsg.), Das St. Galler Konzernrechtsgespräch S. 77 (79).

263 Zum ‚engen' und ‚weiten' Konzernbegriff vgl. *Emmerich* in Emmerich/Habersack Aktien- und GmbH-Konzernrecht § 18 Rn 10 ff mwN. *Windbichler* in Großkomm AktG § 18 Rn 19, 24 ff, kritisiert diese Unterscheidung als rein deskriptiv, es ginge vielmehr um die unterschiedlichen Positionen zu Intensität und Gegenstand der einheitlichen Leitung. Wie letztere auch *Koppensteiner* in KölnKomm AktG (2. Bearb.) § 18 Rn 22 ff; *Raiser/Veil*, Recht der Kapitalgesellschaften § 51 Rn 37.

264 *Windbichler* in Großkomm AktG § 18 Rn 21.

265 Dazu *Koppensteiner* in KölnKomm AktG (2. Bearb.) § 18 Rn 40 f, 45; *Raiser/Veil*, Recht der Kapitalgesellschaften § 51 Rn 33.

266 Zu den auf § 18 AktG verweisenden Vorschriften innerhalb und außerhalb des AktG *Vetter* in Schmidt/Lutter (Hrsg.), AktG § 18 Rn 3 f; ausführlich *Windbichler* in Großkomm AktG § 18 Rn 8 ff.

267 Vgl. *K. Schmidt*, FS Lutter S. 1167 (1179).

Die außerhalb des AktG bestehende Möglichkeit, für die Konsolidierungspflicht neben dem Kontrolltatbestand an die einheitliche Leitung anzuknüpfen, § 290 Abs. 1 HGB a. F., ist mit der Bilanzrechtsmodernisierung entfallen. Diese Änderung beruht auf der Neufassung des Art. 1 Abs. 2 Richtlinie über den konsolidierten Abschluss durch die Modernisierungsrichtlinie[268]. Danach steht den Mitgliedstaaten die Option offen, ohne das Erfordernis einer Beteiligung und damit einer gesellschaftsrechtlich vermittelten Grundlage an die Möglichkeit der Ausübung beherrschenden Einflusses (Abs. 2 a)) oder an das Vorliegen einheitlicher Leitung (Abs. 2 b)) anzuknüpfen[269]. § 290 Abs. 1 HGB knüpft nunmehr an den Begriff des beherrschenden Einflusses an, der durch die Merkmale in § 290 Abs. 2 HGB konkretisiert wird[270].

Daneben nimmt das spanische Recht im Zusammenhang mit der Konsolidierungspflicht auf den Begriff der *unidad de decisión* – Entscheidungseinheit – Bezug[271]. Deren Vorliegen wird vermutet, wenn eines von mehreren alternativen Merkmalen, wie sie Art. 1 Abs. 1 Richtlinie über den konsolidierten Abschluss aufführt, also etwa der Stimmrechtsmehrheit oder der Möglichkeit, die Mehrheit der Mitglieder des Geschäftsführungsorganes zu ernennen oder abzuberufen, erfüllt ist. Auch im spanischen Recht handelt es sich jedoch nicht um einen eigenständigen Tatbestand, vielmehr knüpft die einheitliche Leitung dort an das Vorliegen von Kontrolle an. Demnach entspricht die Konstruktion der in §§ 16–18 AktG.

Insgesamt bleibt es daher bei der Feststellung, dass der Begriff der einheitlichen Leitung wenig Verbreitung gefunden hat[272].

II. Zwischenfazit: Parallele zwischen italienischem Kontrollkonzept und deutschem Beherrschungsprinzip

1. Stimmenmehrheit als Ausgangspunkt des Control-Konzeptes

Ausgangspunkt des Control-Prinzips ist die Stimmenmehrheit. Dies gilt nicht nur für das italienische Recht[273]. Die Stimmenmehrheit findet sich vielmehr auch in den Kontrolltatbeständen des französischen[274] und spanischen[275] Gesellschaftsrechts, sowie in der Definition von Mutter- und Tochterunternehmen im britischen Gesell-

---

268 Vgl. Art. 2 Nr. 1 Modernisierungsrichtlinie; zu den Änderungen *Küting/Koch* in Küting/Pfitzer/Weber (Hrsg.), Das neue deutsche Bilanzrecht S. 377 (383 ff).
269 Zum Wegfall dieser Wahlmöglichkeit im Vorschlag für eine Richtlinie über die Rechnungslegung vom 25.10.2011 oben Fn 5.
270 Vgl. oben § 3 I 2 a aa, bb.
271 Vgl. Art. 42 Código de Comercio; näher dazu *Girgado*, ECFR 2006, S. 363 (365 ff).
272 Vgl. *Druey* in Lutter (Hrsg.), Konzernrecht im Ausland S. 310 (353 mwN); *Hopt* in Aufbruch nach Europa, 75 Jahre Max-Planck-Institut für Privatrecht S. 17 (22 mwN); *Windbichler* in Großkomm AktG § 18 Rn 5, 18.
273 Vgl. oben § 3 I 1 d.
274 Art. L. 233-3 Abs. 1 Nr. 1 Code de Commerce.
275 Art. 42 Código de Comercio.

schaftsrecht[276]. Ferner ist sie, soweit ersichtlich, in sämtlichen europäischen Kontrolltatbeständen maßgeblich[277]. Sie hat zudem Eingang gefunden in IAS 27.13. Rechtsordnungsübergreifend wird davon ausgegangen, dass wer über die Stimmenmehrheit verfügt, über die Besetzung des Geschäftsführungsorganes der Gesellschaft bestimmen kann[278]. Daraus leitet sich wiederum die Möglichkeit ab, die Tätigkeit der Tochtergesellschaft zu bestimmen[279].

2. Beherrschender Einfluss als Synonym von controllo

Ein Synonym für *controllo* – Kontrolle stellt im italienisch-allgemeinsprachlichen Sinne *influenza* – Einfluss dar[280].

Tatsächlich kennzeichnet das Merkmal *influenza dominante* – beherrschender Einfluss – neben dem gesellschaftsrechtlichen Kontrollbegriff auch alle näher beschriebenen spezialgesetzlichen Ansätze. Der beherrschende Einfluss gilt daher auch als Herzstück des italienischen Kontrollbegriffes[281]. Die ausnahmsweise begriffliche Abweichung im italienischen Kartellrecht wurde bereits begründet[282].

3. Modifizierungen des italienischen Kontrollbegriffes

Im Rahmen des italienischen Kontrollbegriffes wird jeweils bereits auf die Möglichkeit der Ausübung beherrschenden Einflusses, nicht auf dessen tatsächliche Ausübung abgestellt[283]. Angesichts des Fehlens einer gesetzlichen Definition besteht

---

276 Vgl. section 1159 (1) (a) Companies Act 2006 und bzw. zuvor section 736 A (1) (a) Companies Act 1985.

277 Vgl. etwa Art. 1 Abs. 1 a) Richtlinie über den konsolidierten Abschluss. Neben den auf Art. 1 Richtlinie über den konsolidierten Abschluss verweisenden Richtlinien sind etwa Art. 87 Abs. 1 a) Kapitalmarktpublizitätsrichtlinie, sowie Art. 2 Abs. 1 f) i) Transparenzrichtlinie zu nennen. Zur Bedeutung der Mehrheitsbeteiligung in EG-rechtlichen Verbundklauseln vgl. auch *Windbichler* in Großkomm AktG § 16 Rn 8.

278 Aus deutscher Sicht *Bayer* in MünchKomm AktG § 17 Rn 26 f; *Emmerich* in Emmerich/Habersack Aktien- und GmbH-Konzernrecht § 17 Rn 6 ff; aus italienischer Sicht statt vieler *Campobasso*, Diritto Commerciale 2, Cap. VI B 8 (S. 289 f); *Tombari*, Il gruppo di società S. 42, 43 mwN für die italienische Literatur. Rechtsvergleichend *Enriques/Hansmann/Kraakman* in Kraakman/Armour/Davies u.a., Anatomy of Corporate Law, sub 3.1 (S. 56).

279 *Ferri*, Manuale di Diritto Commerciale, par. 305 (S. 523); *Ferrucci/Ferrentino*, Le Società di capitali, le società cooperative e le mutue assicuratrici, Cap. CLV 5 (S. 1932); *Salafia*, Società 2004, S. 5; *Tombari*, Il gruppo di società S. 42, 43 mwN für die italienische Literatur.

280 Dazu *Spolidoro*, Riv. soc. 1995, S. 457 (467).

281 Allg. Auffassung, vgl. *Campobasso*, Diritto Commerciale 2, Cap. VI B 8 (S. 289); *Fasciani*, ECFR 2007, S. 195 (199 f); *Bertone* in Marchetti u.a. (Hrsg.), Commentario alla riforma delle società, Art. 2359 sub 2.1.1 (S. 668); *Scognamiglio* in Balzarini/Carcano/Mucciarelli (Hrsg.), I gruppi di società S. 2107 (2108); *Spolidoro*, Riv. soc. 1995, S. 457 (479); *Tombari*, Il gruppo di società S. 32 mwN, ausführlich S. 41 ff.

282 Vgl. oben § 3 I 3 b.

283 *Schiuma*, Controllo, governo e partecipazione al capitale S. 107 f; *Tombari*, Il gruppo di società S. 34 f.

allerdings Uneinigkeit darüber, unter welchen Bedingungen eine derartige Möglichkeit besteht[284].

Formell ist die Einflussnahme in den meisten gesetzlichen Konstellationen an die Stimmrechtsausübung in der Gesellschafterversammlung geknüpft – sowie ausnahmsweise an das Recht zur Einflussnahme aufgrund einer Satzungsklausel oder entsprechenden vertraglichen Verbindung[285]. Regelmäßig realisiert sich die Einflussnahme durch Bestimmung der Besetzung des Geschäftsführungsorganes der Tochtergesellschaft[286]. Grundsätzlich bedarf es dazu formell der Mehrheit der Stimmen. Dementsprechend gilt bei Stimmenmehrheit im Sinne des Art. 2359 Abs. 1 Nr. 1 cod. civ. der beherrschende Einfluss als unwiderleglich gegeben[287].

Die Ausübung von *controllo* ist jedoch auch ohne eine formell bestehende Stimmenmehrheit in der Gesellschafterversammlung denkbar. Das Merkmal des beherrschenden Einflusses dient dazu, Situationen zu erfassen, in denen eine entsprechende Einflussnahmemöglichkeit auf einer stabilen Grundlage besteht. Insoweit wird das auf dem formellen Kriterium der Stimmenmehrheit basierende Control-Prinzip im italienischen Recht modifiziert. Dabei wird vertreten, dass der beherrschende Einfluss Inhalt und Umfang nach dem durch die Mehrheitsbeteiligung gewährten Maß an Einfluss entsprechen müsse[288].

Methodisch stellt das italienische Recht jedoch keine Vermutungen für das Vorliegen beherrschenden Einflusses auf. Vielmehr entspricht die Vorgehensweise im wesentlichen der in den europäischen Kontrolltatbeständen, die für das Vorliegen von Kontrolle einen – im Einzelnen teilweise jeweils voneinander abweichenden – Kriterienkatalog enthalten. So ergänzt das italienische Recht den gesellschaftsrechtlichen Kontrolltatbestand des Art. 2359 cod. civ., auf den regelmäßig verwiesen wird, in den Spezialgesetzen durch das Hinzufügen weiterer Tatbestandsalternativen. Dabei ist die Tatbestandsvariante besonders häufig, dass ein Rechtssubjekt aufgrund einer Stimmbindungsvereinbarung allein die Mehrheit der Stimmrechte kontrolliert bzw. einen beherrschenden Einfluss ausüben kann[289].

Eigentümlicherweise findet sich in den hier untersuchten italienischen Kontrolltatbeständen, mit Ausnahme von Art. 23 Abs. 2 Nr. 1, 2 TUB und Art. 7 Abs. 1 b) Kartellgesetz n. 287/1990, keine Tatbestandsalternative, nach der eine Gesellschaft als kontrolliert gilt, wenn das Recht besteht, Einfluss auf die Zusammensetzung des Geschäftsführungsorganes zu nehmen. Obwohl auch in Italien allgemein davon ausgegangen wird, dass der Mehrheitsgesellschafter die Tochtergesellschaft über

---

284 Vgl. die ausführliche Darstellung bei *Tombari*, Il gruppo di società S. 34 ff, überblicksartig zur Diskussion S. 35 f mwN.
285 Vgl. Art. 26 Abs. 2 a) Bilanzgesetzesdekret n. 127/1991 oder Art. 93 Abs. 1 a) TUF.
286 Vgl. oben § 3 I 1 d.
287 *Colombo* in Jura Europae Gesellschaftsrecht Bd. III, sub 40.70.6; *Santosuosso*, Giur. comm. 2002, I, 712 (714); *Tombari*, Il gruppo di società S. 42 mwN.
288 *Spolidoro*, Riv. soc. 1995, S. 457 (468) mwN; im Ergebnis auch *Tombari*, Il gruppo di società S. 41 ff, 53 f.
289 Vgl. Art. 26 Abs. 2 b) Bilanzgesetzesdekret 127/1991 bzw. Art. 93 Abs. 1 b) TUF.

die Besetzung mit ihm genehmen Personen kontrolliert[290]. Zudem beinhaltet der Kontrollbegriff der Richtlinie über den konsolidierten Abschluss entsprechende Tatbestandsalternativen (Art. 1 Abs. 1 b) bzw. Abs. 1 d) aa) und bb)), die teilweise umsetzungspflichtig waren. So findet sich, auf dem Weg der Richtlinienumsetzung, in § 290 Abs. 2 Nr. 2 HGB eine entsprechende Tatbestandsvariante, wobei nunmehr maßgeblich ist, dass die personelle Einflussnahme sich auf das die Finanz- und Geschäftspolitik bestimmende Organ bezieht[291]. Durch den Verweis auf den Begriff des Tochterunternehmens in § 290 HGB hat sich diese im deutschen Recht – etwa in § 2 Abs. 6 WpÜG[292] und § 22 Abs. 3 WpHG – weiter ausgebreitet[293].

Wiederum anders ist die Rechtslage in der *s.r.l.*, in der Fragen der internen Organisation der Satzung überlassen sind[294]. Demnach steht es den Gesellschaftern frei, sofern sie die Geschäftsführung nicht selbst ausüben, eine Regelung über eine entsprechende Einflussnahme zu treffen.

4. Das umgekehrt parallele Verhältnis von beherrschendem Einfluss und Abhängigkeit im deutschen Recht

Auch das AktG kennt das Merkmal des beherrschenden Einflusses in § 17 Abs. 1 AktG, ohne es zu definieren. Beherrschender Einfluss charakterisiert die Abhängigkeit; sein Vorliegen wird bei Mehrheitsbesitz widerleglich[295] vermutet (§ 17 Abs. 2 AktG). Die Definition des Mehrheitsbesitzes richtet sich wiederum nach § 16 AktG und bezieht die Kapital- sowie die Stimmrechtsmehrheit gleichermaßen mit ein[296]. Anders als im italienischen Recht beruht der Ausgangspunkt also nicht auf einem formellen Prinzip. Vielmehr dient umgekehrt der formelle Tatbestand des Mehrheitsbesitzes als Vermutung für den vom Ansatz her konkretisierungsbedürftigen Abhängigkeitsbegriff. Dabei genügt ebenfalls eine beständige, strukturelle Möglichkeit der Einflussausübung; einer tatsächlichen Ausübung bedarf es nicht[297]. Die Befugnisse eines Mehrheitsgesellschafters, insbesondere seine Möglichkeiten zur Beeinflussung der Geschäftspolitik der abhängigen Gesellschaft, gelten auch hier

290 Vgl. oben § 3 I 1 d.

291 Diese Ergänzung durch das BilMoG sei nur redaktioneller Art, vgl. *Kozikowski/Ritter* in Beck'scher Bilanzkommentar § 290 Rn 53; *Küting/Seel*, BB 2010, S. 1459 (1461).

292 Zu den Auswirkungen der Neufassung des § 290 HGB auf die Verweisnorm des § 2 Abs. 6 WpÜG *Versteegen* in KölnKomm WpÜG § 2 Rn 193 ff.

293 Allgemein zum Vordringen des Kontrollbegriffes im deutschen Recht *Schall* in Spindler/Stilz (Hrsg.), AktG Vor § 15 Rn 2.

294 Vgl. Art. 2463 Abs. 2 Nr. 7 cod. civ., wonach die Satzung eine Regelung treffen muss über die Organisation, insbesondere die Geschäftsführung und die Vertretung der Gesellschaft. Zu den sich daraus ableitenden Gestaltungsmöglichkeiten *Galgano*, Diritto Civile e Commerciale III.2; par. 207 (S. 522).

295 Statt vieler u.a. *Hüffer* AktG § 17 Rn 17; *Windbichler* in Großkomm AktG § 17 Rn 11.

296 *Hüffer* AktG § 17 Rn 17; *Schall* in Spindler/Stilz (Hrsg.), AktG § 16 Rn 1; *Windbichler* in Großkomm AktG § 17 Rn 11.

297 *Hüffer* AktG § 17 Rn 6; *Raiser/Veil*, Recht der Kapitalgesellschaften § 51 Rn 15.

als Vergleichsmaßstab für die Konkretisierung des beherrschenden Einflusses[298]. Selbst wenn dieser in der AG keine unmittelbare Einflussnahmemöglichkeit auf den Vorstand hat, so kann er über die Wahl ihm genehmer Aufsichtsratsmitglieder doch dessen Zusammensetzung beeinflussen, so dass sich der Vorstand letztlich nach seinen Vorstellungen richten wird[299]. Nichts anderes dürfte in der GmbH gelten, in der die Gesellschafterversammlung – bei Fehlen einer abweichenden Satzungsbestimmung – der Geschäftsführung gegenüber sogar unmittelbar weisungsbefugt ist[300].

Zwar lässt § 17 Abs. 2 AktG auch die Anteilsmehrheit als Vermutung für Abhängigkeit gelten. Nur die Stimmenmehrheit führt jedoch zu einer Einflussnahmemöglichkeit auf die Organzusammensetzung[301]. Die Anteilsmehrheit ist daher nur von Bedeutung, wenn sie mit einem entsprechenden stimmrechtlichen Einfluss zusammenfällt, nicht aber als eigenständiges Kriterium. Die bloße Anteilsmehrheit ohne entsprechenden stimmrechtlichen Einfluss kann vielmehr die Widerlegung der Abhängigkeitsvermutung zur Folge haben[302].

Dies dürfte letztlich nicht zu anderen Ergebnissen führen als das Abstellen auf die Stimmenmehrheit im italienischen Recht, die nicht nur rein formell, sondern auch bei Berücksichtigung bestimmter tatsächlicher Gegebenheiten zu *controllo* führt.

Das Abhängigkeitsprinzip deckt sich insoweit also mit dem Kontrollprinzip, jedenfalls wenn letzteres nicht in seiner ‚reinen Form' nur bei Stimmrechtsmehrheit vorkommt, sondern um zusätzliche Varianten erweitert wird.

5. Zwischenergebnis: beherrschender Einfluss als Charakteristikum des italienischen Kontrollkonzeptes und der Abhängigkeit im Sinne von § 17 AktG

Zusammenfassend lässt sich für das italienische Recht feststellen, dass *controllo* vorliegt, wenn eine Gesellschaft – bzw. ein Unternehmen oder, wie im Kapitalmarktrecht eine natürliche Person – in der Lage ist, unmittelbar oder mittelbar *influenza dominante* auf eine andere Gesellschaft auszuüben und sie damit zu steuern,

---

298 Dazu *Emmerich* in Emmerich/Habersack Aktien- und GmbH-Konzernrecht § 17 Rn 5. *Bayer* in MünchKomm AktG § 17 Rn 25 ff, 28 und *Windbichler* in Großkomm AktG § 17 Rn 11 sehen einen Einfluss nach Inhalt und Umfang einer Mehrheitsbeteiligung in einer AG als Mindestmaß für Abhängigkeit in Fällen ohne Stimmrechtsmehrheit.

299 *Bayer* in MünchKomm AktG § 17 Rn 27; *Koppensteiner* in KölnKomm AktG (2. Bearb.) § 17 Rn 22; *Windbichler* in Großkomm AktG § 17 Rn 20, 84: dies gelte unabhängig vom jeweiligen Mitbestimmungsmodell.
Zu den rechtstatsächlichen Abweichungen, wonach zwischen insbesondere dem Vorstandsvorsitzenden und dem Mehrheitsaktionär eine enge Beziehung bestehe, sowie dem tatsächlich erfolgenden Wahlvorschlag der Aufsichtsratsmitglieder durch den Vorstand vgl. *Semler*, FS Lutter S. 721 (725 ff, 730).

300 Zur Abhängigkeit in der GmbH *Bayer* in MünchKomm AktG § 17 Rn 123 ff; *Koppensteiner* in KölnKomm AktG (2. Bearb.) § 17 Rn 79.

301 Dazu statt vieler *Koppensteiner* in KölnKomm AktG (2. Bearb.) § 17 Rn 35.

302 Vgl. die Beispiele bei *Windbichler* in Großkomm AktG § 17 Rn 74.

sei es durch Innehaben der Mehrheit der Stimmrechte oder aufgrund anderer Umstände[303]. Kontrolle und beherrschender Einfluss sind demnach im italienischen Recht untrennbar miteinander verknüpft.

Insgesamt stellt das Merkmal des beherrschenden Einflusses und damit eines unbestimmten Rechtsbegriffes also eine Art ‚kleinsten gemeinsamen Nenner' der Gemeinsamkeiten von italienischem *controllo* und Abhängigkeit im Sinne des § 17 AktG dar[304]. Die Verwendung des Begriffes der *influenza dominante* im italienischen Recht soll denn auch ihren Ursprung in § 15 Abs. 2 AktG von 1937 haben[305]. Im Ergebnis beruhen beide letztlich auf der Stimmenmacht, die in der Gesellschafterversammlung der kontrollierten bzw. abhängigen Gesellschaft ausgeübt werden kann, wenn auch die konkreten Ausgestaltungen der Konzepte sich jeweils im Einzelnen unterscheiden. Dies gilt jedenfalls soweit für die Bestimmung der Abhängigkeit an die Stimmrechte und nicht an die Kapitalanteile angeknüpft wird. Entscheidend ist jeweils – wenn man aus den genannten Gründen Art. 2359 Abs. 1 Nr. 3 cod. civ. und die jeweiligen Verweisungen darauf außer Betracht lässt[306] – eine Beteiligung, also eine gesellschaftsrechtlich vermittelte Grundlage. Die Möglichkeit zur Einflussnahme auf die Besetzung des Geschäftsführungsorganes gilt dabei jeweils als entscheidend[307], auch wenn sich dies nicht als eigene Tatbestandsalternative in den italienischen Kontrolltatbeständen wieder findet.

Einen im Ansatz anderen Weg zeigt das deutsche Bilanzrecht in § 290 HGB auf, in dem der Begriff des beherrschenden Einflusses eine Renaissance erlebt hat. Zwar wird der beherrschende Einfluss bei Vorliegen bestimmter Tatbestandsalternativen vorausgesetzt. § 290 HGB erfordert aber gerade nicht das Vorliegen gesellschaftsrechtlich vermittelten Einflusses. Insoweit ist jedoch von einer Besonderheit, die mit der Betrachtungsweise der Gruppe als wirtschaftliche Einheit im Rahmen des konsolidierten Abschlusses zusammenhängt, auszugehen. Rückwirkungen auf das Verständnis des Begriffes des beherrschenden Einflusses im Gesellschaftsrecht dürften sich nicht ergeben.

III. Das Verhältnis der Begriffe zueinander

Es bleibt zu klären, in welchem Verhältnis die bisher dargestellten, vielfältigen Begriffe zueinander stehen. Lange Zeit drehte sich die Diskussion in der italienischen Literatur um die Frage des Verhältnisses von *controllo* zu *gruppo* und der Einordnung

---

303 *M. Cian* in G. Cian/Trabucchi (Hrsg.), Codice Civile, Art. 2359 sub I Rn 2; *Notari* in Marchetti u.a. (Hrsg.), Commentario alla riforma delle società, Art. 2359 sub 3.1 (S. 701); ähnlich *Tombari*, Il gruppo di società S. 34.

304 So auch *Colombo* in Jura Europae Gesellschaftsrecht Bd. III, sub 40.70.05. Zur Ähnlichkeit von Abhängigkeit und ‚Control-Konzept' *Windbichler* in Großkomm AktG § 17 Rn 1, 8.

305 Dazu *Tombari*, Il gruppo di società S. 36.

306 Zu den Argumenten s.o. § 3 I 1 e.

307 Vgl. *Lamandini* in Niccolini/Stagno d'Alcontres (Hrsg.), Le società di capitali, Artt. 2359–2359-*quinquies* sub 3 (S. 399 f); *Notari* in Marchetti u.a. (Hrsg.), Commentario alla riforma delle società, Art. 2359 sub 3.1 (S. 710 f).

der *direzione unitaria* in diesen Kontext[308]. Einigkeit bestand darüber, dass jedenfalls das Vorhandensein von Kontrolle notwendige Bedingung sei für die Annahme des Vorhandenseins einer Gruppe[309].

Heraustariert hat sich mittlerweile eine herrschende Meinung, derzufolge die mögliche Ausübung beherrschenden Einflusses für das Vorliegen von Kontrolle genüge, während das Vorliegen einer Gruppe tatsächlich ausgeübten beherrschenden Einfluss voraussetze. Der tatsächlich ausgeübte beherrschende Einfluss bestehe gerade in der einheitlichen Leitung[310]. Eine Kontrollbeziehung wird allerdings in der Regel in eine Gruppenbeziehung münden[311]. Dennoch wird davon ausgegangen, dass es sich bei der Kontrolle um eine widerlegliche Vermutung für das Vorliegen einheitlicher Leitung handele[312].

Somit hängen die Begriffe *controllo, direzione unitaria* und *gruppo* im italienischen Recht auf ähnliche Weise zusammen, wie die Begriffe der Mehrheitsbeteiligung, der Abhängigkeit, der einheitlichen Leitung und des Konzerns in §§ 16–18 AktG: die Mehrheitsbeteiligung führt zur widerleglichen Vermutung der Abhängigkeit, die Abhängigkeit wiederum zur widerleglichen Vermutung des durch die einheitliche Leitung charakterisierten Konzern[313].

Während die Anteilsmehrheit für die durch die Möglichkeit beherrschender Einflussnahme charakterisierte Abhängigkeit und letztere wiederum für den Konzern jeweils widerlegliche Vermutungen darstellen, ist die Differenzierung im italienischen Recht weniger trennscharf[314]: beim Vorliegen von Stimmenmehrheit

---

308 Überblicksartig zum Streitstand jeweils *Campobasso*, Diritto Commerciale 2, Cap. VI B (S. 292, Fn 90) sowie *Rescigno* in Mestmäcker/Behrens (Hrsg.), Das Gesellschaftsrecht der Konzerne im internationalen Vergleich S. 339 (347 f).

309 Dazu u.a. *Spada* in Wymeersch (Hrsg.), Groups of Companies in the EEC S. 165 (220 ff); Tribunale Roma 27.08./13.09.2007, abgedr. in Riv. dir. comm. 2008, II, S. 212 (214).
Darüber, ob *controllo* für das Vorhandensein einer Gruppe ausreiche, oder ob zusätzlich auch eine tatsächliche Ausübung von Einflussmacht – in Form einheitlicher Leitung – vonnöten sei, gingen die Meinungen auseinander. Als besondere Schwierigkeit galt die Festlegung der Schwelle, die die Ausübung von Kontrolle von der der einheitlichen Leitung trenne. Vgl. den kurzen Überblick mN bei *Daccò-Tatozzi* in G. Cian/Trabucchi (Hrsg.), Codice Civile, Art. 2497 sub V.

310 Cass. Civ. 26.02.1990, n. 1439, abgedr. in Giur. comm. 1991, II, S. 366 (380). So auch *Campobasso*, Diritto Commerciale 2, Cap. VI B 9 (S. 292 f); *Fava*, Società 2003, S. 1197 (1198 mwN); *Ferrucci/Ferrentino*, Le Società di capitali, le società cooperative e le mutue assicuratrici, Cap. CLV 1 (S. 1927); *Montalenti*, Riv. soc. 2007, S. 317 (320).
Ähnlich *Tombari* in Balzarini/Carcano/Mucciarelli (Hrsg.), I gruppi di società S. 2217 (2221), demzufolge zwischen *influenza dominante* und einheitlicher Leitung lediglich ein begrifflicher Unterschied bestehe, da die Befugnis zur Ausübung beherrschenden Einflusses ohnehin die Befugnis zur Leitung einer Gesellschaft und Koordinierung ihrer Tätigkeit mit der anderer Gesellschaften enthalte.

311 Vgl. *Cariello* in Niccolini/Stagno d'Alcontres (Hrsg.), Le società di capitali, Art. 2497 *sexies*-2497 *septies* sub 1 (S. 1895); ähnlich *Niutta*, Giur. comm. 2004, I, S. 983 (1005).

312 Vgl. *Montalenti*, Riv. soc. 2007, S. 317 (320 f).

313 Zum unmittelbaren Zusammenhang von Mehrheitsbeteiligung, Abhängigkeit und Konzern *Emmerich* in Emmerich/Habersack Aktien- und GmbH-Konzernrecht § 17 Rn 5; *Koppensteiner* in KölnKomm AktG (2. Bearb.) § 17 Rn 16 ff (17); *Schall* in Spindler/Stilz (Hrsg.), AktG § 16 Rn 3.

314 Vgl. allgemein zur Differenzierung zwischen Abhängigkeit und Kontrolle *Windbichler* in Großkomm AktG § 17 Rn 8.

(Art. 2359 Abs. 1 Nr. 1 cod. civ.) wird Kontrolle und damit auch der beherrschende Einfluss unwiderleglich vermutet[315], während die übrigen Vermutungen jeweils widerleglich sind.

Als Anküpfungstatbestand dient dabei jeweils nur die unterste Stufe der Definitionskette. Einzelne Ausnahmen bestehen hinsichtlich der einheitlichen Leitung. Dementsprechend besteht auch wiederum Einigkeit in beiden Rechtsordnungen hinsichtlich der Ungeeignetheit des Konzerns oder *gruppo* als Anknüpfungstatbestand wegen der mit diesem Begriff jeweils verbundenen Rechtsunsicherheit[316]. Gleiches gilt für andere europäische Rechtsordnungen[317].

IV. Die tatsächliche Ausübung der Tätigkeit von Leitung und Koordinierung als Anknüpfungstatbestand für die Regelung der Gruppe im italienischen Recht

Die neu eingeführten Regeln über die Gesellschaftsgruppe greifen nicht – jedenfalls nicht unmittelbar – auf einen der dargestellten Kontrollbegriffe zurück, sondern knüpfen an die *attività di direzione e coordinamento di società* – die Tätigkeit der Leitung und Koordinierung von Gesellschaften – an. Der italienische Gesetzgeber hat insoweit einen anderen Ansatz als beim Tatbestand des *controllo* gewählt und die tatsächliche – nicht die bloß mögliche – Ausübung dieser Tätigkeit, unabhängig von ihrer Grundlage, in den Mittelpunkt gerückt[318]. Anders als bei der Frage des Vorliegens von *controllo* ist dabei nicht die Sicht der Tochtergesellschaft maßgeblich[319], sondern die der Obergesellschaft. Insoweit besteht eine Parallele zur einheitlichen Leitung im Sinne des § 18 AktG[320].

Bei dem Leitung und Koordinierung von Gesellschaften[321] ausübenden Rechtssubjekt kann es sich entweder um eine Gesellschaft[322] oder um eine *ente* (Körperschaft) handeln[323]. Zu den *enti* gehören Vereine, Stiftungen, Ausschüsse und Körperschaf-

---

315 Vgl. oben § 3 II 2.
316 Vgl. oben § 3 I.
317 Vgl. *Druey* in Lutter (Hrsg.), Konzernrecht im Ausland S. 310 (353 mwN).
318 Vgl. dazu u.a. *Patti* in Lo Cascio (Hrsg.), La Riforma del diritto societario, Art. 2497 sub 1 (S. 240); *Rittatore Vonwiller/Ippolito*, I Gruppi Societari, Cap. 2.1 (S. 18); *Rordorf*, Società 2005, S. 538 (540); *Sbisà*, Contr. e impr. 2011, S. 369 (372); *Tombari*, Giur. comm. 2004, I, S. 61 (62); *ders.*, Giur. comm. 2007, I, S. 739 (741, 749); sowie Tribunale Biella 12.03.2007, abgedr. in Giur. comm. 2010, II, S. 287 (293).
319 Vgl. oben § 3 I 1.
320 Vgl. oben § 3 I 3 c cc.
321 Die Leitung und Koordinierung von *imprese* – Unternehmen – oder *aziende* – Betrieben – sei also nicht erfasst, so *Rittatore Vonwiller/Ippolito*, I Gruppi Societari, 2.3.1 b) (S. 23).
322 Die Bezeichnung *società* sowie die systematische Stellung im Kapitel IX zwischen der für alle Gesellschaftsformen geltenden Liquidation (Kapitel VIII) und der Umwandlung, Verschmelzung und Spaltung (Kapitel X) ließen darauf schließen, dass sowohl Kapital- als auch Personengesellschaften erfasst sind, so *Daccò-Tatozzi* in G. Cian/Trabucchi (Hrsg.), Codice Civile, Art. 2497 sub II; ähnlich *Montalenti*, Riv. soc. 2007, S. 317 (323); *Rordorf*, Società 2004, S. 538.
323 Dazu *Galgano*, Diritto Civile e Commerciale III/2, par. 125 (S. 184).

ten des öffentlichen Rechts[324]. Natürliche Personen sind hingegen, wie auch beim Kontrollbegriff des Art. 2359 cod. civ., ausgenommen[325].

Zwei Tatbestände, Art. 2497-*sexies* und Art. 2497-*septies*, sollen die Anknüpfung erleichtern helfen und geben daher vor, unter welchen Umständen vom Vorliegen der Ausübung von Leitung und Koordinierung auszugehen ist. Im übrigen hat der italienische Gesetzgeber bewusst offen gelassen, worin sich seiner Vorstellung nach die Tätigkeit von Leitung und Koordinierung manifestiert und die Individualisierung der charakteristischen Merkmale Rechtswissenschaft und Rechtspraxis überlassen. Diese Vorgehensweise des Gesetzgebers ist im italienischen Schrifttum teilweise auf Kritik gestoßen[326].

In der italienischen Literatur wird der Begriff der Leitung bisher weitgehend mit der einheitlichen Leitung gleichgesetzt[327]. Dies entspricht der Sicht der Rechtsprechung, wie sie in einem für das Recht der Gruppe maßgeblichen Urteil aus dem Jahre 1990 erkennbar wird[328]. Hinsichtlich der Koordinierung als weiterem Teil des Begriffspaares, insbesondere hinsichtlich dessen Verhältnisses zu dem Begriff der Leitung, besteht Streit[329]. Überwiegend wird davon ausgegangen, dass es sich bei dem Begriff der Leitung und Koordinierung um ein Hendiadyoin handele[330], bei dem die Leitung als das Hauptmerkmal gelte[331], die Koordinierung hingegen als eines der Elemente, die diese ausmache[332]. Anders als die (einheitliche) Leitung hat die Koordinierung bisher keine eigenständige Bedeutung gehabt. Sie betreffe zumindest eine der wesentlichen Funktionen der Tochtergesellschaft, insbesondere die Finanzplanung, den An- und Verkauf oder das Personal[333]; zu einer Zentralisie-

---

324 Vgl. *Rordorf*, Società 2004, S. 538 (540).

325 Anders die ursprüngliche Formulierung ‚*Chi*, esercitando l'attività di direzione e coordinamento, …'
Zur Änderung der Formulierung *Fava*, Società 2003, S. 1197; *Montalenti*, Riv. soc. 2007, S. 317 (323); *Patti* in Lo Cascio (Hrsg.), La Riforma del diritto societario, Art. 2497 sub 2 (S. 243 f).

326 Vgl. *Dal Soglio* in Maffei Alberti (Hrsg.), Il nuovo diritto delle società, Art. 2497 sub 1 (S. 2305); *Sandei*, Stud. iur. 2010, S. 34 mwN; befürwortend dagegen *Salafia*, Società 2004, S. 5 (6).

327 Vgl. *Daccò-Tatozzi* in G. Cian/Trabucchi (Hrsg.), Codice Civile, Art. 2497 sub V; *Dal Soglio* in Maffei Alberti (Hrsg.), Diritto delle Società Art. 2497 sub I Rn 4; *Fava*, Società 2003, S. 1197 (1198); *Montalenti* in Cottino (Hrsg.), Trattato Diritto Commerciale IV/2, Cap. XII sub 144 (S. 360), par. 147 (S. 377 f); *Santosuosso*, La riforma del diritto societario, Cap. V 2 (S. 243 f); *Tombari*, Giur. comm. 2004, I, S. 61 (69).

328 Cass. Civ. 26.02.1990, n. 1439, abgedr. in Giur. comm. 1991, II, S. 366 (367).

329 Vgl. überblicksartig *Sandei*, Stud. iur. 2010, S. 34 (35 f).

330 *Dal Soglio* in Maffei Alberti (Hrsg.), Il nuovo diritto delle società, Art. 2497 sub 1 (S. 2308); *Montalenti*, Riv. soc. 2007, S. 317 (322); *Niutta*, Riv. dir. comm. 2003, I, S. 373 (375).
Bereits vor der Reform befürwortete *Scognamiglio* in Balzarini/Carcano/Mucciarelli (Hrsg.), I gruppi di società S. 2107, die Verwendung des Hendiadyoins Leitung und Koordinierung als den der einheitlichen Leitung gegenüber präziseren Begriff, der insbesondere die unterschiedliche Rechtspersönlichkeit von Obergesellschaft und Tochtergesellschaften besser herausstelle.

331 *Montalenti*, Riv. soc. 2007, S. 317 (322).

332 *Patti* in Lo Cascio (Hrsg.), La Riforma del diritto societario, Art. 2497 sub 1 (S. 242); *Salafia*, Società 2004, S. 5 (6); ähnlich *Fava*, Società 2003, S. 1197 (1198).

333 *Tombari*, Fallimento 2004, S. 1164 (1165); ähnlich *Ferrarini/Giudici/Stella Richter*, RabelsZ 69 (2005), S. 658 (692).

rung müsse es indes nicht kommen[334]. Die Koordinierung wird im Ergebnis also als die Verbindung der Leitung aller gruppenzugehörigen Gesellschaften, mithin die konkrete Manifestation der einheitlichen Leitung, angesehen[335]. Insbesondere beziehe sich die Koordinierung auf die verschiedenen Interessen, die von der Beteiligung einer Vielzahl selbständiger Gesellschaften ausgehen[336]. Demnach wirke die Koordinierung horizontal, die Leitung dagegen vertikal[337]. Das Merkmal der Tätigkeit soll darauf hinweisen, dass es um mehr als eine einzelne Maßnahme oder gelegentliche Einflussnahmen gehe, sondern um ein systematisches Vorgehen[338]. Zusammengefasst soll die Tätigkeit der Leitung und Koordinierung im wesentlichen in der tatsächlichen Ausübung der Befugnis einer Gesellschaft bestehen, andere Gesellschaften nach einem einheitlichen Plan zu leiten und zu koordinieren[339]. Vereinzelt wird vertreten, dass es sich bei der Tätigkeit der Leitung und Koordinierung – anders als bei der Ausübung von *controllo* innerhalb der Gesellschaft, d.h. im Rahmen der den Gesellschaftern zugewiesenen Zuständigkeiten – um eine außerhalb der Gesellschaft ausgeübte Tätigkeit handele, die eine Einflussnahme auf die Führung des Unternehmens bedeute[340].

Insgesamt erinnert das italienische Verständnis von Koordinierung damit an ein betriebswirtschaftliches Konzernverständnis, wonach der Konzern durch die zugrunde liegende einheitliche Planung und Entscheidung über die Ausgestaltung und Strukturierung der Konzernbeziehungen geprägt wird[341].

1. Art. 2497-*sexies* cod. civ.: *Presunzioni* – Vermutungen

Die Ausübung der Tätigkeit von Leitung und Koordinierung von Gesellschaften wird bei einer Gesellschaft oder Körperschaft vermutet, die zur Erstellung einer konsolidierten Bilanz verpflichtet ist, oder die Gesellschaften gem. Art. 2359 kontrolliert (Art. 2497-*sexies* cod. civ.).

---

334 *Associazione Preite*, Morera/Olivieri/Perassi u.a. (Hrsg.), Il diritto delle società, Cap. XX 3 (S. 413); *Tombari*, Giur. comm. 2007, I, S. 739 (749).

335 *Montalenti*, Riv. soc. 2007, S. 317 (321); *Niutta*, Riv. dir. comm. 2003, I, S. 373 (375); *Salafia*, Società 2004, S. 5 (6); *Rittatore Vonwiller/Ippolito*, I Gruppi Societari, Cap. 2.3.1. b) (S. 25): dafür sprächen die Prinzipien ordnungsgemäßer Geschäftsführung, die ohne Definition einer Strategie und deren Umsetzung nicht einzuhalten seien. Ähnlich bereits vor der Reform: *Scognamiglio* in Balzarini/Carcano/Mucciarelli (Hrsg.), I gruppi di società S. 2107 (2109).

336 Vgl. *Dal Soglio* in Maffei Alberti (Hrsg.), Diritto delle Società Art. 2497 sub I Rn 4; *Niutta*, Riv. dir. comm. 2003, I, S. 373 (380); Tribunale Pescara 16.01.2009, abgedr. in Società 2010, S. 683 (687).

337 Vgl. *Montalenti*, Riv. soc. 2007, S. 317 (322); Tribunale Pescara 16.01.2009, abgedr. in Società 2010, S. 683 (687).

338 *Montalenti*, Riv. soc. 2007, S. 317 (321).

339 *Tombari*, Fallimento 2004, S. 1164 (1165); im Ergebnis auch *Sbisà*, Contr. e impr. 2011, S. 369 (376 f); *Montalenti*, Riv. soc. 2007, S. 317 (321 f).

340 *Sbisà*, Contr. e impr. 2011, S. 369 (371); ähnlich *Scarpa*, Contr. e impr. 2011, S. 656 (664 f).

341 Vgl. zum betriebswirtschaftlichen Konzernverständnis *Pellens/Amshoff/Schmidt*, ZGR 2009, S. 231 (235); zur Anwendung eines betriebswirtschaftlichen Verständnisses des Unternehmens auf die Gruppe *Tombari*, Giur. comm. 2007, I, S. 739 (749).

Einerseits findet auf diese Weise insbesondere der Kontrollbegriff im Sinne des Bilanzgesetzesdekretes n. 127/1991[342] Eingang in die gesellschaftsrechtliche Regelung[343]. Andererseits wird wiederum auf den allgemeinen gesellschaftsrechtlichen Kontrollbegriff zurückgegriffen. Sofern einschlägig, ist der Anwendungsbereich des ersten hinsichtlich des Kreises erfasster Rechtssubjekte sowie der geregelten Formen von *controllo* weiter als der des letztgenannten – mit Ausnahme der Einbeziehung von Konstellationen wirtschaftlicher Abhängigkeit in Art. 2359 Abs. 1 Nr. 3 cod. civ.[344].

Insgesamt handelt es sich um eine widerlegliche Vermutung[345]. Diese ist widerlegbar durch den Nachweis, dass die Tätigkeit tatsächlich nicht ausgeübt worden ist[346]. Allerdings bedeutet der Verweis auf den gesellschaftsrechtlichen Kontrolltatbestand den Verweis auf die unwiderlegliche Vermutung von Kontrolle bei Stimmrechtsmehrheit einerseits, auf die jeweils wiederum widerlegliche Vermutung von tatsächlicher Kontrolle andererseits[347]. Daher ist insgesamt davon auszugehen, dass die kontrollierende Gesellschaft die Position tatsächlich ausübt, die ihr aufgrund von Stimmrechten zusteht, um die Geschäftstätigkeit der kontrollierten Gesellschaften zu bestimmen[348]. Der Verweis auf die übrigen Konstellationen von Kontrolle gilt dagegen als im Ergebnis kaum weiterführend[349].

2. Art. 2497-*septies* cod. civ.: Koordinierung zwischen Gesellschaften

Die Vorschriften des IX. Kapitels des codice civile finden schließlich auch Anwendung auf Gesellschaften oder Körperschaften, die, abgesehen von den nach Art. 2497-*sexies* vermuteten Konstellationen, die Tätigkeit von Leitung und Koordi-

342 Artt. 25 ff Bilanzgesetzesdekret n. 127/1991 – vgl. zu diesem oben § 3 I 2 a.

343 Die Pflicht zur Erstellung einer konsolidierten Bilanz kann sich auch aus anderen spezialgesetzlichen Vorschriften ergeben, näher dazu *Dal Soglio* in Maffei Alberti (Hrsg.), Il nuovo diritto delle società, Artt. 2497 *sexies*–2497 *septies* sub 1 (S. 2437 f).

344 Vgl. *Daccò-Tatozzi* in G. Cian/Trabucchi (Hrsg.), Codice Civile, Art. 2497 *sexies* sub I. Zu den vom Verweis auf den bilanzrechtlichen Kontrollbegriff möglicherweise nicht erfassten kontrollierten Gesellschaften *Niutta*, Giur. comm. 2004, I, S. 983 (986 ff).

345 *Corapi* in Bonfante/Corapi et al. (Hrsg.), Codice commentato delle nuove società, Art. 2359 Rn 6; *Daccò-Tatozzi* in G. Cian/Trabucchi (Hrsg.), Codice Civile, Art. 2497 *sexies* sub I; *Patti* in Lo Cascio (Hrsg.), La riforma del diritto societario, Art. 2497-*sexies* sub 1 (S. 287).

346 *Galgano*, Diritto Civile e Commerciale III/2, par. 125 (S. 183) sieht eine Möglichkeit der Widerlegung gegeben, wenn die Muttergesellschaft eine Klausel in ihre Satzung aufnehme, in der sie festlege, dass mögliche Beteiligungen an Gesellschaften nicht dazu genutzt würden, in diesen die Tätigkeit von Leitung und Koordinierung auszuüben; zu möglichen Widerlegungen auch *Niutta*, Giur. comm. 2004, I, S. 983 (993 ff).
Eine bloße Erklärung der Nichtausübung genüge nicht, vgl. *De Biasi*, Società 2003, S. 946 (947).
Eine geringe praktische Bedeutung der Widerleglichkeit vermutet *Rordorf*, Società 2004, S. 538 (540).

347 *Dal Soglio* in Maffei Alberti (Hrsg.), Il nuovo diritto delle società, Artt. 2497 *sexies*–2497 *septies* sub 1 (S. 2425 ff), sub 2 (S. 2433); *Ferrucci/Ferrentino*, Le Società di capitali, le società cooperative e le mutue assicuratrici, Cap. CLV 1 (S. 1928); *Niutta*, Giur. comm. 2004, I, S. 983 (985).

348 Vgl. *Galgano*, Trattato di Diritto Commerciale, Cap. VI 6 (S. 168 f); ähnlich *Niutta*, Giur. comm. 2004, I, S. 983 (985).

349 *Simonetti* in Bonfante/Corapi et al. (Hrsg.), Codice commentato delle nuove società, Art. 2497-*sexies* Rn 1.

nierung aufgrund von Verträgen mit den jeweiligen Gesellschaften oder Klauseln in deren Satzungen ausüben, Art. 2497-*septies*.

Diese Formulierung wirft eine Reihe von Interpretationsproblemen auf und ist Gegenstand einer nahezu unübersehbaren Diskussion in der italienischen Literatur. Weitgehende Einigkeit besteht dahingehend, dass Art. 2497-*septies* Konstellationen der Ausübung von Leitung und Koordinierung unabhängig vom Vorliegen einer Kontrollsituation betrifft[350]. Nach wohl überwiegender Auffassung bezieht sich die Vorschrift daher auf die Gleichordnungsgruppe[351]. Demnach führe die vertragliche bzw. satzungsmäßige Verbindung nicht zu einem Verhältnis der Über- bzw. Unterordnung, sondern zu einer gemeinsamen Festlegung der Geschäftspolitik unter gleichberechtigten Partnern[352]. Typischerweise handele es sich um finanzielle Beziehungen betreffende Verträge[353]. Dafür spreche mitunter die Überschrift der Norm mit ‚*coordinamento fra società* – Koordinierung zwischen Gesellschaften'.

Umstritten ist, ob Art. 2497-*septies* darüber hinaus eine Art von Unternehmensvertrag in der hierarchischen Gruppe regelt[354]. Methodisch wird dabei ein erst-recht-Schluss gezogen: wenn Art. 2497-*septies* eine vertragliche Vereinbarung der Leitung und Koordinierung ohne das Vorhandensein von Kontrolle zulasse, müsse diese erst recht bei Vorliegen von Kontrolle zulässig sein[355]. Zwar wird eine Interpretation im Sinne eines Beherrschungsvertrages nach dem Vorbild der §§ 291 AktG ff AktG, der nachteilige Weisungen an die Tochtergesellschaft zulasse, nahezu einhellig abgelehnt[356]. Insoweit hat sich gegenüber der Rechtslage vor der Reform nichts ge-

---

350 *Tombari*, Giur. comm. 2004, I, S. 61 (68, dort Fn 33).

351 U.a. *Campobasso*, Diritto Commerciale 2, Cap. VI B 9 (S. 293); *Dal Soglio* in Maffei Alberti (Hrsg.), Il nuovo diritto delle società, Artt. 2497 *sexies*–2497 *septies* sub 1 (S. 2428), sub 3 (S. 2434); *Fasciani*, ECFR 2007, S. 195 (203); wohl auch *Daccò-Tatozzi* in G. Cian/Trabucchi (Hrsg.), Codice Civile, Art. 2497 *septies* sub I; *Galgano* in Commentario del Codice Civile Scialoja Branca, Art. 2497-*septies* sub 1 f (S. 209 ff); *Irace* in Sandulli/Santoro (Hrsg.), La riforma delle società, Art. 2497-*sexies* sub 6 (S. 351 f); *Tombari*, Giur. comm. 2007, I, S. 739 (746).
Gegen diesen Ansatz *Valzer*, Liber Amicorum G.F. Campobasso, Bd. III, S. 831 (870 ff); wohl auch *Rordorf*, Società 2004, S. 538 (541); zunächst auch noch *Tombari*, Giur. comm. 2004, I, S. 61 (67 f).

352 *Campobasso*, Diritto Commerciale 2, Cap. VI B 9 (S. 293); *Dal Soglio* in Maffei Alberti (Hrsg.), Il nuovo diritto delle società, Artt. 2497 *sexies*–2497 *septies* sub 3 (S. 2440).

353 *Dal Soglio* in Maffei Alberti (Hrsg.), Il nuovo diritto delle società, Artt. 2497 *sexies*–2497 *septies* sub 3 (S. 2440 f); *Niutta*, Giur. comm. 2004, I, S. 983 (999 ff).

354 Vgl. insoweit den Überblick bei *Dal Soglio* in Maffei Alberti (Hrsg.), Diritto delle Società Art. 2497 *septies* sub I Rn 4 sowie bei *Rivaro*, Giur. comm. 2010, II, S. 296 (301 f), jeweils mit weiteren Nachweisen.

355 Vgl. *Montalenti*, Riv. soc. 2007, S. 317 (331); *ders.* in Balzarini/Carcano/Ventoruzzo (Hrsg.), Le società per azioni oggi S. 303 (315).

356 U.a. *Associazione Preite*, Morera/Olivieri/Perassi u.a. (Hrsg.), Il diritto delle società, Cap. XX 3 (S. 413); *Cariello* in Niccolini/Stagno d'Alcontres (Hrsg.), Le società di capitali, Art. 2497 *sexies*–2497 *septies* sub 4 (S. 1898); *Daccò-Tatozzi* in G. Cian/Trabucchi (Hrsg.), Codice Civile, Art. 2497 *septies* sub I; *Giovannini*, La responsabilità per attività di direzione e coordinamento nei gruppi di società S. 85; *Irace* in Sandulli/Santoro (Hrsg.), La riforma delle società, Art. 2497-*sexies* sub 3 (S. 349, noch zur vorherigen Fassung in Art. 2497-*sexies* Abs. 2); *Rordorf*, Società 2004, S. 538 (540); *Salafia*, Società 2004, S. 5 (6); *Tombari*, Giur. comm. 2004, I, S. 61 (66 f); Tribunale Roma 27.08./13.09.2007, abgedr. in Riv. dir. comm. 2008, II, S. 212 (224).
Anders wohl *Santosuosso*, La riforma del diritto societario, Cap. V 2 (S. 243).

ändert[357]. Wesentliche Argumente für diese Auffassung sind, dass das Gesetz keinerlei Maßgaben zu Inhalt und Voraussetzungen einer solchen Grundlage vorsehe, insbesondere kein besonderes Schutzsystem für die kontrollierte Gesellschaft für den Fall der Zulässigkeit von für sie nachteiligen Weisungen[358]. Zudem sei nicht vorgesehen, dass im Falle einer Inanspruchnahme durch Gesellschaftsgläubiger der Vertrag von den Geschäftsführungsorganmitgliedern der Tochtergesellschaft Dritten entgegengehalten werden könne[359]. Die wohl überwiegende Auffassung geht daher von einer Auslegung des Vertrages als sog. Schwacher Beherrschungsvertrag – *contratto di dominio debole*[360] – bzw. als Vertrag zur (hierarchischen) Verbindung zwischen Gesellschaften – *contratto di collegamento (gerarchico) tra società*[361] – aus. Vereinzelt wird auch für hierarchische Gruppen der Begriff eines Vertrages zur Koordinierung – *contratto di coordinamento* – verwendet[362]. Für die Zulässigkeit eines derartigen Vertrages wird neben der Regelung des Art. 2497-*septies* cod. civ. u.a. die Regelung im Bankaufsichtsrecht angeführt, nach der es im Rahmen des maßgeblichen Kontrolltatbestandes auch auf das Vorliegen von Verträgen ankommt, die die Leitung und Koordinierung zum Gegenstand oder als Folge haben[363]. Der *contratto di dominio debole* führt zwar dazu, dass die der Leitung und Koordinierung unterliegende Gesellschaft – bzw. deren Geschäftsführung – dazu verpflichtet ist, unternehmerische Strategien für die Gruppe umzusetzen, dabei jedoch nicht jeglicher Entscheidungsautonomie beraubt werde und insbesondere für sie nachteilige Weisungen nicht befolgen müsse[364]. Teilweise wird es für zulässig gehalten, dass die Gesellschaft der anderen zur Durchsetzung der Gruppenkoordinierung in dem Vertrag entsprechende Rechte einräumt[365].

Soweit Beispiele genannt werden, sind dies u.a. gruppeninterne Finanzierungsverträge sowie Verträge, mit denen sich die Gläubiger einer krisengeschüttelten Gesellschaft besondere Einflussrechte sichern[366]. Andere sehen als Indizien für einen der-

---

357 Vgl. oben § 3 I 1 e aa.
358 Vgl. *Cariello* in Niccolini/Stagno D'Alcontres (Hrsg.), Le società di capitali, Art. 2497 *sexies*–2497 *septies* sub 4 (S. 1898); *Rivaro*, Giur. comm. 2010, II, S. 296 (301 f).
359 Dazu *Santagata*, Liber amicorum G.F. Campobasso, Bd. III, S. 797 (812).
360 Mit dieser Terminologie *Campobasso*, Diritto Commerciale 2, Cap. VI B 8 (S. 290 f); *Rivaro*, Giur. comm. 2010, II, S. 296 (302); vorsichtig befürwortend *Dal Soglio* in Maffei Alberti (Hrsg.), Il nuovo diritto delle società, Artt. 2497 *sexies*–2497 *septies* sub 3 (S. 2440 f).
361 So die Wortwahl von *Associazione Preite*, Morera/Olivieri/Perassi u.a. (Hrsg.), Il diritto delle società, Cap. XX 3 (S. 413); *Irace* in Sandulli/Santoro (Hrsg.), La riforma delle società, Art. 2497-*sexies* sub 6 (S. 351 f); *Tombari*, Giur. comm. 2004, I, S. 61 (68).
362 *Daccò-Tatozzi* in G. Cian/Trabucchi (Hrsg.), Codice Civile, Art. 2497 *septies* sub I.
363 *Tombari*, Giur. comm. 2007, I, S. 739 (743). Zum bankrechtlichen Gruppenbegriff oben § 3 I 3 a aa. Die entsprechende Formulierung in Art. 23 Abs. 1 HS 2 TUB ist allerdings erst mit dem D.lgs. 28.12.2004, n. 310, das die Koordinierung der Gesellschaftsrechtsreform mit verschiedenen Spezialgesetzen zum Gegenstand hat, und damit nach der Neufassung des Art. 2497-*septies* cod. civ. eingefügt worden.
364 *Tombari*, Giur. comm. 2004, I, S. 61 (67 f); *Daccò-Tatozzi* in G. Cian/Trabucchi (Hrsg.), Codice Civile, Art. 2497 *septies* sub I; *Rordorf*, Società 2004, S. 538 (541).
365 *Valzer*, Liber Amicorum G. F. Campobasso, Bd. III, S. 831 (880 f).
366 Vgl. *Dal Soglio* in Maffei Alberti (Hrsg.), Diritto delle Società Art. 2497 *septies* sub I Rn 1; *ders.* in Maffei Alberti (Hrsg.), Il nuovo diritto delle società, Artt. 2497 *sexies*–2497 *septies* sub 3 (S. 2437 f).

artigen Vertrag die Einbeziehung einer Gesellschaft in die Finanzplanung oder in die Marktstrategie einer anderen an[367]. Schließlich werden auch Verträge hinzugezählt, die die Gewähr von Dienstleistungen und Unterstützung hinsichtlich Rechnungslegung und Steuern zum Gegenstand haben bzw. einen rechtlichen Rahmen für diese schaffen[368]. Ein erstinstanzliches Urteil lehnt jedenfalls die Anwendung auf einen Franchising-Vertrag ab[369].

Die Gegenmeinung[370] lehnt die Zulässigkeit einer Art von Unternehmensvertrag als Grundlage einer hierarchischen Gruppenbeziehung ab und führt zum einen den Wortlaut des Art. 2497-*septies* an (‚... *fuori dalle ipotesi di cui all'art.* 2497-*sexies* ...' – ... außer in den Fällen nach Art. 2497-*sexies* ...). Zum anderen verweist sie auf den gesetzgeberischen Eingriff, mit dem die zuvor in Art. 2497-*sexies* Abs. 2 befindliche Regelung mit Art. 2497-*septies* in eine eigene Vorschrift gefasst worden ist. Der Gesetzgeber hat dies damit begründet, dass er die vertikale Kontrolle in Art. 2497-*sexies* habe trennen wollen von der horizontalen bzw. paritätischen Kontrolle[371].

Uneinigkeit herrscht schließlich über die dogmatische Einordnung der Vorschrift als unwiderlegliche Vermutung[372] oder als gesetzliche Typisierung[373].

Höchstrichterlich entschiedene Anwendungsfälle aus der Praxis sind bisher nicht bekannt[374]; dies dürfte nicht nur durch die unterschiedlichen Interpretationsansätze bedingt sein.

3. Regelungszusammenhang

Die Ausübung von Leitung und Koordinierung zieht unterschiedliche Rechte und Pflichten nach sich, insbesondere für die insoweit untergeordnete Gesellschaft. Sie muss in einer besonderen Abteilung des Unternehmensregisters sowie in ihrer Korrespondenz offenlegen, dass sie der Leitung und Koordinierung der anderen Gesellschaft unterliegt (Art. 2497-*bis* Abs. 1 cod. civ. – näher unten § 4 III 1 b). Ihr Geschäftsführungsorgan trifft besondere Pflichten im Zusammenhang mit der Rechnungslegung (Art. 2497-*bis* Abs. 4, 5 cod. civ. – vgl. unten § 4 III 3). Zudem muss es

---

367 *Niutta*, Giur. comm. 2004, I, S. 983 (999 ff); ähnlich *Valzer*, Liber Amicorum G.F. Campobasso, Bd. III, S. 831 (879 ff).

368 *Tombari*, Riv. soc. 2009, S. 122 (132 ff).

369 Tribunale Pescara 16.01.2009, abgedr. in Società 2010, S. 683 (688).

370 *Cariello* in Niccolini/Stagno d'Alcontres (Hrsg.), Le società di capitali, Art. 2497 *sexies*–2497 *septies* sub 4 (S. 1898 f); *Marchisio*, Riv. dir. comm. 2008, II, S. 225 (238); *Santagata*, Liber amicorum G.F. Campobasso, Bd. III, S. 797 (807 ff); *Sbisà*, Contr. e impr. 2011, S. 369 (386 ff)

371 Relazione al D.lgs. 6 febbraio 2004, n. 37, abgedr. in Riv. soc. 2004, S. 962 (983) – Nr. 35: „... *essendo apparso opportuno, al fine di eliminare equivoci interpretativi, separare la disciplina del controllo c.d. ‚verticale', prevista nell'articolo 2497* sexies, *da quella del controllo c.d. ‚paritetico od orizzontale'.*"

372 Dafür *Irace* in Sandulli/Santoro (Hrsg.), La riforma delle società, Art. 2497-*sexies* sub 3 (S. 348); *Montalenti*, Riv. soc. 2007, S. 317 (331).

373 *Dal Soglio* in Maffei Alberti (Hrsg.), Il nuovo diritto delle società, Artt. 2497 *sexies*–2497 *septies* sub 3 (S. 2434).

374 Vgl. *Montalenti*, Giur. comm. 2006, I, S. 504 (512).

Entscheidungen, die durch die Leitung und Koordinierung ausübende Gesellschaft beeinflusst sind, begründen und im Jahresabschluss offenlegen (Art. 2497-*ter* cod. civ. – näher unten § 4 III 5 a). Ihren Gesellschaftern steht bei Beginn der Ausübung von Leitung und Koordinierung ein besonderes Austrittsrecht zu (Art. 2497-*quater* cod. civ. – näher unten § 6 IV). Schließlich haftet die Leitung und Koordinierung ausübende Gesellschaft oder Körperschaft unter bestimmten Voraussetzungen für Schäden, die der anderen Gesellschaft in diesem Zusammenhang entstanden sind (Art. 2497 cod. civ. – vgl. näher § 5 V). Besonderheiten gelten zudem für gruppeninterne Finanzierungen (Art. 2497-*quinquies* cod. civ. – vgl. unten § 5 VI 3).

Schlussendlich werden seit einer Änderung des Kapitalmarktrechts nach der Gesellschaftsrechtsreform Gesellschaften, die der Leitung und Koordinierung einer anderen Gesellschaft unterliegen, nur unter eingeschränkten Bedingungen an der Börse zugelassen bzw. müssen besondere Auflagen beachten[375].

4. Zwischenergebnis *attività di direzione e coordinamento*

Eine Aussage über die Einordnung der Artt. 2497-*sexies,* 2497-*septies* cod. civ. fällt schwer. Im Hinblick auf die verschiedenen, an das Vorliegen der Tätigkeit von Leitung und Koordinierung anknüpfenden Regelungen, gerade auch der Haftungsregelung, erscheint die Kritik an der Vorgehensweise des Gesetzgebers berechtigt. Als Folge ist Unsicherheit im Hinblick auf die Anwendung der gruppenspezifischen Vorschriften zu befürchten[376]. Zugleich fällt auf, dass die tatsächliche Ausübung des Einflusspotentials in so unterschiedlichem Kontext wie etwa verschiedenen Informationsregeln und einem Haftungstatbestand bzw. besonderen Finanzierungsregeln als Anknüpfungskriterium dient. Dabei ist eine funktionale Differenzierung zwischen einer Regelung präventiven Charakters, für die das Vorliegen von Einflusspotential ausreicht, und einer solchen, für die die tatsächliche Ausübung des Einflusses maßgeblich ist, wie etwa bei Haftungsfragen, jedenfalls im italienischen Schrifttum nicht gänzlich fremd[377]. Dennoch hat dieser Aspekt, soweit ersichtlich, keinen Eingang in die umfangreiche Diskussion um das Begriffspaar der Leitung und Koordinierung gefunden.

Schließlich ist festzustellen, dass, jedenfalls hinsichtlich Art. 2497-*sexies* und Art. 2359 cod. civ., eine Art System doppelter Vermutungen[378], ähnlich wie in §§ 16–18 AktG[379] entstanden ist. Obwohl der Gesetzgeber nicht unmittelbar auf den

---

375 Vgl. Art. 37 Regolamento di attuazione del D.lgs. n. 58/1998, adottato con delibera n. 16191 del 29 ottobre 2007 (Regolamento Mercati). Näher dazu *Guglielmetti,* Società 2010, S. 151 (156 f), vgl. auch unten § 4 III 1 b cc (4).

376 Vgl. *Pennisi,* Liber Amicorum G. F. Campobasso, Bd. III, S. 887 (898 f mwN).

377 Vgl. *Notari* in Marchetti u.a. (Hrsg.), Commentario alla riforma delle società, Art. 2359 sub 3.1 (S. 701 f).

378 *Niutta,* Giur. comm. 2004, I, S. 983 (985); wohl auch *Tombari,* Giur. comm. 2007, I, S. 739 (742)

379 So auch *Dal Soglio* in Maffei Alberti (Hrsg.), Il nuovo diritto delle società, Artt. 2497 *sexies*–2497 *septies* sub 2 (S. 2431).

eingeführten Kontrolltatbestand zurückgegriffen hat[380], besteht eine weitgehende Verknüpfung. Der Unterschied zwischen beiden Anknüpfungen wird in der Praxis letztlich aber schwer zu ziehen sein[381]. Die vereinzelt vertretene Auffassung, Kontrolle werde innerhalb der Gesellschaft ausgeübt, Leitung und Koordinierung aber außerhalb, führt dabei nicht weiter. Insbesondere ist unter dem Gesichtspunkt einer praktischen Anwendung nicht ersichtlich, welche Konstellationen unter den Tatbestand der Tätigkeit von Leitung und Koordinierung subsumiert werden können, die nicht bereits vom gesellschaftsrechtlichen – sowie vom bilanzrechtlichen – Kontrolltatbestand erfasst werden[382]. Insoweit findet sich ein erstinstanzliches Urteil, in dem angenommen wird, dass die Voraussetzungen des Art. 2497-*sexies* aufgrund der personellen Verflechtung der Leitungsorgane gegeben seien und wohl auch diejenigen für die Erstellung einer konsolidierten Bilanz, die im konkreten Fall nicht erstellt worden war[383].

Zusammenfassend lässt sich jedenfalls feststellen, dass im italienischen Recht zwischen möglicher Einflussnahme und tatsächlicher Einflussnahme unterschieden wird. Dabei wird letztere bei entsprechender Befugnis, ebenso wie im deutschen Recht[384], als erfahrungsgemäß vorausgesetzt[385]. Anders aber als das deutsche Recht in §§ 291 ff AktG oder die europäischen Verbundtatbestände wie etwa Art. 1 Richtlinie über den konsolidierten Abschluss knüpfen die neuen Gruppenvorschriften – unabhängig von den jeweils sehr unterschiedlichen Rechtsfolgen – an die tatsächliche Ausübung der Einflussmacht und nicht an die Möglichkeit der Einflussnahme an.

V. Ergebnis: Elemente eines denkbaren Grundtatbestandes, Modifikationen und Aufbautatbestand

Zwar beruht das italienische Recht auf dem Control-Konzept, modifiziert dieses aber in einer erheblichen Bandbreite. Die Begriffsvielfalt geht über die im deutschen Recht sowie auch über die der vergleichsweise herangezogenen europäischen Richtlinien hinaus.

---

380 Die Begründung enthält für diese Vorgehensweise keinerlei Anhaltspunkte; vgl. Begründung D.lgs. 17.1.2003, § 13, abgedr. in Giur. comm. 2003, Suppl. al n. 4/2003, S. 65 (99). Allerdings geht aus ihr hervor, dass die Einführung einer Haftungsregel das Hauptanliegen des Gesetzgebers war – möglicherweise hat er verdeutlichen wollen, dass das Vorliegen von *controllo* für diese Rechtsfolge jedenfalls nicht ausreiche.

381 Dies kritisieren *Ferrarini/Giudici/Stella Richter*, RabelsZ 69 (2005), S. 658 (693).

382 Wenig überzeugend insoweit das Beispiel, dass ein Gesellschafter mit einer Minderheitsbeteiligung in der Gesellschafterversammlung beherrschenden Einfluss ausübt, während der Mehrheitsgesellschafter sich der Ausübung des ihm zustehenden Einflusspotentials enthält, vgl. dazu, es selbst als nur theoretische Möglichkeit einstufend, *Notari* in Marchetti u.a. (Hrsg.), Commentario alla riforma delle società, Art. 2359 sub 3.1 (S. 706 f).

383 Tribunale Verona, 13.07.2007, abgedr. in Società 2008, S. 1385 f.

384 Vgl. *Windbichler* in Großkomm AktG § 17 Rn 14.

385 *Cariello* in Niccolini/Stagno d'Alcontres (Hrsg.), Le società di capitali, Art. 2497 *sexies*–2497 *septies* sub 1 (S. 1895); *Dal Soglio* in Maffei Alberti (Hrsg.), Il nuovo diritto delle società, Artt. 2497 *sexies*–2497 *septies* sub 1 (S. 423 f); *Galgano*, Trattato di Diritto Commerciale, Cap. VI 6 (S. 168 f).

Dennoch besteht eine Reihe von Gemeinsamkeiten. Hinsichtlich der Verwendung von Begriffselementen sind gewisse Muster zu erkennen. Daraus lassen sich Schlüsse für die bei der Bildung eines möglichen Grundtatbestandes für gesellschaftsrechtliche Regelungen über Gruppen auf europäischer Ebene zu berücksichtigenden Aspekte ziehen. Dabei ist davon auszugehen, dass jeweils funktionsbezogen Modifikationen dieses Grundtatbestandes möglich und erforderlich sind[386]. Grob herausfiltern lassen sich die folgenden Elemente: Mittel der Einflussnahme – gesellschaftsrechtliche Grundlage oder wirtschaftliche Betrachtungsweise sowie rein formelle Betrachtungsweise oder Berücksichtigung tatsächlicher Gegebenheiten –, Auswirkungen des Einflusses – ob potentiell oder tatsächlich –, und Anknüpfung an einen mehr oder weniger weit gefassten Kreis von Rechtssubjekten. Die genannten Elemente fungieren zugleich als Stellschrauben und werden je nach Regelungszusammenhang und -zweck enger oder weiter gefasst. In diesen Kontext gehört auch die Verwendung von widerleglichen und unwiderleglichen Vermutungen.

1. Mittel der Einflussnahme: gesellschaftsrechtliche Grundlage

Das Mittel der Einflussnahme – ob in Form von Kontrolle nach dem Control-Konzept oder von Beherrschung nach dem Beherrschungsprinzip – ist in der Regel gesellschaftsrechtlicher Art und beruht auf einer Beteiligung. Es muss zumindest die Möglichkeit der Einflussnahme vermitteln. Insoweit besteht in den europäischen Rechtsordnungen Konsens[387]. Rein wirtschaftliche Abhängigkeiten werden im Rahmen von Anknüpfungstatbeständen grundsätzlich außer acht gelassen, anderes mag für das Kartellrecht gelten.

Zwar ist in Art. 1 Abs. 2 Richtlinie über den konsolidierten Abschluss ein anderer Ansatz gewählt, der unabhängig vom Vorliegen eines auf gesellschaftsrechtlicher Grundlage vermittelten Einflusspotentials lediglich auf die tatsächliche Ausübung einheitlicher Leitung oder zumindest die Möglichkeit von beherrschendem Einfluss abstellt[388]. Jedenfalls bisher handelt es sich dabei um eine Ausnahme. Die Auswirkungen dieser Neufassung sind zur Zeit nicht absehbar und hängen im wesentlichen davon ab, ob und in welchem Umfang die Mitgliedstaaten auf diese Option zurückgreifen. Eine weitere Ausnahme vom Erfordernis eines auf gesellschaftsrechtlicher Grundlage vermittelten Einflusspotentials stellt IAS 27, SIC 12 lediglich für Zweckgesellschaften auf, indem eine wirtschaftliche Betrachtungsweise zugrunde gelegt wird. Beide Ausnahmen zugleich haben nunmehr Eingang in § 290 HGB gefunden. Trotzdem § 290 HGB Verweisungsziel für Definitionstatbestände

386 Zur Funktionsbezogenheit von Konzerndefinitionen *Hopt* in Hommelhoff/Hopt/Lutter (Hrsg.), Konzernrecht und Kapitalmarktrecht S. 279 (283).

387 Vgl. bereits oben § 3 I 1 e dd; aus europäisch-vergleichender Perspektive ferner *Druey* in Lutter (Hrsg.), Konzernrecht im Ausland S. 310 (351 f).

388 Vgl. oben § 3 I 2 a bb.

in anderen Rechtsgebieten ist[389], ist insoweit dennoch von einer Ausnahme auszugehen. Die Einbeziehung in § 290 HGB beruht auf der für die Erstellung der konsolidierten Bilanz maßgeblichen Sichtweise der Gruppe als wirtschaftliche Einheit, die dem gesellschaftsrechtlichen Trennungsprinzip entgegengesetzt ist. Insbesondere geht es dabei allein um Information, nicht aber um die Behandlung innergesellschaftlicher Einflussmöglichkeiten und damit des typischen Gruppenkonfliktes[390]. Für die Bewertung als Ausnahme spricht auch der bevorstehende Wegfall der derzeitigen Definition nach IAS 27, SIC 12.

Für die Frage der Elemente eines möglichen Grundtatbestandes soll diese Ausnahme daher außer Betracht bleiben.

Des weiteren kann die Einfluss vermittelnde Position rein formell oder unter Berücksichtigung tatsächlicher Gegebenheiten bestehen.

a. Rein formell Einfluss vermittelnde Position

Als Mittel der Einflussnahme kommen bei einer formellen Betrachtungsweise insbesondere die Stimmrechtsmehrheit (Control-Konzept), sowie grundsätzlich die Mehrheit der Anteile am Gesellschaftskapital (vgl. §§ 16, 17 Abs. 2 AktG) oder ein Beherrschungsvertrag (vgl. § 291 Abs. 1 Alt. 1 AktG) in Betracht.

aa. Beherrschungsvertrag

Beherrschungsverträge als Grundlage einer Gruppenbeziehung kennen im wesentlichen das deutsche Recht (§§ 291 ff AktG), sowie das portugiesische[391]. Sie sind im wesentlichen dadurch gekennzeichnet, dass sie nachteilige Weisungen der Mutter- an die Tochtergesellschaft zulassen[392]. Die italienische Regelung einer vertraglichen Grundlage für die Ausübung von Leitung und Koordinierung in Art. 2497-*septies* cod. civ. lässt sich gerade wegen der Unzulässigkeit nachteiliger Weisungen nach wohl herrschendem Rechtsverständnis in Italien diesen nicht hinzufügen.

Die fehlende Vermittelbarkeit des Beherrschungsvertrages deutscher Prägung im übrigen europäischen Ausland ist bereits mehrfach festgestellt worden[393]. Seine Verbreitung in Deutschland dürfte im wesentlichen steuerlich motiviert sein[394]. Zwar

---

389 Vgl. die Kritik von *Versteegen* in KölnKomm WpÜG § 2 Rn 209, der eine teleologische Reduktion des Verweises in § 2 Abs. 6 WpÜG auf § 290 Abs. 2 Nr. 1–3 HGB vorschlägt.

390 Vgl. oben § 3 I 2 c.

391 Art. 493 ff Código das Sociedades Comerciais, ausführlich dazu *Gause*, Europäisches Konzernrecht im Vergleich S. 88 ff.

392 Vgl. § 308 AktG – näher zu dessen Inhalt und Umfang *Hüffer* AktG § 308 Rn 2 ff; für das portugiesische Recht Art. 503 Código das Sociedades Comerciais – dazu *Gause*, Europäisches Konzernrecht im Vergleich S. 96 f.

393 Vgl. u.a. *Blaurock*, FS Sandrock S. 79 (82); *Druey* in Lutter (Hrsg.), Konzernrecht im Ausland S. 310 (343); *Raiser/Veil*, Recht der Kapitalgesellschaften § 50 Rn 7, 15; *K. Schmidt*, FS Druey S. 551 (563 ff).

394 Vgl. *K. Schmidt*, FS Druey S. 551 (564); *Schön*, ZHR 168 (2004), S. 630 (631); *Windbichler*, Gesellschaftsrecht § 33 Rn 13. Die beiden erstgenannten sehen allerdings zugleich eine gesellschaftsrechtliche Verselbständigung der Funktionen des Unternehmensvertrages. Diese Ansicht teilen

spricht für den Abschluss eines Beherrschungs- oder Gewinnabführungsvertrages mittlerweile auch die Begründung eines rechtssicheren cash-pools[395]. Es handelt sich insoweit aber nur um eine der nunmehr gesetzlich vorgesehenen rechtssicheren Alternativen; eine andere besteht in der Deckung durch einen vollwertigen Gegenleistungs- oder Rückgewähranspruch[396]. In Portugal fehlte es auch zehn Jahre nach Einführung des Beherrschungsvertrages als Regelungsmodell gänzlich an einer Verbreitung[397]. All dies spricht gegen eine Berücksichtigung dieses Modells auf europäischer Ebene. Nichts anderes kann gelten, wenn der Beherrschungsvertrag in das Gewand der einseitigen Konzern-Erklärung gekleidet wäre[398], wie sie eine Empfehlung des *Forum Europaeum Konzernrecht* vorsah[399]. Diese Empfehlung ist in den Vorschlägen der *High Level Group* und des Aktionsplanes, anders als die sonstigen Vorschläge des *Forum Europaeum Konzernrecht,* nicht einmal als Diskussionspunkt aufgegriffen worden[400]. Schließlich passt sie auch nicht zu dem Ansatz einer Kernbereichsharmonisierung[401]. Der Bericht der *Reflection Group* geht auf diesen Vorschlag ebenfalls nicht ein.

bb. Mehrheit der Kapitalanteile

Bei rein formeller Betrachtungsweise besteht bei Innehaben der Mehrheit der Kapitalanteile eine erhebliche Einflussnahmeposition. Daher bildet sie grundsätzlich eine weitere Möglichkeit der Anknüpfung. Im deutschen Recht wird die Kapitalmehrheit gleichbedeutend neben der Stimmenmehrheit als Vermutung für die Abhängigkeit benannt (§§ 17 Abs. 2, 16 Abs. 1 AktG). Das mag damit zu tun haben, dass der Kapitalmehrheit im deutschen Aktienrecht teilweise eigenständige Bedeutung zukommt (vgl. etwa § 179 Abs. 2 AktG). Das italienische Recht kennt die Kapitalmehrheit hingegen nicht als Anknüpfungsmerkmal für *controllo*. Auch in den euro-

---

u.a. *Decher,* ZHR 171 (2007), S. 126 (131 f) und *Vetter,* ZHR 171 (2007), S. 342 (370 f). Eine gestiegene Bedeutung des Unternehmensvertrages auch für Aktiengesellschaften als Tochtergesellschaften sieht daher *Decher,* ZHR 171 (2007), S. 126 (131 f). Zahlen für die Jahre 2004/2005 bei *Bayer/Hoffmann,* AG-R 2006, S. 488 f und *Veil* in Spindler/Stilz (Hrsg.), AktG Vor § 291 Rn 56 sprechen dagegen.
Zur Möglichkeit der Begründung einer körperschaftssteuerlichen Organschaft auch bei grenzüberschreitenden Sachverhalten *Kloster,* Grenzüberschreitende Zusammenschlüsse S. 455 ff.

395 Vgl. § 30 Abs. 1 S. 2 Alt. 1 GmbHG, bzw. §§ 57 Abs. 1 S. 3 Alt. 1, 291 Abs. 3 AktG, jeweils eingeführt durch das Gesetz zur Modernisierung des GmbH-Rechts und zur Bekämpfung von Missbräuchen (MoMiG). Vgl. zur Rechtssicherheit dieser Möglichkeit etwa *Veil* in Spindler/Stilz (Hrsg.), AktG, § 291 Rn 72; vergleichend zur Rechtslage vor Einführung der Neuregelung und der Empfehlung des Abschlusses eines Vertragskonzerns zur Begründung eines rechtssicheren cash-pools *Altmeppen,* NZG 2010, S. 361 (362 f mwN); zur Rechtslage vor dem MoMiG *Bayer* in MünchKomm AktG § 57 Rn 102 f; aus Sicht der Praxis *Decher,* ZHR 171 (2007), S. 126 (132).

396 § 30 Abs. 1 S. 2 Alt. 2 GmbHG, bzw. § 57 Abs. 1 S. 3 Alt. 2 AktG; zum Regelungsinhalt von § 57 Abs. 1 S. 3 Alt. 2 AktG statt vieler *Hüffer* AktG § 57 Rn 18 ff.

397 Vgl. *Gause,* Europäisches Konzernrecht im Vergleich S. 152 ff.

398 Mit ausführlicher Begründung der Ablehnung dieses Vorschlages *Blaurock,* FS Sandrock S. 79 (91); zu den europäischen Vorbehalten *Hopt,* ZHR 171 (2007), S. 199 (218 f); *Windbichler,* EBOR 1 (2000), S. 265 (276 ff).

399 *Forum Europaeum Konzernrecht,* ZGR 1998, S. 672 (740 ff).

400 Zu den Gründen *Hopt,* ZHR 171 (2007), S. 199 (219).

401 Vgl. *Windbichler* in Albach (Hrsg.), Konzernmanagement S. 57 (70).

päischen Verbundklauseln ist das Abstellen auf die Mehrheit der Kapitalanteile eher die Ausnahme[402].

cc. Stimmrechtsmehrheit

Das Anknüpfen an die Stimmrechtsmehrheit ist das am weitesten verbreitete Kriterium. Sie kennzeichnet nicht nur jeden der geschilderten italienischen Kontrolltatbestände. Soweit ersichtlich ist sie in sämtlichen europäischen Kontrolltatbeständen von Relevanz. Zur Bestimmung der Abhängigkeit dient sie als unwiderlegliche Vermutung. Mit der Stimmrechtsmehrheit verbunden ist in jedem Falle die Dominanz der Gesellschafterversammlung der Tochtergesellschaft und damit die Möglichkeit, die Zusammensetzung des Geschäftsführungsorganes zu beeinflussen[403]. Daher gilt sie als rechtssicheres Kriterium.

dd. Bessere Eignung der Stimmrechtsmehrheit

Für die starke Verbreitung der Anknüpfung an die Stimmrechtsmehrheit spricht, dass es bei den Problemen in der Gruppe weniger um die Verwendung von Anteilen, als um das im Gegensatz zur Einzelgesellschaft bestehende Problem der Eigen- und Fremdbestimmung eines Verbandes im Verhältnis zu einem anderen geht[404]. Die Kapitalbeteiligung an sich sagt über das Bestehen derartiger Probleme wenig aus. Insbesondere sichert die Mehrheit der Stimmen im konkreten Fall die Mehrheit, die zur Bestimmung des Willens in der Gesellschafterversammlung erforderlich ist[405]. Für die Kapitalmehrheit gilt das nicht, sie ist vielmehr eher theoretischer Art. Deutlich wird dies beim Auseinanderfallen von Stimmrechten und Kapitalanteilen: die Stimmrechtsmehrheit ohne entsprechende Kapitalmehrheit führt zu dem für die Gruppe typischen Interessenkonflikt, nicht aber die umgekehrte Situation einer Kapitalmehrheit ohne entsprechende Stimmenmehrheit[406]. Die Berücksichtigung stimmrechtsloser Kapitalanteile kann dagegen zu einer Verwässerung der Beteiligungsquoten führen[407].

Dies dürfte die umfassende Verbreitung des Kriteriums der Stimmrechtsmehrheit in Kontrolltatbeständen, aber auch ihre Maßgeblichkeit für die Bestimmung der Abhängigkeit erklären. Sie ist mithin als Element für die Bildung eines europä-

---

402 Vgl. etwa Art. 3 Abs. 2 a) Richtlinie über die Einsetzung eines Europäischen Betriebsrates – ausführlich zum Inhalt dieser Regelung in der – wortgleichen – Vorgängerfassung dieser Richtlinie, *Bittner*, Die Struktur der Unternehmensgruppe im deutschen und europäischen Recht S. 32 ff, 57 ff.

403 Vgl. *Enriques/Hertig/Kanda* in Kraakman/Armour/Davies u.a., Anatomy of Corporate Law, sub 6.3 (S. 179).

404 So *Spada* in Wymeersch (Hrsg.), Groups of Companies in the EEC S. 165 (221). Vgl. entsprechend zum Interessenkonflikt im Verband *Kübler/Assmann*, Gesellschaftsrecht § 29 I 4; *K. Schmidt*, Gesellschaftsrecht § 17 I 1 a.

405 Vgl. etwa *Colombo* in Jura Europae Gesellschaftsrecht Bd. III, sub 40.70.6; *Koppensteiner* in KölnKomm AktG (2. Bearb.) § 17 Rn 35; *Windbichler* in Großkomm AktG § 17 Rn 20.

406 Vgl. *Windbichler* in Großkomm AktG § 17 Rn 74.

407 Vgl. zu diesem Aspekt, in Bezug auf den französischen Kontrollbegriff, *Falcke*, Konzernrecht in Frankreich S. 29.

ischen Grundtatbestandes unverzichtbar. Dabei ist allerdings grundsätzlich zu beachten, dass die Stimmrechtsmehrheit nur dort von Bedeutung sein kann, wo das Mehrheitsprinzip gilt, wie es in Kapitalgesellschaften grundsätzlich der Fall ist[408].

b. Modifikationen: Berücksichtigung tatsächlicher Gegebenheiten

Eine rein formelle Anknüpfung reicht jedoch nicht aus, um das Einflussnahmepotential einer Gesellschaft auf eine andere angemessen zu erfassen. Tatsächliche Situationen können mitunter ebenfalls zu einer entsprechenden Einfluss vermittelnden Position führen und werden regelmäßig in die entsprechenden Anknüpfungstatbestände mit einbezogen. Dies hat nicht nur die Untersuchung des italienischen Rechts gezeigt. Konstellationen, in denen für das Vorliegen von Kontrolle nicht allein auf die Stimmrechtsmehrheit abgestellt wird, sondern in denen auch tatsächliche Gegebenheiten berücksichtigt werden, finden sich auch in anderen Rechtsordnungen, so etwa im französischen Gesellschaftsrecht[409]. Problematisch ist insoweit, Kriterien zu finden, die rechtsordnungs- und gegebenenfalls sogar auch rechtsformübergreifend Anwendung finden können.

aa. Festlegung einer Schwelle?

Grundsätzlich denkbar ist in diesem Zusammenhang der Ansatz, eine bestimmte Schwelle festzulegen, die dem durch die Stimmrechtsmehrheit vermittelten Einfluss gleichwertig ist. Regelungstechnisch könnte dies mithilfe einer – widerleglichen – Vermutung geschehen. Diese Vorgehensweise lässt sich etwa im französischen handelsrechtlichen Kontrollbegriff finden, der das Vorliegen von Kontrolle bei Innehaben von 40 Prozent der Stimmrechte vermutet, sofern kein anderer Aktionär über einen größeren Anteil verfügt[410]. Sie ist auch für die Bestimmung des bedeutenden Einflusses (vgl. etwa Art. 2359 Abs. 3 cod. civ.) bzw. der Beteiligung (vgl. § 271 Abs. 1 S. 3 HGB) im Rahmen der Rechnungslegung verbreitet und bietet den Vorteil der Rechtssicherheit.

Soweit ersichtlich wird diese Methode in den europäischen Verbundklauseln nicht verwandt. Angesichts der stark abweichenden Unternehmenslandschaft in den einzelnen Mitgliedstaaten ließe sich wohl kaum eine Schwelle einheitlich festlegen. Wohl daher ist etwa die Bestimmung und Berechnung des prozentualen Stimmrechtsanteils, der Kontrolle im Sinne des Übernahmerechts begründet, in Art. 5 Abs. 3 Übernahmerichtlinie den Mitgliedstaaten überlassen.

---

408 Zur Bedeutung des Mehrheitsprinzips für Kapitalgesellschaften im deutschen Recht *Windbichler*, Gesellschaftsrecht § 2 Rn 12 und § 32 Rn 5; im italienischen Recht *Rossi*, Riv. soc. 1995, S. 1131 (1136).

409 Art. L. 233-3 Abs. 1 Nr. 3 Code de Commerce. Die auf tatsächlichen Gegebenheiten beruhende Kontrolle wird nach Abs. 2 der Vorschrift bei Innehaben von 40 Prozent der Stimmrechte vermutet.

410 Vgl. Art. L. 233-3 Abs. 2 Code de Commerce.

bb. Beherrschender Einfluss als Oberbegriff?

Die Modifizierungen des reinen, nur an die Stimmrechtsmehrheit anknüpfenden, Kontrollbegriffes lassen sich im italienischen Recht im wesentlichen unter das Merkmal des beherrschenden Einflusses zusammenfassen. Der beherrschende Einfluss kennzeichnet auch den Abhängigkeitsbegriff. In den europäischen Verbundtatbeständen kommt er indes eher selten vor[411]. Eine mögliche Renaissance hat er durch die Neufassung von Art. 1 Abs. 2 a) Richtlinie über den konsolidierten Abschluss – und spiegelbildlich in § 290 Abs. 1, 2 HGB – erfahren[412]. In Art. 1 Abs. 2 a) Richtlinie über den konsolidierten Abschluss ist die Möglichkeit der Ausübung von beherrschendem Einfluss mit der tatsächlichen Ausübung von beherrschendem Einfluss gleichgesetzt. Daneben ermöglicht Art. 1 Richtlinie über den konsolidierten Abschluss mit den Absätzen 1 und 2 die parallele Berücksichtigung des Beherrschungs- und des Kontrollprinzips[413].

Im Rahmen eines europäischen Anknüpfungstatbestandes stellt sich jedoch die Frage nach der Eignung eines derart weit gefassten Begriffes. Zwar besteht die Möglichkeit, Konkretisierungskriterien für Vermutungen vorzugeben. Diese Vorgehensweise findet sich etwa in Art. 3 Abs. 2 Richtlinie über die Einsetzung eines europäischen Betriebsrates[414]. Alternativ könnte die Auswahl von Konkretisierungskriterien, zumindest teilweise, den Mitgliedstaaten überlassen werden. Vorteilhaft daran wäre, dass tatsächliche Gegebenheiten in einzelnen Rechtsordnungen besser berücksichtigt werden könnten, wie etwa der in Großbritannien stärker als in Kontinentaleuropa verbreitete Streubesitz in der Aktiengesellschaft.

Dieser Weg widerspräche jedoch, ebenso wie die in der Richtlinie über den konsolidierten Abschluss gewählte Variante, dem Ansatz, ein Minimum an einheitlichen Regeln für die Gesellschaftsgruppe zu schaffen. Von den Mitgliedstaaten ausfüllungsfähige bzw. auswählbare Elemente führen wiederum zu unterschiedlichen Begriffsbestimmungen. Dies kann sich letztlich auf die Anwendung der materiellen Regeln auswirken[415]. Angesichts des Ziels der Europäischen Kommission, das geltende Recht zu vereinfachen[416], verwundert diese Vorgehensweise. Sie lässt sich nur damit erklären, dass Art. 1 Abs. 2 Richtlinie über den konsolidierten Abschluss eine Option, nicht aber eine Pflicht zu Umsetzung enthält[417]. Damit entspricht die Fas-

---

411 Vgl. Art. 24 a Kapitalrichtlinie; Art. 3 Abs. 2 Richtlinie über die Einsetzung eines europäischen Betriebsrates; Art. 2 Abs. 1 f) iv) Transparenzrichtlinie. Die Regelung dürfte nach dem Vorschlag für eine Änderung der Transparenzrichtlinie vom 25.10.2011 erhalten bleiben.

412 Vgl. Art. 2 Nr. 1 a) Modernisierungsrichtlinie.

413 Näher dazu *Grundmann*, Europäisches Gesellschaftsrecht Rn 571.

414 Zur Erläuterung dieser, von der in der Richtlinie über den konsolidierten Abschluss abweichenden, Vorgehensweise, die in entsprechender Form in Art. 3 Fusionskontrollverordnung für den Begriff des bestimmenden Einflusses gewählt worden ist, in Abgrenzung zu anderen Kontroll- bzw. Abhängigkeitstatbeständen *Bittner*, Die Struktur der Unternehmensgruppe im deutschen und europäischen Recht S. 31 ff, 53 ff.

415 Kritisch insofern *Blaurock*, FS Sandrock S. 79 (82); allgemein zu den Nachteilen reduzierter Rechtsangleichung *Schön*, ZHR 160 (1996), S. 221 (239 f).

416 Vgl. Mitteilung der Kommission über ein vereinfachtes Unternehmensumfeld, S. 1 ff.

417 Zum Wegfall dieser Option und ihrem Ersatz durch eine Umsetzungspflicht im Vorschlag für eine Richtlinie über die Rechnungslegung vom 25.10.2011 oben Fn 5.

sung zwar dem Vorschlag des *Forum Europaeum Konzernrecht*, über den Kontrollbegriff im Sinne des Art. 1 Abs. 1 Richtlinie über den konsolidierten Abschluss hinaus weitergehende Anknüpfungsmerkmale zuzulassen[418]. Rechtssicherheit bringt diese Vorgehensweise jedoch nicht mit sich.

cc. Kriterienkatalog

Daher ist die in Art. 1 Abs. 1 Richtlinie über den konsolidierten Abschluss sowie anderen europäischen Verbundklauseln gewählte Vorgehensweise, einen Kriterienkatalog aus Tatbestandsalternativen, bei denen Kontrolle vorliegt, zu bilden, die für die europäische Ebene im Ergebnis einzig sinnvolle.

Dabei kommen regelmäßig nur Konstellationen in Betracht, die vergleichbar rechtssicher sind wie die Stimmrechtsmehrheit und sich an dem durch sie vermittelten Einflusspotential orientieren. Dementsprechend sollte man sich bei der Schaffung eines Grundtatbestandes in erster Linie an solchen orientieren, die bereits in anderen Richtlinien vorhanden sind und die sich bewährt haben, bzw. die, soweit ein Wahlrecht bestand, in den meisten Mitgliedstaaten umgesetzt wurden.

(1) Bestellungsrechte

Das *Forum Europaeum Konzernrecht* sieht als mögliches Kriterium neben dem hier bereits als ungeeignet abgelehnten Beherrschungsvertrag die Befugnis an, die Mehrheit der Mitglieder des Leitungs- oder Überwachungsorganes zu bestellen bzw. abzuberufen. Dabei geht es letztlich um die Wirkung der Stimmrechtsmehrheit, egal, ob diese auf einer Rechtsposition oder einer tatsächlichen Stellung beruht[419]. Denn die Befugnis zur Personalauswahl und einer möglichen Wiederbestellung bzw. Abwahl lässt auf eine grundsätzliche Disponibilität gegenüber einer Einflussnahme durch den oder die entsprechenden Gesellschafter schließen[420]. Insofern handelt es sich um ein gleichsam rechtssicheres Kriterium für die Festlegung von für die Obergesellschaft typischer Letztentscheidungsmacht[421].

In den europäischen Verbundtatbeständen findet sich am häufigsten die Definitionsvariante, dass Kontrolle vorliegt, wenn ein Rechtssubjekt das Recht hat, die Mehrheit der Mitglieder des Verwaltungs-, Leitungs- oder Aufsichtsorgans zu bestellen oder abzuberufen und gleichzeitig Aktionär oder Gesellschafter dieses Unternehmens ist. Dabei ist die Formulierung in Art. 1 Abs. 1 b) Richtlinie über den konsolidierten Abschluss, Art. 87 Abs. 1 b) Kapitalmarktpublizitätsrichtlinie, Art. 2 Abs. 1 f) ii) Transparenzrichtlinie und Art. 24 a Abs. 3 a) Spiegelstrich 1 Kapitalricht-

---

418 *Forum Europaeum Konzernrecht*, ZGR 1998, S. 672 (696 ff unter Bezugnahme auf die Regelungstechnik in Art. 1 Abs. 2 Richtlinie über den konsolidierten Abschluss und Art. 24 a Abs. 1 Kapitalrichtlinie).
419 Vgl. *Windbichler* in Großkomm AktG § 17 Rn 8.
420 *Windbichler* in Großkomm AktG § 17 Rn 20.
421 Vgl., in Bezug auf den Kontrolltatbestand der Richtlinie über den konsolidierten Abschluss, *Grundmann*, Europäisches Gesellschaftsrecht Rn 569.

linie jeweils gleich[422]. Abweichungen ergeben sich lediglich in Bezug auf das jeweils erfasste Rechtssubjekt, was mit dem jeweils unterschiedlichen Anwendungsbereich von Gesellschafts-, Kapitalmarkt- und Bilanzrecht zu tun hat[423]. Weitgehend ähnlich ist die Formulierung in Art. 3 Abs. 2 c) Richtlinie über die Einsetzung eines Europäischen Betriebsrates.

(2) Stimmbindungsverträge

Daneben findet sich in den soeben genannten Richtlinien, mit Ausnahme der Richtlinie über den Europäischen Betriebsrat, auch die Definitionsvariante, dass ein Rechtssubjekt, das Aktionär oder Gesellschafter ist, aufgrund einer Vereinbarung mit anderen Aktionären oder Gesellschaftern dieses Unternehmens allein über die Mehrheit der Stimmrechte verfügt[424]. Art. 1 Abs. 1 d) bb) Richtlinie über den konsolidierten Abschluss hat die Umsetzung dieses Kriteriums für die Mitgliedstaaten sogar zwingend vorgeschrieben[425]. Der Wortlaut variiert in den Richtlinien jeweils im Einzelnen, ohne dass dies eine inhaltliche Abweichung bedeuten würde. Unter dem Gesichtspunkt der Vereinfachung des Europäischen Gesellschaftsrechts wäre diesbezüglich eine Angleichung wünschenswert. Allerdings könnte die abweichende Formulierung damit zu tun haben, dass Aktionärsvereinbarungen in den europäischen Rechtsordnungen nicht nur unterschiedlich häufig vorkommen – besonders verbreitet sind sie in Italien und Belgien[426] –, sondern auch in vielen Rechtsordnungen keiner eigenständigen Regelung unterliegen.

Die Richtlinie über den konsolidierten Abschluss – und damit auch die auf ihren Kontrolltatbestand verweisenden Richtlinien – enthält zudem die Definitionsvariante, dass Kontrolle vorliegt, wenn eine tatsächliche Gegebenheit dazu führt, dass ein Rechtssubjekt die Personalauswahl trifft (Art. 1 Abs. 1 d) aa)). Diese Variante kommt jedoch weder in anderen Richtlinien vor, noch ist eine Umsetzung dieser Variante in den hier näher untersuchten Rechtsordnungen ersichtlich.

(3) Zwischenergebnis

Insgesamt zeigt sich, dass die europäischen Verbundtatbestände immer wieder an die Stimmenmacht anknüpfen. Maßgeblich sind jeweils Konstellationen, in denen trotz Fehlens einer Stimmrechtsmehrheit entsprechend viel Macht besteht. Andere Mittel, wie etwa besondere Zustimmungsrechte oder auch satzungsmäßige Sonderrechte sind zwar theoretisch ebenfalls denkbar. Allerdings stellt sich für diese das

---

422 In Art. 1 Abs. 1 b) Richtlinie über den konsolidierten Abschluss findet sich allerdings der Zusatz „... die Mehrheit der Mitglieder des Verwaltungs-, Leitungs- oder Aufsichtsorganes *eines Unternehmens (Tochterunternehmens)* zu bestellen ...".

423 Vgl. auch schon oben § 3 I 2 c.

424 Vgl. im Einzelnen Art. 87 Abs. 1 c) Kapitalmarktpublizitätsrichtlinie, Art. 2 Abs. 1 f) iii) Transparenzrichtlinie, Art. 1 Abs. 1 d) bb) Richtlinie über den konsolidierten Abschluss und Art. 24 a Abs. 3 a) Spiegelstrich 2 Kapitalrichtlinie.

425 Vgl. die Umsetzung in Art. 26 Abs. 2 b) Bilanzgesetzesdekret n. 127/1991.

426 Vgl. Report on the Proportionality Principle in the European Union, sub 3.2.13 (S. 22 f), 4.3.10 (S. 35), sowie die Beispiele für Italien sub 4.4.10 (S. 60 f).

Problem einer rechtlichen Erfassung. Zusätzlich müssten sie auch rechtsordnungsübergreifend einsetzbar sein. Dazu fehlt es jedoch an Information über das Vorkommen und die tatsächliche Bedeutung derartiger Instrumente.

Offenbar sind auf europäischer Ebene bisher keine Tatbestände ersichtlich, die die Letztentscheidungsmacht im operativen Geschäft ähnlich rechtssicher verbürgen wie solche, die die Einflussnahme auf die Personalpolitik mittels der Stimmenmacht betreffen.

2. Auswirkungen des Einflusses

Schließlich ist eine Grundentscheidung darüber zu treffen, ob eine gruppenrechtliche Regelung auf eine rein potentielle Ausübung von Einfluss oder auf dessen tatsächliche Ausübung abstellen soll. Das tatsächliche Ausnutzen von Einflusspotential entspricht der Regel[427]. Daher hängen beide regelmäßig dergestalt zusammen, dass die tatsächliche Einflussnahme bei Vorliegen von potentiellem Einfluss vermutet wird. Dementsprechend sind auch die Begriffskaskaden jeweils der §§ 16–18 AktG und die des italienischen Rechts aufgebaut.

a. Einflusspotential – die bloß mögliche Ausübung von Einfluss

Das Control-Konzept sowie das Abhängigkeitsprinzip stellen jeweils auf die bloß mögliche Ausübung von Einfluss ab. Daran allein knüpfen in der Regel aber keine Rechtsfolgen an, vielmehr treten meist weitere Tatbestandsmerkmale hinzu. Eine Ausnahme ist insoweit der Kontrollbegriff in der Richtlinie über den konsolidierten Abschluss. Er ist nahezu alleinige Tatbestandsvoraussetzung für die Pflicht zur Erstellung eines konsolidierten Abschlusses. Allerdings sind mit dessen Erstellung auch keine materiell-rechtlichen Folgen verbunden[428].

Durch das Abstellen auf das bloße Einflusspotential wird der Kreis der erfassten Einflussformen grundsätzlich weit gezogen. Diese Methode verwendet der Gesetzgeber, wenn es um den Schutz von Interessen geht, der eine entsprechend weitreichende Geltung erfordert[429]. Das ist etwa im branchenspezifischen Aufsichtsrecht, im Kapitalmarkt- und Bilanzrecht der Fall[430].

Das bloße Einflusspotential muss nicht per se negativ für die betroffene Gesellschaft sein. Wohl daher knüpfen an das bloße Vorliegen von Einflusspotential keine weitreichenden Rechtsfolgen, insbesondere nicht solche, die die Autonomie der jeweils betroffenen juristischen Personen in Frage stellen.

---

427 Vgl. u.a. *Cariello* in Niccolini/Stagno d'Alcontres (Hrsg.), Le società di capitali, Art. 2497 *sexies*–2497 *septies* sub 1 (S. 1895); *Windbichler* in Großkomm AktG § 17 Rn 14.
428 Vgl. oben § 3 I 2 a cc.
429 Zu dieser Differenzierung *Notari* in Marchetti u.a. (Hrsg.), Commentario alla riforma delle società, Art. 2359 sub 3.1 (S. 701 f); *Sbisà*, Riv. soc. 1992, S. 906 (917 ff).
430 Vgl. oben § 3 I 2 c, 3 a cc.

b. Die tatsächliche Ausübung von Einfluss

Das italienische Recht stellt in seinem neu eingeführten Regelungskomplex, ohne nach dem Regelungsgehalt der einzelnen Vorschriften zu differenzieren, auf die tatsächliche Einflussausübung in Form der Leitung und Koordinierung von Gesellschaften ab. Diese wird u.a. bei Vorliegen eines entsprechenden Einflusspotentials vermutet[431]. Aus rechtsvergleichender Perspektive ist dieser Ansatz die Ausnahme[432].

Das hat vermutlich zum einen damit zu tun, dass sich die tatsächliche Ausübung auf unterschiedliche Art und Weise manifestieren kann[433], wie die Diskussion sowohl in Deutschland als auch in Italien um den Inhalt der einheitlichen Leitung zeigt[434]. Zudem handelt es sich bei der einheitlichen Leitung bzw. der Leitung und Koordinierung um unbestimmte Rechtsbegriffe. Diese bedürfen regelmäßig einer Konkretisierung. Geschieht dies mithilfe von Vermutungen, die zwar auf bekannte Rechtsbegriffe verweisen, aber wiederum Vermutungen enthalten, entsteht eine für die Rechtsanwendung problematische Begriffskaskade.

Tatsächliche Ausübung etwa im Sinne einheitlicher Leitung setzt regelmäßig auch eine größere Integrationsdichte voraus[435]. Dadurch wird die mit dem Trennungsprinzip einhergehende Betrachtung der einzelnen Gesellschaften als jeweils eigenständige juristische Personen erschwert[436]. Ein Anknüpfen an die tatsächliche Ausübung von Einfluss ist daher auch unter diesem Gesichtspunkt problematisch. Ein Anknüpfungstatbestand sollte aus diesem Grund bereits vor Erreichen einer derartigen Integrationsdichte ansetzen.

Auf die tatsächliche Einflussausübung kann daher grundsätzlich nur im Zusammenhang mit einem zwingend notwendigen Interessenschutz oder besonders weit reichenden Rechtsfolgen abgestellt werden. Die wohl am häufigsten in diesem Zusammenhang diskutierte Konstellation ist die, deren Rechtsfolge die Durchbrechung des Trennungsprinzips ist, wie es insbesondere beim Haftungsdurchgriff auf die Muttergesellschaft der Fall ist. Die Rechtfertigung für die Durchbrechung des Trennungsprinzips findet sich regelmäßig in einer für Minderheitsgesellschafter und Gläubiger besonders nachteiligen Ausübung des Einflusspotentials, zumeist in Form eines Vermögensentzuges der betreffenden Gesellschaft. Daher geht es rechtlich im Ergebnis um Verhaltenspflichten der Muttergesellschaft als Mehrheitsgesellschafter[437]. In diesem Fall ist die tatsächliche Einflussnahme in ihrer jeweils sanktionierten Form als ein (weiteres) Tatbestandsmerkmal einzuordnen.

---

431 Vgl. oben § 3 IV 1, 2.
432 Vgl. oben § 3 I 3 c cc.
433 Vgl. *Immenga* in International Encyclopedia of Comparative Law, Vol. XIII, 7–60.
434 Vgl. oben § 3 I 3 c cc.
435 *Windbichler* in Großkomm AktG § 18 Rn 5.
436 *Druey* in Lutter (Hrsg.), Konzernrecht im Ausland S. 310 (346 ff).
437 Vgl. *Hopt*, ZHR 171 (2007), S. 199 (237).

c. *Zwischenergebnis: funktionale Differenzierung*

Die Differenzierung bei der Anknüpfung an das bloße Einflusspotential oder die tatsächliche Ausübung von Einfluss sollte grundsätzlich jeweils funktional zu den mit den einzelnen Regeln verbundenen Zielen sein und sich an deren Rechtsfolgen orientieren. Dabei sind die jeweils beeinträchtigten Interessen und der Grundsatz der Autonomie der jeweiligen juristischen Person zu berücksichtigen.

Insbesondere spricht einiges dafür, die tatsächliche Ausübung von Einfluss eher als eine Art Aufbautatbestand denn als Teil eines Grundtatbestandes für gruppenrechtliche Regelungen zu verwenden. Zu diesem Zweck bieten sich die Begriffe einheitliche Leitung[438] bzw. Leitung und Koordinierung aufgrund der damit jeweils geschilderten Anwendungsschwierigkeiten weniger an. Allerdings hat ein Aufbautatbestand nur dann Sinn, wenn er ein Mehr gegenüber dem Grundtatbestand darstellt. Dazu müsste er Konstellationen erfassen, die nicht nur durch das bloße Einflussnahmepotential gekennzeichnet sind. Welche Konstellationen dies sein könnten, lässt sich weder am Beispiel der italienischen Gesellschaftsrechtsreform noch an der Begriffskaskade der §§ 16–18 AktG eindeutig ausmachen.

3. Kreis erfasster Rechtssubjekte

Grundsätzlich geht es im Gruppenkontext um die Gesellschaft als einflussnehmendes Rechtssubjekt. Es hat sich jedoch gezeigt, dass mitunter in die Anknüpfungstatbestände auch Nichtgesellschaften mit einbezogen werden. Dies ist immer dann der Fall, wenn die betreffende Regelung möglichst viele Adressaten erfassen soll. Im Bilanzrecht etwa sind dies ganz allgemein Unternehmen, im Kapitalmarktrecht teilweise auch natürliche Personen[439].

Das Anknüpfen an die besondere Figur eines Unternehmensgesellschafters im deutschen Konzernrecht hat sich in diesem Zusammenhang dagegen als singulärer Weg erwiesen[440].

Teilweise wird das Gruppenproblem allgemein als ein Problem des Mehrheitsgesellschafters gesehen, insbesondere im anglo-amerikanischen Rechtskreis[441]. Diesem wird daher auch mit entsprechend allgemein gesellschaftsrechtlichen Instrumenten begegnet. Im Gruppenkontext ist die strukturelle Ausgangslage jedoch eine andere[442]. Wenn überhaupt gesonderte Regelungen eingeführt werden sollen, kann der bloße Mehrheitsgesellschafter nicht Regelungsadressat sein. Ansonsten würde eine Gruppenregelung zu sehr ausufern. Dies widerspräche wiederum dem Regelungsansatz einer Kernbereichsharmonisierung.

---

438 Ebenso *Gause*, Europäisches Konzernrecht im Vergleich S. 169 ff.

439 Vgl. oben § 3 I 2 c.

440 Vgl. *Windbichler* in Großkomm AktG Vor § 15 Rn 74 mwN; ausführlich als ungeeignet für einen europäischen Rahmen ablehnend *Gause*, Europäisches Konzernrecht im Vergleich S. 199 ff.

441 Vgl. insgesamt dazu *Hopt*, ZHR 171 (2007), S. 199 (202 f mit entsprechenden Nachweisen zum britischen Recht).

442 Vgl. *Forum Europaeum Konzernrecht*, ZGR 1998, S. 672 (680), sowie unten § 5 II.

2. Kapitel – Regelungsaspekte in der bestehenden Gesellschaftsgruppe

§ 4 Informationsregeln

Die Bedeutung von Information als Regelungsinstrument wurde in einzelnen Rechtsordnungen bereits Mitte des 19. Jahrhunderts erkannt[1]. Information gilt – insbesondere im Europäischen Gesellschaftsrecht – mittlerweile als eines der wichtigsten Regelungsinstrumente[2]. Dementsprechend war sie Regelungsgegenstand der Ersten gesellschaftsrechtlichen Richtlinie, der Publizitätsrichtlinie[3]. Die Bedeutung von Information im Rahmen der bereits erfolgten europäischen Harmonisierung von Bilanz- und Kapitalmarktrecht[4], aber auch der handelsrechtlichen Registerpublizität[5], ist wiederholt herausgestellt worden[6].

Die anhaltende Präferenz von Informationsregeln – d.h. von Regeln, die der Weitergabe von Information dienen[7] – für das Gesellschaftsrecht seitens des europäischen Gesetzgebers zeigt sich in den Vorschlägen des Aktionsplanes, die wiederum auf den Bericht der *High Level Group* zurückgehen[8]. Der Vorrang von Information und Offenlegung, neben flexiblen gesellschaftsrechtlichen Vorgaben, soll moderner ökonomischer Regulierungstheorie entsprechen[9]. Dementsprechend gehören etwa erweiterte Offenlegungspflichten bei börsennotierten Unternehmen zu den zentra-

---

1 Vgl. den Überblick bei *Hopt*, Riv. soc. 2006, S. 906 (911 f); *ders.*, FS Canaris, Bd. II, S. 105 (107 f).

2 *Grohmann*, Das Informationsmodell im Europäischen Gesellschaftsrecht S. 56 ff; *Grundmann*, FS Lutter S. 61 (62); *ders.*, ZIP 2004, S. 2401 (2406 ff); *Windbichler*, Gesellschaftsrecht § 25 Rn 38; *Windbichler/Krolop* in Riesenhuber (Hrsg.), Europäische Methodenlehre, S. 554 (562 f Rn 13).

3 Erste Richtlinie 68/151/EWG vom 9. März 1968.

4 Dazu näher *Fleischer*, NZG 2006, S. 561 ff; *Grundmann*, FS Lutter S. 61 (74) mwN.

5 Diese sieht *Merkt*, Unternehmenspublizität S. 109 als einen der Schwerpunkte der europäischen Harmonisierungsbewegungen an. Vgl. zur Registerpublizität die Richtlinie 2003/58/EG vom 15.07.2003 zur Änderung der Publizitätsrichtlinie in Bezug auf die Offenlegungspflichten von Gesellschaften bestimmter Rechtsformen und die damit verbundene Einführung eines Unternehmensregisters.

6 Von einem Informationsmodell, das dem Europäischen Gesellschaftsrecht zugrunde liege, spricht *Grundmann*, FS Lutter S. 61 (63 ff); *ders.*, DStR 2004, S. 232 ff; *ders.*, ZIP 2004, S. 2401 (2406 ff, 2408); monographisch dazu *Grohmann*, Das Informationsmodell im Europäischen Gesellschaftsrecht.

7 So die Definition von Informationsregeln bei *Grundmann*, Europäisches Gesellschaftsrecht Rn 228; *ders.*, DStR 2004, S. 232.

8 Näher zum Informationsansatz in der Entwicklung auf europäischer Ebene *Merkt*, ECFR 2004, S. 3 ff.

9 *Hopt*, FS Röhricht S. 235 (238); kritisch zum Informationsmodell dagegen *Schön*, FS Canaris, Bd. I, S. 1191 (1193 ff).

len politischen Zielen des Aktionsplanes[10]. Im Bereich der Gruppen nennt er umfassende Information und vollständige Offenlegung in Bezug auf Gruppenstruktur und gruppeninterne Beziehungen als Grundvoraussetzung für den Gläubiger- und Aktionärsschutz in den einzelnen Gruppengesellschaften[11]. Die kurzfristig im Bereich von Corporate Governance und Rechnungslegung anvisierten Maßnahmen beschränken sich auf börsennotierte Aktiengesellschaften[12]. Weiterer Handlungsbedarf wird bei der Verbesserung der Transparenz von Gruppen, unabhängig von der Börsennotierung, gesehen. Die Schaffung von Mindesttransparenzstandards blieb im Fokus der Harmonisierung, auch als zwischenzeitlich das Ziel der Vereinfachung an Bedeutung gewonnen zu haben schien[13].

Die *Reflection Group* sieht indes die Ziele des Aktionsplanes als im wesentlichen durch zwischenzeitlich ergriffene Regelungsmaßnahmen, insbesondere die Transparenz- und die Übernahmerichtlinie sowie die im Bereich der Rechnungslegung vorgenommenen Änderungen, verwirklicht an und keinen weiteren, grundsätzlichen Handlungsbedarf in Bezug auf die Verbesserung der Transparenz der Gruppenstruktur und gruppeninternen Beziehungen[14]. Lediglich in Bezug auf Einzelfragen, wie etwa eine deutliche und anlegerfreundliche Darstellung bestehe Optimierungsbedarf. Ob diese Wertung zutreffend ist, wird auch die Untersuchung in diesem Kapitel zeigen.

Auch im italienischen Recht ist der Informationsgedanke zuletzt in den Vordergrund gerückt. Dies gilt nicht nur für die Kapitalmarktrechtsreformen der Neunziger Jahre[15], sondern auch für die Gesellschaftsrechtsreform, gerade im Hinblick auf die Gruppe. Dementsprechend lautete die Zielsetzung des italienischen Reformgesetzgebers, die Gesellschaftsgruppe u.a. nach dem Prinzip von Transparenz und dem Ausgleich der beteiligten Interessen zu regeln[16]. Insbesondere waren eine am Prinzip von Transparenz ausgerichtete Regelung der Gruppe zu schaffen, sowie bestimmte Formen von Publizität der Gruppenzugehörigkeit vorzusehen[17].

Im Lichte der Vorgaben des Aktionsplanes scheint eine Beschäftigung mit der Umsetzung dieser Zielvorgaben im italienischen Recht vielversprechend; im folgenden sollen daher die gesellschaftsrechtlichen Grundpfeiler des italienischen Informationsansatzes hinsichtlich der Gesellschaftsgruppe herausgearbeitet werden.

---

10 Aktionsplan, sub 2.1, S. 9.

11 Aktionsplan, sub 3.3, Finanz- und andere Informationen, S. 22 f.

12 Näher zu auf dem Aktionsplan aufbauenden, im Bereich der Corporate Governance umgesetzten Maßnahmen für börsennotierte Gesellschaften *Bachmann*, WM 2011, S. 1301 ff.

13 Vgl. Mitteilung der Kommission über ein vereinfachtes Unternehmensumfeld, S. 4 ff.

14 *Reflection Group*, Report, sub 4.3.1 (S. 68 ff, Recommendations – S. 75). Dagegen an der Forderung nach einer Verbesserung der Konzerntransparenz festhaltend *Hommelhoff*, DB 2011, Standpunkte Nr. 9, S. 65.

15 Vgl. die Nachweise oben § 2 II 3.

16 Art. 2 h) legge n. 366/2001.

17 Art. 10 Abs. 1 lett. a) legge n. 366/2001 zufolge soll eine u.a. am Prinzip von Transparenz ausgerichtete Regelung der Gruppe geschaffen werden; lett. c) sieht Verbesserungen hinsichtlich der Publizität der Gruppenzugehörigkeit vor.

I. Begriffliche Unterscheidungen

Bei genauerem Hinsehen fallen zunächst die vielen unterschiedlichen, im Zusammenhang mit Information[18] bzw. ihrer Weitergabe verwendeten Begriffe auf. So geht es etwa im Aktionsplan einerseits um Transparenz der Gruppenstruktur, andererseits um Verbesserung der Offenlegung und schließlich auch um Publizität[19]. Dies wirft die Frage auf, in welchem Verhältnis die genannten Begriffe zueinander stehen.

Für den nicht abschließenden Rechtsbegriff der Publizität ist bereits festgestellt worden, dass *Publizität der Übermittlung von Information an einen unbestimmten, offenen Adressatenkreis dient*[20]. Dies entspricht dem im gesellschaftsrechtlichen Zusammenhang maßgeblichen Verständnis des italienischen Begriffes von *pubblicità*[21]. Klassisches Beispiel dafür ist die Registerpublizität.

Transparenz wiederum bedeutet im deutschen wie im italienischen[22] allgemeinen Sprachgebrauch Durchschaubarkeit. Im Gesellschaftsrecht spielt Transparenz eine Rolle für Entscheidungen, aber auch für rechtliche Strukturen wie etwa Beteiligungen. Dabei geht es, wie bei der Publizität, um die Übermittlung von Information. Anders als die Publizität betrifft die Transparenz nicht unbedingt einen unbestimmten, offenen Adressatenkreis[23].

Letztlich lässt sich das Verhältnis von Information einerseits zu Publizität und Transparenz andererseits also dahingehend definieren, dass letztere Funktionsbeschreibungen von Information sind, mithin bestimmte Funktionen, die Information zu erfüllen hat[24]. Diese können sich durchaus überschneiden[25].

Für die Offenlegung ist keine derartige Funktionsbeschreibung auszumachen. Vielmehr steht bei der Offenlegung, aber auch bei der Mitteilung, die Handlung zur Übermittlung von Information im Vordergrund.

Information stellt im Ergebnis daher eine Art Oberbegriff dar, unter den sich die übrigen genannten Begriffe unterordnen lassen. Daran richtet sich die folgende Untersuchung aus.

---

18 Zu unterschiedlichen Informationsbegriffen vgl. *Grohmann*, Das Informationsmodell im Europäischen Gesellschaftsrecht S. 24 ff; zur weltweit verbreiteten, schlagwortartigen Verwendung von Informationsbegriffen insbesondere als Reaktion auf Skandale im Zusammenhang mit Gesellschaften wie Enron und mit der Finanzkrise *Windbichler*, FS Hopt S. 1505 (1506 f).

19 Vgl. Aktionsplan sub 3.3, Finanz- und andere Informationen, S. 22 f.

20 So *Merkt*, Unternehmenspublizität S. 8. Ausführlich zur begrifflichen Erfassung und Eingrenzung von Publizität S. 8 ff.

21 Vgl. *Zingarelli*, Vocabulario della lingua italiana, **pubblicità:** (...) 2. *Divulgazione, diffusione tra il pubblico: fare pubblicità a una notizia.*

22 Vgl. *Zingarelli*, Vocabulario della lingua italiana, **trasparente:** (...) 2. *che lascia intravvedere ciò che ricopre.*

23 Zur Abgrenzung von Publizität und Transparenz *Merkt*, Unternehmenspublizität S. 11 f.

24 Ähnlich hinsichtlich des Begriffes der Publizität *K. Schmidt*, Handelsrecht § 11 I 1 (S. 335 ff).

25 *Merkt*, Unternehmenspublizität S. 11 f.

II. Selbst- und Präventivschutz durch Information

Information gilt als ein Instrument privatrechtlicher Kontrolle und damit als Mittel des Selbstschutzes[26]. Besteht eine ausreichende informationelle Entscheidungsbasis, gelten die Beteiligten als in der Lage sich selbst zu schützen[27]. Diese Aussage lässt sich auf den Gruppenkontext übertragen[28], insbesondere auf die Minderheitsgesellschafter von Tochtergesellschaften[29], aber auch auf deren Gläubiger[30]. Sie gilt gerade auch für grenzüberschreitende Sachverhalte im Europäischen Binnenmarkt[31]. Darüber hinaus wird angenommen, dass bei hinreichendem Informationsstand zwingende inhaltliche Regeln weitgehend entbehrlich werden[32].

Zudem wird davon ausgegangen, dass es bei Bestehen von Informationspflichten oft gar nicht zur Realisierung bestimmter Konfliktsituationen komme, da sie auf Seite des Informationspflichtigen eine Art Eigenkontrolle[33] mit sich brächten. Insoweit wirke Information präventiv[34].

Schließlich erzeugen Informationsregeln Rechtssicherheit, indem sie etwa die Gleichwertigkeit und Standardisierung von Information fördern[35]. Damit schützen Informationsregeln, insbesondere als Instrument des Anlegerschutzes, neben dem Individuum zugleich den Markt als Institution[36]. Daher gilt Information auch als Korrelat der Marktteilnahme[37].

---

26 *Windbichler* in Großkomm AktG § 20 Rn 1 in Bezug auf Publizität; allgemein *dies.* in Albach (Hrsg.), Konzernmanagement S. 57 (66). Zur Entwicklung der Funktionen der Publizität hin zu Selbst- bzw. Marktsteuerung vgl. den rechtsvergleichenden Überblick bei *Hopt* in Grundmann/Kerber/Weatherill (Hrsg.), Party Autonomy and the Role of Information in the Internal Market S. 246 ff; schon früher *ders.*, ZHR 141 (1977), S. 389 (400 f). Allgemein zu Funktionen von Informationsnormen *Meier-Schatz*, Wirtschaftsrecht und Unternehmenspublizität S. 105 ff.

27 Allgemein zu Informationsasymmetrie als Problem der Privatautonomie *Grundmann*, JZ 2000, S. 1133 (1137); zur Bedeutung von Information für die Entscheidungsfindung der jeweiligen Adressaten *Baums*, Giur. comm. 2003, I, S. 53 (57 ff); zur Individualschutzfunktion von Information im Europäischen Gesellschaftsrecht *Grohmann*, Das Informationsmodell im Europäischen Gesellschaftsrecht S. 66 ff.

28 Näher hierzu *Kalss*, ZHR 171 (2007), S. 146 (162 f).

29 Vgl. *Blaurock*, FS Sandrock S. 79 (83).

30 Allgemein zum Gläubigerschutz durch Offenlegungspflichten *Merkt*, EBOR 7 (2006), S. 95 ff; zur Schutzrichtung einer Konzernpublizität *Hopt*, Liber Amicorum Volhard S. 74 (78 f).

31 *Grundmann*, FS Lutter S. 61 (65).

32 *Grundmann*, ZIP 2004, S. 2401 (2406 ff); *ders.*, DStR 2004, S. 232 (233); *ders.*, FS Lutter S. 61 (66 f); kritisch jedoch *Schön*, FS Canaris, Bd. I, S. 1191 (1196 ff).

33 *High Level Group*, Report II, Kap. II 3 (S. 34); aus betriebswirtschaftlicher Sicht bereits 1962 *Moxter*, Der Einfluss von Publizitätsvorschriften auf das unternehmerische Verhalten S. 3 ff; für die gruppenspezifischen Informationspflichten im Zusammenhang mit dem Jahresabschluss *Patti* in Lo Cascio (Hrsg.), La riforma del diritto societario, Art. 2497-*bis* sub 2 (S. 265).

34 Vgl. die Ausführungen zur Selbststeuerungs- und Disziplinierungsfunktion, sowie zur Risikosenkungsfunktion von Information im Europäischen Gesellschaftsrecht bei *Grohmann*, Das Informationsmodell im Europäischen Gesellschaftsrecht S. 70 ff.

35 Zu inhaltlichen Anforderungen der Unternehmenspublizität *Merkt*, Unternehmenspublizität S. 445 ff.

36 *Grundmann*, ZIP 2004, S. 2401 (2408); *Hopt* in Grundmann/Kerber/Weatherill (Hrsg.), Party Autonomy and the Role of Information in the Internal Market S. 246 (249) und bereits *ders.*, Kapitalanlegerschutz im Recht der Banken S. 334 ff; *Kübler/Assmann*, Gesellschaftsrecht § 32 II

Einigkeit besteht zudem hinsichtlich der ökonomischen Bedeutung von Information gerade für das Recht der Publikumsgesellschaft[38]. Generell wird hinsichtlich Informationsrechten weitgehend nach geschlossenen und offenen Kapitalgesellschaften differenziert[39]; maßgebliches Unterscheidungskriterium ist dabei, ob die innere Struktur der Gesellschaft eine Börsennotierung zulassen würde[40]. Daher stehen Informationsregeln rechtspraktisch insbesondere im Zusammenhang mit dem Recht von Aktiengesellschaften, deren Behandlung auch den Schwerpunkt dieser Arbeit bildet.

III. Information im Außenverhältnis

Information betrifft insofern das Außenverhältnis, als es um die Verbreitung von Information nicht innerhalb der gesellschaftlichen Organisationsstruktur geht, sondern gegenüber nicht in die Gesellschaftsstruktur unmittelbar eingebundenen Adressaten. Dazu gehören insbesondere Gläubiger und Anleger[41]. Insoweit stellt Information ein Instrument der Außensteuerung dar[42]. Die Verbesserung von Information im Außenverhältnis gehört zu den Strukturmerkmalen des europäischen Gesellschaftsrechts[43]. Im folgenden sollen einzelne Ausprägungen des italienischen Rechts näher beleuchtet werden.

1. Registerpublizität

Die Eintragung bestimmter Tatsachen – bzw. die Hinterlegung bestimmter Urkunden und Angaben[44] – im allgemein zugänglichen Handels- bzw. Unternehmensregister ermöglicht eine standardisierte Weitergabe von Informationen an eine Viel-

---

(S. 468 ff); *Windbichler,* Gesellschaftsrecht § 25 Rn 18. Zur Bedeutung von Information für das Funktionieren von Kapitalmärkten *Montalenti* in Cottino (Hrsg.), Trattato Diritto Commerciale IV/2, Cap. I sub 10 (S. 23); *Rordorf,* Giur. comm. 2002, I, S. 773 ff; zu Information als Leitprinzip des kapitalmarktrechtlichen Anlegerschutzes *Krolop,* Der Rückzug vom organisierten Kapitalmarkt (Delisting) S. 138 ff; zur Institutionsschutzfunktion im Europäischen Gesellschaftsrecht allgemein *Grohmann,* Das Informationsmodell im Europäischen Gesellschaftsrecht S. 74 ff.

37 *Merkt,* Unternehmenspublizität S. 332 ff.

38 Vgl. insoweit den Überblick bei *Grundmann,* Europäisches Gesellschaftsrecht Rn 236 ff mit zahlreichen Nachweisen.

39 Vgl. die zentralen politischen Ziele des Aktionsplanes im Bereich der Stärkung der Aktionärsrechte und Verbesserung des Schutzes Dritter, sub 2.1 S. 9 f, wonach börsennotierte Gesellschaften, bzw. solche, die öffentlich Kapital aufgenommen haben, strengeren Offenlegungsvorschriften zu unterwerfen seien. Kritisch zu dieser Differenzierung *Merkt,* ECFR 2004, S. 3 (26 f); *ders.,* EBOR 7 (2006), S. 95 (111).

40 Dieses Differenzierungskriterium legen sowohl die *High Level Group,* Report II, Kap. II 4 (S. 36 f), als auch *Armour/Hansmann/Kraakman* in Kraakman/Armour/Davies u.a., Anatomy of Corporate Law, sub 1.2.3 (S. 12) zugrunde; es soll auch im Rahmen dieser Arbeit gelten.

41 Zur Schutzwirkung von gruppenbezogener Information im Außenverhältnis *Fasciani,* ECFR 2007, 195 (204).

42 So für die Publizität *Assmann* in Großkomm AktG Einl Rn 244 ff.

43 Näher dazu *Grundmann,* ZIP 2004, S. 2401 (2407 ff) sowie *ders.,* FS Lutter S. 61 (70).

44 Eintragung und Hinterlegung sind gleichwertige Publizitätsmittel und stehen wahlweise zur Verfügung, vgl. *Habersack/Verse,* Europäisches Gesellschaftsrecht § 5 Rn 11.

zahl von Personen[45]. Inhaltlich geht es um den Zugang zu für gesellschaftsbezogene Vorgänge wesentlichen Unternehmensdaten und Urkunden[46]. Mittels der allgemeinen Zugänglichkeit sollen Rechtssicherheit und Verkehrsschutz erzielt werden[47]. Daher hatte schon die Publizitätsrichtlinie u.a. zum Gegenstand, einen einheitlichen Mindeststandard hinsichtlich verfügbarer Informationen über juristische Personen zu gewähren[48]. Die Registerpublizität gilt insofern als ein klassisches Informationsinstrument des Europäischen Gesellschaftsrechts[49]. Wegen der besonderen Bedeutung dieses Instruments soll ein Vorschlag der Kommission zur grenzüberschreitenden Verknüpfung der Unternehmensregister[50] die Zusammenarbeit zwischen den in den Mitgliedstaaten geführten – und teilweise unterschiedlich ausgestalteten – Registern verbessern sowie den grenzüberschreitenden Zugang erleichtern[51]. Als Adressatenkreis der Registerpublizität kommen insbesondere aktuelle und potentielle Gesellschafter sowie Gläubiger im In- und Ausland in Betracht.

In Italien wird das Unternehmensregister (*registro delle imprese*) von den Handelskammern geführt[52], bei denen es sich um Körperschaften des öffentlichen Rechts handelt[53]. Nicht erst seit Erlass der Änderungsrichtlinie[54] zur Publizitätsrichtlinie führen sie das Register auf elektronischen Datenträgern[55]. Auch die Einsichtnahme ist in Italien – nach ersten Anlaufschwierigkeiten – schon seit längerem online möglich[56].

Das italienische Recht sieht seit der Reform eine Eintragungspflicht im Unternehmensregister vor, wenn eine *s.p.a.* oder *s.r.l.* nur einen Gesellschafter hat sowie im Zusammenhang mit der Ausübung von Leitung und Koordinierung.

---

45 Zur historischen Entwicklung der handelsrechtlichen Publizität, auch in Italien, *Merkt*, Unternehmenspublizität S. 31 ff.
46 Vgl. *K. Schmidt*, Handelsrecht § 11 I 1; *Wiedemann*, Gesellschaftsrecht Bd. I, § 10 V 2 b).
47 *Hopt* in Baumbach/Hopt HGB § 8 Rn 1; *Magliulo*, Notariato 2005, S. 50.
48 *Habersack/Verse*, Europäisches Gesellschaftsrecht § 5 Rn 2 f; *Merkt*, Unternehmenspublizität S. 133. Vgl. zu den Mindestangaben Art. 2 Publizitätsrichtlinie.
49 *Grundmann*, DStR 2004, S. 232 (235); *Merkt*, Unternehmenspublizität S. 109.
50 Vorschlag für eine Richtlinie zur Verknüpfung von Unternehmensregistern vom 24.02.2011.
51 Zum Inhalt des Vorschlags vgl. den – auch kritischen – Beitrag von *Schneider*, EuZW 2011, S. 649 f; den Vorschlag befürwortend, mit Anregungen für eine weitergehende Vereinheitlichung, *Reflection Group*, Report sub 2.8.1 (S. 32 f).
52 Art. 8 legge 29.12.1993, n. 580 (*legge sul riordinamento delle Camere di Commercio* – Gesetz über die Neuordnung der Handelskammern).
Art. 31 Abs. 2 legge n. 340/2000 verpflichtet Unternehmen zur Weiterleitung ihrer Akten an das Unternehmensregister in elektronischer Form, vgl. dazu *Casamassima*, Società 2004, S. 562 (563 mwN).
53 Art. 1 legge 29.12.1993, n. 580.
54 Richtlinie 2003/58/EG vom 15.07.2003 zur Änderung der Publizitätsrichtlinie in Bezug auf die Offenlegungspflichten von Gesellschaften bestimmter Rechtsformen, s. oben Fn 5.
55 Zum System des italienischen Unternehmensregisters vor der Gesellschaftsrechtsreform *Kindler*, Italienisches Handels- und Wirtschaftsrecht § 2 Rn 22 ff. Die Reform hat im wesentlichen die Zahl der publizitätspflichtigen Rechtsakte erweitert, dazu ausführlich *Casamassima*, Società 2004, S. 562 ff; *Magliulo*, Notariato 2005, S. 50 ff.
56 *Kindler*, Italienisches Handels- und Wirtschaftsrecht § 2 Rn 24, 44.

a. *Publizitätsvorgaben für die Einpersonenkapitalgesellschaft*

Eine besondere Eintragungspflicht sieht das italienische Recht für die Einpersonenkapitalgesellschaft in der Rechtsform einer *s.p.a.* (vgl. Art. 2362 cod. civ.) oder einer *s.r.l.* (vgl. Art. 2470 Abs. 4 cod. civ.) vor. Handelt es sich bei dem einzigen Gesellschafter um eine Gesellschaft, wird die Regelung im Gruppenkontext für 100 %ige Tochtergesellschaften relevant. War zunächst vermutet worden[57], dass die Rechtsform *s.r.l.* aufgrund der größeren Flexibilität stärkere Bedeutung gewinnen würde, zeigen erste Zahlen, dass der 100 %ige Anteilsbesitz gerade bei der *s.p.a.* verbreitet ist. So hatten zum 30.06.2005 etwa zwei Drittel aller Einpersonen-*s.p.a.* erklärt, der Leitung und Koordinierung zu unterliegen[58].

aa. Anforderungen an die Eintragung

Seit der Reform ist die Regelung der Eintragungspflicht für *s.r.l.* und *s.p.a.* inhaltlich parallel[59]: Befinden sich bei Gründung oder vereinigen sich später[60] alle Gesellschaftsanteile in der Hand[61] eines einzigen Gesellschafters, bzw. findet ein Wechsel in dessen Person statt, müssen die Geschäftsleiter beim Unternehmensregister eine Erklärung zur Eintragung hinterlegen, die verschiedene, für die Identifizierung dieses Gesellschafters erhebliche Informationen enthält[62]. Dies gilt unabhängig davon, ob es sich bei diesem um eine natürliche oder um eine juristische Person handelt[63].

---

57 Vgl. *Associazione Preite*, Olivieri/Presti/Vella (Hrsg.), Il nuovo diritto delle società, Cap. I A 20 (S. 44).

58 Vgl. die Zahlen zu 100 %iger *s.p.a.* und *s.r.l.* bei *Notari*, Riv. soc. 2006, S. 384 (390 ff): von den 46.043 der Untersuchung zugrundegelegten *s.p.a.* waren am 30.06.2005 4.939 Einpersonen-*s.p.a.*, von denen wiederum 2.846 erklärt hatten, der Leitung und Koordinierung zu unterliegen.

59 *Campobasso*, Diritto Commerciale 2, Cap. XVII 2 (S. 555); *De Donno* in Bonfante/Corapi et al. (Hrsg.), Codice commentato delle nuove società, Art. 2362 Rn 2.
Zur Entwicklung bei der *s.p.a.* vgl. den Überblick bei *Granatiero* in Maffei Alberti (Hrsg.), Il nuovo diritto delle società, Art. 2362 sub 2 (S. 431).

60 Nach italienischem Recht wohl str.: nach *Sanfilippo* in Niccolini/Stagno d' Alcontres (Hrsg.), Le società di capitali, Art. 2362 sub 5 (S. 429) findet Art. 2362 keine Anwendung, wenn die Gesellschaft bereits als Einpersonengesellschaft gegründet wurde, da sich dann die entsprechende Erklärung bereits aus der Gründungsurkunde ergebe. Insoweit gelten die Vorgaben der Publizitätsrichtlinie, so *De Donno* in Bonfante/Corapi et al. (Hrsg.), Codice commentato delle nuove società, Art. 2362 Rn 4. Anderer, wohl herrschender Auffassung sind u.a. *Campobasso*, Diritto Commerciale 2, Cap. IV 14 (S. 182); *Galgano*, Diritto Civile e Commerciale III/2, par. 104 (S. 61 f), par. 209 (S. 534); *Granatiero* in Maffei Alberti (Hrsg.), Il nuovo diritto delle società, Art. 2362 sub 2 (S. 432).

61 Zur Diskussion darum, wann alle Anteile einem Gesellschafter ‚gehören' (*risultano appartenere*) überblicksartig *Granatiero* in Maffei Alberti (Hrsg.), Il nuovo diritto delle società, Art. 2362 sub 3 mwN (S. 433 f).

62 Für die *s.p.a.* vgl. Art. 2362 Abs. 1; für die *s.r.l.* Art. 2470 Abs. 4. Bei den Angaben handelt es sich um Name, Vorname oder Bezeichnung, Geburtstag und -ort bzw. Gründungsstaat, sowie Wohnsitz und ggf. Staatsangehörigkeit. Problematisch kann dies bei einer *s.p.a.* sein, die Inhaberaktien ausgegeben hat, vgl. *Granatiero* in Maffei Alberti (Hrsg.), Il nuovo diritto delle società, Art. 2362 sub 2 (S. 432). Diese kommen jedoch selten vor, vgl. zu den Gründen *Associazione Preite*, Morera/Olivieri/Perassi u.a. (Hrsg.), Il diritto delle società, Cap. V A 8 (S. 93 f).

63 *Cappiello* in Bonfante/Corapi et al. (Hrsg.), Codice commentato delle nuove società, Art. 2325 Rn 10 mit Nachweisen zur Rechtsprechung zur vorherigen Rechtslage bei der Einpersonenkapitalgesellschaft; *Granatiero* in Maffei Alberti (Hrsg.), Il nuovo diritto delle società, Art. 2362 sub 2 (S. 431).

Insoweit werden die europarechtlichen Vorgaben hinsichtlich eines (formalen) Mindestmaßes an Publizität in der Einpersonenkapitalgesellschaft umgesetzt[64], die sich entsprechend im deutschen Recht in § 42 AktG[65] bzw. § 40 I GmbHG finden. Auf diese Weise soll dem Rechtsverkehr über den Zustand der Einpersonenkapitalgesellschaft Kenntnis vermittelt werden[66].

bb. Konstitutive Wirkung der Eintragung für das Haftungsprivileg

Darüber hinaus kommt dieser Eintragung nach italienischem Recht insofern konstitutive[67] Wirkung zu, als die Nichtbeachtung der zugrunde liegenden Pflicht den Verlust des Privilegs der beschränkten Haftung des Alleingesellschafters für die Verbindlichkeiten der Gesellschaft im Falle der Insolvenz zur Folge hat[68]. Gleiches gilt für den Fall, dass die Einlagen nicht ordnungsgemäß aufgebracht wurden. Bei der Wahl dieser – jeweils auf objektiven und formellen Kriterien beruhenden[69] – Ausnahmekonstellationen hat der italienische Gesetzgeber von der Möglichkeit des Art. 2 Abs. 2 Einpersonen-Gesellschafts-Richtlinie[70] Gebrauch gemacht[71], besondere Bestimmungen vorzusehen für den Fall, dass eine natürliche Person, eine Einpersonengesellschaft oder andere juristische Person einziger Gesellschafter ist. Darin liegt die Bedeutung für den Gruppenzusammenhang. Die unbeschränkte Haftung ist allerdings auf den Fall der Insolvenz der Gesellschaft beschränkt[72]. Die derart haftungsbewehrte Publizität soll den Gläubigerschutz garantieren[73]. Daher kann auch der Alleingesellschafter selbst die Eintragung betreiben[74]. Die Geschäftsleiter hingegen haben ab Eintragung in das Gesellschafterbuch[75] 30 Tage Zeit für die Er-

---

64 Art. 3 Einpersonen-Gesellschafts-Richtlinie. Zur Transparenz der Einpersonengesellschaft in der Zwölften und der Publizitätsrichtlinie *Grohmann*, Das Informationsmodell im Europäischen Gesellschaftsrecht S. 304 f.

65 Zu Einzelheiten der Mitteilungspflicht im Rahmen des § 42 AktG *Pentz* in MünchKomm AktG § 42 Rn 17 ff.

66 *Hüffer* AktG § 42 Rn 1; *Lutter/Hommelhoff* in Lutter/Hommelhoff GmbHG § 40 Rn 1.
Ähnlich *Casamassima*, Società 2004, S. 562 (563); *De Donno* in Bonfante/Corapi et al. (Hrsg.), Codice commentato delle nuove società, Art. 2362 Rn 3.

67 Vgl. *Casamassima*, Società 2004, S. 562; *Granatiero* in Maffei Alberti (Hrsg.), Il nuovo diritto delle società, Art. 2362 sub 2 (S. 431).

68 Für die *s.p.a.* Art. 2325 Abs. 2; für die *s.r.l.* Art. 2462 Abs. 2.

69 So *Campobasso*, Diritto Commerciale 2, Cap. IV 14 (S. 183).

70 Diese Möglichkeit soll dem Wortlaut des Art. 2 Abs. 2 nach bis zur Koordinierung der einzelstaatlichen Vorschriften für das Konzernrecht bestehen. Während die Vorschläge der *High Level Group* bzw. des Aktionsplanes insoweit vage blieben, greift die *Reflection Group* diesen Aspekt auf und empfiehlt die Schaffung einer Art Muster für 100%ige Tochtergesellschaften, das sich in den jeweiligen nationalen Rechtsrahmen für Gesellschaften mit beschränkter Haftung einfügen solle, Report, sub 4.2 (S. 66 f).

71 Die Einschränkungen für die Einpersonengesellschaft waren zuvor weitreichender, zur Situation in Italien unmittelbar nach der Umsetzung der Einpersonen-Gesellschafts-Richtlinie *Granatiero* in Maffei Alberti (Hrsg.), Diritto delle Società, Art. 2362 sub I Rn 1 f – insbesondere war die Einpersonen *s.p.a.* unzulässig.

72 Zur Subsidiarität *Campobasso*, Diritto Commerciale 2, Cap. IV 14 (S. 183).

73 *Associazione Preite*, Olivieri/Presti/Vella (Hrsg.), Il nuovo diritto delle società, Cap. I A 20 (S. 43 f); *Casamassima*, Società 2004, S. 562 (563).

74 Für die *s.p.a.* Art. 2362 Abs. 3; für die *s.r.l.* Art. 2479 Abs. 6.

75 Für die *s.p.a.* vgl. Art. 2362 Abs. 4 cod. civ.; für die *s.r.l.* vgl. Art. 2470 Abs. 7.

füllung der Eintragungspflicht; im Falle eines Verstoßes trifft sie nur eine Geldbuße[76]. Der deutsche Gesetzgeber hat dagegen von der Möglichkeit des Art. 2 Abs. 2 der Einpersonen-Gesellschafts-Richtlinie keinen Gebrauch gemacht[77]; eine Haftung gegenüber den Gesellschaftsgläubigern ist lediglich für die die Eintragungspflicht verletzenden Geschäftsführer der GmbH vorgesehen (§ 40 II GmbHG).

Die vor der Reform bereits für die *s.r.l.* in ähnlicher Form geltende Regelung ist durch den – von der Rechtsprechung für zulässig erklärten – Einsatz von Strohleuten meist umgangen worden[78]; zur Haftung ist es daher in der Regel nicht gekommen. Abzuwarten bleibt, ob sich diese Praxis mit der neuen Regelung ändern wird.

*b. Besondere Registerpublizität der Gruppenzugehörigkeit, Art. 2497-*bis *cod. civ.*

Die Gruppenzugehörigkeit – bzw. deren Wechsel oder Beendigung[79] – einer Gesellschaft[80] ist in einer besonderen Abteilung[81] des Unternehmensregisters einzutragen, Art. 2497-*bis* Abs. 1[82]. Die Eintragungspflicht soll sich nur auf die Obergesellschaft am oberen Ende einer Kontrollkette, nicht auf eventuell dazwischengeschaltete Gesellschaften, beziehen[83]. Insoweit unterscheidet sich der gesellschaftsrechtliche Ansatz etwa vom bankaufsichtsrechtlichen, der subjektbezogen ausgestaltet ist und die Eintragung der Gruppenstruktur als solcher vorsieht (vgl. Art. 64 TUB)[84]. Dieser bezieht sich auf die Gruppe bzw. die *capogruppo* (Mutterunternehmen), die jeweils auch definiert werden (vgl. Artt. 60, 61 TUB)[85]. Die Eintragungspflicht nach Art. 2497-*bis* trifft nach herrschender Auffassung nur die Leitungsorganmitglieder der Tochtergesellschaft[86]. Die Eintragung hat dabei weder

---

76 Art. 2630 cod. civ., wobei sich diese jedoch nur auf 206 bis 2.065 € beläuft.
Zur Anwendbarkeit auch auf die Geschäftsführer der *s.r.l. Menti* in G. Cian/Trabucchi (Hrsg.), Codice Civile, Art. 2470 Rn 13.

77 Umstritten war jedoch, ob die Rechtsprechung zum qualifiziert faktischen GmbH-Konzern unter Art. 2 fiele, vgl. den Überblick bei *Habersack/Verse,* Europäisches Gesellschaftsrecht § 10 Rn 14 mwN.

78 Zu möglichen Umgehungsmodellen vor der Reform *Rittatore Vonwiller/Ippolito,* I Gruppi Societari, Cap. 4.4 (S. 92 f); *Leimert,* Stand und Entwicklung des italienischen Rechts der Unternehmenszusammenschlüsse S. 87 ff.

79 *Simonetti* in Bonfante/Corapi et al. (Hrsg.), Codice commentato delle nuove società, Art. 2497-*bis* Rn 4.

80 Zum Streit, ob über den Wortlaut von Art. 2497-*bis* hinaus auch die Obergesellschaft eine entsprechende Pflicht trifft vgl. den Überblick bei *Giardino,* Società 2004, S. 1080 (1081).

81 Kritisch zur Neueinrichtung einer besonderen Abteilung *Pavone La Rosa,* Riv. soc. 2003, S. 765 (775); *Pirazzini* in Maffei Alberti (Hrsg.), Il nuovo diritto delle società, Art. 2497-*bis* sub 4 (S. 2363 ff).

82 Artikelangaben ohne nähere Gesetzesbezeichnung beziehen sich im Folgenden in diesem Kapitel auf den Codice Civile.

83 *Galgano* in Commentario del Codice Civile Scialoja Branca, Art. 2497-*bis* sub 1 (S. 122); *Giardino,* Società 2004, S. 1080 (1082).

84 Zum *albo dei gruppi bancari,* das die italienische Zentralbank zu Aufsichtszwecken führt, *Costi,* L' ordinamento bancario, Cap. 9.2.2. (S. 573 f).

85 Zu diesem Unterschied der Regelungsansätze *Pirazzini* in Maffei Alberti (Hrsg.), Diritto delle Società, Art. 2497 *bis* sub II Rn 3 mwN.

86 *Pennisi,* Liber Amicorum G.F. Campobasso, Bd. III, S. 887 (897 f mwN).

konstitutiven, noch deklaratorischen Charakter, sondern gilt als reine Mitteilung[87]. Auch ist keine Eintragung von Amts wegen vorgesehen[88].

aa. Eintragungspflicht der Gruppenzugehörigkeit als Publizitätsinstrument

Mit der Eintragung der Gruppenzugehörigkeit soll eines der Hauptziele der Reform, Publizität über das Vorhandensein einer Gruppe und Transparenz der in ihr vorhandenen Rechtsbeziehungen herzustellen[89], verwirklicht werden[90]. Die Registerpublizität soll bewirken, die Gruppenzugehörigkeit nach außen kenntlich zu machen[91]. Anlass ist die verbreitete Annahme, dass die Gruppenzugehörigkeit sich für Gesellschafter und Gläubiger, anders als in einer eigenständigen Gesellschaft, auf das von ihnen eingeschätzte Risiko auswirken kann[92]. Durch die Kenntnis von der Gruppenzugehörigkeit sollen sie in die Lage versetzt werden, die Vor- und Nachteile der Gruppenzugehörigkeit in der konkreten Situation bewerten zu können[93]. Insoweit handelt es sich um ein Instrument des Selbstschutzes. Zugleich soll sie aber auch ein präventiv wirkendes Schutzinstrument darstellen, weil sie verhindern soll, dass ein Missbrauch der Tätigkeit von Leitung und Koordinierung überhaupt begangen wird[94]. Kommt es dennoch dazu, kann die Eintragung hilfreich sein um feststellen, ob die Voraussetzungen für die Haftungsklage nach Art. 2497 vorliegen[95]. Sie kann ferner die Kenntnis darüber vermitteln, ob die Voraussetzungen für die Geltendmachung des Austrittsrechts nach Art. 2497-*quater* Abs. 1 c) vorliegen[96].

---

87 Statt vieler *Galgano* in Commentario del Codice Civile Scialoja Branca, Art. 2497-*bis* sub 1 (S. 121 mwN); *Tombari*, Fallimento 2004, S. 1164 (1171).

88 Dazu *Daccò-Tatozzi* in G. Cian/Trabucchi (Hrsg.), Codice Civile, Art. 2497 *bis* sub III; allerdings werden teilweise die allgemeinen Regeln über die Eintragung ins Unternehmensregister – und damit auch Art. 2190 cod. civ. – für anwendbar gehalten, so *Irace* in Sandulli/Santoro (Hrsg.), La riforma delle società, Art. 2497-*bis* sub 2 (S. 325).

89 Vgl. Art. 2 h) sowie konkretisierend Art. 10 a), c) l. n. 366/2001.

90 *Daccò-Tatozzi* in G. Cian/Trabucchi (Hrsg.), Codice Civile, Art. 2497 *bis* sub II. Zum Zusammenhang mit Art. 10 a), c) sowie Art. 2 h) l. n. 366/2001 ausführlich *Cariello* in Niccolini/Stagno d'Alcontres (Hrsg.), Le società di capitali, Art. 2497-*bis* sub 1 (S. 1876 ff); ferner *Rordorf*, Società 2004, S. 538 (546); *Pirazzini* in Maffei Alberti (Hrsg.), Il nuovo diritto delle società, Art. 2497-*bis* sub 2 (S. 2357 f).

91 Näher zum Regelungszweck *Galgano* in Commentario del Codice Civile Scialoja Branca, Art. 2497-*bis* sub 1 (S. 121 f).

92 *Ferrucci/Ferrentino*, Le Società di capitali, le società cooperative e le mutue assicuratrici, Cap. CLVI 1 (S. 1936); *Tombari*, Fallimento 2004, S. 1164 (1171); sich aus diesem Grund für die Einrichtung eines Konzernregisters in Deutschland aussprechend *U. H. Schneider*, WM 1986, S. 181.

93 *Cariello* in Niccolini/Stagno d'Alcontres (Hrsg.), Le società di capitali, Art. 2497-*bis* sub 1 (S. 1878 mwN); *Giardino*, Società 2004, S. 1080.

94 *Simonetti* in Bonfante/Corapi et al. (Hrsg.), Codice commentato delle nuove società, Art. 2497-*bis* Rn 6.

95 *Tombari*, Fallimento 2004, S. 1164 (1171).

96 *Galgano* in Commentario del Codice Civile Scialoja Branca, Art. 2497-*bis* sub 1 (S. 121).

bb. Rechtsfolgen bei Nichteintragung der Gruppenzugehörigkeit

Führen die Mitglieder des Leitungsorganes die Eintragung nicht herbei, haften sie für die Schäden, die Gesellschaftern oder Dritten aus der Unkenntnis dieser Tatsache entstanden sind, Art. 2497-*bis* Abs. 3.

Die zivilrechtliche Haftung als Folge der Verletzung der Eintragungspflicht stellt eine Besonderheit dar, denn die Geschäftsleiter trifft bei sonstigen Konstellationen der Verletzung von Eintragungspflichten lediglich die Pflicht zur Zahlung einer Geldbuße[97]. Angesichts dieses Risikos einer persönlichen Haftung dürfte eine zeitnahe Eintragung[98], trotz Fehlens einer entsprechenden Zeitvorgabe[99], im Interesse der Mitglieder des Leitungsorganes liegen[100]. Andererseits ist es schwierig, sich den Schaden, der aus der Missachtung der Eintragungspflicht entstehen könnte, in seinen konkreten Ausmaßen vorzustellen. Zu denken wäre an Auswirkungen auf das Austrittsrecht bei Gruppeneinbeziehung (Art. 2497-*quater*)[101]. Selbst wenn in dieser oder in sonstigen Konstellationen an irriges Vertrauen Dritter oder die falsche Bezeichnung des Beklagten im Haftungsprozess gedacht werden könnte, dürfte der Nachweis eines Kausalzusammenhangs zwischen unterlassener Eintragung und eingetretenem Schaden eine unüberwindliche Hürde darstellen[102]. Es darf daher als unwahrscheinlich gelten, dass es zu einem derartigen Schadensersatzprozess kommen wird[103]. Vor dem Hintergrund dieser mangelhaften Sanktionierung wird im italienischen Schrifttum die Einführung administrativer Sanktionen sowie die Erweiterung der zivilrechtlichen Rechtsfolgen gefordert, um die durch die Registerpublizität beabsichtigte Information über die Gruppenstruktur effektiv zu gewährleisten[104].

---

97 Dazu *Pirazzini* in Maffei Alberti (Hrsg.), Il nuovo diritto delle società, Art. 2497-*bis* sub 1 (S. 2356); *Silvestro*, dircomm.it 2004, n. 7–8, sub 3, www.dircomm.it/2004/n.7.8/04.html. Vgl. etwa oben § 4 III 1 a bb – die Verletzung der Eintragungspflicht bei der Einpersonenkapitalgesellschaft führt lediglich zur Pflicht der Zahlung einer Geldbuße.

98 Von der h. L. werden bisher die allgemeinen Regeln gem. Art. 2188 ff cod. civ. über die Eintragung herangezogen, dazu *Cariello* in Niccolini/Stagno d'Alcontres (Hrsg.), Le società di capitali, Art. 2497-*bis* sub 2 (S. 1879 f mwN); *Daccò-Tatozzi* in G. Cian/Trabucchi (Hrsg.), Codice Civile, Art. 2497 *bis* sub III; *Tombari*, Fallimento 2004, S. 1164 (1171).

99 Angesichts des Fehlens einer zeitlichen Vorgabe könnten die Geschäftsleiter gar nicht gegen den bußgeldbewehrten Straftatbestand des Art. 2630 cod. civ. verstoßen, so *Pirazzini* in Maffei Alberti (Hrsg.), Il nuovo diritto delle società, Art. 2497-*bis* sub 6 (S. 2379); *Silvestro*, dircomm.it 2004, n. 7–8, sub 4, www.dircomm.it/2004/n.7.8/04.html.

100 *Tombari*, Fallimento 2004, S. 1164 (1171); ähnlich *Giardino*, Società 2004, S. 1080 (1084); *Irace* in Sandulli/Santoro (Hrsg.), La riforma delle società, Art. 2497-*bis* sub 3 (S. 326 f).

101 So *Montalenti*, Riv. soc. 2007, S. 317 (338).

102 Vgl. diesbezüglich die Kritik von *Montalenti*, Giur. comm. 2006, I, S. 504 (519); *Peter*, FS Nobel S. 251 (268).

103 Vgl. etwa Tribunale Verona, 13.07.2007, abgedr. in Società 2008, S. 1385 f, das unter anderem eine Haftung der Geschäftsleiter wegen Verstoßes gegen Art. 2497-*bis* mit dem Argument ablehnt, dass weder ein konkreter Schaden geltend gemacht, noch von Amts wegen feststellbar sei.

104 *Pirazzini* in Maffei Alberti (Hrsg.), Diritto delle Società, Art. 2497 *bis* sub VI Rn 1 ff, sub XI.

cc. Problematik des Anknüpfungsmerkmals

Allgemein jedoch könnte es sich rechtspraktisch als problematisch erweisen, dass die Eintragungspflicht an den unbestimmten Rechtsbegriff der Ausübung von Leitung und Koordinierung anknüpft. Letztere kann auf vielfältigen Grundlagen beruhen[105].

Teilweise wird davon ausgegangen, dass die Geschäftsleiter der Tochtergesellschaft von sich aus in der Lage seien zu beurteilen, ob das Handeln der Obergesellschaft leitend und koordinierend, also bestimmend sei[106]. Gerade bei ausländischen Muttergesellschaften gilt als fraglich, ob die für die Eintragung erforderlichen Informationen überhaupt verfügbar sind[107]. Zumal diese nicht der Eintragungspflicht im italienischen Unternehmensregister unterliegen[108]. Andererseits ist die Anknüpfung an ein tatsächliches Merkmal als Vorteil herausgestellt worden, da ein formales Kriterium wie die Anknüpfung an die Ausübung von Kontrolle leichter umgangen werden könnte[109]. Allerdings dürfte zu bedenken sein, dass die im bankaufsichtsrechtlichen Ansatz vorgenommene subjektbezogene Ausgestaltung, die die Eintragung der Gruppenstruktur als solche vorsieht, zu größerer Rechtssicherheit führt.

Jedenfalls sieht der codice civile keine flankierenden Informationsrechte zum Austausch zwischen den betroffenen Gesellschaften zur Erfüllung der Eintragungspflicht vor[110].

(1) Im Vergleich: Eintragungspflicht eines Unternehmensvertrages nach § 294 AktG

Das deutsche Recht ist mit der Eintragung des Unternehmensvertrages (§ 294 AktG) eindeutiger: Anknüpfungsmerkmal ist der Unternehmensvertrag selbst. Seine Eintragung im Handelsregister soll im Zusammenhang mit dem Vertragskonzern, ebenso wie die italienische Eintragungspflicht, der Publizität bei Gläubigern und etwaigen künftigen Aktionären dienen, aber auch die Rechtssicherheit insgesamt verbessern[111]. Daher wird die Regelung von der h.M. auch auf unternehmens-

---

105 Vgl. die Kritik u.a. bei *Galgano* in Commentario del Codice Civile Scialoja Branca, Art. 2497-*bis* sub 2 (S. 123 ff); *Irace* in Sandulli/Santoro (Hrsg.), La riforma delle società, Art. 2497-*bis* sub 1 (S. 325); *Pavone La Rosa*, Riv. soc. 2003, S. 765 (776); *Pennisi*, Liber Amicorum G. F. Campobasso, Bd. III, S. 887 (898 ff). *Cariello* in Niccolini/Stagno d'Alcontres (Hrsg.), Le società di capitali, Art. 2497-*bis* sub 2 (S. 1880) verweist auf das insoweit parallele Problem im Rahmen des Austrittsrechtes gem. Art. 2497-*quater* Abs. 1 c).
Zu diesem Anknüpfungstatbestand vgl. oben § 3 IV.

106 *Irace* in Sandulli/Santoro (Hrsg.), La riforma delle società, Art. 2497-*bis* sub 3 (S. 326).

107 *Giardino*, Società 2004, S. 1080 (1082). Vgl. ferner die Anhörung von *Confindustria* im Rahmen des Gesetzgebungsverfahrens, abgedr. in Riv. soc. 2002, S. 1619 (1637).

108 Dazu *Galgano* in Commentario del Codice Civile Scialoja Branca, Art. 2497-*bis* sub 2 (S. 123).

109 *Giardino*, Società 2004, S. 1080 (1082).

110 Kritisch insoweit *Montalenti* in Cottino (Hrsg.), Trattato di Diritto Commerciale IV/1, Cap. XIII sub 15 (S. 1060 f).

111 *Altmeppen* in MünchKomm AktG § 294 Rn 1; *Koppensteiner* in KölnKomm AktG § 294 Rn 2; *Veil* in Spindler/Stilz (Hrsg.), AktG § 294 Rn 1.

vertraglich abhängige GmbHs erstreckt[112]. Allerdings erfasst die Registerpublizität die praktisch wesentlich häufigeren Nicht-Vertragskonzerne damit gerade nicht. Schließlich geht es auch nicht um die Publizität von Konzernen, die weder eintragungspflichtig sind, noch überhaupt als eintragungsfähig gelten[113]. Es geht vielmehr um die Publizität des Unternehmensvertrages an sich[114]. Diesem kommt wegen seiner satzungsgleichen Auswirkungen auf die abhängige Gesellschaft satzungsändernde Wirkung zu, so dass er auch aus diesem Grund der Eintragung im Handelsregister bedarf[115].

(2) Bisherige Vorschläge für ein Konzern- bzw. Gruppenregister

Auch die bisher ergangenen Vorschläge zur Errichtung eines Konzernregisters[116] oder zur Erweiterung des Handels- bzw. Unternehmensregisters um die Eintragung von Gruppen- und Beteiligungsverhältnissen[117] in Deutschland gehen auf das dafür maßgebliche Anknüpfungskriterium nicht ein.

Gleiches gilt, soweit eine Einbeziehung dieser Vorschläge in ein europäisches Recht der Gruppe empfohlen wird[118]. Das *Forum Europaeum Konzernrecht* beschränkt sich im Rahmen des Vorschlags zur Gruppenpublizität darauf, in die Diskussion um den gruppenspezifischen Ausbau der Einzel- und Gruppenrechnungslegung auch die Frage nach einem Gruppenregister innerhalb des Handelsregisters einzubinden[119]. Möglicherweise ist die Problematik eines hinreichend konkreten und zugleich möglichst umfassenden Anknüpfungskriteriums Ursache für die fehlende Vertiefung dieses Aspektes.

(3) Erste Zahlen aus der italienischen Eintragungspraxis

Aus einer empirischen Untersuchung über Auswirkungen der Kapitalgesellschaftsrechtsreform ergibt sich, dass bis zum Sommer 2005 7.658 *s.p.a.* (entspricht 12,49 Prozent in Bezug auf die Gesamtzahl) und 17.438 *s.r.l.* (entspricht einem Anteil von 1,67 Prozent in Bezug auf die Gesamtzahl) eine Erklärung beim Unternehmensregister nach Art. 2497-*bis* Abs. 1 abgegeben haben[120]. Weder aus der Untersuchung

112 Vgl. BGHZ 105, 324, 338 ff; sowie die Nachweise bei *Hüffer* AktG § 294 Rn 1.
113 *U.H. Schneider*, WM 1986, S. 181 (182).
114 *Emmerich* in Emmerich/Habersack Aktien- und GmbH-Konzernrecht § 294 Rn 2.
115 Vgl. BGHZ 105, 324, 338 ff.
116 Vgl. *U.H. Schneider*, WM 1986, S. 181 ff; *ders.*, EuZW 2011, S. 649 f, zuletzt im Hinblick auf den Vorschlag für eine Richtlinie zur Verknüpfung von Unternehmensregistern vom 24.02.2011 zumindest die Fortentwicklung des Handelsregisters zum Konzernregister befürwortend.
117 Vgl. *Hopt* in Baumbach/Hopt HGB § 8 Rn 5; *Noack*, ZGR 1998, S. 592 (610 f); *Zöllner*, NZG 2003, S. 354 (355).
118 Vgl. zu dieser Empfehlung *Hopt*, Liber amicorum Volhard S. 74 (79).
119 *Forum Europaeum Konzernrecht*, ZGR 1998, S. 672 (704).
120 Vgl. die Zahlen bei *Aristeia*, Analisi dei primi dati relativi all'applicazione del nuovo diritto societario, Doc. n. 54, 2006, S. 11 f, bzw. *Montalenti*, Giur. comm. 2006, I, S. 504 (519), die beide die Zahlen aller im Unternehmensregister eingetragenen Gesellschaften auswerten. Demnach waren von den *s.p.a.*, die eine entsprechende Erklärung abgegeben hatten, ein Drittel Einpersonenaktiengesellschaften.

noch aus einzelnen Eintragungen geht allerdings hervor, auf welche Kriterien für die Ausübung der Leitung und Koordinierung im Einzelnen sich die Erklärungen beziehen. Dennoch erzeugt die relativ geringe Anzahl Verwunderung, wenn man weitere statistische Erhebungen berücksichtigt: schließlich galten 1999 ein Viertel aller Kapitalgesellschaften als gruppenzugehörig[121]. Auch hat die Reform nicht zu einer Veränderung der Anzahl der Kapitalgesellschaften geführt[122]. Dementsprechend ist angesichts der Ergebnisse der ersten statistischen Erhebungen über die Auswirkungen der Reform angezweifelt worden, ob nicht eine Vielzahl von Gesellschaften die Abgabe der Erklärung unterlassen hat[123].

(4) Reaktion der *Consob* für börsennotierte Gesellschaften

Die Vermutung, dass viele Gesellschaften die ihnen gem. Art. 2497-*bis* cod. civ. obliegenden Pflichten tatsächlich nicht erfüllen, dürfte eine regulatorische Maßnahme der *Consob* bestätigen. Die *Consob* hat Ende 2007 in eine der Verordnungen zur Ausführung des TUF die Regelung eingeführt, dass eine Gesellschaft, die der Leitung und Koordinierung durch eine andere Gesellschaft unterliegt, nur unter bestimmten Voraussetzungen eine Zulassung für die Börsennotierung erhalten bzw. behalten darf. Zu diesen Voraussetzungen gehört mitunter, dass die Publizitätspflichten gem. Art. 2497-*bis* cod. civ. erfüllt sind (Art. 37 Abs. 1 a) Regolamento Mercati). Diese Pflicht wird zudem in Bezug gesetzt zu der Vermutung, dass bei Vorliegen von Kontrolle die Muttergesellschaft von dem damit vorhandenen Einflusspotential auch Gebrauch macht[124]. Denn börsennotierte kontrollierte Gesellschaften, die davon ausgehen, nicht den Pflichten des Art. 2497-*bis* cod. civ. zu unterliegen, haben im Lagebericht die Gründe darzulegen, warum sie nach ihrer Auffassung nicht der Leitung und Koordinierung der Muttergesellschaft unterliegen (Art. 37 Abs. 2 Regolamento Mercati). Dieser Regelung ist jedoch bereits mangelnder Erfolg attestiert worden, da die Tendenz, im Lagebericht trotz Vorliegens von Kontrolle bzw. der Einbeziehung in den konsolidierten Abschluss mit allgemeinen Argumenten darzulegen, dass Leitung und Koordinierung durch die Muttergesellschaft nicht ausgeübt werden, ungebrochen sei[125].

dd. Kritische Bewertung der unternehmensregisterlichen Gruppenpublizität

Während die mit Art. 2497-*bis* verfolgte Zielsetzung, die Gruppenzugehörigkeit der Registerpublizität zu unterwerfen, grundsätzlich positiv zu bewerten ist, ist die Regelung im Detail jedoch fragwürdig.

Teilweise abweichend dagegen die Zahlen und Auswertung derselben Studie bei *Notari*, Riv. soc. 2006, S. 385 (396 ff), der Gesellschaften herausrechnet, die sich in Liquidation oder Insolvenzverfahren befinden.

121 Vgl. oben § 2 I 4.

122 Vgl. *Ghezzi/Malberti*, ECFR 2008, S. 1 (38 f).

123 So *Montalenti*, Giur. comm. 2006, I, S. 504 (519); vgl. zum entsprechenden Ergebnis für börsennotierte *s.p.a. Guglielmetti*, Società 2010, S. 151 (156 f).

124 Vgl. *Guglielmetti*, Società 2010, S. 151 (156 f).

125 Vgl. *Guglielmetti*, Società 2010, S. 151 (157).

So wird die durch die Eintragungspflicht bezweckte Rechtssicherheit dadurch beeinträchtigt, dass ein so unbestimmtes Merkmal wie der Tatbestand der Ausübung von Leitung und Koordinierung die Eintragungspflicht auslösen soll. Zwar ist angeführt worden, dass es gerade der Absicht des italienischen Gesetzgebers entspreche, die tatsächliche, und nicht die potentielle Ausübung von Leitung und Koordinierung zu regeln[126]. Dennoch erscheinen die Zweifel an dem Merkmal angesichts der statistischen Zahlen und der Reaktion der *Consob* berechtigt.

Selbst wenn man aber als Anknüpfungsmerkmal etwa die Ausübung von Kontrolle, und damit eine mögliche Einflussnahme[127], oder bestimmte Schwellenwerte festlegen würde, wäre ein Mehr an Rechtssicherheit nicht unbedingt gegeben – die Beteiligungsverhältnisse und damit das Einflussnahmepotential können sich, gerade bei kapitalmarktnotierten Gesellschaften, rasch ändern. Bleibt es bei der Eintragungspflicht für die Leitungsorganmitglieder der Tochtergesellschaft, könnten diese Schwierigkeiten haben, das bloße Einflussnahmepotential – zudem zeitnah – zu beurteilen.

Insoweit ist fraglich, ob es sich bei der registerrechtlichen Eintragungspflicht durch die Tochtergesellschaft, wie sie das italienische Recht vorsieht, überhaupt um ein taugliches Instrument zur Verbesserung der Gruppenpublizität handelt. Schließlich ermöglicht sie nur eine begrenzte Kenntnis der Struktur der Gruppe: ob die eingetragene Gesellschaft etwa selbst Tochter- oder Enkelgesellschaften hat, lässt sich dem Unternehmensregister nicht entnehmen. Die Information beschränkt sich im Ergebnis darauf, wer in der betreffenden Gesellschaft tatsächlich – und zumindest über einen gewissen Zeitraum – Einfluss ausübt. Ein umfassenderes Bild der Gruppenstruktur dürfte sich insofern eher aus dem konsolidierten Abschluss ergeben.

Von informativer Bedeutung dürfte die Eintragung im Unternehmensregister jedoch für Gläubiger sowie für potentielle Aktionäre sein, die keine Einsicht in das Gesellschafterbuch[128] nehmen dürfen. Dies gilt umso stärker für die Mehrheit der nicht börsennotierten Kapitalgesellschaften in Italien, deren Aktionäre zudem keine Mitteilungspflichten bei Anteilserwerb treffen[129].

2. Korrespondenzpublizität

Nach Art. 2497-*bis* Abs. 1 muss die Tochtergesellschaft in Urkunden (*atti*)[130] sowie in der Korrespondenz (*corrispondenza*) die Gesellschaft oder Körperschaft angeben, deren Leitung und Koordinierung sie unterliegt. Auch in Bezug auf diese Pflicht

---

126 *Ferro-Luzzi*, dircomm.it 2004, n. 4, sub 3.1, www.dircomm.it/2004/n.4/02.html.
127 Vgl. zum Kontrollkonzept oben § 3 I 1 d, II 3.
128 Zur Befugnis der Einsicht in das Gesellschafterbuch näher unten § 4 IV 2 a.
129 Näher dazu unten, § 4 III 4 a, b. Eine Ausnahme in Bezug auf die Mitteilungspflicht gilt, wenn die erwerbende Gesellschaft selbst börsennotiert ist.
130 Für ein weites Verständnis von *atti*, das sich nicht nur auf Rechtsgeschäfte, sondern jedes Dokument, das eine Willenserklärung oder sonstige Erklärung des Unternehmers beinhaltet, bezieht, entsprechend der Auslegung bei Art. 2199 cod. civ. spricht sich *Pirazzini* in Maffei Alberti (Hrsg.), Il nuovo diritto delle società, Art. 2497-*bis* sub 3 (S. 2359 f) aus.

dürfte das italienische Bankaufsichtsrecht Pate gestanden haben (vgl. Art. 64 Abs. 4 TUB).

Zu benennen ist allein die Obergesellschaft; auf etwaig zwischengeschaltete Gesellschaften kommt es nicht an[131].

Die Pflicht knüpft an die allgemeine Pflicht des Unternehmers an, in unternehmensbezogenen Erklärungen sowie der Korrespondenz das Register anzugeben, in dem das Unternehmen eingetragen ist (Art. 2199). Sie gilt in erweiterter Form für alle Gesellschaften, die der Eintragungspflicht im Unternehmensregister unterliegen (Art. 2250 Abs. 1)[132] und beruht auf einer Vorgabe aus der Publizitätsrichtlinie[133].

Nach italienischem Recht gelten zudem bestimmte rechtliche Zustände als derart relevant für die Öffentlichkeit, dass sie ebenfalls in den Urkunden und der Korrespondenz offenzulegen sind. Neben Gesellschaftskapital, Liquidation und Einpersonenkapitalgesellschaft[134] (Art. 2250 Abs. 2–4) betrifft dies nun auch die Gruppenzugehörigkeit. Entsprechendes galt bisher nur für Bankengruppen nach Maßgabe des Bankenaufsichtsrechts (vgl. Art. 64 Abs. 4 TUB)[135].

Auf diese Weise soll Dritten und dem Rechtsverkehr Kenntnis über die Gruppeneingebundenheit vermittelt werden, ohne dass diese in das Unternehmensregister Einsicht nehmen müssten[136]. Gleichzeitig wird aber auch der Zugang zur Information im Unternehmensregister erleichtert[137].

Wie bei Verletzung der Eintragungspflicht im Unternehmensregister kann die Geschäftsleiter im Falle eines Verstoßes die zivilrechtliche Haftung nach Art. 2497-*bis* Abs. 3 treffen. Auch insoweit fehlt es an einer Zeitvorgabe, teilweise wird eine Anknüpfung an die Eintragung befürwortet[138].

---

131 *Galgano* in Commentario del Codice Civile Scialoja Branca, Art. 2497-*bis* sub 1 (S. 122).

132 Nach Art. 2250 Abs. 1 müssen sie den Gesellschaftssitz, das Unternehmensregister und die Nummer, unter der die Gesellschaft dort eingetragen ist, in Urkunden und Korrespondenz anführen.

133 Art. 4 Publizitätsrichtlinie; näher zu dessen Inhalt *Grundmann*, Europäisches Gesellschaftsrecht Rn 269 f.

134 Damit geht das italienische Recht über die Einpersonen-Gesellschafts-Richtlinie hinaus, nach der, entgegen dem ursprünglichen Entwurf, die Vereinigung aller Anteile in einer Hand nicht auf den Geschäftspapieren festzuhalten ist, dazu *De Donno* in Bonfante/Corapi et al. (Hrsg.), Codice commentato delle nuove società, Art. 2362 Rn 10; *Grundmann*, Europäisches Gesellschaftsrecht Rn 297.

135 Vgl. zu diesem Zusammenhang *Patti* in Lo Cascio (Hrsg.), La riforma del diritto societario, Art. 2497-*bis* sub 1 (S. 262 f).
Dementsprechend finden sich bei *Peter*, FS Nobel S. 251 (267) verschiedene Beispiele, die mit einer Ausnahme italienische Bankengruppen betreffen. Demnach gilt für diese jedenfalls nicht, dass sie, wie die ebenfalls angeführten Beispiele für schweizerische Gruppen, freiwillig ihre Gruppenzugehörigkeit in ihrer Korrespondenz offenlegen.

136 *Pirazzini* in Maffei Alberti (Hrsg.), Il nuovo diritto delle società, Art. 2497-*bis* sub 3 (S. 2359).

137 Zur Funktion der Korrespondenzpublizität als sekundäres Informationsmedium *Grohmann*, Das Informationsmodell im Europäischen Gesellschaftsrecht S. 158 ff.

138 Vgl. *Daccò-Tatozzi* in G. Cian/Trabucchi (Hrsg.), Codice Civile, Art. 2497 *bis* sub IV.

3. Publizität im Zusammenhang mit der Rechnungslegung

Neben dem Kapitalmarktrecht ist das Bilanzrecht als Teil des europäischen Gesellschaftsrechts am weitesten harmonisiert[139]. Die Rechnungslegung dient im wesentlichen der Information über die wirtschaftlichen Verhältnisse der Gesellschaft, so dass sie auf eine möglichst breitflächige Offenlegung angelegt ist[140]. Traditionell bezweckt sie eine Selbstinformation der Entscheidungsträger; insoweit wirkt sie als ein Instrument der Verhaltenssteuerung im Unternehmen selbst, mittelbar aber auch nach außen[141]. Adressaten sind nicht nur die aktuellen und potentiellen Gesellschafter, sondern auch die Gläubiger[142]. Neben diesem als Individualschutz zu qualifizierenden Ziel erfüllt die europäisch harmonisierte und international vereinheitlichte Rechnungslegung auch einen Institutionenschutz: durch Anpassung der Mindestanforderungen an den Umfang der Offenlegung sollen Vergleichbarkeit und Gleichwertigkeit der Angaben gewährleistet und damit der Wettbewerb an sich geschützt werden[143].

Diesen Zielen dient u.a. der konsolidierte Abschluss[144], der aufgrund der Richtlinie über den konsolidierten Abschluss von Gruppen in den Mitgliedstaaten zu erstellen ist[145]. Sind die Anteile der Gruppenobergesellschaft an einem geregelten Markt in einem Mitgliedsstaat zum Handel zugelassen, ist der Gruppenabschluss allerdings nunmehr nach Maßgabe der IAS/IFRS zu erstellen[146]. Der Abschluss nach IAS/IFRS dient ebenfalls den genannten Zielen[147]. Italien hat darüber hinaus von der in der IAS-Verordnung vorgesehenen Möglichkeit Gebrauch gemacht, die Anwendung der IAS/IFRS für Einzeljahresabschlüsse börsennotierter Gesellschaften sowie für die

---

139 *Grundmann*, ZIP 2004, S. 2401 (2407); zu Stand und Entwicklung des europäischen Bilanzrechts *Habersack/Verse*, Europäisches Gesellschaftsrecht § 9 Rn 5 ff.

140 Zu Bilanzzwecken und Bilanztheorien, vgl. den Überblick bei *Kübler/Assmann*, Gesellschaftsrecht § 19 II (S. 305 ff).

141 *Assmann* in Großkomm AktG Einl Rn 247 mwN zur Entwicklung der Aufgaben von Rechnungslegung und Publizität; ferner *Moxter*, Der Einfluss von Publizitätsvorschriften auf das unternehmerische Verhalten S. 86 ff, 109 ff.

142 *Associazione Preite*, Olivieri/Presti/Vella (Hrsg.), Il nuovo diritto delle società, Cap. III C 2 (S. 191); *Pellens/Strzyz* in Hommelhoff/Hopt/v.Werder (Hrsg.), Handbuch Corporate Governance, 2. Aufl., S. 533 (535).

143 *Hopt* in Grundmann/Kerber/Weatherill (Hrsg.), Party Autonomy and the Role of Information in the Internal Market S. 246 (260); zur Dogmatik der Rechnungslegungspublizität vgl. den Überblick bei *Merkt*, Unternehmenspublizität S. 249 ff.
Zum Zweck der europäischen Harmonisierung der Rechnungslegung *Habersack/Verse*, Europäisches Gesellschaftsrecht § 9 Rn 1 ff; allgemein zur Internationalisierung der Rechnungslegung *Heuser* in *Heuser/Theile*, IFRS Handbuch Rn 16; *Pellens/Strzyz* in Hommelhoff/Hopt/v.Werder (Hrsg.), Handbuch Corporate Governance, 2. Aufl., S. 533 (534; 551 f).

144 *Blandini*, Società quotate e società diffuse, Cap. V par. 67 (S. 326); *Pellens/Strzyz* in Hommelhoff/Hopt/v.Werder (Hrsg.), Handbuch Corporate Governance, 2. Aufl., S. 533 (538 f).

145 Ein Überblick zur Erstellung eines konsolidierten Abschlusses nach Umsetzung der 7. Richtlinie in das italienische Recht findet sich bei *Associazione Preite*, Olivieri/Presti/Vella (Hrsg.), Il nuovo diritto delle società, Cap. III C 7 (S. 201 ff).

146 Art. 4 IAS-Verordnung.

147 Vgl. dazu *Pellens/Strzyz* in Hommelhoff/Hopt/v.Werder (Hrsg.), Handbuch Corporate Governance, 2. Aufl., S. 533 (552).

konsolidierten Abschlüsse bestimmter nicht kapitalmarktorientierter Gesellschaften vorzuschreiben (vgl. Art. 2 d.lgs. 28.02.2005, n. 38)[148], während das HGB für nicht nach IAS/IFRS konsolidierungspflichtige Mutterunternehmen lediglich ein Wahlrecht für die Erstellung des Konzernabschlusses nach internationalen Rechnungslegungsstandards vorsieht (vgl. § 315a Abs. 3 HGB)[149].

Im folgenden wird lediglich auf die gruppenspezifischen Besonderheiten des italienischen Rechts im Zusammenhang mit der Erstellung des Jahresabschlusses (*bilancio di esercizio*) – unabhängig von den aus rechtsvergleichender Perspektive weniger ergiebigen vereinheitlichten europäischen Vorgaben – eingegangen.

a. *Erweiterung des Anhangs der Tochtergesellschaft, Art. 2497-*bis *Abs. 4 cod. civ.*

Die der Tätigkeit von Leitung und Koordinierung durch eine andere Gesellschaft unterliegende Gesellschaft hat im Anhang (*nota integrativa*) eine zusammenfassende Aufstellung (*prospetto riepilogativo*) der wesentlichen Daten (*dati essenziali*) des letzten Jahresabschlusses der auf sie Leitung und Koordinierung ausübenden Gesellschaft oder Körperschaft vorzunehmen (Art. 2497-*bis* Abs. 4). Da die Vorschrift keine Präzisierungen hinsichtlich der aufzunehmenden wesentlichen Daten trifft, wird diesbezüglich die allgemeine Vorschrift über die Auslegung des Jahresabschlusses vor Stattfinden der Aktionärsversammlung herangezogen[150]: gem. Art. 2429 Abs. 3 sind dem auszulegenden Jahresabschluss die letzten Jahresabschlüsse der kontrollierten Gesellschaften in Kopie, sowie eine ergänzende Aufstellung der wesentlichen Daten des letzten Jahresabschlusses der verbundenen Gesellschaften beizufügen. Da die zusammenfassende Aufstellung nach Art. 2497-*bis* Abs. 4 Teil des Jahresabschlusses der Tochtergesellschaft wird und mögliche Fehler im Hinblick auf die zusammenfassende Aufstellung dessen Anfechtbarkeit zur Folge haben können, wird überwiegend empfohlen, den gesamten Jahresabschluss der Obergesellschaft des Vorjahres aufzunehmen[151]. Die Praxis, an den Anhang der Tochtergesellschaft den Jahresabschluss der Muttergesellschaft anzuhängen, wurde jedenfalls vor der Gesellschaftsrechtsreform von der höchstrichterlichen Rechtsprechung als zulässig erachtet[152]. Allerdings wird mittlerweile auch auf den Unterschied zwischen Art. 2497-*bis* Abs. 4, der eine Ergänzung der Darstellung im Anhang erfordert, und Art. 2429, der

---

148 Zur Umsetzung der in Art. 5 b) IAS-Verordnung eröffneten Möglichkeit, die Bilanzierung nach IAS/IFRS auch für nicht kapitalmarktorientierte Gesellschaften zu gestatten bzw. vorzuschreiben, vgl. Art. 25 l. Delega 31.10. 2003, n. 306. Vgl. auch oben § 3 I 2 a bb.

149 Näher dazu *Hopt/Merkt* in Baumbach/Hopt HGB § 315a Rn 8.

150 *Vgl. Giardino,* Società 2004, S. 1080 (1083); *Irace* in Sandulli/Santoro (Hrsg.), La riforma delle società, Art. 2497-*bis* sub 4 (S. 327).

151 Vgl. *Giardino*, Società 2004, S. 1080 (1083); *Irace* in Sandulli/Santoro (Hrsg.), La riforma delle società, Art. 2497-*bis* sub 4 (S. 327); *Pirazzini* in Maffei Alberti (Hrsg.), Il nuovo diritto delle società, Art. 2497-*bis* sub 10 (S. 2385). Dagegen einschränkend die Empfehlung des *Organismo Italiano di Contabilità* (OIC) zu den wesentlichen Daten, documento n. 1, I principali effetti della riforma del diritto societario sulla redazione del bilancio di esercizio, S. 55.

152 Vgl. die Nachweise bei *Giardino*, Società 2004, S. 1080 (1083 Fn 16); Tribunale Milano, 07.01.2010, abgedr. in Giur. comm. 2011, II, S. 951 (953 f).

eine Ergänzung des Jahresabschlusses insgesamt verlangt, verwiesen und eine, je nach Einzelfall differenzierende, Vorgehensweise befürwortet[153].

*b. Erweiterung des Lageberichtes der Tochtergesellschaft, Art. 2497-*bis *Abs. 5 cod. civ.*

Ferner müssen die Geschäftsleiter im Lagebericht (*relazione sulla gestione*) die Beziehungen anführen, die sie mit dem Leitung und Koordinierung ausübenden Rechtssubjekt, sowie mit den anderen Gesellschaften, die dessen Leitung und Koordinierung unterliegen, unterhalten haben, sowie die Auswirkungen, die diese Tätigkeit auf das Unternehmen und dessen Ergebnisse gehabt hat, Art. 2497-*bis* Abs. 5[154]. Dies geht über die etwa nach § 285 S. 1 Nr. 14 HGB bzw. § 160 AktG zu machenden Angaben zum Mutterunternehmen im Anhang hinaus[155]. Im Hinblick auf den Regelungsansatz gilt dies auch für die – entsprechend den Vorgaben des europäischen Rechts[156] – im Anhang zum Jahresabschluss[157] bzw. im Konzernanhang[158] zu machenden Angaben über jedenfalls nicht zu marktüblichen Bedingungen zustande gekommene Geschäfte mit nahestehenden Unternehmen und Personen.

Art. 2497-*bis* Abs. 5 konkretisiert weder die anzuführenden Beziehungen noch den Begriff der Auswirkungen (*effetto*). In Bezug auf die anzuführenden Beziehungen wird ein Rückgriff auf die allgemeine Vorschrift über den Inhalt des Lageberichts vorgeschlagen[159], der nach italienischem Recht der Ort ist, an dem gruppenrelevante Informationen einzustellen sind[160]: gemäß Art. 2428 Abs. 3 Nr. 2 müssen aus dem Lagebericht die Beziehungen mit Tochtergesellschaften, verbundenen Gesellschaften und Obergesellschaften sowie Schwestergesellschaften hervorgehen. Demnach müssen die Geschäftsleiter gruppeninterne Geschäfte offen legen, einschließ-

153 *Butturini*, Giur. comm. 2011, II, S. 954 (959 f) in Anmerkung zu o.g. Urteil des Tribunale Milano vom 07.01.2010.

154 Entsprechendes wurde bereits vor der Reform in Rechtsprechung und Schrifttum gefordert, vgl. die Darstellung von *Daccò-Tatozzi* in G.Cian/Trabucchi (Hrsg.), Codice Civile, Art. 2497-*bis* sub V.

155 Zu diesen Angaben *Merkt* in Baumbach/Hopt HGB § 285 Rn 15; ausführlicher *Ellrott* in Beck'scher Bilanzkommentar § 285 Rn 270 ff

156 Vgl. Art. 1 Nr. 6, 2 Nr. 1 Abänderungsrichtlinie.

157 Vgl. Art. 2427 Abs. 1 Nr. 22-*bis* cod. civ. bzw. § 285 Nr. 21 HGB. Näher zur Umsetzung und zum Inhalt von Art. 2427 Abs. 1 Nr. 22-*bis* cod. civ. im italienischen Recht *Balzarini*, Società 2009, S. 98 ff, sowie, aus Sicht der Rechnungslegungspraxis *OIC*, Informazioni nella nota integrativa, S. 1 ff.

158 Vgl. Art. 38 Abs. 1 Nr. *o-quinquies* Bilanzgesetzesdekret n. 127/1991 bzw. § 314 Abs. 1 Nr. 13 HGB.
Zur Neufassung des § 314 Abs. 1 Nr. 13 HGB *Busse von Colbe/Schurbohm-Ebneth,* BB 2008, S. 98 (101 f); *Küting/Boecker* in Küting/Pfitzer/Weber (Hrsg.), Das neue deutsche Bilanzrecht S. 553 (567 ff). Zu den im Konzernanhang im Einzelnen zu machenden Angaben *Ellrott* in Beck'scher Bilanzkommentar § 314 Rn 106 ff.

159 Vgl. *Bussoletti/De Biasi* in Niccolini/Stagno d'Alcontres (Hrsg.), Le società di capitali, Art. 2428 sub 3 (S. 1059); *Irace* in Sandulli/Santoro (Hrsg.), La riforma delle società, Art. 2497-*bis* sub 4 (S. 327 f).

160 Zu den Gründen, warum die gruppenrelevanten Informationen nach italienischem Recht im Lagebericht verortet sind *Bussoletti/De Biasi* in Niccolini/Stagno d'Alcontres (Hrsg.), Le società di capitali, Art. 2428 sub 3 (S. 1058 f).

lich der Bedingungen und Zeiträume ihres Zustandekommens[161]. Im Hinblick auf Art. 2497-*bis* Abs. 5 wird in der Literatur teilweise von einem engen Verständnis, das nur Geschäfte erfassen will, die nicht zu Marktbedingungen zustande gekommen sind, ausgegangen[162]. Die Rechnungslegungspraxis befürwortet dagegen ein weites Verständnis der aufzunehmenden Beziehungen[163]. Letztlich ist eine Parallele zum Konzept der Offenlegungspflichten über den Umgang mit Geschäften mit related party transactions nach Art. 2391-*bis* zu erkennen[164].

Anders in ihrer Zielsetzung sind die aufgrund der Vorgaben der Übernahmerichtlinie[165] in den Lagebericht von an einem geregelten Markt notierten Gesellschaften aufzunehmenden Angaben (vgl. Art. 123-*bis* TUF): sie stellen darauf ab, ein möglichst umfassendes Bild von der Gesellschaft, ihrer Struktur und insbesondere über etwaige Übernahmehindernisse zu geben[166]. Dementsprechend beziehen sich die Angabepflichten im wesentlichen auf das Vorhandensein von bestimmten Beziehungen, aus denen sich Kontrollbefugnisse ergeben können, weniger auf die Offenlegung des konkreten Inhaltes. Maßgeblich ist die Offenlegung potentiellen, kontrollierenden Einflusses und nicht, wie in Art. 2497-*bis* Abs. 5, der Art und Weise der Ausübung von als vorhanden vorausgesetztem Einfluss.

c. *Lückenhaftigkeit der gruppenspezifischen Ergänzungen zur Rechnungslegung*

Unmittelbar zivilrechtliche Rechtsfolgen bei Nichterfüllung der genannten Offenlegungspflichten sind nicht vorgesehen; als denkbar gilt die Anfechtbarkeit des Beschlusses, mit dem der Jahresabschluss bestätigt wird[167]. Vereinzelt werden Art. 2497 Abs. 3 oder allgemeine Haftungstatbestände des Leitungsorganes für einschlägig gehalten[168]. Teilweise wird eine strafrechtliche Verantwortlichkeit der Geschäftsleiter wegen falscher Informationen für möglich gehalten[169].

Ebenso wenig ist gesetzlich geregelt, wie die Tochtergesellschaften die für die Erfüllung ihrer Publizitätspflichten nach Art. 2497-*bis* Abs. 4 und 5 nötigen Informationen von der Obergesellschaft erlangen können. Dagegen sind sie nach Art. 43 Bilanzgesetzesdekret n. 127/1991 verpflichtet, der Gruppenobergesellschaft die zur Erstellung des konsolidierten Abschlusses erforderlichen Informationen rechtzeitig zu übermitteln, ohne dass sie ihr gegenüber Betriebsgeheimnisse geltend machen

---

161 *Giardino*, Società 2004, S. 1080 (1083).
162 Vgl. *Irace* in Sandulli/Santoro (Hrsg.), La riforma delle società, Art. 2497-*bis* sub 4 (S. 328).
163 Vgl. die Vorschläge des *OIC*, die wesentlichen gruppeninternen Beziehungen tabellenartig zu erläutern, *OIC*, documento n. 1, I principali effetti della riforma del diritto societario sulla redazione del bilancio di esercizio, S. 56 f.
164 *OIC*, documento n. 1, I principali effetti della riforma del diritto societario sulla redazione del bilancio di esercizio, S. 57 f. Zu den Offenlegungspflichten nach Art. 2391-*bis* s.u. § 4 III 5 c.
165 Art. 10 Übernahmerichtlinie.
166 Näher unten § 4 III 4 c.
167 *Pennisi,* Liber Amicorum G.F. Campobasso, Bd. III, S. 887 (929 mwN).
168 *Daccò-Tatozzi* in G.Cian/Trabucchi (Hrsg.), Codice Civile, Art. 2497 *bis* sub V.
169 *Pennisi,* Liber Amicorum G.F. Campobasso, Bd. III, S. 887 (929); *Rittatore Vonwiller/Ippolito,* I Gruppi Societari, Cap. 2.4.4 (S. 41).

könnten[170]. Ein gruppeninterner Informationsfluss von unten nach oben gilt daher als rechtlich abgesichert[171]. Dennoch wird Art. 2497-*bis* im italienischen Schrifttum als eine Art Gegenstück dazu gesehen, und die Bedeutung der Vorschrift für gruppeninterne Informationsflüsse hervorgehoben[172]. Allerdings wird auch darauf verwiesen, dass die Beschaffung der für die Erfüllung der Informationspflichten nach Art. 2497-*bis* Abs. 4 und 5 notwendigen Informationen für die Tochtergesellschaft problematisch werden kann, insbesondere, wenn die Obergesellschaft oder die übrigen Tochtergesellschaften nicht-italienische Gesellschaften sind[173]. Die Änderungen des Kapitalmarktrechts in Bezug auf die Beziehungen zu Gesellschaften mit Sitz in ausländischen Rechtsordnungen, die keine gesellschaftliche Transparenz garantieren, dürften diese Situation nicht verbessert haben. Vielmehr dürften sie parallele Probleme aufwerfen, sofern es sich bei den Auslandsgesellschaften um solche handelt, die italienische Gesellschaften kontrollieren[174]. Dabei ist die Verbesserung der Informationsbeschaffung für Tochtergesellschaften ein Anliegen, das wiederholt geltend gemacht worden ist[175] und dem wohl auch die IFRS nicht hinreichend Sorge tragen[176].

Schließlich muss eine kontrollierte Gesellschaft, anders als im Falle einer Börsennotierung[177], keine Erklärung im Lagebericht darüber abgeben, warum sie davon ausgeht, der Leitung und Koordinierung nicht zu unterliegen und damit auch den Pflichten nach Art. 2497-*bis* nicht nachkommen zu müssen[178].

d. Zusammenfassung: gruppenspezifische Publizität im Zusammenhang mit der Rechnungslegung

Aufgrund der Pflicht zur Hinterlegung des Jahresabschlusses beim Unternehmensregister[179] sind die Offenlegungspflichten nach Art. 2497-*bis* Abs. 4 und 5 Teil der gesellschaftlichen Rechnungslegungspublizität[180]. Ihre Periodizität soll dazu führen, dass die Wirkungen der Leitung und Koordinierung auf die einzelne Gesell-

---

170 Vgl. dazu *Campobasso*, Diritto Commerciale 2, Cap. XII 12 (S. 485). Zum Fehlen einer entsprechenden Rechtsgrundlage in der Richtlinie über den konsolidierten Abschluss und die Auswirkungen auf die Abschlusserstellung in grenzüberschreitenden Gruppen *Windbichler* in Hommelhoff/Hopt/v.Werder (Hrsg.), Handbuch Corporate Governance, 2. Aufl., S. 825 (842).

171 Dazu *Patti* in Lo Cascio (Hrsg.), La riforma del diritto societario, Art. 2497-*bis* sub 2 (S. 265).

172 *Giardino*, Società 2004, S. 1080 (1081); *Patti* in Lo Cascio (Hrsg.), La riforma del diritto societario, Art. 2497-*bis* sub 2 (S. 265); *Pirazzini* in Maffei Alberti (Hrsg.), Il nuovo diritto delle società, Art. 2497-*bis* sub 10 (S. 2385 f).

173 *Irace* in Sandulli/Santoro (Hrsg.), La riforma delle società, Art. 2497-*bis* sub 4 (S. 328).

174 Vgl. insbesondere Art. 165-*ter* und Art. 165-*sexies* TUF, eingefügt durch l. 28 dicembre 2005, n. 262, näher *Galgano*, Contr. e impr. 2006, S. 73 (79 ff).

175 Insbesondere *Forum Europaeum Konzernrecht*, ZGR 1998, S. 674 (703).

176 Vgl. *Hopt*, ZHR 171 (2007), S. 199 (214).

177 Vgl. oben § 4 III 1 b cc (4).

178 Zum Vorschlag der Einführung einer Art. 37 Regolamento Mercati entsprechenden Regelung in das IX. Kapitel des codice civile *Guglielmetti*, Società 2010, S. 151 (157).

179 Diese Pflicht ergibt sich aus Art. 2435.

180 *Pirazzini* in Maffei Alberti (Hrsg.), Il nuovo diritto delle società, Art. 2497-*bis* sub 10 (S. 2385).

schaft erkennbar und messbar werden[181]. Auf diese Weise soll zur ordnungsgemäßen Geschäftsführung in der Gruppe angeregt[182] und gleichzeitig die Gruppenstruktur in ihren Auswirkungen transparent werden[183]. Dies ist gerade für nicht börsennotierte Gesellschaften, in denen es an den weitergehenden kapitalmarktrechtlichen Publizitätsvorgaben fehlt[184], von Bedeutung. Zumal einzelne Gesellschafter, insbesondere die einer *s.p.a.*, ansonsten nur sehr beschränkte individuelle Informationsmöglichkeiten haben[185]. Demnach soll sich die Bedeutung gerade im Zusammenhang mit der Erhebung der Haftungsklage nach Art. 2497 niederschlagen[186].

Die Regelung dürfte aus europäischer Perspektive insofern interessant sein, als in Bezug auf die europäischen Vorgaben zur Rechnungslegung wiederholt kritisiert worden ist, dass aus dem Einzelabschluss der Umfang der Gruppeneinbindung und möglicherweise daraus resultierende Risiken ebenso wenig deutlich werden wie aus dem konsolidierten Gruppenabschluss[187]. Zwar haben die IFRS insofern eine Verbesserung gebracht[188]. Allerdings ist die Bilanzierung nach IAS/IFRS nur für einen Teil der Kapitalgesellschaften vorgeschrieben[189]. Jedenfalls aber sehen die europäischen Vorgaben keine Informationsquelle vor, aus der die wesentlichen Merkmale der Gruppenstruktur, beschrieben auf eine eindeutige und anlegerfreundliche Weise, hervorgehen[190]. Die italienische Regelung ist daher, auch wenn es an der Konkretisierung der offenzulegenden Angaben fehlt, vom Ansatz her weiter.

Insbesondere der Lagebericht wird auf diese Weise zu einer wichtigen Quelle der Dokumentation von Gruppenbeziehungen[191]. Ergänzt wird diese um die Begründung von durch die Obergesellschaft beeinflussten Entscheidungen der Tochtergesellschaft (Art. 2497-*ter*)[192] sowie in der kapitalmarktorientierten[193] *s.p.a.* um

---

181 *Fasciani*, ECFR 2007, S. 195 (206); *Irace* in Sandulli/Santoro (Hrsg.), La riforma delle società, Art. 2497-*bis* sub 1 (S. 325); *Pirazzini* in Maffei Alberti (Hrsg.), Il nuovo diritto delle società, Art. 2497-*bis* sub 10 (S. 2385).

182 *Patti* in Lo Cascio (Hrsg.), La riforma del diritto societario, Art. 2497-*bis* sub 2 (S. 265).

183 *Daccò-Tatozzi* in G. Cian/Trabucchi (Hrsg.), Codice Civile, Art. 2497 *bis* sub V.

184 So *De Biasi*, Società 2003, S. 946 (950); *Patti* in Lo Cascio (Hrsg.), La riforma del diritto societario, Art. 2497-*bis* sub 2 (S. 266); näher zu kapitalmarktrechtlichen Publizitätsvorgaben bzgl. der Transparenz von Beteiligungen sogleich unter § 4 III 4 b.

185 Näher zu den individuellen Informationsrechten des Aktionärs unten § 4 IV 2.

186 *Pirazzini* in Maffei Alberti (Hrsg.), Il nuovo diritto delle società, Art. 2497-*bis* sub 10 (S. 2386).

187 Vgl. die Kritik vom *Forum Europaeum Konzernrecht*, ZGR 1998, S. 672 (702); *High Level Group*, Report II, Kap. V 2 (S. 103 f); *Hopt*, ZIP 2005, S. 461 (464); sowie zur Entwicklung des Europäischen Gesellschaftsrechts die Stellungnahme der *Arbeitsgruppe Europäisches Gesellschaftsrecht*, ZIP 2003, S. 863 (875).

188 Dazu *Hopt*, ZHR 171 (2007), S. 199 (214).

189 Vgl. zum Anwendungsbereich der IFRS oben § 4 III 3 sowie § 3 I 2 a bb.

190 Vgl. *Reflection Group*, Report, sub 4.3.1 i) (S. 71), ii) (S. 72) die sich insoweit auf die Quellen Jahresbericht, Corporate Governance-Erklärung oder Internetseite des Unternehmens bezieht, ohne allerdings zu spezifizieren, ob sie ein jeweils zusätzliches Dokument oder eine Ergänzung der genannten Quellen befürwortet.

191 So auch *Fasciani*, ECFR 2007, S. 195 (205 f).

192 Dazu sogleich unter § 4 III 5 a.

193 Zur Erläuterung unten § 4 III 4 c aa.

die Offenlegung des Umgangs von Leitungsorganmitgliedern mit related party transactions (Art. 2391-*bis*)[194]. Die Offenlegung an jeweils einem bestimmten Ort, in diesem Fall dem Lagebericht, ist eine sinnvolle Herangehensweise. Dementsprechend enthielt der Aktionsplan für börsennotierte Gesellschaften den Vorschlag, verschiedene Angaben, wie solche über Beziehungen mit den Inhabern bedeutender Beteiligungen und erhebliche Geschäfte mit anderen verbundenen Parteien, in die jährliche Corporate Governance Erklärung aufzunehmen[195]. Die europäischen Vorgaben durch die Abänderungsrichtlinie sehen indes die Aufnahme von Angaben zu Geschäften mit nahestehenden Unternehmen und Personen in den Anhang des Jahresabschlusses bzw. des konsolidierten Abschlusses vor[196] und sind entsprechend umgesetzt worden.

4. Beteiligungstransparenz

Die Transparenz der Gesellschafterstruktur macht erkennbar, welche Gesellschafter in der Lage sind, die Gesellschaft wesentlich zu beeinflussen und welche Auswirkungen Änderungen der Zusammensetzung des Gesellschafterkreises auf die Gesellschaft haben können[197]. Auf diese Weise erfüllt die Beteiligungstransparenz verschiedene Funktionen[198]; insbesondere kann sie die Durchsetzung gesellschaftsrechtlicher Rechte erleichtern. Dadurch trägt sie u.a. zur Rechtssicherheit bei[199]. Neben der kapitalmarktrechtlichen periodischen und anlassbezogenen Publizität sowie der Prospektpublizität[200], auf die wegen der grundsätzlichen Fokussierung auf die Gruppenproblematik jeweils nicht näher eingegangen werden soll, ist die Beteiligungstransparenz eine der Säulen der kapitalmarktrechtlichen Markttransparenz[201].

Nach traditioneller deutscher Konzernrechtsdogmatik werden Offenlegungspflichten bei Beteiligungserwerb oftmals im Rahmen des Konzerneingangsschutzes verortet[202]. Ihre Funktion wird darin gesehen, Minderheitsgesellschaftern frühzeitig die Entscheidung zu ermöglichen, ob sie ihre Anteile behalten oder veräußern wol-

---

194 Dazu sogleich unter § 4 III 5 e.

195 Aktionsplan, sub 3.1.1, Jährliche Erklärung zur Corporate Governance, Angaben unter d) und e), S. 15.

196 Vgl. Artt. 1 Nr. 6, 2 Nr. 1 Abänderungsrichtlinie.

197 Statt vieler *Fumagalli* in Di Noia/Razzante (Hrsg.), Il nuovo diritto societario e dell'intermediazione finanziaria, Cap. III 1.1 (S. 430); *Montalenti/Balzola,* La società per azioni quotata, sub 3 (S. 11); *Grundmann,* Europäisches Gesellschaftsrecht Rn 723.

198 Zu unterschiedlichen Funktionen von Beteiligungstransparenz vgl. den Überblick bei *Windbichler* in Großkomm AktG § 20 Rn 2.

199 *Merkt,* Unternehmenspublizität S. 267 f.

200 Zu dieser Einteilung *Merkt,* Unternehmenspublizität S. 140 ff; zu den europäischen Grundlagen vgl. *Grundmann,* Europäisches Gesellschaftsrecht Rn 625, 656 ff.

201 *Fleischer* in Gutachten 64. Juristentag 2002 F 27.

202 Vgl. etwa *Lübking,* Ein einheitliches Konzernrecht für Europa S. 83; *Timm,* NJW 1987, S. 977 (978 f); *Veelken* in Mestmäcker/Behrens (Hrsg.), Das Gesellschaftsrecht der Konzerne im internationalen Vergleich S. 505 (517 f); *Zöllner,* FS Kropff S. 333 (338 ff); sowie die Hinweise bei *U. H. Schneider* in Assmann/U.H. Schneider (Hrsg.), WpHG Vor § 21 Rn 5.

len[203]. Dies wird mit der Veränderung, die durch die Gruppeneinbeziehung gegenüber ihren Erwartungen zum Zeitpunkt der Investition eintreten kann, begründet[204]. Die funktionsdogmatische Einordnung der Offenlegung der Beteiligungsstruktur im Rahmen des Konzerneingangsschutzes dürfte ihre Ursache darin haben, dass schon länger als nach dem – mittlerweile weitgehend europäisch vereinheitlichten[205] – Kapitalmarktrecht die Offenlegung des Erwerbs von Anteilen nach §§ 20 ff AktG vorgeschrieben ist[206].

Dieser Ansatz überschneidet sich durchaus mit dem kapitalmarktrechtlichen[207]. Die Offenlegung der Beteiligungsstrukturen ist von größerer praktischer Bedeutung bei kapitalmarktnotierten Aktiengesellschaften[208]. Zum einen besteht bei diesen in jedem Falle ein Markt und damit eine bessere Möglichkeit zur Veräußerung der Anteile[209]; sie können daher schnellen und häufigen Änderungen der Eigentümerzusammensetzung unterliegen. Die Beteiligungsstruktur – bzw. ihre Veränderung – kann zudem Einfluss auf die Kursentwicklung haben[210]. Die angemessene Unterrichtung über die Beteiligungsverhältnisse dient daher nicht nur dem Individualinteresse der Anleger, sondern soll darüber hinaus ihr Vertrauen in den Markt und damit auch dessen Funktionsfähigkeit schützen[211]. Im Interesse des Entstehens eines Europäischen Kapitalmarktes[212] sind die Mitteilungspflichten über den Erwerb von Beteiligungen für börsennotierte Aktiengesellschaften daher weitgehend harmonisiert[213]; strengere Vorgaben sind jedoch zulässig und auch in verschiedenen Mitgliedstaaten verbreitet[214].

---

203 Vgl. insofern die Begründung des Regierungsentwurfes zu § 20 AktG, abgedr. bei *Kropff*, Aktiengesetz, S. 38 ff.

204 Ähnlich *Lübking*, Ein einheitliches Konzernrecht für Europa S. 83.

205 Zum Stand der Harmonisierung des Europäischen Kapitalmarktrechts *Grundmann*, Europäisches Gesellschaftsrecht Rn 623 ff; *Hirte/Heinrichs* in KölnKomm WpHG Einl. Rn 37 ff; speziell für die Mitteilungs- und Veröffentlichungspflichten bei Veränderungen des Stimmrechtsanteils an börsennotierten Unternehmen *U.H. Schneider* in Assmann/U.H. Schneider (Hrsg.), WpHG Vor § 21 Rn 1 ff.

206 *Merkt*, Unternehmenspublizität S. 282 ff.
Vgl. ferner die Ausführungen zur Begründung mit dem traditionellen Schutz des Aktionärs durch das Aktien- statt durch das Kapitalmarktrecht von *U. H. Schneider* in U. H. Schneider/Assmann (Hrsg.), WpHG Vor § 21 Rn 18 ff.

207 *Merkt*, Unternehmenspublizität S. 283 ff; *Windbichler* in GroßkommAktG § 20 Rn 4.

208 *Campobasso*, Diritto Commerciale 2, Cap. VI A 1 (S. 257).

209 *Lübking*, Ein einheitliches Konzernrecht für Europa S. 84; *Merkt*, Unternehmenspublizität S. 284.

210 *Bertolotti* in Cottino (Hrsg.), La legge Draghi e le società quotate in borsa, Art. 120 sub 2.1; *Maviglia* in Rabitti Bedogni (Hrsg.), Il testo unico della intermediazione finanziaria, Art. 120 sub 1 (S. 639); *U.H. Schneider* in Assmann/U. H. Schneider (Hrsg.), WpHG Vor § 21 Rn 19, demzufolge dies insbesondere beim Aufbau wesentlicher Beteiligungen mit dem Ziel der Übernahme gelte.

211 *Fumagalli* in Di Noia/Razzante (Hrsg.), Il nuovo diritto societario e dell'intermediazione finanziaria, Cap. III 1 (S. 430); *Montalenti* in Cottino (Hrsg.), Trattato Diritto Commerciale IV/2, Cap. III sub 31 (S. 90).

212 Zur ökonomischen Grundidee primärmarktrechtlicher Publizität *Grundmann*, Europäisches Gesellschaftsrecht Rn 661 ff.

213 Ursprünglich durch die Beteiligungstransparenzrichtlinie; zwischenzeitlich durch die Kapitalmarktpublizitätsrichtlinie; nunmehr durch die Transparenzrichtlinie. Die Vorschriften über Informationen über bedeutende Beteiligungen finden sich in Art. 9 ff der Transparenzrichtlinie.

Das italienische Recht geht formell über die genannten europäischen Vorgaben bezüglich der Offenlegung von Beteiligungen sowie von Nebenabreden in Bezug auf Aktiengesellschaften hinaus.

a. *Offenlegung der Beteiligungsverhältnisse in der nicht börsennotierten Aktiengesellschaft*

Das italienische Aktienrecht ist im wesentlichen durch Namensaktien[215] geprägt. Namensaktien sowie die Eintragung ins Gesellschafterverzeichnis[216] der jeweiligen *s.p.a.*, in das alle Aktionäre Einsicht nehmen können[217], bewirken eine gesellschaftsinterne Publizität der Beteiligungsstruktur. Allerdings ist die Eintragung nur notwendig für die Ausübung der Gesellschafterrechte, wie etwa Teilnahme an der Aktionärsversammlung und Gewinnbezugsrecht. Der Aktionär ist jedoch nicht zu seiner Eintragung verpflichtet, sondern nur die Gesellschaft zur Führung eines Gesellschafterverzeichnisses[218].

Dagegen kann sich der Aktionär einer deutschen AG, die Namensaktien ausgegeben hat, aus Datenschutzgründen nicht über seine Mitaktionäre informieren, sondern nur Auskunft über die zu seiner Person eingetragenen Angaben verlangen, § 67 Abs. 6 S. 1 AktG[219]. Lediglich die Satzung einer nicht börsennotierten AG kann diesbezüglich weitergehende Informationsrechte gewähren, § 67 Abs. 6 S. 2 AktG[220].

Ferner müssen nicht börsennotierte *s.p.a.* nach Bestätigung des Jahresabschlusses eine Liste über die zu diesem Zeitpunkt beteiligten Gesellschafter mit den jeweils von ihnen gehaltenen Anteilen beim Unternehmensregister hinterlegen (Art. 2435 Abs. 2). Dabei sind insbesondere die Zahl der jeweils gehaltenen Aktien, sowie die Tatsache, ob diese Dritten zuzurechnen sind, anzuführen[221]. Zudem sind die Änderungen seit der Bestätigung des letzten Jahresabschlusses aufzuführen. Während einige den Zweck der Vorschrift in der Verbesserung der Beteiligungstransparenz sehen[222], dient die Vorschrift anderen zufolge eher der Identifizierung von Finanz-

---

214 Vgl. Report on more stringent national measures concerning Directive 2004/109/EC, S. 3 ff. Zu sich aus diesem Befund ergebenden Schlussfolgerungen für eine Reform der Transparenzrichtlinie, insbesondere zu einer Vollharmonisierung der kapitalmarktrechtlichen Beteiligungspublizität *Fleischer/Schmolke*, NZG 2010, S. 1241 (1243 ff).

215 Vgl. *Associazione Preite*, Morera/Olivieri/Perassi u.a. (Hrsg.), Il diritto delle società, Cap. V A 9 (S. 94 f), dort auch zur faktischen Pflicht zur Ausgabe von Namensaktien nach dem R.d. n. 1942/1941, bestätigt durch D.p.r. n. 600/1973; ferner *Magrini*, Italienisches Gesellschaftsrecht S. 59.

216 Dieses gehört zu den Verzeichnissen, das eine *s.p.a.* verpflichtet ist zu führen, vgl. zu diesem und weiteren *Campobasso*, Diritto Commerciale 2, Cap. XII 1 (S. 445).

217 Art. 2422 vermittelt jedem Aktionär das Recht, in das Gesellschafterbuch, in dem nach Art. 2421 Abs. 1 Nr.1 die Gesellschafter mit der Anzahl der ihnen gehörenden Aktien zu verzeichnen sind, Einsicht zu nehmen, näher unten § 4 IV 2 a.

218 Kritisch daher *Campobasso*, Diritto Commerciale 2, Cap. VI A 1 (S. 257).

219 Ausführlich *Bayer* in MünchKomm AktG § 67 Rn 8, 126 ff.

220 *Hüffer* AktG § 67 Rn 30 hält dies bei Gesellschaften mit überschaubarem Aktionärskreis für sachgerecht.

221 Dazu *Campobasso*, Diritto Commerciale 2, Cap. VI A 1 (S. 262).

222 *Balzarini* in Bonfante/Corapi et al. (Hrsg.), Codice commentato delle nuove società, Art. 2435 Rn 6 mwN.

flüssen und damit der Verhinderung von Geldwäsche und Steuerhinterziehung[223]. Letzterem entspricht die Kritik der Regelung als völlig unzureichend, da keine zeitnahe Informationspflicht über den Anteilserwerb begründend. Dies solle in besonderem Maße für nicht börsennotierte *s.p.a.* mit offenem Anlegerkreis gelten[224]. Allerdings sind diese rechtstatsächlich in Italien selten[225].

Demgegenüber gelten nach deutschem Recht Mitteilungspflichten auch für nicht börsennotierte Gesellschaften. Adressat ist jeweils die Gesellschaft. Allerdings finden sie erst Anwendung im Zusammenhang mit dem Erwerb einer Sperrminorität von mehr als 25 Prozent (§§ 20, 21 AktG)[226] an einer inländischen Aktiengesellschaft bzw. durch eine solche, sowie, erneut, bei Erwerb einer Mehrheitsbeteiligung (§ 20 Abs. 4 bzw. 21 Abs. 2 i.V.m. § 16 AktG)[227]. Mitteilungspflichtig ist dabei, im Unterschied zur kapitalmarktrechtlichen Mitteilungspflicht[228], nicht jeder Aktionär, sondern nur der ‚Unternehmer-Aktionär'[229]. Schließlich greifen, wenn auch in eingeschränktem Maße, Mitteilungspflichten bei Erwerb einer wechselseitigen Beteiligung (§ 328 Abs. 4 AktG). Die aktiengesetzlichen Mitteilungspflichten gelten nach Inhalt und Reichweite als zu restriktiv und daher als überholt[230].

b. Kapitalmarktrechtliche Beteiligungstransparenz durch Mitteilungspflichten bei Erwerb von Anteilen

Besondere Mitteilungspflichten bei Anteilserwerb gegenüber jeweils der *Consob* und der vom Erwerb betroffenen Gesellschaft[231] sieht das italienische Recht vor, wenn auf einer Seite des Erwerbsgeschäfts eine börsennotierte *s.p.a.* beteiligt ist (Art. 120 TUF). Die kapitalmarktrechtliche Mitteilungspflicht stellt allein auf stimmberechtigtes Kapital ab (Art. 120 Abs. 1 TUF). Gerade bei diesem besteht die Möglichkeit, auf die Gesellschaft in erheblicher Weise Einfluss zu nehmen[232]. Maßgeblicher Beteiligungsbegriff ist daher Art. 1 Abs. 6-*bis* TUF, der das Innehaben von Aktien, An-

---

223 *Bussoletti/De Biasi* in Niccolini/Stagno d'Alcontres (Hrsg.), Le società di capitali, Art. 2435 sub 2 (S. 1093).

224 Vgl. die entsprechende Kritik bei *Blandini*, Società quotate e società diffuse, Cap. IV par. 32 (S. 164); *Campobasso*, Diritto Commerciale 2, Cap. VI A 1 (S. 257).

225 Vgl. oben § 2 I 4.

226 Einzelheiten bei *Windbichler* in Großkomm AktG § 20 Rn 16 ff.

227 Näher dazu *Windbichler* in Großkomm AktG § 20 Rn 36 ff.

228 Dazu sogleich unter § 4 III 4 b.

229 Zum Normadressaten und der Frage nach dem maßgeblichen Unternehmensbegriff *Windbichler* in Großkomm AktG § 20 Rn 16 f.

230 *Hopt* in Hommelhoff/Hopt/Lutter (Hrsg.), Konzernrecht und Kapitalmarktrecht S. 31 (47).

231 *Montalenti* in Cottino (Hrsg.), Trattato Diritto Commerciale IV/2, Cap. III sub 31 (S. 91) sieht als dritten Adressaten den Markt an.

232 *Fumagalli* in Di Noia/Razzante (Hrsg.), Il nuovo diritto societario e dell'intermediazione finanziaria, Cap. III 1.1 (S. 430); *Maviglia* in Rabitti Bedogni (Hrsg.), Il testo unico della intermediazione finanziaria, Art. 120 sub 1 (S. 641).
Dazu werden auch Aktien gezählt, die nur ein beschränktes Stimmrecht verleihen (vgl. Art. 2351 Abs. 2 cod. civ.), nicht aber die Aktien, bei denen das Stimmrecht des Aktionärs in Form von Höchstbeträgen oder Abstufungen eingeschränkt ist, da diese für kapitalmarktorientierte Gesellschaften unzulässig sind (vgl. Art. 2351 Abs. 3), des weiteren auch *azioni di risparmio* (Anlageaktien) und *azioni di godimento* (Genussaktien) nicht, vgl. *Montalenti* in Cottino (Hrsg.), Trattato Diritto Commerciale IV/2, Cap. III sub 31 (S. 91).

teilen und anderen Finanzinstrumenten, die bestimmte administrative Rechte vermitteln, umfasst. Unter letztere fallen auf bestimmte Themen bezogene Stimmrechte, wie das Recht zur Ernennung eines unabhängigen Mitglieds im Leitungs- oder Kontrollorgan oder eines unabhängigen Abschlussprüfers[233].

aa. Mitteilungspflicht bei Erwerb einer Beteiligung an einer börsennotierten *s.p.a.*

Mitteilungspflichtig ist jede italienische oder ausländische[234] Gesellschaft sowie natürliche Person, die mit mehr als zwei Prozent am stimmberechtigten Kapital eines börsennotierten italienischen Emittenten beteiligt ist, Art. 120 Abs. 2 TUF. Damit ist die italienische Meldeschwelle weiterhin unterhalb der europäischen Vorgabe[235] von fünf Prozent. Auch § 21 WpHG setzt mit drei Prozent unterhalb an[236]. Hinsichtlich der Mitteilungspflicht als solcher besteht also Übereinstimmung, wenn auch die Schwellenwerte im Einzelnen voneinander abweichen. In ihrem Vorschlag zur Änderung der Transparenzrichtlinie sieht die Kommission eine Erweiterung der offenlegungspflichtigen Vorgänge auf Instrumente vor, die eine dem Halten von Aktien entsprechende wirtschaftliche Wirkung haben, jedoch keine Veränderung der Schwelle von fünf Prozent[237]. Um etwaige Verschiebungen von Kontrollverhältnissen, die durch den Einsatz zuvor nicht mitteilungspflichtiger Mechanismen bewirkt wurden, zu erfassen, hat der deutsche Gesetzgeber die Meldepflichten für bestimmte Finanzinstrumente mit Bezug auf Aktien bereits erweitert[238].

Ferner sind bei Überschreiten bestimmter, durch Verordnung der *Consob* festgelegter Schwellenwerte weitere Mitteilungen zu machen[239]. Sie liegen bei 5, 10, 15, 20, 25, 30, 35, 40, 45, 50, 66,6, 75, 90 und 95 Prozent[240]. Die Verordnung legt auch die Kriterien für die Zurechnung der Stimmrechte fest: in die Berechnung einzubeziehen sind sowohl Aktien, deren Stimmrecht Dritten zusteht, als auch Stimm-

---

233 Dazu *Montalenti* in Cottino (Hrsg.), Trattato Diritto Commerciale IV/2, Cap. III sub 30 (S. 89 f).

234 Dazu *Montalenti* in Cottino (Hrsg.), Trattato Diritto Commerciale IV/2, Cap. III sub 33 (S. 95).

235 Art. 9 Abs. 1 Transparenzrichtlinie, während die Kapitalmarktpublizitätsrichtlinie in Art. 89 Abs. 1 noch zehn Prozent als Mindestschwelle vorsah. Vgl. die Begründung für die niedrigeren Schwellen im TUF, abgedr. bei *Fumagalli* in Di Noia/Razzante (Hrsg.), Il nuovo diritto societario e dell'intermediazione finanziaria, Cap. III 1.1.2 (S. 432 f); dazu auch *Maviglia* in Rabitti Bedogni (Hrsg.), Il testo unico della intermediazione finanziaria, Art. 120 sub 2 (S. 643).

236 Umsetzung durch das Transparenzrichtlinien-Umsetzungsgesetz (TUG) vom 05.01.2007.

237 Vorschlag für eine Änderung der Transparenzrichtlinie vom 25.10.2011: Begründung – sub 2.2 (S. 6) sowie Vorschlag – Erwägungsgründe 8 bis 10, Art. 1 Abs. 7 ff.

238 Zur Erweiterung der Mitteilungspflichten gem. §§ 25, 25a WpHG durch das Gesetz zur Stärkung des Anlegerschutzes und Verbesserung der Funktionsfähigkeit des Kapitalmarktes (AnsFuG) vom 05.04.2011, sowie entsprechenden gesetzgeberischen Maßnahmen u.a. in Großbritannien und Frankreich *Krause*, AG 2011, S. 469 ff.

239 Zur Änderung der Verordnung der *Consob* insbesondere im Hinblick auf die Vorschriften zur Beteiligungstransparenz aufgrund der Umsetzung der Transparenzrichtlinie in Italien *Montalenti/Balzola,* La società per azioni quotata, sub 3 (S. 11 f).

240 Art. 117 Regolamento di attuazione del decreto legislativo 24 febbraio 1998, n. 58, concernente la disciplina degli emittenti, adottato dalla Consob con delibera n. 11971 del 14 maggio 1999, zuletzt geändert durch Beschluss n. 18049 vom 23.12.2011 – im Folgenden: Regolamento Emittenti).

rechte aus Aktien, die im Eigentum anderer stehen. Ferner sind Aktien bzw. Stimmrechte hinzuzurechnen, die Tochtergesellschaften oder einem Dritten für Rechnung der Gesellschaft gehören[241]. Schließlich besteht unter bestimmten Voraussetzungen eine Mitteilungspflicht für Beteiligte an Stimmbindungsverträgen oder Nebenabreden, auch wenn ihre Beteiligung weniger als zwei Prozent beträgt[242]. Insofern liegt der Zurechnung ein weites Konzept zugrunde[243].

Die Mitteilungen sind gegenüber der betroffenen Gesellschaft sowie der *Consob* jeweils innerhalb von fünf Börsentagen nach Entstehen der Mitteilungspflicht abzugeben[244]. Die *Consob* veröffentlicht die erhaltene Information innerhalb von drei Börsentagen nach Erhalt der Information[245].

bb. Rechtsfolgen bei Verletzung der Mitteilungspflicht

Wird der Mitteilungspflicht nicht nachgekommen, kann aus den Anteilen kein Stimmrecht ausgeübt werden; ein dennoch zustande gekommener Beschluss ist anfechtbar, Art. 120 Abs. 5 TUF. Dies gilt unabhängig davon, ob der Beschluss für die Gesellschaft einen Schaden herbeiführen kann[246]. Das Recht zur Anfechtung steht auch der *Consob* zu. Dadurch soll das allgemein öffentliche Interesse an der Transparenz der Beteiligungsverhältnisse in börsennotierten Gesellschaften unterstrichen werden[247]. Ferner ist die Mitteilungspflicht bußgeldbewehrt, Art. 193 Abs. 2 TUF[248].

Unabhängig von diesen Rechtsfolgen hat die *Consob* die Möglichkeit, zusätzliche Informationen zu verlangen, Art. 115 Abs. 3 TUF.

cc. Mitteilungspflicht bei Erwerb einer Beteiligung durch eine börsennotierte *s.p.a.*

Ähnlich wie sich die gesellschaftsrechtlichen Mitteilungspflichten nach §§ 20, 21 AktG ergänzen[249], wird die italienische kapitalmarktrechtliche Mitteilungspflicht bei Erwerb von Anteilen an einem börsennotierten italienischen Emittenten durch

---

241 Art. 118 Abs. 1, 2 Regolamento Emittenti. Art. 119-*bis* Regolamento Emittenti sieht dagegen bestimmte Ausnahmen von der Mitteilungspflicht vor, u.a. für Anteile, die von Tochtergesellschaften gehalten werden, wenn die Muttergesellschaft die Mitteilungspflichten erfüllt, oder für Aktien, die von Kreditinstituten oder die nur kurzfristig gehalten werden, ohne dass dabei jeweils die Stimmrechte aus den Aktien ausgeübt werden, näher *Montalenti/Balzola,* La società per azioni quotata, sub 3 (S. 20). Entsprechendes gilt auch für die Zurechnung nach § 23 Abs. 1 WpHG, näher dazu *U.H. Schneider* in Assmann/U.H. Schneider (Hrsg.), WpHG § 23 Rn 35 ff. Die Zulässigkeit derartiger Ausnahmen ergibt sich aus Art. 9 Transparenzrichtlinie.

242 Art. 120 Regolamento Emittenti, der aber nur Anwendung findet, wenn nicht schon eine Mitteilung nach Art. 122 TUF erfolgt ist, vgl. *Montalenti/Balzola,* La società per azioni quotata, sub 3 (S. 15 f).

243 Ausführlich *Blandini,* Società quotate e società diffuse, Cap. IV par. 34 ff (S. 166 ff).

244 Siehe zu Fristen und der Art der Mitteilung Art. 121 Regolamento Emittenti. Näher dazu *Blandini,* Società quotate e società diffuse, Cap. IV par. 39 (S. 180 ff).

245 Art. 122 Regolamento Emittenti.

246 *Blandini,* Società quotate e società diffuse, Cap. IV par. 41 (S. 189) begründet dies damit, dass die Vorschrift Transparenz und damit das Funktionieren des Marktes bezwecke.

247 *Campobasso,* Diritto Commerciale 2, Cap. VI A 1 (S. 260 f).

248 Näher *Montalenti/Balzola,* La società per azioni quotata, sub 3 (S. 22).

249 *Bayer* in MünchKomm AktG § 21 Rn 5: § 20 sei das seitenverkehrte Gegenstück zu § 21 AktG; *Raiser/Veil,* Recht der Kapitalgesellschaften § 52 Rn 2.

die Mitteilungspflicht erweitert, die einen italienischen[250] börsennotierten Emittenten trifft, wenn er – unmittelbar oder mittelbar – mehr als zehn Prozent der stimmberechtigten Anteile einer italienischen oder ausländischen nicht börsennotierten *s.p.a.* oder *s.r.l.* hält, Art. 120 Abs. 3 TUF[251]. Während der betroffenen Gesellschaft der Erwerb oder die Veräußerung der Aktien, Anteile oder Stimmrechte innerhalb von 7 Tagen mitzuteilen ist[252], ist der *Consob* die Mitteilung unter Verwendung eines bestimmten Formulars innerhalb von 30 Tagen nach Bestätigung des Bilanzentwurfes (*progetto di bilancio*) zu machen[253]. Diese Informationen sind unmittelbar nach der Verbreitung des Entwurfes des Jahresabschlusses sowie des Jahresabschlusses öffentlich zu machen[254]. Zivilrechtliche Rechtsfolgen im Falle des Unterlassens sind, anders als bei der Beteiligung an börsennotierten Gesellschaften, nicht vorgesehen[255]; die Mitteilungspflicht ist lediglich bußgeldbewehrt[256].

Diese Vorschrift ist ursprünglich im Zusammenhang mit der Regelung wechselseitiger Beteiligungen entstanden und soll deren Durchsetzung erleichtern[257]. Letztlich dient sie aber auch der Offenlegung der tatsächlichen Machtverhältnisse in der Aktionärsversammlung[258] und damit von Gruppenstrukturen.

c. *Offenlegung von Nebenabreden* (patti parasociali)

Gegenstand von Nebenabreden ist es zumeist, die gesellschaftsbezogenen Rechte auf bestimmte, in der Regel einheitliche Weise auszuüben[259]. Im Rahmen der Privatautonomie beschränken sich die Gesellschafter auf diese Weise selbst in der Ausübung ihrer gesellschafterlichen Rechte. Die Vereinbarung von Nebenabreden unter Aktionären ist in Italien häufig[260]; die praktisch bedeutendsten beziehen sich auf Fragen der Stimmbindung (*sindacati di voto*)[261]. Häufig sind auch Beschränkungen

---

250 Vgl. *Montalenti* in Cottino (Hrsg.), Trattato Diritto Commerciale IV/2, Cap. III sub 33 (S. 95 f).
251 *Fumagalli* in Di Noia/Razzante (Hrsg.), Il nuovo diritto societario e dell'intermediazione finanziaria, Cap. III 1 (S. 430), sieht darin eine nationale Besonderheit.
252 Vgl. Art. 124 Abs. 2 Regolamento Emittenti.
253 Vgl. Art. 125 Abs. 2 Regolamento Emittenti.
254 Art. 126 Regolamento Emittenti.
255 *Blandini*, Società quotate e società diffuse, Cap. IV par. 41 (S. 188 f) begründet dies damit, dass die Mitteilung gegenüber der *Consob* nicht unmittelbar nach Erwerb oder Veräußerung, sondern lediglich periodisch zu machen ist.
256 Art. 193 Abs. 2 TUF.
257 *Fumagalli* in Di Noia/Razzante (Hrsg.), Il nuovo diritto societario e dell'intermediazione finanziaria, Cap. III 1 (S. 430), III 1.2 (S. 439). Näher zu wechselseitigen Beteiligungen unten § 5 VI 2.
258 *Campobasso*, Diritto Commerciale 2, Cap. VI A 1 (S. 259); *Montalenti/Balzola*, La società per azioni quotata, sub 3 (S. 23).
259 *Associazione Preite*, Olivieri/Presti/Vella (Hrsg.), Il nuovo diritto delle società, Cap. I A 16 (S. 37); *Scimemi* in G. Cian/Trabucchi (Hrsg.), Codice Civile, Sezione III *Bis* – Dei patti parasociali, sub II Rn 1.
260 Zu daraus resultierenden Problemen für die Leitung von Gesellschaften *Rossi*, Riv. soc. 2001, S. 6 (8 f, 17 f).
261 *Fusi*, Società 2007, S. 689; *Leogrande* in Maffei Alberti (Hrsg.), Il nuovo diritto delle società, Artt. 2341-bis–2341-*ter* sub 2 (S. 93); *Pagnoni* in Bonfante/Corapi et al. (Hrsg.), Codice commentato delle nuove società, Art. 2341-*bis* Rn 3.

der Übertragbarkeit (*sindacati di blocco*)[262]. Gerade in den für Italien typischen Familienunternehmen dienen sie dazu, den Einfluss der Familie zu sichern[263]. Gleiches gilt hinsichtlich der Verbreitung von Nebenabreden, zumeist in der Form von Stimmbindungsverträgen, in Deutschland[264].

Während Stimmbindungsverträge in Deutschland seit langem als grundsätzlich zulässig gelten[265], wurde dies in Italien lange verneint[266]. Grund war die durch die Stimmbindung bewirkte Vorverlagerung der gesellschaftlichen Willensbildung im Verhältnis zur Aktionärsversammlung. Daher gelten Nebenabreden als Hindernis gegenüber der Übernahme von Gesellschaften[267].

Der italienische Gesetzgeber hat Nebenabreden mit der Gesellschaftsrechtsreform nach dem Vorbild der kapitalmarktrechtlichen Regelung auch in der nicht börsennotierten *s.p.a.*[268] unter den Aspekten der Offenlegung sowie der zeitlichen Beschränkung geregelt[269].

Insoweit soll, wie bereits bei der kapitalmarktrechtlichen Regelung[270], ein Ausgleich zwischen den Interessen der Gesellschafter an der Stabilität der Eigentumsverhältnisse einerseits und dem des Marktes an freier Stimmrechtsausübung und Übertragbarkeit andererseits hergestellt werden[271]. Die Offenlegungspflicht soll Informationsassymetrien zwischen den am Stimmbindungsvertrag Beteiligten und Außenstehenden beseitigen[272]. Die Kenntnis über vorhandene Nebenabreden soll es

---

262 *Scimemi* in G. Cian/Trabucchi (Hrsg.), Codice Civile, Sezione III *Bis* – Dei patti parasociali, sub II Rn 6, dazu näher unten § 6 V 1 a.

263 Zur Bedeutung im Zusammenhang mit der Nachfolge bei der Geschäftsführung von Familienunternehmen *Lamandini*, Giur. comm. 2004, I, S. 350 ff.

264 Vgl. *Noack*, Gesellschaftervereinbarungen S. 21 f, 37 f; *Raiser/Veil*, Recht der Kapitalgesellschaften § 16 Rn 88.

265 Vgl. *Hüffer* AktG § 133 Rn 27.

266 Zur Entwicklung der Diskussion in Literatur und Rechtsprechung vgl. *Atelli* in Rabitti Bedogni (Hrsg.), Il testo unico della intermediazione finanziaria, Artt. 122-124 sub 1 (S. 663 ff); *Scimemi* in G. Cian/Trabucchi (Hrsg.), Codice Civile, Sezione III *Bis* – Dei patti parasociali, sub IV Rn 6 mit zahlreichen Nachweisen.

267 *Donativi* in Niccolini/Stagno d'Alcontres (Hrsg.), Le società di capitali, Art. 2341-*bis* sub 1 (S. 156 f); *Fumagalli* in Di Noia/Razzante (Hrsg.), Il nuovo diritto societario e dell'intermediazione finanziaria, Cap. III, 3.1 (S. 450)

268 Zur ausdrücklichen Beschränkung auf die Rechtsform der *s.p.a.* vgl. Relazione allo schema di decreto legislativo 6/2003, sub 2, abgedr. in Giur. comm. 2003, Suppl. al n. 4/03, S. 65 (68): Demnach gelten in der *s.r.l.* sowie in der Personengesellschaft diesbezüglich die allgemeinen Prinzipien von Privatautonomie und Vertragsfreiheit.

269 Ausführlich zur Neuregelung der Nebenabreden und zur Entwicklung seit dem Codice di commercio von 1882 *Ferrucci/Ferrentino*, Le Società di capitali, le società cooperative e le mutue assicuratrici, Cap. X (S. 153 ff); *Leogrande* in Maffei Alberti (Hrsg.), Il nuovo diritto delle società, Artt. 2341-*bis*–2341-*ter* sub 2 (S. 93 ff).

270 Relazione allo schema di decreto legislativo 6/2003, sub 2, abgedr. in Giur. comm. 2003, Suppl. al n. 4/03, S. 65 (68).

271 *Galgano*, Diritto Civile e Commerciale III/2, par. 109 (S. 96 f); *Leogrande* in Maffei Alberti (Hrsg.), Il nuovo diritto delle società, Artt. 2341-*bis*–2341-*ter* sub 7 (S. 104); *Pinto*, Riv. soc. 2008, S. 1004 (1006 f).

272 *Donativi* in Niccolini/Stagno d'Alcontres (Hrsg.), Le società di capitali, Art. 2341-*bis* sub 1 (S. 157).

den (aktuellen und potentiellen) Gesellschaftern ermöglichen, bewusst entscheiden zu können, ob sie in die Gesellschaft eintreten, in ihr verbleiben oder aus ihr austreten wollen[273]. Letztlich dürfte damit auch eine verbesserte Transparenz der in der italienischen Unternehmenslandschaft vorhandenen, vielfältigen Vernetzungen, auch in Bezug auf kapitalmarktorientierte Aktiengesellschaften, bewirkt werden[274].

Das deutsche Recht kennt keine eigenständigen Offenlegungspflichten bei Vorliegen von Nebenabreden. Stimmbindungsvereinbarungen finden jedoch Berücksichtigung bei den kapitalmarktrechtlichen Mitteilungspflichten im Rahmen der Zurechnungstatbestände, etwa in §§ 21, 22 WpHG (insbesondere § 22 Abs. 2)[275]. Gleiches gilt für den bilanzrechtlichen Konsolidierungstatbestand (§ 290 Abs. 3 S. 2 HGB)[276].

Stimmbindungsvereinbarungen betreffend Aktiengesellschaften, die an einem organisierten Markt teilnehmen, sind zudem im Lagebericht offenzulegen (vgl. § 289 Abs. 4 Nr. 2 HGB). Anlass hierfür war die Umsetzung der Übernahmerichtlinie[277]. Eine entsprechende Regelung gilt daher in allen Mitgliedstaaten, auch in Italien (vgl. Art. 123-*bis* TUF)[278]. Sie dürfte auf den Bericht der *High Level Group* zum Gesellschaftsrecht zurückgehen. Dieser enthielt, unter Bezugnahme auf den vorherigen Bericht über die Abwicklung von Übernahmeangeboten, den Rat, ein klares Bild u.a. über die Kapital- und Kontrollstrukturen zu schaffen[279]. Ziel ist die Offenlegung etwaiger Übernahmehindernisse[280]. Zugleich wird damit auch die Forderung, Transparenz hinsichtlich des Aufbaus der Unternehmensführung einer Gruppe, einschließlich gegenseitiger Beteiligungen und Vereinbarungen unter Aktionären, zu schaffen[281], jedenfalls in Bezug auf letztere, erfüllt.

aa. Exkurs: Der Begriff der kapitalmarktorientierten *s.p.a.*

Die Offenlegungspflicht trifft nur kapitalmarktorientierte *s.p.a.* (*società che fanno ricorso al mercato del capitale di rischio*). Dazu gehören entsprechend der Definition in Art. 2325-*bis* Abs. 1 Gesellschaften, deren Aktien an geregelten Märkten notiert (*società quotate in mercati regolamentati*) oder die in maßgeblichem Umfang unter den Anlegern gestreut sind (*s.p.a. con azionariato diffuso*). Die Legaldefinition der erstgenannten findet sich in Art. 119 TUF, wonach eine *società quotata* eine italienische Gesellschaft ist, deren Aktien an geregelten Märkten in Italien oder anderen Staaten

---

273 *Associazione Preite*, Olivieri/Presti/Vella (Hrsg.), Il nuovo diritto delle società, Cap. I A 17 (S. 40 f).
274 So *Hilpold/Brunner*, ZVglRWiss 105 (2006), S. 519 (532). Zum rechtstatsächlichen Umfeld oben § 2 I 4.
275 Vgl. dazu *U.H. Schneider* in Assmann/U.H. Schneider (Hrsg.), WpHG § 22 Rn 172 ff.
276 Zu beiden *Hopt* in Hommelhoff/Hopt/Lutter (Hrsg.), Konzernrecht und Kapitalmarktrecht S. 31 (40 f).
277 Vgl. Art. 10 Abs. 1, 2 Übernahmerichtlinie.
278 Die Vorschrift wurde eingefügt durch d.lgs. 19.11.2007, n. 229.
279 *High Level Group*, Report II, Kap. III 2 (S. 47).
280 *Merkt* in Baumbach/Hopt, HGB § 289 Rn 4.
281 *High Level Group*, Report II, Kap. V 2 (S. 103 ff).

der Europäischen Union notiert sind[282]. Das Merkmal der Streuung im maßgeblichen Umfang bestimmt sich über den Verweis in Art. 111-*bis* Disposizioni per l'attuazione e transitorie nach Art. 116 TUF, der wiederum auf die entsprechende Verordnung der *Consob*, also Regolamento Emittenti verweist[283].

Die kapitalmarktorientierte *s.p.a.* wird auch als offene *s.p.a.* (*s.p.a. aperta*)[284] – im Gegensatz zu dem Modell der geschlossenen *s.p.a.* (*s.p.a. chiusa*) – bezeichnet. Seit der Gesellschaftsrechtsreform differenziert der codice civile an verschiedenen Stellen nach der jeweiligen Realstruktur. Diese Vorgehensweise entspricht einer allgemeinen Entwicklung, die, vom US-amerikanischen Gesellschaftsrecht ausgehend, sich in anderen europäischen Rechtsordnungen wieder findet[285]. Der Aktionsplan hat diese Differenzierung für weitere legislative Maßnahmen auf europäischer Ebene befürwortet[286]; sie liegt schließlich den – insbesondere die Corporate Governance betreffenden – Reformen der letzten Jahre zugrunde[287]. Als Gründe für die Differenzierung werden das Bedürfnis eines verstärkten Minderheitenschutzes bzw. allgemein eines Schutzes der verschiedenen Interessen in Gesellschaften, die sich an einen breit gestreuten Anlegerkreis wenden, angeführt[288].

Allerdings dürfte die Differenzierung, jedenfalls zur Zeit, in Italien von geringen praktischen Auswirkungen sein[289], denn die genannten Kriterien treffen auf nur wenige Gesellschaften zu.

---

282 Zum Begriff der börsennotierten Gesellschaft *Montalenti* in Cottino (Hrsg.), Trattato Diritto Commerciale IV/2, Cap. I sub 19 (S. 54 ff).

283 Die Definition befindet sich in Art. 2-*bis*. Kritisch zur Neufassung des Art. 2-*bis*, eingefügt durch Beschluss der *Consob* vom 23.12.2003, n. 14372, der noch enger gefasst sei als die abweichende Vorgängernorm, der bereits nur 0,2 % der italienischen *s.p.a.* unterfielen *Montalenti* in Cottino (Hrsg.), Trattato Diritto Commerciale IV/2, Cap. I sub 18 (S. 52); *Mosco*, Riv. soc. 2004, S. 863 (867 ff).

284 *Fasciani*, JbItalR 18 (2005), S. 157 (168 f).

285 Rechtsvergleichend *Hopt* in Lutter/Wiedemann (Hrsg.), Gestaltungsfreiheit im Gesellschaftsrecht S. 123 (141 f); zur Entwicklung in Deutschland *Windbichler*, Gesellschaftsrecht § 1 Rn 6, § 25 Rn 2; für eine weitergehende Differenzierung etwa *Bayer*, FS Hopt S. 373 (387 ff); *Roth*, FS Hopt S. 1261 (1268 ff).

286 Vgl. Aktionsplan sub 2.1., S. 9; zuvor entsprechend *High Level Group*, Report II, Kap. II 4 (S. 36 f).

287 Ausführlich *Bachmann*, AG 2011, S. 181 ff. Im Grünbuch Corporate Governance-Rahmen wirft die Kommission die Frage auf, ob zusätzlich innerhalb der börsennotierten Gesellschaften nach der Größe zu differenzieren sei, S. 4 f (Frage 2).

288 *Associazione Preite*, Olivieri/Presti/Vella (Hrsg.), Il nuovo diritto delle società, Cap. I A 4 (S. 24 f); *Silva* in G. Cian/Trabucchi (Hrsg.), Codice Civile, Art. 2325-*bis* sub I Rn 5. Vgl. ferner die Kritik bei *Mosco*, der angesichts des mit der Differenzierung verfolgten Zweckes sich für eine weitere Definition ausspricht, Riv. soc. 2004, S. 863 (870).
Beispiele für differenzierende Normen sind u.a. Art. 2393 Abs. 5, 2409 Abs. 1 cod. civ.; zu diesen und weiteren *Fasciani*, JbItalR 18 (2005), S. 157 (168 f); *Mosco*, Riv. soc. 2004, S. 863 (871 f); *Silva* in G. Cian/Trabucchi (Hrsg.), Codice Civile, Art. 2325-*bis* sub I Rn 3.

289 Vgl. *Mosco*, Riv. soc. 2004, S. 863 ff.

bb. Offenzulegende Arten von Nebenabreden in der kapitalmarktorientierten *s.p.a.*

Die gesellschaftsrechtliche Neuregelung bezieht sich auf Nebenabreden, die auf die Stabilität der Eigentumsverhältnisse bzw. der Geschäftsleitung gerichtet sind (Art. 2341-*bis* Abs. 1 cod. civ.)[290]; die Erlangung oder Ausübung von Kontrolle müssen sie hingegen nicht zum Gegenstand haben[291].

cc. Exkurs: Höchstdauer von 5 Jahren für Nebenabreden

Die schon zuvor von der Rechtsprechung für Nebenabreden in der nicht börsennotierten *s.p.a.* entwickelte[292] Höchstdauer von 5 Jahren ist für bestimmte Arten von Nebenabreden gesetzlich festgeschrieben worden (Art. 2341-*bis* Abs. 1). Betroffen sind solche, die die Stimmrechtsausübung in *s.p.a.* oder in deren Obergesellschaften (Art. 2341-*bis* Abs. 1 a), sog. *sindacati di voto*) zum Gegenstand haben, solche, die die Übertragbarkeit von Anteilen der Gesellschaft oder deren Obergesellschaft beschränken (Art. 2341-*bis* Abs. 1 b), sog. *sindacati di blocco*), sowie Nebenabreden, die die – ggf. auch gemeinsame – Ausübung eines beherrschenden Einflusses (Art. 2341-*bis* Abs. 1 c), sog. *sindacati di concertazione*) zum Gegenstand oder als Folge haben. Damit betrifft die Höchstdauer nur solche Nebenabreden, die die Stabilisierung der Eigentumsverhältnisse zum Gegenstand haben[293]. Die Höchstdauer gilt auch für Nebenabreden in Gesellschaften[294] gleich welcher Rechtsform, die eine *s.p.a.* kontrollieren; dabei wird der allgemein gesellschaftsrechtliche Kontrolltatbestand zugrunde gelegt[295].

Derartige Nebenabreden können jedoch verlängert werden (Art. 2341-*bis* Abs. 1 a. E.). Sehen sie keine Höchstdauer vor, hat jeder Gesellschafter ein Austrittsrecht innerhalb eines halben Jahres (Art. 2341-*bis* Abs. 2). Auf diese Weise soll der einzelne Gesellschafter davor geschützt werden, auf für ihn unzumutbare Dauer in der Gesellschaft verbleiben zu müssen[296].

---

290 Näher zu den genannten Zielrichtungen *Associazione Preite*, Olivieri/Presti/Vella (Hrsg.), Il nuovo diritto delle società, Cap. I A 16 (S. 37). Kritisch dagegen *Montalenti* in Cottino (Hrsg.), Trattato Diritto Commerciale IV/2, Cap. V sub 62 (S. 153), der darin nur eine überflüssige Wiederholung der den geregelten Nebenabreden ohnehin innewohnenden Zielen sieht.

291 *Lombardi*, Giur. comm. 2003, I, S. 267 (268); *Scimemi* in G. Cian/Trabucchi (Hrsg.), Codice Civile, Art. 2341 *bis* sub II Rn 2 f.

292 Näher *Scimemi* in G. Cian/Trabucchi (Hrsg.), Codice Civile, Art. 2341 *bis* sub I Rn 2 mit entsprechenden Nachweisen.

293 Zur Beschränkung des Regelungsgegenstandes *Pinto*, Riv. soc. 2008, S. 1004 (1008, 1011 ff).

294 Vgl. dazu ausführlich *Donativi* in Niccolini/Stagno d'Alcontres (Hrsg.), Le società di capitali, Art. 2341-*bis* sub 3 (S. 159).

295 *Scimemi* in G. Cian/Trabucchi (Hrsg.), Codice Civile, Art. 2341 *bis* sub II Rn 14. Zum gesellschaftsrechtlichen Kontrolltatbestand vgl. oben § 3 I 1.

296 Dazu *Associazione Preite*, Olivieri/Presti/Vella (Hrsg.), Il nuovo diritto delle società, Cap. I A 17 (S. 40 f); *Pagnoni* in Bonfante/Corapi et al. (Hrsg.), Codice commentato delle nuove società, Art. 2341-*bis* Rn 7.

dd. Offenlegungspflicht nach Art. 2341-*ter* cod. civ. für kapitalmarktorientierte *s.p.a.*

Art. 2341-*ter* sieht für Nebenabreden in kapitalmarktorientierten[297] *s.p.a.* insgesamt vier Formen der Offenlegung vor. Da sich die Vorschrift nicht ausdrücklich auf die in Art. 2341-*bis* genannten Arten von Nebenabreden bezieht, ist umstritten, ob sie nur diese oder Nebenabreden im Allgemeinen erfasst. Bisher überwiegt wohl erstere Auffassung[298].

Zunächst trifft die beteiligten Aktionäre[299] eine Mitteilungspflicht gegenüber der Gesellschaft. Dieselben Pflichten treffen die Gesellschafter bzw. Gesellschaftsorgane von Gesellschaften, die kapitalmarktorientierte *s.p.a.* kontrollieren[300]. Bezüglich des Inhalts der Mitteilungspflicht schweigt die Vorschrift. Eine bloße Erklärung, dass ein Stimmbindungsvertrag vorliege, würde aber kaum ihrem Sinn und Zweck entsprechen[301]. Zudem ist über die Nebenabreden bei Eröffnung jeder Aktionärsversammlung eine Erklärung durch die beteiligten Aktionäre[302] abzugeben. Sie ist durch das Leitungsorgan in das Protokoll über die Aktionärsversammlung aufzunehmen, das wiederum beim Unternehmensregister zu hinterlegen ist[303]. Die Mitteilung gegenüber der betroffenen Gesellschaft und die Erklärung in der Aktionärsversammlung bewirken nur eine ‚interne' Publizität; sie dienen den aktuellen Aktionären, damit sie in der Aktionärsversammlung ihr Stimmrecht bewusst ausüben können. Auch die Aufnahme in das Protokoll der Aktionärsversammlung bewirkt für sich genommen nur eine Information der Aktionäre, die in das Protokoll

---

297 Zum Anwendungsbereich, insbesondere in Abgrenzung zur börsennotierten *s.p.a.*, *Providenti* in Bonfante/Corapi et al. (Hrsg.), Codice commentato delle nuove società, Art. 2341-*ter* Rn 1 f.

298 So u.a. *Pavone La Rosa*, Giur. comm. 2007, I, S. 549 f; *Scimemi* in G. Cian/Trabucchi (Hrsg.), Codice Civile, Art. 2341 *ter* sub III Rn 1; anderer Auffassung ist *Leogrande* in Maffei Alberti (Hrsg.), Il nuovo diritto delle società, Artt. 2341-*bis*–2341-*ter* sub 8 (S. 106 f).

299 Trotz der fehlenden gesetzlichen Bestimmung über das mitteilungspflichtige Rechtssubjekt besteht Einigkeit, dass es sich hinsichtlich der Mitteilungspflicht gegenüber der Gesellschaft nur um die durch die Nebenabrede verbundenen Aktionäre handeln könnte, vgl. *Donativi* in Niccolini/Stagno d' Alcontres (Hrsg.), Le società di capitali, Art. 2341-*ter* sub 4 (S. 188 f).

300 H.L., vgl. *Scimemi* in G. Cian/Trabucchi (Hrsg.), Codice Civile, Art. 2341 *ter* sub II Rn 3 mwN. Umstritten ist dies in Bezug auf die an einem Stimmbindungsvertrag in einer Tochtergesellschaft beteiligten Aktionäre der Muttergesellschaft, vgl. die Darstellung bei *Pavone La Rosa*, Giur. comm. 2007, I, S. 549 (552 ff).

301 Nach h.M. sollte der Inhalt daher mindestens die Art der Vereinbarung mit ihrem wesentlichen Inhalt, die Identität der Beteiligten, die Anzahl der betroffenen Aktien und die Dauer der Vereinbarung betreffen, vgl. *Ferrucci/Ferrentino*, Le Società di capitali, le società cooperative e le mutue assicuratrici, Cap. X 7.4 (S. 179 f); *Leogrande* in Maffei Alberti (Hrsg.), Il nuovo diritto delle società, Artt. 2341-*bis*–2341-*ter* sub 8 (S. 107 f); *Scimemi* in G. Cian/Trabucchi (Hrsg.), Codice Civile, Art. 2341 *ter* sub IV Rn 7.

302 So wohl die Mehrheit im italienischen Schrifttum, vgl. *Donativi* in Niccolini/Stagno d'Alcontres (Hrsg.), Le società di capitali, Art. 2341-*ter* sub 5 (S. 192 ff); *Leogrande* in Maffei Alberti (Hrsg.), Il nuovo diritto delle società, Artt. 2341-*bis*–2341-*ter* sub 8 (S. 108); hingegen wohl die Geschäftsleiter für mitteilungspflichtig haltend *Providenti* in Bonfante/Corapi et al. (Hrsg.), Codice commentato delle nuove società, Art. 2341-*ter* Rn 7.

303 Kritisch zur Hinterlegungspflicht *Pavone La Rosa*, Giur. comm. 2004, I, S. 5 (14 f). Die hinterlegte Erklärung weise lediglich Mitteilungscharakter auf, so *Scimemi* in G. Cian/Trabucchi (Hrsg.), Codice Civile, Art. 2341 *ter* sub IV Rn 12.

als Teil der Gesellschaftsbücher jederzeit Einsicht nehmen können (Art. 2422 Abs. 1 iVm Art. 2421 Abs. 1 Nr. 3)[304]. Die Pflicht zur Hinterlegung des Protokolls beim Unternehmensregister bewirkt hingegen Publizität der Erklärung über die Nebenabrede[305]. Dadurch besteht die Möglichkeit der Kenntnisnahme von Einflusspotentialen innerhalb der Gesellschaft auch für potentielle Aktionäre sowie für Gläubiger[306], so dass lediglich durch diese Variante Außenwirkung und damit Publizität gegenüber der Allgemeinheit erzielt wird[307].

Wird die Erklärung in der Aktionärsversammlung nicht abgegeben, können die an dem Stimmbindungsvertrag beteiligten Aktionäre ihr Stimmrecht nicht ausüben und die Beschlüsse, die maßgeblich mit ihren Stimmen zustande gekommen sind, sind gem. Art. 2377 anfechtbar (Art. 2341-*ter* Abs. 2)[308]. Welche Sanktion die Mitglieder des Leitungsorganes bei Verletzung der sie treffenden Pflicht zur Aufnahme der Erklärung in das Protokoll und dessen Hinterlegung beim Unternehmensregister trifft, ist umstritten[309].

ee. Erweiterte Offenlegungspflicht für Nebenabreden in der börsennotierten *s.p.a.*

Für börsennotierte *s.p.a.* und Gesellschaften, die diese kontrollieren[310], gelten gegenüber der kapitalmarktorientierten *s.p.a.* erweiterte Offenlegungspflichten hinsichtlich Nebenabreden. Insoweit finden ausschließlich die kapitalmarktrechtlichen Vorschriften Anwendung (vgl. Art. 122 Abs. 5-*bis* TUF).

Sie betreffen jegliche Form von Stimmbindungsvereinbarungen (Art. 122 Abs. 1 S. 1 TUF), aber auch zusätzliche Arten von Nebenabreden (Art. 122 Abs. 5 TUF)[311], wie u.a. solche, die die Pflicht einer Abstimmung im Vorfeld der Stimmabgabe in einer börsennotierten *s.p.a.* oder in einer diese kontrollierenden Gesellschaft zum Gegen-

---

304 Näher dazu unten § 4 IV 2 a.

305 Dazu *Donativi* in Niccolini/Stagno d' Alcontres (Hrsg.), Le società di capitali, Art. 2341-*ter* sub 9 (S. 204).

306 *Associazione Preite*, Olivieri/Presti/Vella (Hrsg.), Il nuovo diritto delle società, Cap. I A 18 (S. 42).

307 Zur Aufspaltung der Publizitätswirkung *Donativi* in Niccolini/Stagno d' Alcontres (Hrsg.), Le società di capitali, Art. 2341-*ter* sub 1 (S. 181 f).

308 Dazu *Leogrande* in Maffei Alberti (Hrsg.), Il nuovo diritto delle società, Artt. 2341-*bis*–2341-*ter* sub 9 (S. 108 f).

309 In diesem Falle käme der Bußgeldtatbestand des Art. 2630 cod. civ. zur Anwendung, so *Providenti* in Bonfante/Corapi et al. (Hrsg.), Codice commentato delle nuove società, Art. 2341-*ter* Rn 10; ablehnend *Scimemi* in G. Cian/Trabucchi (Hrsg.), Codice Civile, Art. 2341 *ter* sub V Rn 9, der die Voraussetzungen eines zivilrechtlichen Schadensersatzanspruches nach Art. 2395 als gegeben ansieht.

310 Hierbei käme es auf den kapitalmarktrechtlichen Kontrollbegriff nach Art. 93 TUF an, der weiter ist als der gesellschaftsrechtliche nach Art. 2359 cod. civ., mit Ausnahme der Tatsache, dass er verbundene Gesellschaften nicht erfasst, vgl. dazu *Furfaro* in Cottino (Hrsg.), La legge Draghi e le società quotate in borsa, Art. 122 sub 3.1; *Fumagalli* in Di Noia/Razzante (Hrsg.), Il nuovo diritto societario e dell'intermediazione finanziaria, Cap. III, 3.2 (S. 452), sowie oben § 3 I 2 b.

311 Zu diesen *Atelli* in Rabitti Bedogni (Hrsg.), Il testo unico della intermediazione finanziaria, Artt. 122–144 sub 8 (S. 676 f); *Ferrucci/Ferrentino*, Le Società di capitali, le società cooperative e le mutue assicuratrici, Cap. X 6.2 (S. 167).

stand haben (Art. 122 Abs. 5 a) TUF), oder solche, die die Übertragbarkeit von Aktien oder Finanzinstrumenten beschränken, die Vorkaufsrechte vermitteln (Art. 122 Abs. 5 b) TUF)[312]. Der weitere Anwendungsbereich wird mit dem größeren Bedürfnis nach Transparenz bei börsennotierten Aktiengesellschaften begründet[313].

Bezüglich der Dauer ist eine Obergrenze von drei Jahren vorgesehen (Art. 123 Abs. 1 TUF). Hinsichtlich der Erneuerbarkeit und des Austrittsrechts des Aktionärs gilt Entsprechendes wie in der nicht börsennotierten *s.p.a.*; allerdings erfordert die Geltendmachung des Austrittsrechtes im Falle der Abgabe eines Übernahmeangebotes nicht die Einhaltung einer Frist (Art. 123 Abs. 3)[314].

Die Offenlegung hat wiederum auf unterschiedliche Weise zu erfolgen[315]. Dabei gelten, anders als nach Art. 2341-*ter* cod. civ., jeweils genaue Fristvorgaben (Art. 122 Abs. 1 a)–c) TUF). So ist der Stimmbindungsvertrag innerhalb von fünf Tagen nach seinem Abschluss in seiner vollständigen Form der *Consob* mitzuteilen. Innerhalb von zehn Tagen nach Abschluss ist er auszugsweise in der Tagespresse zu veröffentlichen. Schließlich ist er innerhalb von 15 Tagen nach Abschluss beim Unternehmensregister zu hinterlegen. Aufgrund der so bewirkten Möglichkeit zur Kenntnisnahme ihres Inhaltes wird die Nebenabrede teilweise der Satzung angeglichen, wenn auch nicht in der Außenwirkung[316].

Bei Verletzung irgendeiner Art der Mitteilungspflichten ist die Nebenabrede nichtig und bewirkt damit auch keine Bindung der Beteiligten[317]. Allerdings kann eine Nebenabrede, selbst wenn sie nichtig ist, unter bestimmten Voraussetzungen die Pflicht zur Abgabe eines Pflichtangebotes bzw. ein Andienungsrecht nach sich ziehen (vgl. Art. 109 Abs. 2 TUF). Zudem ist das Stimmrecht der beteiligten Aktionäre aufgehoben. Wird maßgeblich mit ihren Stimmen dennoch ein Beschluss gefasst, ist dieser nach allgemeinen Regeln anfechtbar (Artt. 122 Abs. 4 S. 2, 14 Abs. 5 TUF, Art. 2377 cod. civ.). Darüber hinaus steht in diesem Falle auch der *Consob* ein Anfechtungsrecht zu (Artt. 122 Abs. 4 S. 3, 14 Abs. 6 TUF). Des weiteren kann die Verletzung der Offenlegungspflichten eine Geldbuße von 25.000 bis 2.500.000 € nach sich ziehen (Art. 193 Abs. 2 TUF)[318].

---

312 Näher zu den einzelnen Varianten *Montalenti* in Cottino (Hrsg.), Trattato Diritto Commerciale IV/2, Cap. V sub 58 (S. 140 ff).

313 *Montalenti* in Cottino (Hrsg.), Trattato Diritto Commerciale IV/2, Cap. V sub 62 (S. 153).

314 Dazu *Ferrucci/Ferrentino*, Le Società di capitali, le società cooperative e le mutue assicuratrici, Cap. X 6.4 (S. 171); *Montalenti* in Cottino (Hrsg.), Trattato Diritto Commerciale IV/2, Cap. V sub 61 (S. 152).

315 Die Details finden sich in Art. 127–131 Regolamento Emittenti, ausführlich *Ferrucci/Ferrentino*, Le Società di capitali, le società cooperative e le mutue assicuratrici, Cap. X 6.3 (S. 169) sowie *Montalenti* in Cottino (Hrsg.), Trattato Diritto Commerciale IV/2, Cap. V sub 59 (S. 143 f).

316 *Ferrucci/Ferrentino*, Le Società di capitali, le società cooperative e le mutue assicuratrici, Cap. X 6.3 (S. 169).

317 Näher zu dadurch ausgelösten Folgeproblemen *Montalenti/Balzola*, La società per azioni quotata, sub 35 (S. 41).

318 Zur Verletzung verschiedener bußgeldbewehrter Offenlegungspflichten durch die mangelnde Offenlegung von Nebenabreden im Zusammenhang mit der versuchten Übernahme der Banca Nazionale di Lavoro im Jahr 2005 vgl. zuletzt Corte d'Appello di Venezia, Sez. I, decr., 12.08.2010, abgedr. in Società 2010, S. 1498 f.

d. Zwischenergebnis: Beteiligungstransparenz in der italienischen s.p.a.

Die italienische Schwelle von zwei Prozent für die Mitteilung über den Erwerb von Anteilen an einer börsennotierten Aktiengesellschaft ist die im europäischen Vergleich niedrigste. Allerdings ist ihr tatsächlicher Anwendungsbereich angesichts der geringen Zahl börsennotierter *s.p.a.* in Italien beschränkt. Entsprechendes mag für die Mehrzahl der europäischen Mitgliedstaaten gelten, jedenfalls aber für Deutschland[319]. Dies wird verstärkt dadurch, dass in vielen Teilen Europas die Anteile selbst börsennotierter Aktiengesellschaften meist von Großaktionären gehalten werden[320].

Insofern stellt die Erweiterung der kapitalmarktrechtlichen Mitteilungspflichten auf den Fall des Erwerbs von Anteilen durch börsennotierte Aktiengesellschaften einen ebenso interessanten Ansatz dar wie die Offenlegungspflichten von Nebenabreden. Dies gilt um so mehr, als der Aktionsplan die Verbesserung der Beteiligungstransparenz auch für nicht börsennotierte Gruppen befürwortet[321]. Die Übernahmerichtlinie und ihre Umsetzung haben eine derartige Wirkung nur in Bezug auf börsennotierte Gesellschaften. Demgegenüber scheint die *Reflection Group* von diesem Ziel des Aktionsplanes abgerückt zu sein[322].

Allerdings können auch die Gesellschafter nicht börsennotierter Gesellschaften ein Interesse an der Offenlegung von Einflusspotential haben. Zwar sind ihre Möglichkeiten zur Veräußerung als potentielle Reaktion gegenüber denen in einer börsennotierten Aktiengesellschaft beschränkt. Eine – zumindest gesellschaftsinterne – Publizität der Beteiligungsstruktur kann aber die Durchsetzung von gesellschafterlichen Rechten erleichtern helfen. Selbst bei Ausgabe von Namensaktien können Eintragungen im Gesellschafterbuch, sofern es, wie in Deutschland, nicht für alle Aktionäre einsehbar ist[323], diesen Zweck nicht immer erfüllen. Gleiches gilt für die Offenlegung von Beteiligungen im Jahresabschluss wegen ihrer mangelnden Zeitnähe zum Erwerb bzw. zur Veräußerung.

Mitteilungspflichten zur Offenlegung von Einflusspotential, sei es in Form eines einfachen Anteilserwerbs, sei es in Form des Abschlusses von Stimmbindungsverträgen, können also auch in nicht börsennotierten Gesellschaften sinnvoll sein. In diesem Rahmen könnten andere, höhere, Schwellenwerte für die Mitteilungen maßgeblich sein, als sie dies bei börsennotierten Aktiengesellschaften sind, so wie die unterschiedlichen Schwellen für die Mitteilungspflichten bei Beteiligungserwerb im italienischen Recht. Zunehmende grenzüberschreitende Investitionen sprechen auch in diesem Zusammenhang für europäisch einheitliche Mindestschwellen. Ob man jedoch soweit gehen will, den Anteilserwerb an Aktiengesell-

---

319 Vgl. zur Anzahl börsennotierter (nur inländischer) Aktiengesellschaften in Deutschland sowie in anderen europäischen Staaten DAI Factbook 2008 Übersicht 02-3 (S. 44); zur Anzahl der AG und KGaA insgesamt in Deutschland DAI Factbook 2008 Übersicht 01-1 (S. 30).

320 Vgl. statt vieler *High Level Group*, Report II, Kap. III 2 (S. 49).

321 Aktionsplan sub 3.3, Finanz- und andere Informationen, S. 22 f.

322 *Reflection Group*, Report, sub 4.3.2 i) (S. 71 f).

323 Dazu oben § 4 III 4 a.

schaften, unabhängig von der Frage der Börsennotierung, überhaupt transparent zu gestalten, ist letztlich eine Frage der Rechtspolitik. Ihre Beantwortung soll nicht Gegenstand dieser Arbeit sein, zumal derartige Bestrebungen auf europäischer Ebene nicht ersichtlich sind[324]. Gleiches gilt für die Frage, ob bei einer derartigen Regelung eine Differenzierung nach der Kapitalmarktorientierung, oder etwa dem Grad der Offenheit des Anlegerkreises sinnvoll wäre. Dies ließe sich wohl kaum ohne Bezug auf jeweilige nationale Unterschiede in der Beteiligungsstruktur von Aktiengesellschaften beurteilen[325].

5. Transparenz von Entscheidungen und Einflussnahme(potential)

Ein weiteres Ziel der Gesellschaftsrechtsreform war es, in bestimmten Konstellationen den Prozess von Entscheidungsfindungen transparent zu gestalten[326]. Neben durch die Obergesellschaft beeinflussten Entscheidungen der Tochtergesellschaft (Art. 2497-*ter*) gilt dies für Entscheidungen des Leitungsorganes einer *s.p.a.*, bei denen ein Leitungsorganmitglied sich in einem Interessenkonflikt befindet (Art. 2391). In diesen Kontext gehört letztlich auch die Pflicht der Leitungsorgane kapitalmarktorientierter *s.p.a.*, Regeln aufzustellen, die die Transparenz sowie die inhaltliche und verfahrensmäßige Ordnungsmäßigkeit von Geschäften mit nahestehenden Parteien absichern, sowie diese Regeln im Lagebericht offenzulegen (Art. 2391-*bis* Abs. 1).

*a. Begründungspflicht von Entscheidungen in der Tochtergesellschaft, Art. 2497-*ter *cod. civ.*

Die Entscheidungen einer der Leitung und Koordinierung durch eine andere Gesellschaft unterliegenden Gesellschaft sind, wenn sie durch diese beeinflusst sind, zu begründen, Art. 2497-*ter* S. 1. Die Begründung hat die Argumente und Interessen, die Grundlage der Entscheidung waren, zu enthalten. Im Lagebericht (*relazione sulla gestione,* Art. 2428) ist darüber in angemessener Weise Rechenschaft abzulegen, Art. 2497-*ter* S. 2[327].

Die Begründung soll die Beweggründe von Entscheidungen der Gesellschaft Dritten kenntlich machen sowie gruppeninterne Handlungen ans Licht bringen[328]. Auf diese Weise soll Transparenz hinsichtlich gruppenrelevanter Entscheidungen, aber

---

324 Vgl. *High Level Group*, Report II, Kap. III 2 (S. 47) – dafür spricht auch die zuletzt geäußerte Ablehnung durch die *Reflection Group*, Report, sub 4.3.2 i) (S. 71 f).

325 In diese Richtung geht wohl die Argumentation der *High Level Group*, Report II, Kap. II 4 (S. 36 f).

326 Vgl. Relazione allo schema di decreto legislativo 6/2003, sub 13, abgedr. in Giur. comm. 2003, Suppl. al n. 4/03, S. 65 (100).

327 Ob und in welchem Umfang die Begründung der Abschlussprüfung unterliegt, wird, soweit ersichtlich, jedenfalls in der Literatur zu Art. 2497-*ter* cod. civ. nicht einmal erwähnt.

328 *Daccò-Tatozzi* in G. Cian/Trabucchi (Hrsg.), Codice Civile, Art. 2497 *ter* sub I; *Fava*, Società 2003, S. 1197 (1203); *Tombari*, Giur. comm. 2004, I, S. 61 (71).

auch hinsichtlich der Art der Einflussnahme in der Gruppe hergestellt werden[329]. Damit sollen die Vorgaben des Ermächtigungsgesetzes im Hinblick auf die Verbesserung der Gruppentransparenz erfüllt werden[330]. Insbesondere soll offen gelegt werden, ob der konkreten Entscheidung ein Ausgleich zwischen den Interessen nicht nur der Gruppe, sondern auch der betreffenden Tochtergesellschaft und ihrer Minderheitsgesellschafter zugrunde liegt[331]. Zwar ist, ebenso wie nach § 76 Abs. 1 AktG, das Leitungsorgan allein für die Führung der Geschäfte der *s.p.a.* verantwortlich[332], während die Verteilung der Leitungskompetenz in der *s.r.l.*, ähnlich wie in der GmbH[333], im wesentlichen von der Ausgestaltung durch die Satzung abhängt[334]. Die Obergesellschaft kann aber ihren Einfluss in der Tochtergesellschaft nicht nur durch Stimmrechtsausübung in der Aktionärsversammlung, sondern auch durch faktische Bindung des Leitungsorganes geltend machen[335]. Dieses Vorgehen wurde bisher schon von der italienischen Rechtsprechung als zulässig angesehen[336]. Das italienische Schrifttum interpretiert die Regelung des Art. 2497-*ter* daher als Anerkennung dieser Praxis und damit eines Gruppeninteresses seitens des Gesetzgebers[337]. Dass die Berücksichtigung eines Gruppeninteresses im Rahmen von Entscheidungen des Leitungsorganes der Tochtergesellschaft zulässig ist, ergibt sich zudem aus dem Ermächtigungsgesetz zur Reform[338].

Zugleich soll mittels der Begründungspflicht der Kompetenzbereich des Leitungsorganes vor dem Hintergrund der eigenen Verantwortung durch Mindestanforderungen an die Entscheidungsfindung und Dokumentation abgesteckt werden[339]. Die Begründungspflicht soll von nachteiligen Entscheidungen innerhalb der

---

329 *Ferrucci/Ferrentino*, Le Società di capitali, le società cooperative e le mutue assicuratrici, Cap. CLVI 3 (S. 1940); *Patti* in Lo Cascio (Hrsg.), La riforma del diritto societario, Art. 2497-*ter* sub 3 (S. 270 ff); *Scognamiglio*, Riv. dir. civ. 2009, S. 757 (759).

330 Vgl. *Niutta*, Riv. dir. comm. 2003, I, S. 373 (406).

331 *Galgano*, Diritto Civile e Commerciale III/2, par. 127 (S. 196 f); *Simonetti* in Bonfante/Corapi et al. (Hrsg.), Codice commentato delle nuove società, Art. 2497-*ter* Rn 1; *Magrini*, Italienisches Gesellschaftsrecht S. 223; *Patti* in Lo Cascio (Hrsg.), La riforma del diritto societario, Art. 2497-*ter* sub 3 (S. 270); *Peter*, FS Nobel S. 251 (269).

332 Artt. 2380-*bis*, 2364 Abs. 1 Nr. 5 cod. civ..

333 § 45 GmbHG, vgl. zur Ausgestaltung durch die Satzung und den Grenzen den Satzungsautonomie *Zöllner* in Baumbach/Hueck GmbHG § 45 insbesondere Rn 1 ff, 6 ff.

334 Näher dazu *Galgano*, Diritto Civile e Commerciale III/2, par. 207 (S. 521 ff).

335 *Galgano* in Commentario del Codice Civile Scialoja-Branca, Art. 2497-*ter* sub 1 (S. 127 ff); *Patti* in Lo Cascio (Hrsg.), La riforma del diritto societario, Art. 2497-*ter* sub 2 (S. 268).

336 Vgl. den Überblick zur Entwicklung der Rechtsprechung mit Nachweisen bei *Galgano*, Diritto Civile e Commerciale III/2, par. 127 (S. 193 ff); insbesondere *Cass. Civ.* 03.02.1992, n. 1759, kommentiert von *Galgano*, Contr. e impr., 1992, S. 543 ff, und die als ‚*Caso Caltagirone*' bezeichnete Entscheidung *Cass. Civ.* 26.02.1990. n. 1439, abgedr. in Giur. comm. 1991, II, S. 360 ff.

337 So die Sichtweise von u.a. *Galgano*, Diritto Civile e Commerciale III/2, par. 126 (S. 188); *Patti* in Lo Cascio (Hrsg.), La riforma del diritto societario, Art. 2497-*ter* sub 2 (S. 268 f). Kritisch *Simonetti* in Bonfante/Corapi et al. (Hrsg.), Codice commentato delle nuove società, Art. 2497-*ter* Rn 2.

338 Art. 10 b) legge n. 366/2001 und die entsprechende Gesetzesbegründung, abgedr. in Riv. soc. 2003, S. 112 (157). Näher dazu *Galgano*, Diritto Civile e Commerciale III/2, par. 127 (S. 196 f).

339 *Patti* in Lo Cascio (Hrsg.), La riforma del diritto societario, Art. 2497-*ter* sub 1 (S. 267); ähnlich *Simonetti* in Bonfante/Corapi et al. (Hrsg.), Codice commentato delle nuove società, Art. 2497-*ter* Rn 2.

Gruppe abhalten[340]. Sie soll präventiv bewirken, dass sich die Entscheidungsträger über die Ordnungsmäßigkeit ihres Handelns Gedanken machen. Zugleich soll sie die Entscheidung ex post kontrollierbar machen[341]. Zudem kann die Begründung die Beweislage im Falle einer Haftungsklage erleichtern[342]. Insoweit besteht Übereinstimmung mit den Funktionen des Abhängigkeitsberichtes nach § 312 AktG[343]. Dass die Begründungspflicht, wie auch die Pflicht zur Erstellung des Abhängigkeitsberichtes, die Tochtergesellschaft trifft, wird damit begründet, dass die Vorschrift primär den Schutz ihrer Gesellschafter und Gläubiger zum Ziel habe[344].

aa. Gegenstand, Umfang und Adressaten der Begründungspflicht

Einzelheiten hinsichtlich Gegenstand, Umfang und Adressaten der Begründungspflicht sind im italienischen Schrifttum bislang umstritten.

Gegenstand der Begründungspflicht nach Art. 2497-*ter* sind die durch die Leitung und Koordinierung ausübende Gesellschaft beeinflussten Entscheidungen. Streit besteht zum einen darüber, ob jegliche Entscheidungen der Tochtergesellschaft erfasst sein sollen. Dagegen spreche die dadurch bewirkte Informationsfülle[345]. Daher wird vorgeschlagen, Art. 2497-*ter* im Zusammenspiel mit Art. 2497 zu sehen, so dass nur nachteilige, nicht ausgeglichene Entscheidungen zu begründen seien[346].

Die Frage danach, ob sämtliche Entscheidungen zu begründen sind, hängt wohl auch von dem jeweils zugrunde gelegten Verständnis des unbestimmten Rechtsbegriffes der Einflussnahme ab[347]. In diesem Zusammenhang wird vertreten, dass in einer Tochtergesellschaft, mit Ausnahme der Entscheidungen über das Tagesgeschäft, alle Entscheidungen, die die Organisation und die Ausübung der unternehmerischen Tätigkeit betreffen, als irgendwie beeinflusst gelten müssen[348]. Einfluss müsse nicht die Möglichkeit der Bestimmung des Ausgangs einer Abstimmung in der Gesellschafterversammlung bedeuten, sondern könne sich auch auf die strategische Planung beziehen[349]. Zudem müsse eine Einflussnahme nicht notwen-

---

340 *Fava*, Società 2003, S. 1197 (1203), die eine Parallele zur Offenlegung des Entscheidungsprozesses nach Art. 2391 zieht.

341 *Patti* in Lo Cascio (Hrsg.), La riforma del diritto societario, Art. 2497-*ter* sub 1 (S. 267).

342 *Fava*, Società 2003, S. 1197 (1203); *Irace* in Sandulli/Santoro (Hrsg.), La riforma delle società, Art. 2497-*ter* sub 1 (S. 330); *Patti* in Lo Cascio (Hrsg.), La riforma del diritto societario, Art. 2497-*ter* sub 1 (S. 267).

343 Zu den Funktionen des Abhängigkeitsberichtes *Emmerich/Habersack*, Konzernrecht § 26 Rn 9 ff; *Mülbert*, ZHR 163 (1999), S. 1 (47); *K. Schmidt*, JZ 1992, S. 856 (859).

344 *Daccò-Tatozzi* in G. Cian/Trabucchi (Hrsg.), Codice Civile, Art. 2497 *ter* sub IV.

345 So *Simonetti* in Bonfante/Corapi et al. (Hrsg.), Codice commentato delle nuove società, Art. 2497-*ter* Rn 1.

346 *Irace* in Sandulli/Santoro (Hrsg.), La riforma delle società, Art. 2497-*ter* sub 2 (S. 331) versteht darunter solche Entscheidungen, die jenseits normaler Marktbedingungen getroffen werden. Ebenso für eine Sicht im Zusammenspiel mit Art. 2497 *Rordorf*, Società 2004, S. 538 (547).

347 Vgl. *Daccò-Tatozzi* in G. Cian/Trabucchi (Hrsg.), Codice Civile, Art. 2497 *ter* sub II; *Mucciarelli* in Maffei Alberti (Hrsg.), Il nuovo diritto delle società, Art. 2497-*ter* sub 3 (S. 2390 ff).

348 *Rordorf*, Società 2004, S. 538 (546).

349 *Mucciarelli* in Maffei Alberti (Hrsg.), Il nuovo diritto delle società, Art. 2497-*ter* sub 3 (S. 2391).

digerweise auf direktem Wege erfolgen, sondern das Leitungsorgan der Tochtergesellschaft könne auch lediglich aus Sorge um Abberufung von seinem Posten im – ggf. vermeintlichen – Sinn der Obergesellschaft entscheiden[350].

Bei Zugrundelegung eines weiten Verständnisses von Einflussnahmen, was angesichts des Normzweckes, die Transparenz gruppenrelevanter Entscheidungen zu verbessern, nahe liegt, kann es nicht nur darum gehen, nachteilige Entscheidungen von erheblicher Bedeutung zu begründen. Vielmehr lässt sich der Umfang der Einflussnahme auch an der Art der Entscheidungsfindung sowie den jeweiligen Implikationen nachvollziehen[351]. Dies würde für eine § 312 AktG entsprechende Interpretation, jegliche Form der Veranlassung[352] zu erfassen, sprechen.

Adressaten der Begründungspflicht sind grundsätzlich die Mitglieder des vertretungsberechtigten Organes der Gesellschaft, also deren Geschäftsleiter[353]. Wohl überwiegend wird die Vorschrift jedoch weit ausgelegt mit der Folge, dass daneben auch die Gesellschafterversammlung als Adressatin angesehen wird[354]. Diese Sicht berücksichtigt, dass für bestimmte Entscheidungen die Aktionärsversammlung zuständig ist. Dazu gehören etwa Entscheidungen über Kapitalmaßnahmen oder Grundlagenentscheidungen wie die über einen Zusammenschluss oder eine Sitzverlegung ins Ausland[355], aber auch die Bestätigung des Jahresabschlusses[356] Dabei wird allerdings angemerkt, dass die Obergesellschaft die Beschlüsse der Aktionärsversammlung durch Ausübung des ihr zustehenden Stimmrechts in ihrem Sinne beeinflussen kann[357]. Schließlich hilft ein weites Verständnis, die Regelung auch auf die *s.r.l.* anzuwenden[358], in der die Gesellschafterversammlung grundsätzlich eine umfassendere Entscheidungskompetenz hat als in der Aktiengesellschaft[359].

---

350 Vgl. *Daccò-Tatozzi* in G. Cian/Trabucchi (Hrsg.), Codice Civile, Art. 2497 *ter* sub II.

351 In diesem Sinne für ein weites Verständnis *Mucciarelli* in Maffei Alberti (Hrsg.), Il nuovo diritto delle società, Art. 2497-*ter* sub 3 (S. 2391 f), sub 6 (S. 2396); *Pennisi,* Liber Amicorum G.F. Campobasso, Bd. III, S. 887 (915 mwN); auch *Peter,* FS Nobel S. 251 (269).

352 Zum Inhalt des Abhängigkeitsberichtes *Hüffer* AktG § 312 Rn 11 ff; *Koppensteiner* in Köln-Komm AktG § 312 Rn 35, 41.

353 Da diese bei ihrem Handeln auch Sorgfaltspflichten unterliegen, sollten sie sich bei Maßnahmen größerer Bedeutung ggf. an externe Experten wenden – so *Irace* in Sandulli/Santoro (Hrsg.), La riforma delle società, Art. 2497-*ter* sub 4 (S. 332); zustimmend *Mucciarelli* in Maffei Alberti (Hrsg.), Il nuovo diritto delle società, Art. 2497-*ter* sub 4 (S. 2393).

354 Vgl. den Überblick zum Streitstand bei *Daccò-Tatozzi* in G. Cian/Trabucchi (Hrsg.), Codice Civile, Art. 2497 *ter* sub I. Für eine weite Auslegung unter anderem *Irace* in Sandulli/Santoro (Hrsg.), La riforma delle società, Art. 2497-*ter* sub 3 (S. 331); *Mucciarelli* in Maffei Alberti (Hrsg.), Il nuovo diritto delle società, Art. 2497-*ter* sub 1 (S. 2388 f); *Rordorf,* Società 2004, S. 538 (546).

355 Vgl. *Irace* in Sandulli/Santoro (Hrsg.), La riforma delle società, Art. 2497-*ter* sub 3 (S. 331).

356 Art. 2364 Abs. 1 cod. civ. für das traditionelle und das monistische Organisationsmodell; Art. 2364-*bis* für das dualistische Organisationsmodell. Näher dazu *Pennisi,* Liber Amicorum G. F. Campobasso, Bd. III, S. 887 (910). Allgemein zur Zuständigkeit der Aktionärsversammlung *Galgano,* Diritto Civile e Commerciale III/2, par. 131 (S. 219).

357 *Irace* in Sandulli/Santoro (Hrsg.), La riforma delle società, Art. 2497-*ter* sub 3 (S. 331); *Mucciarelli* in Maffei Alberti (Hrsg.), Il nuovo diritto delle società, Art. 2497-*ter* sub 3 (S. 2391).

358 *Mucciarelli* in Maffei Alberti (Hrsg.), Il nuovo diritto delle società, Art. 2497-*ter* sub 1 (S. 2389); *Tombari,* Giur. comm. 2004, I, S. 61 (71),

359 Vgl. *Associazione Preite,* Morera/Olivieri/Perassi u.a. (Hrsg.), Il diritto delle società, Cap. IX A 1 (S. 267 f); *Galgano,* Diritto Civile e Commerciale III/2, par. 207 (S. 521 ff); *Grundmann/Massari* in

bb. Angaben im Lagebericht

Die Begründungen der Entscheidungen sind in den Lagebericht (*relazione sulla gestione*) aufzunehmen. Ob dabei auch die jeweiligen Argumente und Interessen anzugeben sind, geht aus der Norm nicht hervor. Geheimhaltungsinteressen der Gesellschaft einerseits, ein verbesserter Schutz von Minderheitsgesellschaftern durch Offenlegung nicht nur der Entscheidungen, sondern auch des Weges der Entscheidungsfindung andererseits, werden, soweit ersichtlich, in diesem Zusammenhang selten erwähnt[360]. Dass für die betroffene Gesellschaft sensible Informationen Eingang in die Begründung finden, dürfte allerdings kaum zu erwarten sein[361]. Für umfassende Angaben werden allgemein der Normzweck[362] sowie eine einheitliche Lesart mit Art. 2497-*bis* Abs. 5 herangezogen, wonach die Leitungsorganmitglieder im Lagebericht die Beziehungen mit der Obergesellschaft sowie den anderen Gruppengesellschaften offenzulegen haben[363]. Als problematisch wird dagegen angesehen, dass es im Ermessen der Leitungsorganmitglieder steht, welche Angaben sie offenlegen[364].

Hinsichtlich der praktischen Umsetzung wird vorgeschlagen, auf einer Seite die Kosten (als den möglichen Schaden) und auf der anderen Seite die Vorteile gegenüberzustellen[365]. Rein formelhafte Angaben sollen ebenso wenig wie hypothetische Vorteile genügen[366]. Teilweise wird eine Verpflichtung der Obergesellschaft verlangt, die Vorteile bzw. den Ausgleich tatsächlich herbeizuführen[367].

Die Verortung der Begründung im Lagebericht, der als Teil des Jahresabschlusses beim Unternehmensregister einsehbar ist[368], gewährleistet, im Gegensatz zum nur

---

Grundmann/Zaccaria (Hrsg.), Einführung in das italienische Recht 4. Teil 2. Kap. III 3 c), e) aa), 4 b) cc), f.

360 Hinweise finden sich bei *Giovannini,* La responsabilità per attivià di direzione e coordinamento nei gruppi di società S. 91 sowie *Scognamiglio,* Riv. dir. civ. 2009, S. 757 (762 mwN). Allgemein zum Konflikt zwischen Stärkung von Informationspflichten einerseits und Geheimhaltungsinteressen der *s.p.a.* andererseits *Montalenti* in Balzarini/Carcano/Ventoruzzo (Hrsg.), Le società per azioni oggi, S. 303 (304).

361 Vgl. *Mucciarelli* in Maffei Alberti (Hrsg.), Il nuovo diritto delle società, Art. 2497-*ter* sub 4 (S. 2393 f).

362 *Mucciarelli* in Maffei Alberti (Hrsg.), Il nuovo diritto delle società, Art. 2497-*ter* sub 6 (S. 2396).

363 Zur gruppenspezifischen Publizität im Zusammenhang mit der Rechnungslegung oben § 4 II 3 b.

364 Kritisch daher *Giovannini,* La responsabilità per attivià di direzione e coordinamento nei gruppi di società S. 90 mwN; *Patti* in Lo Cascio (Hrsg.), La riforma del diritto societario, Art. 2497-*ter* sub 4 (S. 274).

365 *Irace* in Sandulli/Santoro (Hrsg.), La riforma delle società, Art. 2497-*ter* sub 4 (S. 331).

366 Vgl. *Fasciani,* ECFR 2007, S. 195 (207 f); *Mucciarelli* in Maffei Alberti (Hrsg.), Il nuovo diritto delle società, Art. 2497-*ter* sub 4 (S. 2392 f), sub 6 (S. 2396), sowie *Rordorf,* Società 2004, S. 538 (546), der insofern auf den Wortlaut von Art. 2497 *ter ‚puntuale‘*, *‚analiticamente‘* verweist.

367 *Irace* in Sandulli/Santoro (Hrsg.), La riforma delle società, Art. 2497-*ter* sub 4 (S. 331).

368 Dazu *Mucciarelli* in Maffei Alberti (Hrsg.), Il nuovo diritto delle società, Art. 2497-*ter* sub 6 (S. 2396).

dem Abschlussprüfer sowie dem Aufsichtsrat vorgelegten Abhängigkeitsbericht (vgl. §§ 313, 314 AktG), allgemeine Zugänglichkeit[369].

cc. Rechtsfolge bei Verletzung der Begründungspflicht

Das Gesetz sieht keine Rechtsfolge vor für den Fall eines Verstoßes gegen die Begründungspflicht. Teilweise wird eine Verantwortlichkeit für falsche Gesellschaftsinformationen vertreten[370]. Andere sehen einen Verstoß gegen die Begründungspflicht zugleich als Verstoß gegen die Prinzipien ordnungsgemäßer Gruppengeschäftsführung gem. Art. 2497 an, die Tatbestandsvoraussetzungen insgesamt jedoch im Hinblick auf das Schadenserfordernis bzw. die Kausalität zwischen Verhalten und Schaden als wohl tatsächlich kaum zu erfüllen[371]. Vereinzelt werden im Falle eines Verstoßes gegen die Begründungspflicht die Voraussetzungen für die Durchführung einer Sonderprüfung gem. Art. 2409 als gegeben angesehen[372]. Zudem ist umstritten, welche Rechtsfolgen ein Verstoß gegen die Begründungspflicht auf die getroffene Entscheidung selbst hat. Nach wohl überwiegender Auffassung in der Literatur gilt eine nicht bzw. unzureichend begründete Entscheidung als nach den jeweiligen allgemeinen Vorschriften anfechtbar, je nachdem, ob sie durch das Leitungsorgan oder die Aktionärsversammlung getroffen wurde[373].

dd. Verhältnis zum Abhängigkeitsbericht nach § 312 AktG

Die Begründungspflicht nach Art. 2497-*ter* cod. civ. legt eine Gegenüberstellung mit dem Konzept des Abhängigkeitsberichtes nach §§ 312 ff AktG nahe.

Zunächst fällt die identische Funktion auf: die Beziehungen in der Gruppe, insbesondere in der Form von Einflussmaßnahmen auf Entscheidungen, sollen transpa-

---

369 Auf die Bedeutung für alle, die keinen Zugang zum Verzeichnis der Sitzungen und Beschlüsse nach Artt. 2421, 2422 cod. civ. haben, verweisen *Daccò-Tatozzi* in G. Cian/Trabucchi (Hrsg.), Codice Civile, Art. 2497 *ter* sub I; *Patti* in Lo Cascio (Hrsg.), La riforma del diritto societario, Art. 2497-*ter* sub 4 (S. 273).

370 *Irace* in Sandulli/Santoro (Hrsg.), La riforma delle società, Art. 2497-*ter* sub 5 (S. 332), die jedoch nicht spezifiziert, ob sie dabei den strafrechtlichen Tatbestand meint oder das in der Rechtsprechung entwickelte Institut diesen Namens.

371 *Pennisi,* Liber Amicorum G.F. Campobasso, Bd. III, S. 887 (921 f); *Scognamiglio,* Riv. dir. civ. 2009, S. 757 (766 f). In dem Urteil Tribunale Verona, 13.07.2007, abgedr. in Società 2008, S. 1385 f. scheint das Gericht wohl auch von der Anwendbarkeit von Art. 2497 wegen des Verstoßes gegen Art. 2497-*ter* auszugehen, führt dieses aber, wohl mangels Geltendmachung eines konkreten Schadens durch die Parteien und mangels Feststellbarkeit eines solchen von Amts wegen jedoch nicht näher aus.

372 Vgl. *Scognamiglio,* Riv. dir. civ. 2009, S. 757 (766 f).

373 Hat die Aktionärsversammlung die Begründungspflicht nicht berücksichtigt, gilt für die Anfechtung Art. 2377 Abs. 2. Für eine durch das Leitungsorgan getroffene Entscheidung soll Art. 2388 Abs. 4 Anwendung finden, so *Mucciarelli* in Maffei Alberti (Hrsg.), Il nuovo diritto delle società, Art. 2497-*ter* sub 5 mwN (S. 2395); *Scognamiglio,* Riv. dir. civ. 2009, S. 757 (768 ff). Dagegen *Pennisi,* Liber Amicorum G.F. Campobasso, Bd. III, S. 887 (923 f mwN), der Art. 2391 Abs. 3 insoweit anwenden will, der jedoch, im Gegensatz zu den erstgenannten Vorschriften, zusätzlich die Möglichkeit eines Schadens für die Gesellschaft durch den interessengeleiteten Beschluss voraussetzt.
Zu den Sanktionen bei fehlender oder fehlerhafter Berichterstattung im Abhängigkeitsbericht *Habersack* in Emmerich/Habersack Aktien- und GmbH-Konzernrecht § 312 Rn 18 ff.

rent werden. Ziel ist die Erleichterung der Durchsetzung von Minderheitsrechten, insbesondere der jeweiligen Haftungstatbestände[374].

Als Mittel dient jeweils eine periodische und systematische Berichterstattung, die unabhängig von einem Auskunftsverlangen der Gesellschafter zu erfüllen ist. Ausnahmen für 100%ige Tochtergesellschaften bestehen jeweils nicht[375]. Auch scheinen sich die jeweils berichtspflichtigen, vergangenheitsbezogenen Vorgänge weitgehend zu gleichen[376].

Im Übrigen divergiert die inhaltliche Ausgestaltung erheblich. Während Art. 2497-*ter* rechtsformunabhängig Anwendung findet, gilt § 312 AktG nur für die abhängige AG bzw. KGaA[377]. Insbesondere aber wird der Abhängigkeitsbericht in seiner vollen Länge nur dem Abschlussprüfer zugänglich gemacht, lediglich die Schlusserklärung des Vorstandes ist in den Lagebericht aufzunehmen[378]. Dies wird hauptsächlich mit den Geheimhaltungsinteressen der Gesellschaft begründet[379]. Hingegen findet nach italienischem Recht die Begründung selbst Eingang in den Lagebericht. Damit unterfällt sie der allgemeinen Rechnungslegungspublizität, auch wenn der konkrete Umfang der Kenntnisverschaffung davon abhängt, wie weit die im Lagebericht zu veröffentlichenden Angaben reichen[380]. Es erstaunt, dass Geheimhaltungsinteressen, so weit ersichtlich, in diesem Zusammenhang im italienischen Schrifttum kaum geltend gemacht werden[381], obwohl dies etwa nach der Einführung erweiterter Informationspflichten im TUF durchaus der Fall war[382].

Sowohl die italienische Begründungspflicht als auch der Abhängigkeitsbericht haben Kritik erfahren, die diametral zu den inhaltlichen Ausgestaltungen der Konzepte steht: während die Kritik an Art. 2497-*ter* darauf zielt, dass die von der Begründungspflicht erfassten Entscheidungen zu umfassend seien, so dass die Norm letztlich eine Informationsflut bewirke, die die Entscheidungen im Ergebnis für den einzelnen Gesellschafter doch nicht durchschaubar mache[383], bezieht sich die Kritik am Abhängigkeitsbericht u.a. auf die fehlende Veröffentlichung[384]. Da es an ihr ohnehin fehlt, wird eine Einschränkung der in den Abhängigkeitsbericht aufzu-

---

374 So zum deutschen Recht *Koppensteiner* in KölnKomm AktG § 312 Rn 2; zum italienischen vgl. oben § 4 III 5 a.

375 Zur Kritik an der Konzeption der §§ 312 ff AktG als untauglich für 100%ige Tochtergesellschaften vgl. *Bachmann*, NZG 2001, S. 961 (970); *Koppensteiner* in KölnKomm AktG § 312 Rn 4, § 315 Rn 7 mwN.

376 Zum Inhalt der Berichtspflicht für das italienische Recht vgl. oben § 4 III 5 a bb, für das deutsche Recht statt vieler *Hüffer* AktG § 312 Rn 17, 25.

377 *Koppensteiner* in KölnKomm AktG Vorb § 311 Rn 34; *Altmeppen* in MünchKomm AktG § 312 Rn 22.

378 Näher zur Schlusserklärung des Vorstandes *Habersack* in Aktien- und GmbH Konzernrecht § 312 Rn 44 ff.

379 Vgl. den Überblick bei *Hüffer* AktG § 312 Rn 38 f mwN.

380 Zum insoweit lückenhaften Text der Norm vgl. oben § 4 III 5 a bb.

381 Lediglich bei *Mucciarelli* in Maffei Alberti (Hrsg.), Il nuovo diritto delle società, Art. 2497-*ter* sub 4 (S. 2393 f).

382 Näher dazu *Rordorf*, Giur. comm. 2002, I, S. 773 (774 ff).

383 Dazu oben § 4 III 5 a bb.

384 Vgl. u.a. *Koppensteiner* in KölnKomm AktG § 312 Rn 2 ff mwN.

nehmenden Rechtsgeschäfte und Maßnahmen nicht gefordert[385]. Allerdings listet § 312 Abs. 1 S. 2–4 AktG[386] genauer auf als die italienische Vorschrift, welche Rechtsgeschäfte in den Bericht aufzunehmen sind. Zudem scheint sich im deutschen Schrifttum allmählich eine Befürwortung der Veröffentlichung des Abhängigkeitsberichtes durchzusetzen[387].

Die Dokumentationspflicht in Art. 2497-*ter* bzw. § 312 AktG zielt zwar jeweils in erster Linie – im Hinblick auf den Zusammenhang mit dem Haftungsinstrumentarium – darauf ab, nachteilige Maßnahmen zu erfassen. Letztlich geht es aber um eine möglichst umfassende Darstellung aller Einflussnahmen, um eine weitreichende Transparenz von Entscheidungen in der Gruppe zu gewährleisten[388]. Die Bewertung darüber, was nachteilig ist, soll nicht allein dem Leitungsorgan im Vorfeld überlassen werden. Vielmehr soll ex post eine Beurteilung möglich sein[389].

Zudem ist in Bezug auf den Abhängigkeitsbericht auch von einer stabilisierenden Wirkung gesprochen worden, die im Zusammenhang mit der Zulässigkeit der Nachteilszufügung bei Fehlen einer (unternehmens)vertraglichen Ausgleichspflicht in der Gruppe zu sehen sei[390]. Der Abhängigkeitsbericht soll die tatsächlichen Voraussetzungen dafür schaffen, dass das in § 311 AktG normierte Prinzip sich in der Praxis auch durchsetzt. Entsprechendes ist für die Begründungspflicht des italienischen Rechts festzustellen. Insofern lässt sich eine gewisse disziplinierende Verhaltenssteuerung der Dokumentation für die Geschäftsleitung der Einfluss nehmenden Obergesellschaft jedenfalls nicht ausschließen und sollte auch nicht unterschätzt werden[391]. Zugleich soll sich das Leitungsorgan der Tochtergesellschaft seiner eigenverantwortlichen Leitung bewusst bleiben[392], das der Obergesellschaft indes gewarnt werden vor den Haftungsrisiken. Damit ist auch die mittlerweile mehrheitlich für das Konzept des Abhängigkeitsberichtes angenommene präventive Wirkung[393] nahe liegend, selbst wenn sie nicht bewiesen ist[394].

---

385 Modifizierend zwar die Vorschläge von *Hommelhoff* in Gutachten 59. Juristentag 1992 G 13 ff, befürwortend u.a. *Altmeppen* in MünchKomm AktG § 312 Rn 21 mwN. Eine Aufnahme dieser Vorschläge durch den Gesetzgeber ist bisher jedoch nicht erfolgt und auch nicht abzusehen.
386 Zu den berichtspflichtigen Vorgängen im Einzelnen statt vieler *Hüffer* AktG § 312 Rn 13 ff.
387 Vgl. etwa *Vetter*, ZHR 171 (2007), S. 342 (365 ff); *Kersting*, Diskussionsbericht ZHR 171 (2007), S. 376 f; anders *Baums* (Hrsg.), Bericht der Regierungskommission Corporate Governance 2001, Rn 180, der eine Offenlegung lediglich nach Insolvenz der Gesellschaft befürwortet, dem folgend *Decher*, ZHR 171 (2007), 126 (138).
388 So für das deutsche Recht *Habersack* in Aktien- und GmbH Konzernrecht § 312 Rn 21; für das italienische Recht *Montalenti* in Cottino (Hrsg.), Trattato Diritto Commerciale IV/2, Cap. XII sub 146 (S. 374 f).
389 *Mucciarelli* in Maffei Alberti (Hrsg.), Il nuovo diritto delle società, Art. 2497-*ter* sub 1 (S. 2388).
390 *Mülbert*, ZHR 163 (1999), S. 1 (47).
391 Für das deutsche Recht *K. Schmidt*, Gesellschaftsrecht § 31 IV 2 c); *Vetter*, ZHR 171 (2007), S. 342 (363); zum italienischen Recht *Peter*, FS Nobel S. 251 (269 f).
Allgemein zur Offenlegung als ordnungspolitischem Instrument *High Level Group*, Report II, Kap. II 3 (S. 34 f).
392 Für das deutsche Recht *Hüffer* AktG § 312 Rn 35.
393 Ausgehend für die Annahme einer präventiven Wirkung ist die Studie von *Hommelhoff*, ZHR 156 (1992), S. 295 ff. Die präventive Wirkung nehmen ferner u.a. an: BGHZ 135, 107, 112; *Bach-*

ee. Gesonderte Dokumentation gruppeninterner Beziehungen im europäischen Vergleich

Letztlich legt die parallele Funktion, unabhängig von der jeweiligen konkreten inhaltlichen Ausgestaltung, den Schluss nahe, dass es in der – nicht unternehmensvertraglich verbundenen – Gruppe einer Dokumentationspflicht bedarf, die über die bilanzrechtlichen Offenlegungspflichten hinausgeht. Dieser Schluss lässt sich auch durch die Kritik am Fehlen eines Abhängigkeitsberichtes im portugiesischen Recht der Gruppe[395] bestätigen. Ähnliches dürfte für das im französischen Recht zwar vorhandene Dokumentationsinstrumentarium des *rapport spécial* gelten. Dessen Bedeutung als Kontrollinstrument für Minderheitsgesellschafter im Gruppenzusammenhang dürfte angesichts der Beschränkung auf bestimmte kontrollpflichtige Geschäfte gering sein[396]. Schließlich kennt das belgische Recht ein gesondertes Instrument, das Anwendung findet, wenn das Leitungsorgan einer börsennotierten Gesellschaft eine Entscheidung trifft oder eine Handlung vornimmt, die zu einem Konflikt mit anderen Gruppengesellschaften – nicht aber Tochtergesellschaften – führen kann. In diesem Falle ist das Leitungsorgan sowohl verpflichtet, ein unabhängig besetztes Komitee einzuschalten und den Abschlussprüfer anzuhören als auch die Ergebnisse der Entscheidungsfindung in seinem Bericht offen zu legen[397]. Die eingeschränkte Anwendung dieses Instrumentes allein auf börsennotierte Gesellschaften wird in der belgischen Literatur kritisch gesehen[398].

Bereits der Vorentwurf für eine 9. Richtlinie von 1985 sah einen Sonderbericht über die gruppeninternen Beziehungen vor[399]. Auch die Vorschläge des *Forum Europaeum Konzernrecht* gehen in die Richtung einer derartigen, gesonderten Dokumentationspflicht. Sie sehen für die kontrollierte Gesellschaft eine gruppenspezifische Erweiterung des Jahresabschlusses oder Lageberichtes vor[400]. Gegenstand der Offenlegung soll etwa die Gruppenpolitik im Zusammenhang mit den gesellschaftlichen Aktivitäten sein. Auf jeden Fall will das *Forum Europaeum Konzernrecht* die Geschäftspolitik der Mutter erfasst sehen, um die Wahrnehmung des ‚Rozenblum-Privilegs' zu gestatten[401]. Ferner bezeichnet der Aktionsplan jedenfalls die Offenlegungsvorschriften im Rahmen der konsolidierten Rechnungslegung als nicht ausreichend, umfassende Information über Gruppenstruktur und gruppeninterne Beziehungen

---

mann, NZG 2001, S. 961 (970); *Kalss*, ZHR 171 (2007), S. 146 (173); *Mülbert*, ZHR 163 (1999), S. 1 (47); *K. Schmidt*, Gesellschaftsrecht § 31 IV 2 c); *ders.*, JZ 1992, S. 856 (862 f); *Vetter*, ZHR 171 (2007), S. 342 (363).

394 Überzeugend die Kritik zur Methodik der Studie von Hommelhoff bei *Koppensteiner* in KölnKomm AktG Vorb § 291 Rn 142 f, sowie § 312 Rn 5.

395 Vgl. die Darstellung bei *Gause*, Europäisches Konzernrecht im Vergleich S. 254 ff.

396 Näher dazu *Falcke*, Konzernrecht in Frankreich S. 194 ff, 200 ff.

397 Ausführlich *De Cordt/Colard*, FS Hopt S. 3043 ff.

398 *De Cordt/Colard*, FS Hopt S. 3043 (3057 mwN).

399 Art. 7 Vorentwurf 9. Richtlinie von 1985, abgedr. bei *Lutter*, Europäisches Unternehmensrecht, S. 279 ff.

400 *Forum Europaeum Konzernrecht*, ZGR 1998, S. 672 (702).

401 *Forum Europaeum Konzernrecht*, ZGR 1998, S. 672 (703). Näher zum ‚Rozenblum-Ansatz' unten § 5 VII.

zu liefern[402]. Auch die *Reflection Group* hat einen Zusammenhang zwischen dem Haftungsinstrumentarium und der gesonderten Dokumentationspflicht gruppeninterner Beziehungen im deutschen, italienischen und französischen Recht erkannt[403]. Gleichwohl empfiehlt sie lediglich, den Bedarf für die Anerkennung eines Gruppeninteresses näher zu untersuchen[404], geht auf eine dazu korrespondierende gesonderte Dokumentationspflicht jedoch nicht einmal ein. Für die bereits geltenden gruppendimensionalen Offenlegungspflichten sieht sie Optimierungsbedarf lediglich in Bezug auf eine deutliche und anlegerfreundliche Darstellung, vorzugsweise an einem gemeinsamen Ort, wie der Corporate Governance Erklärung[405].

Schließlich zeigt der internationale Rechtsvergleich, dass periodische Offenlegungspflichten für Geschäfte, an denen der kontrollierende Anteilseigner beteiligt ist, ein gängiges Regelungsinstrument sind[406]. Dies gilt im wesentlichen für die Offenlegung von related party transactions[407]. Gem. IAS 24 sind Angaben über Beziehungen zu nahestehenden Unternehmen und Personen zu machen, da davon ausgegangen wird, dass diese Auswirkungen auf die Vermögens-, Finanz- oder Ertragslage der Gesellschaft haben können (vgl. IAS 24.6). In den europäischen Mitgliedstaaten hat den Offenlegungsstandard IAS 24 aufgrund der IAS-Verordnung jedenfalls eine an einem geregelten Markt notierte Muttergesellschaft bei der Erstellung des konsolidierten Abschlusses zu beachten[408]. Die *Reflection Group* sieht die Regelung des IAS 24 als ausreichend an, die Transparenz gruppeninterner Beziehungen zu gewährleisten und keinen Handlungsbedarf auf europäischer Ebene in Bezug auf eine weitergehende Offenlegung[409].

b. Zwischenergebnis: Entscheidungstransparenz in gruppenzugehörigen Gesellschaften

Zusammenfassend ist festzustellen, dass die tatsächliche Durchsetzung eines Geschäftsführungsstandards in der Gesellschaftsgruppe der Dokumentation von Einflussnahmen bedarf. Auf diese Weise kann die nachträgliche Kontrolle durch die Anteilseigner einerseits, und damit zugleich präventiv die Einhaltung besagten Verhaltensstandards andererseits ermöglicht werden[410]. Ob die Dokumentation dabei den Prozess der Entscheidungsfindung in seiner Gesamtheit oder nur in zusammengefasster Form veröffentlichen soll und ob die Kontrolle durch die Aktionärs-

---

402 Aktionsplan sub 3.3, Finanz- und andere Informationen, S. 22.
403 *Reflection Group*, Report sub 4.3.1 iii) (S. 71).
404 *Reflection Group*, Report sub 4.1.2 (S. 60 ff).
405 *Reflection Group*, Report sub 4.3.2 ii) (S. 72 f), Recommendations sub. 4.3.2 (S. 75).
406 *Enriques/Hertig/Kanda* in Kraakman/Armour/Davies u.a., Anatomy of Corporate Law, sub 6.2.1.1 (S. 155 ff); *Windbichler* in Hommelhoff/Hopt/v.Werder (Hrsg.), Handbuch Corporate Governance, 2. Aufl., S. 825 (839).
407 Vgl. auch *Vetter*, ZHR 171 (2007), S. 342 (366).
Zur Offenlegung von related party transactions gem. Art. 2391-*bis* cod. civ. sogleich unter § 4 III 5 e.
408 Zum Anwendungsbereich der IAS-Verordnung vgl. oben § 4 III 3.
409 *Reflection Group*, Report sub 4.3.2 iii) (S. 74).
410 Ähnlich *Gause*, Europäisches Konzernrecht im Vergleich S. 254 ff, der in erweiterten Dokumentationspflichten über gruppeninterne Beziehungen ein Bindeglied sieht.

versammlung, das Kontrollorgan[411] oder den Abschlussprüfer erfolgen soll, dürften Fragen rechtspolitischer Präferenzen sein. Vorbehalte gegen die Veröffentlichung des Abhängigkeitsberichtes in Deutschland scheinen abzunehmen. Eine Verortung im Zusammenhang mit der Rechnungslegung dürfte anhand des rechtsvergleichenden Befundes zwingend sein. Bereits geltende gesonderte Offenlegungspflichten im Zusammenhang mit der Rechnungslegung erfassen lediglich börsennotierte Gesellschaften. Insoweit erzeugt die Position der *Reflection Group,* die inhaltlich keinen Handlungsbedarf in Bezug auf die Verbesserung der Transparenz gruppeninterner Beziehungen sieht, gleichwohl aber eine Untersuchung zu einem Bedarf der Anerkennung eines Gruppeninteresses auf europäischer Ebene befürwortet, Verwunderung.

c. *Offenlegung von Interessenkonflikten der Mitglieder des Leitungsorganes, Art. 2391 cod. civ.*

aa. Offenlegungspflicht des Mitgliedes im Interessenkonflikt

Ein Leitungsorganmitglied ist verpflichtet, den übrigen Mitgliedern des Leitungsorganes sowie dem Kontrollorgan mitzuteilen, wenn es bei einem bestimmten Geschäft ein eigenes Interesse oder das eines Dritten verfolgt (Art. 2391 Abs. 1 S. 1 HS 1)[412]. Dem Begriff ‚Geschäft'[413] wird dabei im italienischen Schrifttum ein ebenso weites Verständnis zugrunde gelegt wie dem des ‚Interesses'[414]. Das Interesse kann sich, anders als nach der vorherigen Regelung, die die Offenlegung nur bei einem entgegengesetzten Interesse erforderte[415], auch mit dem der Gesellschaft decken[416]; es muss sich jedoch um ein gegenüber der Gesellschaft fremdes Interesse handeln[417]. Das Leitungsorganmitglied hat Natur, zeitliche Umstände, den Ursprung und die Reichweite des Interesses in der Mitteilung genau zu benennen.

---

411 Der Begriff Kontrollorgan wird in dieser Arbeit als Oberbegriff für den Aufsichtsrat nach deutschem Recht und das Kontrollorgan im italienischen Recht, angesichts der insgesamt drei möglichen Organisationsmodelle in der *s.p.a.* mit jeweils unterschiedlichen Bezeichnungen, verwendet. Maßgeblich ist die Funktion der Ausübung von Kontrolle über die Geschäftsführung. Näheres zum Kontrollorgan unten § 4 IV 1 b.

412 Gleiches gilt für die *s.p.a.* nach dualistischem (Art. 2409-*undecies* Abs. 2 cod. civ.), sowie monistischem (Art. 2409-*noviesdecies* Abs. 1 cod. civ.) Organisationsmodell; zur Anwendung in diesen *Salanitro,* Riv. soc. 2003, S. 47 (53 f).

413 *M. Cian* in G. Cian/Trabucchi (Hrsg.), Codice Civile, Art. 2391 sub I Rn 12: darunter sei jedes rechtlich relevante Verhalten zu verstehen, das sich auf die Gesellschaft auswirkt.

414 Statt vieler *Magno* in Bonfante/Corapi et al. (Hrsg.), Codice commentato delle nuove società, Art. 2391 Rn 1, 3.

415 Vgl. die Gegenüberstellung bei *Associazione Preite,* Olivieri/Presti/Vella (Hrsg.), Il nuovo diritto delle società, Cap. III B 7 (S. 149); *Enriques* in Maffei Alberti (Hrsg.), Il nuovo diritto delle società, Art. 2391 sub 1 (S. 759); *Guizzi* in Niccolini/Stagno d'Alcontres (Hrsg.), Le società di capitali, Art. 2391 sub 1 (S. 652 ff).

416 *M. Cian* in G. Cian/Trabucchi (Hrsg.), Codice Civile, Art. 2391 sub I Rn 2; *Enriques* in Maffei Alberti (Hrsg.), Il nuovo diritto delle società, Art. 2391 sub 2 (S. 760 ff), *Magno* in Bonfante/Corapi et al. (Hrsg.), Codice commentato delle nuove società, Art. 2391 Rn 2; *Guizzi* in Niccolini/Stagno d'Alcontres (Hrsg.), Le società di capitali, Art. 2391 sub 2 (S. 654).

417 *M. Cian* in G. Cian/Trabucchi (Hrsg.), Codice Civile, Art. 2391 sub I Rn 4; *Ventoruzzo* in Marchetti u.a. (Hrsg.), Commentario alla riforma delle società, Art. 2391 sub 4 (S. 442).

Zweck der Offenlegung ist es, einerseits auf Seite des Leitungsorganmitglieds zu verhindern, dass dieses sich von einem gegenüber der Gesellschaft externen Interesse leiten lässt und Entscheidungen trifft, die für die Gesellschaft schädlich, für ihn bzw. den Dritten aber vorteilhaft sind. Sie soll die Beweggründe deutlich machen, die die Unabhängigkeit und Objektivität des Leitungsorganmitgliedes in Frage stellen[418]. Zudem wird in der Offenlegungspflicht des Art. 2391 ein Teil des allgemeinen Pflichtenrahmens der Leitungsorganmitglieder gesehen[419]. Letztlich geht es um nichts anderes als die Pflicht zu ordnungsgemäßem Handeln bei der Geschäftsführung, die Unabhängigkeit und Unparteilichkeit seitens des Leitungsorganmitgliedes voraussetzt[420]. Die zugrundeliegende Methodik ist die Gewährleistung der Transparenz der Geschäftsführung nach anglo-amerikanischem Vorbild[421]. Eine entsprechende Regelung findet sich auch in den OECD Principles of Corporate Governance 2004[422]. Auf diese Weise sollen interessengeleitete Entscheidungen, anders als vor der Gesellschaftsrechtsreform, präventiv verhindert werden[423].

Im Rechtsvergleich stellt die Offenlegungspflicht bei Eigengeschäften die am häufigsten angewandte Regelungsmethode dar[424]. Verbreitet findet sich aber auch die Bestätigung von Beschlüssen durch nicht interessierte Organmitglieder[425]. Die Regelung in Art. 2391 ist insofern eine Kombination beider Methoden, denn die Offenlegungspflicht soll bewirken, dass die übrigen Organmitglieder in die Lage versetzt werden zu bewerten, ob das Geschäft für die Gesellschaft angemessen ist[426]. Auf keinen Fall darf das betroffene Leitungsorganmitglied diese Bewertung selbst und alleine durchführen[427]. Dies korrespondiert mit der Pflicht der Leitungsorgan-

418 *Guizzi* in Niccolini/Stagno d'Alcontres (Hrsg.), Le società di capitali, Art. 2391 sub 3 (S. 656).

419 *Magno* in Bonfante/Corapi et al. (Hrsg.), Codice commentato delle nuove società, Art. 2391 Rn 1; *Pavone La Rosa*, Riv. soc. 2003, S. 765 (768). Für *Guizzi* in Niccolini/Stagno d'Alcontres (Hrsg.), Le società di capitali, Art. 2391 sub 1 (S. 652 ff), ergibt sich dieser neben Art. 2391 noch aus Art. 2390 und 2392.

420 *Guizzi* in Niccolini/Stagno d'Alcontres (Hrsg.), Le società di capitali, Art. 2391 sub 1 (S. 653 f).

421 So *Magno* in Bonfante/Corapi et al. (Hrsg.), Codice commentato delle nuove società, Art. 2391 Rn 1.

422 Vgl. III. C. OECD Principles of Corporate Governance 2004, abzurufen unter: http://www.oecd.org/dataoecd/32/18/31557724.pdf.

423 Zum Wechsel in der Regelungsmethode *Guizzi* in Niccolini/Stagno d'Alcontres (Hrsg.), Le società di capitali, Art. 2391 sub 1 (S. 653 f); *Montalenti* in Cottino (Hrsg.), Trattato Diritto Commerciale IV/2, Cap. VII sub 86 (S. 217); einen Zusammenhang zu den Parallelen im Kapitalmarktrecht stellt *Menti*, Giur. comm. 2006, I, S. 945 (948 ff) her.

424 *Enriques/Hertig/Kanda* in Kraakman/Armour/Davies u.a., Anatomy of Corporate Law, sub 6.2.1.1 (S. 155).

425 Diese findet sich jedenfalls in börsennotierten Gesellschaften häufig, vgl. *Enriques/Hertig/Kanda* in Kraakman/Armour/Davies u.a., Anatomy of Corporate Law, sub 6.2.2.2 (S. 164 ff).

426 *Guizzi* in Niccolini/Stagno d'Alcontres (Hrsg.), Le società di capitali, Art. 2391 sub 3 (S. 656 f).

427 *M. Cian* in G. Cian/Trabucchi (Hrsg.), Codice Civile, Art. 2391 sub I Rn 5; *Magno* in Bonfante/Corapi et al. (Hrsg.), Codice commentato delle nuove società, Art. 2391 Rn 1; *Minervini*, Giur. comm. 2006, I, S. 147 (153).

mitglieder zu informiertem Handeln (vgl. Art. 2381 Abs. 6)[428]. Daraus ergibt sich auch die Konkretisierung von Umfang und Frist für die Mitteilung: sie muss, je nach Komplexität des Geschäfts, rechtzeitig auf eine Art erfolgen, die eine angemessene Bewertung durch die Leitungsorganmitglieder ermöglicht[429]. Daher muss sie nach mehrheitlicher Auffassung auch nicht nur dem Vorsitzenden des Leitungsorganes, sondern allen Mitgliedern gegenüber erfolgen[430].

Handelt es sich um ein ermächtigtes Leitungsorganmitglied (*amministratore delegato*), darf dieses das Geschäft nicht selbst abschließen, sondern muss es dem Gesamtorgan übertragen (Art. 2391 Abs. 1 HS 2). Angesichts der praktisch häufigen Übertragung von Einzelzuständigkeiten auf einzelne Organmitglieder, ist diese Vorgabe von erheblicher Bedeutung für die Rechtspraxis. Durch die Pflicht zur Übertragung auf das Gesamtorgan wird eine Lähmung des Leitungsorganes befürchtet[431].

Besteht das Leitungsorgan aus nur einer Person, muss es die interessenkonfliktbehaftete Entscheidung – neben dem Kontrollorgan[432] – auch der nächstmöglichen Gesellschafterversammlung mitteilen (Art. 2391 Abs. 1 HS 3)[433].

In der börsennotierten *s.p.a* besteht zudem die Pflicht, dass die Leitungsorganmitglieder mindestens alle drei Monate dem Kontrollorgan über die von ihnen ausgeübte Tätigkeit berichten, insbesondere auch über Geschäfte, an denen sie selbst oder ein Dritter Interesse gehabt haben, sowie Geschäfte, die vom Leitung und Koordinierung ausübenden Rechtssubjekt beeinflusst worden sind, Art. 150 TUF.

bb. Begründungspflicht des Gesamtorganes

Das Gesamtorgan muss in seinem Beschluss die entscheidungsrelevanten Argumente und Vorteile für die Gesellschaft genau begründen (Art. 2391 Abs. 2). Die Begründungspflicht soll eine Bewertung ermöglichen, ob das Gesamtorgan auf hinreichend informierter Grundlage gehandelt und die möglichen Folgen für die Gesellschaft berücksichtigt hat[434]. Demnach steht auch in dieser Konstellation, wie

---

428 Näher dazu unter § 4 IV 1 a.

429 So *Associazione Preite*, Olivieri/Presti/Vella (Hrsg.), Il nuovo diritto delle società, Cap. III B 7 (S. 150); *M. Cian* in G. Cian/Trabucchi (Hrsg.), Codice Civile, Art. 2391 sub II Rn 2; *Guizzi* in Niccolini/Stagno d'Alcontres (Hrsg.), Le società di capitali, Art. 2391 sub 3 (S. 656 f).

430 Vgl. den Überblick zum Streitstand bei *M. Cian* in G. Cian/Trabucchi (Hrsg.), Codice Civile, Art. 2391 sub II Rn 3.

431 Etwa *Minervini*, Giur. comm. 2006, I, S. 147 (153 f). Zu Einschränkungen daher *Enriques* in Maffei Alberti (Hrsg.), Il nuovo diritto delle società, Art. 2391 sub 3 (S. 766 f).

432 Zwar ist die Mitteilung an das Kontrollorgan nach dem Wortlaut der Vorschrift nicht direkt erfasst, dies ergebe sich nach bisher ganz einheitlicher Interpretation aus dem Wort ‚*anche*' – auch, dazu *Enriques* in Maffei Alberti (Hrsg.), Il nuovo diritto delle società, Art. 2391 sub 3 (S. 766); *Minervini*, Giur. comm. 2006, I, S. 147 (160 f); *Ventoruzzo* in Marchetti u.a. (Hrsg.), Commentario alla riforma delle società, Art. 2391 sub 13 (S. 474 ff).

433 In dieser Konstellation sei davon auszugehen, dass ihn – wegen des Fehlens des Gesamtorganes – auch die Begründungspflicht trifft, *Campobasso*, Diritto Commerciale 2, Cap. VIII 6 (S. 369).

434 *Associazione Preite*, Olivieri/Presti/Vella (Hrsg.), Il nuovo diritto delle società, Cap. III B 7 (S. 152).

bei von der Obergesellschaft beeinflussten Entscheidungen der Tochtergesellschaft, die Transparenz des Entscheidungsfindungsprozesses im Vordergrund[435]; die Begründungspflicht erstreckt das Transparenzprinzip vom betroffenen auf alle Leitungsorganmitglieder[436]. Es wird jedoch erwartet, dass sich in der Rechtspraxis diesbezüglich formelhafte Begründungen herausbilden werden[437].

Das interessenkonfliktbehaftete Leitungsorganmitglied trifft im Rahmen des Beschlusses, anders als nach der Vorgängerregelung, zwar kein direktes Stimmverbot, jedoch sind die Voraussetzungen der Anfechtbarkeit[438] des Beschlusses im Blick zu behalten[439]. Diese Ausgestaltung, aber auch der nunmehr präventive Regelungsansatz der Vorschrift[440], sind Gegenstand von Kritik: insbesondere verstärke sie lediglich das Bedürfnis nach Rechtsberatung, minderheitenschützende Wirkungen könne sie kaum entfalten[441]. Dabei ist jedoch zu bedenken, dass auch die ein klares Stimmverbot im Falle eines Interessenkonfliktes statuierende Vorgängernom kaum praktische Anwendung fand[442]; Umgehungen waren häufig[443] – und damit wohl auch die Umsetzung interessengeleiteter Maßnahmen. Ferner wird der Kritik entgegnet, dass selbst wenn in Italien, anders etwa als in den am angloamerikanischen Rechtssystem orientierten Rechtsordnungen, eine Kultur der Offenlegung ebenso wenig verbreitet sei wie eine Kultur des ‚sich-Schämens', Informationen und Mitteilungen dennoch eine wesentliche Grundlage für die Geltendmachung von Haftungsansprüchen darstellen können[444]. Sie entspreche zudem dem Ansatz des TUF[445]. Insgesamt dürfte es sich bei der Regelung um eine der meistdiskutierten Neuerungen der Gesellschaftsrechtsreform handeln[446].

---

435 *Guizzi* in Niccolini/Stagno d'Alcontres (Hrsg.), Le società di capitali, Art. 2391 sub 5 (S. 658); *Minervini*, Giur. comm. 2006, I, S. 147 (152); *Montalenti* in Cottino (Hrsg.), Trattato Diritto Commerciale IV/2, Cap. VII sub 86 (S. 217 f).
436 *Magno* in Bonfante/Corapi et al. (Hrsg.), Codice commentato delle nuove società, Art. 2391 Rn 5; *Salanitro*, Riv. soc. 2003, S. 47 (52).
437 *Enriques* in Maffei Alberti (Hrsg.), Il nuovo diritto delle società, Art. 2391 sub 3 (S. 769 f).
438 Näher zur Anfechtbarkeit sogleich unter § 4 III 5 c cc.
439 *M. Cian* in G. Cian/Trabucchi (Hrsg.), Codice Civile, Art. 2391 sub II Rn 9; näher *Minervini*, Giur. comm. 2006, I, S. 147 (160).
440 *Enriques* in Maffei Alberti (Hrsg.), Il nuovo diritto delle società, Art. 2391 sub 3 (S. 765).
441 *Enriques* in Benazzo/Patriarca/Presti (Hrsg.), Il nuovo diritto societario fra società aperte e società private S. 247 (248 ff).
442 Vgl. insoweit die Darstellung bei *Oelkers*, Die italienische Aktiengesellschaft im institutionellen Wettbewerb S. 268 f mwN.
443 Näher dazu *Associazione Preite*, Olivieri/Presti/Vella (Hrsg.), Il nuovo diritto delle società, Cap. III B 7 (S. 150).
444 So in Auseinandersetzung mit der Kritik von Enriques *Montalenti* in Cottino (Hrsg.), Trattato Diritto Commerciale IV/2, Cap. VII sub 86 (S. 218), *ders.*, Giur. comm. 2003, I, S. 422 (438 f).
445 *Menti*, Giur. comm. 2006, I, S. 945 (948 ff).
446 So *Oelkers*, Die italienische Aktiengesellschaft im institutionellen Wettbewerb S. 268.

cc. Unmittelbare Rechtsfolgen bei Nichtbeachtung der Mitteilungs- und Begründungspflicht und sonstige Rechtsbehelfe gegen einen interessengeleiteten Beschluss

Der Beschluss des Leitungsorganes ist anfechtbar, wenn er einen Schaden[447] bei der Gesellschaft verursachen kann, und wenn entweder die Mitteilungs- und Begründungspflicht nach Abs. 1 und 2 nicht hinreichend beachtet wurde, oder wenn die Stimme des interessenbetroffenen Leitungsorganmitgliedes erheblich für dessen Zustandekommen war (Art. 2391 Abs. 3 S. 1). Maßgeblich ist also allein die Gefahr eines Nachteils für die Gesellschaft[448].

Anfechtungsbefugt sind neben dem Kontrollorgan[449] unter bestimmten Voraussetzungen[450] die übrigen, einzelnen Leitungsorganmitglieder, jeweils innerhalb der Frist von 90 Tagen. Die von gutgläubigen Dritten aus dem Rechtsgeschäft erlangten Rechte bleiben von den Wirkungen der Anfechtung unberührt (Art. 2391 Abs. 3 S. 2).

Im Innenverhältnis haftet das Leitungsorganmitglied der Gesellschaft gegenüber für jeden aus seinem Verhalten entstandenen Schaden, Art. 2391 Abs. 4[451].

Ferner macht sich das Leitungsorganmitglied schadensersatzpflichtig, wenn es Informationen, Nachrichten oder Geschäftschancen, die es durch seine Tätigkeit für die Gesellschaft erlangt hat, zu eigenem Vorteil ausnutzt (Art. 2391 Abs. 5 cod. civ.)[452]. Damit ist einerseits das Ausnutzen von Geschäftschancen der Gesellschaft nach angloamerikanischem Vorbild zum Haftungsgrund geworden[453], sowie andererseits das Ausnutzen von Insiderinformationen[454] auch in der *s.p.a.*, die nicht börsennotiert ist. Teilweise wird vertreten, dass im Gruppenkontext das betroffene Leitungsorganmitglied das Vorhandensein von Vorteilen für die Gruppe einwenden könnte[455].

---

447 Dabei gehe es sowohl um den eingetretenen Schaden, als auch um den entgangenen Gewinn, statt vieler *M. Cian* in G. Cian/Trabucchi (Hrsg.), Codice Civile, Art. 2391 sub IV Rn 4.
Auf den Unterschied zur Regelung in der *s.r.l*, die einen Schaden für das Vermögen der Gesellschaft erfordert (Art. 2475-*ter* cod. civ.), *Pomelli* in Maffei Alberti (Hrsg.), Il nuovo diritto delle società, Art. 2391 sub 4 (S. 771).

448 *Salanitro*, Riv. soc. 2003, S. 47 (51).

449 Umstritten ist, ob eine Rechtspflicht zur Anfechtung besteht oder diese im Ermessen liege, vgl. den Überblick zum Streitstand bei *Magno* in Bonfante/Corapi et al. (Hrsg.), Codice commentato delle nuove società, Art. 2391 Rn 6.

450 Wurde der Mitteilungspflicht nachgekommen, dürfen diejenigen Leitungsorganmitglieder, die bei dem Beschluss mitgestimmt haben, diesen nicht anfechten, Art. 2391 Abs. 3 S. 1 HS 2.

451 Näher *Magno* in Bonfante/Corapi et al. (Hrsg.), Codice commentato delle nuove società, Art. 2391 Rn 7.

452 Näher zur Haftung bei Ausnutzen von Insiderinformationen oder der Verletzung von Geschäftschancen der Gesellschaft *Guizzi* in Niccolini/Stagno d'Alcontres (Hrsg.), Le società di capitali, Art. 2391 sub 11 (S. 670 ff); *Magno* in Bonfante/Corapi et al. (Hrsg.), Codice commentato delle nuove società, Art. 2391 Rn 8.

453 Dazu *Ferrarini/Giudici/Stella Richter*, RabelsZ 69 (2005), S. 658 (680); sowie ausführlich *Ventoruzzo* in Marchetti u.a. (Hrsg.), Commentario alla riforma delle società, Art. 2391 sub 19 (S. 490).

454 *M. Cian* in G. Cian/Trabucchi (Hrsg.), Codice Civile, Art. 2391 sub IV Rn 6.

455 *Enriques* in Benazzo/Patriarca/Presti (Hrsg.), Il nuovo diritto societario fra società aperte e società private S. 247 (250).

Daneben stehen auch der Gesellschafterversammlung Rechtsbehelfe im Falle des Zustandekommens eines interessenkonfliktbehafteten Beschlusses zu. Dazu gehören neben der Abberufung des betreffenden Leitungsorganmitgliedes, für die der Interessenkonflikt einen zulässigen Grund darstellt (Art. 2383 Abs. 3), die Anfechtung des Beschlusses des Leitungsorganes, wenn dieser wiederum die Rechte der Gesellschafter verletzt hat (Art. 2388 Abs. 4)[456]. Ferner kann das durch ein einzelnes oder ein ermächtigtes Leitungsorganmitglied abgeschlossene Geschäft gegebenenfalls nach den Regeln über den Interessenkonflikt bei der Stellvertretung auch mit Wirkung für das Außenverhältnis beseitigt werden (Art. 1394 cod. civ.)[457].

Schließlich kann sich das Leitungsorganmitglied strafbar machen wegen Vermögensuntreue, wenn es durch den Interessenkonflikt vorsätzlich einen Vermögensschaden der Gesellschaft oder Dritter bewirkt hat, Art. 2634[458]. Verstößt das Leitungsorganmitglied einer kapitalmarktorientierten *s.p.a.* gegen die Mitteilungspflicht nach Art. 2391 Abs. 1 und verursacht dadurch einen Schaden der Gesellschaft oder Dritter, macht es sich nach Art. 2629-*bis* strafbar[459].

Insgesamt wird jedoch befürchtet, dass die rechtlichen Sanktionen nicht geeignet sind, die Interessenkonflikte in italienischen Aktiengesellschaften einzudämmen[460]. Dafür spricht, dass die Sanktionsvorschrift des Art. 2391 Abs. 5 bislang ohne praktische Anwendung durch die Rechtsprechung geblieben ist[461].

*d. Bedeutung im Gruppenzusammenhang sowie Verhältnis zu Art. 2497-*ter *cod. civ.*

Umstritten ist im italienischen Schrifttum seit langem[462], ob die allgemeine Regelung des Interessenkonfliktes auch im Gruppenkontext Anwendung findet. Die Diskussion bezieht sich insbesondere auf ein durch den maßgeblichen Einfluss der Obergesellschaft in sein Amt eingesetztes Leitungsorganmitglied der Tochtergesellschaft bzw. Doppelmandate von Leitungsorganmitgliedern. In diesen Fällen liege die Annahme nahe, dass er Träger des Interesses eines Dritten, der Obergesellschaft,

456 So auch die Rechtsprechung, vgl. die Nachweise bei *Magno* in Bonfante/Corapi et al. (Hrsg.), Codice commentato delle nuove società, Art. 2391 Rn 6; sowie *Cass. Civ.* 28.03.1996, n. 2850, abgedr. in Giur. comm. 1998, II, S. 343 (344 ff).

457 *M. Cian* in G. Cian/Trabucchi (Hrsg.), Codice Civile, Art. 2391 sub I Rn 8: allerdings erfordert dies, dass der Interessenkonflikt dem Geschäftspartner bekannt oder zumindest erkennbar war.

458 Näher zu den unterschiedlichen Voraussetzungen der zivilrechtlichen Haftung und der strafrechtlichen Verantwortlichkeit *Magno* in Bonfante/Corapi et al. (Hrsg.), Codice commentato delle nuove società, Art. 2391 Rn 12; kritisch zur fehlenden Koordinierung der Vorschriften *Minervini*, Giur. comm. 2006, I, S. 147 (151 f). Zur Reduktion der strafrechtlichen Bedeutung des Verhaltens eines interessenbehafteten Leitungsorganmitglieds *Ventoruzzo* in Marchetti u.a. (Hrsg.), Commentario alla riforma delle società, Art. 2391 sub 1 (S. 426 f).

459 Die Strafbarkeit wegen unterlassener Mitteilung von Interessenkonflikten nach Art. 2629-*bis* ist erst mit legge 28.12.2005, n. 262 (*legge per la tutela del risparmio* – Gesetz zum Schutz des Sparens) eingeführt worden. Zu den Auswirkungen dieses Gesetzes auf die Vorschriften zu Interessenkonflikten insbesondere im Bank- und Kapitalmarktrecht *Menti*, Giur. comm. 2006, I, S. 945 ff.

460 So etwa *Visentini*, Giur. comm. 2007, I, S. 695 (706 f).

461 Dazu *Corradi*, Giur. comm. 2011, I, S. 597 f.

462 Näher *Guizzi* in Niccolini/Stagno d'Alcontres (Hrsg.), Le società di capitali, Art. 2391 sub 9 (S. 665 ff).

sei. Findet die allgemeine Regelung über den Interessenkonflikt auf ihn Anwendung, wird die Einschränkung der Funktionsfähigkeit der Leitung in der Tochtergesellschaft befürchtet[463].

Die Einführung der Begründungspflicht nach Art. 2497-*ter* scheint diese Diskussion nicht beendet, sondern lediglich verlagert zu haben. Während teilweise in Art. 2497-*ter* eine abschließenden Spezialvorschrift für den Gruppenkontext gesehen wird[464], scheint im Schrifttum die Auffassung vorherrschend, die allgemeine Verhaltensregel des Art. 2391 unter Berücksichtigung des Gruppenzusammenhangs auszulegen. Beide Vorschriften finden demnach nebeneinander Anwendung, wobei jeweils die Besonderheiten der Gruppeneingebundenheit zu berücksichtigen seien[465]. Dies wirke sich insbesondere für die Festlegung des maßgeblichen Interesses sowie des möglichen Schadens aus. Unter anderem wird die parallele Anwendbarkeit mit der unterschiedlichen Schutzrichtung der Vorschriften begründet[466]. Dementsprechend könne die Offenlegung nach beiden Vorschriften nur förderlich sein, ein klares Bild von der Reichweite und dem Inhalt der interessenbehafteten Entscheidung entstehen zu lassen[467].

e. *Offenlegung von Regeln über den Umgang mit related party transactions, Art. 2391-*bis *cod. civ.*

Geschäfte mit Parteien, die der Gesellschaft in bestimmter Weise nahe stehen (related party transactions)[468], können aus rechtsvergleichend weitgehend einhelliger Sicht Zweifel an ihrer Ordnungsmäßigkeit hervorrufen[469]. Bei den nahestehenden Parteien kann es sich zum einen um das Management handeln. Insbesondere wird bei ihnen die Gefahr eines Missbrauches durch die Leitungsorganmitglieder gesehen, etwa indem Geschäftsbedingungen nicht ‚at arm's length' verhandelt oder

---

463 Zur Konfliktlage *Magno* in Bonfante/Corapi et al. (Hrsg.), Codice commentato delle nuove società, Art. 2391 Rn 11.

464 So etwa *Guizzi* in Niccolini/Stagno d'Alcontres (Hrsg.), Le società di capitali, Art. 2391 sub 9 (S. 668): Anders als bei der allgemeinen Vorschrift sei nicht die Beteiligung des Leitungsorganmitgliedes an der Beschlussfassung in Art. 2497-*ter* geregelt, der Regelungsansatz beziehe sich lediglich auf die Offenlegung des mit der Entscheidung verfolgten Interesses. Ferner auch *Pennisi,* Liber Amicorum G.F. Campobasso, Bd. III, S. 887 (892 f mwN, 907 f).

465 So im Ergebnis *M. Cian* in G. Cian/Trabucchi (Hrsg.), Codice Civile, Art. 2391 sub V Rn 2 ff; *Minervini*, Giur. comm. 2006, I, S. 147 (156); *Pavone La Rosa*, Riv. soc. 2003, S. 765 (768); *Santagata*, Riv. soc. 2009, S. 310 (324 f); *Scognamiglio*, Riv. dir. civ. 2009, S. 757 (773 ff); *Tombari*, Giur. comm. 2004, I, S. 61 (74 ff).

466 *Mucciarelli* in Maffei Alberti (Hrsg.), Diritto delle società, Art. 2497 *ter* sub II; ausführlich *Ventoruzzo* in Marchetti u.a. (Hrsg.), Commentario alla riforma delle società, Art. 2391 sub 12 (S. 468 ff).

467 *M. Cian* in G. Cian/Trabucchi (Hrsg.), Codice Civile, Art. 2391 sub V Rn 3.

468 Diese werden in der deutschen Sprache als Geschäfte mit nahestehenden Personen und Unternehmen bezeichnet, doch ist diese Bezeichnung weniger einprägsam, so dass im folgenden der englische Begriff verwendet wird; so auch *Kalss*, ZHR 171 (2007), S. 146 (169).

469 Rechtsvergleichend jeweils *Enriques/Hertig/Kanda* in Kraakman/Armour/Davies u.a., Anatomy of Corporate Law sub 6 (S. 153 ff); *Kalss*, ZHR 171 (2007), S. 146 (169 ff); aus italienischer Sicht *Mancinelli*, Società 2003, S. 1314 (1320 f).

Geschäfte in für die Gesellschaft negativer Weise von Marktbedingungen abweichend geschlossen werden[470]. Insoweit können sie Auswirkungen auf die Vermögens-, Finanz- und Ertragslage des Unternehmens haben (vgl. IAS 24.6). Damit können sie zur Schädigung der Gesellschaft selbst sowie ihrer Gläubiger und Minderheitsaktionäre führen[471]. Bei börsennotierten Aktiengesellschaften werden darüber hinaus negative Auswirkungen auf das Funktionieren des Kapitalmarktes an sich befürchtet[472]. Entsprechende Risiken bergen Geschäfte mit dem Kontrolle ausübenden Gesellschafter[473]. Daher sind in manchen Rechtsordnungen Geschäfte eines Aktionärs ebenso offenlegungspflichtig wie Geschäfte von Leitungsorganmitgliedern mit der Gesellschaft[474]. Die Regelungsmethode der Offenlegung von related party transactions ist aus rechtsvergleichender Sicht die am häufigsten verbreitete[475]. Sie liegt u.a. dem Rechnungslegungsstandard IAS 24 zugrunde[476]. Auf diese Weise soll nicht nur der Einblick in Vermögens-, Finanz- und Ertragslage des Rechnungslegungsadressaten verbessert, sondern darüber hinaus für das Gefahrenpotential derartiger Geschäfte sensibilisiert werden.

aa. Die Regelung des Art. 2391-*bis* cod. civ. im Überblick

Während in Deutschland sowie im internationalen Vergleich related party transactions lange Zeit nicht problematisiert wurden[477], hat der italienische Gesetzgeber, wohl angesichts der Häufigkeit von Pyramidengruppen und Aktionärsverflechtungen[478], schon vor längerer Zeit entsprechenden Regelungsbedarf gesehen. Dies hat sich zunächst in besonderen Offenlegungspflichten für börsennotierte *s.p.a.*, u.a. im Zusammenhang mit der Weitergabe von preisbeeinflussenden Tatsachen[479], sowie in Vorgaben im italienischen Corporate Governance Code (im Folgenden: Codice di

---

470 *Enriques/Hertig/Kanda* in Kraakman/Armour/Davies u.a., Anatomy of Corporate Law, sub 6 (S. 153 f).

471 *Blandini*, Società quotate e società diffuse, Cap. V 108 (S. 502 f); *Bonzanini/Martelloni*, Società 2005, S. 950 (951); *Pomelli* in Maffei Alberti (Hrsg.), Il nuovo diritto delle società, Art. 2391-*bis* sub 3 (S. 784).

472 *Ventoruzzo* in Marchetti u.a. (Hrsg.), Commentario alla riforma delle società, Art. 2391-*bis* sub 1 (S. 502 f).

473 *Enriques/Hertig/Kanda* in Kraakman/Armour/Davies u.a., Anatomy of Corporate Law, sub 6 (S. 153), sub 6.3 (S. 179); *Windbichler*, FS Röhricht S. 693 (704).

474 Vgl. *Enriques/Hertig/Kanda* in Kraakman/Armour/Davies u.a., Anatomy of Corporate Law, sub 6.2.1.1 (S. 156 f).

475 Vgl. *Enriques/Hertig/Kanda* in Kraakman/Armour/Davies u.a., Anatomy of Corporate Law, sub 6.2.1.1 (S. 155). Zur Regelung in England, Frankreich und den USA siehe die vergleichende Darstellung von *Montalenti*, Giur. comm. 2011, I, S. 319 (323 ff).

476 Zu IAS 24 vgl. *Heuser/Leippe/Theile* in *Heuser/Theile*, IFRS Handbuch Rn 4750 ff.

477 Vgl. *Fleischer*, NZG 2006, S. 561 (567) mwN. Ein Hinweis findet sich in den OECD Principles of Corporate Governance, Principle V.D.4 in der Fassung von 1998, abzurufen unter: http://www.ecgi.org/codes/code.php?code_id=89.

478 So *Ventoruzzo* in Marchetti u.a. (Hrsg.), Commentario alla riforma delle società, Art. 2391-*bis* sub 1 (S. 502 f) mwN in Fn 2; vgl. ferner zur italienischen Unternehmenslandschaft oben § 2 I 4, 5.

479 Vgl. den Überblick bei *Scimemi* in G. Cian/Trabucchi (Hrsg.), Codice Civile, Art. 2391 *bis* sub I Rn 2; ausführlich *Pomelli* in Maffei Alberti (Hrsg.), Il nuovo diritto delle società, Art. 2391-*bis* sub 2 (S. 780 f).

Autodisciplina) von 2002[480] niedergeschlagen. Da diese nur für börsennotierte *s.p.a.* gelten und die Transparenz von Rechtsgeschäften mit nahestehenden Parteien durch die besonderen Anforderungen an die Entscheidungsfindung nach Art. 2391 und Art. 2497-*ter* als nicht hinreichend gewährleistet gilt[481], ist der sich in seinem Anwendungsbereich auf kapitalmarktorientierte Gesellschaften erstreckende Art. 2391-*bis* nachträglich eingefügt worden[482]. Die entsprechende Regelung in Art. 9.p.1. Codice di Autodisciplina 2006 ist schließlich im Gleichlauf zu Art. 2391-*bis* gebildet[483].

Art. 2391-*bis* sieht vor, dass die Leitungsorgane kapitalmarktorientierter *s.p.a.* Regeln erlassen, die sich an von der *Consob* vorgegebenen Prinzipien orientieren und die Transparenz und materielle sowie verfahrensmäßige Ordnungsmäßigkeit von related party transactions sichern. Sie haben diese im Lagebericht zu veröffentlichen; zu diesem Zweck können sie sich von unabhängigen Experten unterstützen lassen (Art. 2391-*bis* Abs. 1). Die Vorschrift zielt somit einerseits auf die Transparenz von related party transactions, andererseits auf die Gewährleistung eines ordnungsgemäßen Umgangs mit derartigen Geschäften, auch wenn diese durch Tochtergesellschaften ausgeführt werden[484]. In Bezug auf die Anforderungen an den ordnungsgemäßen Umgang mit related party transactions geht Art. 2391-*bis* sowohl über IAS 24 hinaus, der lediglich die Offenlegung derartiger Beziehungen und Geschäfte im Einzel- sowie im Gruppenabschluss vorsieht[485], als auch über die aufgrund der europäischen Vorgaben im Anhang zu machenden Angaben über related party transactions, die Geschäfte betreffen, die nicht zu marktüblichen Bedingungen zustande gekommen sind[486].

Die *Consob* hatte zunächst lediglich Regeln im Hinblick auf die Offenlegung erlassen[487]. Schließlich hat sie im Jahr 2010 in einer eigenen – schwer verständlichen[488] – Verordnung zu related party transactions[489] sämtliche Regeln, sowohl im Hinblick

---

480 Dazu insbesondere *Bonzanini/Martelloni,* Società 2005, S. 950 ff. Zur in der Praxis dennoch häufig fehlenden Offenlegung nach dem Codice di Autodisciplina 2002 *Enriques/Volpin*, Corporate Governance Reforms in Continental Europe (2007), S. 119 ff (134), http://ssrn.com/abstract=970796.

481 So *Blandini*, Società quotate e società diffuse, Cap. V 108 (S. 502 f); *Pomelli* in Maffei Alberti (Hrsg.), Il nuovo diritto delle società, Art. 2391-*bis* sub 3 (S. 783 f).

482 Eingefügt durch D.lgs. 28.12.2004, n. 310.

483 Vgl. *Minervini*, Giur. comm. 2006, I, S. 147 (164 f).

484 Zur doppelten Zielrichtung *Ventoruzzo* in Marchetti u.a. (Hrsg.), Commentario alla riforma delle società, Art. 2391-*bis* sub 11 (S. 528).

485 Zur Gegenüberstellung von Art. 2391-*bis* und IAS 24 *Ventoruzzo* in Marchetti u.a. (Hrsg.), Commentario alla riforma delle società, Art. 2391-*bis* sub 3 (S. 514).

486 Vgl. oben § 4 III 3 b.

487 Regolamento Emittenti statuierte Informationspflichten gegenüber dem Anlegerpublikum über Geschäfte mit related parties (Art. 71-*bis* a.F.), sowie gegenüber der *Consob* (Art. 91-*bis* a.F.). Näher *Montalenti*, Giur. comm. 2011, I, S. 319 ff.

488 Vgl. *Giudici*, Società 2010, S. 871 (876), der die Regelungen der Verordnung als ‚verwirrend' (... *intricate disposizioni* ...) bezeichnet.

489 Regolamento operazioni con parti correlate, adottato dalla Consob con delibera n. 17221 del 12.03.2010, modificato con delibera n. 17389 del 23.06.2010) – im Folgenden Regolamento OPC.

auf die Information, als auch auf die materielle sowie verfahrensmäßige Ordnungsmäßigkeit zusammengefasst[490], sowie einen Leitfaden[491] für die Anwendung erlassen.

(1) Definition von related parties nach der Verordnung der *Consob*

Nachdem die *Consob* ihre eigene Definition von nahestehenden Parteien (*parti correlate*) abgeschafft und stattdessen auf diejenige in IAS 24 verwiesen hatte[492], findet sich die Definition von related parties nunmehr im Anhang 1 Regolamento OPC[493]. Zwar ist insoweit teilweise als positiv herausgestellt worden[494], dass die *Consob* eine eigene Definition geschaffen habe[495], allerdings sind jedenfalls die Kriterien zum Begriff der nahestehenden Personen weitgehend identisch mit denen von IAS 24.9. Geringfügige Abweichungen lassen sich lediglich im Hinblick auf die Begriffe der Geschäftsvorfälle (*operazioni*) sowie der einzelnen funktionalen Definitionen für die Bestimmung der related parties feststellen, die in Anhang 1 Regolamento OPC teilweise ausführlicher sind, etwa zum maßgeblichen Einfluss (*influenza notevole*), teilweise jedoch auch Definitionen, etwa zu Vergütungen, nicht enthalten. Letztlich verweist Anhang 1 Nr. 3.2 für die Interpretation der Definitionen auf die Prinzipien der internationalen Rechnungslegung nach der IAS-Verordnung[496].

Insgesamt ist festzustellen, dass der Begriff der nahestehenden Parteien weiter gefasst ist als der Kontrollbegriff, auch wenn sich Überschneidungen ergeben[497]. Insbesondere erfasst der Begriff der nahestehenden Parteien u.a. nahe Familienangehörige der Partei oder Personen in Schlüsselpositionen des Unternehmens oder der Muttergesellschaft.

(2) Kriterien über den Umgang nach der Verordnung der *Consob* im Überblick

Hinsichtlich der Offenlegung sind für alle Geschäfte, auch wenn diese durch Tochtergesellschaften ausgeführt werden, Mindestangaben vorgeschrieben[498].

---

490 Kritisch zur zwischenzeitlichen Rechtsunsicherheit *Minervini*, Giur. comm. 2006, I, S. 147 (165). Ausführlich zum Ablauf der Neuregelung *Montalenti/Balzola*, La società per azioni quotata, sub 17.1 (S. 110 f); *Montalenti*, Giur. comm. 2011, I, S. 319 ff (325 ff). Die Gesellschaften sind danach zum Erlass interner Regeln bis zum 01.12.2010 verpflichtet.

491 Comunicazione n. DEM/10078683 del 24.09.2010 – Indicazioni e orientamenti per l'applicazione del Regolamento OPC.

492 Ausführlich zur vorherigen Rechtslage *Montalenti* in Cottino (Hrsg.), Trattato Diritto Commerciale IV/2, Cap. XII sub 145 (S. 365 ff); *Pomelli* in Maffei Alberti (Hrsg.), Il nuovo diritto delle società, Art. 2391-*bis* sub 2 (S. 780 ff).

493 Ausführlich zur Definition in Anhang 1 Regolamento OPC *Assonime*, Circolare n. 38/2010, sub 1.1 abgedr. in Riv. soc. 2011, S. 99 (107 ff); *Busani*, Società 2010, S. 1103 (1107 f).

494 *Baglioni/Grasso*, Società 2010, S. 727 (728).

495 Dadurch werde vermieden, dass Änderungen in IAS 24 automatisch den Anwendungsbereich der Verordnung verändern, so *Montalenti*, Giur. comm. 2011, I, S. 319 (322, 328).

496 Zu diesem Zusammenhang *Assonime*, Circolare n. 38/2010, sub 1.1 abgedr. in Riv. soc. 2011, S. 99 (107 f).

497 So auch *Ventoruzzo* in Marchetti u.a. (Hrsg.), Commentario alla riforma delle società, Art. 2391-*bis* sub 1 (S. 504).

498 Art. 5 Regolamento OPC. Näher zum Inhalt *Montalenti/Balzola*, La società per azioni quotata, sub 17.1 (S. 112); *Salafia*, Società 2010, S. 735 (739 f).

Im übrigen überlässt die Verordnung der privatautonomen Gestaltung im Hinblick auf den Umgang mit related party transactions erheblichen Spielraum[499]. Sie differenziert im wesentlichen zwischen Geschäften von größerer Bedeutung (*operazioni di maggiore rilevanza*)[500] und solchen von geringerer Bedeutung (*operazioni di minore rilevanza*).

Die erstgenannten unterliegen den jeweils strengsten Vorgaben im Hinblick auf die Offenlegung und das Verfahren[501].

Das Geschäftsführungsorgan beschließt die Regeln über das Verfahren zum Umgang mit related party transactions selbst und entscheidet dabei auch, wenn auch unter Berücksichtigung der in der Verordnung aufgestellten Kriterien, welche Geschäfte diejenigen von größerer Bedeutung sind[502]. Allerdings bedarf es vor der Beschlussfassung der Zustimmung durch einen Ausschuss (*comitato*), der zu besetzen ist mit unabhängigen, nicht interessenbehafteten Mitgliedern[503]. In diesem Zusammenhang gilt es als problematisch, dass das italienische Recht keine einheitliche Definition des unabhängigen Geschäftsleiters kennt[504]. Als unabhängig im Sinne der Verordnung gelten diejenigen, die auch nach dem TUF bzw. dem Codice di Autodisciplina[505] als unabhängig gelten[506].

Vor einer Beschlussfassung über eine related party transaction ist ein – mit unabhängigen, nicht interessenbehafteten Mitgliedern besetzter – Ausschuss zu beteiligen[507]. Unterliegt die Gesellschaft der Leitung und Koordinierung, hat der Ausschuss den Gruppenzusammenhang zu berücksichtigen[508]. Bei Geschäften von geringerer Bedeutung ist er lediglich vor der Beschlussfassung anzuhören[509], bei Geschäften von größerer Bedeutung ist er bereits vor der Durchführung des Geschäfts in größerem Umfang zu beteiligen und muss das Interesse der Gesellschaft

---

499 *Montalenti/Balzola*, La società per azioni quotata, sub 17.1 (S. 111).
500 Zur Konkretisierung dienen insoweit die in allegato 3 (Anhang 3) vorgesehenen Kriterien.
501 *Giudici*, Società 2010, S. 871 (874); *Montalenti/Balzola*, La società per azioni quotata, sub 17.1 (S. 111).
502 Art. 4 Abs. 1 a sowie Anhang 3 Regolamento OPC.
503 Art. 4 Regolamento OPC. Zur Besetzung des Ausschusses in den einzelnen Organisationsmodellen der *s.p.a. Stella Richter*, Riv. soc. 2011, S. 64 ff.
504 Vgl. *Baglioni/Grasso*, Società 2010, S. 727 (729 f).
505 Der italienische Corporate Governance Code (Stand: Dezember 2011) ist, auch in englischer Fassung, abzurufen unter: www.borsaitaliana.it, ‚Borsa Italiana', ‚chi siamo', ‚pubblicazioni'.
506 Art. 3 Abs. 1 h) Regolamento OPC.
Nach Art. 3.P.1. Codice di Autodisciplina gelten jene nicht geschäftsführenden Organmitglieder als unabhängig, die mit dem Emittenten oder den an den Emittenten gebundenen Subjekten keine unmittelbaren oder mittelbaren Beziehungen, die geeignet sind, ihr unabhängiges Urteil gegenwärtig zu beeinträchtigen, unterhalten oder kürzlich unterhalten haben.
Nach Art. 147-*ter* Abs. 3 TUF bestimmt sich die Unabhängigkeit der Leitungsorganmitglieder nach Art. 148 Abs. 3, 4 TUF, der die Kriterien für die Unabhängigkeit der Mitglieder des *collegio sindacale* aufstellt. Dazu näher unten § 4 IV 1 b aa und § 5 VI 1 d aa, bb.
507 Zur Gegenüberstellung des Verfahrens bei Geschäften von größerer Bedeutung mit demjenigen bei Geschäften von geringerer Bedeutung *Stella Richter*, Riv. soc. 2011, S. 64 (72 ff).
508 Art. 14 Abs. 1 Regolamento OPC; laut *Montalenti*, Giur. comm. 2011, I, S. 319 (336) dürfte dies nur bei Geschäften von größerer Bedeutung erforderlich sein.
509 Art. 7 Abs. 1 a) Regolamento OPC.

an der Durchführung des Geschäftes berücksichtigen sowie die jeweilige Angemessenheit und materielle Ordnungsmäßigkeit der Bedingungen[510]. Bei Geschäften von größerer Bedeutung ist das Geschäftsführungsorgan in seiner Gesamtheit zuständig[511]. Will es von der Auffassung des Ausschusses abweichen, ist dies nur möglich, wenn die Verfahrensbedingungen einen bestätigenden Beschluss der Aktionärsversammlung vorsehen[512]. Dieser darf nicht mit den Stimmen der interessenbehafteten Aktionäre gefasst werden[513].

Einige Geschäfte sind, unabhängig von ihrer Bedeutung, vom Anwendungsbereich der Verordnung ausgenommen, etwa solche über die Vergütung des Geschäftsleitungsorganes[514]. Geschäfte mit oder zwischen kontrollierten oder verbundenen Gesellschaften können – mit Ausnahme der Mindestangaben in Bezug auf die Offenlegung – von der Verordnung ausgenommen werden, wenn in diesen Gesellschaften keine wesentlichen Interessen anderer nahestehender Parteien bestehen[515]. Schließlich können bestimmte *s.p.a.* für alle related party transactions unter bestimmten Voraussetzungen die Vorgaben für Geschäfte von geringerer Bedeutung wählen[516]. Dabei handelt es sich um *s.p.a.*, die erst seit kurzem börsennotiert sind, um *s.p.a.* von geringerer Größe und *s.p.a.*, deren Aktien im Publikum in einem relevanten Maß verbreitet sind und die jeweils nicht zugleich durch eine börsennotierte Gesellschaft unmittelbar oder mittelbar kontrolliert werden[517]. Ob diese Ausnahme auch kapitalmarktorientierte *s.p.a.* erfassen soll und damit für den Anwendungsbereich von Art. 2391-*bis* cod. civ. von Bedeutung ist, ist zur Zeit nicht ersichtlich.

bb. Überwachung der Einhaltung und fehlende gesetzliche Sanktionen

Die Überwachung der Einhaltung der erlassenen Regeln obliegt dem Kontrollorgan, das darüber der Aktionärsversammlung berichtet (Art. 2391-*bis* Abs. 2 S. 2)[518].

Unmittelbare Sanktionen bei Verletzung der genannten Pflichten sind nicht vorgesehen[519]. Wie die Gesellschaft die Durchsetzung der Regeln gestaltet, bleibt ihr überlassen. Es wird teilweise für zulässig gehalten, in die Satzung eine Befugnis der Aktionärsversammlung zur Bestätigung eines Geschäftes mit nahestehenden Parteien durch Beschluss aufzunehmen[520]. Die Methode der Selbstregulierung einer-

510 Art. 8 Abs. 1 b, c) Regolamento OPC; näher *Baglioni/Grasso*, Società 2010, S. 727 (733 f).

511 Art. 8 Abs. 1 a) Regolamento OPC; näher *Baglioni/Grasso*, Società 2010, S. 727 (731); *Busani*, Società 2010, S. 1103 (1104).

512 Kritisch *Salafia*, Società 2010, S. 735 (738).

513 Art. 8 Abs. 2 Regolamento OPC.

514 Art. 13 Regolamento OPC.

515 Art. 14 Abs. 2 Regolamento OPC, kritisch zu dieser – unklaren – Regelung *Montalenti*, Giur. comm. 2011, I, S. 319 (336, 338 f).

516 Vgl. Art. 10 Regolamento OPC.

517 Einzelheiten bei *Giudici*, Società 2010, S. 871 ff.

518 Näher *Ventoruzzo* in Marchetti u.a. (Hrsg.), Commentario alla riforma delle società, Art. 2391-*bis* sub 12 (S. 535).

519 Kritisch *Montalenti*, Giur. comm. 2011, I, S. 319 (340); *Pomelli* in Maffei Alberti (Hrsg.), Il nuovo diritto delle società, Art. 2391-*bis* sub 5 (S. 787 f).

520 Vgl. Art. 2364 Abs. 1 Nr. 5 cod. civ., näher zu dieser Möglichkeit *Pomelli* in Maffei Alberti (Hrsg.), Il nuovo diritto delle società, Art. 2391-*bis* sub 4 (S. 787).

seits, bei Orientierung an Vorgaben der *Consob* andererseits, soll gleichermaßen dem Flexibilitätsbedürfnis der Unternehmen wie dem Aktionärsschutz dienen[521]. Das Unterlassen oder fehlerhafte Aufstellen von Regeln über den Umgang mit related party transactions könnte Anlass für eine Anzeige der Gesellschafter beim Kontrollorgan nach Art. 2408[522] oder für den Antrag auf Durchführung einer Sonderprüfung gem. Art. 2409[523] sein[524]. Die Verletzung der Regeln könnte die Anfechtbarkeit eines etwaigen Beschlusses der Leitungsorganmitglieder oder deren Haftung, sowie möglicherweise auch die des Kontrollorganes zur Folge haben[525]. Diesbezüglich fehlt es jedoch bislang, wohl wegen des Erlasses der Verordnung sechs Jahre nach Erlass des Art. 2391-*bis* cod. civ., an Fällen aus der Rechtsanwendungspraxis[526]. Zwar könnte ein Verstoß gegen Art. 2391-*bis* auch den Ruf der Gesellschaft und ihrer Leitungsorganmitglieder beeinträchtigen. In einer Wirtschaftsordnung wie der italienischen, die wesentlich durch eine auf konzentriertem Eigentum basierende Unternehmenslandschaft geprägt ist[527], ist eine mögliche Rufbeschädigung jedoch als nicht effizientes Steuerungsinstrument kritisiert worden[528].

cc. Zusammenhang mit den übrigen Regelungen über die Transparenz von Entscheidungen und Einflussnahme(potential)

Soweit Art. 2391-*bis* die Information über Entscheidungsfindungsprozesse betrifft, besteht eine Parallele zu Art. 2391 und 2497-*ter*[529]. Während es bei Art. 2391 aber um die Transparenz der Entscheidungsfindung innerhalb des Leitungsorganes geht, gilt Art. 2391-*bis* für den Umgang mit related party transactions unabhängig von der Zuständigkeit für die betreffenden Geschäfte[530]. Denn in dieser Konstellation gilt der Interessenkonflikt als geradezu impliziert[531]. Entsprechende Überschneidungen können sich bei Geschäften mit der Leitung und Koordinierung ausübenden Gesellschaft ergeben, die der Begründungspflicht nach Art. 2497-*ter*

---

521 *Ventoruzzo* in Marchetti u.a. (Hrsg.), Commentario alla riforma delle società, Art. 2391-*bis* sub 1 (S. 504).
522 Zu diesem Instrument sogleich unter § 4 IV 2 c.
523 Dazu sogleich unter § 4 IV 5.
524 So *Scimemi* in Cian/Trabucchi (Hrsg.), Codice Civile, Art. 2391 *bis* sub VI Rn 3.
525 Zu möglichen Rechtsfolgen *Scimemi* in Cian/Trabucchi (Hrsg.), Codice Civile, Art. 2391 *bis* sub VI Rn 6; *Ventoruzzo* in Marchetti u.a. (Hrsg.), Commentario alla riforma delle società, Art. 2391-*bis* sub 13 (S. 536 ff).
526 Vgl. *Salafia*, Società 2010, S. 735.
527 Vgl. oben § 2 I 4.
528 Vgl. *Pomelli* in Maffei Alberti (Hrsg.), Il nuovo diritto delle società, Art. 2391-*bis* sub 5 (S. 788 f).
529 Zu diesen Parallelen näher *Montalenti*, Giur. comm. 2011, I, S. 319 (322); *Ventoruzzo* in Marchetti u.a. (Hrsg.), Commentario alla riforma delle società, Art. 2391-*bis* sub 14 (S. 540 ff), sub 15 (S. 542 ff).
530 *Ventoruzzo* in Marchetti u.a. (Hrsg.), Commentario alla riforma delle società, Art. 2391-*bis* sub 10.1 (S. 525 f) – damit beziehe sich Art. 2391-*bis* auch auf Geschäfte, die durch ein ermächtigtes Leitungsorganmitglied oder den Exekutivausschuss ausgeführt werden. Zur Möglichkeit der Übertragung von Befugnissen innerhalb des Leitungsorganes sogleich unten § 4 IV 1 a.
531 *Minervini*, Giur. comm. 2006, I, S. 147 (164); *Pomelli* in Maffei Alberti (Hrsg.), Il nuovo diritto delle società, Art. 2391-*bis* sub 3 (S. 783).

unterliegt und zugleich in der Regel als Muttergesellschaft eine nahestehende Partei im Sinne von Art. 2391-*bis* ist[532].

Die Offenlegung der Regeln über den Umgang mit related party transactions im Lagebericht – und nicht im Anhang – ist italienischen Besonderheiten der Rechnungslegung geschuldet[533]. Vom Ansatz her ist damit der Lagebericht, nicht nur wegen der dort verorteten Begründungspflicht nach Art. 2497-*ter*, sondern auch wegen der bereits beschriebenen gruppenspezifischen Offenlegungspflichten nach Art. 2497-*bis* Abs. 5[534], eine wichtige Dokumentationsquelle für gruppeninterne Beziehungen[535].

Allerdings sind kapitalmarktorientierte Gesellschaften in Italien rechtstatsächlich selten[536]; die Regelung in Art. 2391-*bis* dürfte also von praktisch eher geringer Bedeutung bleiben.

dd. Die Regelung des Art. 2391-*bis* cod. civ. im europäischen Kontext

Zusammenfassend ist festzustellen, dass die italienische Regelung Elemente von Offenlegung mittels Rechnungslegung einerseits und Corporate Governance andererseits vermischt. Damit geht sie im Ansatz über die im Rahmen der Rechnungslegung zu machenden Angaben zu related party transactions hinaus[537]. Die europäischen Vorgaben der Abänderungsrichtlinie sehen lediglich die Offenlegung von wesentlichen, zu marktunüblichen Bedingungen durchgeführten related party transactions im Anhang vor. Allerdings trifft diese Offenlegungspflicht alle Kapitalgesellschaften unabhängig von einer Kapitalmarktorientierung[538].

IV. Ausgewählte gruppenrelevante Informationsflüsse

Neben den vorrangig im Außenverhältnis wirkenden Vorgaben zu Publizität und Transparenz hat die italienische Gesellschaftsrechtsreform die Informationsflüsse zwischen den Organen der Gesellschaft erweitert. Teilweise werden sie als Grundlage für einen Ansatz über eine organisatorische Verfassung einer Gruppenmutter- bzw. einer Gruppentochtergesellschaft gesehen[539]. Sie betreffen insbesondere die Rechtsform der *società per azioni*, die im traditionellen Organisationsmodell über die

---

532 *Ventoruzzo* in Marchetti u.a. (Hrsg.), Commentario alla riforma delle società, Art. 2391-*bis* sub 15 (S. 542).
533 Vgl. oben § 4 III 3 b.
534 Vgl. oben § 4 III 3 b.
535 So auch *Pomelli* in Maffei Alberti (Hrsg.), Il nuovo diritto delle società, Art. 2391-*bis* sub 4 (S. 785).
536 Vgl. oben § 4 III 4 c aa.
537 Die Europäische Kommission wirft allerdings nunmehr die Frage nach einem Schutz auf, der über den durch die Rechnungslegung vermittelten hinausgeht, Grünbuch Corporate Governance Rahmen, Frage 22 (S. 19 f).
538 Vgl. oben § 4 III 3 b.
539 Insbesondere *Tombari*, Giur. comm. 2004, I, S. 61 (72 ff); *ders.*, Riv. soc. 2009, S. 122 ff; *Valzer*, Liber Amicorum G.F. Campobasso, Bd. III, S. 831 (866 ff); wohl auch *Niutta*, Riv. soc. 2003, S. 780 ff.

drei Organe Aktionärsversammlung, Kontrollorgan (*collegio sindacale*) und Leitungsorgan verfügt[540]. Entsprechendes gilt für die *s.p.a.* mit dualistischem Organisationsmodell, bei der sich jedoch Bezeichnung und Befugnisse der drei Organe unterscheiden[541]. Demgegenüber beschränkt sich die Organstruktur der *s.r.l.*, der Gesellschaft mit beschränkter Haftung, grundsätzlich[542] auf Gesellschafterversammlung und Geschäftsführungsorgan. Letzteres gilt auch für die *s.p.a.* im monistischen Organisationsmodell. Informationsflüsse sind daher bei dieser Leitungsstruktur lediglich im Verhältnis zwischen Gesellschafterversammlung und Geschäftsführungsorgan regelungsbedürftig und damit tendenziell weniger problematisch[543].

Werfen Informationsflüsse schon im (großen) Einzelunternehmen Schwierigkeiten auf, gilt dies erst recht für die Gesellschaftsgruppe[544]. Dies mag mit dem Konflikt zwischen der wirtschaftlichen Betrachtungsweise der Gruppe als Einheit, die sich u.a. auf die Strategieplanung auswirkt, und der rechtlichen Selbständigkeit der Gruppengesellschaften zu tun haben[545]. Der diesbezügliche Regelungsansatz des italienischen Rechts soll daher exemplarisch anhand einiger organschaftlicher und individueller Informationsrechte im folgenden kurz skizziert werden. Dabei wird jeweils vom traditionellen Organisationsmodell der *s.p.a.* ausgegangen, das praktisch das häufigste ist[546].

1. Organschaftliche Informationsrechte und -pflichten in der *s.p.a.*

Die Gesellschaftsrechtsreform hat die Informationsflüsse innerhalb der Gruppe zwischen den verschiedenen Gesellschaftsorganen berücksichtigt und auf verschiedene Weise gestärkt.

---

540 Zur Organisationsstruktur vgl. statt vieler *Associazione Preite*, Morera/Olivieri/Perassi u.a. (Hrsg.), Il diritto delle società, Cap. VI B 1 (S. 155 ff); *Ghezzi/Malberti*, ECFR 2008, S. 1 (9 ff); *Hirte*, FS Th. Raiser S. 839 ff.

541 Vgl. zu den Bezeichnungen und Befugnissen der Organe *Magrini*, Italienisches Gesellschaftsrecht S. 43 ff.

542 In der *s.r.l.* ist die Einrichtung eines *collegio sindacale* bei einem Gesellschaftskapital von mindestens 120.000 € zwingend, Art. 2477 II cod. civ.

543 Vgl. *Associazione Preite*, Morera/Olivieri/Perassi u.a. (Hrsg.), Il diritto delle società, Cap. VI B 24 (S. 201).

544 Vgl. zur dadurch im deutschem Recht in der Unternehmensgruppe aufgeworfenen Problematik allgemein *Windbichler* in Hommelhoff/Hopt/v. Werder (Hrsg.), Handbuch Corporate Governance, 2003, S. 605 (607 ff, 619); in Bezug auf vorhandene rechtliche Schranken *Fleischer*, ZGR 2009, S. 505 (529 ff); in Bezug auf Informationsflüsse zwischen dem Vorstand der Muttergesellschaft und demjenigen der Tochtergesellschaft *Hüffer*, FS Schwark S. 185 ff.

545 Vgl. *Montalenti* in Balzarini/Carcano/Ventoruzzo (Hrsg.), Le società per azioni oggi S. 303 (304).

546 Vgl. die Zahlen aus dem Jahr 2005 bei *Notari*, Riv. soc. 2006, S. 385 (392 f): 284 (0,62 Prozent) der italienischen Aktiengesellschaften haben demnach ein alternatives Organisationsmodell gewählt, 198 weisen eine monistische, 86 eine dualistische Leitungsstruktur auf. Abweichende Zahlen mit einem gegenteiligen Verhältnis von monistischem (95) und dualistischem (257) Modell mit Stand vom 29. Juli 2005 wertet *Montalenti*, Giur. comm. 2006, I, S. 504 (518) aus. Zu den Problemen hinsichtlich der erhobenen Zahlen *Ghezzi/Malberti*, ECFR 2008, S. 1 (37 f).
Zu den Gründen, die für die Beibehaltung des traditionellen Organisationsmodells sprechen könnten *Hirte*, FS Th. Raiser S. 839 (842 ff); zu denjenigen, die für die Wahl eines alternativen Organisationsmodells sprechen könnten *Ghezzi/Malberti*, ECFR 2008, S. 1 (27 ff).

a. (Gruppendimensionale) Berichtspflicht des Leitungsorganes

Wenn die Satzung dies vorsieht oder die Aktionärsversammlung zustimmt, kann das Leitungsorgan eigene Befugnisse auf einen organinternen Exekutivausschuss (*comitato esecutivo*) oder einzelne seiner Mitglieder übertragen (*amministratore delegato*), Art. 2381 Abs. 2 cod. civ.[547]. Fast alle größeren *s.p.a.* machen zur organisatorischen Erleichterung der Leitungsaufgabe von dieser Möglichkeit Gebrauch[548]. Dadurch wird nach einhelliger Auffassung eine kumulative Zuständigkeit für bestimmte Bereiche geschaffen[549]. Das Gesamtorgan bestimmt Inhalt und Grenzen der Ermächtigung und bleibt auch danach zur Erteilung von Weisungen oder Selbstvornahme bestimmter Handlungen befugt (Art. 2381 Abs. 3), hat also weiterhin die Gesamtzuständigkeit zur Geschäftsführung[550]. Die ermächtigten Mitglieder unterliegen dem Leitungsorgan in seiner Gesamtheit sowie dem Kontrollorgan gegenüber einer mindestens halbjährlichen Berichtspflicht zur Geschäftstätigkeit, der voraussichtlichen Entwicklung und den wesentlichen geschäftlichen Vorfällen in der Gesellschaft und ihren Tochtergesellschaften, Art. 2381 Abs. 5[551]. Diese Berichtspflicht soll dazu dienen, dem Gesamtorgan eine ausreichende Wissensgrundlage bei Entscheidungen hinsichtlich der Geschäftspolitik zu verschaffen[552] sowie die Überwachung der ermächtigten Leitungsorganmitglieder zu ermöglichen[553].

Ferner sind alle Mitglieder des Leitungsorganes zu informiertem Handeln verpflichtet, Art. 2381 Abs. 6. Dies umfasst auch Vorgänge in kontrollierten Gesellschaften. Die Vorschrift wird als eine Konkretisierung ihres Pflichtenstandards gewertet[554]. Als Gegenstück zur Berichtspflicht wird ihnen daher das Recht, sich bei den Mitgliedern des Exekutivausschusses zu informieren, zugesprochen[555]. In der börsennotierten *s.p.a.* wird diese Pflicht durch Art. 8 Codice di Autodisciplina konkretisiert.

---

547 Dazu *Campobasso*, Diritto commerciale 2, Cap. VIII 7 (S. 370); *Magrini*, Italienisches Gesellschaftsrecht S. 101 f.

548 Vgl. *Associazione Preite*, Morera/Olivieri/Perassi u.a. (Hrsg.), Il diritto delle società, Cap. VI B 3 (S. 163).

549 *Sandei* in G. Cian/Trabucchi (Hrsg.), Codice civile, Art. 2381 sub X Rn 1 mwN.

550 *Galgano*, Diritto Civile e Commerciale III/2, par. 147 (S. 293); *Montalenti* in Cottino (Hrsg.), Trattato Diritto Commerciale IV/2, Cap. VII sub 85 (S. 216).

551 Zur Bedeutung des neueingefügten Artikels, auch im Gruppenzusammenhang *Mosco* in Niccolini/Stagno d'Alcontres (Hrsg.), Le società di capitali, Art. 2381 sub 3 (S. 596 ff); *Niutta*, Riv. soc. 2003, S. 780 (783 ff).
Eine Gegenüberstellung zum deutschen Recht nimmt vor *Hirte*, FS Th. Raiser S. 839 (848).

552 *De Feo* in Bonfante/Corapi et al. (Hrsg.), Codice commentato delle nuove società, Art. 2381 Rn 44; *Sandei* in G. Cian/Trabucchi (Hrsg.), Codice civile, Art. 2381 sub XII Rn 3 ff, die die Berichtspflicht daher im untrennbaren Zusammenhang mit der Haftung des Leitungsorganes nach Art. 2392 cod. civ. sehen.

553 *De Nicola* in Marchetti u.a. (Hrsg.), Commentario alla riforma delle società, Art. 2381 sub 3.6 B) (S. 122).

554 So *De Feo* in Bonfante/Corapi et al. (Hrsg.), Codice commentato delle nuove società, Art. 2381 Rn 4; *Valzer*, Liber Amicorum G. F. Campobasso, Bd. III, S. 831 (868).

555 *Associazione Preite*, Morera/Olivieri/Perassi u.a. (Hrsg.), Il diritto delle società, Cap. VI B 3 (S. 164); *Magrini*, Italienisches Gesellschaftsrecht S. 106.

In der börsennotierten *s.p.a.* müssen die Mitglieder des Leitungsorganes selbst, unabhängig von einer Übertragung ihrer Aufgaben auf ermächtigte Mitglieder, das Kontrollorgan mindestens vierteljährlich über die Gesellschaftstätigkeit allgemein sowie über bedeutende Geschäfte der Gesellschaft und ihrer Tochtergesellschaften informieren, Art. 150 Abs. 1 TUF[556]. Hinsichtlich der Beschränkung auf wesentliche Geschäfte deckt sich die Berichtspflicht mit der in der nicht börsennotierten *s.p.a.*[557]; insbesondere haben sie aber zudem über Geschäfte zu berichten, an denen sie selbst oder Dritte ein Interesse haben, oder die durch das Leitung und Koordinierung ausübende Subjekt beeinflusst sind[558].

Eine entsprechende konzerndimensionale, periodische Berichtspflicht des Vorstands des Mutterunternehmens gegenüber dem Aufsichtsrat sieht auch § 90 Abs. 1 S. 2 AktG[559], unabhängig von der Börsennotierung, vor.

Insgesamt kommt der Berichtspflicht erhebliche Bedeutung zu für die Überwachungstätigkeit – sei es die des gesamten Leitungsorganes über den Exekutivausschuss, sei es die des Kontrollorganes über das Leitungsorgan – denn Fragen der Unternehmensplanung und Geschäftspolitik lassen sich gerade in einem Unternehmen, das Mutterunternehmen ist, ohne regelmäßige Berichterstattung, auch über gruppenzugehörige Unternehmen, kaum zuverlässig beurteilen[560].

b. *Exkurs: Stellung des* collegio sindacale *im Organisationsgefüge der* s.p.a. *und besondere Anforderungen an dessen Mitglieder*

Das *collegio sindacale* hat im wesentlichen die Aufgabe, über die Einhaltung von Gesetz und Satzung, der Prinzipien ordnungsgemäßer Geschäftsführung sowie über die angemessene Ausgestaltung und das konkrete Funktionieren der Organisation, der Geschäftsführung und der Rechnungslegung der Gesellschaft zu wachen, Art. 2403 Abs. 1 cod. civ.[561]. Diese Aufgabe gilt als gruppendimensional ausgestal-

---

556 Zur Bedeutung der Pflicht in der börsennotierten *s.p.a. Associazione Preite*, Morera/Olivieri/Perassi u.a. (Hrsg.), Il diritto delle società, Cap. VI B 15 (S. 181); *Montalenti* in Cottino (Hrsg.), Trattato Diritto Commerciale IV/2, Cap. VII sub 82 (S. 208). Diese Berichtspflicht gilt auch für die jeweils anderen Organisationsmodelle der *s.p.a.*, Art. 150 Abs. 2 TUF.

557 *Parella* in Rabitti Bedogni (Hrsg.), Il testo unico della intermediazione finanziaria, Art. 150 sub 1 (S. 799 f).

558 Vgl. dazu *Blandini*, Società quotate e società diffuse, Cap. V par. 109.1 (S. 503 ff); *Minervini*, Giur. comm. 2006, I, S. 147 (160 f).

559 Dazu *Hüffer* AktG § 90 Rn 7a. Die Norm knüpft dabei an den Vorstand des Mutterunternehmens im Sinne des § 290 Abs. 1, 2 HGB an.
Zur Berichtspflicht ferner *Windbichler* in Hommelhoff/Hopt/v.Werder (Hrsg.), Handbuch Corporate Governance, 2003, S. 605 (614); zu den dadurch bewirkten Auswirkungen der Aufgabenerweiterung des Aufsichtsrates *Lutter*, FS K. Schmidt S. 1065 (1070 f).

560 Aus deutscher Sicht *Spindler* in MünchKomm AktG § 90 Rn 22; *K. Schmidt*, Gesellschaftsrecht § 28 V 1 b); aus italienischer Sicht *Montalenti* in Cottino (Hrsg.), Trattato Diritto Commerciale IV/2, Cap. XII sub 144 (S. 364), *ders.*, Giur. comm. 2005, I, S. 435 (453).

561 Dazu im Einzelnen *Domenichini* in Niccolini/Stagno d'Alcontres (Hrsg.), Le società di capitali, Art. 2403 sub 2 (S. 749 ff); *Mancinelli*, Società 2003, S. 1314 (1317 ff); *Oelkers*, Die italienische Aktiengesellschaft im institutionellen Wettbewerb S. 205, 210 ff.

tet[562]. Für das *collegio sindacale* einer Leitung und Koordinierung ausübenden Muttergesellschaft bedeutet dies, dass es auch für die Überwachung der Einhaltung der Prinzipien ordnungsgemäßer Gruppengeschäftsführung zuständig ist[563]. In der börsennotierten *s.p.a.* ist die Aufgabe des *collegio sindacale* dahingehend konkretisiert, dass es über die Angemessenheit der organisatorischen Struktur der Gesellschaft im Hinblick auf die Befugnisse, das System interner Kontrolle und der Rechnungslegung sowie die inhaltliche Richtigkeit letzterer zu wachen hat, Art. 149 Abs. 1 c TUF[564]. Sie ist zudem erweitert um die Überprüfung der Einhaltung von Verhaltenskodizes sowie kapitalmarktrechtlicher Mitteilungspflichten, Art. 149 Abs. 1 c-*bis*), d) TUF[565]. Anders als der Aufsichtsrat nach dem AktG ist das *collegio sindacale* aber nicht befugt, auch die Geschäftspolitik zu überprüfen und hat auch keine beratende Funktion[566]. Auch ist es im Gegensatz zum Aufsichtsrat nicht berechtigt, die Gesellschaft gegenüber dem Leitungsorgan zu vertreten oder dessen Mitglieder zu ernennen[567].

Der italienische Gesetzgeber geht davon aus, dass das *collegio sindacale* seiner Funktion nach dem Prüfungsausschuss nach der Abschlussprüferrichtlinie entspricht[568]. Aufgabe des Prüfungsausschusses ist es, den Prozess der Rechnungslegung, die Wirksamkeit der internen Risikokontrollsysteme sowie die Abschlussprüfung zu überwachen[569]. Er ist in Unternehmen von öffentlichem Interesse einzurichten[570]. Unternehmen von öffentlichen Interesse sind neben börsennotierten Unternehmen u.a. solche, die Finanzinstrumente in relevantem Maß im Publikum gestreut haben, Kreditinstitute und Versicherungen[571]. Demnach muss das *collegio sindacale* einer

---

562 Vgl. *Rigotti* in Marchetti u.a. (Hrsg.), Commentario alla riforma delle società, Art. 2403 sub 7 (S. 204 ff).
563 Vgl. *Montalenti/Balzola*, La società per azioni quotata, sub 23 (S. 139 f mwN), 24 (S. 146). Ausführlich zu den Prinzipien ordnungsgemäßer Gruppengeschäftsführung unten § 5.
564 Diese Aufgabe als Konkretisierung der Tätigkeit des *collegio sindacale* einer börsennotierten Gesellschaft wertend *Montalenti/Balzola*, La società per azioni quotata, sub 23 (S. 139).
565 Näher hierzu *Galgano*, Diritto Civile e Commerciale III.2, par. 157 (S. 334); *Montalenti/Balzola*, La società per azioni quotata, sub 23 (S. 137 f).
566 Zur Stellung des *collegio sindacale* im traditionellen Modell im europäischen Vergleich von Governance Modellen *Hopt/Leyens*, ECFR 2004, S. 135 (158 f); *Montalenti/Balzola*, La società per azioni quotata, sub 23 (S. 137 mwN).
567 Vgl. *Colombo*, FS Lutter S. 343.
568 Vgl. *Montalenti/Balzola*, La società per azioni quotata, sub 23 (S. 142 f); *Toffoletto/Bevilacqua*, Speciale Società D.lgs. n. 39/2010, S. 25 (30).
Die Umsetzung der Abschlussprüferrichtlinie erfolgte in Italien durch D.lgs. 27.01.2010, n. 39 (im Folgenden: D.lgs. n. 39/2010).
569 Art. 41 Abs. 2 Abschlussprüferrichtlinie.
570 Art. 41 Abs. 2 Abschlussprüferrichtlinie.
571 Vgl. Art. 2 Nr. 13 Abschlussprüferrichtlinie bzw. Art. 16 D.lgs. n. 39/2010. Zur Umsetzung in Italien *Toffoletto/Bevilacqua*, Speciale Società D.lgs. n. 39/2010, S. 25 f; *Miotto* in G. Cian/Trabucchi (Hrsg.), Codice Civile, § 4. – Della Revisione legale dei conti, sub II. Italien hat keinen Gebrauch gemacht von der in Art. 39 Abschlussprüferrichtlinie vorgesehenen Möglichkeit, Kreditinstitute und Versicherungsunternehmen, deren Aktien nicht an einem geregelten Markt notiert sind, vom Anwendungsbereich der Regelungen auszunehmen. Diese Möglichkeit sieht der Vorschlag für eine Richtlinie zur Änderung der Abschlussprüferrichtlinie vom 30.11.2011 nicht mehr vor. Indes soll die Abschlussprüfung von Unternehmen von öffentlichem Interesse künftig europaweit einheitlichen Regelungsanforderungen unterliegen, wie die Tatsache zeigt, dass die Kommission

börsennotierten *s.p.a.* zusätzlich die Aufgabe haben, die Abschlussprüfung zu überwachen[572]. Dies ist bereits als Überschneidung mit den schon vorhandenen Befugnissen des *collegio sindacale* angesehen worden[573].

Die Mitglieder des *collegio sindacale* werden von der Aktionärsversammlung gewählt (vgl. Artt. 2364 Abs. 1 Nr. 2, 2400 cod. civ.). Damit repräsentieren sie auch deren Mehrheit[574]. Dies ist im Hinblick auf die Effektivität der ausgeübten Kontrolle teilweise Gegenstand von Kritik[575]. Das *collegio sindacale* besteht aus drei bis fünf Mitgliedern, die auch Gesellschafter sein können, sowie zwei Ersatzmitgliedern, Art. 2397 Abs. 1 cod. civ. Entsprechendes gilt für die börsennotierte *s.p.a.*, Art. 148 Abs. 1 a) TUF[576].

aa. Berufliche Anforderungen

Für die Mitglieder des *collegio sindacale* gelten bestimmte berufliche Voraussetzungen. Diese lassen sich mit der traditionellen Aufgabe des *collegio sindacale*, die Bücher der Gesellschaft zu prüfen[577], erklären. Daher muss von den Mitgliedern des *collegio sindacale* im traditionellen Organisationsmodell mindestens eines als Abschlussprüfer (*revisore legale*) registriert sein (Art. 2397 Abs. 1 cod. civ.). Entsprechendes gilt für die Mitglieder des jeweiligen Kontrollorganes im monistischen (*consiglio di sorveglianza*)[578] und im dualistischen (*comitato per il controllo sulla gestione*)[579] Modell. Die übrigen Mitglieder des Kontrollorganes müssen entweder in den durch ministeriellen Erlass bestimmten Berufsregistern (*albi professionali*)[580] für vergleichbare Berufe

---

vorgeschlagen hat, Anforderungen an diese in Form einer Verordnung zu regeln – Vorschlag für eine Verordnung über spezifische Anforderungen an die Abschlussprüfung bei Unternehmen von öffentlichem Interesse vom 30. November 2011.

572 Vgl. Art. 41 Abs. 2 Abschlussprüferrichtlinie bzw. Art. 19 D.lgs. n. 39/2010.

573 Dies jedenfalls als Frage aufwerfend *Montalenti/Balzola*, La società per azioni quotata, sub 23 (S. 143). Dagegen die Überwachung der Abschlussprüfung nicht als neue, sondern bereits als im italienischen Recht verankerte Aufgabe ansehend *Giudici*, Società 2010, S. 533 (538). Zum Verhältnis der Pflichten von Prüfungsausschuss und Abschlussprüfer in Deutschland etwa *Gesell*, ZGR 2011, S. 361 (375 ff).

574 So *Kronke*, FS Lutter S. 1449 (1458); *Niutta*, Riv. soc. 2009, S. 347 (393 f).

575 Vgl. *Enriques/Volpin*, Corporate Governance Reforms in Continental Europe (2007), S. 128, http://ssrn.com/abstract=970796.

576 Dazu *Benatti* in Maffei Alberti (Hrsg.), Il nuovo diritto delle società, Artt. 2397 – 2406 sub 9 (S. 904 ff). Von der Mindestzahl von drei Mitgliedern wird kaum je nach oben abgewichen; vgl. *Montalenti/Balzola*, La società per azioni quotata, sub 21 (S. 123 mwN); *Sangiovanni*, RIW 2005, S. 112 (114).

577 Die Konzeption des *collegio sindacale* als internem Kontrollorgan hat seinen Ursprung in den Zivilgesetzbüchern des 19. Jahrhunderts, vgl. *Galgano*, Diritto Civile e Commerciale III.2, par. 155 (S. 325 f). Zur rechtshistorischen Entwicklung der Aufgaben des *collegio sindacale* ferner *Associazione Preite*, Morera/Olivieri/Perassi u.a. (Hrsg.), Il diritto delle società, Cap. VI B 13 (S. 176 f); speziell im Hinblick auf kapitalmarktnotierte Gesellschaften *Colombo*, FS Lutter S. 343 ff. Zu Reformansätzen seit den 1960er Jahren *Tedeschi*, Giur. comm. 2010, I, S. 771 (784 ff).

578 Art. 2409-*octiesdecies* Abs. 3.

579 Art. 2409-*duodecies* Abs. 4.

580 Das Decreto ministeriale Giustizia 29.12.2004, n. 320 sieht vor, dass es sich dabei neben dem Berufsregister der Rechtsanwälte (*avvocati*), um die Berufsregister weiterer freier Berufe wie *dottori commercialisti, ragionieri e periti commerciali* und der *consulenti del lavoro* handelt.

eingetragen oder ordentliche Professoren der Wirtschafts- oder Rechtswissenschaften sein (Art. 2397 Abs. 2 cod. civ.). Diese letztgenannte berufliche Anforderung gilt jedoch nicht, wenn die *s.p.a.* ein anderes als das traditionelle Organisationsmodell gewählt hat[581].

Für börsennotierte *s.p.a.* gelten die beruflichen Anforderungen des codice civile nicht (vgl. Art. 154 Abs. 1, 2 TUF). Vielmehr soll für diese eine in einem besonderen Anhörungsverfahren erlassene Verordnung die Anforderungen an Ehrbarkeit (*onorabilità*) und Beruf (*professionalità*) der Mitglieder des Kontrollorganes bestimmen (vgl. Art. 148 Abs. 4 TUF). Am Erlass dieser Verordnung fehlt es jedoch bislang[582]. Daher gelten gegenwärtig die in einem Ministerialdekret bestimmten Anforderungen[583]. Dieses sieht als berufliche Anforderung vor, dass mindestens ein Mitglied des Kontrollorganes im entsprechenden Register eingetragener Abschlussprüfer ist und über eine mindestens dreijährige Berufserfahrung auf diesem Gebiet verfügt[584]. Damit scheint die Anforderung der Abschlussprüferrichtlinie im Hinblick auf das Erfordernis des Sachverstandes in Rechnungslegung und/oder Abschlussprüfung mindestens eines Mitglieds des Prüfungsausschusses erfüllt zu sein[585]. Die zugleich bestehende Anforderung an die Unabhängigkeit dieses Mitglieds soll dagegen im Zusammenhang mit den Prinzipien ordnungsgemäßer Gruppengeschäftsführung näher untersucht werden[586].

Dennoch bleibt festzuhalten, dass das italienische Recht über die Anforderungen der Abschlussprüferrichtlinie hinausgeht, indem im Ergebnis jedes *collegio sindacale*, unabhängig von einer Börsennotierung oder Kapitalmarktorientierung, über zumindest ein sachverständiges Mitglied verfügen muss. Dagegen schreibt die Richtlinie dieses Erfordernis lediglich für Unternehmen von öffentlichem Interesse vor. Geschlossene Gesellschaften gehören regelmäßig nicht zu diesen[587].

Entsprechend den Vorgaben der Abschlussprüferrichtlinie soll im Aufsichtsrat einer kapitalmarktorientierten AG nunmehr mindestens ein Mitglied vorhanden sein, das zugleich unabhängig ist und über Sachverstand auf den Gebieten der Rechnungslegung oder Abschlussprüfung verfügt[588]. Eine ausdrückliche Einschränkung auf bestimmte Berufsgruppen ist damit aber, anders als im italienischen Recht,

---

581 Art. 2409-*duodecies* enthält für das dualistische Organisationsmodell keinen entsprechenden Verweis, dazu *Ghezzi/Malberti*, ECFR 2008, S. 1 (21). Entsprechendes gilt für das monistische Organisationsmodell, Art. 2409-*octiesdecies* enthält ebenfalls keinen Verweis auf Art. 2397.

582 Vgl. *Montalenti/Balzola*, La società per azioni quotata, sub 21 (S. 131), auch mit Nachweisen zur Kritik an der Vorgehensweise, die Bestimmung der Anforderungen durch Verordnung vornehmen zu lassen.

583 Decreto Ministeriale 30 marzo 2000, n. 162 (D.m. 162/2000).

584 Vgl. Art. 1 Abs. 1 D.m. 162/2000. Näher zu den Anforderungen, auch an die übrigen Mitglieder des Kontrollorganes *Montalenti/Balzola*, La società per azioni quotata, sub 21 (S. 131 f).

585 Vgl. Art. 41 Abs. 1 S. 3 Abschlussprüferrichtlinie.

586 Unten § 5 VI 1 d ee.

587 *Toffoletto/Bevilacqua*, Speciale Società D. Lgs. n. 39/2010, S. 25.

588 Vgl. § 100 Abs. 5 AktG für die AG, bzw. § 264d HGB als Auffangregelung, jeweils eingefügt durch das BilMoG.

nicht verbunden[589]. Zudem ist nach dem Corporate Governance Kodex der Aufsichtsrat einer börsennotierten Aktiengesellschaft so zusammenzusetzen, dass seine Mitglieder über die zur ordnungsgemäßen Wahrnehmung der Aufgaben erforderlichen Kenntnisse, Fähigkeiten und fachlichen Erfahrungen verfügen. Sie sind außerdem zur eigenverantwortlichen Aus- und Fortbildung verpflichtet (Ziffer 5.4.1 DCGK). Darüberhinaus soll der Vorsitzende des Prüfungsausschusses über besondere Kenntnisse und Erfahrungen u.a. in der Anwendung von Rechnungslegungsgrundsätzen verfügen (Ziffer 5.3.2 DCGK). Diese Anforderung ist in Bezug auf die Anwendung von Rechnungslegungsgrundsätzen vom Wortlaut her enger als die nach den Vorgaben der Abschlussprüferrichtlinie in § 100 Abs. 5 AktG bzw. § 264d HGB eingeführte, die Sachverstand auf den Gebieten der Rechnungslegung oder Abschlussprüfung voraussetzt[590].

Der italienische Codice di Autodisciplina stellt im Hinblick auf geeignete Kenntnisse für die Aufgabenerfüllung hingegen lediglich allgemeine Anforderungen, jedoch keine ausdrücklich beruflichen. Es obliegt dem Emittenten, durch entsprechende Maßnahmen eine effiziente Aufgabenerfüllung zu sichern (vgl. Art. 8.P.2). Anders als der deutsche Corporate Governance Kodex erwähnt er in diesem Zusammenhang auch nicht Aus- und Fortbildung der Mitglieder.

bb. Abschlussprüfung durch das *collegio sindacale*

Die Abschlussprüfung (*revisione legale dei conti*) ist grundsätzlich durch einen Abschlussprüfer oder eine Abschlussprüfungsgesellschaft (*società di revisione legale*) durchzuführen (Art. 2409-*bis* Abs. 1 cod. civ.). Damit sind jeweils Externe gemeint[591]. Dadurch sollen die Abschlussprüfung und die Überwachung der Geschäftsführung funktionsmäßig getrennt werden[592]. Allerdings kann die Satzung einer nicht kapitalmarktorientierten *s.p.a.* die Abschlussprüfung durch das *collegio sindacale* vorsehen, wenn sie nicht zur Erstellung einer konsolidierten Bilanz verpflichtet ist (Art. 2409-*bis* Abs. 2 cod. civ.). Diese Wahlmöglichkeit gilt nur für die *s.p.a.* im traditionellen Organisationsmodell[593]. Zudem müssen in dieser Konstellation alle Mitglieder im Berufsregister eingetragene Wirtschaftsprüfer sein[594] und

589 Wie der Sachverstand erworben worden ist, bleibt gleich, vgl. *Hüffer* AktG § 100 Rn 12 unter Verweis auf die Regierungsbegründung; ferner *Vetter*, ZGR 2010, S. 751 (786 f); OLG München AG 2010, S. 639 f.

590 Vgl. zum Verhältnis zu § 100 Abs. 5 AktG OLG München AG 2010, S. 639 mwN; *Hopt/Merkt* in Baumbach/Hopt HGB § 324 Rn 7 f.

591 Vgl. *Associazione Preite*, Morera/Olivieri/Perassi u.a. (Hrsg.), Il diritto delle società, Cap. VI B 18 (S. 185); *Ghezzi/Malberti*, ECFR 2008, S. 1 (11).

592 *Miotto* in G. Cian/Trabucchi (Hrsg.), Codice Civile, Art. 2409 *bis* sub I.

593 Art. 2409-*quinquiesdecies* sieht die Abschlussprüfung im dualistischen Modell durch einen externen Prüfer gem. Art. 2409-*bis* vor, Entsprechendes gilt gem. Art. 2409-*noviesdecies* Abs. 2 für das monistische Modell. Dazu *Associazione Preite*, Morera/Olivieri/Perassi u.a. (Hrsg.), Il diritto delle società, Cap. VI B 18 (S. 185); *Bellavite Pellegrini/Pellegrini/Sironi*, Riv. soc. 2009, S. 181 (182).

594 Zur Einführung eines einheitlichen Registers für Abschlussprüfer und -prüfungsgesellschaften durch das D.lgs. n. 39/2010 *Miotto* in G. Cian/Trabucchi (Hrsg.), Codice Civile, Art. 2409 *bis* sub II Rn 1.

es darf sich nicht um ein Unternehmen von öffentlichem Interesse handeln[595]. Rechtstatsächlich erfüllt die Mehrheit der *s.p.a.* die genannten Kriterien und macht von der Möglichkeit der Abschlussprüfung durch das *collegio sindacale* Gebrauch[596]. Dies ist wohl überwiegend zum einen aus Gewohnheit, zum anderen aus Gründen der Kostenersparnis gegenüber einer externen Abschlussprüfung bedingt[597]. Vereinzelt ist auch Pfadabhängigkeit[598], d.h. das Fortwirken von in der Vergangenheit getroffenen gesetzgeberischen Entscheidungen im Recht, obwohl die ursprünglichen Beweggründe weggefallen sind und sie sich mittlerweile als nicht effizient erwiesen haben, als Ursache genannt worden[599]. Gleichwohl ist die Anzahl der *s.p.a.*, die die Abschlussprüfung einem externen Prüfer übertragen haben, von ca. fünf Prozent (2005) auf ca. zehn Prozent (2007) angestiegen[600]. Ein eher geringer Anteil von *s.p.a.* hat die Abschlussprüfung freiwillig einem externen Abschlussprüfer übertragen[601].

In dieser Möglichkeit der Übertragung der Abschlussprüfung auf ein internes Kontrollorgan liegt, zusammen mit den entsprechenden beruflichen Anforderungen, ein wesentlicher Unterschied zum Aufsichtsrat nach dem AktG und zugleich aus rechtsvergleichender Perspektive die Besonderheit des traditionellen italienischen Organisationsmodells der *s.p.a.*[602]. Die Wahlmöglichkeit bedeutet keinen Verstoß

---

595 *Ambrosini* in Cottino (Hrsg.), Trattato di Diritto Commerciale IV/I, Cap. VII, Sez. 4 sub 1 (S. 801).

596 So *Benatti* in Maffei Alberti (Hrsg.), Il nuovo diritto delle società, Artt. 2397–2406 sub 12 (S. 916); *Ghezzi/Malberti*, ECFR 2008, S. 1 (11 ff). Vgl. insbesondere die Zahlen aus einer nach der Reform durchgeführten Erhebung bei *Notari*, Riv. soc. 2006, S. 385 (394 ff). Demzufolge haben im Jahr 2005 91,4 Prozent der *s.p.a.*, von denen die Ausübung des Wahlrechts bekannt war, die Abschlussprüfung dem *collegio sindacale* überantwortet. Zahlen, die mithilfe des Informationssystems der Handelskammern über Gesellschaften erhoben worden sind, von denen bekannt war, wer die Abschlussprüfung durchführte, ergeben für das Jahr 2005 einen Prozentsatz von 54,16 Prozent, für das Jahr 2007 von 77,14 Prozent, vgl. *Bellavite Pellegrini/Pellegrini/Sironi*, Riv. soc. 2009, S. 181 (191).
Kritisch dazu im Hinblick auf die Qualität der Aufgabenerfüllung *Ambrosini* in Cottino (Hrsg.), Trattato di Diritto Commerciale, IV/I, Cap. VII, Sez. 4 sub 1(S. 801).

597 Vgl. *Mancinelli*, Società 2003, S. 1314 (1315); *Montalenti*, Giur. comm. 2006, I, S. 504 (511, 517 f).

598 Zu Ursachen und Auswirkungen von Pfadabhängigkeit auf das Gesellschaftsrecht allgemein *Armour/Hansmann/Kraakman* in Kraakman/Armour/Davies u.a., Anatomy of Corporate Law, sub 1.6 (S. 29); *Schmidt/Spindler* in Gordon/Roe (Hrsg.), Convergence and Persistence in Corporate Governance S. 114 (115 ff).

599 *Montalenti*, Giur. comm. 2006, I, S. 504 (517).

600 Vgl. die Zahlen bei *Bellavite Pellegrini/Pellegrini/Sironi*, Riv. soc. 2009, S. 181 (191). Zu den Argumenten, die für eine externe Prüfung auch kleiner und mittlerer Unternehmen in Italien sprechen *Niutta*, Riv. soc. 2009, S. 347 (392 ff).

601 Vgl. *Bellavite Pellegrini/Pellegrini/Sironi*, Riv. soc. 2009, S. 181 (192 ff) in Bezug auf Gesellschaften mit Sitz in Milano: davon haben 16,79 Prozent freiwillig die Abschlussprüfung einem externen Prüfer übertragen. Diejenigen, die zur externen Prüfung verpflichtet waren, waren zu ca. 30 Prozent Banken oder Versicherungen und aus diesem Grund zur externen Prüfung verpflichtet. Im übrigen handelte es sich um Industriegesellschaften und ‚holdings', von denen wiederum ca. 43 Prozent als Muttergesellschaft zur Erstellung einer konsolidierten Bilanz und aus diesem Grund zur externen Prüfung verpflichtet waren.

602 Vgl. auch *Hopt/Leyens*, ECFR 2004, S. 135 (158 f).

gegen die Abschlussprüferrichtlinie. Diese stellt zwar strengere Anforderungen an die Abschlussprüfung in Unternehmen von öffentlichem Interesse[603]. Die Abschlussprüfung durch externe Prüfer in nicht börsennotierten bzw. kapitalmarktorientierten Gesellschaften sieht sie aber nicht vor.

c. Teilhabe des Kontrollorganes am allgemein gesellschaftsinternen Informationsfluss

Im Zusammenhang mit der Kontrollfunktion des *collegio sindacale* stehen seinen Mitgliedern bestimmte Rechte zu, die es ihnen ermöglichen sollen, sich selbst unmittelbar über die Angelegenheiten der Gesellschaft zu informieren.

So dürfen und sollen sie an jeder Gesellschafterversammlung sowie an den Sitzungen des Leitungsorganes teilnehmen (Art. 2405 Abs. 1)[604]. Vorstand und Aufsichtsrat sollen nach deutschem Recht an der Hauptversammlung teilnehmen (§ 118 Abs. 3 S. 1 AktG); das Recht ergibt sich aus der Erfüllung der in der Aktionärsversammlung durch die Organmitglieder wahrzunehmenden Aufgaben[605]. Während die Vorstandsmitglieder jedoch zur persönlichen Teilnahme verpflichtet sind, kann die Satzung für die Mitglieder des Aufsichtsrates eine Lockerung der Präsenzpflicht vorsehen (vgl. § 118 Abs. 3 S. 1 und 2 AktG)[606].

Ferner können sich Mitglieder des *collegio sindacale*[607] regelmäßig mit den externen Abschlussprüfern über die zur Erfüllung ihrer Aufgaben relevanten Informationen austauschen (Art. 2409-*septies* cod. civ. bzw. Art. 150 Abs. 3 TUF)[608]. Diese Befugnis soll es ihnen erleichtern zu überprüfen, ob die Rechnungslegung die tatsächliche Geschäftsführung in angemessener Weise widerspiegelt[609]. Der Gesetzgeber hat insoweit Transparenzerwägungen, jedenfalls in Bezug auf die Aufgabenerfüllung der genannten Adressaten, den Vorrang gegenüber Geheimhaltungsinteressen eingeräumt[610]. Ursache für die gesetzliche Festschreibung dieser Befugnis bereits mit der

---

603 Vgl. Erwägungsgrund 23 Abschlussprüferrichtlinie.

604 Dabei handelt es sich um eine Art Pflicht-Recht, das bei zweimaliger Nichtausübung in Folge den automatischen Postenverlust bewirkt (Art. 2405 Abs. 2). In der börsennotierten *s.p.a.* ergibt sich Entsprechendes aus Art. 149 Abs. 2 TUF.
Während das Teilnahmepflichtrecht auch für die Mitglieder des Kontrollgremiums (*comitato per il controllo sulla gestione*) im monistischen Organisationsmodell gilt (Art. 2409-*octiesdecies* Abs. 6), ist dies hinsichtlich der Rechtsfolge bei Nichtwahrnehmung nicht der Fall. Entsprechend ist die Rechtslage im dualistischen Organisationsmodell, vgl. Art. 2409-*terdecies* Abs. 4.

605 Vgl. *Kubis* in MünchKomm AktG [2] § 118 Rn 52.

606 Vgl. statt vieler *Hüffer* AktG Rn 10 ff, mit Nachweisen zur Kritik an der Lockerung der Präsenzpflicht für Aufsichtsratsmitglieder in Rn 10a.

607 Die Mitglieder des Leitungsorganes trifft keine gesetzlich vorgesehene Pflicht zur Information des Abschlussprüfers. Art. 2409-*ter*, der bislang ein Recht des Abschlussprüfers vorsah, die für seine Aufgabenerfüllung erforderlichen Unterlagen und Mitteilungen zu erfragen, ist mit dem D.lgs. 27.01.2010, n. 39, entfallen. Die gegenwärtige Rechtslage scheint insoweit daher, soweit ersichtlich, unklar.

608 Die Norm findet auch Anwendung im dualistischen (Art. 2409-*quaterdecies* Abs. 1 cod. civ.) sowie im monistischen (Art. 2409-*noviesdecies* Abs. 2 cod. civ.) Organisationsmodell. Entsprechendes gilt für die börsennotierte *s.p.a.*, vgl. Art. 150 Abs. 5 TUF.

609 *Parrella* in Rabitti Bedogni (Hrsg.), Il testo unico della intermediazione finanziaria, Art. 150 sub 2 (S. 801).

610 *Miotto* in G. Cian/Trabucchi (Hrsg.), Codice Civile, Art. 2409 *septies* sub I Rn 2.

Gesellschaftsrechtsreform könnte sein, dass Abschlussprüfung und Kontrolle der Geschäftsführung traditionell Aufgabe des *collegio sindacale* waren und, jedenfalls in nicht kapitalmarktorientierten Aktiengesellschaften entsprechend dem für diese geltenden Wahlrecht, regelmäßig noch immer sind[611]. Möglicherweise hat die Trennung dieser Aufgaben Anlass zu Schwierigkeiten der Abstimmung zwischen dem weiterhin mit der Kontrolle der Geschäftsführung betrauten *collegio sindacale* und den externen Abschlussprüfern gegeben oder lässt sie befürchten. Praktisch dürfte die Regelung im Hinblick auf die Mehrzahl der nicht börsennotierten bzw. kapitalmarktorientierten *s.p.a.* von geringer Bedeutung sein angesichts der Tatsache, dass in ihnen die Abschlussprüfung weiterhin durch das *collegio sindacale* durchgeführt wird. Für börsennotierte *s.p.a.* dürfte sie jedoch von erheblicher Relevanz sein: denn da das *collegio sindacale* mit dem Prüfungsausschuss nach der Abschlussprüferrichtlinie gleichgesetzt wird, dürfte die Überwachung des Prozesses der Rechnungslegung und der Abschlussprüfung zu seinen Aufgaben gehören. Für den Gruppenzusammenhang ist die Reichweite der Vorschrift fraglich[612], insbesondere, ob die Befugnis auch für den Austausch in Bezug auf Gruppengesellschaften Anwendung finden soll, etwa bei einem externen Wirtschaftsprüfer für die gesamte Gruppe.

Hingegen findet nach deutscher Konzeption ein Informationsfluss allein zwischen Vorstand und Abschlussprüfern statt. Zwar hat nach § 111 Abs. 2 S. 3 AktG der Aufsichtsrat das Recht zur Erteilung des Prüfungsauftrages, was als Grundlage der Unabhängigkeit der Prüfer vom Vorstand gewertet wird[613]. Gleichzeitig aber haben die Abschlussprüfer nach gesetzlicher Vorgabe des § 320 Abs. 2 HGB Informationsrechte nur gegenüber dem Vorstand. Ein gesetzlich verankertes Recht auf Informationsaustausch zwischen Aufsichtsrat und Abschlussprüfern besteht nicht, vielmehr gilt auch gegenüber dem Abschlussprüfer die Verschwiegenheitspflicht nach §§ 116 Abs. 1 S. 2, 93 AktG[614]. Die Zusammenarbeit beschränkt sich auf Fragen des Aufsichtsrates im Zusammenhang mit dem Jahresabschluss und seiner Prüfung[615]. Schließlich hat der Abschlussprüfer den Aufsichtsrat bei seiner Tätigkeit zu unterstützen (vgl. 7.2.3 DCGK)[616]. Ob darüber hinaus ein Austausch zulässig und nicht

---

611 Vgl. oben § 4 IV 1 b bb.

612 *Mancinelli*, Società 2003, S. 1314 (1321) befürwortet eine weite Auslegung und damit einen Austausch bzgl. jeglichen Vorganges, der sich auf das Zusammenwirken der Gesellschaftsorgane oder die Risiken des Unternehmens auswirken oder strafrechtlich relevant sein kann. Die Bedeutung des Informationsaustausches sieht er eher darin, dass anders als in der börsennotierten *s.p.a.* (Art. 155 Abs. 2 TUF) der Abschlussprüfer nicht die Möglichkeit hat, sich bei Unregelmäßigkeiten im Bereich der Abschlussprüfung an die *Consob* zu wenden, sondern allein das Kontrollorgan reaktive Befugnisse hat.

613 *Hüffer* AktG § 111 Rn 12 a.

614 H.M., vgl. *Spindler* in Spindler/Stilz (Hrsg.), AktG § 116 Rn 86 mwN.

615 So darf der Aufsichtsrat dem Abschlussprüfer zusätzliche Prüfungsaufträge erteilen, in deren Rahmen gegebenenfalls weitergehende Informationen gegeben werden können, etwa wenn der Aufsichtsrat im Rahmen seiner Überwachungstätigkeit bestimmte Vorgänge aufklären will, näher *Marsch-Barner* in Arbeitshandbuch für Aufsichtsratsratsmitglieder, § 12 Rn 36; zu diesem Thema auch *Scheffler* in Hommelhoff/Hopt/v. Werder (Hrsg.), Handbuch Corporate Governance, 2003, S. 625 (631 f).

616 *Hüffer* AktG § 111 Rn 12a unter Verweis auf die Gesetzesbegründung.

nur wünschenswert ist[617], ist ebenso zweifelhaft, wie die Reichweite der italienischen Vorschrift unklar ist.

d. *Gruppenbezogene Ausgestaltung der Untersuchungskompetenzen des Kontrollorganes*

Über das individuelle Untersuchungs- und Kontrollrecht seiner Mitglieder hinaus (Art. 2403-*bis* Abs. 1 cod. civ.) kann das Kontrollorgan vom Leitungsorgan Informationen über den Verlauf der Gesellschaftstätigkeiten oder bestimmter Geschäfte der Gesellschaft, auch hinsichtlich ihrer Tochtergesellschaften verlangen, Art. 2403-*bis* Abs. 2 S. 1[618]. Eine entsprechende Befugnis steht dem Aufsichtsrat nach dem AktG auch hinsichtlich der Beziehungen zu verbundenen Unternehmen und deren Geschäftslage zu, § 90 Abs. 3 AktG[619].

Darüber hinaus können die einzelnen Mitglieder des Kontrollorganes in der börsennotierten *s.p.a.* ihre Informationsanfragen auch direkt an das Leitungs- oder Kontrollorgan der Tochtergesellschaft richten (Art. 151 Abs. 1 a.E. TUF)[620]. Das eigene Untersuchungsrecht ergänzt die Berichtspflicht des Leitungsorganes[621]. Es trägt der Tatsache Rechnung, dass das Kontrollorgan seine Aufsichtsfunktion nur in effizienter Weise erfüllen kann, wenn es nicht allein auf die Informationspolitik des Vorstands und die von ihm vorgenommene Auswahl angewiesen ist.

Die Ausdehnung der Untersuchungskompetenzen auf den Gruppenzusammenhang ist erst mit der Reform eingefügt worden und schreibt einen zuvor in der Literatur diskutierten[622] und von der *Consob* empfohlenen[623] Aspekt auch für nicht börsennotierte *s.p.a.* fest. Zugrunde gelegt wird der gesellschaftsrechtliche Gruppenbegriff nach Art. 2359 cod. civ.[624]. Die Wirkung wird verstärkt durch die neu eingeführte Befugnis des Kontrollorganes, sich mit den Mitgliedern der jeweiligen

---

617 Für ein eigenständiges Informationsrecht des Aufsichtsrates gegenüber dem Abschlussprüfer *Lutter*, Information und Vertraulichkeit im Aufsichtsrat Rn 472.

618 Das gruppendimensionale Informationsrecht nach Art. 2403-*bis* Abs. 2 steht auch den Mitgliedern des Kontrollorganes (*consiglio di sorveglianza*) im dualistischen Organisationsmodell zu, vgl. den Verweis in Art. 2409-*quaterdecies*. Für das monistische Organisationsmodell fehlt ein solcher Verweis, vgl. *Ghezzi/Malberti*, ECFR 2008, S. 1 (18). Teilweise wird davon ausgegangen, dass es eines solchen Informationsrechtes nicht bedürfe, da Informationsflüsse bei dieser Leitungsstruktur einfacher und flexibler seien, so *Associazione Preite*, Morera/Olivieri/Perassi u.a. (Hrsg.), Il diritto delle società, Cap. VI B 24 (S. 201). Kritisch dagegen *Montalenti*, ECFR 2004, S. 368 (375); *ders.* in Balzarini/Carcano/Ventoruzzo (Hrsg.), Le società per azioni oggi S. 303 (304).
Für die börsennotierten *s.p.a.* ergibt sich dieses Recht aus Art. 151 Abs. 1 TUF.

619 Näher zum Auskunftsrecht bezüglich Angelegenheiten der Gesellschaft und verbundener Unternehmen *Spindler* in MünchKomm AktG § 90 Rn 32 ff, insbesondere Rn 34.

620 Zu dieser Differenzierung zwischen börsennotierten und nicht börsennotierten *s.p.a. Perrone* in G. Cian/Trabucchi (Hrsg.), Codice Civile, Art. 2403 *bis* sub II Rn 5.

621 Vgl. *Montalenti/Balzola*, La società per azioni quotata, sub 24 (S. 145).

622 Vgl. den Überblick bei *Domenichini* in Niccolini/Stagno d'Alcontres (Hrsg.), Le società di capitali, Art. 2403-*bis* sub 3 (S. 756).

623 Vgl. Comunicazione Consob 20.02.1997 in DAC/RM/97001574, Raccomandazioni in materia di controlli societari, abgedr. in Riv. soc. 1997, S. 200 ff. Unter 1.2.b) wird u.a. empfohlen, dass mind. ein Mitglied des Kontrollorganes der börsennotierten Obergesellschaft auch Mitglied im Kontrollorgan der Tochtergesellschaft ist, damit das Kontrollorgan der Obergesellschaft die für die Ausübung seiner Kontrollaufgaben notwendigen Informationen auf direktem Wege erhält.

624 Vgl. oben § 3 I 1.

Kontrollorgane der Tochtergesellschaften Informationen hinsichtlich des Systems von Verwaltung und Kontrolle, sowie des allgemeinen Verlaufes der Gesellschaftstätigkeiten austauschen zu können (Art. 2403-*bis* Abs. 2 S. 2 cod. civ. bzw. Art. 151 Abs. 2 S. 1 TUF)[625]. Diese Zusammenarbeit wäre ansonsten wegen der grundsätzlichen Verschwiegenheitspflicht (Art. 2407 Abs. 1) der Mitglieder des Kontrollorganes unzulässig. Indem sie in die Lage versetzt werden, am Leitungsorgan vorbei die Beziehungen zu den Tochtergesellschaften zu untersuchen, soll das Kontrollorgan eine größere Unabhängigkeit erlangen[626]. Die zugrunde liegende Betrachtungsweise der rechtlich selbständigen Gruppengesellschaften als wirtschaftliche Einheit soll die Überwachung effizienter gestalten[627]. Die genannten Befugnisse dürften ihre Wirkung in Fällen entfalten, in denen keine Personenidentität zwischen den Mitgliedern der Kontrollorgane der Ober- und der Tochtergesellschaften besteht[628].

Die Geschäftsleiter dürfen die Tätigkeit des Kontrollorganes nicht behindern; ansonsten droht ihnen eine Geldbuße oder im Falle eines durch ihr Verhalten der Gesellschaft entstandenen Schadens eine Freiheitsstrafe (Art. 2625 cod. civ.)[629].

e. *Berichtspflicht des Kontrollorganes gegenüber der Aktionärsversammlung*

Das *collegio sindacale*[630] ist verpflichtet, der Aktionärsversammlung über die Ergebnisse des Geschäftsjahres, sowie über die eigene Pflichterfüllung Bericht zu erstatten. Diese Pflicht trifft das *collegio sindacale* auch in den rechtstatsächlich weniger häufigen Fällen, in denen mit der Abschlussprüfung externe Prüfer betraut sind[631]. In diesem Rahmen sind auch Bemerkungen und Vorschläge zum Jahresabschluss und dessen Feststellung vorgesehen (Art. 2429 Abs. 2 cod. civ.). Die Bemerkungen und Vorschläge zum Jahresabschluss richten sich dabei mittelbar an das Leitungsorgan, das für dessen Erstellung verantwortlich ist und dessen Tätigkeit letztlich eine Bewertung durch das Kontrollorgan erfährt[632]. Eine entsprechende Berichtspflicht gegenüber der Aktionärsversammlung über die eigene Pflichterfüllung trifft auch den Aufsichtsrat einer Aktiengesellschaft nach deutschem Recht (§ 171 Abs. 2

---

625 Für das dualistische Organisationsmodell vgl. den Verweis in Art. 2409-*quaterdecies* Abs. 1.

626 *Benatti* in Maffei Alberti (Hrsg.), Il nuovo diritto delle società, Artt. 2397–2406 sub 22 (S. 943); ähnlich *Tombari*, Giur. comm. 2004, I, S. 61 (72 f). Zu Einschränkungen hinsichtlich detaillierter Informationen *Blandini*, Società quotate e società diffuse, Cap. V par. 117 (S. 532).

627 *Mancinelli*, Società 2003, S. 1314 (1321); *Niutta*, Riv. soc. 2003, S. 780 (785 f); *Perrone* in G. Cian/Trabucchi (Hrsg.), Codice Civile, Art. 2403 *bis* sub II Rn 6; *Salafia*, Società 2005, S. 417 (419); *Valzer*, Liber Amicorum G. F. Campobasso, Bd. III, S. 831 (869).

628 Ähnlich *Niutta*, Riv. soc. 2003, S. 780 (794).

629 Die Geldbuße ist mit bis zu 10.329 € allerdings eher gering.

630 Eine entsprechende Pflicht trifft das *consiglio di sorveglianza* im dualistischen Organisationsmodell, Art. 2409-*terdecies* Abs. 1 f). Näher dazu *Associazione Preite*, Morera/Olivieri/Perassi u.a. (Hrsg.), Il diritto delle società, Cap. VI B 23 (S. 199). Die Bedeutung dieser Pflicht ist jedoch geringer als im traditionellen Organisationsmodell, da die Aktionärsversammlung weder den Jahresabschluss bestätigt, noch über die Ernennung oder Abberufung der Leitungsorganmitglieder entscheidet; vgl. zu den Kompetenzen im dualistischen Organisationsmodell Art. 2364-*bis*.

631 Vgl. *Associazione Preite*, Morera/Olivieri/Perassi u.a. (Hrsg.), Il diritto delle società, Cap. VI B 13 (S. 177). Zur häufigen Übertragung der Abschlussprüfung auf das *collegio sindacale* oben § 4 IV 1 b bb.

632 *Galgano*, Diritto Civile e Commerciale III/2, par. 156 (S. 330 f).

S. 2 AktG). Gegenstände sind im wesentlichen das Ergebnis der durchgeführten Prüfung der Rechnungslegung (S. 1) sowie der sachgemäßen Überwachung der Geschäftsführung (S.2)[633].

In der börsennotierten *s.p.a.* entfällt der Bericht über die Ergebnisse des Geschäftsjahres für das nach dem jeweiligen Organisationsmodell zuständige Kontrollorgan und beschränkt sich auf die ausgeübte Überwachungstätigkeit (Art. 153 Abs. 1 TUF), da in ihnen die Abschlussprüfung durch eine externe Prüfungsgesellschaft vorgeschrieben ist[634].

Gesellschafter und Gläubiger sollen mithilfe der Berichtspflicht von der konkret ausgeübten Überwachungstätigkeit Kenntnis erhalten und ihre gesetzlichen Rechte, wie insbesondere die Bestätigung des Jahresabschlusses, die Ernennung und Abberufung der Leitungsorganmitglieder[635], bewusst wahrnehmen können[636]. Dies ist insoweit von Bedeutung, als den Aktionären nur wenige individuellen Einsichtsrechte zustehen[637].

2. Individuelle Informationsrechte der Aktionäre

Dem einzelnen Aktionär stehen auch eigene Informationsrechte, allerdings in geringem Umfang, zu. Eine Erweiterung ist durch die Umsetzung der Aktionärsrechterichtlinie im wesentlichen, der Richtlinie entsprechend, für die Aktionäre börsennotierter *s.p.a.* erfolgt[638].

a. Einsichtnahmerecht in die Bücher der Gesellschaft

Der Aktionär einer *s.p.a.* hat, unabhängig vom Zusammenhang mit einer Aktionärsversammlung, das Recht, Einsicht in das Gesellschafterbuch sowie in das Buch der Sitzungs- und Beschlussprotokolle der Aktionärsversammlung zu nehmen und davon Abschriften auf eigene Kosten erstellen zu lassen (Art. 2422 Abs. 1 cod. civ.)[639]. Die Einsicht in das Gesellschafterbuch kann dem einzelnen helfen, mit anderen

---

633 Zum Inhalt des Berichts über die Überwachungstätigkeit vgl. *Hüffer* AktG § 171 Rn 13 ff.

634 Zum Funktionswandel des *collegio sindacale* in Bezug auf die Abschlussprüfung und den Auswirkungen auf den Bericht gegenüber der Aktionärsversammlung *Blandini*, Società quotate e società diffuse, Cap. V par. 121 (S. 540); *Bussoletti/De Biasi* in Niccolini/Stagno d'Alcontres (Hrsg.), Le società di capitali, Art. 2429 sub 2 (S. 1064).

635 Die Kompetenzen der Aktionärsversammlung richten sich im traditionellen Organisationsmodell nach Art. 2364 Abs. 1.

636 Zum Zweck *Casadio* in Maffei Alberti (Hrsg.), Il nuovo diritto delle società, Art. 2429 (S. 1423); *Galgano*, Diritto Civile e Commerciale III/2, par. 169 (S. 386 f), *Oelkers*, Die italienische Aktiengesellschaft im institutionellen Wettbewerb S. 211.

637 Dazu sogleich unter § 4 IV 2.

638 Vgl. D.lgs. 27 gennaio 2010, n. 27; zu den wesentlichen Neuerungen für börsennotierte Gesellschaften *Montalenti/Balzola*, La società per azioni quotata, sub 7 (S. 54 f). Die Neuregelungen gelten für alle Aktionärsversammlungen, für die ab dem 31.10.2010 eine Einberufung erfolgt ist.

639 Zu den Modalitäten der Einsichtnahme *Balzarini* in Bonfante/Corapi et al. (Hrsg.), Codice commentato delle nuove società, Art. 2422 Rn 4 f.

Aktionären in Kontakt zu treten und gegebenenfalls seine Interessen mit ihnen gemeinsam durchzusetzen[640]. Für die Sitzungs- und Beschlussprotokolle des Leitungs- oder des Kontrollorganes steht ihm hingegen kein Einsichtsrecht zu. Insofern muss er sich auf den Bericht des Kontrollorganes über die ausgeübte Überwachungstätigkeit verlassen. Im Rahmen des innergesellschaftlichen Informationssystems kommt dem Einsichtsrecht daher eine geringe Bedeutung zu[641].

Die Aktionäre einer börsennotierten *s.p.a.* können in alle am Sitz der Gesellschaft hinterlegten Dokumente über vergangene Aktionärsversammlungen Einsicht nehmen, sowie auf eigene Kosten Kopien davon erstellen lassen (Art. 130 TUF)[642]. Dieses Recht soll sich weniger an Kleinaktionäre als an institutionelle Anleger richten[643]. Welche Dokumente davon konkret erfasst sind, lässt die Norm offen[644].

b. *Informationsrechte im Zusammenhang mit der Aktionärsversammlung*

Während nach deutschem Recht der Jahresabschluss – neben weiteren Dokumenten – im Zusammenhang mit der Tagesordnung einer ordentlichen Hauptversammlung vom Zeitpunkt der Einberufung zur Hauptversammlung an in den Geschäftsräumen der Gesellschaft auszulegen ist (§ 175 Abs. 2 AktG)[645], kann der Aktionär einer *s.p.a.* erst 15 Tage vor Stattfinden der Aktionärsversammlung Einsicht in den am Gesellschaftssitz hinterlegten Jahresabschluss nehmen (Art. 2429 Abs. 3 cod. civ.). Dieser ist um die bestätigten Jahresabschlüsse der Tochtergesellschaften aus dem Vorjahr zu ergänzen (Art. 2429 Abs. 3)[646]; im Falle einer konsolidierten Abschlusserstellung sind insoweit Erleichterungen vorgesehen (Art. 2429 Abs. 4)[647]. Dadurch soll eine Informationsgrundlage für die Aktionärsversammlung und die von dieser zu treffenden Beschlüsse geschaffen werden[648]. Damit tut das italienische Recht der Information der Gesellschafter genüge; unabhängig von einer tatsächlichen Ein-

---

640 *Perrino*, Giur. comm. 2006, I, S. 639 (649).

641 Zur Abnahme der Bedeutung *Mangano* in Niccolino/Stagno d'Alcontres (Hrsg.), Artt. 2421–2422 sub 7, sowie *Perrino*, Giur. comm. 2006, I, S. 639 (648 ff), der jedoch eine Bedeutung des Einsichtsrechtes darin sieht, Anteilsübertragungen in möglicher Verletzung von Vorkaufsrechten auszumachen.

642 *Balzarini* in Bonfante/Corapi et al. (Hrsg.), Codice commentato delle nuove società, Art. 2429 Rn 21; *Bussoletti/De Biasi* in Niccolini/Stagno d'Alcontres (Hrsg.), Le società di capitali, Art. 2429 sub 3 (S. 1066 f) befürworten diese Befugnis auch zugunsten der Aktionäre einer nicht börsennotierten *s.p.a.*.

643 *Ferrero* in Cottino (Hrsg.), La legge Draghi e le società quotate in borsa, Art. 130; *Montalenti* in Cottino (Hrsg.), Trattato Diritto Commerciale IV/2, Cap. VI sub 68 (S. 174).

644 Kritisch daher *Ferrero* in Cottino (Hrsg.), La legge Draghi e le società quotate in borsa, Art. 130.

645 Näheres zur Auslegung gem. § 175 Abs. 2 AktG *Hüffer* AktG § 175 Rn 5.

646 Näher *Bussoletti/De Biasi* in Niccolini/Stagno d'Alcontres (Hrsg.), Le società di capitali, Art. 2429 sub 3 (S. 1066).

647 Näher *Balzarini* in Bonfante/Corapi et al. (Hrsg.), Codice commentato delle nuove società, Art. 2429 Rn 24.

648 *Bussoletti/De Biasi* in Niccolini/Stagno d'Alcontres (Hrsg.), Le società di capitali, Art. 2429 sub 3 (S. 1066).

sichtnahme wird bei den Aktionären von einer Kenntnis ausgegangen[649]. Ferner ist bei Börsennotierung der *s.p.a.* u.a. am Sitz der Gesellschaft ein Bericht über die Vorschläge hinsichtlich der Tagesordnungspunkte 15 Tage vor dem Termin der Aktionärsversammlung zu hinterlegen[650]. Das Geschäftsführungsorgan hat zudem innerhalb der Frist zur Einberufung der Aktionärsversammlung einen Bericht über die Inhalte der Tagesordnung nicht nur am Sitz der Gesellschaft, sondern auch auf der Internetseite der Gesellschaft und in anderer, durch Verordnung der *Consob* bestimmter Weise[651], zur Verfügung zu stellen (vgl. Art. 125-*ter* TUF). Die Informationen auf der Internetseite über die Inhalte der Tagesordnung sind zu ergänzen um weitere Dokumente und Informationen, die im Zusammenhang mit den in der Aktionärsversammlung abzustimmenden Fragen stehen (vgl. Art. 125-*quater* Abs. 1 TUF)[652].

Die Umsetzung der Aktionärsrechterichtlinie[653] hat für die Aktionäre börsennotierter *s.p.a.* ein Fragerecht im Vorfeld sowie während der Aktionärsversammlung hinsichtlich der Inhalte der Tagesordnung und damit korrespondierend die Pflicht zur Beantwortung durch die Gesellschaft eingeführt (vgl. Art. 127-*ter* TUF)[654]. Für nicht börsennotierte Aktiengesellschaften bestehen – weiterhin – keine entsprechenden Regelungen. Nach einhelliger Auffassung im Schrifttum steht dem stimmberechtigten Aktionär das Recht zur Teilnahme an der Diskussion zu[655]. Dabei gilt im Rahmen der Diskussion sein Interesse, Erklärungen über die Beschlussgegenstände zu erhalten als schützenswert, sofern es nicht mit dem Geheimhaltungsinteresse der Gesellschaft in Konflikt gerät[656].

Einen rechtsmittelbewehrten Auskunftsanspruch wie in §§ 131, 132 AktG kennt das italienische Recht, wie auch das anglo-amerikanische[657], dagegen nicht[658]. Das mag nicht nur damit zu tun haben, dass die italienische Gesellschaftsrechtsreform sich in einigen Bereichen stark am britischen und US-amerikanischen Recht orientiert hat[659], sondern auch damit, dass individuelle Informationsrechte für Aktionäre

---

649 *Balzarini* in Bonfante/Corapi et al. (Hrsg.), Codice commentato delle nuove società, Art. 2429 Rn 20.
650 Näher dazu *Campobasso*, Diritto Commerciale 2, Cap. VII 5 (S. 325), der die Trennung zwischen Information der Aktionäre und Information des Marktes insoweit als verwischt bezeichnet.
651 Konkretisierend Art. 84-*ter* Regolamento Emittenti.
652 Näher *Montalenti/Balzola*, La società per azioni quotata, sub 8 (S. 58).
653 Vgl. Art. 9 Aktionärsrechterichtlinie.
654 Näher zum Inhalt des Fragerechts *Montalenti/Balzola*, La società per azioni quotata, sub 10 (S. 68 f); ausführlich *Busani*, Società 2011, S. 431 ff.
655 *Campobasso*, Diritto Commerciale 2, Cap. VII 5 (S. 323); *Gallo* in Bonfante/Corapi et al. (Hrsg.), Codice commentato delle nuove società, Art. 2370 Rn 7 mwN.
656 *Gallo* in Bonfante/Corapi et al. (Hrsg.), Codice commentato delle nuove società, Art. 2370 Rn 8 mwN.
657 Vgl. hierzu *Witt*, AG 2000, S. 257 ff.
658 Anders *Galgano*, Diritto Civile e Commerciale III/2, par. 169 (S. 386), der einen entsprechenden Auskunftsanspruch als dem italienischen Recht imminent ansieht. Allerdings lässt er es an Belegen fehlen. Die italienische Kommentarliteratur hingegen lässt auf ein Fehlen eines derartigen Anspruches schließen.
659 Insbesondere sei der Einfluss der amerikanischen *Principles of Corporate Governance* zu bemerken, so *Hirte*, FS Th. Raiser S. 839 (840). Zum Einfluss des US-amerikanischen Rechts allge-

eher als Bedrohung mit Störpotential[660], denn wie nach deutscher Konzeption als Rechte eines Verbandsmitglieds[661] gesehen werden. Zudem gilt die Aktionärsversammlung jedenfalls börsennotierter *s.p.a.* nicht nur in Italien nicht als Ort der Überwachung seitens der Aktionäre[662]. So ist zahlenmäßig belegt, dass jedenfalls das Rederecht in der Aktionärsversammlung fast ausschließlich durch Kleinaktionäre wahrgenommen wird[663]. Wie überhaupt die durchschnittliche Dauer der ordentlichen Aktionärsversammlungen börsennotierter Aktiengesellschaften mit 105 min., der außerordentlichen mit 45 min., eher gering ist[664]. Insgesamt gilt die Aktionärsversammlung nicht als der Ort, an dem die Willensbildung in der Gesellschaft maßgeblich stattfindet[665].

c. *Anzeigerecht gegenüber dem Kontrollorgan*

Jeder Aktionär kann Tatsachen, die er für beanstandungswürdig (*fatti censurabili*) hält, dem Kontrollorgan[666] anzeigen, das darauf in seinem Jahresbericht gegenüber der Aktionärsversammlung eingehen muss (Art. 2408 Abs. 1 cod. civ.). Bei dem Begriff der beanstandungswürdigen Tatsachen handelt es sich um einen unbestimmten Rechtsbegriff, der alle Verhaltensweisen des Leitungsorganes erfasst, die gegen Vorschriften verstoßen, die das Verhalten seiner Mitglieder regeln, einschließlich Verletzungen von Gesetz und Satzung[667]. Darüber hinaus sollen nach verbreiteter Auffassung im italienischen Schrifttum auch Fragen hinsichtlich der wirtschaftlichen oder technischen Bewertung erfasst sein[668]. Einige wollen darunter zudem Verhaltensweisen jedes anderen Organes bzw. der Wirtschaftsprüfer fassen[669].

Das Anzeigerecht nach Art. 2408 steht jedem Aktionär zu, unabhängig von der Art der Aktie, die er hält; dabei soll das Vorliegen der Aktionärseigenschaft zum Zeit-

---

mein auf die Reform *Hopt*, Riv. soc. 2006, S. 906 (910); in Bezug auf das monistische Modell der *s.p.a.* *Ventoruzzo*, ECFR 2005, S. 207 (255 ff).

660 Vgl. die Darstellung bei *Galgano*, Diritto Civile e Commerciale III/2, par. 169 (S. 388), *Mangano* in Niccolini/Stagno d'Alcontres (Hrsg.), Le società di capitali, Artt. 2421–2422 sub 9 (S. 982).

661 Ausführlich dazu *K. Schmidt*, Informationsrechte in Gesellschaften und Verbänden S. 21 ff; die deutsche Sichtweise der anglo-amerikanischen gegenüberstellend *Witt*, AG 2000, S. 257 (264 f).

662 Vgl. für Italien die Ergebnisse der in der Aktionärsversammlungssaison 2000/2001, also vor der Reform, durchgeführten Studie von *Bellavite Pellegrini*, Riv. soc. 2006, S. 401 ff (441 ff). In diesen Kontext gehört die Kritik daran, dass die Aktionärsversammlung nach der Konzeption des deutschen Recht bereits nicht in der Lage sei, marktrelevante Gesellschaftsinformationen zu vermitteln, vgl. *Baums*, Giur. comm. 2003, I, S. 53 (58 f).

663 Vgl. die Ergebnisse der Erhebung von *Bellavite Pellegrini*, Riv. soc. 2006, S. 401 (420 f). Für das tatsächliche Vorhandensein eines Störpotentials sprechen die Daten auf S. 432 ff.

664 Vgl. die Zahlen wiederum bei *Bellavite Pellegrini*, Riv. soc. 2006, S. 401 (421).

665 *Blandini*, Società quotate e società diffuse, Cap. V par. 49 (S. 220 ff mwN).

666 Dies gilt auch, soweit kompatibel, für das Kontrollorgan nach monistischem (Art. 2409-*quaterdecies* Abs. 1) bzw. dualistischem (Art. 2409-*octiesdecies* Abs. 6) Organisationsmodell.

667 *Domenichini* in Niccolini/Stagno d'Alcontres (Hrsg.), Le società di capitali, Art. 2408 sub 1 (S. 777).

668 *Alvaro* in Bonfante/Corapi et al. (Hrsg.), Codice commentato delle nuove società, Art. 2408 Rn 2; *Benatti* in Maffei Alberti (Hrsg.), Il nuovo diritto delle società, Art. 2408 sub 1 mwN (S. 985).

669 *Benatti* in Maffei Alberti (Hrsg.), Il nuovo diritto delle società, Art. 2408 sub 1 mwN (S. 986).

punkt der Anzeige genügen[670]. Daher zählt es, neben dem Anfechtungsrecht, zu den wesentlichen Minderheitsrechten des einzelnen Aktionärs[671].

Ist die Anzeige von fünf Prozent der Aktionäre, bzw. zwei Prozent in einer kapitalmarktorientierten *s.p.a.*[672], vorgebracht worden, muss das Kontrollorgan die angezeigten Tatsachen sofort untersuchen und sein Ergebnis sowie mögliche Vorschläge der Aktionärsversammlung vortragen, die es gegebenenfalls einberufen muss (Art. 2408 Abs. 2 S. 1)[673]. Übereinstimmend wird von Literatur und Rechtsprechung verlangt, dass das Kontrollorgan in jedem Falle die angezeigten Tatsachen untersuchen muss[674]. Wird die Anzeige aber nicht von dem genannten Quorum vorgebracht, kann sich sein Vorgehen darauf beschränken, abstrakt die Begründetheit der Anzeige zu bewerten, Untersuchungen vorzunehmen und der Aktionärsversammlung von dem Ergebnis zu berichten.

Eine Erweiterung der Untersuchungsbefugnisse des Kontrollorganes geht jedoch nicht damit einher[675].

3. Informationsflüsse in der *s.r.l.*

Das Informationsrecht des Gesellschafters einer *s.r.l.* deckt sich inhaltlich weitgehend mit dem allgemeinen Informationsrecht des GmbH-Gesellschafters nach § 51a Abs. 1 GmbHG[676]. Die nicht an der Geschäftsführung beteiligten Gesellschafter haben das Recht, von den Geschäftsführern Auskunft hinsichtlich des Verlaufs der Geschäfte zu verlangen sowie Einsicht in die Gesellschaftsbücher[677] und die sich auf die Geschäftsführung beziehenden Unterlagen[678] zu nehmen (Art. 2476 Abs. 2

670 *Domenichini* in Niccolini/Stagno d'Alcontres (Hrsg.), Le società di capitali, Art. 2408 sub 1 (S. 776).

671 *Alvaro* in Bonfante/Corapi et al. (Hrsg.), Codice commentato delle nuove società, Art. 2408 Rn 3; *Galgano*, Diritto Civile e Commerciale III/2, par. 160 (S. 341 f).

672 Die Satzung kann diesbezüglich jeweils niedrigere Schwellen vorsehen, Art. 2408 Abs. 2 S. 2.
Kritisch zur Gleichbehandlung kapitalmarktorientierter und börsennotierter *s.p.a. Benatti* in Maffei Alberti (Hrsg.), Il nuovo diritto delle società, Art. 2408 sub 3 (S. 989 f) mwN.

673 Dies richtet sich nach Art. 2406 Abs. 2, wenn die angezeigten Tatsachen schwerwiegend sind und dringende Notwendigkeit zur Ergreifung von entsprechenden Maßnahmen besteht.

674 *Domenichini* in Niccolini/Stagno d'Alcontres (Hrsg.), Le società di capitali, Art. 2408 sub 2 (S. 777 mwN). Unterschiede ergeben sich lediglich hinsichtlich dem Bericht gegenüber der Aktionärsversammlung und der Möglichkeit zu deren Einberufung, so auch *Alvaro* in Bonfante/Corapi et al. (Hrsg.), Codice commentato delle nuove società, Art. 2408 Rn 4.

675 *Alvaro* in Bonfante/Corapi et al. (Hrsg.), Codice commentato delle nuove società, art. 2408 Rn 4.

676 Zum Auskunftsrecht des GmbH-Gesellschafters *Zöllner* in Baumbach/Hueck GmbHG § 51a Rn 1 ff.

677 Dabei handelt es sich um die Gesellschaftsbücher, die die Gesellschaft nach Art. 2478 cod. civ. zu führen verpflichtet ist, so *Perrino*, Giur. comm. 2006, I, S. 639 (661).

678 Dazu gehörten insbesondere auch die Unterlagen über die Buchführung, vgl. *Mainetti* in Bonfante/Corapi et al. (Hrsg.), Codice commentato delle nuove società, Art. 2476 Rn 5.

cod. civ.)[679]. Hinsichtlich der Einsichtnahmebefugnis unterscheidet es sich ebenso vom individuellen Informationsrecht des Aktionärs[680], wie durch die Möglichkeit der jederzeitigen Geltendmachung, unabhängig vom Stattfinden einer Gesellschafterversammlung. Wie dieses gilt es unabhängig von der Größe der Beteiligung[681]. Auch das Vorhandensein eines *collegio sindacale* beeinträchtigt das individuelle Informationsrecht nicht. Somit wird es als ein wirkliches individuelles Kontrollrecht des Gesellschafters angesehen[682], das zwar hinsichtlich der Ausübung, aber nicht hinsichtlich seines Umfanges Gegenstand satzungsmäßiger Beschränkungen sein kann[683]. Es wird flankiert von einem individuellen Recht auf Erhebung der Haftungsklage gegen die Geschäftsführung (Art. 2476 Abs. 3). Explizit gruppenbezogen ist es ebenso wenig ausgestaltet wie das Informationsrecht des GmbH-Gesellschafters nach § 51a GmbHG, wobei für letzteres aber die Gruppenbezogenheit unstreitig angenommen wird[684].

4. Zwischenergebnis: organschaftliche und individuelle Informationsrechte

Individuelle Informationsrechte von Aktionären sind im italienischen Recht beschränkt auf Einsichtnahmebefugnisse; ein dem Auskunftsrecht nach § 131 AktG entsprechendes Äquivalent existiert nicht. Überhaupt wird ein berechtigtes Interesse am Informationszugang teilweise nicht gesehen; vielmehr schützen sich viele Gesellschaften in ihrer Satzung vor individueller Einsicht durch Minderheitsaktionäre aus Sorge vor Störungen durch selbige[685].

Individuelle Aktionärsrechte scheinen auch im Sinne von Kontrollrechten keine Bedeutung zu haben[686]. Kontrollrechte werden vielmehr traditionell einem Organ

---

679 Ausführlich zu den individuellen Informationsrechten des Gesellschafters der *s.r.l.* *Perrino*, Giur. comm. 2006, I, S. 639 (656 ff).

680 *Galgano*, Diritto Civile e Commerciale III/2, par. 207 (S. 525) begründet dies mit der geringeren Gefahr der Beeinträchtigung der Geheimhaltungsinteressen in der *s.r.l.*, deren Gesellschafter mittels Beschränkungen der Übertragbarkeit nach Art. 2469 cod. civ. Einfluss auf den Gesellschafterkreis nehmen könnten.

681 Dazu *Menti* in G. Cian/Trabucchi (Hrsg.), Codice Civile, Art. 2476 sub II Rn 1.

682 *Mainetti* in Bonfante/Corapi et al. (Hrsg.), Codice commentato delle nuove società, Art. 2476 Rn 4. Zu den Gründen für diese Konzeption *Perrino*, Giur. comm. 2006, I, S. 639 (656 f). Auch bei dem Auskunfts- und Einsichtsrecht nach § 51a GmbHG handelt e sich um ein Individualrecht, vgl. *Lutter* in Lutter/Hommelhoff GmbHG § 51a Rn 1.

683 *Campobasso*, Diritto Commerciale 2, Cap. XVII 10 (S. 575 mwN in Fn 57). Dies ist für die GmbH in § 51a Abs. 3 GmbHG gesetzlich geregelt.

684 Zum unstreitig bestehenden Auskunftsrecht in Bezug auf Beziehungen der GmbH zu verbundenen Unternehmen *Lutter* in Lutter/Hommelhoff GmbHG § 51a Rn 13 mwN; einschränkend, wenn für die Gesellschaft die Verhältnisse der verbundenen Unternehmen objektiv wirtschaftlich oder rechtlich von erheblicher Bedeutung sind BGHZ 153, 339, 344 f; *Zöllner* in Baumbach/Hueck GmbHG § 51a Rn 12.

685 *Mangano* in Niccolini/Stagno d'Alcontres (Hrsg.), Le società di capitali, Artt. 2421–2422 sub 9 (S. 982).

686 Dazu *Perrino*, Giur. comm. 2006, I, S. 639 (647).

zugesprochen[687]. Dementsprechend können die Aktionäre das Kontrollorgan einschalten, etwa zur Ermittlung von Unregelmäßigkeiten nach Art. 2408. Eine gruppenbezogene Ausgestaltung individueller Rechte wird, soweit ersichtlich, nicht einmal diskutiert.

Ganz anders ist die Situation in Bezug auf das Kontrollorgan. Es steht im Zentrum des Systems der Informationsflüsse und bildet eine Art Katalysator der für die Abläufe in der Gesellschaft relevanten Informationen. Seine Befugnisse sind zudem explizit gruppenbezogen ausgestaltet. Ob es in der Lage ist, die ihm zugesprochenen Befugnisse auch effizient zu erfüllen und durchzusetzen, muss die Rechtspraxis zeigen[688]. Ein ähnliches System von Vorschriften gilt mit dem TUF seit 1998 für börsennotierte *s.p.a.*, hat aber etwa spektakuläre Unternehmenszusammenbrüche nicht verhindern können[689].

Ferner steht eine Wechselwirkung zu vermuten zwischen schwach ausgeprägten individuellen Informationsrechten einerseits, und der rechtstatsächlichen Erkenntnis, dass die Aktionärsversammlung nicht als Ort der Kontrolle der Gesellschaft[690] gilt, andererseits. Vor dem Hintergrund der starken Eigentumskonzentration italienischer Gesellschaften dürfte demzufolge anzunehmen sein, dass individuelle Informationsrechte für die Information der Gesellschafter von geringer Bedeutung sind. Inwieweit die Umsetzung der Aktionärsrechterichtlinie daran etwas ändern wird, kann zum gegenwärtigen Zeitpunkt noch nicht beurteilt werden.

Im Gegensatz zur Situation in der *s.p.a.* stehen die weitreichenden individuellen Informationsrechte des Gesellschafters einer *s.r.l.*. Für die Differenzierung sprechen sicher, wie auch im deutschen Recht[691], organisatorische Gründe. Insbesondere gilt nicht nur die *s.r.l.*, sondern die Gesellschaft mit beschränkter Haftung allgemein aus rechtsvergleichender Perspektive in der Regel als eigentümergeführtes Unternehmen[692]. Mit der aktiven Beteiligung an der Unternehmensführung geht ein entsprechendes Informationsbedürfnis einher.

---

687 *Perrino*, Giur. comm. 2006, I, S. 639 (647).

688 Die mit Einführung des TUF gesteigerten Überwachungskompetenzen haben die meisten Kontrollorgane erst mit Verspätung angefangen wahrzunehmen, dazu *Mancinelli*, Società 2003, S. 1314 (1325).

689 Auf die Fälle Cirio und Parmalat eingehend *Fimmanò*, Società 2004, S. 401 ff.

690 Vgl. die Studie von *Bellavite Pellegrini* zur Situation vor der Reform, Riv. soc. 2006, S. 401 ff (zusammenfassend 440 ff).

691 Dazu *K. Schmidt*, Gesellschaftsrecht § 21 III 1 c) (S. 626).

692 Für das italienische Recht *Associazione Preite*, Il nuovo diritto delle società, Cap. IV 1 (S. 224 f); *Montalenti*, Giur. comm. 2003, I, S. 422 (440 f); *Perrino*, Giur. comm. 2006, I, S. 639 (657); rechtsvergleichend *Hopt* in Lutter/Wiedemann (Hrsg.), Gestaltungsfreiheit im Gesellschaftsrecht S. 123 (139 ff).

5. Sonderprüfung

Ergänzend neben die beiden Kategorien der individuellen und der organschaftlichen Informationsflüsse in der Gruppe tritt das Institut der Sonderprüfung. Es dient im wesentlichen dazu, einerseits die individuellen Auskunftsrechte der Gesellschafter, andererseits das innergesellschaftliche Kontrollgefüge insgesamt in Bezug auf das Aufspüren von Unregelmäßigkeiten bei der Geschäftsführung zu ergänzen[693]. Die Sonderprüfung kann die Grundlage für einen Haftungsprozess schaffen, ohne dass dessen Einleitung ihre zwingende Folge wäre[694]. Einigkeit besteht rechtsvergleichend hinsichtlich ihrer präventiven Wirkung sowie der Einordnung als Instrument des Minderheitenschutzes[695].

In Italien ist sie von längerer Tradition[696] als in Deutschland. Auch ist sie in Italien, wie in Frankreich[697], rechtstatsächlich häufig und findet meist in kleinen und mittelkleinen Gesellschaften Anwendung[698]. In Deutschland war sie lange Zeit von geringerer Bedeutung[699]; zuletzt ist jedoch ein Anstieg der praktischen Relevanz zu verzeichnen[700].

Seit die italienische Gesellschaftsrechtsreform den Verweis auf die *s.r.l.* entfernt[701] hat, erfasst der Anwendungsbereich der Sonderprüfung, ähnlich wie im deutschen

---

693 *Fleischer*, RIW 2000, S. 809; *Jänig*, Die aktienrechtliche Sonderprüfung S. 24 ff; *Marcinkiewicz/Patelli* in Bonfante/Corapi et al. (Hrsg.), Codice commentato delle nuove società, Art. 2409 Rn 1.

694 *Forum Europaeum Konzernrecht*, ZGR 1998, S. 672 (717).

695 Vgl. *Forum Europaeum Konzernrecht*, ZGR 1998, S. 672 (717 f mwN); *High Level Group*, Report II, Kap. III 3.4 (S. 61); für Italien statt vieler *Galgano*, Diritto Civile e Commerciale III/2, par. 160 (S. 342).

696 Schon der Codice Commerciale 1882 kannte sie im Recht der *s.p.a.*, vgl. *Domenichini* in Niccolini/Stagno d'Alcontres (Hrsg.), Le società di capitali, Art. 2409 sub 1 (S. 779 f). In Deutschland wurde die Sonderprüfung 1884 eingeführt, vgl. *Schröer* in MünchKomm AktG [2] § 142 Rn 8 f.

697 Zur Entwicklung der *expertise de gestion* als eines rechtspraktisch bedeutenden Institutes *Jänig*, Die aktienrechtliche Sonderprüfung S. 95 f.

698 *Galgano*, Diritto Civile e Commerciale III/2, par. 160 (S. 342); *Salafia*, Società 2002, S. 1329 (1331).

699 Näher *Fleischer*, RIW 2000, S. 809 (810); eine Auflistung von Sonderprüfungen in der deutschen Rechtspraxis seit 1893 findet sich bei *Jänig*, Die aktienrechtliche Sonderprüfung S. 436 ff.

700 Näher zu dieser Entwicklung, auch anhand von Beispielen von Gerichtsverfahren, in denen die Bestellung eines Sonderprüfers abgelehnt wurde, *Müller-Michaels/Wingerter*, AG 2010, S. 903 ff.

701 Dieses Vorgehen war zunächst im Hinblick auf seine Verfassungsmäßigkeit umstritten; verschiedene Stimmen sahen darin einen Verstoß der per Gesetz zum Erlass der Reform ermächtigten Regierung gegen ihre Kompetenz zum Erlass des Reformdekretes, vgl. u.a. *D'Ambrosio*, Società 2004, S. 443 ff mwN. Diese Frage war der bisher häufigste Streitgegenstand im Zusammenhang mit der Reform, auf 14 Gerichtsverfahren bis Juli 2005 weist *Montalenti*, Giur. comm. 2006, I, S. 504 (512) hin. Das italienische Verfassungsgericht hat mit Urteil vom 29.12.2005, n. 481 eine entsprechende Klage abgewiesen und damit die Verfassungsmäßigkeit bestätigt, auszugsweise abgedr. in Società 2006, S. 451 ff; vgl. insbesondere die Besprechung von *Maggiore*, Riv. soc. 2006, S. 165 ff. Entsprechend hat die Rechtsprechung nunmehr auch die Anwendbarkeit des Art. 2409 auf *s.r.l.* abgelehnt, die wegen Überschreitens der gesetzlich vorgesehenen Schwellenwerte zur Einrichtung eines *collegio sindacale* verpflichtet sind, vgl. die Mitteilung zum Urteil Cassazione Civile, Sez. I, 13 gennaio 2010, n. 403, Riv. soc. 2010, S. 970 ff.

Recht[702], hauptsächlich[703] die Aktiengesellschaft. Ausgeschlossen ist die Sonderprüfung allerdings für Aktiengesellschaften, die einem besonderen Aufsichtsrecht unterliegen, wie etwa Banken[704].

a. *Voraussetzungen*

Der Antrag auf Durchführung einer Sonderprüfung kann bei dem Gericht (*Tribunale*)[705], in dessen Bezirk die Gesellschaft ihren satzungsmäßigen Sitz hat[706], gestellt werden, wenn ein begründeter Verdacht besteht, dass die Leitungsorganmitglieder durch Verletzung ihrer Pflichten schwere Unregelmäßigkeiten bei der Führung der Gesellschaft begangen haben, die dieser oder ihren Tochtergesellschaften Schaden zufügen können. Der Antragsteller muss dabei kein eigenes Interesse nachweisen; dieses besteht bereits darin, dass das Handeln des Leitungsorganes nicht den gesetzlichen Vorgaben entspricht[707].

b. *Gegenstand der Sonderprüfung: schwere Unregelmäßigkeiten der Mitglieder des Leitungsorganes*

Präzise Kriterien für das Vorliegen einer schweren Unregelmäßigkeit lassen sich auch der bisher umfangreichen Rechtsprechung zur Sonderprüfung nicht entnehmen. Jedenfalls muss es sich dabei um ein Verhalten – Tun oder Unterlassen – handeln, das eine allgemeine oder besondere Pflicht der Leitungsorganmitglieder zur Geschäftsleitung verletzt und das geeignet ist, den ordnungsmäßigen Ablauf in der Gesellschaft zu stören[708]. Anders als im deutschen Recht, bei dem die Sonderprüfung sich auf bis zu fünf Jahre zurückliegende Vorgänge beziehen kann (§ 142 Abs. 2 S. 1 AktG), muss nach italienischem Recht das die Unregelmäßigkeit begründende Verhalten im Zeitpunkt der Antragstellung aktuell sein[709]. Die bisher von der italienischen Rechtsprechung entschiedenen Fälle beziehen sich jeweils auf eine Vielzahl von Unregelmäßigkeiten[710].

---

702 Vgl. §§ 142 ff, 315 AktG.

703 Anwendung findet sie weiterhin auf die italienische Kommanditgesellschaft auf Aktien (Art. 2454 cod. civ.). Die Gesellschaftsrechtsreform hat den Anwendungsbereich indes ausgedehnt auf *società cooperative* – Genossenschaften (Art. 2545-*quinquiesdecies* cod. civ.).

704 Zu dieser und weiteren Ausnahmen *Miotto* in G. Cian/Trabucchi (Hrsg.), Codice Civile, Art. 2409 sub III Rn 4.

705 Zum grundsätzlich dreistufigen Aufbau der ordentlichen Gerichtsbarkeit in Italien mit dem *tribunale* als Eingangsinstanz *Schefold* in Grundmann/Zaccaria (Hrsg.), Einführung in das italienische Recht 2. Teil 9. Kap. III.

706 Zur Bedeutung des ggf. abweichenden tatsächlichen Sitzes vgl. *Marcinkiewicz/Patelli* in Bonfante/Corapi et al. (Hrsg.), Codice commentato delle nuove società, Art. 2409 Rn 14 mwN.

707 *Domenichini* in Niccolini/Stagno d'Alcontres (Hrsg.), Le società di capitali, Art. 2409 sub 3 (S. 786 ff).

708 So die zusammenfassende Definition bei *Associazione Preite*, Morera/Olivieri/Perassi u.a. (Hrsg.), Il diritto delle società, Cap. VI B 20 (S. 188 f).

709 Nach *Domenichini* in Niccolini/Stagno d'Alcontres (Hrsg.), Le società di capitali, Art. 2409 sub 3 (S. 788 f) und *Nazzicone*, Società 2003 S. 1078 (1079, 1083), ergebe sich dies aus Absatz 3.

710 Vgl. die zahlreichen Beispiele aus der Rechtsprechung bei *Miotto* in G. Cian/Trabucchi (Hrsg.), Codice Civile, Art. 2409 sub VII Rn 4 ff.

Beispielhaft zu nennen seien die Verletzung der Rechte der Aktionärsversammlung, etwa durch fehlende oder unvollständige Information der Gesellschafter, das Vorhandensein eines Interessenkonfliktes bei den Leitungsorganmitgliedern, sowie allgemein die Verletzung zivil-, straf-, steuer- und wettbewerbsrechtlicher Normen, die Pflichten für das Leitungsorgan enthalten und deren Verletzung einen Schaden der Gesellschaft nach sich ziehen kann[711]. Insgesamt ist von Unregelmäßigkeiten auszugehen, wenn die Leitung des Unternehmens nicht nach den dafür vorgesehenen Regeln erfolgt, wobei es nicht auf die einzelne Handlung, sondern auf die Tätigkeit an sich ankommt[712]. Dabei geht es nicht um die Zweckmäßigkeit von Ermessensentscheidungen des Leitungsorganes[713].

Die Schwere ist im Ermessen des Gerichts nach dem konkreten Einzelfall und seinen möglichen Auswirkungen zu bestimmen[714].

c. *Schaden*

Die Gesellschaftsrechtsreform hat das Institut der Sonderprüfung dahingehend eingeschränkt, dass die Unregelmäßigkeit geeignet sein muss, einen Schaden der Gesellschaft oder ihrer Tochtergesellschaften zu bewirken[715]. Ein möglicher Schaden genügt demnach jedoch. Ob das Interesse der Gesellschaft tangiert ist, ist unerheblich. Die Fälle von unregelmäßigem Verhalten der Geschäftsleitung, die nicht geeignet sind, einen Schaden der Gesellschaft zu bewirken, dürften tatsächlich gering sein[716]. Dies wird angenommen etwa bei Unregelmäßigkeiten im Hinblick auf Informationspflichten, die zwar die Rechte der Gesellschafter und Dritter verletzen, aber keinen Schaden der Gesellschaft zur Folge haben[717]. Das Schadenserfordernis wird einerseits dahingehend verstanden, Klagen mit reinem Störungspotential auszuschließen[718]. Andererseits wird seine Einführung als Zeichen für die Tendenz des Gesetzgebers gewertet, richterliche Eingriffe in die Abläufe der Gesellschaft nur in Ausnahmefällen vorzusehen – und stattdessen innergesellschaftliche Kontrollmechanismen zu stärken[719].

---

711 *Paolucci* in Maffei Alberti (Hrsg.), Il nuovo diritto delle società, Art. 2409 sub 3 (S. 1002) mit entsprechenden Nachweisen zur jeweiligen Rechtsprechung und weiteren Beispielen.

712 *Domenichini* in Niccolini/Stagno d'Alcontres (Hrsg.), Le società di capitali, Art. 2409 sub 3 (S. 788).

713 *Domenichini* in Niccolini/Stagno d'Alcontres (Hrsg.), Le società di capitali, Art. 2409 sub 3 (S. 787 f); *Marcinkiewicz/Patelli* in Bonfante/Corapi et al. (Hrsg.), Codice commentato delle nuove società, Art. 2409 Rn 7; *Nazzicone*, Società 2003 S. 1078 (1079).

714 *Associazione Preite*, Morera/Olivieri/Perassi u.a. (Hrsg.), Il diritto delle società, Cap. VI B 20 (S. 188).

715 Vor der Reform war dies nach dem Gesetzeswortlaut nicht erforderlich, wurde aber von einigen Autoren zur Einschränkung des Tatbestandes verlangt, vgl. die Darstellung mit Nachweisen bei *D'Ambrosio*, Società 2004, S. 443 (448).

716 Vgl. *D'Ambrosio*, Società 2004, S. 443 (448).

717 *Bussoletti*, Riv. soc. 2003, S. 1212 (1215); *Paolucci* in Maffei Alberti (Hrsg.), Il nuovo diritto delle società, Art. 2409 sub 3 (S. 1002 f).

718 *Associazione Preite*, Morera/Olivieri/Perassi u.a. (Hrsg.), Il diritto delle società, Cap. VI B 20 (S. 188); *Paolucci* in Maffei Alberti (Hrsg.), Il nuovo diritto delle società, Art. 2409 sub 3 (S. 1002).

719 *Marcinkiewicz/Patelli* in Bonfante/Corapi et al. (Hrsg.), Codice commentato delle nuove società, Art. 2409 Rn 7.

d. *Begründeter Verdacht*

Für die Annahme des Antrages und die Verfahrenseröffnung durch das Gericht genügt ein begründeter Verdacht hinsichtlich des Vorhandenseins schwerer Unregelmäßigkeiten[720]. Ihr tatsächliches Vorliegen ist lediglich für weitere Maßnahmen (Art. 2409 Absatz 4) notwendig. Die Antragsteller müssen keine Tatsachen und Umstände vorbringen, die die Unregelmäßigkeiten beweisen[721].

e. *Antragsbefugnis und Kostenverteilung*

aa. Aktionäre

Antragsbefugt sind zum einen die Aktionäre der Gesellschaft, deren Angelegenheiten Gegenstand der Sonderprüfung sein sollen. Diese müssen allein[722] oder gemeinsam ein Quorum von zehn Prozent, bzw. in einer kapitalmarktorientierten *s.p.a.* von fünf Prozent, erreichen[723]. Zwar kann die Satzung geringere Schwellen vorsehen. Es gilt aber als unwahrscheinlich, dass die Mehrheit der Aktionärsversammlung eine derartige Abweichung zugunsten der Minderheit beschließen wird[724].

Maßgeblich für die Berechnung des Quorums ist der Kapitalanteil. Auf die Stimmrechte kommt es nicht an, so dass auch Aktien mit eingeschränktem Stimmrecht oder Arbeitnehmeraktien heranzuziehen sind[725].

Während die Rechtsprechung darüber hinaus als Berechtigungsnachweis die Eintragung im Gesellschafterverzeichnis verlangt, soll nach einer verbreiteten Auffassung in der Literatur jedenfalls bei Namensaktien das bloße Innehaben der Aktien genügen[726]. Anders als nach deutschem Recht ist eine Mindestdauer für das Halten nicht vorgeschrieben[727]. Ebenso wenig bedarf es eines vorherigen, ablehnenden

---

720 *Galgano*, Diritto Civile e Commerciale III/2, par. 160 (S. 343); *Marcinkiewicz/Patelli* in Bonfante/Corapi et al. (Hrsg.), Codice commentato delle nuove società, Art. 2409 Rn 9; *Miotto* in G. Cian/Trabucchi (Hrsg.), Codice Civile, Art. 2409 sub VI Rn 1.

721 *D'Ambrosio*, Società 2004, S. 443 (448); *Domenichini* in Niccolini/Stagno d'Alcontres (Hrsg.), Le società di capitali, Art. 2409 sub 3 (S. 786).

722 Dieses Kriterium gilt auch als erfüllt, wenn ein einzelner Aktionäre die entsprechende Anzahl von Aktien innehat, vgl. u.a. *Paolucci* in Maffei Alberti (Hrsg.), Il nuovo diritto delle società, Art. 2409 sub 1 (S. 995).

723 *Paolucci* in Maffei Alberti (Hrsg.), Il nuovo diritto delle società, Art. 2409 sub 4 (S. 1007) hält das Erreichen der maßgeblichen Schwelle in einer *s.p.a.* mit Streubesitz für unwahrscheinlich; dabei ist auch die geringe tatsächliche Verbreitung von Streubesitz in Italien zu bedenken. Vgl. dazu auch oben § 2 I 4.

724 Vgl. *Paolucci* in Maffei Alberti (Hrsg.), Il nuovo diritto delle società, Art. 2409 sub 4 (S. 1005).

725 Umstritten ist, ob der Kapitalanteil ins Verhältnis nur zu den stimmberechtigten Aktien oder auch zu den stimmrechtslosen, wie den Sparaktien (Art. 145 Abs. 6 TUF) zu setzen ist, vgl. *Campobasso*, Diritto Commerciale 2, Cap. XI 2 (S. 431); *Paolucci* in Maffei Alberti (Hrsg.), Il nuovo diritto delle società, Art. 2409 sub 4 mwN (S. 1005).

726 Vgl. die Darstellung mit entsprechenden Nachweisen bei *Domenichini* in Niccolini/Stagno d'Alcontres (Hrsg.), Le società di capitali, Art. 2409 sub 4 (S. 792 f).

727 Zu dieser Voraussetzung vgl. *Hüffer* AktG § 142 Rn 23 f.

Aktionärsversammlungsbeschlusses auf Durchführung einer Sonderprüfung, wie er in § 142 Abs. 1, 2 AktG vorgesehen ist.

Wird der Antrag auf Durchführung einer Sonderprüfung durch die Aktionäre gestellt, müssen sie die Kosten des Verfahrens tragen (Art. 2409 Abs. 2 S. 1). Dies ist nach deutschem Recht nur dann der Fall, wenn sie die Bestellung des Sonderprüfers durch vorsätzlich oder grob fahrlässigen Vortrag bewirkt haben (§ 146 S. 2 AktG)[728].

bb. Sonstige Antragsbefugte

Die Gesellschaftsrechtsreform hat die Antragsbefugnis auf das Kontrollorgan erstreckt (Art. 2409 Abs. 7 cod. civ. bzw. Art. 152 Abs. 1 TUF für die börsennotierte *s.p.a.*)[729]. Konnte zuvor in allen *società per azioni* der *pubblico ministero*[730] einen Antrag auf Einleitung einer Sonderprüfung bei Gericht stellen[731], ist dies seit der Reform nur noch in der kapitalmarktorientierten *s.p.a.* der Fall. Dies wird als Zeichen für die Tendenz gewertet, der Judikative Eingriffe in den Gesellschaftsablauf nur in Ausnahmefällen zu ermöglichen[732].

In der börsennotierten *s.p.a.* ist zudem die *Consob* antragsbefugt, wenn sie begründeten Verdacht hegt, dass die Mitglieder des Kontrollorganes bei der Erfüllung ihrer Überwachungstätigkeit schwere Unregelmäßigkeiten begangen haben (Art. 152 Abs. 2 TUF)[733].

In diesen Fällen gehen die Kosten des Verfahrens zu Lasten der Gesellschaft (Art. 2409 Abs. 7 cod. civ. bzw. Art. 152 Abs. 1 S. 2, bzw. Abs. 2 TUF).

Besonderheiten hinsichtlich der Antragsbefugnis gelten während des Verfahrens der Zwangsverwaltung von Gruppengesellschaften[734].

---

728 Vgl. *Hüffer* AktG § 146 Rn 3.

729 Zur vorherigen Situation *Nazzicone*, Società 2003, S. 1078 (1080). Zum Streitstand, ob das Organ selbst oder seine einzelnen Mitglieder befugt sind vgl. *Miotto* in G. Cian/Trabucchi (Hrsg.), Codice Civile, Art. 2409 sub III Rn 2 mwN. Die Mehrheit hält das Organ insgesamt für antragsbefugt, vgl. etwa *D'Ambrosio*, Società 2004, S. 443 (447); *Paolucci* in Maffei Alberti (Hrsg.), Il nuovo diritto delle società, Art. 2409 sub 4 (S. 1009); *Marcinkiewicz/Patelli* in Bonfante/Corapi et al. (Hrsg.), Codice commentato delle nuove società, Art. 2409 Rn 11. In dem vom Tribunale di Milano, 18.03.2008 entschiedenen Fall erfolgte die Antragstellung jedenfalls durch das *collegio sindacale*, abgedr. in Società 2009, S. 1540.

730 Entspricht dem deutschen Staatsanwalt.

731 Kritisch, insbesondere im Hinblick auf die Beschränkung der Befugnisse des *pubblico ministero*, *Salafia*, Società 2002, S. 1329 f.
Problematisch hält *Paolucci* in Maffei Alberti (Hrsg.), Il nuovo diritto delle società, Art. 2409 sub 4 (S. 1007), dass in einer nicht kapitalmarktorientierten Gesellschaft, in der die Minderheitsaktionäre nicht die Schwelle von zehn Prozent erreichen, diese keine Möglichkeit der Inanspruchnahme der gerichtlichen Kontrolle mehr haben.

732 *Domenichini* in Niccolini/Stagno d'Alcontres (Hrsg.), Le società di capitali, Art. 2409 sub 1 (S. 780 f).

733 Der Grund für die Antragsbefugnis der *Consob* ist darin zu sehen, dass sie neben dem Schutz der Anleger auch für die Effizienz und Transparenz des Kapitalmarktes zuständig ist, *Ambrosini* in Cottino (Hrsg.), La legge Draghi e le società quotate in borsa, Art. 152 sub 2.

734 Art. 89 D.lgs. n. 270/1999 regelt die Befugnis des gerichtlichen Verwalters, des Zwangsverwalters und des Masseverwalters der insolvent erklärten Gesellschaft, einen Antrag nach Art. 2409

f. *Die Sonderprüfung im Gruppenkontext*

Erst die Reform hat die Sonderprüfung auf Gruppengesellschaften erstreckt und damit ein entsprechendes Vorgehen der Rechtsprechung aufgegriffen[735]. Während die speziell konzernrechtliche Sonderprüfung nach § 315 AktG jedoch relativ umfassend eine Überprüfung der geschäftlichen Beziehungen der abhängigen Gesellschaft zu dem herrschenden oder einem mit diesem verbundenen Unternehmen gestattet[736], und auch im Rahmen der allgemeinen Sonderprüfung nach § 142 AktG die Beziehungen der betreffenden Aktiengesellschaft zu verbundenen Unternehmen Prüfungsgegenstand sein können[737], ist bei der Sonderprüfung nach italienischem Recht allein ein möglicher Schaden für die Tochtergesellschaften Prüfungsgegenstand, eine Beziehung zur Obergesellschaft also unabdingbar.

Antragsbefugt sind lediglich die Gesellschafter der Obergesellschaft[738] gegenüber deren Leitungsorgan, nicht aber die der Tochtergesellschaft. Demnach sind nicht diejenigen antragsbefugt, die unmittelbar von den Unregelmäßigkeiten betroffen sind, sondern diejenigen, bei denen sich ein möglicher Schaden mittelbar auswirkt[739]. Dabei sollen die möglichen Schäden der Tochtergesellschaften unter Berücksichtigung des Gesamtergebnisses von Leitung und Koordinierung bewertet werden; mögliche Vorteile für die Tochtergesellschaften können demnach die durch unregelmäßiges Verhalten der Mitglieder des Leitungsorganes der Obergesellschaft verursachten Schäden ausgleichen[740]. Insoweit ist ein Zusammenhang zu der Haftung bei Verletzung der Prinzipien ordnungsgemäßer Gruppengeschäftsführung auszumachen[741]. Diese Konstruktion ist daher als zwar systematisch, aber nicht effizient kritisiert worden[742]. Vereinzelt wird die Vorschrift so verstanden, dass sie auch bei Unregelmäßigkeiten in den Tochtergesellschaften selbst ein Antragsrecht vermittele[743]. Jedenfalls sind die Minderheitsgesellschafter der Tochtergesellschaft, vorausgesetzt, sie erreichen die Schwellenwerte, berechtigt, wegen Unregelmäßigkeiten bei der Leitung der Tochtergesellschaft durch ihr Leitungsorgan nach Art. 2409 vorzugehen. Darüberhinaus wird teilweise herausgestellt, dass sie auch die Möglichkeit haben, das Kontrollorgan dazu zu bewegen aktiv zu werden. Dieses

---

cod. civ. auf Einleitung einer Sonderprüfung gegen die Mitglieder von Leitungs- und Kontrollorgan der Gruppengesellschaften zu stellen.

735 Vgl. *Domenichini* in Niccolini/Stagno d'Alcontres (Hrsg.), Le società di capitali, Art. 2409 sub 3 mit entsprechenden Nachweisen (S. 790).

736 Zum Prüfungsgegenstand im Rahmen von § 315 AktG *Habersack* in Emmerich/Habersack Aktien- und GmbH-Konzernrecht § 315 Rn 16; *Koppensteiner* in KölnKomm AktG § 315 Rn 12.

737 *Schröer* in MünchKomm AktG [2] § 142 Rn 19.

738 *Marcinkiewicz/Patelli* in Bonfante/Corapi et al. (Hrsg.), Codice commentato delle nuove società, Art. 2409 Rn 10; *Niutta*, Riv. soc. 2003, S. 780 (787 f).

739 So auch *Niutta*, Riv. soc. 2003, S. 780 (788).

740 *Domenichini* in Niccolini/Stagno d'Alcontres (Hrsg.), Le società di capitali, Art. 2409 sub 3 (S. 790).

741 Vgl. *Domenichini* in Niccolini/Stagno d'Alcontres (Hrsg.), Le società di capitali, Art. 2409 sub 3 (S. 790).

742 *Niutta*, Riv. soc. 2003, S. 780 (789).

743 Vgl., ohne näher auf die Einzelheiten der Vorgehensweise eingehend, *Paolucci* in Maffei Alberti (Hrsg.), Il nuovo diritto delle società, Art. 2409 sub 3 (S. 1003).

kann sich dann seiner gruppenbezogenen Informationsrechte gegenüber dem Leitungsorgan bedienen (Art. 2403-*bis* Abs. 2)[744]. Tut es dies nicht, muss es befürchten, wegen Verletzung seiner Pflichten zu haften.

g. *Durchführung und Verfahren*

Das Verfahren der Sonderprüfung lässt sich in zwei Phasen unterteilen. Nach Anhörung der Mitglieder des Leitungs- sowie des Kontrollorganes kann das Gericht die Untersuchung der Geschäftsführung anordnen. Die Untersuchung ist auf das Sammeln von Tatsachen und Beweisen über Unregelmäßigkeiten überhaupt, nicht nur hinsichtlich der angezeigten[745], gerichtet. Auf ihrer Grundlage kann das Gericht eine Entscheidung über die Anordnung weiterer Maßnahmen treffen[746]. Gegen diese Entscheidung des Gerichts ist ein Rechtsmittel möglich[747].

Das Gericht kann auf die Anordnung der Untersuchung verzichten und das Verfahren für einen bestimmten Zeitraum aussetzen, wenn die Aktionärsversammlung neue Mitglieder für Leitungs- und Kontrollorgan mit geeigneten Fähigkeiten bestellt, die sofort die Vorfälle untersuchen und im Falle von Verletzungen diese beseitigen. Das Ergebnis ihrer Untersuchungen und die von ihnen ausgeführten Tätigkeiten haben sie dem Gericht zu berichten (Art. 2409 Abs. 3). Damit hat der Gesetzgeber eine zuvor schon in der Rechtsprechung verbreitete Praxis gesetzlich festgeschrieben, um nicht mehr aktuelle Unregelmäßigkeiten auszunehmen. Dies wird im Hinblick auf den Minderheitenschutz als problematisch[748] bewertet, da die Mehrheit der Aktionärsversammlung, die schon die amtierenden Leitungsorganmitglieder gewählt hat, auch die neuen wählen kann. Möglicherweise haben diese kein Interesse an der Aufklärung der Unregelmäßigkeiten[749]. Auf diese Weise ist es der Mehrheit im Ergebnis möglich, über das Verfahren zu verfügen. Dies verstärke die Intransparenz zu einem Zeitpunkt, zu dem bereits ein begründeter Verdacht hinsichtlich begangener Unregelmäßigkeiten vorliege[750]. Andererseits ist zu berücksichtigen, dass das Gericht Ermessen hat hinsichtlich der von ihm zu treffenden Entscheidung, ob die von den neuen Geschäftsleitern getroffenen Maßnahmen im konkreten Fall ausreichen[751].

---

744 Dazu *Niutta*, Riv. soc. 2003, S. 780 (790).
745 *Domenichini* in Niccolini/Stagno d'Alcontres (Hrsg.), Le società di capitali, Art. 2409 sub 5 (S. 795); *Nazzicone*, Società 2003, S. 1078 (1082).
746 *Marcinkiewicz/Patelli* in Bonfante/Corapi et al. (Hrsg.), Codice commentato delle nuove società, Art. 2409 Rn 23 f; *Nazzicone*, Società 2003, S. 1078 (1082).
747 Auch dabei handelt es sich um eine Neuheit, vgl. dazu *D'Ambrosio*, Società 2004, S. 443 (449). Zu den Besonderheiten *Bussoletti*, Riv. soc. 2003, S. 1212 (1222 f).
748 So u.a. *Cera*, Giur. comm. 2006, I, S. 354 (375 ff mwN); *Domenichini* in Niccolini/Stagno d'Alcontres (Hrsg.), Le società di capitali, Art. 2409 sub 3 (S. 788 f).
749 Kritisch in diesem Sinne *Bussoletti*, Riv. soc. 2003, S. 1212 (1223); *Paolucci* in Maffei Alberti (Hrsg.), Il nuovo diritto delle società, Art. 2409 sub 6 (S. 1011 f).
750 *D'Ambrosio*, Società 2004, S. 443 (449).
751 *Domenichini* in Niccolini/Stagno d'Alcontres (Hrsg.), Le società di capitali, Art. 2409 sub 5 (S. 795); *Nazzicone*, Società 2003, S. 1078 (1083).

Hat das Gericht Unregelmäßigkeiten festgestellt oder stehen weitere zu befürchten, kann es in einer zweiten Phase provisorische Maßnahmen anordnen, die im Unternehmensregister eingetragen werden[752]. Dazu gehören etwa die Begrenzung der Befugnisse bestimmter oder aller Leitungsorganmitglieder, die Untersagung der Ausführung bestimmter Maßnahmen oder die Übertragung der Buchführung an einen externen Experten[753]. Das Gericht kann zudem die Aktionärsversammlung einberufen und bestimmte Tagesordnungspunkte zum Beschluss festlegen (Art. 2409 Abs. 4), insbesondere die Abberufung der Leitungsorganmitglieder[754].

In schweren Fällen kann es auch selbst die Mitglieder des Leitungsorganes – und gegebenenfalls zusätzlich die des Kontrollorganes[755] – abberufen und einen gerichtlichen Verwalter bestellen. In diesem Falle obliegt letzterem die gesamte Führung der Gesellschaft[756]. Der gerichtliche Verwalter kann alle Maßnahmen ergreifen, die geeignet sind, den ordnungsgemäßen Ablauf in der Gesellschaft wieder herzustellen. Insbesondere kann er tätig werden, um das durch nachteilige Handlungen geminderte Gesellschaftsvermögen zu erhalten, indem er Haftungsklage gegen die Mitglieder des Leitungsorganes oder auch die des Kontrollorganes erhebt (Art. 2409 Abs. 5 i.V.m. Art. 2393 cod. civ.)[757]. Hierzu bedarf er keiner Autorisierung durch die Aktionärsversammlung, sondern einer gerichtlichen Bestätigung.

Vor Ablauf seiner Tätigkeit hat er dem Gericht Bericht über die von ihm unternommenen Maßnahmen und die durch seine Tätigkeit erzielten Ergebnisse zu erstatten. Ein Bericht über seine Tätigkeit ist ferner bei dem jeweils für den Gesellschaftssitz zuständigen Gericht zu hinterlegen und der Gesellschaft darüber Mitteilung zu machen[758]. Hingegen ist nach deutschem Recht der Sonderprüfungsbericht beim Handelsregister einzureichen (§ 145 Abs. 6 S. 3 AktG)[759] und damit für jedermann einsehbar (§ 9 Abs. 1 HGB). Ähnlich ist die Rechtslage in Frankreich[760].

Schließlich muss der gerichtliche Verwalter die Aktionärsversammlung einberufen (Art. 2409 Abs. 6). Ist der ordnungsgemäße Ablauf der Geschäfte der Gesellschaft

---

752 Art. 103 Disposizioni per l'attuazione e transitorie.

753 Vgl. diese und weitere Beispiele bei *Domenichini* in Niccolini/Stagno d'Alcontres (Hrsg.), Le società di capitali, Art. 2409 sub 6 (S. 797).

754 *Galgano*, Diritto Civile e Commerciale III/2, par. 160 (S. 343).

755 Zu den Auswirkungen, je nach Organisationsmodell der betroffenen *s.p.a.*, vgl. *D'Ambrosio*, Società 2004, S. 443 (451).

756 *Marcinkiewicz/Patelli* in Bonfante/Corapi et al. (Hrsg.), Codice commentato delle nuove società, Art. 2409 Rn 30.

757 *Miotto* in G. Cian/Trabucchi (Hrsg.), Codice Civile, Art. 2409 sub XII Rn 2. Dadurch soll verhindert werden, dass die Mehrheit der Aktionärsversammlung, die die amtierenden Leitungsorganmitglieder gewählt hat, mit diesen gegen den gerichtlichen Verwalter zusammenwirkt, so *Galgano*, Diritto Civile e Commerciale III/2, par. 160 (S. 344).

758 Vgl. Art. 94 Abs. 2 Disposizioni per l'attuazione e transitorie. Laut *Domenichini* in Niccolini/Stagno d'Alcontres (Hrsg.), Le società di capitali, Art. 2409 sub 6 (S. 797 f), sowie *Nazzicone*, Società 2003, S. 1078 (1084), handele es sich dabei nicht um denselben Bericht wie den in Art. 2409 Abs. 5 genannten, sondern um eine Art Rechenschaftserklärung gegenüber der Gesellschaft.

759 Da für die Durchführung der Sonderprüfung nach § 315 AktG keine speziellen Regeln existieren, werden die §§ 142 ff angewandt, vgl. *Hüffer* AktG § 315 Rn 6 f.

760 Dazu *Jänig*, Die aktienrechtliche Sonderprüfung S. 151 ff (insbesondere S. 153).

wiederhergestellt, hat er die Ernennung neuer Leitungs- und Kontrollorganmitglieder einzuleiten. Hält er die Wiederherstellung des ordnungsgemäßen Ablaufes in der Gesellschaft für nicht möglich, muss er den Gesellschaftern die Auflösung der Gesellschaft oder die Einleitung des Insolvenzverfahrens vorschlagen. Die Entscheidung hierüber gebührt den Gesellschaftern.

h. *Stellung der Sonderprüfung im innerverbandlichen Informations- und Kontrollsystem des italienischen Rechts unter Berücksichtigung der Vorschläge auf europäischer Ebene*

Die Gesellschafter italienischer Kapitalgesellschaften verfügen über nur wenige individuelle Informationsrechte. Auch die Reform hat diese nicht verstärkt, sondern lediglich die der Organe untereinander. Vor diesem Hintergrund stellt die Sonderprüfung einen wesentlichen Baustein dar. Es kann davon ausgegangen werden, dass ein Bedürfnis nach Information und Ausübung von Kontrolle ein Grund für die bisherige Häufigkeit der Sonderprüfung in Italien war[761], sowie dass die, im Vergleich zu den §§ 142, 315 AktG wesentlich geringeren Anforderungen, die bisher häufige Anwendung des Instituts begünstigt haben.

Durch die Herabsetzung der Schwellen für das Mindestquorum in Deutschland einerseits[762], und die verschiedenen Einschränkungen nach italienischem Recht andererseits, könnte mittel- bis langfristig eine Angleichung erfolgen. Abzuwarten bleibt insbesondere, wie sich die geänderte Konzeption der Sonderprüfung als hauptsächlich innergesellschaftlicher Kontrollmechanismus auf die italienische Rechtspraxis auswirken wird. Die Pflicht zur Kostentragung bei Antragstellung durch die Gesellschafter bei gleichzeitiger Einschränkung der Antragsbefugnis des Staatsanwaltes lässt auf eine Abnahme der Häufigkeit in Italien schließen. Dabei bleibt, angesichts der vielfachen Kritik an der Funktionsfähigkeit des internen Kontrollorganes *collegio sindacale*[763] zweifelhaft, inwieweit die Erweiterung der Antragsbefugnis zugunsten des Kontrollorganes dies auszugleichen vermag.

Über die Bedeutung der Sonderprüfung im Gruppenkontext lässt sich anhand fehlender Zahlen keinerlei Aussage für die aktuelle Situation oder gar eine Prognose für die künftige Entwicklung treffen. Festzuhalten bleibt in diesem Zusammenhang auch, dass der Vorteil der Sonderprüfung, nämlich die Unparteilichkeit des Sonderprüfers, in der italienischen Diskussion um die Neukonzeption, soweit ersichtlich, keine Erwähnung findet.

Dabei stehen die Änderungen im Recht der Sonderprüfung durch die italienische Reform im Gegensatz zu den Vorschlägen des *Forum Europaeum Konzernrecht* und der

---

761 Ähnlich die Argumentation von *Cera*, Giur. comm. 2006, I, S. 354 (355), der die Häufigkeit in Zusammenhang mit der unzureichenden Ausübung der Kontrollfunktion durch das *collegio sindacale* setzt.

762 Die bisherige Schwelle von zehn Prozent galt neben der Publizität des Prüfungsberichtes bisher als ein Hauptgrund für die geringe rechtspraktische Bedeutung in Deutschland, vgl. *Fleischer*, RIW 2000, S. 809 (810).

763 Statt vieler *Cera*, Giur. comm. 2006, I, S. 354 ff, insbesondere zu den geschlossenen *s.p.a.* S. 362 ff mwN. Das Problem stellt sich nicht für die Gesellschaften, für die eine externe Abschlussprüfung vorgesehen ist, s. oben § 4 IV 1 b.

High Level Group. Das *Forum Europaeum Konzernrecht* fordert die Erstreckung der Sonderprüfung nicht nur auf den Gruppenkontext, sondern auf alle Kapitalgesellschaften, insbesondere auch auf die Gesellschaft mit beschränkter Haftung[764]. Letzteres ist auch in Deutschland Diskussionsgegenstand[765]. Zudem besteht auf europäischer Ebene weitgehend Übereinstimmung[766] hinsichtlich der Bedeutung der Sonderprüfung als Kontrollrecht der Minderheitsgesellschafter, das über allgemein aktienrechtliche, individuelle Auskunftsrechte hinausgeht. Dementsprechend sieht der Aktionsplan[767], im Anschluss an den Bericht der *High Level Group*[768], vor, im Rahmen der Modernisierung des Leitungs- und Verwaltungsorganes, das Recht auf Sonderprüfung jedenfalls in der börsennotierten Aktiengesellschaft zu regeln. Demnach sollen Aktionäre, die mit mindestens fünf Prozent am Gesellschaftskapital beteiligt sind, bei Gericht oder einer entsprechenden Behörde die Einleitung einer Sonderprüfung beantragen dürfen. Ob dabei auch der Gruppenzusammenhang mit einbezogen werden soll, ist nicht ersichtlich. Eine europäische Regelung, in welcher konkreten Ausgestaltung auch immer, wird – jedenfalls zur Zeit – allerdings nicht uneingeschränkt befürwortet[769] und als eher unwahrscheinlich[770] angesehen. Diese Aussicht wird bestätigt durch die Tatsache, dass die Sonderprüfung, trotz ihrer Funktion als Kontrollrecht der Minderheit weder im Grünbuch Corporate Governance-Rahmen noch im Bericht der *Reflection Group* auch nur Erwähnung findet.

Das Institut der Sonderprüfung ist aber gerade für den Gruppenzusammenhang von erheblicher Bedeutung[771]. Gerade in der Gruppe haben Minderheitsgesellschafter sonst kaum Informationsmöglichkeiten[772]. Oft wissen sie nicht einmal, wo die Probleme liegen. Sie müssen zunächst also relevante Tatsachen herausfinden, um ihre Rechte geltend zu machen[773]; die gruppendimensionale Sonderprüfung wäre insofern ein geeignetes Instrument, die gruppeninternen Informationsflüsse zu verbessern[774]. Dies gilt insbesondere dann, wenn Unternehmensstrukturen komplex und wenig transparent sind[775]. Dies trifft auf viele – nicht nur italienische – Gruppenstrukturen durchaus zu. Daher wäre es entsprechend dem Vorschlag des *Forum Europaeum Konzernrecht* sinnvoll, unter Berücksichtigung der Geheimhaltungsinteressen der betroffenen Gesellschaften, die Sonderprüfung gruppendimensional auch horizontal zu Schwesterunternehmen, sowie von unten nach oben zu ermöglichen[776]. Ob dies in Form eines eigenen Tatbestandes, wie in Deutschland

---

764 *Forum Europaeum Konzernrecht*, ZGR 1998, S. 672 (720).
765 *Fleischer*, GmbHR 2001, S. 45 ff; *Hopt*, Liber Amicorum Buxbaum S. 299 (313).
766 *Forum Europaeum Konzernrecht*, ZGR 1998, S. 672 (717 f mwN); *High Level Group*, Report II, Kap. III 3.4 (S. 61), sowie *Hopt*, ZHR 171 (2007), S. 199 (218 mwN).
767 Aktionsplan, sub 3.1.3, Verantwortung der Direktoren, S. 19.
768 *High Level Group*, Report II, Kap. III 3.4 (S. 61 ff).
769 Vgl. Summary Report on future priorities for the Action Plan, S. 10 ff.
770 *Hopt*, ZHR 171 (2007), S. 199 (218 mwN); zuletzt *ders.*, ZHR 175 (2011), S. 444 (509 f).
771 Vgl. dazu zusammenfassend auch *Jänig*, Die aktienrechtliche Sonderprüfung S. 424 ff.
772 *Forum Europaeum Konzernrecht*, ZGR 1998, S. 672 (717 f mwN).
773 *High Level Group*, Report II, Kap. III 3.4 (S. 61).
774 So *Hopt*, ZHR 171 (2007), S. 199 (218).
775 *High Level Group*, Report II, Kap. III 3.4 (S. 62).
776 So der Vorschlag des *Forum Europaeum Konzernrecht*, ZGR 1998, S. 672 (719, 722).

§ 315 AktG, erfolgen sollte, kann hier dahingestellt bleiben. In Frankreich ist das allgemeine Institut explizit auf den Gruppenzusammenhang erstreckt worden[777], was dem Vorschlag des *Forum Europaeum Konzernrecht* eher nahekommen dürfte. Nach der italienischen Konzeption ist eine gruppendimensionale Sonderprüfung nahezu unmöglich, da nur den Gesellschaftern der Obergesellschaft, nicht aber denen der Tochtergesellschaft ein Antragsrecht zusteht. Eine missbräuchliche Anwendung des Institutes, wie sie in Italien befürchtet wird, könnte durch andere Instrumente, wie etwa eine Genehmigung der Sonderprüfung nur bei schwerwiegendem Verdacht[778] oder etwa eine entsprechende Kostenverteilung bei missbräuchlicher Anwendung, wie sie § 146 S. 2 AktG vorsieht, verhindert werden.

V. Zusammenfassung § 4

Die italienische Gesellschaftsrechtsreform hat eine Reihe sehr unterschiedlicher Informationsregeln hervorgebracht.

Die Informationsregeln im Außenverhältnis reichen von der an den Bedürfnissen des alltäglichen Rechtsverkehrs ausgerichteten Korrespondenzpublizität für Gruppengesellschaften zur Erweiterung der Rechnungslegungspublizität. Letztere dürfte für die europäische Perspektive insoweit von Interesse sein, als zumindest der Umfang der Gruppeneinbindung aus dem Einzelabschluss der Tochtergesellschaft deutlich werden soll, und zwar auch dann, wenn die Gesellschaft nicht nach IAS/IFRS bilanziert oder wenn sie nicht börsennotiert ist. Die Registerpublizität der Gruppenzugehörigkeit einer Tochtergesellschaft ist in der Form, wie sie das italienische Recht vorsieht, wohl eher ein Beispiel für die zweifelhafte Tauglichkeit dieses Publizitätsinstrumentes überhaupt. Dagegen sticht die umfassende Beteiligungstransparenz, die auch bestimmte Arten von Nebenabreden einbezieht, hervor. Sie gilt in unterschiedlichen Abstufungen insbesondere für börsennotierte und allgemein kapitalmarktorientierte Aktiengesellschaften.

Den tatsächlichen Bedarf nach Information über Gruppenzusammenhänge im Verhältnis von Mutter- und Tochtergesellschaft dürfte die Begründungspflicht für Entscheidungen, die durch die Obergesellschaft beeinflusst sind, verdeutlichen. Hierin ist, trotz der jeweiligen Unterschiede in der Regelungstechnik, eine Parallele zum Abhängigkeitsbericht zu sehen. Dabei geht es nicht nur um die Transparenz gruppeninterner Entscheidungen und deren Kontrollierbarkeit ex post. Vielmehr kommt in Bezug auf die Entscheidungsträger auch die präventive Funktion von Information zum Tragen, so dass von Verhaltenssteuerung durch Information gesprochen werden kann.

Allen näher beschriebenen Informationsregeln ist gemein, dass sie die Information über die Gruppenzugehörigkeit sowie das Vorhandensein gruppenbezogener Maß-

---

777 Vgl. dazu *Jänig*, Die aktienrechtliche Sonderprüfung S. 100 ff.
778 *High Level Group*, Report II, Kap. III 3.4 (S. 62).

nahmen und Entscheidungen verbessern sollen. Rechtspolitisch dürfte hinter der Vielzahl an neu eingeführten Informationsregeln hinsichtlich des Außenverhältnisses die Idee stehen, das Vertrauen in das Funktionieren italienischer Gesellschaften zu stärken. So lautete eines der Reformziele, italienische Unternehmen wettbewerbsfähiger auch für internationale Kapitalmärkte zu machen[779] zu machen. Ob dieses Ziel erreicht werden wird, wäre wohl Gegenstand einer eigenen Untersuchung, die die Problematik der Rechtsdurchsetzung auf keinen Fall außer acht lassen dürfte.

Gruppeninterne Informationsflüsse sind durch die Reform teilweise verbessert worden. Ob man darin einen Ansatz für eine organisatorische Verfassung bezüglich der Gruppe sehen kann[780], erscheint angesichts des eher fragmentarischen Charakters der Vorschriften fraglich. Abgesehen davon ist zweifelhaft, ob eine derartige begriffliche Zuordnung wie die eines organisationsrechtlichen Ansatzes inhaltlich weiterführend ist. Schließlich erscheint es unter modernen Governance Gesichtspunkten selbstverständlich, dass etwa das Kontrollorgan bei der Ausübung seiner Tätigkeit sich inhaltlich auch auf den Gruppenzusammenhang bezieht[781]. Aus rechtsvergleichender Sicht interessant sind die weitreichenden Untersuchungsbefugnisse des Kontrollorganes, die die Gruppe als wirtschaftliche Einheit sehen und im Ergebnis das Kompetenzgefüge der einzelnen Gruppengesellschaften umgehen[782].

Individuelle Informationsrechte hat die Reform nicht verbessert. Die Umsetzung der Aktionärsrechterichtlinie beschränkt sich auf börsennotierte Gesellschaften. Insbesondere angesichts des Auskunftsrechts des einzelnen Aktionärs ist das deutsche Recht diesbezüglich weiterreichend[783]. Dass auch in italienischen Kapitalgesellschaften durchaus ein individuelles Informationsbedürfnis besteht, dürfte die praktische Relevanz der Sonderprüfung vor der Gesellschaftsrechtsreform belegen. Die inhaltliche Ausdehnung auf Gruppensachverhalte dürfte für die Aktionäre von Tochtergesellschaften tatsächlich ohne praktischen Nutzen sein.

---

779 Vgl. Art. 2 Nr. 1 legge n. 366/2001.
780 So *Tombari*, Giur. comm. 2004, I, 61 (72); *Valzer*, Liber Amicorum G.F. Campobasso, Bd. III, S. 831 (866 ff).
781 Näher *De Biasi*, Società 2003, S. 946 (951 f).
782 Vgl. oben § 4 IV 1 c.
783 Vgl. auch *Baums*, Giur. comm. 2003, I, S. 53 (65).

§ 5 Ordnungsgemäße Gruppengeschäftsführung

Im Zusammenhang mit einer europäischen Regelung von Gesellschaftsgruppen ist die Frage nach einem Rahmen für eine ordnungsgemäße Gruppengeschäftsführung aufgeworfen worden[1]. Im wesentlichen geht es um die Geschäftsführung der gruppenzugehörigen Gesellschaften auf nachgeordneter Ebene[2]. Für diese soll aus Gründen der Rechtssicherheit ein einheitlicher Rahmen geschaffen werden[3]. Dabei sollen zugleich die Interessen von Minderheitsgesellschaftern und Gläubigern gewahrt werden[4]. Unklar ist jedoch sowohl, welche Kriterien eine solche ordnungsgemäße Gruppengeschäftsführung aufweisen, als auch welche Rechtsfolgen sie im Einzelnen haben sollte. Ursächlich für die Unklarheiten dürfte das der Gruppe immanente gesellschaftsrechtliche Konfliktpotential sein.

I. Allgemeiner Ansatz des Kapitalgesellschaftsrechts

Gesellschaftsrechtsordnungen gehen in der Regel von der autonomen Gesellschaft aus[5]. Ausgangspunkt ist die dem Gesellschaftsrecht in den meisten Rechtsordnungen zugrundeliegende Betrachtungsweise der Kapitalgesellschaft als juristische Person. Damit verbunden sind unterschiedliche Strukturmerkmale[6], wie insbesondere die Verselbständigung des Gesellschaftsvermögens gegenüber den Gesellschaftern. Maßgeblich ist insoweit das Trennungsprinzip[7]. Weiteres wesentliches Merkmal ist die interne Organisation, die die Gesellschaft handlungsfähig macht[8]. Maßstab für das Handeln der Gesellschaftsorgane ist das Interesse allein der betreffenden Gesellschaft[9].

---

1 Vgl. *High Level Group*, Report II, Kap. V 3 (S. 105 f); Aktionsplan sub 3.3, Abstimmung der Konzernpolitik, S. 23.

2 *Forum Europaeum Konzernrecht*, ZGR 1998, S. 672 (704).

3 *Forum Europaeum Konzernrecht*, ZGR 1998, S. 672 (713). Zweifelnd, ob tatsächlich ein derartiger Bedarf bestehe *Windbichler*, EBOR 1 (2000), S. 265 (271); befürwortend *Hommelhoff*, DB 2011, Standpunkte Nr. 9, S. 65.

4 Vgl. *High Level Group*, Report II, Kap. V 3 (S. 105 f).

5 *Immenga* in International Encyclopedia of Comparative Law, Vol. XIII, 7-3.

6 Zu den Strukturmerkmalen der Kapitalgesellschaft aus rechtsvergleichender Perspektive *Armour/Hansmann/Kraakman* in Kraakman/Armour/Davies u.a., Anatomy of Corporate Law, sub 1 (S. 1 ff).

7 Vgl. *Armour/Hansmann/Kraakman* in Kraakman/Armour/Davies u.a., Anatomy of Corporate Law, sub 1.2.1 (S. 6); *Windbichler*, Gesellschaftsrecht § 3 Rn 11; *Kübler/Asmann*, Gesellschaftsrecht § 4 IV 2.

8 *Associazione Preite*, Morera/Olivieri/Perassi u.a. (Hrsg.), Il diritto delle società, Cap. IV A 2 (S. 45 f).

9 *Immenga* in International Encyclopedia of Comparative Law, Vol. XIII, 7-3; *Ruggiero*, Società 2005, S. 565 (570 f).

II. Auswirkungen der Gruppenzugehörigkeit

Auch eine gruppenzugehörige Kapitalgesellschaft weist, bei formeller Betrachtungsweise, die genannten Strukturmerkmale auf. Tatsächlich aber werden sie durch die Gruppensituation maßgeblich beeinflusst[10]. Dies gilt im wesentlichen für die Zuständigkeitsordnung in der Gesellschaft[11]. Denn die Muttergesellschaft kann als Mehrheitsgesellschafterin über die Wahl der Organmitglieder Einfluss auf die Handlungen der Gesellschaft ausüben[12]. Das Leitungsorgan kann dadurch zur Marionette werden[13]. Tatsächlich können sich Entscheidungszuständigkeiten der Geschäftsleitung verschieben und sich, zumindest teilweise, hin zur Obergesellschaft verlagern[14].

Das Handeln der Leitungsorgane der nachgeordneten Gesellschaft kann sich in Folge dessen nicht mehr allein am Interesse der betreffenden Gesellschaft ausrichten, sondern an dem Interesse der Obergesellschaft oder auch der Gruppe[15]. Letzteres ist im Einzelnen kaum zu definieren[16]. Jedenfalls aber ist Handlungsmaßstab nicht mehr das Interesse der Gesellschaft in der Form, als ob es sich um eine autonome Gesellschaft handelte[17]. Daraus können mitunter Nachteile für die Gesellschaft und damit auch ihre – so vorhanden – Minderheitsgesellschafter[18] sowie ihre Gläubiger, erwachsen[19].

III. Aspekte einer ordnungsgemäßen Gruppengeschäftsführung

Bei der Frage nach einer ordnungsgemäßen Gruppengeschäftsführung geht es im wesentlichen darum, welcher Maßstab für die Führung einer Gruppe zugrunde-

---

10 *Veelken* in Mestmäcker/Behrens (Hrsg.), Das Gesellschaftsrecht der Konzerne im internationalen Vergleich S. 505 (506 ff); *Wiedermann*, GmbHR 2011, S. 1009; zu den hauptsächlichen Problemen *K. Schmidt*, Gesellschaftsrecht § 17 II 1 b).

11 *Immenga*, FS Fischer S. 297 (300).

12 Zur Bedeutung der Personalhoheit in der Gruppe *Wiedemann*, ZGR 2011, S. 183 (214).

13 *Hopt* in Reimann/Zimmermann (Hrsg.), The Oxford Handbook of Comparative Law S. 1161 (1166).

14 *Forum Europaeum Konzernrecht*, ZGR 1998, S. 672 (680).

15 Rechtsvergleichend *Immenga* in International Encyclopedia of Comparative Law, Vol. XIII, 7–3; *Wymeersch* in Hopt/Wymeersch (Hrsg.), Capital Markets and Company Law S. 573 (574 f); aus italienischer Sicht *Campobasso*, Diritto Commerciale 2, Cap. VI B 7 (S. 288); *Sbisà*, Contr. e impr. 2011, S. 369 (383); *Simonetti* in Bonfante/Corapi et al. (Hrsg.), Codice commentato delle nuove società, Art. 2497 Rn 15.

16 Kritisch zum Begriff des ‚Gruppeninteresses' angesichts der Interessenpluralität in der Gruppe *Windbichler* in Hommelhoff/Hopt/v. Werder (Hrsg.), Handbuch Corporate Governance, 2003, S. 605 (609); *dies.* in Hommelhoff/Hopt/v.Werder (Hrsg.), Handbuch Corporate Governance, 2. Aufl., S. 825 (830).

17 Rechtsvergleichend zur Interessenkonvergenz *Druey* in Lutter (Hrsg.), Konzernrecht im Ausland S. 310 (346 ff); zur Ausgangslage im deutschen Recht etwa *Vetter*, ZHR 171 (2007), S. 343 (344 ff).

18 Seit der Gesellschaftsrechtsreform nimmt die Anzahl von 100%igen Tochtergesellschaften in der Rechtsform der *s.p.a.* zu, gleichwohl sind sie nicht die Regel, vgl. oben § 2 I 5.

19 *Campobasso*, Diritto Commerciale 2, Cap. VI B 7 (S. 288); *Immenga*, FS Fischer S. 297 (300). Zu typischen Konfliktlagen *Vetter*, ZHR 171 (2007), S. 343 (349 ff).

zulegen ist. Maßgeblich ist, inwieweit die Ausübung der Macht durch die Obergesellschaft zulässig sein soll[20]. Dafür ist entscheidend, unter welchen Bedingungen von den Grundsätzen des allgemeinen Gesellschaftsrechts abgewichen werden darf. Im wesentlichen bezieht sich dies auf die formelle Betrachtungsweise der Gesellschaft als eigenständige juristische Person.

Dabei stellt sich zunächst die Frage nach möglichen Regelungsadressaten. Es können diejenigen sein, die die Geschäftsführung ausüben, mithin die Leitungsorganmitglieder der Tochtergesellschaft, aber auch die eigentlichen Machtträger, wie Mehrheitsgesellschafter bzw. Obergesellschaft. Letztlich sind beide betroffen.

Kaum zu trennen von der Frage nach dem Regelungsadressaten ist die Frage nach den möglichen Rechtsfolgen, die an die Verletzung eines Maßstabes für eine ordnungsgemäße Gruppengeschäftsführung knüpfen. Dieser Aspekt wird oft in den Vordergrund gestellt. Häufig fällt dabei der Begriff des Durchgriffes. Die Durchgriffsproblematik steht zwar regelmäßig im Zusammenhang mit Fragen der Haftung. Sie taucht aber auch bei der Zurechnung auf[21] und ist daher ebenso mit dem Aspekt des Regelungsadressaten verbunden. Der Durchgriff steht im Gegensatz zum allgemein für die juristische Person geltenden Trennungsprinzip[22]. Er beschreibt jedoch im wesentlichen lediglich ein Ergebnis[23].

Durchbrechungen des Trennungsprinzips, gerade in Form einer Durchgriffshaftung, sind in Ausnahmekonstellationen in allen Rechtsordnungen zu finden[24]. Dabei handelt es sich um einen im Ergebnis allgemein gesellschaftsrechtlichen Grundsatz, der unabhängig von einem besonderen Gruppenrecht krasse Missbrauchsfälle erfassen soll. Um diese soll es im folgenden jedoch nicht gehen.

IV. Vorhandene Regelungsansätze im Überblick

Es existieren in einzelnen Rechtsordnungen verschiedene Ansätze, die regeln, wie eine ordnungsgemäße Gruppengeschäftsführung im weiteren Sinne aussehen sollte.

Das Modell des Unternehmensvertrages, insbesondere in der Form des Beherrschungsvertrages nach § 291 AktG, schafft eine organisationsrechtliche Grundlage für die Ausübung der Macht der Obergesellschaft, indem es die Nichtbeachtung der

---

20 Rechtsvergleichend *Immenga*, FS Fischer S. 297 (301 f); *Wymeersch* in Hopt/Wymeersch (Hrsg.), Capital Markets and Company Law S. 573 (588 ff).

21 Allgemein *K. Schmidt*, Gesellschaftsrecht § 9 I 2 b), c); in Bezug auf die Gruppe *Wiedemann*, Die Unternehmensgruppe im Privatrecht S. 18 ff; *Windbichler* in Großkomm AktG Vor § 15 Rn 40.

22 Vgl. *K. Schmidt*, Gesellschaftsrecht § 9 I 1 a.

23 Vgl. *Wiedemann*, Die Unternehmensgruppe im Privatrecht S. 19; *Windbichler* in Großkomm AktG Vor § 15 Rn 40.

24 Rechtsvergleichend zum englischen, französischen und US-amerikanischen Recht *Wackerbarth*, Grenzen der Leitungsmacht in der internationalen Unternehmensgruppe S. 189 ff. Ausschließlich zum englischen Recht *Fleischer*, AG 1999, S. 350 (352 ff), bzw. zum französischen Recht *Falcke*, Konzernrecht in Frankreich S. 129 ff.

mit der Eigenständigkeit der Gesellschaft verbundenen Strukturmerkmale legitimiert. Zugleich stellt es besondere Ausgleichsmechanismen auf[25]. Auf europäischer Ebene gilt dieses Modell als nicht vermittelbar, zudem ist es selbst in Deutschland rechtstatsächlich selten[26]. Daher unterbleibt eine Auseinandersetzung mit diesem Ansatz.

Fehlt es an einem Unternehmensvertrag als Grundlage, erlaubt[27] § 311 AktG die nachteilige Einflussnahme auf eine Aktiengesellschaft, wenn diese bis zum Ende des Geschäftsjahres ausgeglichen wird. Zur Sicherung des Ausgleiches ist über die Beziehungen zwischen den Unternehmen ein Abhängigkeitsbericht zu erstellen, §§ 312 ff AktG. Unterbleibt der Nachteilsausgleich, macht sich das herrschende Unternehmen nach Maßgabe des § 317 AktG schadensersatzpflichtig[28].

Die gesetzlich nicht gesondert geregelte Rechtslage für den GmbH-Konzern ist Gegenstand einer seit langem an- und fortdauernden Diskussion in Literatur und Rechtsprechung[29]. Angesichts der Fokussierung auf im wesentlichen aus Aktiengesellschaften bestehende Gruppenstrukturen soll auf diese nicht näher eingegangen werden.

Dem deutschen Ansatz ist wiederholt das von der französischen Rechtsprechung entwickelte sog. Rozenblum-Konzept gegenübergestellt worden. Dieses dient als Grundlage der Vorschläge des *Forum Europaeum Konzernrecht* zu einer ordnungsgemäßen Gruppengeschäftsführung[30]. Auch die *High Level Group*[31] und der weitgehend auf ihrem Bericht fußende Aktionsplan[32] scheinen dieses Konzept zu befürworten[33].

---

25 Vgl. zu den Grundzügen dieses Modells *Emmerich/Habersack,* Konzernrecht § 23 Rn 1 ff; zur Gegenüberstellung der deutschen Modelle *K. Schmidt,* Gesellschaftsrecht § 17 III 1 a), zu den Merkmalen des Beherrschungsvertrages im Einzelnen § 31 III 2.
26 Vgl. *Emmerich/Habersack,* Konzernrecht § 11 Rn 6; *Lutter,* FS K. Schmidt S. 1065 (1066, 1068). Zur Anzahl der in den Jahren 2004 und 2005 abgeschlossenen Unternehmensverträge – nämlich (ohne Berücksichtigung der Rechtsform) 232, denen 79 beendete gegenüberstanden – *Bayer/Hoffmann,* AG-R 2006, S. 488 f, aktueller die Zahlen bei *Veil* in Spindler/Stilz (Hrsg.), AktG Vor § 291 Rn 56: demnach waren für das Jahr 2009 die Bekanntmachung bzw. der Abschluss von insgesamt 136 Unternehmensverträgen auszumachen.
27 Dogmatisch ist umstritten, ob § 311 AktG die Einflussnahme gegen Ausgleich erlaubt (so die h.M.) oder sie untersagt und mit dem Nachteilsausgleich sanktioniert, vgl. ausführlich die Streitdarstellung jeweils bei *Altmeppen* in MünchKomm AktG § 311 Rn 22 ff; *K. Schmidt,* Gesellschaftsrecht § 31 IV 2 b.
28 Zum Regelungsmodell der §§ 311 ff AktG jeweils überblicksartig *Emmerich/Habersack,* Konzernrecht § 24 Rn 1 ff; *Kübler/Assmann,* Gesellschaftsrecht § 31 II 2 ff; *Raiser/Veil,* Recht der Kapitalgesellschaften § 53 Rn 2.
29 Vgl. u.a. die Zusammenfassung bei *Hueck/Fastrich* in Baumbach/Hueck, GmbHG § 13 Rn 57 ff; *Wiedermann,* GmbHR 2011, S. 1009 ff; *ders.,* ZGR 2011, S. 183 (211 ff); *Windbichler,* Gesellschaftsrecht § 24 Rn 27 ff; zu den Voraussetzungen im Einzelnen *Lutter* in Lutter/Hommelhoff GmbHG § 13 Rn 34 ff.
30 *Forum Europaeum Konzernrecht,* ZGR 1998, S. 672 (712 ff).
31 *High Level Group,* Report II, Kap. III (S. 106).
32 Aktionsplan sub 3.3, Abstimmung der Konzernpolitik, S. 23.
33 So die Vermutung von *Habersack/Verse,* Europäisches Gesellschaftsrecht § 4 Rn 34; ähnlich *Oelkers,* Die italienische Aktiengesellschaft im institutionellen Wettbewerb S. 299 f.

V. Der italienische Ansatz einer ordnungsgemäßen Gruppengeschäftsführung

Im folgenden wird zunächst der italienische Ansatz ausführlich vorgestellt. Dabei verbietet es sich, isoliert die einzelnen Vorschriften zu betrachten, die die ordnungsgemäße Gruppengeschäftsführung regeln. Vielmehr werden überblicksartig auch flankierende Regelungsinstrumente einbezogen. Zudem werden Gemeinsamkeiten und Unterschiede zu den beiden anderen genannten Ansätzen beleuchtet.

1. Art. 2497 cod. civ. als zentrale Regelung

Es war Hauptziel des italienischen Gesetzgebers, durch die Einführung gruppenrechtlicher Regelungen Minderheitsgesellschafter und Gläubiger von Gruppengesellschaften besser zu schützen[34]. Als zentrale Vorschrift gilt daher der die Haftung gegenüber Gläubigern und Minderheitsgesellschaftern der Tochtergesellschaft statuierende Art. 2497 cod. civ.[35]. Demnach haftet die Leitung und Koordinierung ausübende Gesellschaft oder Körperschaft, die in Ausübung eines eigenen oder fremden unternehmerischen Interesses die Prinzipien ordnungsgemäßer Gesellschafts- und Unternehmensführung verletzt, den Minderheitsgesellschaftern und Gläubigern gegenüber unmittelbar für den diesen daraus entstandenen Schaden, sofern nicht der Schaden durch das Gesamtergebnis oder gezielte Einzelmaßnahmen ausgeglichen wurde.

Der italienische und der deutsche Ansatz unterscheiden sich damit bereits auf den ersten Blick systematisch: während § 311 AktG die Voraussetzungen statuiert, unter denen eine Muttergesellschaft ihren Einfluss in der Tochtergesellschaft ausnahmsweise zu deren Nachteil geltend machen kann, und §§ 317, 318 AktG deren Verletzungen sanktionieren, regelt das italienische Recht beides in einer Vorschrift.

In der italienischen Literatur wird Art. 2497 wegen seiner Rechtsfolge weitgehend als schutzrechtliche Vorschrift qualifiziert[36]. Zugleich enthält er aber auch die Voraussetzungen der Legitimation der Einflussnahme der Obergesellschaft[37], so dass in ihm ebenso ein organisationsrechtlicher Ansatz verwirklicht gesehen wird[38]. Beides, schutzrechtlicher Ansatz mit haftungsrechtlichen Folgen und organisationsrechtlicher Ansatz in Form eines Verhaltensstandards, muss einander indes nicht aus-

---

34 Vgl. Art. 10 a) Ermächtigungsgesetz n. 366/2001.

35 Statt vieler *Daccò-Tatozzi* in G. Cian/Trabucchi (Hrsg.), Codice Civile, Art. 2497 sub III.

36 Vgl. *Cariello* in Niccolini/Stagno d'Alcontres (Hrsg.), Le società di capitali, Art. 2497 sub 1 (S. 1854 f); *Tombari*, Giur. comm. 2004, I, S. 61 (62 mwN).

37 *Covelli* in Bonfante/Corapi et al. (Hrsg.), Codice commentato delle nuove società, XIV. Direzione e coordinamento di società, sub VI.1; *Fava*, Società 2003, S. 1197 (1199); *Tombari*, Giur. comm. 2004, I, S. 61 (69).

38 *Cariello* in Niccolini/Stagno d'Alcontres (Hrsg.), Le società di capitali, Art. 2497 sub 2 (S. 1855 ff); *Niutta*, Riv. soc. 2003, S. 780 (781 ff); *Tombari*, Giur. comm. 2004, I, S. 61 (69). Ablehnend insoweit *Leimert*, Stand und Entwicklung des italienischen Rechts der Unternehmenszusammenschlüsse S. 154 f.

schließen[39]. Auch das *Forum Europaeum Konzernrecht* sowie die darauf basierenden Vorschläge der *High Level Group* bzw. im Aktionsplan nehmen diesbezüglich keine deutliche Trennung vor[40].

Die gleichzeitige Regelung in einer Vorschrift unter Verwendung überwiegend generalklauselartiger Tatbestandselemente erschwert eine funktionale Darstellung. Daher erfolgt eine Gegenüberstellung mit dem Vorschlag für eine europäische Regelung im Anschluss an die vergleichende Darstellung des italienischen und des deutschen Ansatzes.

2. Regelungsadressat: maßgebliche Anknüpfung im Hinblick auf die Art der Gruppenbeziehung

Der italienische Ansatz ist auf beiden Seiten der Gruppenbeziehung rechtsformübergreifend ausgestaltet. Die Rechtsform der Tochtergesellschaft spielt, anders als für den nur auf Tochtergesellschaften in der Rechtsform der Aktiengesellschaft bzw. Kommanditgesellschaft auf Aktien Anwendung findenden § 311 AktG, keine Rolle. Maßgeblicher Regelungsadressat[41] des Art. 2497 am oberen Ende der Gruppenbeziehung ist jede[42] Leitung und Koordinierung ausübende Gesellschaft oder Körperschaft[43]. Zur näheren Bestimmung finden Art. 2497-*sexies* sowie Art. 2497-*septies* Anwendung. Insbesondere wird die Ausübung von Leitung und Koordinierung bei der Kontrolle ausübenden Gesellschaft widerleglich vermutet. Das bloß mögliche Ausüben von beherrschendem Einfluss, etwa im Sinne von Art. 2359 genügt allein nicht[44] (vgl. ausführlich oben § 3 IV). Maßgeblich ist die tatsächliche Ausübung von

---

39 Vgl. für das italienische Recht *Tombari*, Giur. comm. 2004, I, S. 61 (62 f mwN); für das deutsche Recht entsprechend u.a. *K. Schmidt,* Gesellschaftsrecht § 17 II 1 a; *Windbichler* in Großkomm AktG Vor § 15 Rn 41.

40 In Bezug auf den Vorschlag des *Forum Europaeum Konzernrecht Windbichler*, FS Ulmer S. 683 (689 f).

41 Diesbezüglich kritisch, da die Aufgabe der Geschäftsführung eigentlich eine der Gesellschaftsorgane sei, *Leimert*, Stand und Entwicklung des italienischen Rechts der Unternehmenszusammenschlüsse S. 51.

42 Ursprünglich war der Wortlaut weiter gefasst und erfasste jeden, der die Tätigkeit von Leitung und Koordinierung ausübte. Dies entsprach der Rechtsprechung, die in derartigen Konstellationen teilweise eine Haftung auch natürlicher Personen unter bestimmten Voraussetzungen bejaht hatte, dazu etwa *Simonetti* in Bonfante/Corapi et al. (Hrsg.), Codice commentato delle nuove società, Art. 2497 Rn 4; *Fasciani*, ECFR 2007, S. 195 (222 mit entsprechenden Nachweisen). Kritisch zur Einschränkung des Wortlautes noch im Gesetzgebungsverfahren u.a. *Dal Soglio* in Maffei Alberti (Hrsg.), Il nuovo diritto delle società, Art. 2497 sub 4 (S. 2329 ff); zur Einschränkung allgemein *Fava*, Società 2003, S. 1197; *Ferrarini/Giudici/Stella Richter*, RabelsZ 69 (2005), S. 658 (694 f).

43 Bei den Körperschaften handelt es sich um *associazioni* (Vereine), *fondazioni* (Stiftungen) und *enti pubblici* (öffentlich-rechtliche Körperschaften), dazu im Überblick *Simonetti* in Bonfante et al. (Hrsg.), Codice commentato delle nuove società, Art. 2497 Rn 22; im Einzelnen *Galgano* in Commentario del Codice Civile Scialoja Branca, Art. 2497 sub I.3 (S. 65 ff), sub I.4 (S. 68 ff), 6 (S. 79 ff). Im Folgenden wird die Konstellation der durch eine Körperschaft ausgeübten Leitung und Koordinierung ebenso außen vor gelassen, wie die durch eine Personengesellschaft ausgeübte.

44 *Di Giovanni*, Riv. dir. priv. 2004, S. 31 (37); *Rescigno*, Società 2003, S. 331 (333); *Sacchi,* Giur. comm. 2003, I, S. 661 (662).

Leitung und Koordinierung. Das wird mit dem Idealbild der Rollenverteilung in der Gesellschaft begründet, demzufolge der Gesellschafter von seinem Stimmrecht Gebrauch macht, aber nicht Leitung ausübt. Diese Situation wird im Gruppenzusammenhang, in dem es um die Ausübung von Gesellschafterrechten durch eine andere Gesellschaft geht, gerade als anders angesehen[45].

Damit unterscheidet sich der Anwendungsbereich des italienischen Ansatzes systematisch von dem die ordnungsgemäße Konzerngeschäftsführung abhängiger Aktiengesellschaften regelnden § 311 AktG. Allerdings dürfte es sich im Hinblick auf die Tatsache, dass § 311 AktG lediglich auf die Abhängigkeit der Tochtergesellschaft[46], und damit das bloße Einflusspotential abstellt, um einen nur vordergründigen Unterschied handeln. Denn letztlich dürfte § 311 AktG bei bloßem Einflusspotential nicht zum Tragen kommen, da die Veranlassung zu einer ausgleichspflichtigen Maßnahme den tatsächlichen Gebrauch des Einflusspotentials gerade impliziert[47].

3. Kriterien für eine zulässige Einflussnahme und ihre Grenzen

Die maßgeblichen Kriterien für die Grenzen der zulässigen Einflussnahme auf die Tochtergesellschaft ergeben sich aus Art. 2497. Nach dem italienischen Ansatz löst eine sorgfaltswidrige Einflussnahme auf die Tochtergesellschaft, die zu einem Schaden für Minderheitsgesellschafter und/oder Gläubiger führt, die Haftung der Muttergesellschaft aus, sofern die Einflussnahme keinen Ausgleich erfährt. Umgekehrt ist es also zulässig, wenn die Obergesellschaft in Ausübung eines eigenen oder fremden unternehmerischen Interesses die Prinzipien ordnungsgemäßer Gesellschafts- und Unternehmensführung verletzt, sofern der den Minderheitsgesellschaftern und Gläubigern daraus entstehende Schaden durch das Gesamtergebnis oder durch gezielte Einzelmaßnahmen ausgeglichen wird. Art. 2497 bewirkt damit im Ergebnis eine Privilegierung von für die Tochtergesellschaft nachteiligen Verhaltensweisen, wenn diese einen Ausgleich erfahren[48].

Darin besteht zugleich eine grundsätzliche Gemeinsamkeit mit § 311 AktG. Auch § 311 AktG untersagt nicht jegliche Einflussnahme auf die Tochtergesellschaft, sondern nur die Veranlassung zu nachteiligen Maßnahmen oder Rechtsgeschäften, die nicht innerhalb eines Geschäftsjahres ausgeglichen bzw. zum Gegenstand einer verbindlichen Ausgleichsregelung gemacht werden[49].

---

45 Vgl. *Di Giovanni*, Riv. dir. priv. 2004, S. 31 (41).
46 Vgl. statt vieler *Hüffer*, AktG § 311 Rn 12.
47 Zur Verknüpfung zwischen Einfluss und Veranlassung *Koppensteiner* in KölnKomm AktG § 311 Rn 2.
48 Vgl. *Tombari*, Riv. soc. 2009, S. 122 (126 ff).
49 Überblicksartig zum Regelungsgegenstand von § 311 statt vieler *Hüffer* AktG § 311 Rn 1.

a. *Verhaltensweisen zum Nachteil der Tochtergesellschaft*

Die von Art. 2497 erfasste Verhaltensweise zum Nachteil der Tochtergesellschaft besteht im Handeln in einem eigenen oder fremden unternehmerischen Interesse unter Verletzung der Prinzipien ordnungsgemäßer Gesellschafts- und Unternehmensführung (sog. *mala gestio*). Die einzelnen Begriffe werden im Folgenden näher erläutert.

Demgegenüber stellt § 311 AktG keinerlei Anforderungen an die Art und Weise der Einwirkung auf die Tochtergesellschaft. Vielmehr erfasst § 311 AktG jede Einflussnahme, mit der die Muttergesellschaft die Tochtergesellschaft zu einer nachteiligen Maßnahme oder einem nachteiligen Rechtsgeschäft veranlasst. Der Nachteil muss dabei seinen Ursprung gerade in der Abhängigkeit haben[50]. Für die Feststellung des Nachteils kommt es darauf an, wie sich – hypothetisch – der ordentliche Geschäftsleiter einer nicht abhängigen Gesellschaft verhalten hätte. Hätte er sich ebenso verhalten, fehlt es an einem Nachteil. Objektiver Verhaltensmaßstab ist letztlich § 93 Abs. 1 S. 1 AktG[51], wobei dem Vorstand auch ein unternehmerisches Ermessen zukommt[52]. Im Ergebnis setzt der Nachteil demnach einen Sorgfaltsverstoß voraus[53].

aa. Handeln in einem eigenen oder fremden unternehmerischen Interesse

Grundsätzlich gilt auch im italienischen Kapitalgesellschaftsrecht, dass für die Gesellschaft ihre vertretungsberechtigten Organe tätig werden[54]. Die Geschäftsleiter einer *s.p.a.* sind bei ihrem Handeln an das Interesse der Gesellschaft gebunden (vgl. etwa Artt. 2391, 2392 für die *s.p.a.*, Art. 2475-*ter* für die *s.r.l.*). Nichts anderes gilt grundsätzlich für eine gruppenzugehörige Gesellschaft[55].

Soweit sich das Tatbestandsmerkmal auf das Handeln in einem fremden Interesse bezieht, wird weitgehend einhellig davon ausgegangen, dass damit der in der Gruppe implizierte Interessenkonflikt gemeint ist[56]. Demnach gehe der Gesetzgeber von einer konfliktbehafteten Interessenlage aus, die sich von der in einer autonomen Gesellschaft unterscheidet[57]. Dabei geht es im Gruppenzusammenhang

---

50 U.a. *Habersack* in Emmerich/Habersack Aktien- und GmbH-Konzernrecht § 311 Rn 40; *Hüffer* AktG § 311 Rn 27.

51 H.M., vgl. BGHZ 141, 79, 89; *Hüffer* AktG § 311 Rn 27; *Koppensteiner* in KölnKomm AktG § 311 Rn 44 ff; *Lutter*, FS Peltzer S. 241 (246); *Müller* in Spindler/Stilz (Hrsg.), AktG § 311 Rn 28; *Vetter* in Schmidt/Lutter (Hrsg.), AktG § 311 Rn 40.

52 BGHZ 175, 365, 368 ff Tz 11 ff – UMTS; BGHZ 135, 244, 253 – Arag/Garmenbeck; *Habersack* in Emmerich/Habersack Aktien- und GmbH-Konzernrecht § 311 Rn 53; *Hüffer* AktG § 311 Rn 29; *Lutter*, FS Peltzer S. 241 (246).

53 Vgl. *Habersack* in Emmerich/Habersack Aktien- und GmbH-Konzernrecht § 311 Rn 40; *Koppensteiner* in KölnKomm AktG § 311 Rn 36.

54 *Associazione Preite*, Morera/Olivieri/Perassi u.a. (Hrsg.), Il diritto delle società, Cap. VI B 1 (S. 155 f).

55 Vgl. Tribunale Roma 05.02.2008, n. 2688, abgedruckt in Società 2009, S. 491 ff; Tribunale Roma 27.08./13.09.2007, abgedruckt in Riv. dir. comm. 2008, II, S. 212 ff.

56 *Dal Soglio* in Maffei Alberti (Hrsg.), Il nuovo diritto delle società, Art. 2497 sub 4 (S. 2344 f); *Irace* in Sandulli/Santoro (Hrsg.), La riforma delle società, Art. 2497 sub 4 (S. 316).

57 Vgl. *Fasciani*, ECFR 2007, S. 195 (222, 226 f); *Magrini*, Italienisches Gesellschaftsrecht S. 223.

nicht lediglich um die Verfolgung eines Interesses der Obergesellschaft oder der Gruppe als solcher. Im Vordergrund steht vielmehr die Wahrung der spezifischen Interessen der gruppenzugehörigen, rechtlich selbständigen Gesellschaften, insbesondere ihre Vermögensautonomie[58]. Zwar wird davon ausgegangen, dass sich das Interesse der Obergesellschaft in dem der einzelnen Gruppengesellschaften widerspiegelt[59]. Allerdings wird in diesem Zusammenhang auch festgestellt, dass eine eindeutige Trennlinie zwischen dem eigenen Interesse der einzelnen Gesellschaft und dem der Obergesellschaft, insbesondere in zentralistisch geführten Gruppen, kaum zu ziehen sein dürfte[60].

Die Qualifizierung des Interesses als unternehmerisches ist weitgehend umstritten. Die Herkunft dieses Merkmals wird teilweise als in der deutschen Unterscheidung zwischen dem Unternehmens- und dem Privatgesellschafter vermutet[61]. Während einige das Tatbestandsmerkmal für überflüssig halten[62] bzw. eine weite Auslegung fordern, um möglichst jedes Interesse als solches unternehmerischer Art zu erfassen[63], befürworten andere es, mithilfe dieses Tatbestandsmerkmals sonstige, insbesondere rein private Interessen, auszuschließen[64]. Dadurch soll in den meisten Konstellationen eine Anwendung der Vorschrift auf staatliche Körperschaften ausgeschlossen sein[65].

bb. Verletzung der Prinzipien ordnungsgemäßer Gesellschafts- und Unternehmensführung

Die Mitglieder des Leitungsorganes einer *s.p.a.* haben bei ihrem Handeln für die Gesellschaft einen bestimmten Pflichtenrahmen einzuhalten. Dessen Verletzung kann zur Haftung gegenüber der Gesellschaft führen. Für die Leitungsorganmitglieder einer *s.p.a.* bedeutet dies, dass sie die gesetzlichen und satzungsmäßigen Pflichten mit der Sorgfalt, die sich aus der Art der Aufgabe und den damit verbundenen besonderen Zuständigkeiten ergibt, zu erfüllen haben (Art. 2392 Abs. 1)[66]. Dabei handelt es sich um eine besondere Form berufsspezifischer Sorgfalt[67]. Dieser Sorg-

---

58 Vgl. *Rordorf*, Società 2004, S. 538 (541).
59 Vgl. *Salafia*, Società 2006, S. 675 (678); ähnlich *Simonetti* in Bonfante/Corapi et al. (Hrsg.), Codice commentato delle nuove società, Art. 2497 Rn 15.
60 Vgl. *Sacchi*, Giur. comm. 2003, I, S. 661 (663); *Tombari*, Riv. soc. 2009, S. 122 (128 f).
61 *Dal Soglio* in Maffei Alberti (Hrsg.), Il nuovo diritto delle società, Art. 2497 sub 4 (S. 2344).
62 So wohl *Rordorf*, Società 2004, S. 538 (539 f).
63 So *Sacchi*, Giur. comm. 2003, I, S. 661 (663).
64 *Cariello* in Niccolini/Stagno d'Alcontres (Hrsg.), Le società di capitali, Art. 2497 sub 4 (S. 1863 f); *Patti* in Lo Cascio (Hrsg.), La riforma del diritto societario, Art. 2497 sub 3 (S. 250).
65 Differenzierend jeweils *Galgano* in Commentario del Codice Civile Scialoja Branca, Art. 2497 sub I.2 (S. 65); *Tombari*, Fallimento 2004, S. 1164 (1166).
66 Zum Sorgfaltsmaßstab für die Geschäftsleiter einer *s.p.a.* allgemein *Associazione Preite*, Morera/Olivieri/Perassi u.a. (Hrsg.), Il diritto delle società, Cap. VI B 8 (S. 171 f); *Campobasso*, Diritto Commerciale 2, Cap. VIII 9 (S. 377 f); *Perrone* in G. Cian/Trabucchi (Hrsg.), Codice Civile, Art. 2392 sub II Rn 1 ff.
67 Diese ergibt sich aus Art. 2392 Abs. 1 iVm Art. 1176 Abs. 2: zum Verhältnis beider Vorschriften *Magrini*, Italienisches Gesellschaftsrecht S. 114 f. Zur Entwicklung, die zur Anwendung des Maßstabes einer berufsspezifischen Sorgfalt geführt hat *Casper/Reiß*, RIW 2004, S. 428 (430), diese

faltsmaßstab gilt auch für das Leitungsorgan einer gruppenzugehörigen Gesellschaft[68].

Die in Art. 2497 neu eingefügten, generalklauselartigen Prinzipien ordnungsgemäßer Gesellschafts- und Unternehmensführung (*principi di corretta gestione societaria e imprenditoriale*) stellen einen neuen eigenen, allgemeinen Pflichtenstandard für den Gruppenzusammenhang auf. Dessen genaue Umrisse sollen nach Vorstellung des Gesetzgebers durch Rechtsprechung und Lehre herausgearbeitet werden[69]. Dies birgt das Risiko unterschiedlicher Interpretationen. So ist u.a. kritisiert[70] worden, dass eine zusätzliche Generalklausel letztlich nur zu Unsicherheiten hinsichtlich des Anwendungsbereiches der Norm führen und damit dem mit ihr verfolgten Interessenschutz nicht dienen würde[71]. Dies gelte um so mehr, als sie zugleich den Maßstab für die Ausübung der Tätigkeit von Leitung und Koordinierung bestimmen solle[72].

Zudem wird insbesondere im Hinblick auf die Weite der Tatbestandsformulierung befürchtet, dass die Grenzen zwischen der Beurteilung der Rechtmäßigkeit und einer inhaltlichen Überprüfung von eingegangenen Risiken für die Gesellschaft verschwimmen könnten[73]. Dies wird im wesentlichen mit der im Rahmen von Art. 2497 vorzunehmenden Gesamtbetrachtung begründet[74]. Auch in Italien gilt jedoch die business judgement rule[75]. Diese besagt, dass im Rahmen eines unternehmerischen Ermessens getroffene Entscheidungen bei Vorliegen entsprechender Vor-

---

Entwicklung als Verschärfung des Haftungsmaßstabes einstufend *Leimert*, Stand und Entwicklung des italienischen Rechts der Unternehmenszusammenschlüsse S. 46.

68 *Pavone La Rosa*, Riv. soc. 2003, S. 765 (768).

69 Vgl. Relazione allo schema di decreto legislativo 6/2003, sub 13, abgedruckt in Giur. comm. 2003, Suppl. al n. 4/03, S. 65 (99).

70 Kritisch u.a. *Daccò-Tatozzi* in G. Cian/Trabucchi (Hrsg.), Codice Civile, Art. 2497 sub VI; *Dal Soglio* in Maffei Alberti (Hrsg.), Il nuovo diritto delle società, Art. 2497 sub 4 mwN (S. 2337); *De Biasi*, Società 2003, S. 946 (948); *Patti* in Lo Cascio (Hrsg.), La riforma del diritto societario, Art. 2497 sub 3 (S. 250); Nachweise bei *Sacchi*, Giur. comm. 2003, I, S. 661 (662 mwN, insbesondere zu den Stellungnahmen der im Gesetzgebungsverfahren beteiligten Interessenverbände).

71 *Cariello* in Niccolini/Stagno d'Alcontres (Hrsg.), Le società di capitali, Art. 2497 sub 4 (S. 1862).

72 *Dal Soglio* in Maffei Alberti (Hrsg.), Il nuovo diritto delle società, Art. 2497 sub 4 (S. 2337); *Tombari* in Benazzo/Patriarca/Presti (Hrsg.), Il nuovo diritto societario fra società aperte e società private S. 237 (244).

73 Etwa von *De Biasi*, Società 2003, S. 946 (948); *Patti* in Lo Cascio (Hrsg.), La riforma del diritto societario, Art. 2497 sub 3 (S. 250 f); *Rordorf*, Società 2004, S. 538 (542).

74 *De Biasi*, Società 2003, S. 946 (948); *Rordorf*, Società 2004, S. 538 (542); *Simonetti* in Bonfante/Corapi et al. (Hrsg.), Codice commentato delle nuove società, Art. 2497 Rn 18.
Zur Gesamtbetrachtung sogleich unter § 5 V 3 c.

75 Allgemein zur Geltung der business judgement rule *Associazione Preite*, Morera/Olivieri/Perassi u.a. (Hrsg.), Il diritto delle società, Cap. VI B 8 (S. 171); *Galgano*, Diritto Civile e Commerciale, III/2, par. 152 (S. 311 mit entsprechenden Nachweisen zur Rechtsprechung); in Bezug auf Art. 2497 etwa *Patti* in Lo Cascio (Hrsg.), La riforma del diritto societario, Art. 2497 sub 3 (S. 251); *Simonetti* in Bonfante/Corapi et al. (Hrsg.), Codice commentato delle nuove società, Art. 2497 Rn 18. Zur Rezeption der business judgement rule in Italien *Casper/Reiß*, RIW 2004, S. 428 (430). Aus der Rechtsprechung dazu u.a. Cass. Civ., 24.08.2004, n. 16707, Società 2005, S. 164 (166).

aussetzungen gerichtlich nicht überprüfbar sind[76]. Dem wird entgegengehalten, dass die business judgement rule in gruppeninternen Beziehungen ohnehin selten zur Anwendung komme. Denn in diesen fehle es wegen des typischen Interessenkonfliktes regelmäßig gerade an der Einhaltung von Loyalitätspflichten, die aber eine der Voraussetzungen für die Anwendbarkeit der business judgement rule ist[77].

Inhaltlich sind die Prinzipien der ordnungsgemäßen Gesellschafts- und Unternehmensführung nach einer Ansicht mit denen der ordnungsgemäßen Geschäftsführung (vgl. Art. 2403) gleichzusetzen[78]. Dieser Begriff taucht im Zusammenhang mit den Überwachungsaufgaben des *collegio sindacale* auf[79]. Zudem wird die Geschäftsführung einer Gesellschaft verbreitet in die Führung des Unternehmens, mit dem die Gesellschaft ihre wirtschaftliche Tätigkeit ausübt, sowie die Leitung der Gesellschaft im Zusammenspiel mit den übrigen Gesellschaftsorganen, unterteilt[80]. Unter die Prinzipien ordnungsmäßiger Gesellschaftsführung werden demnach Aufbau und Funktionieren gesellschaftlicher Strukturen gefasst[81]. Dabei kann es in der Gruppe insbesondere um den Zugang zu den Buchführungssystemen der einzelnen Gesellschaften gehen, um die Erstellung der konsolidierten Bilanz oder bei börsennotierten Gesellschaften die Bekanntgabe kursrelevanter Informationen zu ermöglichen[82]. Die Bewertung der Ordnungsmäßigkeit derartiger organisatorischer Strukturen im Gruppenkontext gilt jedoch als schwierig, da die konkrete Anwendung und Ausübung letztlich in den Händen der Leitungsorganmitglieder jeder einzelnen Gesellschaft liegt[83]. Schließlich soll auch die Einhaltung der allgemeinen Vorschrift über den Interessenkonflikt für Mitglieder des Leitungsorganes (Art. 2391) unter die Prinzipien ordnungsgemäßer Gesellschaftsführung fallen[84].

Dagegen soll Bezugspunkt der ordnungsgemäßen Unternehmensführung die Ausübung der wirtschaftlichen Tätigkeit der Gesellschaft sein. Dazu werden neben der Bewertung von Geschäftsfeldern, möglichen Risiken und Erträgen auch etwa die Gruppe insgesamt betreffende Marktstrategien gerechnet[85].

---

76 Zum Begriff business judgement rule und ihrer Normierung in § 93 Abs. 1 S. 2 AktG *Spindler* in MünchKomm AktG § 93 Rn 95 ff; *Wiedemann*, ZGR 2011, S. 183 (198). Die Anforderungen an die Darlegungs- und Beweislast im Falle ihrer Anwendung konkretisierend BGH, NZG 2011, S. 549 (550 f – Tz 16 ff).

77 Dazu näher *Sacchi*, Giur. comm. 2003, I, S. 661 (662 f). Ähnlich in Bezug auf die Anwendbarkeit der business judgement rule auf Konzernbeziehungen nach deutschem Recht *Lutter*, ZIP 2007, S. 841 (844). Der BGH hat die business judgement rule vor einiger Zeit im faktischen Konzern für im konkreten Sachverhalt anwendbar erklärt – BGH, NZG 2008, S. 389 Tz 11.

78 *Salafia*, Società 2004, S. 5 (9).

79 Vgl. oben § 4 IV 1 b.

80 Zu diesem Zusammenhang *Salafia*, Società 2004, S. 5 (9 f).

81 Vgl. *Rordorf*, Società 2004, S. 538 (541); *Salafia*, Società 2004, S. 5 (9).

82 Zu diesen Beispielen *Rordorf*, Società 2004, S. 538 (541).

83 So *Rordorf*, Società 2004, S. 538 (541).

84 Vgl. zum Zusammenhang zwischen den Regelungsinhalten von Art. 2391 und 2497 *Tombari*, Giur. comm. 2004, I, S. 61 (74 ff), sowie oben § 4 III 5 d.

85 *Rordorf*, Società 2004, S. 538 (542); ähnlich *Rigotti* in Marchetti u.a. (Hrsg.), Commentario alla riforma delle società, Art. 2403 sub 7 (S. 206); *Salafia*, Società 2004, S. 5 (9 f).

Zusammenfassend dürfte sich feststellen lassen, dass die Prinzipien ordnungsgemäßer Gesellschafts- und Unternehmensführung jedenfalls eingehalten sind, wenn die Leitung und Koordinierung dergestalt ausgeübt wird, dass ein angemessener Ausgleich zwischen den Interessen der Obergesellschaft und denen der kontrollierten Gesellschaften hergestellt ist[86].

b. Folge der Einflussnahme auf die Tochtergesellschaft

Art. 2497 erfasst als Auswirkung der Einflussnahme auf die Tochtergesellschaft einen Schaden, der für die Gesellschafter der Tochtergesellschaft in einer Einbuße in der Ertragskraft und im Wert ihrer Beteiligung[87], bzw. für ihre Gläubiger in der Verletzung der Unversehrtheit des Gesellschaftsvermögens besteht. Im Gegensatz zur allgemeinen deliktsrechtlichen Generalklausel (Art. 2043 cod. civ.) hat der Gesetzgeber damit im Rahmen des Art. 2497 die Art des Schadens typisiert[88]. Der Schaden muss ferner kausal durch das schädigende Verhalten verursacht worden sein[89]. Vordergründig kommt es damit auf die konkreten Nachteile für Minderheitsgesellschafter und Gläubiger an, nicht auf die Perspektive der Gesellschaft.

Demgegenüber bezieht sich § 311 AktG auf die Veranlassung zu einem für die Gesellschaft nachteiligen Rechtsgeschäft oder einer für sie nachteiligen Maßnahme bzw. deren Unterlassen, die jeweils nur bei einem Ausgleich zulässig ist. Dabei handelt es sich bei dem Begriff der Maßnahme um den Oberbegriff, bei dem des Rechtsgeschäfts hingegen um einen Unterfall[90]. Entscheidend ist jedoch die Bestimmung des Nachteils, für die es auf die Auswirkungen bzw. konkrete Gefährdung der Ertrags- und Vermögenslage der Gesellschaft ankommt[91]. Die Feststellung gilt als schwierig[92]. Die Bestimmung der Nachteiligkeit ist im Lichte der Abhängigkeit

---

86 Vgl. Tribunale Roma 27.08./13.09.2007, abgedruckt in Riv. dir. comm. 2008, II, S. 212 (218); *Niutta*, Riv. dir. comm. 2003, I, S. 373 (379 f); *Tombari*, Riv. soc. 2009, S. 123 (126); unter Verweis auf die entsprechende Vorgabe im Ermächtigungsgesetz n. 366/2001 *Cariello* in Niccolini/Stagno d'Alcontres (Hrsg.), Le società di capitali, Art. 2497 sub 4 (S. 1866 f).

87 Die ursprüngliche Formulierung der Norm im Regierungsentwurf erforderte eine Verletzung des Rechts auf Gewinn und der Valorisierung des Gesellschaftsanteils. Da die Gesellschafter aber einen Anspruch auf einen Anteil am Bilanzgewinn erst nach entsprechender Beschlussfassung der Gesellschafterversammlung erwerben (vgl. Art. 2433), die dieses Recht erst entstehen lässt, ist Art. 2497 im Gesetzgebungsverfahren umformuliert worden. Näher *Sacchi*, Giur. comm. 2003, I, S. 661 (664 mwN); *Salafia*, Società 2004, S. 5 (8).

88 *Covelli* in Bonfante/Corapi et al. (Hrsg.), Codice commentato delle nuove società, XIV. Direzione e coordinamento di società, sub VI.1; *Patti* in Lo Cascio (Hrsg.), La riforma del diritto societario, Art. 2497 sub 4 (S. 251); *Sandei*, Stud. iur. 2010, S. 34 (39).
Allgemein zur deliktsrechtlichen Generalklausel *Zaccaria* in Grundmann/Zaccaria (Hrsg.), Einführung in das italienische Recht 3. Teil 4. Kap. I, zur Gegenüberstellung mit § 823 BGB *Galgano* in Commentario del Codice Civile Scialoja Branca, Art. 2497 sub II.4 in Fn 2 (S. 100 f).

89 *Pavone La Rosa*, Riv. soc. 2003, S. 765 (771); *Salafia*, Società 2004, S. 5 (11).

90 Vgl. u.a. *Habersack* in Emmerich/Habersack Aktien- und GmbH-Konzernrecht § 311 Rn 37; *Hüffer* AktG § 311 Rn 24; *Müller* in Spindler/Stilz (Hrsg.), AktG § 311 Rn 24, jeweils mwN.

91 Vgl. u.a. BGHZ 141, 79, 84; *Hüffer* AktG § 311 Rn 25, 27; *Lutter*, FS Peltzer S. 241 (244); *Müller* in Spindler/Stilz (Hrsg.), AktG § 311 Rn 27; *K. Schmidt*, Gesellschaftsrecht § 31 IV 2 b) mit Beispielen.

92 Kritisch *K. Schmidt*, Gesellschaftsrecht § 31 IV 1 a); *Vetter* in Schmidt/Lutter (Hrsg.), AktG § 311 Rn 48.

durch einen Fremdvergleich vorzunehmen. Maßgeblich ist, ob sich der ordentliche und gewissenhafte Geschäftsleiter einer nicht abhängigen Gesellschaft ebenso oder anders verhalten hätte. Dabei kommt es auf die Sicht der abhängigen Gesellschaft an[93]. Demnach muss der Nachteil seinen Ursprung gerade in der Abhängigkeit haben[94]. Dieser Vergleichsmaßstab ergibt sich aus dem Ausschlussgrund für die Haftung nach § 317 Abs. 2 AktG[95]. Hat sich der Vorstand pflichtgemäß verhalten, entfällt der Nachteil[96].

aa. Einbußen in der Ertragskraft und im Wert der Beteiligung für den Gesellschafter

Bei den Begriffen ‚Ertragskraft' (*redditività*) und ‚Wert der Beteiligung' (*valore della partecipazione sociale*) handelt es sich um neue Rechtsbegriffe. Die Begriffswahl ist verschiedentlich als vom shareholder value-Prinzip inspiriert kritisiert worden[97]. Völlig unklar ist, nach welchen Kriterien die Ertragskraft und der Wert der Beteiligung dem Umfang bzw. der Höhe nach ermittelt werden sollen, sowie welcher Zeitrahmen dafür jeweils maßgeblich sein soll[98].

Mehrheitlich werden Ertragskraft und Wert der Beteiligung als wesentliche Vermögensmerkmale des Gesellschaftsanteils verstanden. Diese ergeben sich allgemein aus dem Zweck des Gesellschaftsvertrages, der auf die Verteilung von Gewinn angelegt ist (vgl. Art. 2247)[99]. Nichts anderes soll in der gruppenzugehörigen Gesellschaft gelten[100].

(1) Begriff der Ertragskraft

Hinsichtlich der Ertragskraft soll es sich nicht um eine subjektive Rechtsposition des Gesellschafters handeln. Vielmehr gehe es lediglich um eine Rechtsbeziehung zwischen Gesellschafter und Gesellschaft. Sie umfasst neben der Kontinuität des

---

93 Vgl. *Hüffer* AktG § 311 Rn 25.

94 U.a. *Habersack* in Emmerich/Habersack Aktien- und GmbH-Konzernrecht § 311 Rn 40; *Hüffer* AktG § 311 Rn 27.

95 H.M., BGH ZIP 1999, 708 (709, 710 f); *Habersack* in Emmerich/Habersack Aktien- und GmbH-Konzernrecht § 311 Rn 40 mwN; *Hüffer* § 311 Rn 27; *Koppensteiner* in KölnKomm AktG § 311 Rn 36 ff; *Kübler/Assmann* Gesellschaftsrecht § 31 II 3 b; a.A. *Altmeppen* in MünchKomm AktG § 311 Rn 163 ff.

96 *Hüffer* AktG § 311 Rn 27; *Müller* in Spindler/Stilz (Hrsg.), AktG § 311 Rn 28.

97 Vgl. die Kritik etwa von *Dal Soglio* in Maffei Alberti (Hrsg.), Il nuovo diritto delle società, Art. 2497 sub 2 (S. 2315 ff); *Sacchi*, Giur. comm. 2003, I, S. 661 (664 f). Als nicht weiterführend bezeichnet *Rordorf*, Società 2004, S. 538 (542) den Bezug auf das shareholder value-Prinzip.

98 *Patti* in Lo Cascio (Hrsg.), La riforma del diritto societario, Art. 2497 sub 4 (S. 251 f); *Strnad*, RIW 2004, S. 255 (256).

99 Zu diesem Zusammenhang *Dal Soglio* in Maffei Alberti (Hrsg.), Il nuovo diritto delle società, Art. 2497 sub 2 (S. 2318 f); *Simonetti* in Bonfante/Corapi et al. (Hrsg.), Codice commentato delle nuove società, Art. 2497 Rn 19; allgemein zum Zweck der Gewinnerzielung, der sich in denjenigen der Gewinnerzielung und denjenigen der Gewinnverteilung aufteilen lässt *Pitter* in G. Cian/Trabucchi (Hrsg.), Codice Civile, Art. 2247 sub XI Rn 1 ff. Zur Gewinnverteilung als Zweck des Gesellschaftsvertrages *Magrini*, Italienisches Gesellschaftsrecht S. 5.

100 *Dal Soglio* in Maffei Alberti (Hrsg.), Il nuovo diritto delle società, Art. 2497 sub 2 (S. 2318 f); *Galgano* in Commentario del Codice Civile Scialoja Branca, Art. 2497 sub II.4 (S. 99); *Magrini*, Italienisches Gesellschaftsrecht S. 221.

Unternehmens Umsatz und Ertragsfähigkeit der Beteiligung[101]. Bei Vorliegen der entsprechenden Voraussetzungen, wozu insbesondere die vorherige Entscheidung der Gesellschafterversammlung gehört[102], soll sie dem Gesellschafter eine Beteiligung an der Gewinnverteilung sichern. Mithin handelt es sich um eine Aussicht auf den Erwerb einer Rechtsposition[103]. Als Beispiele für eine Beeinträchtigung der Ertragskraft werden etwa die Veräußerung von wesentlichen Produktionsinstrumenten der Tochtergesellschaft[104] und die Gewähr von Darlehen oder Bürgschaften durch die Tochtergesellschaft an die Muttergesellschaft ohne angemessene Gegenleistung[105] genannt.

(2) Begriff des Wertes der Beteiligung

Der Wert der Beteiligung soll sich aus einem Zusammenspiel unterschiedlicher Faktoren bilden, wie etwa einem positiven Geschäftsverlauf oder dem guten Ruf des Unternehmens am Markt[106]. Dabei soll auch Berücksichtigung finden, dass der Gesellschafter seinen Anteil zu einem angemessenen Preis veräußern können müsse[107]. Als Beispiele für Beeinträchtigungen dieses Wertes gelten etwa gruppeninterne Verträge zu Bedingungen, die eine oder mehrere andere Gesellschaften bevorzugen[108], oder die unzureichende oder fehlerhafte Information des Kapitalmarktes als Folge der Leitung und Koordinierung[109].

bb. Problem: lediglich mittelbarer Schaden des Gesellschafters

Bei den genannten Schäden zu Lasten des Gesellschafters ist umstritten, ob sie zugleich einen Schaden im Vermögen der Gesellschaft voraussetzen oder nicht[110]. Nach bisher wohl herrschender Auffassung stellen Einbußen in der Ertragskraft und im Wert der Beteiligung in erster Linie eine Minderung des Gesellschaftsvermögens und damit dessen Fähigkeit, Erträge und vermögensrechtliche Vorteile zugunsten der Gesellschafter zu produzieren, dar. Mithin handelt es sich für den Gesellschafter nur um einen mittelbaren bzw. Reflexschaden[111].

---

101 *Simonetti* in Bonfante/Corapi et al. (Hrsg.), Codice commentato delle nuove società, Art. 2497 Rn 19.
102 *Salafia*, Società 2004, S. 5 (8, 11).
103 Vgl. *Ruggiero*, Società 2005, S. 565 (567 f); *Salafia*, Società 2004, S. 5 (11); *Simonetti* in Bonfante/Corapi et al. (Hrsg.), Codice commentato delle nuove società, Art. 2497 Rn 19. Zu den im Rahmen des Gesetzgebungsverfahrens vorgenommenen Änderungen *Dal Soglio* in Maffei Alberti (Hrsg.), Il nuovo diritto delle società, Art. 2497 sub 2 (S. 2317).
104 Vgl. *Irace* in Sandulli/Santoro (Hrsg.), La riforma delle società, Art. 2497 sub 5 (S. 318).
105 Vgl. *Dal Soglio* in Maffei Alberti (Hrsg.), Il nuovo diritto delle società, Art. 2497 sub 2 (S. 2316 f).
106 *Salafia*, Società 2004, S. 5 (11).
107 *Galgano* in Commentario del Codice Civile Scialoja Branca, Art. 2497 sub II.4 (S. 99).
108 Zu diesem und weiteren Beispielen *Dal Soglio* in Maffei Alberti (Hrsg.), Il nuovo diritto delle società, Art. 2497 sub 2 (S. 2316 f).
109 Vgl. zu diesem Beispiel *Rordorf*, Società 2004, S. 538 (542).
110 Vgl. den Überblick zum Streitstand bei *Daccò-Tatozzi* in G. Cian/Trabucchi (Hrsg.), Codice Civile, Art. 2497 sub VII; sowie – ausführlicher – bei *Sacchi*, Giur. comm. 2003, I, S. 661 (665 ff).
111 *Dal Soglio* in Maffei Alberti (Hrsg.), Il nuovo diritto delle società, Art. 2497 sub 2 (S. 2317 f); *Di Giovanni*, Riv. dir. priv. 2004, S. 31 (36); *Rordorf*, Società 2004, S. 538 (542); *Salafia*, Società 2004,

(1) Allgemeine Systematik des italienischen Aktienrechts im Hinblick auf die Geltendmachung von Schäden der Gesellschaft

Nach der allgemeinen Systematik des italienischen Aktienrechts kann eine Gesellschaft einen Schaden in ihrem Vermögen, der durch ein Verhalten des Leitungsorganes ausgelöst worden ist, aufgrund eines entsprechenden Beschlusses der Aktionärsversammlung (Art. 2393) geltend machen. Entsprechend ist die Rechtslage in der *s.r.l.* in Bezug auf die Geltendmachung durch die Gesellschafter (Art. 2476 Abs. 3). Ausnahmsweise können auch Aktionäre, die ein bestimmtes Mindestquorum erreichen, Klage im Wege der actio pro socio (Art. 2393-*bis*) erheben[112]. Ferner kann das Kontrollorgan mit Zweidrittelmehrheit einen entsprechenden Beschluss fassen (Art. 2393 Abs. 3 bzw. Art. 2409-*decies* Abs. 1 für das dualistische Modell). In den genannten Konstellationen gilt jedoch jeweils die Nähe der Organmitglieder zum Mehrheitsgesellschafter als Hindernis für eine Geltendmachung[113]. Dagegen ist es grundsätzlich nicht vorgesehen, dass Aktionäre gegenüber Leitungsorganmitgliedern einen eigenen Schaden geltend machen, es sei denn, dass sie oder ein Dritter durch ein entsprechendes Verhalten der Leitungsorganmitglieder selbst einen unmittelbaren Schaden erlitten haben, Art. 2395[114]. Diese Vorschrift gilt als eine besondere Ausprägung allgemeiner deliktischer Haftungsregeln im Aktienrecht[115]. Entsprechend ist die Rechtslage in der *s.r.l.* (Art. 2476 Abs. 6). Eine derartige Konstellation wurde vor der Reform teilweise angenommen, wenn Leitungsorganmitglieder der Obergesellschaft ihren Einfluss auf die Tochtergesellschaft in für diese nachteiliger Weise ausgeübt und sie geschädigt haben, wobei sie als Dritter im Sinne der Vorschrift angesehen wurde[116]. Die Haftung nach Art. 2497 dürfte diesem Interpretationsansatz gegenüber spezieller sein[117].

S. 5 (8); *Simonetti* in Bonfante/Corapi et al. (Hrsg.), Codice commentato delle nuove società, Art. 2497 Rn 20.

112 Zu den Legitimationsvoraussetzungen im Einzelnen *Pernazza* in Bonfante/Corapi et al. (Hrsg.), Codice commentato delle nuove società, Art. 2393-*bis* Rn 4 ff; *Montalenti* in Cottino (Hrsg.), Trattato Diritto Commerciale IV/2, Cap. XI sub 135, 138.

113 Näher *Campobasso*, Diritto Commerciale 2, Cap. VIII 9 (S. 380); *Montalenti* in Cottino (Hrsg.), Trattato Diritto Commerciale IV/2, Cap. XI sub 131 (S. 325 f); *Perrone* in G. Cian/Trabucchi (Hrsg.), Codice Civile, Art. 2393 sub VII Rn 2; *Ventoruzzo*, ECFR 2005, S. 207 (246).

114 Dazu u.a. *Dal Soglio* in Maffei Alberti (Hrsg.), Il nuovo diritto delle società, Art. 2497 sub 2 (S. 2319 f); *Simonetti* in Bonfante/Corapi et al. (Hrsg.), Codice commentato delle nuove società, Art. 2497 Rn 20 mwN zur Rechtsprechung. Ausführlich die Argumentation von Cass. Civ., Sez. I, 23.06.2010, n. 15220, abgedr. in Società 2011, S. 253 ff. Zu den Ursachen für diese Differenzierung *Salafia*, Società 2004, S. 5 (8).

115 Statt vieler *Pacchiarotti* in Bonfante/Corapi et al. (Hrsg.), Codice commentato delle nuove società, Art. 2395 Rn 2. Zu Beispielen aus der Rechtsprechung vgl. die Nachweise bei *Pacchiarotti* in Bonfante/Corapi et al. (Hrsg.), Codice commentato delle nuove società, Art. 2395 Rn 11 ff, sowie bei *Silvestrini*, Società 2004, S. 681 (693).

116 Vgl. diesbezüglich den Überblick bei *De Nicola* in Marchetti u.a. (Hrsg.), Commentario alla riforma delle società, Art. 2395 sub 2.3 (S. 659 f).

117 So *De Nicola* in Marchetti u.a. (Hrsg.), Commentario alla riforma delle società, Art. 2395 sub 3.2 (S. 661).

(2) Kritik am Widerspruch des Art. 2497 zur allgemeinen Systematik der aktienrechtlichen Haftungstatbestände

Im italienischen Schrifttum wird teilweise kritisiert, dass Art. 2497 der geschilderten allgemeinen Systematik der Haftungstatbestände widerspreche[118]. Der Gesellschafter könne durch Art. 2497 unabhängig von der Behebung des Schadens im Vermögen der Gesellschaft seinen eigenen Schaden ersetzt bekommen[119]. In der Folge werden die Gesellschafter einer gruppenzugehörigen Gesellschaft besser gestellt als die einer eigenständigen Gesellschaft[120]. Vereinzelt sind gar Zweifel an der Verfassungsmäßigkeit der Regelung erhoben worden[121].

Die Gegenmeinung begründet diese Ungleichbehandlung damit, dass die Aktionäre einer nicht gruppenzugehörigen Gesellschaft ihre administrativen Rechte in der Gesellschafterversammlung geltend machen können. Dies bliebe in einer gruppenzugehörigen Gesellschaft jedoch ohne Einfluss auf die Geschäftspolitik der Obergesellschaft als Mehrheitsgesellschafterin. Die daraus möglicherweise resultierenden Risiken solle der Minderheitsaktionär nicht tragen müssen[122]. Die Regelung in Art. 2497 diene dabei nicht nur dem Schutz des Minderheitsaktionärs selbst, sondern mittelbar auch dem der Gesellschaft: schließlich sei es allein der Minderheitsgesellschafter, der, anders als der Mehrheitsgesellschafter – sei es in Gestalt der Obergesellschaft selbst oder einer zwischengeschalteten Gesellschaft – überhaupt ein Interesse an einem entsprechenden Vorgehen haben dürfte[123]. Dies dürfte verstärkt gelten, weil aus den o.g. Gründen die Geltendmachung einer allgemeinen Haftungsklage nach Art. 2393 in einer Tochtergesellschaft unwahrscheinlich ist. Zudem ist auf den Haftungsausschluss bei Nachteilsausgleich zu verweisen[124].

Andere gehen davon aus, dass im Gruppenzusammenhang die Trennung zwischen unmittelbarem und mittelbarem Schaden entfalle. Vielmehr bestehe die Möglichkeit, dass zwei Schäden vorliegen, zum einen ein Schaden der Gesellschaft und zum anderen ein ggf. über diesen hinausgehender Schaden des Gesellschafters[125]. Diese Sichtweise entspricht der in § 317 Abs. 1 S. 2 AktG getroffenen Regelung, die wiederum § 117 Abs. 1 S. 2 AktG nachgebildet ist[126]. Gem. § 317 Abs. 1 S. 2 AktG besteht

---

118 So *Salafia*, Società 2004, S. 5 (9). Die allgemeine Systematik zivilrechtlicher Haftung ergibt sich aus Art. 1223 und der deliktsrechtlichen Generalklausel des Art. 2043, dazu *Simonetti* in Bonfante/Corapi et al. (Hrsg.), Codice commentato delle nuove società, Art. 2497 Rn 20 mwN.

119 Dementsprechend kritisch *Rordorf*, Società 2004, S. 538 (542 f).

120 Dazu *Dal Soglio* in Maffei Alberti (Hrsg.), Il nuovo diritto delle società, Art. 2497 sub 2 (S. 2319 f); *Salafia*, Società 2004, S. 5 (9); *Simonetti* in Bonfante/Corapi et al. (Hrsg.), Codice commentato delle nuove società, Art. 2497 Rn 20.

121 *Salafia*, Società 2004, S. 5 (9).

122 Vgl. die Begründung bei *Simonetti* in Bonfante/Corapi et al. (Hrsg.), Codice commentato delle nuove società, Art. 2497 Rn 20 mwN.

123 *Dal Soglio* in Maffei Alberti (Hrsg.), Il nuovo diritto delle società, Art. 2497 sub 2 (S. 2320); *Di Giovanni*, Riv. dir. priv. 2004, S. 31 (37); *Rordorf*, Società 2004, S. 538 (542).

124 Dazu sogleich unter § 5 V 3 c.

125 Vgl. *Sandei*, Stud. iur. 2010, S. 34 (39 ff).

126 Vgl. zur Nachbildung des § 317 Abs. 1 S. 2 nach dem Vorbild des § 117 Abs. 1 S. 2 AktG nur *Hüffer* § 317 AktG Rn 8.

eine Ersatzpflicht auch für den Schaden, der den Aktionären unabhängig von dem Schaden der Gesellschaft entstanden ist[127]. Regelmäßig handelt es sich dabei um einen Schaden, der nicht über die Wertminderung der Aktien vermittelt wird und daher nicht durch Ersatzleistung an die Gesellschaft entfällt[128]. Die Abgrenzung zum unmittelbaren Schaden der Gesellschaft kann schwierig sein[129].

cc. Schaden in der Unversehrtheit des Gesellschaftsvermögens zu Lasten der Gläubiger

Daneben ist eine pflichtwidrige Einflussnahme auf die Tochtergesellschaft von Art. 2497 erfasst, wenn sie zu einem Schaden in der Unversehrtheit des Gesellschaftsvermögens zu Lasten der Gläubiger führt. Dies soll den Schutz der Gläubiger gewährleisten. Denn grundsätzlich dient das Gesellschaftsvermögen als Garantie für ihre Forderungen[130]. Reicht das Gesellschaftsvermögen nicht aus, um die Forderungen der Gläubiger gegen die Gesellschaft zu befriedigen, haften die Leitungsorganmitglieder für die Verletzung ihrer entsprechenden Pflichten zur Kapitalerhaltung (Art. 2394)[131]. Art. 2497 ist weitgehend parallel zu dieser allgemeinen Regel konzipiert[132], mit dem Unterschied, dass in erster Linie die Muttergesellschaft Regelungsadressat ist[133].

dd. Zusammenfassung: Pflichtwidrige Einflussnahme auf die Tochtergesellschaft

Das vom italienischen wie vom deutschen Ansatz einer ordnungsgemäßen Gruppengeschäftsführung erfasste Verhalten zum Nachteil der Tochtergesellschaft besteht im Ergebnis jeweils in der Verletzung einer Sorgfaltspflicht gegenüber der Gesellschaft.

Das italienische Recht benennt dies ausdrücklich in Art. 2497 cod. civ., indem es auf ein Handeln im eigenen oder fremden unternehmerischen Interesse unter Verletzung der Prinzipien ordnungsgemäßer Gesellschafts- und Unternehmensführung abstellt. Dieses muss aus Gläubigerperspektive zu einer Verletzung der Unversehrtheit des Gesellschaftsvermögens, aus Sicht der Gesellschaft zu einer Einbuße in der

---

127 Näher dazu *Habersack* in Emmerich/Habersack Aktien- und GmbH-Konzernrecht § 317 Rn 13 ff; *Kropff* in MünchKomm AktG [2] § 317 Rn 78 ff; *Vetter* in Schmidt/Lutter (Hrsg.), AktG § 317 Rn 32 f.

128 Vgl. *Hüffer* AktG § 317 Rn 8.

129 Vgl. *Altmeppen* in MünchKomm AktG § 317 Rn 83 ff mit entsprechendem Beispiel.

130 Unter Verweis auf die allgemeine Regel des Art. 2740 u.a. *Patti* in Lo Cascio (Hrsg.), La riforma del diritto societario, Art. 2497 sub 4 (S. 251); *Simonetti* in Bonfante/Corapi et al. (Hrsg.), Codice commentato delle nuove società, Art. 2497 Rn 21. Allgemein zur Funktion des Gesellschaftsvermögens als Haftungsmasse *Magrini*, Italienisches Gesellschaftsrecht S. 6; *Troiano* in G. Cian/Trabucchi (Hrsg.), Codice Civile, Art. 2740 sub I Rn 1 ff.

131 Zu Beispielen aus der Rechtsprechung vgl. *Silvestrini*, Società 2004, S. 681 (686) mit entsprechenden Nachweisen.

132 *Dal Soglio* in Maffei Alberti (Hrsg.), Il nuovo diritto delle società, Art. 2497 sub 3 (S. 2322); *Rordorf*, Società 2004, S. 538 (542); *Salafia*, Società 2004, S. 5 (8).

133 So auch *Salafia*, Società 2004, S. 5 (12); *Simonetti* in Bonfante/Corapi et al. (Hrsg.), Codice commentato delle nuove società, Art. 2497 Rn 21.

Ertragskraft und im Wert der Beteiligung führen. Vordergründig kommt es damit auf die konkreten Nachteile für Minderheitsgesellschafter und Gläubiger an, nicht auf die Perspektive der Gesellschaft.

Demgegenüber ist im Rahmen von § 311 AktG die Bestimmung des Nachteils aus Sicht der abhängigen Gesellschaft entscheidend. Der Nachteil muss seinen Ursprung gerade in der Abhängigkeit haben. Bei einem pflichtgemäßen Verhalten des Vorstands entfällt letztlich der Nachteil. Der zum Zweck der Nachteilsfeststellung vorzunehmende hypothetische Vergleich mit dem Handeln in einer nicht abhängigen Gesellschaft wirft erhebliche praktische Schwierigkeiten auf, die denen der Bestimmung der unbestimmten Rechtsbegriffe des Art. 2497 cod. civ. im Ergebnis entsprechen dürften.

c. Gesamtbetrachtung gegenüber Einzelausgleich: Haftungsausschluss bei Vorteilsausgleich

Gem. Art. 2497 Abs. 1 S. 2 ist eine Haftung ausgeschlossen, wenn angesichts des Gesamtergebnisses der Leitung und Koordinierung kein Schaden auszumachen ist bzw. wenn er durch entsprechende Schritte behoben worden ist. Das bedeutet zugleich, dass die Kriterien ordnungsgemäßer Gruppengeschäftsführung in diesem Fall erfüllt sind. Der in Art. 2497 Abs. 1 S. 2 getroffenen Regelung liegt damit eine Gesamtbetrachtung zugrunde[134]: es kommt nicht auf den Ausgleich der einzelnen nachteiligen Einflussnahme innerhalb eines bestimmten zeitlichen Rahmens an, sondern darauf, dass der Nachteil überhaupt einen Ausgleich erfährt. Darin liegt ein maßgeblicher Unterschied zum System des Einzelausgleiches in § 311 AktG.

aa. Theorie der kompensierenden Vorteile

Nach wohl überwiegender Auffassung hat der Gesetzgeber mit der Gesamtbetrachtung die vor der Reform in Rechtsprechung und Literatur anerkannte[135] Theorie der kompensierenden Vorteile (*teoria dei vantaggi compensativi*) umgesetzt[136]. Diese ist im Zusammenhang mit der Haftung von Leitungsorganmitgliedern wegen Zuwiderhandelns gegen das Gesellschaftsinteresse entwickelt worden. Bei der Beurteilung der Frage, ob dadurch der Gesellschaft ein Schaden entstanden ist, ist der Theorie der kompensierenden Vorteile zufolge nicht nur auf die unmittelbaren Auswirkungen des Zuwiderhandelns abzustellen, sondern auch das Gesamtbild der Gruppensituation zu berücksichtigen[137].

---

134 Statt vieler *Dal Soglio* in Maffei Alberti (Hrsg.), Il nuovo diritto delle società, Art. 2497 sub 5 (S. 2348).

135 Zur Entwicklung, insbesondere der Rechtsprechung *Simonetti* in Bonfante/Corapi et al. (Hrsg.), Codice commentato delle nuove società, Art. 2497 Rn 23 mit entsprechenden Nachweisen; allgemeiner der Überblick bei *Ciampoli*, Società 2005, S. 168 (171 f); *Fava*, Società 2003, S. 1198 (1200 f), jeweils mit weiteren Nachweisen.

136 Dazu etwa der Urheber dieser Theorie, *Montalenti* in Cottino (Hrsg.), Trattato Diritto Commerciale IV/2, sub 146 (S. 374 f); *ders.* Riv. soc. 2008, 318 (330 f). Anders *De Biasi*, Società 2003, S. 946 (948); *Patti* in Lo Cascio (Hrsg.), La riforma del diritto societario, Art. 2497 sub 5 (S. 254) – erhebliche Unterschiede zwischen der Theorie und der in Art. 2497 Abs. 1 S. 2 getroffenen Regelung.

137 So die Zusammenfassung bei *Rordorf*, Società 2004, S. 538 (543).

Die Theorie der kompensierenden Vorteile basiert auf einer Gesamtbetrachtung und damit der Idee, dass in der Gruppenkonstellation besondere Effizienzsteigerungen gegenüber einer eigenständigen Gesellschaft möglich sind[138]. Dies ist etwa bejaht worden, wenn eine Gesellschaft eine Bürgschaft zugunsten der Obergesellschaft abgibt, so dass diese eine Kapitalzufuhr erlangen kann, die sich für die Gruppe insgesamt positiv auswirkt[139]. Insgesamt ging es um Vorteile organisatorischer, produktiver und finanzieller Art, die sich aus der Gruppenstruktur ergeben können[140]. Allgemein aufgrund der Gruppenzugehörigkeit mögliche Vorteile sollten die Haftung nicht entfallen lassen[141].

bb. Streit um eine enge oder weite Sichtweise im Hinblick auf die kompensationsfähigen Vorteile

Im Einzelnen war bereits vor der Gesellschaftsrechtsreform umstritten, welche Art von Vorteilen die Haftung der Leitungsorganmitglieder ausschließen sollte. Dabei standen sich im wesentlichen eine weite Sichtweise, die eine mögliche Kompensation aus ex-ante Sicht genügen ließ, und eine enge Sichtweise gegenüber[142]. Nach letzterer sollten nur Vorteile, die einen tatsächlichen Ausgleich des entstandenen Nachteils zur Folge hatten, in die ex-post erfolgende Bewertung einbezogen werden[143].

Der Streit, welche Art von Vorteilen die Haftung entfallen lässt, dauert offenbar an. Im Hinblick auf Art. 2497 ist nunmehr die Reichweite der vorzunehmenden Gesamtbetrachtung umstritten. Der Streit macht sich insbesondere am abweichenden Wortlaut der strafrechtlichen Haftung für Vermögensuntreue (vgl. Art. 2634) fest.

cc. Exkurs: Strafrechtliche Haftung für Vermögensuntreue, Art. 2634 cod. civ.

Die Leitungsorganmitglieder machen sich u.a. strafbar, wenn sie in einem Interessenkonflikt mit der Gesellschaft über das Gesellschaftsvermögen verfügen, um sich oder anderen einen unrechtmäßigen Gewinn oder Vorteil zu verschaffen und auf diese Weise der Gesellschaft absichtlich einen Vermögensschaden zufügen (Art. 2634

---

138 Aus der Rechtsprechung etwa Cass. Civ. 24.08.2004, n. 16707, Società 2005, S. 164 (168) (noch zur Rechtslage vor der Gesellschaftsrechtsreform); ferner *Denozza,* Giur. comm. 2000, I, S. 327 ff; *Simonetti* in Bonfante/Corapi et al. (Hrsg.), Codice commentato delle nuove società, Art. 2497 Rn 24.

139 Zu diesem Beispiel aus der Rechtsprechung etwa *Tombari,* Giur. comm. 2004, I, S. 61 (70 mit entsprechenden Nachweisen).

140 *Aristeia,* Direzione e coordinamento di società nella riforma del diritto societario, Doc. n. 35, ottobre 2003, sub 2.

141 Etwa Cass. Civ. 24.08.2004, n. 16707, Società 2005, S. 164 (168).

142 Vgl. den Überblick zum Streitstand, jeweils mit entsprechenden Nachweisen, bei *Ciampoli,* Società 2005, S. 168 (172 f); *Daccò-Tatozzi* in G. Cian/Trabucchi (Hrsg.), Codice Civile, Art. 2497 sub VIII; *De Luca di Roseto,* Giur. comm. 2008, II, S. 819 (825 ff).

143 So (jeweils noch zur Rechtslage vor der Gesellschaftsrechtsreform) Cass. Civ. 24.08.2004, n. 16707, Società 2005, S. 164 ff (mit Anmerkung *Ciampoli,* S. 168 ff); dem folgend Cass. Civ. 11.12.2006, n. 26325, Giur. comm. 2008, II, S. 811 (816); letzteres Urteil anders interpretierend *De Luca di Roseto,* Giur. comm. 2008, II, S. 819 (834).

Abs. 1). Ist eine verbundene oder gruppenzugehörige Gesellschaft betroffen, gilt der Vorteil nicht als unrechtmäßig, wenn die Vermögensverschiebung durch andere erfolgte oder begründet vorhersehbare Vorteile ausgeglichen ist (Art. 2634 Abs. 3)[144]. Der wesentliche Unterschied liegt darin, dass bereits lediglich begründet vorhersehbare Vorteile die strafrechtliche Verantwortlichkeit entfallen lassen. Methodisch wird dabei der Ausgleich in Relation zum Vorteil gesetzt, während die zivilrechtliche Vorschrift dies in Bezug auf den Nachteil tut[145]. Somit scheint die weite Auffassung der Theorie der kompensierenden Vorteile normiert worden zu sein[146]. Es steht zu vermuten, dass die Vorschrift über die strafrechtliche Verantwortung angesichts der Weite eher selten zu einer entsprechenden Verurteilung führen dürfte[147].

dd. Wohl maßgeblich: tatsächlicher Nachteilsausgleich

Im Hinblick auf den abweichenden Wortlaut entfällt nach wohl überwiegender Auffassung die zivilrechtliche Haftung nach Art. 2497 Abs. 1 S. 2 nur dann, wenn ein tatsächlicher Ausgleich erzielt wurde[148]. Damit ist im Rahmen der zivilrechtlichen Verantwortung die engere Auffassung der Theorie der kompensierenden Vorteile normiert[149]. Demzufolge soll die strafrechtliche Verantwortung nur als *ultima ratio* eingreifen in Konstellationen, in denen ein vorhersehbarer künftiger Ausgleich nicht einmal ersichtlich ist[150].

Nicht nur der Umfang der im Rahmen der Gesamtbetrachtung zu erfassenden Vorteile ist jedoch fraglich: der Begriff des Gesamtergebnisses bleibt insgesamt vage. Offen ist, nach welchen Kriterien im konkreten Fall beurteilt werden soll, ob ein Schaden ausgeglichen worden ist oder nicht[151]. Die höchstrichterliche italienische

---

144 Näher zur Rolle der kompensierenden Vorteile im Zusammenhang mit Art. 2634 *Francesco Mucciarelli*, Giur. comm. 2002, I, S. 630 ff; sowie *Sandrelli* in Bonfante/Corapi et al. (Hrsg.), Codice commentato delle nuove società, Art. 2634 Rn 14 ff.

145 *Sacchi*, Giur. comm. 2003, I, S. 661 (673) sieht darin eine technische Verbesserung; dagegen hält *Dal Soglio* in Maffei Alberti (Hrsg.), Il nuovo diritto delle società, Art. 2497 sub 5 (S. 2352) die strafrechtliche Formulierung für klarer.

146 So etwa *Fava*, Società 2003, S. 1198 (1201); *Montalenti* in Cottino (Hrsg.), Trattato Diritto Commerciale IV/2, Cap. XII sub 146 (S. 374); *Sacchi*, Giur. comm. 2003, I, S. 661 (673).

147 Vgl. zum Fall einer erstinstanzlichen Verurteilung gem. Art. 2634 cod. civ. nach der Rechtslage vor der Reform Tribunale Roma 05.02.2008, n. 2688, abgedruckt in Società 2009, S. 491 ff. Zur Abgrenzung einer Haftung des Geschäftsleiters nach Art. 2634 cod. civ. und Art. 216 R.d. 16.3.1942, n. 267 (Fallimento) Cass. Pen., Sez. V, 22.10.2008, abgedruckt in Società 2009, S. 919 ff. Demnach diene Art. 2634 cod. civ. dem Schutz des Vermögens der Gesellschaft, Art. 216 R.d. 16.3.1942, n. 267 (Fallimento) hingegen dem Schutz der Gläubiger.

148 U.a. *Dal Soglio* in Maffei Alberti (Hrsg.), Il nuovo diritto delle società, Art. 2497 sub 5 (S. 2350); *Rordorf*, Società 2004, S. 538 (543); *Sacchi*, Giur. comm. 2003, I, S. 661 (673 f); *Sandei*, Stud. Iur. 2010, S. 34 (44 f mwN).

149 *Daccò-Tatozzi* in G. Cian/Trabucchi (Hrsg.), Codice Civile, Art. 2497 sub VIII; *Dal Soglio* in Maffei Alberti (Hrsg.), Il nuovo diritto delle società, Art. 2497 sub 5 (S. 2350); *Fava*, Società 2003, S. 1198 (1201).

150 So *Montalenti* in Cottino (Hrsg.), Trattato Diritto Commerciale IV/2, Cap. XII sub 146 (S. 375); *Sacchi*, Giur. comm. 2003, I, S. 661 (674); *Tombari*, Giur. comm. 2004, I, S. 61 (70).

151 Vgl. *Simonetti* in Bonfante/Corapi et al. (Hrsg.), Codice commentato delle nuove società, Art. 2497 Rn 24.

Rechtsprechung legt in zwei zwar zur Rechtslage vor der Reform ergangenen, deren Grundgedanken aber bereits berücksichtigenden Urteilen die Beweislast für die Gesamtumstände, die den Schaden beseitigen, dem in Anspruch genommenen Leitungsorgan auf[152].

Anhaltspunkte für die im Rahmen der Gesamtbetrachtung zu erfassenden Vorteile könnten sich aus den begründungspflichtigen Vorgängen nach Art. 2497-*ter* ergeben[153]: schließlich dient die Begründungspflicht der Beurteilung, ob die jeweilige Entscheidung die Interessen der betroffenen Gesellschaften angemessen berücksichtigt. Entsprechend wird auch die Pflicht zur Erfassung der gruppeninternen Beziehungen im Lagebericht herangezogen (vgl. Art. 2497-*bis* Abs. 5)[154].

Darüberhinaus bleibt offen, innerhalb welches Zeitrahmens Vorteile für den Ausgleich herangezogen werden können[155].

ee. Einzelausgleich des deutschen Rechts

Dem deutschen Ansatz zufolge darf ein herrschendes Unternehmen seinen Einfluss nur dann dazu nutzen, die abhängige Gesellschaft zu für diese nachteiligen Handlungen zu veranlassen, wenn der Nachteil noch im selben Geschäftsjahr tatsächlich ausgeglichen (§ 311 Abs. 1 AktG) oder zum Gegenstand einer rechtsverbindlichen Regelung gemacht (§ 311 Abs. 2 AktG) wird. Der Nachteilsausgleich muss demnach in einem zeitlich begrenzten Rahmen erfolgen. Er muss nicht in einem inneren Zusammenhang mit dem erlittenen Nachteil stehen[156], aber zumindest muss der Ausgleich darstellbar und überprüfbar sein[157]. Dies setzt allerdings voraus, dass nachteilige Rechtsgeschäfte oder Maßnahmen sich isolieren lassen[158]. Gerade bei komplexen Austauschverhältnissen in mehrstufigen Konzernen gilt dies als praktisch schwierig[159]. Maßnahmen, die nach Art und Intensität einem Ausgleich nicht zugänglich sind, sind damit unzulässig[160]. Ihre Behandlung wird vom Gesetz

---

152 Vgl. Cass. Civ., 24.08.2004, n. 16707, Società 2005, S. 164 (168); Cass. Civ. 11.12.2006, n. 26325, Giur. comm. 2008, II, S. 811 (816). Zu den Auswirkungen auf die Beweislastverteilung *Cariello*, ECFR 2006, S. 330 (332); *Ciampoli*, Società 2005, S. 168 (175 ff); *Fasciani*, ECFR 2007, S. 195 (220 f).

153 Zu diesem Zusammenhang *Fasciani*, ECFR 2007, S. 195 (222); *Montalenti* in Cottino (Hrsg.), Trattato Diritto Commerciale IV/2, Cap. XII sub 146 (S. 375). Zum Regelungsinhalt des Art. 2497-*ter* ausführlich oben § 4 III 5 a.

154 Vgl *Ferrarini/Giudici/Stella Richter*, RabelsZ 69 (2005), S. 658 (694); *Sacchi*, Giur. comm. 2003, I, S. 661 (675). Zum Regelungsinhalt des Art. 2497-*bis* Abs. 5 ausführlich oben § 4 III 3 b.

155 So kritisch u.a. *Rordorf*, Società 2004, S. 538 (543); *Sacchi*, Giur. comm. 2003, I, S. 661 (674). Zu denkbaren unterschiedlichen Lösungsansätzen *Ciampoli*, Società 2005, S. 168 (177 f). Einen Rückgriff auf den in Art. 2497-*bis* Abs. 5 genannten Zeitraum eines Geschäftsjahres ablehnend *Cariello*, ECFR 2006, S. 330 (339 f).

156 Zum Inhalt der Ausgleichsverpflichtung u.a. *Müller* in Spindler/Stilz (Hrsg.), AktG § 311 Rn 50 ff.

157 Vgl. *Hüffer* AktG § 311 Rn 45.

158 Statt vieler *Hüffer* AktG § 311 Rn 1.

159 *Koppensteiner*, FS Steindorff S. 79 (105); *Kübler/Assmann* Gesellschaftsrecht § 31 II 3 b.

160 Vgl. nur *Hüffer* AktG § 311 Rn 42; *Ulmer*, FS Hüffer S. 999 (1003).

nicht erfasst. Sie ist seit langem umstritten und soll hier nicht näher behandelt werden[161].

d. *Zusammenfassung: Grenzen einer zulässigen Einflussnahme*

Einer der entscheidenden Unterschiede zwischen beiden Ansätzen besteht darin, dass nach deutschem Recht für jede einzelne nachteilige Einflussnahme grundsätzlich ein Ausgleich innerhalb des Geschäftsjahres erforderlich ist, während das italienische Recht auf eine Gesamtbetrachtung aller Vor- und Nachteile abstellt, für die kein derartiger zeitlicher Rahmen gesetzlich vorgesehen ist. Letzterer wird jedoch diskutiert. Auch dürfte es ebenso wie nach deutschem Recht auf konkretisierbare – und nicht bloß aufgrund der Gruppenzugehörigkeit mögliche – Vorteile ankommen[162].

Daraus lässt sich schlussfolgern, dass das deutsche Recht die Einwirkungsmöglichkeiten der Muttergesellschaft auf die Tochtergesellschaften stärker begrenzt als das eine Gesamtbetrachtung anstellende italienische Recht, da eine nachteilige Einflussnahme nach deutschem Recht nur dann zulässig ist, wenn sie dem Einzelausgleich zugänglich ist[163]. Damit ist zugleich der Verhaltensmaßstab konkreter gefasst. Grundsätzlich dürfte es daher in einer konkreten Entscheidungssituation leichter abzumessen sein, ob die Einflussnahme zulässig ist oder nicht. Dies setzt aber voraus, dass sich überhaupt der Nachteil konkret isolieren lässt. Darin liegt jedoch die besondere Schwierigkeit des deutschen Ansatzes.

4. Rechtsfolgen bei Verletzung

Die Rechtsfolgen bei Verletzung der Grundsätze ordnungsgemäßer Gruppengeschäftsführung unterscheiden sich auf den ersten Blick erheblich.

a. *Grundsatz der Außenhaftung*

Fehlt es an einem Ausgleich, sieht die italienische Regelung als Rechtsfolge im Grundsatz einen unmittelbaren Anspruch für Minderheitsgesellschafter und Gläubiger der Tochtergesellschaft gegen die Obergesellschaft vor. Damit wird der Grundsatz der ordnungsgemäßen Gruppengeschäftsführung zugleich durch eine Sanktion abgesichert, worin die einzige konzeptionelle Gemeinsamkeit mit §§ 311,

---

161 Vgl. überblicksartig zur Entwicklung *Kübler/Assmann* Gesellschaftsrecht § 31 II 6 a. Während einige, anknüpfend an die Entwicklung der Rechtsprechung zum GmbH-Konzernrecht, eine Einordnung dieser Konstellation als Fall der Existenzvernichtungshaftung sehen – vgl. *Hüffer* AktG § 1 Rn 26 § 311 Rn 11; *Koppensteiner* in KölnKomm AktG Anh. § 318 Rn 72 ff; *Lutter* in Hopt/Jessel-Holst/Pistor (Hrsg.), Unternehmensgruppen in mittel- und osteuropäischen Ländern, S. 79 (87) – halten andere an der Anwendbarkeit der Konstruktion des qualifiziert faktischen Konzerns fest – so etwa *Habersack*, ZGR 2008, S. 533 (551 ff); *Krieger* in MünchHdbGesR Bd. 4 § 69 Rn 133 ff; *Müller* in Spindler/Stilz (Hrsg.), AktG Vor §§ 311–318 Rn 25 ff.

162 Vgl. oben § 5 V 3 c dd.

163 So auch *Scarpa*, Contr. e impr. 2011, S. 656 (671).

317, 318 AktG besteht. Denn letztere sehen als Folge eine Innenhaftung gegenüber der betreffenden Gesellschaft vor.

b. Ausnahme: Subsidiarität der Inanspruchnahme der Obergesellschaft, Art. 2497 Abs. 3 cod. civ.

Die Obergesellschaft kann erst in Anspruch genommen werden, wenn von der Tochtergesellschaft keine Befriedigung zu erlangen ist, Art. 2497 Abs. 3. Ob es sich systematisch dabei um eine gesetzlich angeordnete Subsidiarität handelt[164], etwa in Form einer Vorausklage[165], oder lediglich um einen Ausdruck der allgemeinen Regel, dass ein Schaden, der beseitigt worden ist, das Rechtsschutzbedürfnis entfallen lässt[166], ist umstritten. Die Regelung gilt unter verschiedenen Aspekten als fragwürdig und hat entsprechend Kritik erfahren[167].

Im Zentrum stehen systematische Probleme. Es ist fraglich, aus welchem Grund sowie auf welche Weise Forderungen gegen die Tochtergesellschaft wegen der Verletzung der Prinzipien ordnungsgemäßer Gruppengeschäftsführung aus ihrem Vermögen beglichen werden sollen. Zum einen würde damit die Tochtergesellschaft für ein fremdes Verhalten, nämlich das der Obergesellschaft, haftbar gemacht werden. Dabei ist zu berücksichtigen, dass das Gesetz keine Rückgriffsmöglichkeit der Tochtergesellschaft vorsieht[168]. Damit trägt letztere das Liquiditätsrisiko[169]. Das zweitgenannte Problem stellt sich weniger in Bezug auf ein Vorgehen der Gläubiger der Tochtergesellschaft, die nach allgemeinen Grundsätzen ohnehin zuerst ihre Schuldnerin, in diesem Falle die gruppenzugehörige Gesellschaft, in Anspruch nehmen[170]. Es stellt sich vielmehr insbesondere im Zusammenhang mit einer Inanspruchnahme durch die Gesellschafter der Tochtergesellschaft. Eine Befriedigung ihrer Verbindlichkeiten durch die Tochtergesellschaft würde dazu führen, dass sich die Passiva der Gesellschaft erhöhten, was sich wiederum negativ auf den Wert der Anteile auswirken würde[171]. Damit wären auch die übrigen Gesellschafter geschädigt[172] und im Ergebnis der Grundsatz der Gleichbehandlung der Gesellschafter

---

164 Ausführlich dazu sowie mit Überblick zum Meinungsstand *Maggiolo*, Giur. comm. 2006, I, S. 176 (177 ff).

165 So u.a. *Galgano* in Commentario del Codice Civile Scialoja Branca, Art. 2497 sub II.10 (S. 119 f); *Magrini*, Italienisches Gesellschaftsrecht S. 221.

166 So wohl u.a. *Daccò-Tatozzi* in G. Cian/Trabucchi (Hrsg.), Codice Civile, Art. 2497 sub IX; *Simonetti* in Bonfante/Corapi et al. (Hrsg.), Codice commentato delle nuove società, Art. 2497 Rn 25.

167 U.a. von *De Biasi*, Società 2003, S. 946 (950); *Santosuosso*, La Riforma del diritto societario, Cap. V.2 (S. 244). Vgl. auch *Strnad*, RIW 2004, S. 255 (256).

168 Dies ist in einem der ersten Entwürfe hingegen vorgesehen gewesen, vgl. dazu *Fava*, Società 2003, S. 1197 (1203, Fn 31).

169 So *Magrini*, Italienisches Gesellschaftsrecht S. 221; *Strnad*, RIW 2004, S. 255 (256); das Liquiditätsrisiko dagegen bei der Muttergesellschaft sehend *Oelkers*, Konzern 2007, S. 570 (575).

170 *Daccò-Tatozzi* in G. Cian/Trabucchi (Hrsg.), Codice Civile, Art. 2497 sub IX; *Di Giovanni*, Riv. dir. priv. 2004, S. 31 (39); *Rordorf*, Società 2004, S. 538 (543).

171 *Daccò-Tatozzi* in G. Cian/Trabucchi (Hrsg.), Codice Civile, Art. 2497 sub IX; *De Biasi*, Società 2003, S. 946 (950); *Marchisio*, Riv. dir. comm. 2008, II, S. 225 (243 f).

172 *Daccò-Tatozzi* in G. Cian/Trabucchi (Hrsg.), Codice Civile, Art. 2497 sub IX; *Sacchi*, Giur. comm. 2003, I, S. 661 (667).

verletzt. Ein derartiges Vorgehen stünde zudem im Gegensatz zum allgemeinen Prinzip der Nachrangigkeit von Forderungen der Gesellschafter gegenüber denen der Gesellschaftsgläubiger[173]. Abgesehen davon steht den Gesellschaftern der Tochtergesellschaft zu diesem Zweck keine Anspruchsgrundlage zur Verfügung. Grundsätzlich hat ein Gesellschafter keinerlei Anspruch darauf, dass die Gesellschaft, an der er beteiligt ist, ihm den Wertverlust seines Anteils erstattet[174].

Lösungsansätze sehen eine Auslegung der Vorschrift des Art. 2497 cod. civ. in einer Weise vor, die die beschriebenen Probleme nicht zum Tragen kommen lässt. Die Diskussion ist insoweit kaum zu überblicken. Teilweise wird vorgeschlagen, die Vorschrift dahingehend auszulegen, dass die Gesellschaft die gegen sie gerichteten Ansprüche nicht mit eigenen Mitteln, sondern mit solchen, die ihr zu diesem Zweck von der Obergesellschaft überlassen worden sind, befriedigen solle[175]. Teilweise wird eine Wiederauffüllung des Gesellschaftsvermögens der Tochtergesellschaft für ausreichend gehalten, die Gesellschaftern und Gläubigern mittelbar zugute komme[176]. Andere sehen die Existenzberechtigung der Vorschrift darin, dass sie zu einer ausreichenden finanziellen Ausstattung der Tochtergesellschaft durch die Obergesellschaft verleiten dürfte, wenn diese eine eigene Inanspruchnahme vermeiden wolle[177]. Wiederum andere entnehmen der Regelung das Recht der Tochtergesellschaft auf einen Innenregress gegenüber der Obergesellschaft für befriedigte Forderungen[178]. Schließlich wird die Regelung als Beweislastregel in Bezug auf den erlittenen Schaden aufgefasst, d.h. der geschädigte Gesellschafter oder Gläubiger würde im Falle einer Klage von der Beweislast hinsichtlich der negativen Voraussetzung, dass kein Ausgleich stattgefunden habe, befreit werden[179].

Schließlich ist unter formalen Gesichtspunkten fraglich, welche Vorgehensweisen den Ausschlusstatbestand erfüllen[180], ob eine vorherige Klage gegen die Tochtergesellschaft notwendig ist oder ob eine außergerichtliche Anfrage auf Erfüllung bereits genügt[181]. In letzterem Falle erleichterte Art. 2497 die Geltendmachung der Ansprüche gegen die Obergesellschaft.

---

173 *Rordorf*, Società 2004, S. 538 (544); ähnlich *Galgano* in Commentario del Codice Civile Scialoja Branca, Art. 2497 sub II.10 (S. 119).

174 Vgl. *Rordorf*, Società 2004, S. 538 (544).

175 Vgl. *Cariello* in Niccolini/Stagno d'Alcontres (Hrsg.), Le società di capitali, Art. 2497 sub 7 (S. 1875); *Marchisio*, Riv. dir. comm. 2008, II, S. 225 (244); *Rordorf*, Società 2004, S. 538 (544).

176 Vgl. *Simonetti* in Bonfante/Corapi et al. (Hrsg.), Codice commentato delle nuove società, Art. 2497 Rn 25.

177 *Galgano* in Commentario del Codice Civile Scialoja Branca, Art. 2497 sub II.10 (S. 120).

178 *Fava*, Società 2003, S. 1197 (1203) jedenfalls in Bezug auf die den Gesellschaftern und den Gläubigern ersetzten Schäden; wohl auch *Patti* in Lo Cascio (Hrsg.), La riforma del diritto societario, Art. 2497 sub 5 (S. 254).

179 *Di Giovanni*, Riv. dir. priv. 2004, S. 31 (39 f).

180 *Di Giovanni*, Riv. dir. priv. 2004, S. 31 (39).

181 *Marchisio*, Riv. dir. comm. 2008, II, S. 225 (244 f); *Santosuosso*, La Riforma del diritto societario, Cap. V.2 (S. 244).

c. Geltendmachung

Im italienischen Recht bedarf es einer Geltendmachung der Ansprüche durch Gesellschafter oder Gläubiger der Tochtergesellschaft. Der Gesellschaft selbst bzw. ihren Organen steht kein entsprechendes Recht zu. Die ursprünglich vorgesehene parallele Klagebefugnis der betroffenen Gesellschaft ist im Laufe des Gesetzgebungsverfahrens wieder gestrichen worden. Im Hinblick auf die Mehrheitsverhältnisse in einer Tochtergesellschaft wäre eine solche Klage ohnehin unwahrscheinlich[182]. Andererseits gilt eine Klage der Tochtergesellschaft aber auch nicht als ausgeschlossen und nach den allgemeinen[183], insbesondere delikts- oder insolvenzrechtlichen, Vorschriften als möglich. Theoretisch denkbar wäre sie etwa nach einem Kontrollwechsel oder im Falle der Insolvenz der Gesellschaft[184].

Demgegenüber sieht § 317 AktG zwar vor, dass der Vorstand der Tochtergesellschaft den Ausgleichsanspruch gegenüber der Muttergesellschaft geltend zu machen hat, wenn bis zum Ende des Geschäftsjahres kein Nachteilsausgleich erfolgt ist. Seine Pflicht dazu ergibt sich aus dem allgemeinen Verhaltensmaßstab des § 93 AktG[185]. Jedoch kommt sie gerade im Hinblick auf die Mehrheitsverhältnisse in der Tochtergesellschaft[186] praktisch nicht zum Tragen. Zudem muss der Vorstand im Falle des Vorliegens der Voraussetzungen von § 317 AktG regelmäßig eine eigene Haftung als Organwalter der Gesellschaft befürchten, § 317 Abs. 3 AktG.

Aktionäre der Tochtergesellschaft können den Anspruch der Gesellschaft gegen das herrschende Unternehmen im Wege der actio pro socio geltend machen (§ 317 Abs. 4 i.V.m. § 309 Abs. 4 S. 1, 2 AktG) und Leistung an die Gesellschaft verlangen[187]. Ein eigener Anspruch steht ihnen nur zu, wenn ihnen aus der nachteiligen Einflussnahme ein eigener Schaden entstanden ist, der nicht durch Ersatzleistungen in das Gesellschaftsvermögen ausgeglichen werden kann (§ 317 Abs. 1 S. 2 AktG)[188].

Dagegen können die Gläubiger ebenfalls den Anspruch der Gesellschaft im Wege der Prozessstandschaft geltend machen, jedoch Leistung an sich verlangen, wenn sie von der Tochtergesellschaft keine Befriedigung erlangen konnten (§ 317 Abs. 4 i.V.m. § 309 Abs. 4 S. 3 AktG). Insoweit sind der deutsche und der italienische Ansatz deckungsgleich.

Schließlich sieht das italienische Recht für den Fall der Insolvenz, der Zwangsliquidation oder der außergewöhnlichen Verwaltung der Tochtergesellschaft vor, dass

---

182 Darauf verweisen *Galgano* in Commentario del Codice Civile Scialoja Branca, Art. 2497 sub II.5 (S. 102); *Simonetti* in Bonfante/Corapi et al. (Hrsg.), Codice commentato delle nuove società, Art. 2497 Rn 22.

183 *Salafia*, Società 2004, S. 5 (12).

184 So *Rordorf*, Società 2004, S. 538 (545); *Simonetti* in Bonfante/Corapi et al. (Hrsg.), Codice commentato delle nuove società, Art. 2497 Rn 22; näher *Galgano* in Commentario del Codice Civile Scialoja Branca, Art. 2497 sub II.5 (S. 102).

185 *Habersack* in Emmerich/Habersack Aktien- und GmbH-Konzernrecht § 317 Rn 12.

186 Vgl. *Altmeppen* in MünchKomm AktG Vor § 311 Rn 24.

187 Dazu BGH ZIP 2006, 1218 (1219); *Hüffer* AktG § 317 Rn 16.

188 Vgl. dazu bereits oben § 5 V 3 b bb (2).

anstelle der Gläubiger der Insolvenzverwalter, Liquidator oder außergewöhnliche Verwalter klagebefugt ist[189]. Insoweit besteht eine Parallele gegenüber der allgemeinen Gläubigerklage (vgl. Artt. 2394, 2394-*bis*)[190]. Für die Klage der Gesellschafter ist keine entsprechende Regelung getroffen[191].

d. *Gesamtschuldnerische Mithaftung*

Sowohl der deutsche als auch der italienische Ansatz sehen unter bestimmten Voraussetzungen eine gesamtschuldnerische Mithaftung vor.

Gesamtschuldnerisch mit der Leitung und Koordinierung ausübenden Gesellschaft oder Körperschaft haften diejenigen, die an der schädigenden Handlung beteiligt waren sowie, im Rahmen des erzielten Vorteils, diejenigen, die aus dem schädigenden Verhalten bewusst Vorteile gezogen haben, Art. 2497 Abs. 2. Die gesamtschuldnerische Mithaftung soll die Möglichkeit eröffnen, auch Situationen, in denen die tatsächliche Einflussnahme nach außen verborgen bleiben soll, zu erfassen[192] und diese, mithilfe der Androhung der Haftung, präventiv zu verhindern[193].

Dogmatisch ist umstritten, ob Art. 2497 Abs. 2 eine Haftung im Außenverhältnis eröffnet oder sich nur auf den Innenregress der in Anspruch genommenen Obergesellschaft bezieht[194]. Dies ist insbesondere im Hinblick auf natürliche Personen streitig. Denn anders als die Haftung nach Art. 2497 Abs. 1 ist die gesamtschuldnerische Haftung nicht auf juristische Personen beschränkt. Sofern ihnen konkrete, haftungsauslösende Verhaltensweisen zurechenbar sind, können als an der schädigenden Handlung beteiligt gelten insbesondere die Mitglieder des Leitungsorganes der Obergesellschaft und deren Manager sowie die Mitglieder ihres Kontrollorganes, etwa, wenn sie ihre Aufsichtsfunktionen nicht ordnungsgemäß erfüllt haben[195]. Umstritten ist die Erfassung der Abschlussprüfer[196]. Einige beziehen all diejenigen, die letztlich die Leitung und Koordinierung der betreffenden Gesellschaft ausüben, insbesondere die Gesellschafter der Obergesellschaft, ein[197]. Letztere sollen insbe-

---

189 Dazu *Simonetti* in Bonfante/Corapi et al. (Hrsg.), Codice commentato delle nuove società, Art. 2497 Rn 30; unter Bezug auf eine gruppenrechtliche Insolvenzverschleppungshaftung *Tombari*, Fallimento 2004, S. 1164 (1167 ff).

190 Vgl. *Dal Soglio* in Maffei Alberti (Hrsg.), Il nuovo diritto delle società, Art. 2497 sub 3 (S. 2327).

191 Zu den möglichen Ursachen *Daccò-Tatozzi* in G. Cian/Trabucchi (Hrsg.), Codice Civile, Art. 2497 sub VII.

192 *Rordorf*, Società 2004, S. 538 (544).

193 Zur präventiven Funktion *Dal Soglio* in Maffei Alberti (Hrsg.), Il nuovo diritto delle società, Art. 2497 sub 2 (S. 2321), sub 4 (S. 2335).

194 Dafür, dass Art. 2497 Abs. 2 sich lediglich auf den Innenregress beziehe *Maggiolo*, Giur. comm. 2006, I, S. 171 (194); mit Nachweisen zum Streitstand *Fasciani*, ECFR 2007, S. 195 (223).

195 *Ferrucci/Ferrentino*, Le Società di capitali, le società cooperative e le mutue assicuratrici, Cap. CLVI.2 (S. 1938); *Salafia*, Società 2004, S. 5 (10 f); *Simonetti* in Bonfante/Corapi et al. (Hrsg.), Codice commentato delle nuove società, Art. 2497 Rn 22.

196 Gegen eine Ausdehnung auf die Abschlussprüfer *Salafia*, Società 2005, S. 417 (421); eine Ausdehnung auf die Abschlussprüfer befürwortend *Niutta*, Riv. soc. 2009, S. 347 (404 f); *Simonetti* in Bonfante/Corapi et al. (Hrsg.), Codice commentato delle nuove società, Art. 2497 Rn 22.

197 Vgl. *Niutta*, Riv. dir. comm. 2003, I, S. 373 (392 f); *Salafia*, Società 2004, S. 5 (10).

sondere erfasst werden, wenn sie durch einen Stimmbindungsvertrag verbunden sind[198]. Schließlich dürfte nach mehrheitlicher Auffassung auch den Leitungsorganmitgliedern der Tochtergesellschaft ein haftungsauslösendes Verhalten zurechenbar sein, wenn sie mit dem Leitungsorgan der Obergesellschaft zusammengewirkt oder sich zumindest dessen Einflussnahme nicht entgegengestellt haben[199].

Unter diejenigen, die aus dem schädigenden Verhalten bewusst Vorteile gezogen haben, können neben Schwestergesellschaften wiederum auch natürliche Personen fallen, insbesondere der Mehrheitsgesellschafter der Obergesellschaft[200]. Gleiches wird für ihm nahe stehende Personen angenommen[201]. Schließlich wird die Möglichkeit gesehen, auch Gläubiger der Muttergesellschaft[202] oder Banken[203] bei entsprechendem Verhalten zu erfassen. In diesen Konstellationen dürfte jedoch die Beweislage problematisch sein.

Insgesamt ist festzustellen, dass der Kreis der Haftungsadressaten weit gezogen ist. Während die italienische Regelung eher auf die Mithaftung für bestimmte Verhaltensweisen ausgerichtet zu sein scheint, stellt die Regelung in §§ 317 Abs. 3, 318 AktG im wesentlichen auf die organschaftliche Stellung ab[204]. Die gesetzlichen Vertreter[205] des Mutterunternehmens haften dabei für jede Verhaltensweise in Form der Veranlassung zu einer nachteiligen Maßnahme oder einem nachteiligen Rechtsgeschäft (§ 317 Abs. 3 AktG), Verhaltensweisen von Vorstand und Aufsichtsrat der Tochtergesellschaft werden hingegen nur im Zusammenhang mit Fehlern bei der Erstellung und Prüfung des Abhängigkeitsberichtes sanktioniert (§ 318 Abs. 1, 2 AktG)[206].

---

198 *Cariello* in Niccolini/Stagno d'Alcontres (Hrsg.), Le società di capitali, Art. 2497 sub 6 (S. 1870) mwN; *Rescigno*, Società 2003, S. 331 (333).

199 *Covelli* in Bonfante/Corapi et al. (Hrsg.), Codice commentato delle nuove società, XIV. Direzione e coordinamento di società, sub VI.2; *Di Giovanni*, Riv. dir. priv. 2004, S. 31 (42); *Rordorf*, Società 2004, S. 538 (544 f). *Pavone La Rosa*, Riv. soc. 2003, S. 765 (770) spricht sich insofern für eine analoge Anwendung der Haftungsregel aus. Gegen eine Inanspruchnahme der Leitungsorganmitglieder der Tochtergesellschaft *Salafia*, Società 2004, S. 5 (12).

200 Statt vieler *Tombari*, Fallimento 2004, S. 1164 (1167 mwN).

201 *Covelli* in Bonfante/Corapi et al. (Hrsg.), Codice commentato delle nuove società, XIV. Direzione e coordinamento di società, sub VI.2; *Dal Soglio* in Maffei Alberti (Hrsg.), Il nuovo diritto delle società, Art. 2497 sub 4 (S. 2333 f); *De Biasi*, Società 2003, S. 946 (949); *Galgano* in Commentario del Codice Civile Scialoja Branca, Art. 2497 sub II.9 (S. 118).

202 *Salafia*, Società 2004, S. 5 (10); *Simonetti* in Bonfante/Corapi et al. (Hrsg.), Codice commentato delle nuove società, Art. 2497 Rn 22.

203 Vgl. insoweit das Beispiel bei *Daccò-Tatozzi* in G.Cian/Trabucchi (Hrsg.), Codice Civile, Art. 2497 sub X; aber auch *Dal Soglio* in Maffei Alberti (Hrsg.), Il nuovo diritto delle società, Art. 2497 sub 4 (S. 2333 f).

204 Für die Einordnung als Organhaftung die h.M., vgl. u.a. *Koppensteiner* in KölnKomm AktG § 317 Rn 5; ferner *Müller* in Spindler/Stilz (Hrsg.), AktG § 317 Rn 2 – alle jeweils mwN; für eine Einordnung als deliktische Haftung dagegen *Habersack* in Emmerich/Habersack Aktien- und GmbH-Konzernrecht § 317 Rn 11, 22.

205 Näher zum Begriff der gesetzlichen Vertreter, der sich auf die zur Geschäftsführung befugten Organe bezieht *Hüffer* AktG § 317 Rn 13; *Vetter* in Schmidt/Lutter (Hrsg.), AktG § 317 Rn 35 ff.

206 Näher dazu *Müller* in Spindler/Stilz (Hrsg.), AktG § 318 Rn 6 f.

e. *Rechtsnatur der Haftung*

Im Zentrum der vielen umstrittenen Aspekte zu Art. 2497 steht die Frage, ob es sich bei der Haftung nach Art. 2497 um eine vertragliche oder um eine außervertragliche Haftung handelt[207]. Obwohl die Begründung zum Gesetzesdekret von einer außervertraglichen Rechtsnatur ausgeht[208], wird sie vielfach als vertraglicher Art qualifiziert[209]. Diese Diskussion ist nicht nur dogmatischer Natur. Vielmehr entscheidet die Qualifizierung der Rechtsnatur[210] über eine Vielzahl praktisch relevanter Fragen, wie Beweislast, Verjährung und Umfang des ersatzfähigen Schadens[211].

Grundsätzlich trägt der Kläger die Beweislast für die anspruchsbegründenden Voraussetzungen, im Falle der Geltendmachung eines Schadensersatzanspruches also hinsichtlich des schädigenden Verhaltens, des eingetretenen Schadens und dem zwischen beiden bestehenden Kausalzusammenhang[212]. Im Rahmen vertraglicher Haftung wird das Verschulden des nichterfüllenden Vertragsteils gesetzlich vermutet, so dass dieser beweispflichtig wird hinsichtlich der fehlenden Zurechenbarkeit (vgl. Art. 1218)[213]. Dagegen trifft den Kläger im Falle der außervertraglichen Haftung die Beweislast hinsichtlich des sich nach subjektiven Kriterien bemessenden Verschuldens[214]. Diese Erschwernis gegenüber der vertraglichen Haftung war Anlass dafür, die Haftung der Obergesellschaft – bereits vor der Reform – als vertraglicher Art zu qualifizieren. Übertragen auf den Gruppenzusammenhang würde dies allerdings bedeuten, dass die Obergesellschaft – und nicht deren Leitungsorgan oder das der Tochtergesellschaft – eine vertragliche Pflicht gegenüber den Tochtergesellschaften trifft, die Leitung und Koordinierung ordnungsgemäß auszuüben[215].

---

207 Überblicksartig *Simonetti* in Bonfante/Corapi et al. (Hrsg.), Codice commentato delle nuove società, Art. 2497 Rn 29.

208 Vgl. Relazione allo schema di decreto legislativo 6/2003, sub 13, abgedruckt in Giur. comm. 2003, Suppl. al n. 4/03, S. 65 (99). Dem folgend etwa *Galgano* in Commentario del Codice Civile Scialoja Branca, Art. 2497 sub II.2 (S. 96); *Marchisio*, Riv. dir. comm. 2008, II, S. 225 (239 ff); *Simonetti* in Bonfante/Corapi et al. (Hrsg.), Codice commentato delle nuove società, Art. 2497 Rn 29; Tribunale Roma 27.08./13.09.2007, abgedruckt in Riv. dir. comm. 2008, II, S. 212 (216 f); Tribunale Pescara 16.01.2009, abgedruckt in Società 2010, S. 683 ff.

209 So u.a. *Cariello*, FS Jayme S. 1421 (1425); *Fava*, Società 2003, S. 1197 (1201); *Pavone La Rosa*, Riv. soc. 2003, S. 765 (769 f); *Rescigno*, Società 2003, S. 331 (335); *Rordorf*, Società 2004, S. 538 (545); *Sacchi*, Giur. comm. 2003, I, S. 661 (668 f); *Tombari*, Giur. comm. 2004, S. 61 (69); *ders.*, Fallimento, 2004, S. 1164 (1166).

210 Zur Differenzierung zwischen vertraglicher und außervertraglicher Haftung allgemein *Zaccaria* in Grundmann/Zaccaria (Hrsg.), Einführung in das Italienische Recht 3. Teil 4. Kap. I und III 2.

211 Vgl. ausführlich die Darstellung bei *Giovannini*, La responsabilità per attività di direzione e coordinamento nei gruppi di società S. 87 ff.

212 Allgemein zur Beweislastverteilung *Trabucchi*, Istituzioni di Diritto Civile, § 92.

213 Zu diesem Fall der Beweislastumkehr *Trabucchi*, Istituzioni di diritto civile, § 92; *Zaccaria* in Grundmann/Zaccaria (Hrsg.), Einführung in das Italienische Recht 3. Teil 2. Kap. V 3.

214 Allgemein zum Verschulden als Element der außervertraglichen Haftung *Zaccaria* in Grundmann/Zaccaria (Hrsg.), Einführung in das Italienische Recht 3. Teil 4. Kap. II 3. Zur u.a. insoweit nicht ausreichenden Erfüllung der Beweislast Tribunale Roma 27.08./13.09.2007, abgedruckt in Riv. dir. comm. 2008, II, S. 212 (219, 221 f) mit der Folge der Abweisung der Klage gem. Art. 2497.

215 Vgl. die kritische Auseinandersetzung mit diesem Aspekt insbesondere von *Galgano* in Commentario del Codice Civile Scialoja Branca, Art. 2497 sub II.2 (S. 95 ff); *Maggiolo*, Giur. comm. 2006, I, S. 176 (191 f).

Sie müsste dann auch beweisen, dass ein im Rahmen ihrer Tätigkeit entstandener Schaden ihr nicht zurechenbar ist. Gegen diese Sicht wird u.a. vorgebracht, dass sich für den Kläger eine Erleichterung in Bezug auf die Beweislast etwa aus der durch die Reform erweiterten Publizität des Lageberichtes (vgl. Art. 2497-*bis* Abs. 5) und der neu eingeführten Begründungspflicht gruppenrelevanter Entscheidungen (vgl. Art. 2497-*ter*) ergibt[216]. Daher sei die Beweislastverteilung kein Grund mehr, die Haftung als vertragliche einzustufen. Allerdings sind die genannten Informationsregeln in ihrem Zuschnitt teilweise vage, insbesondere ist der Gegenstand der Offenlegung in beiden nicht klar umrissen[217].

Daneben beträgt die Verjährungsfrist bei der außervertraglichen Haftung 10 Jahre (vgl. Art. 2947 Abs. 1) und ist damit doppelt so lang wie bei der vertraglichen Haftung (vgl. Art. 2949). Auch ist der Umfang des ersatzfähigen Schadens bei der außervertraglichen Haftung nicht begrenzt, wohingegen er bei der vertraglichen Haftung im Falle fahrlässigen Handelns nur den vorhersehbaren Schaden erfasst (vgl. Art. 1225)[218].

Die Frage der Rechtsnatur kann schließlich in grenzüberschreitenden Sachverhalten relevant für die international-privatrechtliche Anknüpfung sein[219]. Im Falle einer vertraglichen Qualifizierung wäre eine Parteivereinbarung möglich. Handelt es sich, ausgehend von der Gesetzesbegründung, um eine Form der außervertraglichen Haftung, wäre das Recht des Staates maßgeblich, in dem das schädigende Verhalten stattgefunden hat oder in dem der Schaden eingetreten ist (Art. 62 legge n. 218/1995 – Italienisches IPR-Gesetz)[220]. Art. 2497 fände demnach Anwendung, wenn es um ein schädigendes Verhalten in einer italienischen Tochtergesellschaft ginge[221]. Die Möglichkeit der Vereinbarung des anwendbaren Rechts auch auf außervertragliche Schuldverhältnisse gem. Art. 14 der Verordnung Nr. 864/2007 vom 11. Juli 2007 über das auf außervertragliche Schuldverhältnisse anzuwendende Recht (Rom-II-Verordnung) dürfte dem nicht entgegenstehen. Denn die Verordnung findet keine Anwendung auf außervertragliche Schuldverhältnisse, die sich aus dem Gesellschaftsrecht ergeben (vgl. Art. 1 Abs. 2 d) Rom-II-Verordnung).

---

216 Vgl. dazu *Fasciani*, ECFR 2007, S. 195 (222); *Maggiolo*, Giur. comm. 2006, I, S. 176 (190) mwN in Fn 42. Zum Inhalt der Publizität vgl. oben § 4 III 3 b, 5 a.

217 Vgl. oben § 4 III 3 d, 5 a aa.

218 Zu diesen und weiteren Unterschieden vgl. *Zaccaria* in Grundmann/Zaccaria (Hrsg.), Einführung in das Italienische Recht 3. Teil 4. Kap. III. 2.

219 Zur international-privatrechtlichen Anknüpfung *Ferrarini/Giudici/Stella Richter*, RabelsZ 69 (2005), S. 658 (695).

220 Näher dazu *Galgano* in Commentario del Codice Civile Scialoja Branca, Art. 2497 sub II.3 (S. 98).

221 Vgl. *Galgano* in Commentario del Codice Civile Scialoja Branca, Art. 2497 sub II.3 (S. 98), der zudem darauf verweist, dass die Konstellation italienische Tochtergesellschaft – ausländische Muttergesellschaft häufiger sei als die umgekehrte Variante.

Demgegenüber ist im deutschen Recht zwar die Einordnung der Haftung als Organhaftung[222] oder als verschuldensunabhängige deliktische Haftung[223] umstritten, derartige praktische Auswirkungen wie im italienischen Recht gehen von der Diskussion jedoch nicht aus.

5. Exkurs: Verhältnis zu anderen Haftungstatbeständen

Die Frage des Verhältnisses zu anderen Haftungstatbeständen kann im Rahmen dieser Arbeit im Hinblick auf das Ziel der Untersuchung nicht ausführlich behandelt werden. Sie beschränkt sich allein auf das Verhältnis zu gesellschaftsrechtlichen Haftungstatbeständen, insolvenzrechtliche Haftungstatbestände bleiben außer Betracht.

§ 311 AktG lässt die allgemeinen Organhaftungsbestimmungen der §§ 93, 116 AktG zurücktreten, solange die nachteilige Veranlassung sich in den durch § 311 AktG gezogenen Grenzen hält[224]. Eine Privilegierungsfunktion entfaltet § 311 AktG auch gegenüber dem Haftungstatbestand des § 117 AktG[225]. Eine derartige Wirkung ist dem italienischen Ansatz nicht zu entnehmen, dürfte aber zu vermuten sein.

In beiden Rechtsordnungen tritt im Falle eines Verstoßes gegen die Grundsätze ordnungsgemäßer Gruppengeschäftsführung die gruppenspezifische Haftung neben die allgemeinen gesellschaftsrechtlichen Haftungstatbestände, jedenfalls, sofern es um die Leitungsorganmitglieder der Tochtergesellschaft geht. Dementsprechend ist die Haftung nach Art. 2497 neben den allgemeinen gesellschaftsrechtlichen Haftungsvorschriften (vgl. Artt. 2392 ff cod. civ.) anwendbar und schließt diese nicht aus[226]. Nach deutschem Recht können Vorstand und Aufsichtsrat der abhängigen Gesellschaft neben §§ 317, 318 AktG nach §§ 76, 93, 116 AktG haftbar gemacht wer-

---

222 So die Einordnung der herrschenden Meinung, vgl. u.a. *Altmeppen* in MünchKomm AktG § 317 Rn 8; *Koppensteiner* in KölnKomm AktG § 317 Rn 5; *Kropff* in MünchKomm AktG [2] § 317 Rn 8.
223 So *Habersack* in Emmerich/Habersack Aktien- und GmbH-Konzernrecht § 317 Rn 11.
224 Vgl. BGHZ 179, 71, 79 Tz 14 – MPS; *Hüffer* AktG § 311 Rn 48; *Krieger* in MünchHdbGesR Bd. 4 § 69 Rn 71; ausführlich zum Verhältnis von § 311 AktG zu §§ 93, 116 AktG *Ulmer* in FS Hüffer S. 999 (1013 ff), der dieses bereits auf Tatbestandsebene löst.
225 H.M., vgl. u.a. *Habersack* in Emmerich/Habersack Aktien- und GmbH-Konzernrecht § 311 Rn 88; *Hüffer* AktG § 311 Rn 50; *Koppensteiner* in KölnKomm AktG § 311 Rn 164; *Kort* in Großkomm AktG § 117 Rn 262.
226 Vgl. Relazione allo schema di decreto legislativo 6/2003, sub 13, abgedruckt in Giur. comm. 2003, Suppl. al n. 4/03, S. 65 (99); *Cariello* in Niccolini/Stagno d'Alcontres (Hrsg.), Le società di capitali, Art. 2497 sub 3 (S. 1860); *Di Giovanni*, Riv. dir. priv. 2004, S. 31 (42 f); *Lo Cascio*, Fallimento 2003, S. 593 (600); *Patti* in Lo Cascio (Hrsg.), La riforma del diritto societario, Art. 2497 sub 2 (S. 245); *Rordorf*, Società 2004, S. 538 (544). Dies ergebe sich schon aus den unterschiedlichen Anspruchszielen, so *Irace* in Sandulli/Santoro (Hrsg.), La riforma delle società, Art. 2497 sub 4 (S. 316). Teilweise differenzierend hinsichtlich der Haftung im Außen- und im Innenverhältnis *Maggiolo*, Giur. comm. 2006, I, S. 176 (194) bzw. hinsichtlich eines Vorgehens der Gesellschafter gegenüber den Leitungsorganmitgliedern der Obergesellschaft und der Tochtergesellschaft *Salafia*, Società 2004, S. 5 (8 f, 12).

den[227]. Zudem kommt für die Haftung des herrschenden Unternehmens neben § 317 AktG auch § 117 AktG zur Anwendung[228]. Gem. § 117 haftet derjenige, der vorsätzlich schädigenden Einfluss auf Organe oder leitende Angestellte einer Aktiengesellschaft nimmt. Eine entsprechende Vorschrift enthält das italienische Recht nicht.

Inwieweit neben dem besonderen Tatbestand der Haftung wegen Verletzung der Prinzipien ordnungsgemäßer Gruppengeschäftsführung der Anwendungsbereich des allgemeinen deliktsrechtlichen Tatbestandes für die Haftung des Gesellschafters eröffnet ist, ist im deutschen Recht für die Aktiengesellschaft umstritten[229]. Der Streit bezieht sich auf die Anwendbarkeit der vom BGH im GmbH-Recht entwickelten Rechtsprechung zur Haftung wegen existenzvernichtenden Eingriffes als Sonderfall der vorsätzlichen sittenwidrigen Schädigung gem. § 826 BGB[230]. Für das italienische Recht ist eine entsprechende Diskussion nicht ersichtlich. Möglicherweise hängt dies auch mit dem Streit um die Einordnung der Rechtsnatur der Haftung zusammen. Jedenfalls wird im italienischen Schrifttum teilweise ein Vorgehen der Tochtergesellschaft gegen die Muttergesellschaft[231], teilweise ein Vorgehen gegen die Leitungsorganmitglieder der Muttergesellschaft[232] aufgrund allgemeinen Deliktsrechts (Art. 2043 cod. civ.) für möglich gehalten. Daneben wird vereinzelt – entgegen dem Wortlaut – eine Ausdehnung der Haftung des Art. 2497 Abs. 1 cod. civ. auf natürliche Personen, d.h. regelmäßig den Mehrheitsgesellschafter, befürwortet[233]. Schließlich findet der vor der Reform von der Rechtsprechung entwickelte Ansatz der faktischen Gesellschaft (*società di fatto*) bzw. der natürlichen Person als Holding (*holding persona fisica/holding individuale*)[234] weiterhin Anwendung[235]. Dieser – insolvenzrechtliche[236] – Ansatz führt durch Ausdehnung des Anwendungsbereiches der insolvenzrechtlichen Vorschrift des Art. 147 Abs. 2 R.d. 16.3.1942, n. 267 (Fallimento) im Ergebnis zur Einbeziehung des privaten Vermögens des be-

---

227 H.M., BGHZ 179, 71, 76 ff Tz 14 ff – MPS; sowie u.a. *Habersack* in Emmerich/Habersack Aktien- und GmbH-Konzernrecht § 317 Rn 34; *Müller* in Spindler/Stilz (Hrsg.), § 317 Rn 24.

228 H.M., vgl. nur *Koppensteiner* in KölnKomm AktG § 317 Rn 52; *Ulmer* in FS Hüffer S. 999 (1009 ff). Zur geringen Bedeutung des § 117 AktG neben der Haftung aus § 317 AktG, wegen der erleichterten Anforderungen an eine Haftung gem. § 317 *Kort* in GroßKomm AktG § 117 Rn 266 ff.

229 Vgl. nur *Hüffer* AktG § 1 Rn 26 f mwN, der im Ergebnis für die Existenzvernichtungshaftung neben § 117 AktG keinen Anwendungsbereich sieht; eine Übertragung dieser Grundsätze auf die AG befürwortend etwa *Habersack*, ZGR 2008, S. 533 (551 ff); *Vetter* in Schmidt/Lutter (Hrsg.), AktG § 317 Rn 44; daraus zudem eine Haftung der Organmitglieder der Obergesellschaft ableitend *Tröger/Dangelmayer*, ZGR 2011, S. 558 (586 f).

230 BGHZ 173, 246, 252 Tz 17 – Trihotel. Zur mitgliedschaftsrechtlichen Komponente der Existenzvernichtungshaftung *K. Schmidt*, ZGR 2011, S. 108 (119 f).

231 Vgl. *Dal Soglio* in Maffei Alberti (Hrsg.), Il nuovo diritto delle società, Art. 2497 sub 3 (S. 2326 f).

232 Vgl. *Schiano di Pepe*, Società 2003, S. 1205 (1206).

233 *Prestipino*, Giur. comm. 2011, I, S. 105 ff. Ablehnend u.a. *Montalenti* in Cottino (Hrsg.), Trattato di Diritto Commerciale IV/1, Cap. XIII sub 17 (S. 1064 f).

234 Zu diesem Ansatz etwa *Leimert*, Stand und Entwicklung des italienischen Rechts der Unternehmenszusammenschlüsse S. 90 ff.

235 Vgl. etwa Corte di Appello di Ancona, 05.03.2010, abgedruckt in Giur. comm. 2011, II, S. 643 ff (646 mwN zur Rechtsprechung nach der Gesellschaftsrechtsreform).

236 *Prestipino*, Giur. comm. 2011, I, S. 105 (112).

treffenden Gesellschafters in das Insolvenzverfahren[237]. Im Hinblick auf die Fokussierung dieser Arbeit auf gesellschaftsrechtliche Fragestellungen wird dieser Ansatz nicht näher untersucht.

6. Zusammenfassende Betrachtung

a. *Kritische Bewertung des italienischen Ansatzes*

Kritisch hervorzuheben ist die Vielzahl der vom Gesetzgeber bewusst mit unbestimmten Rechtsbegriffen besetzten Tatbestandsmerkmale, deren Inhalt in der italienischen Literatur umstritten ist. Erstinstanzliche Urteile zu der Rechtslage nach der Reform haben eine Haftung bislang überwiegend abgelehnt[238].

Insgesamt fördert die Vorgehensweise, Verhaltensmaßstab und Rechtsfolge im Falle seiner Verletzung innerhalb einer Vorschrift unter Verwendung einer Vielzahl unbestimmter Rechtsbegriffe zu regeln, nicht die Klarheit der Regelung. Zudem ist fraglich, ob die Vorschrift dem mit ihr verfolgten Interessenschutz dienen kann. So dürfte aus Sicht der Normanwender unklar sein, wie sie ihren Handlungsrahmen abmessen sollen. Sie müssten aber in einer Entscheidungssituation ex-ante beurteilen können, ob ihr Handeln zulässig, unzulässig oder in einem zweifelhaften Zwischenbereich liegt. Diese Beurteilung sollte zudem unabhängig von der Perspektive des Betrachters im konkreten Einzelfall zumindest grundsätzlich möglich sein[239]. Vordergründig richtet sich Art. 2497 an die Obergesellschaft. Die gesamtschuldnerische Mithaftung schließt aber eine Vielzahl anderer potentieller Adressaten ein. Vage Vorgaben gelten als Grund, der die präventive Wirkung jedenfalls von Verbotsnormen eher einschränkt[240]. Bei Art. 2497 handelt es sich zwar um keine klassische Verbotsnorm. Die Regelung verfolgt mitunter das Ziel, einen Verhaltensstandard im Hinblick auf eine ordnungsgemäße Gruppengeschäftsführung zu schaffen[241]. Dabei enthält sie nicht nur in Bezug auf das Verhalten eine Generalklausel, sondern unbestimmte Rechtsbegriffe auch im Hinblick auf die sonstigen Tatbestandsmerkmale[242]. Zusätzlich sieht sie aber konkrete Rechtsfolgen mit Sanktionscharakter vor.

---

237 Dabei geht es im wesentlichen darum, ob im gerichtlichen Insolvenzverfahren mit der Insolvenz der (Personen-)Gesellschaft auch der (unbeschränkt haftende) Gesellschafter für insolvent zu erklären ist, mit der Folge, dass sein Privatvermögen in das Insolvenzverfahren einbezogen wird. Grundlegend insoweit die höchstgerichtliche Entscheidung Cass. Civ. 05.02.1990, n. 1439, abgedr. in Giur. comm. 1991, II, S. 366 ff.

238 Vgl. Tribunale Pescara 16.01.2009, abgedr. in Società 2010, S. 683 ff; Tribunale Milano 23.04.2008, abgedr. in Società 2009, S. 78 ff; Tribunale Roma 27.08./13.09.2007, abgedr. in Riv. dir. comm. 2008, II, S. 212 ff.

239 Vgl. *Windbichler*, FS Ulmer S. 683 (690).

240 *Fleischer*, ZHR 168 (2004), S. 673 (698 mwN).

241 Vgl. *Ferrarini/Giudici/Stella Richter*, RabelsZ 69 (2005), S. 658 (694); *Montalenti*, Giur. comm. 2003, I, S. 424 (441).

242 Kritisch daher *Enriques*, Scelte pubbliche e interessi particolari nella riforma delle società di capitali (2005), S. 42, http://ssrn.com/abstract=701141.

Die in der italienischen Literatur geäußerten Zweifel[243] an einer Präventionswirkung erscheinen daher berechtigt.

b. Maßgebliche Gemeinsamkeiten und Unterschiede

Der deutsche und der italienische Ansatz einer ordnungsgemäßen Gruppengeschäftsführung unterscheiden sich in drei wesentlichen Aspekten: während erstgenannter nur für abhängige Aktiengesellschaften gilt, findet der italienische rechtsformübergreifend Anwendung.

Dem von § 311 AktG postulierten Einzelausgleich nachteiliger Maßnahmen innerhalb eines Geschäftsjahres steht der Gesamtausgleich ohne gesetzlich vorgesehenen zeitlichen Rahmen des italienischen Ansatzes gegenüber. Damit stellt er den Gegensatz zum häufig als nicht praktikabel bzw. ineffizient kritisierten Einzelausgleich dar[244]. Letztlich stellt sich die Frage, wann überhaupt ein auszugleichender Nachteil vorliegt. Ob die italienische Variante praktikabler ist, ist im Hinblick auf die unbestimmte Weite zweifelhaft. Nicht nur, dass sich die Frage nach dem Vorliegen einer konkret nachteiligen Einflussnahme ebenso stellen dürfte – es bleibt auch der Ausgleich unbestimmt. Jedenfalls ergibt sich aus diesem Gegensatz, dass das Schutzkonzept des deutschen Ansatzes früher ansetzt, denn eine nachteilige Einflussnahme ist bereits dann unzulässig, wenn sie keinem Einzelausgleich zugänglich ist. Zudem wird der deutsche Ansatz in Deutschland mehrheitlich mittlerweile in einem anderen Licht gesehen und positiver beurteilt[245].

Schließlich besteht ein weiterer konzeptioneller Unterschied darin, dass es in § 311 AktG sowohl um die Sicherung des Vermögensbestandes der Tochtergesellschaft als auch zugleich um den Schutz ihrer Minderheitsgesellschafter und Gläubiger geht, während der italienische Ansatz vordergründig den Schutz der beiden letztgenannten verfolgt. Damit verknüpft ist die Gegenüberstellung von Innenhaftung im deutschen Recht, die aber auch Minderheitsgesellschaftern sowie Gläubigern zugute kommt, und – jedenfalls theoretisch möglicher – Außenhaftung im italienischen Recht.

Entscheidende konzeptionelle Gemeinsamkeit beider Ansätze ist die Flankierung durch ein besonderes Informationsinstrument – Abhängigkeitsbericht (§ 312 AktG) bzw. Begründungspflicht (Art. 2497-*ter* cod. civ.) für gruppenbeeinflusste Entscheidungen[246]. Dieses gesonderte Berichtsinstrumentarium soll die Durchsetzung des Verhaltensmaßstabes gewährleisten helfen. Den Informationsregeln werden, trotz

243 Vgl. nur *Dal Soglio* in Maffei Alberti (Hrsg.), Il nuovo diritto delle società, Art. 2497 sub 4 (S. 2335).
244 Vgl. dazu die zahlreichen Nachweise bei *Altmeppen* in MünchKomm AktG Vor § 311 Rn 23 (Fn 36); sowie in Gegenüberstellung zum Rozenblum-Ansatz sogleich unter VII 2.
245 Vgl. *Hüffer* AktG § 311 Rn 9 mwN; *Kropff* in MünchKomm AktG [2] Vor § 311 Rn 28 mwN; *Müller* in Spindler/Stilz (Hrsg.), AktG Vor §§ 311–318 Rn 16 mwN; anders dagegen *Koppensteiner* in KölnKomm AktG § 311 Rn 90 ff; *Wackerbarth*, Grenzen der Leitungsmacht in der internationalen Unternehmensgruppe S. 303 ff.
246 Vgl. ausführlich oben § 4 III 5 a.

ihrer unterschiedlichen Ausgestaltung, zugleich präventive Wirkungen im Hinblick auf die Einhaltung des Verhaltensmaßstabes attestiert[247].

c. *Praktische Bedeutung(slosigkeit)?*

Die praktische Bedeutung des § 317 AktG gilt als gering[248]. Aktionäre und Gläubiger scheuen regelmäßig Kosten und Risiken, die mit derartigen Schadensersatzprozessen einhergehen. Tatsächlich ist es erst im Jahr 2008 zu einem Urteil des BGH gekommen, in dem er maßgeblich auf das Verhältnis von § 317 zu § 311 AktG abgestellt hat. Dabei hatte ein einzelner Aktionär einer Tochtergesellschaft auf Ausgleich geklagt, im Ergebnis jedoch ohne Erfolg[249]. Im Jahr 2011 hat der BGH diese Entscheidung bestätigt und weiter ausdifferenziert. Dabei hat er u.a. die Verneinung eines Schadensersatzanspruches gem. § 317 Abs. 1 S. 1 AktG wegen fehlenden Nachteilsausgleiches durch die Berufungsinstanz als fehlerhaft angesehen[250]. Allerdings wird dem deutschen Ansatz insgesamt auch eine verhaltenssteuernde Wirkung attestiert[251], die insbesondere im Zusammenhang mit dem Abhängigkeitsbericht gesehen wird[252]. Derartige Vorfeldwirkungen von Normen sind indes kaum messbar.

Eine eher geringe Anzahl von Klagen dürfte für den italienischen Ansatz zu erwarten sein[253]. Zwar eröffnet er den Gesellschaftern, im Gegensatz zum deutschen Ansatz, den Anreiz, Leistung an sich zu verlangen. Ob dieser Anreiz – gerade im Hinblick auf die problematische Situation der Rechtsverfolgung in Italien[254] – ausreicht, muss die Rechtspraxis zeigen, scheint aber eher zweifelhaft.

VI. Einbettung in das italienische Gesellschaftsrecht: ausgewählte flankierende Instrumente

Der in Art. 2497 cod. civ. ausdrücklich geregelte Grundsatz ordnungsgemäßer Gruppengeschäftsführung wird flankiert durch verschiedene Instrumente, die seine Einhaltung insgesamt oder jedenfalls in Bezug auf einzelne Aspekte zumindest mittelbar gewährleisten helfen.

---

247 Vgl. oben § 4 III 5 a dd.

248 Vgl. *Hüffer* AktG § 317 Rn 1; *Koppensteiner* in KölnKomm AktG § 317 Rn 39. Zu einer denkbaren Konstellation für den Fall der Insolvenz bei der Einmann-AG *Bachmann*, NZG 2001, S. 961 (970). Vgl. die Nachweise aus rechtsvergleichender Sicht unten VIII 2.

249 Vgl. BGHZ 175, 365 ff – UMTS.

250 BGH vom 31.05.2011, II ZR 141/09 – Dritter Börsengang, abgedr. in NZG 2011, S. 829 (833 Tz 29 ff). Der BGH hat die Sache im wesentlichen wegen der fehlenden Feststellungen zur Veranlassung der nachteiligen Maßnahme als noch nicht entscheidungsreif angesehen und sie an die Berufungsinstanz zurückverwiesen.

251 *Lutter*, FS K. Schmidt S. 1065 (1066 f); *Müller* in Spindler/Stilz (Hrsg.), AktG § 317 Rn 2; *Vetter* in Schmidt/Lutter (Hrsg.), AktG § 317 Rn 2.

252 *Kropff* in MünchKomm AktG [2] Vor § 311 Rn 30.

253 *Montalenti* in Cottino (Hrsg.), Trattato di Diritto Commerciale IV/1, Cap. XIII sub 17 (S. 1067 f).

254 Vgl. oben § 2 IV.

Der den Informationsregeln im wesentlichen zugrundeliegende Regelungsansatz ist bereits ausführlich in § 4 geschildert worden. Sie sollen einerseits die Kontrolle durch die Anteilseigner und damit die Einhaltung besagten Verhaltensstandards andererseits ermöglichen[255]. Informationsregeln finden ferner Anwendung auf im Einzelfall auftauchende Konstellationen von Interessenkonflikten. So sollen interessengeleitete Entscheidungen von Mitgliedern des Geschäftsführungsorganes durch die Pflicht zur Offenlegung von Interessenkonflikten bei jeweils einem bestimmten Geschäft unterbunden werden (Art. 2391 cod. civ.)[256]. Entsprechend ist der Umgang mit related party transactions in kapitalmarktorientierten Gesellschaften offen zu legen (Art. 2391-*bis* cod. civ.)[257].

Strukturelle Interessenkonflikte in Form personeller Verflechtungen sollen dagegen durch Regeln, die die Besetzung der Organe von Tochtergesellschaften betreffen, vermieden werden. Schließlich unterliegt auch das Kapital in Tochtergesellschaften besonderen zusätzlichen Bindungen. Die beiden letztgenannten Aspekte sollen im folgenden näher beleuchtet werden; ausgeklammert bleiben dagegen besondere Minderheitenrechte[258].

1. Beschränkung personeller Verflechtungen

Personelle Verflechtungen der Geschäftsführungsorgane von Gruppengesellschaften sind in Italien, wie auch im übrigen Europa, an der Tagesordnung[259]. Daneben kommt es, insbesondere in Deutschland, auch zu personellen Verflechtungen unter Einbeziehung des Aufsichtsrates von gruppenzugehörigen Gesellschaften[260].

---

255 Zu den Funktionen von Informationsregeln allgemein oben § 4 II. Entsprechend zu deren Funktionen in Bezug auf das portugiesische Gruppenrecht *Gause*, Europäisches Konzernrecht im Vergleich S. 254 ff; bzw. in Bezug auf eine gruppenspezifische Regelung im belgischen Recht *De Cordt/Colard*, FS Hopt S. 3043 ff.

256 Vgl. oben § 4 III 5 c.

257 Vgl. oben § 4 III 5 e.

258 Zu den neu eingeführten Minderheitsrechten, im wesentlichen in der Form von Austrittsrechten, überblicksartig und in Bezug auf ihre tatsächlich geringe Bedeutung statt vieler *Ventoruzzo*, ECFR 2005, S. 207 (241 ff, 264 ff).

259 Für Italien *Drago/Polo/Santella*, Amministratori in Condominio, La Voce 06.12.2007, http://www.lavoce.info/articoli/pagina1000159.html, ausführlicher *dieselben*, The Italian Chamber of Lords Sits on Listed Company Boards. An Empirical Analysis of Italian Listed Company Boards from 1998 to 2006 (2007), http://papers.ssrn.com/sol3/papers.cfm?abstract_id=1027947; *Ferrata* in G. Cian/Trabucchi (Hrsg.), Codice Civile, Art. 2390 sub IV Rn 8; *Santagata*, Riv. soc. 2009, S. 310 ff mwN; für die Situation in Europa *Hopt*, Riv. soc. 2006, S. 906 (921); als Governance Modell für grenzüberschreitende Gruppen *Windbichler* in Hommelhoff/Hopt/v.Werder (Hrsg.), Handbuch Corporate Governance, 2. Aufl., S. 825 (829).

260 Für Deutschland *Decher*, Personelle Verflechtungen im Aktienkonzern S. 19 ff mit Beispielen; *Habersack*, ZIP 2006, S. 445 (449); *ders.*, NZG 2004, S. 1 (5); *Passarge*, NZG 2007, S. 441 ff; *Windbichler* in GroßKomm AktG § 17 Rn 43. Kritisch zu personellen Verflechtungen in Deutschland *Martens*, FS Heinsius S. 523 (525).

a. Gründe für personelle Verflechtungen in der Gesellschaftsgruppe

Die Besetzung des Geschäftsführungsorganes der Tochtergesellschaft mit Personen ihres Vertrauens gilt als klassisches Instrument, mit dem die Obergesellschaft die ihr zustehende Einflussnahmemöglichkeit tatsächlich ausnutzt[261], sei es durch Ausübung ihrer Stimmenmehrheit in der Gesellschafterversammlung der Tochtergesellschaft oder durch das ihr in sonstiger Weise zustehende Recht[262].

Dies hat mit der klassischen Zuständigkeitsverteilung der Organe in der Aktiengesellschaft zu tun. Demnach nimmt grundsätzlich das Leitungsorgan die Geschäftsführungsfunktionen wahr (vgl. Art. 2380-*bis* Abs. 1 cod. civ., § 76 Abs. 1 AktG). Die Aktionäre haben auf die Geschäftsführung, anders als etwa die Gesellschafter in der Gesellschaft mit beschränkter Haftung[263], nur begrenzte Einwirkungsrechte. Jedoch steht der Gesellschafterversammlung in der Aktiengesellschaft die Personalkompetenz zu[264]. In der *s.p.a.* nach traditionellem sowie nach monistischem Modell ist sie unmittelbar für die Ernennung der Mitglieder des Leitungsorganes zuständig, vgl. Art. 2364 Abs. 1 Nr. 2 cod. civ.[265]. In der Aktiengesellschaft mit dualistischer Organisationsstruktur wirkt sich die Personalkompetenz hingegen mittelbar aus über die Wahl der Leitung durch die Mitglieder des Kontrollorganes, die ihrerseits durch die Gesellschafterversammlung ernannt worden sind[266].

Personelle Verflechtungen in Gruppengesellschaften sollen in der Regel die effektive Organisation von Entscheidungsabläufen gewährleisten[267]. Sie können zum

---

261 Vgl. *Armour/Hansmann/Kraakman* in Kraakman/Armour/Davies u.a., Anatomy of Corporate Law, sub 2.2.2.1 (S. 26); *Sbisà*, Contr. e impr. 2011, S. 369 (377 f); zu den rechtstatsächlichen Gegebenheiten in Italien oben § 2 I 4.

262 *Windbichler* in Albach (Hrsg.), Konzernmanagement S. 57 (62).

263 In der GmbH können die Gesellschafter sogar Einfluss auf die laufende Geschäftsführung nehmen, vgl. § 37 Abs. 1 a.E. GmbHG, näher *Zöllner/Noack* in Baumbach/Hueck GmbHG § 37 Rn 20 ff. In der *s.r.l.* besteht hinsichtlich der Zuständigkeit der Gesellschafterversammlung weitreichende Satzungsautonomie, das Gesetz regelt in Art. 2479 Abs. 2 cod. civ. nur die Kompetenzen, die ihr zwingend zustehen. Näher *Associazione Preite,* Morera/Olivieri/Perassi u.a. (Hrsg.), Il diritto delle società, Cap. IX A 1 (S. 267 ff).

264 Rechtsvergleichend *Enriques/Hansmann/Kraakman* in Kraakman/Armour/Davies u.a., Anatomy of Corporate Law, sub 3.1 (S. 56 ff).

265 Ein Überblick zu den verschiedenen Organisationsmodellen der *s.p.a.* findet sich u.a. bei *Ferrarini/Giudici/Stella Richter,* RabelsZ 69 (2005), S. 658 (675 ff), sowie *Hirte,* FS Th. Raiser S. 839 (844 ff).

266 Für die *s.p.a.* mit dualistischer Leitungsstruktur vgl. Art. 2409-*novies* Abs. 3, 2409-*duocecies* Abs. 2 cod. civ.; für die AG vgl. §§ 84 Abs. 1 S. 1, 101 Abs. 1 S. 1, 119 Abs. 1 Nr. 1 AktG. Zu rechtstatsächlichen Abweichungen in der AG bei der Wahl der Aufsichtsratsmitglieder auf Vorschlag des Vorstands hin *Semler,* FS Lutter S. 721 ff.

267 Vgl. *Immenga,* FS Fischer S. 297 (300); *Kleindiek* in Hommelhoff/Hopt/v.Werder (Hrsg.), Handbuch Corporate Governance, 2. Aufl., S. 787 (815 f mwN); *Martens,* FS Heinsius S. 523 (524, 532); *Windbichler* in Hommelhoff/Hopt/v.Werder (Hrsg.), Handbuch Corporate Governance, 2003, S. 605 (610). Aus ökonomischer Perspektive *Mellewigt/Matiaske* in Albach (Hrsg.), Konzernmanagement S. 107 (128 ff); aus der Sicht der Rechtsanwendungspraxis in Deutschland *Passarge,* NZG 2007, S. 441 ff.
Aus italienischer Sicht *Ferrata* in G. Cian/Trabucchi (Hrsg.), Codice Civile, Art. 2390 sub IV Rn 8; *Rittatore Vonwiller/Ippolito,* I Gruppi Societari, Cap. 3.2 (S. 53).

einen lediglich die Leitungsorgane betreffen. In dieser Konstellation wird entweder ein Mitglied des Leitungsorganes der Muttergesellschaft zum Mitglied des Leitungsorganes der Tochtergesellschaft bestellt oder umgekehrt ein Mitglied des Leitungsorganes der Tochtergesellschaft als für diesen Geschäftsbereich zuständig in das Leitungsorgan der Muttergesellschaft berufen[268]. Personelle Verflechtungen können zum anderen unter Einbeziehung des Kontrollorganes der Tochtergesellschaft erfolgen[269]. In diesem Fall ist ein Mitglied des Leitungsorganes der Muttergesellschaft zugleich im Kontrollorgan der Tochtergesellschaft vertreten. Die Verflechtung der Leitungsorgane soll im wesentlichen zu einer Verhaltenskontrolle führen, während sie unter Einbeziehung der Kontrollorgane eher der Ergebniskontrolle dient[270]. Durch Doppel- bzw. Mehrfachmandate können die jeweiligen Mitglieder einen besseren Einblick in die Angelegenheiten der betroffenen Gruppengesellschaften erlangen[271]. Als Ausfluss der Organisationsautonomie im Personalbereich fällt die Personalpolitik unter die Kategorie unternehmerischer Entscheidungen, die wiederum eingeschränkter rechtlicher Kontrolle unterliegen[272].

b. Konfliktpotential personeller Verflechtungen

Die Zulässigkeit personeller Verflechtungen insgesamt wird weder in Italien noch in Deutschland in Frage gestellt[273].

Verflechtungen unter Einbeziehung des Kontrollorganes der Tochtergesellschaft gelten jedoch als problematisch, da die Gefahr einer Selbstkontrolle und damit des Entfallens einer effizienten Kontrolle implizierend[274]. Vertreter der Muttergesellschaft als Mitglieder des Kontrollorganes der Tochtergesellschaft entsprechen daher

---

268 Vgl. zu dieser Konstellation und ihren Anwendungsbereichen überblicksartig *Fleischer* in Spindler/Stilz (Hrsg.), AktG § 76 Rn 105; aus praktischer Sicht *Passarge*, NZG 2007, S. 441.

269 Vgl. zu dieser Konstellation *Kort* in GroßKomm AktG § 76 Rn 190.

270 Aus ökonomischer Perspektive *Mellewigt/Matiaske* in Albach (Hrsg.), Konzernmanagement S. 107 (129); zur juristischen Sichtweise für dezentral organisierte Gruppen *Kleindiek* in Hommelhoff/Hopt/v.Werder (Hrsg.), Handbuch Corporate Governance, 2. Aufl., S. 787 (796 ff, 813 ff, jeweils mwN).

271 Zu unterschiedlichen Vorteilen von Vorstandsdoppelmandaten *Passarge*, NZG 2007, S. 441; zur Einordnung als ein Instrument der Vorstandskontrolle *Löbbe*, Unternehmenskontrolle im Konzern S. 146 f; in Bezug insbesondere auf den italienischen Familienkapitalismus *Santagata*, Riv. soc. 2009, S. 310 (311 ff).

272 *Martens*, FS Heinsius S. 523 (530); ähnlich *Windbichler* in Hommelhoff/Hopt/v.Werder (Hrsg.), Handbuch Corporate Governance, 2003, S. 605 (610).

273 Für Deutschland statt vieler BGH NZG 2009, S. 744 (745); *Hüffer* AktG § 311 Rn 22 f; ferner *Kleindiek* in Hommelhoff/Hopt/v.Werder (Hrsg.), Handbuch Corporate Governance, 2. Aufl., S. 787 (815 mwN).
Für Italien *Ferrata* in G. Cian/Trabucchi (Hrsg.), Codice Civile, Art. 2390 sub IV Rn 8. Mit Problembewusstsein im Hinblick auf personelle Verflechtungen von Leitungsorganen börsennotierter Gesellschaften jedoch *Santagata*, Riv. soc. 2009, S. 310 ff.

274 Zu den Problemen überblicksartig *Kort* in Großkomm AktG § 76 Rn 190 f.
Zur Kritik an personellen Verflechtungen unter Einbeziehung des Aufsichtsrates und der ausführlichen Auseinandersetzung mit selbiger aus deutscher Sicht *Decher*, Personelle Verflechtungen im Aktienkonzern S. 159 ff; *Kleindiek* in Hommelhoff/Hopt/v.Werder (Hrsg.), Handbuch Corporate Governance, 2. Aufl., S. 787 (815 f); befürwortend dagegen etwa *Semler*, FS Lutter S. 721 (730).

den Unabhängigkeitsanforderungen der Empfehlung der Kommission zu den Aufgaben von nicht geschäftsführenden Direktoren und Aufsichtsratsmitgliedern börsennotierter Gesellschaften nicht[275]. Die Empfehlung enthält Leitlinien über Situationen, die normalerweise geeignet sind, materielle Interessenkonflikte herbeizuführen[276]. Sie hat zum Ziel, die Unabhängigkeit insbesondere in den als besonders konfliktgefährdeten Angelegenheiten wie Nominierung und Vergütung der Mitglieder des Geschäftsführungsorganes sowie Prüfung der Abschlussprüfung zu sichern[277]. Die Unabhängigkeit gilt demnach u.a. bei Anteilseignern mit einer Kontrollbeteiligung bzw. deren Vertreter als beeinträchtigt[278]. Zwar gilt die Empfehlung nur für börsennotierte Gesellschaften[279]. Dennoch lässt sich aus ihr schließen, dass personelle Verflechtungen unter Einbeziehung des Kontrollorganes als strukturelle Interessenkonflikte hervorrufend zumindest aus Sicht der Europäischen Kommission als Corporate Governance Problem gelten[280].

Aber auch personelle Verflechtungen, die das Leitungsorgan der Ober- wie das der Tochtergesellschaft betreffen, können zumindest einen Loyalitätskonflikt für das betroffene Mitglied herbeiführen[281]. Die Abwägung der Interessen der Gesellschaft gegen die der Obergesellschaft bzw. der Gruppe hat in dieser Konstellation dieselbe Person in doppelter Funktion vorzunehmen.

c. Zahlenmäßige Begrenzung der Ämterhäufung

Obwohl die Häufung von Mitgliedschaften im Kontrollorgan in Italien weit verbreitet ist[282], unterliegen Mehrfachmandate für dessen Mitglieder, anders als im deutschen Recht[283], keiner Beschränkung durch das Gesetz oder den Codice di Autodisciplina. Eine derartige Beschränkung kann jedoch in die Gründungsurkunde

---

275 Vgl. Abschnitt III 13.1 Empfehlung der Kommission zu den Aufgaben von nicht geschäftsführenden Direktoren bzw. Aufsichtsratsmitgliedern.
276 Vgl. Abschnitt III 13.1 sowie Anhang II Empfehlung der Kommission zu den Aufgaben von nicht geschäftsführenden Direktoren bzw. Aufsichtsratsmitgliedern.
277 Vgl. Erwägungsgrund 9 Empfehlung der Kommission zu den Aufgaben von nicht geschäftsführenden Direktoren bzw. Aufsichtsratsmitgliedern.
278 Vgl. Anhang II, sub 1 c) Empfehlung der Kommission zu den Aufgaben von nicht geschäftsführenden Direktoren bzw. Aufsichtsratsmitgliedern.
279 Kritisch zu diesem Einwand gegen ihre Bedeutung für das deutsche Recht *Hopt*, FS Röhricht S. 235 (246 ff); *ders.*, ZIP 2005, S. 461 (467 f).
280 Zur in Deutschland vorgebrachten Kritik sogleich näher unten § 5 VI 1 d aa.
281 Instruktiv *Vetter*, ZHR 171 (2007), S. 342 (346, 349 ff). Zu Vorstands-Doppelmandaten und den damit verbundenen Rechtsproblemen aus deutscher Sicht *Decher*, Personelle Verflechtungen im Aktienkonzern S. 127 ff; *Kort* in Großkomm AktG § 76 Rn 182; überblicksartig *Passarge*, NZG 2007, S. 441 ff; aus italienischer Sicht *Santagata*, Riv. soc. 2009, S. 310 (318). Rechtsvergleichend zum Konfliktpotential bereits *Immenga* in International Encyclopedia of Comparative Law, Vol. XIII, 7–29.
282 *Razzante* in Di Noia/Razzante (Hrsg.), Il nuovo diritto societario e dell'intermediazione finanziaria, S. 518; *Sangiovanni*, RIW 2005, S. 112 (116).
283 Vgl. § 100 Abs. 2 Nr. 1 AktG. Die Frage nach einer zahlenmäßigen Mandatsbegrenzung von nicht geschäftsführenden Verwaltungsratsmitgliedern treibt nunmehr auch die Kommission um, vgl. Grünbuch Corporate Governance-Rahmen, Frage 7 (S. 9).

einer nicht börsennotierten *s.p.a.* aufgenommen werden[284]. Diese Möglichkeit einer beliebig zu ziehenden Grenze hat Kritik erfahren[285].

Im Zusammenhang mit einer restriktiven oder extensiven Auslegung der Unabhängigkeitskriterien des Art. 2399 Abs. 1 c) cod. civ. ist die Frage aufgeworfen worden, ob unter Corporate Governance Gesichtspunkten die bisherige Praxis überhaupt zulässig sei[286], dass eine Person ein Amt in mehreren *collegi sindacali* von Gesellschaften derselben Gruppe innehabe[287]. Teilweise wird insoweit die Mitgliedschaft im *collegio sindacale* von Mutter- und Tochtergesellschaft für zulässig gehalten[288].

In der börsennotierten *s.p.a.,* sowie in Gesellschaften, deren Anteile in maßgeblichem Umfang unter den Anlegern gestreut sind, ist die Ämterzahl hingegen durch Verordnung der *Consob* auf fünf Mandate begrenzt (Art. 148-*bis* Abs. 1 TUF)[289].

Bei ihrer Bestellung trifft die Mitglieder des *collegio sindacale* – und zwar vor Erklärung ihrer Annahme – die Pflicht zur Mitteilung über die Geschäftsführungs- und Aufsichtsfunktionen, die sie in anderen Gesellschaften ausüben (Art. 2400 Abs. 4 cod. civ.). Für die Mitglieder des Kontrollorganes einer börsennotierten *s.p.a.* oder einer in maßgeblichem Umfang unter Anlegern gestreuten Gesellschaft wird diese Pflicht dahingehend erweitert, dass sie die Mitteilung auch der *Consob* und dem Anlagepublikum zu machen haben (Art. 148-*bis* Abs. 2 TUF).

Nach deutschem Recht sind entsprechende Angaben dem Wahlvorschlag von Aufsichtsratsmitgliedern von börsennotierten Aktiengesellschaften beizufügen (vgl. § 125 Abs. 1 S. 5 AktG). Zweck dieser Regelung ist ebenfalls die Offenlegung personeller Verflechtungen[290]. Im übrigen handelt es sich dabei zugleich um Pflichtangaben des Anhangs des Jahresabschlusses (§ 285 Nr. 10 S. 1 HGB). Schließlich wird bei Vorhandensein von Interessenkonflikten eine organinterne Offenlegungspflicht angenommen. Für börsennotierte Aktiengesellschaften ergibt sie sich aus 5.5.2 und 3 DCGK, ansonsten aus der organschaftlichen Treuepflicht[291].

---

284 Vgl. Art. 2399 Abs. 3, bzw. Art. 2409-*duodecies* Abs. 11 cod. civ. für die *s.p.a.* mit dualistischer Organisationsstruktur. Mit der Häufung der Ämter seien jeweils nur Ämter im *collegio sindacale* gemeint, so *Domenichini* in Niccolini/Stagno d'Alcontres (Hrsg.), Le società di capitali, Art. 2399 sub 4 (S. 734).

285 Vgl. die Nachweise bei *Aristeia,* Amministrazione, controllo e tutela delle minoranze nella legge 28 dicembre 2005, n. 262, Doc. n. 57, marzo 2006, sub 2.2.1 (S. 12). Kritisch auch *Sangiovanni,* RIW 2005, S. 112 (116 f).

286 Vgl. *De Biasi,* Società 2003, S. 946 (951 f).

287 Ausführlich und mit Überblick zum Streitstand *Benatti* in Maffei Alberti (Hrsg.), Il nuovo diritto delle società, Artt. 2397–2406 sub 11 (S. 914 f). Befürwortend etwa *Niutta,* Riv. soc. 2003, S. 780 (794). Ablehnend u.a. *Enriques* in Maffei Alberti (Hrsg.), Il nuovo diritto delle società, Art. 2391 sub 2 Fn 11 (S. 762); *Perrone* in G. Cian/Trabucchi (Hrsg.), Codice Civile, Art. 2399 sub II Rn 4.

288 Teilweise differenzierend *De Angelis,* Società 2004, S. 420 (422); *Niutta,* Riv. soc. 2003, S. 780 (794), die im Ergebnis aber die Mitgliedschaft in *collegi sindacali* von mehreren Gruppengesellschaften, unabhängig von der jeweiligen Ebene, für zulässig halten. Teilweise differenzierend auch *Benatti* in Maffei Alberti (Hrsg.), Il nuovo diritto delle società, Artt. 2397–2406 sub 11 (S. 915).

289 Vgl. Art. 144-*terdecies* Abs. 1 Regolamento Emittenti, der nicht nur Ämter im Aufsichtsorgan einer *s.p.a.*, sondern auch einer *s.a.p.a.* und einer *s.r.l.* einbezieht.

290 Vgl. *Hüffer* AktG § 125 Rn 4.

291 Vgl. im Einzelnen *Hopt/Roth* in Großkomm AktG § 100 Rn 164 f.

d. *Beschränkungen personeller Verflechtungen im italienischen Recht*

Das italienische Recht enthält weitreichende Inkompatibilitätsregelungen insbesondere für die Mitglieder des *collegio sindacale,* die teilweise wiederum nach der Börsennotierung der betroffenen Gesellschaft differenzieren. Dabei ist in den nicht kapitalmarktorientierten Gesellschaften die besondere Rolle des *collegio sindacale* als Kontrollorgan einerseits und als Abschlussprüfer andererseits zu berücksichtigen[292].

aa. Inkompatibilität von Leitungs- und Kontrollfunktion

Nach italienischem und deutschem Recht ist die Zugehörigkeit zum Leitungs- und Kontrollorgan derselben Gesellschaft unzulässig, wie auch die Mitgliedschaft im Geschäftsführungsorgan der Tochtergesellschaft inkompatibel ist mit der Mitgliedschaft im Kontrollorgan der Obergesellschaft[293]. Damit soll die Kontrolle von den zu überwachenden Personen getrennt werden[294].

Die italienische Inkompatibilitätsregelung geht darüber noch hinaus: gleichermaßen in das *collegio sindacale* einer börsennotierten (Art. 148 Abs. 3 b) TUF)[295] und einer nicht börsennotierten (Art. 2399 Abs. 1 b) cod. civ.) *s.p.a.* nicht wählbar sind auch die Leitungsorganmitglieder ihrer Tochter-, Mutter- und Schwestergesellschaften. Ein entgegenlautender Beschluss ist unwirksam. Die in der deutschen Rechtspraxis gängige[296] Konstellation, dass ein Vorstandsmitglied der Obergesellschaft ein Amt im Aufsichtsrat der Tochtergesellschaft bekleidet, ist damit gesetzlich unzulässig. Dies war bereits vor der Gesellschaftsrechtsreform der Stand der herrschenden Meinung[297].

Dagegen sieht das italienische Recht kein § 100 Abs. 2 Nr. 3 AktG entsprechendes Inkompatibilitätsverbot bei Überkreuzverflechtungen von Gesellschaften vor. Das Konfliktpotential, dass sich die Leitungsorganmitglieder verschiedener überkreuz beteiligter Gesellschaften gegenseitig kontrollieren und damit die Gefahr einer Neutralisierung der Kontrolle wegen beiderseitiger Rücksichtnahme eintritt[298], dürfte jedoch auch in Italien bestehen.

Im übrigen soll die Inkompatibilitätsregelung die Unabhängigkeit und Neutralität der Mitglieder des *collegio sindacale* gegenüber den *amministratori* sowie der Aktionärsversammlungsmehrheit gewährleisten[299]. Von Bedeutung dürfte dies gerade

---

292 Vgl. oben § 4 IV 1 b bb.
293 Vgl. für das deutsche Recht § 105 Abs. 1 bzw. § 100 Abs. 2 Nr. 2 AktG.
294 Vgl. für das deutsche Recht *Hopt/Roth* in Großkomm AktG § 100 Rn 51; *Koppensteiner* in KölnKomm AktG Vorb. § 291 Rn 67.
295 Art. 148 Abs. 3 b) TUF bezieht sich auf alle drei Organisationsmodelle der *s.p.a.*, vgl. Absätze 4-*bis* und 4-*ter.*
296 Vgl. *Hopt/Roth* in Großkomm AktG § 100 Rn 55.
297 Vgl. *Benatti* in Maffei Alberti (Hrsg.), Il nuovo diritto delle società, Artt. 2397–2406 sub 10 (S. 907) mit entsprechenden Nachweisen zu Literatur und Rechtsprechung.
298 Zu diesem *Hüffer* AktG § 100 Rn 6.
299 *Galgano*, Diritto Civile e Commerciale III.2, par. 155 (S. 327); unter Verweis auf die Gesetzesbegründung *Perrone* in G. Cian/Trabucchi (Hrsg.), Codice Civile, Art. 2399 sub I Rn 1.

für die Vielzahl von nicht kapitalmarktorientierten *s.p.a.* sein, in denen das *collegio sindacale* zugleich die Abschlussprüfung durchführt[300]. Dieser Teil der Inkompatibilitätsregelung entspricht auch der Empfehlung der EU-Kommission zu den Aufgaben von nicht geschäftsführenden Direktoren und Aufsichtsratsmitgliedern börsennotierter Gesellschaften. Diese Empfehlung fordert, dass die Aufsicht über die geschäftsführenden Direktoren bzw. Vorstandsmitglieder durch eine hinreichende Anzahl von Personen erfolgen soll, die keinen Interessenkonflikten unterliegen und unabhängig sind, wobei dies in besonderem Maße für die Bereiche Bestellung und Vergütung der Mitglieder der Unternehmensleitung sowie die Abschlussprüfung gilt[301]. Gerade Vertreter des kontrollierenden Gesellschafters gelten insoweit als nicht unabhängig[302]. Indes wird die Anwendung dieses Unabhängigkeitskriteriums auf den Vertreter der Muttergesellschaft im Aufsichtsrat der Tochtergesellschaft in Deutschland zur Zeit vehement abgelehnt[303]. Zum einen wird dieser Aspekt der Empfehlung als für die nicht durch Streubesitz, sondern typischerweise durch Mehrheitsaktionäre geprägte Aktiengesellschaft unverträglicher legal transplant angesehen[304]. In Deutschland fehlt es daher an einer eindeutigen Regelung in diesem Bereich[305]. Zum anderen wird kritisiert, dass die Effektivität unabhängiger geschäftsführender Direktoren nicht erwiesen sei[306]. Letztlich komme es darauf an, wie der Begriff der Unabhängigkeit definiert werde[307]. Der Deutsche Corporate Governance Kodex setzt die Unabhängigkeit in Ziffer 5.4.2 voraus und definiert sie lediglich allgemein dahingehend, dass das Aufsichtsratsmitglied in keiner geschäftlichen oder persönlichen Beziehung zu der Gesellschaft oder ihrem Vorstand stehen soll, die einen Interessenkonflikt begründet[308].

---

300 Vgl. oben § 4 IV 1 b bb.

301 Vgl. Erwägungsgründe 8 und 9 Empfehlung zu den Aufgaben von nicht geschäftsführenden Direktoren und Aufsichtsratsmitgliedern börsennotierter Gesellschaften.

302 Vgl. Abschnitt III 13 sowie Anhang II Nr. 1 d) Empfehlung zu den Aufgaben von nicht geschäftsführenden Direktoren und Aufsichtsratsmitgliedern börsennotierter Gesellschaften. Zu durch die Anforderung hervorgerufenen Problemen *Windbichler* in Hommelhoff/Hopt/v.Werder (Hrsg.), Handbuch Corporate Governance, 2. Aufl., S. 825 (834).

303 Vgl. etwa *Habersack*, ZIP 2006, S. 445 (449 f); *Hüffer* AktG § 100 Rn 2a mwN; *Lieder*, NZG 2005, S. 569 (571 f); *Spindler*, ZIP 2005, S. 2033 (2041). Rechtsvergleichend zu diesem Aspekt *Hopt/Roth* in Großkomm AktG § 100 Rn 190 ff, 194.

304 Vgl. *Hopt* in Hommelhoff/Hopt/v.Werder (Hrsg.), Handbuch Corporate Governance, 2. Aufl., S. 39 (54 f); *ders.* in FS Canaris, Bd. II, S. 105 (117 f).

305 Kritisch daher in Bezug auf die deutsche Rechtslage Report on the application by the Member States of the EU of the Commission, Recommendation on the role of non-executive or supervisory directors of listed companies and on the committees of the (supervisory) board, 20.07.2007, SEC(2007) 1021, sub 4.2.2.

306 *Hopt*, ZHR 175 (2011), S. 444 (474); *Roth*, ZHR 175 (2011), S. 605 (626 f), jeweils mwN.

307 *Hopt*, ZHR 175 (2011), S. 444 (474, 484 ff); *Roth*, ZHR 175 (2011), S. 605 (619 ff, 625 ff)

308 Zu dem in der Begründung zum Regierungsentwurf des BilMoG versteckten Hinweis auf die Empfehlung zu den Aufgaben von nicht geschäftsführenden Direktoren und Aufsichtsratsmitgliedern börsennotierter Gesellschaften für die Frage der Unabhängigkeit des sachverständigen Mitglieds des Prüfungsausschusses *Windbichler* in Hommelhoff/Hopt/v.Werder (Hrsg.), Handbuch Corporate Governance, 2. Aufl., S. 825 (834).

Der Codice di Autodisciplina verlangt ebenfalls Unabhängigkeit der Mitglieder des *collegio sindacale*[309].

Schließlich erstreckt sich die allgemeine gesellschaftsrechtliche italienische Inkompatibilitätsregelung auch auf Ehepartner, Eltern und Verschwägerte der Geschäftsführungsorganmitglieder bis zum 4. Grad[310]. Bei dieser weitreichenden Einbeziehung von Verwandtschaftsverhältnissen handelt es sich, soweit ersichtlich, um ein italienisches Spezifikum. Es erschließt sich möglicherweise aus dem verbreiteten Phänomen des Familienkapitalismus[311]. Persönliche Beziehungen schließen die Unabhängigkeit auch nach der zeitlich später ergangenen Empfehlung der EU-Kommission zu den Aufgaben nicht geschäftsführender Direktoren und Aufsichtsratsmitglieder börsennotierter Aktiengesellschaften aus[312]. Diese erstreckt sich u.a. auch auf Familienangehörige des Mehrheitsaktionärs, was sich in der italienischen Regelung jedoch nicht durchgesetzt hat[313] und daher Gegenstand von Kritik ist[314].

bb. Ausdehnung der Inkompatibilität auf nicht organschaftliche Rechtsbeziehungen

Ebenso wie das deutsche Recht, das neben der Inkompatibilität der Zugehörigkeit zum Aufsichtsrat mit der Stellung als gesetzlicher Vertreter auch Prokuristen, bestimmte Handlungsbevollmächtigte der Gesellschaft und dauernde Stellvertreter von Vorstandsmitgliedern erfasst[315], regelt das italienische Recht auch sonstige Rechtsbeziehungen. So sind in das *collegio sindacale* einer nicht börsennotierten *s.p.a.* keine Personen wählbar, die in einem Arbeitsverhältnis, einem dauerhaften entgeltlichen Beratungs- oder Werkvertragsverhältnis[316] oder einem sonstigen Rechtsverhältnis vermögensrechtlicher Art[317], das die Unabhängigkeit gefährdet, zu der Ge-

---

309 10.C.2 Codice di Autodisciplina verweist im Hinblick auf die Bestimmung der Unabhängigkeit auf die Kriterien für die unabhängigen Leitungsorganmitglieder. 3.C.1 Codice di Autodisciplina stellt insoweit Negativkriterien auf, die die Unabhängigkeit ausschließen. Dazu gehört etwa die unmittelbare oder mittelbare Kontrollen über den Emittenten, mithin die Stellung als Muttergesellschaft (3.C.1.a) Codice di Autodisciplina).

310 Entsprechendes gilt zumindest für die monistisch verfasste *s.p.a.* (Art. 2409-*octiesdecies* Abs. 2 iVm Art. 2409-*septiesdecies* Abs. 2 cod. civ.), nicht aber für die dualistische *s.p.a.*. Kritisch zu dieser Inkongruenz *Panzani* in Bonfante/Corapi et al. (Hrsg.), Codice commentato delle nuove società, Art. 2409-*duodecies* Rn 2.

311 Dazu oben § 2 I 4.

312 Vgl. Abschnitt III 13 sowie Anhang II Nr. 1 i) Empfehlung zu den Aufgaben von nicht geschäftsführenden Direktoren und Aufsichtsratsmitgliedern börsennotierter Gesellschaften.

313 Zu entsprechenden Vorschlägen im Gesetzgebungsverfahren *Benatti* in Maffei Alberti (Hrsg.), Il nuovo diritto delle società, Artt. 2397–2406 sub 10 (S. 908).

314 Vgl. *Montalenti/Balzola*, La società per azioni quotata, sub 21 (S. 130).

315 Vgl. § 105 Abs. 1 AktG; dazu im Einzelnen *Hüffer* AktG § 105 Rn 2 ff.

316 Zur Unterteilung von Werk- und Dienstverträgen im italienischen Recht *Grundmann* in Grundmann/Zaccaria (Hrsg.), Einführung in das italienische Recht 3. Teil 3. Kap. VII 1 a).

317 Vgl. dazu die Beispiele bei *De Angelis*, Società 2004, S. 420 (421); zur Problematik der Bildung von Kriterien, wann ein Verhältnis wirtschaftlicher Art geeignet sei, die Unabhängigkeit zu beeinträchtigen *Benatti* in Maffei Alberti (Hrsg.), Il nuovo diritto delle società, Artt. 2397–2406 sub 11 (S. 911 ff). Kritisch wegen der nicht genau bestimmten Rechtsverhältnisse *Siclari* in Bonfante/Corapi et al. (Hrsg.), Codice commentato delle nuove società, Art. 2399 Rn 3 mwN.

sellschaft, ihrer Tochter-, Mutter- oder Schwestergesellschaft stehen (Art. 2399 Abs. 1 c) cod. civ.)[318]. Die italienische Regelung erfasst in diesem Zusammenhang u.a. rechtsgeschäftliche Vertreter wie Generaldirektoren (*direttori generali*)[319] oder Manager (*dirigenti*).

Für die börsennotierte *s.p.a.* gelten noch strengere Vorgaben: die Inkompatibilität erstreckt sich gruppenweit auf Rechtsbeziehungen mit Personen, die den Geschäftsführungsorganmitgliedern familiär verbunden sind. Ferner können berufliche Verbindungen nahezu jeglicher Art die Wählbarkeit ausschließen, sofern sie geeignet sind, die Unabhängigkeit zu beeinträchtigen (Art. 148 Abs. 3 c) TUF)[320]. Darunter fallen, anders als nach Art. 2399 Abs. 1 c) cod. civ., auch nur gelegentliche Verbindungen[321].

cc. Inkompatibilität im Hinblick auf Beratungsleistungen durch Mitglieder des Kontrollorganes

Die Inkompatibilitätsvorschrift des Art. 2399 Abs. 1 c) cod. civ. zielt insbesondere auf im *collegio sindacale* vertretene Wirtschaftsprüfer, die der Gesellschaft zugleich durch einen Beratungsvertrag verbunden sind[322].

Vor der Gesellschaftsrechtsreform war es verbreitete Praxis, dass diese dem Geschäftsführungsorgan Maßnahmen vorschlugen, über die sie danach, in ihrer Funktion als Mitglied des *collegio sindacale,* Kontrolle ausüben sollten. Die Funktion des *collegio sindacale* erschöpfte sich letztlich in einer Selbstkontrolle[323]. Seit der Gesellschaftsrechtsreform gelten derartige Beratungsverhältnisse mit der Aufgabenwahrnehmung im *collegio sindacale*, jedenfalls, wenn sie dauerhafter Art sind, als nicht vereinbar. Im Einzelnen ist dabei einiges umstritten, je nachdem, ob die Anforderungen des Art. 2399 Abs. 1 c) cod. civ. weit oder eng ausgelegt werden[324]. Diskutiert wird insbesondere, ob auch die sonstigen Beziehungen vermögensrechtlicher Natur, die die Unabhängigkeit beeinträchtigen können, dauerhaft sein müssen oder nicht, sowie nach welchen Kriterien sich die Unabhängigkeit bemisst. Zudem steht

---

318 Art. 2399 Abs. 1 c) gilt auch für die dualistisch verfasste *s.p.a.* (Art. 2409-*duodecies* Abs. 10 c) cod. civ.).

319 Die zur zweiten Führungsebene gehörenden Generaldirektoren haben keine organschaftliche Vertretungsmacht, dazu sowie zu ihren Aufgaben *Magrini*, Italienisches Gesellschaftsrecht S. 112 f.

320 Zur mehrfachen Ergänzung der Vorschrift und den Auswirkungen auf ihre Reichweite *Montalenti*, Giur. comm. 2007, I, S. 555 (556 f).

321 Zu diesem Unterschied *Perrone* in G. Cian/Trabucchi (Hrsg.), Codice Civile, Art. 2399 sub II Rn 2 f mwN.

322 Ausführlich *Benatti* in Maffei Alberti (Hrsg.), Il nuovo diritto delle società, Artt. 2397–2406 sub 11 (S. 910 f); *Magrini*, Italienisches Gesellschaftsrecht S. 123.

323 *Benatti* in Maffei Alberti (Hrsg.), Il nuovo diritto delle società, Artt. 2397–2406 sub 11 (S. 910); *Galgano*, Diritto Civile e Commerciale III.2, par. 155 (S. 326); *Niutta*, Riv. soc. 2003, S. 780 (795).

324 Vgl. den Überblick bei *D'Agostino/Marcello*, Società 2011, S. 172 (175 ff); *Tedeschi*, Giur. comm. 2010, I, S. 771 (790 ff).

die Regelung nicht im Gleichklang zu den allgemeinen Anforderungen an die Unabhängigkeit und Objektivität des Abschlussprüfers[325].

Demgegenüber sind Verträge der Gesellschaft mit Aufsichtsratsmitgliedern, die etwa eine Beratung zum Gegenstand haben, in ihrer Wirksamkeit von der Zustimmung des Aufsichtsrates abhängig (§ 114 Abs. 1 AktG). Der Corporate Governance Kodex (Ziff. 5.5.4) wiederholt diese Vorgabe. Die konzernweite Erstreckung der Vorschrift ist Gegenstand rechtspolitischer Forderungen im Rahmen der Diskussion um eine gute Corporate Governance[326].

dd. Inkompatibilität im Hinblick auf die Funktion des Abschlussprüfers

Ebenfalls umstritten in Bezug auf das Unabhängigkeiterfordernis gem. Art. 2399 Abs. 1 c) cod. civ. ist die Zulässigkeit der Konstellation, in der ein Wirtschaftsprüfer Mitglied im *collegio sindacale* einer Gesellschaft ist, mit der ein für dieselbe Wirtschaftsprüfungsgesellschaft tätiger anderer Prüfer in einem Beratungsverhältnis steht[327]. Auswirkungen der Umsetzung der Abschlussprüferrichtlinie auf diesen Streit sind gegenwärtig nicht ersichtlich.

Nach der Abschlussprüferrichtlinie dürfte in derartigen Fällen, in denen Prüfungsleistung und Beratung durch zwei Prüfer derselben Prüfungsgesellschaft erbracht werden, die Unabhängigkeit des Abschlussprüfers gefährdet sein[328]. Daher sieht sie für Unternehmen von öffentlichem Interesse eine Offenlegungspflicht gegenüber dem Prüfungsausschuss vor in Fällen von durch den Prüfer oder die Prüfungsgesellschaft erbrachten zusätzlichen Leistungen[329]. Eine weitere Verschärfung dieser Regelung dürfte zu erwarten sein[330].

---

325 Art. 10 D.lgs. n. 39/2010 – näher zu diesem Widerspruch *D'Agostino/Marcello*, Società 2011, S. 172 (178 f). Die Anforderungen an die Unabhängigkeit des Abschlussprüfers werden, sofern es um die Prüfung von Unternehmen von öffentlichem Interesse geht, in Art. 17 D.lgs. n. 39/2010 verschärft.

326 Statt vieler *Hopt/Roth* in Großkomm AktG § 114 Rn 9, 38 ff mwN. Zu den insoweit umstrittenen Einzelheiten vgl. *Spindler* in Spindler/Stilz (Hrsg.), AktG § 114 Rn 9 f mwN.

327 Vgl. den Überblick zum Streitstand bei *Benatti* in Maffei Alberti (Hrsg.), Il nuovo diritto delle società, Artt. 2397–2406 sub 13 (S. 918 ff) mwN. Differenzierend etwa *Montalenti*, Giur. comm. 2007, I, S. 555 (558 f), demzufolge Art. 2399 cod. civ. restriktiv auszulegen und die Ausübung zweier unterschiedlicher Funktionen in einer Gesellschaft bzw. Gruppe durch zwei unterschiedliche Personen zwar zulässig sei, allerdings der *sindaco* nicht am Gewinn des beratenden Wirtschaftsprüfers beteiligt werden dürfte. Differenzierend nach der jeweiligen Position der betroffenen Prüfer innerhalb der Prüfungsgesellschaft *Libertini*, Giur. comm. 2004, I, S. 237 (244 f).
Für börsennotierte Gesellschaften sah 10.C.5. Codice di Autodisciplina von 2006 (a.F.) jedenfalls vor, dass das *collegio sindacale* für die Überwachung der Einhaltung der Unabhängigkeitsanforderungen durch die externe Prüfungsgesellschaft verantwortlich war. Die Regelung ist in der überarbeiteten Fassung des Codice di Autodisciplina von Dezember 2011 indes entfallen.

328 Vgl. Art. 22 Abs. 2 Abschlussprüferrichtlinie.

329 Vgl. Art. 42 Abs. 1 b Abschlussprüferrichtlinie.

330 Der von der Kommission unterbreitete Vorschlag für eine Verordnung über spezifische Anforderungen an die Abschlussprüfung bei Unternehmen von öffentlichem Interesse vom 30.11.2011 enthält in Art. 10 das Verbot, für das geprüfte Unternehmen prüfungsfremde Leistungen zu erbringen.

Die italienische Richtlinienumsetzung enthält eine Ermächtigung der *Consob*, die Umstände, die die Unabhängigkeit beeinträchtigen sowie Maßnahmen zum Umgang mit Situationen, in denen die Unabhängigkeit beeinträchtigt ist, in einer Verordnung festzulegen[331]. Ferner sieht sie ein Verbot für die Erbringung verschiedener Arten von Dienstleistungen durch den in Unternehmen von öffentlichem Interesse für die Abschlussprüfung bestellten Prüfer vor[332].

Das Erbringen von Prüfungs- und Beratungsleistungen ist in der deutschen Umsetzung der Abschlussprüferrichtlinie, anders als in anderen Rechtsordnungen, nicht zwingend getrennt[333]. Als Prüfer scheidet ein Aufsichtsratsmitglied ohnehin aus (vgl. § 319 Abs. 3 S. 1 Nr. 2 HGB). Zudem ist ein Prüfer in bestimmten Konstellationen, die seine Unabhängigkeit beeinträchtigen können, von der Abschlussprüfung ausgeschlossen (vgl. § 319 Abs. 3 HGB). Für kapitalmarktorientierte Unternehmen gelten insoweit, entsprechend den Vorgaben der Abschlussprüferrichtlinie, verschärfte Vorgaben (vgl. § 319a HGB). Im übrigen sieht der deutsche Corporate Governance Kodex eine Offenlegungspflicht vor für Konstellationen, die Zweifel an der Unabhängigkeit des Abschlussprüfers begründen könnten (Ziffer 7.2.1).

Angesichts der tatsächlich doppelten Funktion des *collegio sindacale* in nicht kapitalmarktorientierten Gesellschaften sind diese Regelungen nur bedingt vergleichbar.

ee. Unabhängigkeitsanforderung im Hinblick auf die Überwachung der Abschlussprüfung

Nach den Vorgaben der Abschlussprüferrichtlinie muss in Unternehmen von öffentlichem Interesse ein über Sachverstand auf den Gebieten von Abschlussprüfung und/oder Rechnungslegung verfügendes Mitglied des Prüfungsausschusses zugleich unabhängig sein[334].

Der italienische Gesetzgeber geht davon aus, dass das *collegio sindacale* seiner Funktion nach in börsennotierten Aktiengesellschaften dem Prüfungsausschuss nach der Abschlussprüferrichtlinie entspricht[335].

Dagegen hat der deutsche Gesetzgeber zwar eine Regelung eingeführt, die die Anforderungen der Richtlinie im Hinblick auf den Sachverstand und die Unabhängigkeit aufgreift[336]. Die Unabhängigkeit hat er jedoch nicht näher konkretisiert[337]. Er

---

331 Art. 17 Abs. 2 D.lgs. n. 39/2010. Soweit ersichtlich, hat die Consob von dieser Ermächtigung bislang keinen Gebrauch gemacht.
332 Art. 17 Abs. 3 D.lgs. n. 39/2010. Zugleich entfällt der bisher entsprechende Kriterien vorsehende Art. 160 TUF bzw. die allgemein gesellschaftsrechtliche Vorschrift des Art. 2409-*quinquies* cod. civ. Allerdings gelten bis zum Erlass neuer Regelungen die bisherigen fort. Näher dazu *Giudici*, Società 2010, S. 533 (536 f).
333 Vgl. *Hopt/Merkt* in Baumbach/Hopt HGB § 319 Rn 5 mwN.
334 Vgl. Art. 41 Abs. 1 S. 3 Abschlussprüferrichtlinie.
335 Vgl. dazu bereits oben § 4 IV 1 b.
336 Vgl. § 105 AktG bzw. § 264d HGB.
337 Vgl. zu den dadurch hervorgerufenen Schwierigkeiten *Windbichler* in Hommelhoff/Hopt/v.Werder (Hrsg.), Handbuch Corporate Governance, 2. Aufl., S. 825 (834).

verweist lediglich in der Gesetzesbegründung zur Einführung der Regelungen auf die Empfehlung zu den Aufgaben von nicht geschäftsführenden Direktoren und Aufsichtsratsmitgliedern nicht börsennotierter Gesellschaften[338]. Sie ist, insbesondere im Hinblick auf die Besetzung des Aufsichtsrates mit Vertretern der Muttergesellschaft, Gegenstand erheblicher Diskussion[339].

e. *Zwischenergebnis: Die Regelung personeller Verflechtungen im italienischen Recht*

Zu den Grundlagen guter Unternehmensführung gehört eine starke und ausgewogene Kontrolle. Ist der Aktienbesitz in hohem Maße gestreut und den Kleinaktionären eine Überwachung der Geschäftsführung nicht möglich, fällt diese Aufgabe im wesentlichen dem Kontrollorgan bzw. nichtgeschäftsführenden Direktoren zu[340]. In Italien, wie im restlichen Kontinentaleuropa und damit auch in Deutschland, ist die Rechtswirklichkeit in Aktiengesellschaften aber eine andere und durch Mehrheitsaktionäre geprägt. Diese übernehmen regelmäßig die Kontrolle, wie sie aber auch die Unternehmensführung im Ergebnis stellen. Ihre starke Stellung kann daher einen Konflikt mit den wenigen Minderheitsgesellschaftern provozieren[341]. Letzteren kann es ebenso wie in einer Aktiengesellschaft mit breit gestreutem Eigentum an Information und Kapazität für die Überwachung – neben der Geschäftsführung zusätzlich auch des Mehrheitsaktionärs – fehlen[342]. Die europäischen Rechtsordnungen begegnen dieser Situation typischerweise mit der Gewähr besonderer Minderheitenrechte[343].

Das italienische Recht sieht in dieser Situation u.a. umfangreiche Schranken für die Errichtung personeller Verflechtungen unter Einbeziehung des *collegio sindacale* vor. Für die börsennotierte *s.p.a.* gilt dies in besonderem Maße.

Während Interessenkonflikte in konkreten Fällen lediglich eine Offenlegung der Konfliktsituation und Begründung der getroffenen Entscheidung erfordern (Art. 2391)[344], ist derartiges für personelle Verflechtungen nicht einmal diskutiert worden. Gleiches gilt – soweit ersichtlich – für Stimmenthaltungen oder Stimmverbote. Personelle Verflechtungen werden vielmehr bereits präventiv verhindert.

Damit unterscheidet sich die Regelungsmethode erheblich von der in Deutschland, wo personelle Verflechtungen auch unter Einbeziehung des Kontrollorganes der Tochtergesellschaft die Regel sind. Verhaltensmaßstab in dieser Konstellation ist § 311 AktG. Bei Verstößen kommt es zur Haftung nach § 317 Abs. 3 bzw. § 93 Abs. 2

---

338 Kritisch zu dieser Vorgehensweise etwa *Vetter*, ZGR 2010, S. 751 (781 mwN).
339 Vgl. oben § 5 VI 1 d aa.
340 Vgl. *High Level Group*, Report II, Kap. III 4.1. a) (S. 62 ff).
341 Vgl. *Enriques/Hansmann/Kraakman* in Kraakman/Armour/Davies u.a., Anatomy of Corporate Law, sub 4, 4.1 (S. 89 f); *Hopt*, Riv. soc. 2006, S. 906 (915 ff); *Kalss*, ZHR 171 (2007), S. 146 (156 f).
342 Vgl. *High Level Group*, Report II, Kap. III 4.1. a) (S. 63 f); Erwägungsgrund 7 Empfehlung zu den Aufgaben von nicht geschäftsführenden Direktoren und Aufsichtsratsmitgliedern börsennotierter Gesellschaften.
343 Vgl. *Hopt* in Reimann/Zimmermann (Hrsg.), The Oxford Handbook of Comparative Law S. 1161 (1166).
344 Näher dazu oben § 4 III 5 c.

AktG. Daneben werden bei Interessenkonflikten Stimmverbote, Stimmenthaltungen oder ggf. die Niederlegung des Mandates in der Literatur diskutiert. Anwendungsbereich und Reichweite möglicher Beschränkungen des Stimmrechts sind im Einzelnen stark umstritten[345]. Obwohl die Empfehlung der EU-Kommission zu den Aufgaben von nicht geschäftsführenden Direktoren und Aufsichtsratsmitgliedern börsennotierter Gesellschaften derartige Konstellationen jedenfalls für börsennotierte Gesellschaften als unvereinbar mit den Unabhängigkeitskriterien der Empfehlung ansieht[346], fehlt es an einer Regelung in diesem Bereich[347]. Die Anwendung der Empfehlung auf den Vertreter der Muttergesellschaft im Aufsichtsrat der Tochtergesellschaft wird zur Zeit vehement abgelehnt. Dementsprechend wird auch im Deutschen Corporate Governance Kodex die in Ziffer 5.4.2 vorausgesetzte Unabhängigkeit von Aufsichtsratsmitgliedern nur mithilfe einer allgemein gehaltenen Formulierung verlangt.

Allerdings ist das *collegio sindacale* in seiner gesetzlichen Konzeption sowie insbesondere seiner rechtstatsächlichen Ausgestaltung dem Aufsichtsrat nur bedingt vergleichbar. Angesichts der weitreichenden italienischen Inkompatibilitätsvorschriften ist die besondere Stellung des *collegio sindacale* im traditionellen Organisationsgefüge der *s.p.a.* zu berücksichtigen. Demnach soll die Beschränkung personeller Verflechtungen die Unabhängigkeit dessen doppelter Funktion – die der Kontrolle und die der Abschlussprüfung – gewährleisten[348]. Zwar werden die Abschlüsse börsennotierter *s.p.a.* extern geprüft. Doch gelten weitreichende Inkompatibilitätsvorschriften für alle *s.p.a.* und wurden durch die Gesellschaftsrechtsreform im Wesentlichen bereits vor Aussprechen der Empfehlung zu den Aufgaben von nicht geschäftsführenden Direktoren und Aufsichtsratsmitgliedern börsennotierter Gesellschaften eingeführt. Die genannte Empfehlung hat daher lediglich zu einer Ergänzung der Regelungen für börsennotierte *s.p.a.* geführt. Entsprechendes dürfte für die Unabhängigkeitsanforderungen an die mit der Überwachung der Abschlussprüfung Betrauten sowie an die Abschlussprüfer gelten.

Die weitreichende Inkompatibilität lässt sich vermutlich damit begründen, dass die tatsächliche Ausübung der Kontrollfunktion in Italien als eingeschränkt gilt[349]. Dies hat mitunter mit der Eigentumskonzentration und den Wahlbefugnissen zu tun: wenn der Mehrheitsgesellschafter maßgeblichen Einfluss auf die Besetzung des *collegio sindacale* nimmt, kann er auch die Kontrolle des ebenfalls von ihm bestimmten Geschäftsführungsorganes vornehmen lassen. Derartigen strukturellen

---

345 Vgl. *Kort* in Großkomm AktG § 76 Rn 183 ff; *Passarge* NZG 2007, S. 441 (442).

346 Vgl. Abschnitt III 13 sowie Anhang II Nr. 1 d) Empfehlung zu den Aufgaben von nicht geschäftsführenden Direktoren und Aufsichtsratsmitgliedern börsennotierter Gesellschaften.

347 Kritisch daher in Bezug auf die deutsche Rechtslage Report on the application by the Member States of the EU of the Commission, Recommendation on the role of non-executive or supervisory directors of listed companies and on the committees of the (supervisory) board, 13.07.2007, SEC(2007) 1021, sub 4.2.2.

348 *Niutta*, Riv. soc. 2003, S. 780 (793).

349 Vgl. Vgl. *Enriques/Volpin*, Corporate Governance Reforms in Continental Europe (2007), S. 128, http://ssrn.com/abstract=970796.

Interessenkonflikten dürfte mit Offenlegungspflichten oder Stimmenthaltungen allein nicht beizukommen sein. Schließlich erfordern auch das Funktionieren von Kontrolle und gute Corporate Governance eine unabhängige Abschlussprüfung[350].

Die umfangreichen Beschränkungen personeller Verflechtungen unter Einbeziehung des Kontrollorganes dürften für Italien daher weniger als ein *legal transplant* aus dem anglo-amerikanischen Rechtskreis zu beurteilen sein[351], denn als Mittel, eine effektive Überwachungstätigkeit gerade in Bezug auf die Abschlussprüfung auch für nicht börsennotierte Aktiengesellschaften zu gewährleisten. Ob die derart umfangreiche Einbeziehung familiärer Beziehungen möglicherweise über das Ziel hinausschießt, ist hier nicht zu beantworten.

2. Beschränkung wechselseitiger Beteiligungen

Wechselseitige Beteiligungen sind in Italien traditionell verbreitet[352]. Sie sind, ähnlich wie in Deutschland, auch in etwa drei Prozent der börsennotierten Gesellschaften anzufinden[353]. Das italienische Recht erfasst sie unter verschiedenen Aspekten.

a. Konfliktpotential wechselseitiger Beteiligungen

Die wechselseitigen Beteiligungen zugrundeliegende Problematik ist nicht allein gruppenspezifischer Natur und wird als solche allgemein in allen europäischen Rechtsordnungen[354] anerkannt: zum einen wird sie in der Gefahr der Verwässerung[355] des Gesellschaftskapitals durch Bewirken einer (unzulässigen) Selbstbeteiligung gesehen. Insofern stehen wechselseitige Beteiligungen in untrennbarem Zusammenhang mit der Problematik des Erwerbs eigener Aktien und haben Eingang in die Kapitalrichtlinie gefunden[356]. Wechselseitige Beteiligungen bedeuten zum

---

350 Vgl. *Hopt/Merkt* in Baumbach/Hopt HGB § 319 Rn 4.

351 Zu den Auswirkungen der Empfehlung der EU-Kommission zu den Aufgaben von nicht geschäftsführenden Direktoren und Aufsichtsratsmitgliedern börsennotierter Gesellschaften auf europäische Aktiengesellschaften *Hopt*, Riv. soc. 2006, S. 906 (921); zu dieser Frage als *legal transplant Habersack*, ZIP 2006, S. 445 (449 f); zu den Auswirkungen auf grenzüberschreitende Gruppen unter Berücksichtigung des US-amerikanischen Rechts *Windbichler* in Hommelhoff/Hopt/v.Werder (Hrsg.), Handbuch Corporate Governance, 2. Aufl., S. 825 (829).

352 Vgl. *Bianchi/Staderini* in Rabitti Bedogni (Hrsg.), Il testo unico della intermediazione finanziaria, Art. 121 sub 2 (S. 651); *Fumagalli* in Di Noia/Razzante (Hrsg.), Il nuovo diritto societario e dell'intermediazione finanziaria, Cap. III 2 (S. 443).

353 Zu dem Wert von drei Prozent aller börsennotierten Gesellschaften in Italien und Deutschland vgl. Report on the Proportionality Principle in the European Union, sub 4.3.9 (S. 34).

354 Jeweils statt vieler aus italienischer Sicht *Tombari*, Il gruppo di società S. 150 f; aus deutscher Sicht *Bayer* in MünchKomm AktG § 19 Rn 1.

355 Die Gefahr der Verwässerung wirke sich bei der kontrollierten Gesellschaft auf die Rücklagen, bei der kontrollierenden Gesellschaft auf das Stammkapital aus, so *Tombari*, Il gruppo di società S. 151 in Fn 62 mwN; vgl. ferner das Beispiel bei *Bayer* in MünchKomm AktG § 19 Rn 4.

356 Art. 24 a der Kapitalrichtlinie dient der Verhinderung der Umgehung der Vorschriften über den Erwerb eigener Aktien; zum Verhältnis wechselseitiger Beteiligungen zum Erwerb eigener Aktien *Campobasso*, Diritto Commerciale 2, Cap. VI 6 (S. 279 f); *Grundmann*, Europäisches Gesellschaftsrecht Rn 347; *Windbichler* in Großkomm AktG § 19 Rn 9.

anderen einen Eingriff in das gesellschaftliche Kompetenzgefüge und implizieren grundsätzlich die Gefahr der Verselbständigung der Leitungsorgane gegenüber der Gesellschafterversammlung der beteiligten Gesellschaften[357]. Dieser potentielle Interessenkonflikt gilt mittlerweile wohl als das praktisch bedeutendere Problem[358]. So können wechselseitige Beteiligungen dazu ausgenutzt werden, dass eine bestimmte Gruppe von Aktionären oder das Management selbst die eigene Position stärkt und dabei das Governance-System der Gesellschaft einschränkt[359]. Dies kann im Zusammenhang mit der Übernahme von Gesellschaften zum Tragen kommen[360].

b. *Eingeschränkte Zulässigkeit wechselseitiger Beteiligungen bei Vorliegen einer Kontrollbeziehung*

Zeichnung, Erwerb und Besitz von Anteilen der Obergesellschaft durch die Tochtergesellschaft sind bei Vorliegen eines Kontrollverhältnisses nur eingeschränkt zulässig[361]. Entsprechend den Vorgaben der Kapitalrichtlinie[362] folgt die Regelung derjenigen über Zeichnung, Erwerb und Besitz von eigenen Aktien[363]. Für das Vorliegen eines Kontrollverhältnisses ist die Definition des Art. 2359 cod. civ., insbesondere auch hinsichtlich mittelbarer Kontrollbeziehungen, maßgeblich[364]. Die Regelung in Art. 2359-*bis* bis Art. 2359-*quinquies* cod. civ. beschränkt sich im wesentlichen auf die Umsetzung der Vorgaben der Kapitalrichtlinie[365]. Insbesondere trifft die Tochtergesellschaft nach Entstehen einer wechselseitigen Beteiligung nur ein Stimmverbot in der Gesellschafterversammlung der Obergesellschaft hinsichtlich des gesamten Anteils, 2359-*bis* Abs. 5. Dies entspricht den Mindestanforderungen der Kapitalrichtlinie[366] und ist weniger weitreichend als die deutsche Regelung in

---

357 Für das italienische Recht *Campobasso*, Diritto Commerciale 2, Cap. VI 6 (S. 279); *Ferrari* in Bonfante/Corapi et al. (Hrsg.), Codice commentato delle nuove società, Art. 2359-*bis* Rn 1; für das deutsche Recht unter dem Schlagwort der Bildung von Verwaltungsstimmrechten *Windbichler* in Großkomm AktG § 19 Rn 2; für das französische Recht *Falcke*, Konzernrecht in Frankreich S. 77 mwN, wobei wechselseitige Beteiligungen nunmehr in Art. L 233-29–Art. L 233-31 Code de Commerce geregelt sind.

358 *Emmerich/Habersack*, Konzernrecht § 5 Rn 5; *Montalenti/Balzola*, La società per azioni quotata, sub 4 (S. 25).

359 *Bianchi/Staderini* in Rabitti Bedogni (Hrsg.), Il testo unico della intermediazione finanziaria, Art. 121 sub 3 (S. 652); *Fumagalli* in Di Noia/Razzante (Hrsg.), Il nuovo diritto societario e dell' intermediazione finanziaria, Cap. III 2 (S. 443).

360 Vgl. *High Level Group*, Report I, Kap. I 3, Anhang 4 sub 1.1

361 Ausführlich zu den Zulässigkeitsvoraussetzungen *Associazione Preite*, Morera/Olivieri/Perassi u.a. (Hrsg.), Il diritto delle società, Cap. V B 8 – 10 (S. 104 ff); überblicksartig in deutscher Sprache *Kindler* in Hommelhoff/Hopt/Lutter (Hrsg.), Konzernrecht und Kapitalmarktrecht S. 123 (128).

362 Vgl. Art. 24 a Abs. 1 lit. a) Kapitalrichtlinie.

363 Art. 2357 bis Art. 2357-*quater* cod. civ.

364 Vgl. *Ferrari* in Bonfante/Corapi et al. (Hrsg.), Codice commentato delle nuove società, Art. 2359-*bis* Rn 2.

365 Zur Umsetzung der Kapitalrichtlinie sowie der Änderungsrichtlinie 92/101/EWG vom 23.11.1992, ABlEG 1992, L 347/64 im italienischen Recht *Kindler*, RIW 1994, S. 821 ff (824 f in Bezug auf wechselseitige Beteiligungen).

366 Vgl. Art. 24a Abs. 6 a) Kapitalrichtlinie.

§§ 71 d S. 4, 71 b AktG, die ein Ruhen sämtlicher Rechte vorsehen. Die allgemeine gesellschaftsrechtliche Regelung hat zudem durch die Gesellschaftsrechtsreform keine wesentlichen inhaltlichen Änderungen erfahren[367]. Aus diesen Gründen wird auf eine ausführliche Darstellung verzichtet.

c. *Wechselseitige Beteiligungen unter Beteiligung einer börsennotierten* s.p.a.

Das italienische Kapitalmarktrecht erfasst wechselseitige Beteiligungen bereits dann, wenn eine Gesellschaft an einer börsennotierten *s.p.a.* zwei Prozent der stimmberechtigten Aktien[368], bzw. eine börsennotierte *s.p.a.* zehn Prozent der stimmberechtigten Anteile einer nicht börsennotierten *s.p.a.* oder *s.r.l.* erwirbt, Art. 121 TUF. Zu berücksichtigen ist, dass die Regelung ausschließlich unterhalb der Kontrollschwelle Anwendung findet[369]. Die maßgebliche Schwelle von zwei Prozent knüpft an die für die Mitteilungspflicht über den Beteiligungserwerb jeweils relevanten Schwellen an[370]. Unterhalb dieser Schwellen sind wechselseitige Beteiligungen uneingeschränkt zulässig.

Aus den besagte Schwellen überschreitenden Anteilen darf kein Stimmrecht ausgeübt werden. Sie sind ferner innerhalb eines Jahres zu veräußern, ansonsten entfällt das Stimmrecht für den gesamten Anteil, Art. 121 Abs. 1 TUF. Wird dieses Stimmverbot nicht beachtet, ist der mit den ausgeübten Stimmen zustande gekommene Beschluss durch die Gesellschafter oder die *Consob* anfechtbar, Art. 121 Abs. 6 TUF[371]. Ferner wird damit eine Strafbarkeit der Mitglieder des Leitungsorganes ausgelöst, Art. 173 TUF. Zur Vermeidung von Umgehungen gilt die Regelung auch für wechselseitige Beteiligungen zwischen Gesellschaften, die auf unterschiedlichen Ebenen zwei Gruppen angehören, Art. 121 Abs. 3 TUF[372]. In diesem Falle ist als Rechtsfolge allerdings keine Veräußerungspflicht, sondern nur die Aufhebung des Stimmrechtes vorgesehen. Dies spricht dafür, dass insbesondere Stimmrechtsbeeinträchtigungen mithilfe der Regelung verhindert werden sollen[373].

---

367 Vgl. zu den im wesentlichen auf die Änderung von Verweisungsnormen beschränkten Modifizierungen *Lamandini* in Maffei Alberti (Hrsg.), Il nuovo diritto delle società, Art. 2359–2359/V sub 27 (S. 407).

368 Die Schwelle von zwei Prozent kann durch vorherige Zustimmung der Aktionärsversammlungen beider beteiligter Gesellschaften auf fünf Prozent angehoben werden, Art. 121 Abs. 2 TUF. Dies soll strategische Allianzen in einem gewissen Rahmen ermöglichen, vgl. *Campobasso*, Diritto Commerciale 2, Cap. VI 6 (S. 284). Zu diesem und weiteren möglichen Gründen für die Norm *Fumagalli* in Di Noia/Razzante (Hrsg.), Il nuovo diritto societario e dell'intermediazione finanziaria, Cap. III 2.2 (S. 446 f).

369 Zum Verhältnis von Art. 121 TUF und Art. 2359-*bis* cod. civ. *Montalenti/Balzola*, La società per azioni quotata, sub 4 (S. 25).

370 Vgl. oben § 4 III 4 b.

371 Art. 121 Abs. 6 verweist auf Art. 14 Abs. 5 TUF, der für die Anfechtung auf die Normen des *codice civile* verweist.

372 Ausführlich dazu *Montalenti* in Cottino (Hrsg.), Trattato Diritto Commerciale IV/2, Cap. III sub 40 (S. 103 f).

373 *Campobasso*, Diritto Commerciale 2, Cap. VI 6 (S. 285); *Fumagalli* in Di Noia/Razzante (Hrsg.), Il nuovo diritto societario e dell'intermediazione finanziaria, Cap. III 2.3 (S. 447 ff).

Das Stimmverbot findet im Zusammenhang mit dem Erwerb von Anteilen im Rahmen eines öffentlichen Übernahmeangebotes, das auf den Erwerb von mindestens 60 Prozent der Aktien gerichtet ist, keine Anwendung, Art. 121 Abs. 5 TUF. In dieser Konstellation scheidet der Erwerb von Aktien der übernehmenden *s.p.a.* für die Zielgesellschaft als Verteidigungsmittel aus[374].

Insgesamt enthält die kapitalmarktrechtliche Regelung keinerlei Einschränkungen hinsichtlich des eingesetzten Kapitals. Indem sie nur die stimmrechtsberechtigten Aktien berücksichtigt, stellt sie vielmehr allein auf das Problem der Verwaltungsstimmrechte ab[375].

d. Die Regelung wechselseitiger Beteiligungen im europäischen Vergleich

Während die italienische gesellschaftsrechtliche Regelung wechselseitiger Beteiligungen bei Vorliegen einer Kontrollbeziehung sich im wesentlichen in der Umsetzung von Art. 24 a Kapitalrichtlinie erschöpft, gilt die kapitalmarktrechtliche Regelung wechselseitiger Beteiligungen als im europäischen Vergleich besonders strenge Regelung[376]. Dies liegt insbesondere an der niedrigen Schwelle von zwei Prozent. Es ist aber zum einen zu bedenken, dass nur ein geringer Anteil der italienischen *s.p.a.* börsennotiert ist[377] und damit überhaupt Art. 121 TUF unterfällt. Zum anderen ist der Anwendungsbereich auf Beziehungen unterhalb einer Kontrollbeziehung beschränkt.

Zwar sind nach der Übernahmerichtlinie[378] Informationen über bedeutende direkte oder indirekte Beteiligungen am Kapital einer Gesellschaft offen zu legen[379]. Eine entsprechende Regelung dürfte sich daher in allen europäischen Mitgliedsstaaten finden. Rechtsfolgen wie ein Stimmverbot sieht die Übernahmerichtlinie jedoch für diesen Fall nicht vor.

3. Gruppeninterne Finanzierungen, Art. 2497-*quinquies*

Art. 2497-*quinquies* trifft eine besondere Regelung für Finanzierungen, die einer Tochtergesellschaft von der Obergesellschaft oder anderen der Leitung und Koordinierung dieser Obergesellschaft unterliegenden Gesellschaften gewährt werden und verweist auf die für die *s.r.l.* geltende Vorschrift des Art. 2467. Diese sieht vor, dass unter bestimmten Voraussetzungen die Rückzahlung der von den Gesellschaftern zugunsten der Gesellschaft vorgenommenen Finanzierungen gegenüber der Befriedigung anderer Gläubiger nachrangig bzw. zurück zu erstatten ist.

---

374 Vgl. *Montalenti/Balzola,* La società per azioni quotata, sub 4 (S. 32).
375 Vgl. *Campobasso,* Diritto Commerciale 2, Cap. VI 6 (S. 285).
376 So zur Rechtslage vor Umsetzung der Übernahmerichtlinie *Bianchi/Staderini* in Rabitti Bedogni (Hrsg.), Il testo unico della intermediazione finanziaria, Art. 121 sub 2 (S. 651).
377 Vgl. oben § 2 I 3.
378 Vgl. Art. 10 Abs. 1 c Übernahmerichtlinie.
379 Vgl. zur Umsetzung in Italien § 123-*bis* TUF; sowie näher oben § 4 III 3 b, 4 c.

Im Hinblick auf die Richtung der erfassten Finanzierungen ist die italienische Regelung derjenigen in § 57 Abs. 1 S. 3 Alt. 2 AktG, die Leistungen der Tochter- an die Muttergesellschaft (sog. upstream-loans[380]) erfasst, entgegengesetzt. Derartige Leistungen verstoßen nicht gegen den Grundsatz der Kapitalbindung, wenn sie durch einen vollwertigen Gegenleistungs- oder Rückgewähranspruch gegen den Aktionär gedeckt sind[381]. Damit wirken sie sich auch auf die Frage der Nachteiligkeit von Maßnahmen im Rahmen des Maßstabes ordnungsgemäßer Gruppengeschäftsführung nach § 311 AktG aus[382]. Denn wenn die Voraussetzungen des § 57 Abs. 1 S. 3 Alt. 2 AktG erfüllt sind, fehlt es an einem Nachteil; Einzelheiten sind indes umstritten[383]. Außerhalb des Anwendungsbereiches von § 57 Abs. 1 S. 3 Alt. 2 AktG gilt, dass § 311 AktG im Hinblick auf die Vermögensbindung spezieller ist, weil § 311 Abs. 2 AktG einen zeitlich gestaffelten Nachteilsausgleich zulässt[384]. In diesem Zusammenhang wird von einer Privilegierungswirkung der §§ 311 ff AktG gesprochen[385]. Diese entfällt jedoch, wenn bis zum Ende des Geschäftsjahres der Nachteil in Form der Einlagenrückgewähr nicht tatsächlich ausgeglichen oder der Gesellschaft kein Rechtsanspruch auf künftigen Nachteilsausgleich eingeräumt wird[386].

a. Erfasste Finanzierungen

Art. 2497-*quinquies* erfasst dem Wortlaut nach jede Art von Finanzierung zugunsten einer Tochtergesellschaft außerhalb von Kapitalmaßnahmen[387]. Letzteres ergibt sich ebenso aus dem Zusammenhang mit Art. 2467, wie die Beschränkung auf Finanzierungen, die zu einem Zeitpunkt geleistet wurden, zu dem zwischen Verbindlichkeiten und Eigenkapital der Gesellschaft ein erhebliches Ungleichgewicht bestand oder zu dem eine Einlage geboten gewesen wäre. Beide Kriterien stellen jeweils auslegungsbedürftige Generalklauseln dar[388]. Im Einzelfall soll zur Konkretisierung etwa maßgeblich sein, welche Tätigkeit die Gesellschaft ausübt und auf welchem Markt sie tätig ist. Anhaltspunkte sollen ferner dem Steuerrecht oder bankaufsichtsrechtlichen Bewertungskriterien entnommen werden können[389]. Teil-

---

380 Vgl. überblicksartig zu den Begriffen und deren jeweiliger Bedeutung *Heidinger/Herrler* in Spindler/Stilz (Hrsg.), AktG § 27 Rn 277.

381 Die Neufassung von § 57 Abs. 1 S. 3 AktG als Klarstellung ansehend BGHZ 179, 71, 77 Tz 12 – MPS; dabei, anknüpfend an das vorgenannte Urteil, eine bilanzielle Betrachtungsweise zugrunde legend BGH vom 31.05.2011, II ZR 141/09 – Dritter Börsengang, abgedr. NZG 2011, S. 829 (832 Tz 25 ff).

382 Vgl. zum Verhältnis von § 311 zu § 57 Abs. 1 S. 3 AktG BGHZ 179, 71, 76 ff, Tz 11 ff – MPS; in Anknüpfung daran BGH vom 31.05.2011, II ZR 141/09 – Dritter Börsengang, abgedr. NZG 2011, S. 829 (834 Tz 48).

383 Vgl. näher *Habersack* in Emmerich/Habersack Aktien- und GmbH-Konzernrecht § 311 Rn 47a ff.

384 Vgl. statt vieler *Hüffer* AktG § 311 Rn 49 mwN.

385 Statt vieler *Habersack* in Emmerich/Habersack Aktien- und GmbH-Konzernrecht § 311 Rn 82 ff; *Hüffer* AktG § 311 Rn 49.

386 BGH vom 31.05.2011, II ZR 141/09 – Dritter Börsengang, abgedr. NZG 2011, S. 829 (834 Tz 48).

387 *Fazzutti* in Sandulli/Santoro (Hrsg.), La riforma delle società, Art. 2467 sub 1 (S. 48); *De Donno* in Bonfante/Corapi et al. (Hrsg.), Codice commentato delle nuove società, Art. 2467 Rn 4.

388 *Daccò-Tatozzi* in G. Cian/Trabucchi (Hrsg.), Codice Civile, Art. 2497 *quinquies* sub II.

389 Vgl. *Rittatore Vonwiller/Ippolito,* I Gruppi Societari, Cap. 5.2. (S. 99).

weise wird die Struktur des Darlehens für maßgeblich erachtet[390]. Schließlich wird die Frage diskutiert, welche Perspektive maßgeblich sein soll: die ex-ante Perspektive bei Vornahme der Finanzierung oder die ex-post Perspektive des Gerichts[391].

Der Gesetzesbegründung zufolge soll es um Finanzierungen zugunsten der Gesellschaft gehen, die formell Fremdkapital sind, wirtschaftlich aber Eigenkapital darstellen[392]. Dies ist mithilfe einer Gesamtbetrachtung, unabhängig von der formellen Einordnung wie etwa der Bezeichnung in den Büchern der Gesellschaft, festzustellen[393]. Im Einzelnen ist umstritten, wie weit der Begriff der Finanzierung auszulegen ist[394]. So ist fraglich, ob auch Kreditsicherheiten zugunsten einer Gruppengesellschaft erfasst sind[395]. Von den Befürwortern wird darauf verwiesen, dass oftmals etwa eine Bank einer Gruppengesellschaft nur dann ein Darlehen gewährt, weil die Muttergesellschaft dafür eine Bürgschaft oder Patronatserklärung abgibt[396]. Des weiteren wird diskutiert, ob etwa auch Marken- oder Patentrechte, die Nutzungsüberlassung von Immobilien oder Leasingverträge unter die Regelung fallen sollen[397]. Im Gruppenzusammenhang dürfte es mitunter um Finanzierungen im Rahmen eines cash-pools gehen.

Auf die Gesellschaftereigenschaft desjenigen, der die Finanzierung leistet, kommt es im Rahmen des Art. 2497-*quinquies* nicht an[398]. Die Regelung erfasst ebenso Finanzierungen durch eine andere Gruppengesellschaft wie durch natürliche Personen. Auch Gesellschafter, die durch einen Stimmbindungsvertrag verbunden sind, gelten als einbezogen[399].

---

390 Etwa Tribunale Venezia 14.04.2011, abzurufen unter www.ilcaso.it/giurisprudenza/archivio/4814.pdf (S. 3 ff).

391 Für die ex-ante Perspektive im Moment der Vornahme der Finanzierung: *Terranova* in Niccolini/Stagno d'Alcontres (Hrsg.), Le società di capitali, Art. 2467 sub 6 (S. 1457). Differenzierend hinsichtlich der ex-post Perspektive im Falle der als zweites geregelten Alternative, die die wirtschaftliche Situation betrifft, in der eine Einlage vernünftig gewesen wäre, und wohl der Möglichkeit beider Perspektiven in der ersten Alternative *De Biasi*, Società 2003, S. 946 (951).

392 Vgl. Relazione allo schema di decreto legislativo 6/2003, sub 11, abgedruckt bei *Fazzutti* in Sandulli/Santoro (Hrsg.), La riforma delle società, Art. 2467.

393 *Rordorf*, Società 2004, S. 538 (547).

394 Unter Verweis auf den Schutzzweck eine weite Auslegung befürwortend Tribunale Padova, 16.05.2011, abzurufen unter www.ilcaso.it/giurisprudenza/archivio/4817.pdf (S. 4).

395 Ablehnend wohl *Patti* in Lo Cascio (Hrsg.), La riforma del diritto societario, Art. 2497-*quinquies* sub 4 (S. 286); befürwortend etwa *Maugeri*, Giur. comm. 2010, I, S. 805 (818).

396 *Ferrucci/Ferrentino,* Le Società di capitali, le società cooperative e le mutue assicuratrici, Cap. CLVI 5 (S. 1943); *Galgano* in Commentario del Codice Civile Scialoja Branca, Art. 2497-*quinquies* sub I.1 (S. 161); *Simonetti* in Bonfante/Corapi et al. (Hrsg.), Art. 2497-*quinquies* Rn 3.

397 Ablehnend *Terranova* in Niccolini/Stagno d'Alcontres (Hrsg.), Le società di capitali, Art. 2467 sub 32 (S. 1480 ff); befürwortend *Irace* in Sandulli/Santoro (Hrsg.), La riforma delle società, Art. 2497-*quinquies* sub 4 (S. 344); jedoch die Rechtsfolge der Nachrangigkeit als nur mittelbar anwendbar sehend *Galgano* in Commentario del Codice Civile Scialoja Branca, Art. 2497-*quinquies* sub II.1 (S. 173 f).

398 Näher *Lolli* in Maffei Alberti (Hrsg.), Il nuovo diritto delle società, Art. 2497-*quinquies* (S. 2417 f). Vgl. auch Tribunale Padova, 16.05.2011, abzurufen unter http://www.ilcaso.it/giurisprudenza/archivio/4817.pdf (S. 4 f).

399 *Simonetti* in Bonfante/Corapi et al. (Hrsg.), Art. 2497-*quinquies* Rn 2; *Irace* in Sandulli/Santoro (Hrsg.), La riforma delle società, Art. 2497-*quinquies* sub 1 (S. 341).

Schließlich ist die Anwendbarkeit auf Finanzierungen zugunsten der Muttergesellschaft umstritten. Die herrschende Auffassung lehnt dies unter Verweis auf den Wortlaut ab[400]. In diesem Fall dürften vielmehr allgemein die Kapitalerhaltungsvorschriften Anwendung finden[401].

b. *Rechtsfolgen: Nachrang und Erstattungspflicht*

Die Vorschrift bewirkt die Nachrangigkeit von im Gruppenzusammenhang geleisteten Finanzierungen gegenüber der Befriedigung von Gesellschaftsgläubigern bzw. eine Erstattungspflicht für innerhalb eines Jahres vor der Erklärung der Insolvenz geleistete Zahlungen an den Insolvenzverwalter. Damit wird letztlich die Kenntnis vom Zustand der Insolvenz der Gesellschaft bei der Obergesellschaft vermutet[402]. Diese Art von Beweislastumkehr weicht von allgemeinen insolvenzrechtlichen Regelungen ab (Anfechtung nach Art. 67 Abs. 2 R.d. 16.3.1942, n. 267 (Fallimento)). Die Regelung dürfte im wesentlichen in der Insolvenz der Gesellschaft Anwendung finden[403]. Teilweise soll sie ausgedehnt werden auf andere Arten der Auflösung des Gesellschaftsvermögens, wie die Zwangsverwaltung[404]. Ein allgemeines Verbot hinsichtlich der Rückerstattung von Finanzierungen während des Bestehens der Gesellschaft enthält sie nach wohl herrschender Auffassung indes nicht[405].

c. *Zweck der Regelung*

Der Gesetzgeber wollte mit der Regelung gruppeninterner Finanzierungen der geringen Kapitalausstattung von Tochtergesellschaften begegnen[406]. Viele Gesellschaften sind nur mit geringem Eigenkapital ausgestattet[407]. Nicht nur in kleinen Kapitalgesellschaften mit einem beschränkten Kreis von Gesellschaftern, meist Familienmitgliedern, ist die Praxis verbreitet, dass die Gesellschafter der Gesellschaft die zur Ausübung der Gesellschaftsaktivität notwendigen Mittel direkt zur Verfügung stellen anstatt das Gesellschaftskapital mittels Leistung von Einlagen zu

---

400 Vgl. den Überblick zum Streitstand bei *Daccò-Tatozzi* in G. Cian/Trabucchi (Hrsg.), Codice Civile, Art. 2497 *quinquies* sub V; ablehnend u.a. *Associazione Preite*, Morera/Olivieri/Perassi u.a. (Hrsg.), Il diritto delle società, Cap. XX 3 (S. 411 f); *Campobasso*, Diritto Commerciale 2, Cap. VI 10 (S. 300); *Tombari*, Fallimento 2004, S. 1164 (1170).

401 *Fasciani*, ECFR 2007, S. 195 (231).

402 *Aristeia*, Direzione e coordinamento di società nella riforma del diritto societario, Doc. n. 35, ottobre 2003, sub 6 (S. 14); *Galgano* in Commentario del Codice Civile Scialoja Branca, Art. 2497-*quinquies* sub II.1 (S. 173); *Tombari*, Fallimento 2004, S. 1164 (1170); *Simonetti* in Bonfante/Corapi et al. (Hrsg.), Art. 2497-*quinquies* Rn 1.

403 *Rordorf*, Società 2004, S. 538 (547); *Tombari*, Fallimento 2004, S. 1164 (1170 mwN).

404 *Rordorf*, Società 2004, S. 538 (547); im Hinblick auf Art. 2467: *Balp*, Riv. soc. 2007, S. 345 (379 ff).

405 *Daccò-Tatozzi* in G. Cian/Trabucchi (Hrsg.), Codice Civile, Art. 2497 *quinquies* sub III mwN; *Irace* in Sandulli/Santoro (Hrsg.), La riforma delle società, Art. 2497-*quinquies* sub 5 (S. 345); *Tombari*, Fallimento 2004, S. 1164 (1170 mwN).

406 *Tombari*, Fallimento 2004, S. 1164 (1169).

407 Vgl. oben § 2 I 2.

erhöhen[408]. Sie findet sich entsprechend im Gruppenkontext und dient dazu, eine unzureichende Kapitalausstattung einzelner Gruppengesellschaften auszugleichen[409].

Die genannte Praxis ist aus Sicht von Gläubigern problematisch, wenn es zur Liquidation der betroffenen Gesellschaft kommt. Forderungen aus Einlagen werden nachrangig bedient, d.h. (erst) dann, wenn die Forderungen aller anderen Gesellschaftsgläubiger befriedigt worden sind. Gesellschafter, die eine Finanzierung leisten, werden hingegen als mit den nicht bevorrechtigten Gläubigern gleichrangig vorher befriedigt[410]. Somit verteilt die Kapitalausstattungspraxis letztlich Risiken auf die – anderen – Gläubiger[411].

Der Gesetzgeber hat diese Praxis im Zusammenhang mit einer wirtschaftlich schwierigen Situation der Gesellschaft durch die Einführung der Artt. 2497-*quinquies*, 2467 nunmehr für die *s.r.l.* und die Gruppe, unabhängig von der Rechtsform der Tochtergesellschaft[412], eingeschränkt[413]. Die Gleichstellung von Finanzierungen und Einlagen soll Gläubiger von Tochtergesellschaften besser schützen[414]. Die Lösung gilt als vom Eigenkapitalersatzrecht nach §§ 32a, 32b GmbHG a.F. inspiriert[415]. Anders als die Neuregelung in §§ 39 Abs. 1 Nr. 5, 135, 143 InsO trafen diese hinsichtlich Gesellschafterdarlehen eine Unterscheidung danach, ob die Darlehen eigenkapitalersetzend waren oder nicht, indem sie darauf abstellten, ob die Gesellschafter der betroffenen Gesellschaft ein Darlehen zum Zeitpunkt der Krise gewährt hatten[416]. Für den Rückgriff auf das deutsche Eigenkapitalersatzrecht sprechen die

---

408 *Associazione Preite,* Morera/Olivieri/Perassi u.a. (Hrsg.), Il diritto delle società, Cap. VII 5 (S. 251); *De Donno* in Bonfante/Corapi et al. (Hrsg.), Art. 2467 Rn 4; *Rittatore Vonwiller/Ippolito,* I Gruppi Societari, Cap. 5.1. (S. 96).

409 *Daccò-Tatozzi* in G. Cian/Trabucchi (Hrsg.), Codice Civile, Art. 2497 *quinquies* sub I; *Galgano* in Commentario del Codice Civile Scialoja Branca, Art. 2497-*quinquies* sub II.2 (S. 175); *Pasquariello* in Grippo (Hrsg.), Commentario delle società, Art. 2497-*quinquies* sub 1 (S. 1179); *Patti* in Lo Cascio (Hrsg.), La riforma del diritto societario, Art. 2497-*quinquies* sub 2 (S. 283 f).

410 Vgl. die Darstellung bei *Associazione Preite,* Morera/Olivieri/Perassi u.a. (Hrsg.), Il diritto delle società, Cap. VII 5 (S. 251).

411 *Ferrucci/Ferrentino,* Le Società di capitali, le società cooperative e le mutue assicuratrici, Cap. CLVI 5 (S. 1942); *Galgano* in Commentario del Codice Civile Scialoja Branca, Art. 2497-*quinquies* sub II.2 (S. 175); *Patti* in Lo Cascio (Hrsg.), La riforma del diritto societario, Art. 2497-*quinquies* sub 3 (S. 285).

412 Unzutreffend diesbezüglich die Darstellung bei *Oelkers,* Die italienische Aktiengesellschaft im institutionellen Wettbewerb S. 328.

413 Umstritten ist die analoge Anwendung auf die *s.p.a.*, sofern sie keine Gruppengesellschaft ist, die wohl h.M. befürwortet dies, vgl. *Associazione Preite,* Morera/Olivieri/Perassi u.a. (Hrsg.), Il diritto delle società, Cap. VII 5 (S. 252); *Daccò-Tatozzi* in G. Cian/Trabucchi (Hrsg.), Codice Civile, Art. 2497 *quinquies* sub V mwN.

414 *Campobasso,* Diritto Commerciale 2, Cap. VI A 10 (S. 300); *Covelli* in Bonfante/Corapi et al. (Hrsg.), Codice commentato delle nuove società, XIV. Direzione e coordinamento di società, sub VIII; *Ferrucci/Ferrentino,* Le Società di capitali, le società cooperative e le mutue assicuratrici, Cap. CLVI 5 (S. 1942); *Tombari,* Fallimento 2004, S. 1164 (1169).

415 Vgl. *Fasciani,* JbItalR 18 (2005), S. 157 (163); *Magrini,* Italienisches Gesellschaftsrecht S. 196; *Maugeri,* Giur. comm. 2010, I, S. 805 (809); *Patti* in Lo Cascio (Hrsg.), La riforma del diritto societario, Art. 2497-*quinquies* sub 3 (S. 284). Zu Unterschieden *Terranova* in Niccolini/Stagno d'Alcontres (Hrsg.), Le società di capitali, Art. 2467 sub 8 (S. 1458 f).

416 Zur Gegenüberstellung von alter und neuer Rechtslage vgl. *Windbichler,* Gesellschaftsrecht § 24 Rn 17 f.

Gesetzesbegründung ebenso wie die sich in der italienischen Auseinandersetzung mit der Neuregelung anzutreffende These von einer Finanzierungsfolgenverantwortung[417]. Diesem im deutschen GmbH-Recht vor der MoMiG-Reform vertretenen Ansatz zufolge muss der Gesellschafter die Gesellschaft mit hinreichend Kapital in Form von Einlagen ausstatten, wenn er sich gegen ihre Liquidation und für ihre Fortführung entscheidet[418]. Allerdings ist die Rechtslage insofern anders, als das italienische Recht weder für die Insolvenz auf das Vorliegen eines objektiv feststellbaren Insolvenzgrundes abstellt, noch eine explizite Pflicht der Geschäftsführer vorsieht, einen Antrag auf Eröffnung des Insolvenzverfahrens zu stellen[419].

d. *Bedeutung im Gruppenzusammenhang*

Es steht zu vermuten, dass die Regelung des Art. 2497-*quinquies* sich auf das auch in Italien verbreitete System von cash-pools[420] auswirken dürfte; allerdings ist insoweit keine vertiefte Auseinandersetzung ersichtlich[421]. Unklar bleibt auch das Verhältnis zur parallel anwendbaren Regelung des Art. 2497[422], insbesondere zum Vorteilsausgleich. Einer Ansicht zufolge soll Art. 2497 in Konstellationen Anwendung finden, in denen die von Art. 2497-*quinquies* vorgesehenen Rechtsfolgen nicht ausreichen und keine Masse zur Befriedigung der Gläubiger übrig bleibt[423].

Die Privilegierungswirkung der §§ 311 ff AktG im Hinblick auf die Vorschriften zur Vermögensbindung findet keine Entsprechung im italienischen Recht. Während nachteilige Verträge mit der Muttergesellschaft ohne die Privilegierungswirkung im deutschen Recht gegen das im Rahmen der aktienrechtlichen Kapitalerhaltungsvorschriften (§§ 57 ff AktG) bestehende Verbot der verdeckten Gewinnausschüttung verstoßen würden, ist die Regelung über verdeckte Gewinnausschüttungen dem italienischen Recht unbekannt[424].

Die Neuregelung des § 57 Abs. 1 S. 3 Alt. 2 AktG, die im Gegensatz zur italienischen Regelung upstream-Sicherheiten erfasst[425], insbesondere im Rahmen von gruppeninternen Cash-pool Systemen, wird, soweit ersichtlich, nicht diskutiert und ist möglicherweise weitgehend unbekannt geblieben.

---

417 Vgl. *Balp*, Riv. soc. 2007, S. 345 (346).
418 Vgl. dazu BGHZ 127, 336, 344; sowie statt vieler *Hueck/Fastrich* in Baumbach/Hueck GmbHG § 30 Anh Rn 3 f mwN.
419 *Mangano*, ECFR 2008, S. 193 (209).
420 Näher zu in Italien rechtlich zulässigen Formen von cash-pooling *Rittatore Vonwiller/Ippolito,* I Gruppi Societari, Cap. 13.2. (S. 441 ff).
421 *Rittatore Vonwiller/Ippolito,* I Gruppi Societari, Cap. 5.2. (S. 98) beschränken sich auf die Aufstellung dieser Vermutung; *Magrini*, Italienisches Gesellschaftsrecht S. 226 rät zu besonderer Sorgfalt bei der Ausgestaltung des gruppeninternen Cash-poolings.
422 Für die parallele Anwendbarkeit *Lolli* in Maffei Alberti (Hrsg.), Il nuovo diritto delle società, Art. 2497-*quinquies* (S. 2420 f).
423 *Galgano* in Commentario del Codice Civile Scialoja Branca, Art. 2497-*quinquies* sub II.2 (S. 176).
424 *Conac/Enriques/Gelter,* ECFR 2007, S. 491 (503 mwN).
425 Vgl. statt vieler *Hüffer* AktG § 311 Rn 49a.

Schließlich ist in Italien mittlerweile die Annahme verbreitet, dass Art. 2497-*quinquies* im Hinblick auf die Leitung und Koordinierung das Prinzip der ordnungsgemäßen Finanzierung impliziere[426].

4. Zusammenfassung: Flankierende Instrumente

Strukturellen Interessenkonflikten, die sich aus der personellen Verflechtung von Leitungsorgan und *collegio sindacale* ergeben können, begegnet das italienische Recht durch weitreichende Inkompatibilitätsvorschriften. Diese sollen die gleichzeitige Ausübung einer Leitungs- und einer Kontrollfunktion in gruppenzugehörigen Gesellschaften verhindern. Doppelmandate auf Leitungsebene erfassen sie nicht. Im übrigen sind die Inkompatibilitätsvorschriften jedoch weit gefasst und gelten nicht nur für Familienmitglieder der Leitungsorganmitglieder, sondern auch für rechtsgeschäftliche Vertreter und Berater der Gesellschaft. Dabei ist zu berücksichtigen, dass das *collegio sindacale* in einer nicht kapitalmarktorientierten *s.p.a.* mit traditioneller Organisationsstruktur regelmäßig nicht nur die Geschäftsführung überwacht, sondern auch die Abschlussprüfung vornimmt. Die Regelung ist daher rechtlichen und tatsächlichen Besonderheiten im Zusammenhang mit dem traditionellen Organisationsmodell der *s.p.a.* geschuldet.

Die Inkompatibilitätsvorschriften des italienischen Rechts in Bezug auf personelle Verflechtungen von Leitungsorgan und Kontrollorganen von Tochtergesellschaften finden keine Entsprechung im deutschen Recht. Zwar sind personelle Verflechtungen unter Einbeziehung des Aufsichtsrates von Gruppengesellschaften auch in Deutschland häufig. Die ihre Unabhängigkeit in Frage stellende Empfehlung der EU-Kommission zu den Aufgaben von nicht geschäftsführenden Direktoren und Aufsichtsratsmitgliedern börsennotierter Gesellschaften wird jedoch als kritisch angesehen und eine Übertragung auf das deutsche Recht, auch unter dem Gesichtspunkt von guter Corporate Governance, unter Verweis auf die durch Mehrheitsaktionäre geprägte Unternehmenslandschaft überwiegend abgelehnt. Immerhin kann in der Konstellation, dass Organvertreter der Muttergesellschaft zugleich Mitglieder des Aufsichtsrates der Tochtergesellschaft sind, § 311 AktG Anwendung finden, indem die Veranlassung einer nachteiligen Einflussnahme durch die Muttergesellschaft – im Wege der Einflussnahme über den Aufsichtsrat – vermutet wird[427].

Strukturelle Interessenkonflikte, in denen sich Leitungsorganmitglieder von Tochtergesellschaften im Falle wechselseitiger Beteiligungen befinden können, werden durch die eingeschränkte Zulässigkeit wechselseitiger Beteiligungen teilweise voll-

---

426 In diese Richtung *Cariello*, FS Jayme S. 1421 (1423); *Galgano* in Commentario del Codice Civile Scialoja Branca, Art. 2497-*quinquies* sub II.2 (S. 176); *Irace* in Sandulli/Santoro (Hrsg.), La riforma delle società, Art. 2497-*quinquies* sub 5 (S. 345); *Tombari*, Fallimento 2004, S. 1164 (1169); wohl auch *Peter*, FS Nobel S. 251 (273). Ähnlich auch u.a. Tribunale Venezia, 10.02.2011, abzurufen unter: http://www.ilcaso.it/giurisprudenza/archivio/3443.pdf, (S. 4).

427 Vgl. *Hüffer* AktG § 311 Rn 23 mwN; differenzierend *Vetter* in Schmidt/Lutter (Hrsg.), AktG § 311 Rn 34.

ständig verhindert. Das italienische Recht geht dabei über die europäischen Vorgaben im Falle der Börsennotierung einer der beteiligten Gesellschaften hinaus. Ist die Muttergesellschaft börsennotiert, trifft die Leitungsorganmitglieder der Tochtergesellschaften ein Stimmverbot in der Aktionärsversammlung der Muttergesellschaft bereits dann, wenn die Muttergesellschaft an der anderen Gesellschaft zwei Prozent der stimmberechtigten Anteile hält. Im Hinblick auf das Kapital der beteiligten Gesellschaften verhindern die Zulässigkeitsbeschränkungen wechselseitiger Beteiligungen, entsprechend der europäischen Vorgaben, unabhängig von der Börsennotierung, dass das Kapital nicht zum Nachteil der Gläubiger, aber auch der Minderheitsaktionäre, verwässert wird.

Schließlich enthalten beide Rechtsordnungen Sonderregelungen für die Behandlung gruppeninterner Finanzierungen, die sich aber im Hinblick auf die Richtung der erfassten Finanzierung unterscheiden. Das deutsche Recht lässt unter bestimmten Voraussetzungen Finanzierungen der Tochtergesellschaft gegenüber der Muttergesellschaft zu (sog. upstream loans), ohne dass diese gegen den Grundsatz der Kapitalbindung verstoßen. Dagegen erfasst das italienische Recht Finanzierungen, die der Gesellschaft letztlich in einer Art Krisensituation von der Muttergesellschaft (downstream) gewährt wurden und daher im Falle der Insolvenz als nachrangig zu behandeln bzw. gegenüber dem Insolvenzverwalter erstattungspflichtig sind. Der Regelung gruppeninterner Finanzierungen wird entnommen, dass sie im Hinblick auf die Einhaltung der Grundsätze ordnungsgemäßer Gruppengeschäftsführung die Ausstattung von Tochtergesellschaften mit ausreichend Kapital bedingt. Allerdings fehlt es, soweit ersichtlich, bislang an einer eingehenden Auseinandersetzung mit der Regelung und ihren Auswirkungen auf die Gruppe im italienischen Schrifttum. Eine Privilegierungswirkung gegenüber Kapitalerhaltungsvorschriften, wie sie §§ 311 ff AktG enthalten, wird den italienischen Regelungen nicht zugesprochen.

VII. Der italienische Ansatz im Verhältnis zum Rozenblum-Konzept sowie den auf dessen Grundlage ergangenen Vorschlägen auf europäischer Ebene

1. Der Rozenblum Ansatz sowie die auf seiner Grundlage ergangenen Vorschläge auf europäischer Ebene

Das sog. Rozenblum-Konzept ist von der französischen Rechtsprechung 1985 in einem strafrechtlichen Verfahren entwickelt worden[428] und hatte Auswirkungen auch auf Entscheidungen der französischen Zivilgerichtsbarkeit[429]. Im Rozenblum-Urteil wurde entschieden, dass die grundsätzliche Pflichtwidrigkeit eines Handelns

428 Cour de Cassation (Ch. Crim.), 04.02.1985, abgedruckt in Rev. Soc. 1985, S. 648 ff.
429 Zur Rezeption des Rozenblum-Urteils in der französischen Rechtsprechung vgl. *Falcke*, Konzernrecht in Frankreich S. 39 ff; *Forum Europaeum Konzernrecht*, ZGR 1998, S. 672 (705 mit entsprechenden Nachweisen); *Lutter*, FS Kellermann S. 257 (263 f); *Wackerbarth*, Grenzen der Leitungsmacht in der internationalen Unternehmensgruppe S. 338 mwN.

der Gesellschaftsorgane im Verstoß gegen das Interesse der Gesellschaft unter bestimmten Voraussetzungen ausnahmsweise entfallen könnte[430]. Dies sei dann der Fall, wenn es sich um eine strukturell verfestigte Gruppe handele, in der eine kohärente und auf Dauer angelegte Gruppenpolitik ausgeübt werde und bei der die Geschäftsleiter vernünftigerweise von einem Ausgleich von Vor- und Nachteilen in einem überschaubaren Zeitrahmen ausgehen dürften[431].

Der Vorschlag des *Forum Europaeum Konzernrecht* greift diese Tatbestandsmerkmale auf und schlägt ebendiese auch für eine auf europäischer Ebene zu treffende Regelung vor[432].

Die *High Level Group* hebt in ihrem Bericht zwar die Vorarbeit des *Forum Europaeum Konzernrecht* als hilfreich für das Auffinden gemeinsamer Rechtsgrundsätze hervor. Ihr Vorschlag ist allerdings zurückhaltender formuliert: den Mitgliedstaaten sollte eine Rahmenbestimmung für die Umsetzung einer Gruppenpolitik vorgegeben werden, die eine abgestimmte Gruppenpolitik und deren Umsetzung zulasse, sofern Minderheitsgesellschafter und Gläubiger der jeweils betroffenen Gruppengesellschaften hinreichend gesichert würden. Das ‚Wie' der Umsetzung solle dabei den Mitgliedstaaten überlassen werden[433]. Daran anknüpfend sieht die Kommission im Aktionsplan die Einführung einer derartigen Rahmenbestimmung als wesentlich an für die Leistungs- und Wettbewerbsfähigkeit von Unternehmen. Entsprechende Maßnahmen müssten aber sorgfältig geplant werden, so dass erst mittelfristig ein Vorschlag ergehen sollte[434]. Dies ist bisher nicht geschehen[435].

Die *Reflection Group* greift in ihrem Bericht zur Zukunft des Europäischen Gesellschaftsrechts den Aspekt der rechtlichen Anerkennung des Gruppeninteresses auf. Allerdings verweist sie dabei auch auf die innerhalb der *Reflection Group* vertretenen abweichenden Meinungen zum ‚ob' und ‚wie' einer europäischen Regelung[436]. Im Ergebnis befürwortet sie eine Untersuchung darüber, ob die Anerkennung eines Gruppeninteresses auf europäischer Ebene vorteilhaft sei und wenn ja, in welcher Form[437]. Selbst die Anerkennung eines Gruppeninteresses auf europäischer Ebene würde aus Sicht der *Reflection Group*, wegen Unterschieden in der Anwendung und Interpretation in den Mitgliedstaaten nur zu einer begrenzten weiteren Harmonisierung führen. Jedoch könnte sie nach Auffassung der *Reflection Group* einen Anreiz für die Mitgliedstaaten bedeuten, ihr jeweiliges Gesellschaftsrecht im Hinblick auf

---

430 Zum zugrundeliegenden Sachverhalt vgl. *Falcke*, Konzernrecht in Frankreich S. 38 f; *Lutter*, FS Kellermann S. 257 (261).

431 Vgl. zum Rozenblum-Ansatz insgesamt die Darstellung bei *Falcke*, Konzernrecht in Frankreich S. 36 ff; *Forum Europaeum Konzernrecht* ZGR 1998, S. 672 (704 ff); *Lutter* in Hopt/Jessel-Holst/Pistor (Hrsg.), Unternehmensgruppen in mittel- und osteuropäischen Ländern S. 79 (84 f); *ders.*, FS Kellermann S. 257 ff; *Wackerbarth*, Grenzen der Leitungsmacht in der internationalen Unternehmensgruppe S. 337 ff.

432 *Forum Europaeum Konzernrecht*, ZGR 1998, S. 672 (712 ff).

433 *High Level Group*, Report II, Kap. V 3 (S. 106).

434 Aktionsplan sub 3.3, Abstimmung der Konzernpolitik, S. 23.

435 Zu möglichen Ursachen *Hopt*, ZHR 171 (2007), S. 199 (202).

436 *Reflection Group*, Report, sub 4.1.1 (S. 60).

437 *Reflection Group*, Report, sub 4.1.1 (S. 60), Recommendations (S. 65).

eine Harmonisierung zu überarbeiten. Insgesamt handelt es sich dabei um den am wenigsten konkret formulierten Vorschlag.

a. *Tatbestandselemente des Rozenblum-Ansatzes im Einzelnen*

Das Rozenblum-Konzept bezieht sich nur auf strukturell verfestigte Gruppen. An dieses Merkmal werden relativ hohe Anforderungen gestellt. Demnach erfordert die Gruppenbeziehung mehr als die Einbindung in die konsolidierte Rechnungslegung. Einheitliche Leitung, wie sie etwa § 18 AktG definiert, solle nicht ausreichen. Vielmehr müsse eine Wechselbeziehung zwischen den Geschäftsbereichen der einzelnen Gruppengesellschaften bestehen, diese also in einer Weise aufgeteilt sein, dass sie sich gegenseitig ergänzen[438].

In nahezu untrennbarem Zusammenhang damit steht das weitere Erfordernis einer kohärenten und auf Dauer angelegten Gruppenpolitik. Diese müsse inhaltlich darauf gerichtet sein, die Eigeninteressen der Gruppengesellschaften untereinander mit dem Interesse der Gruppe insgesamt in Ausgleich zu bringen[439]. Ungeklärt ist nach dem französischen Ausgangsansatz ebenso wie nach dem Vorschlag des *Forum Europaeum Konzernrecht* die Zuständigkeit für die Entwicklung und Festlegung einer derartigen Gruppenpolitik[440].

Schließlich muss ein gruppeninternes Gleichgewicht zwischen den Vorteilen und den Lasten, die für alle Gruppengesellschaften durch die Gruppenzugehörigkeit entstehen, hergestellt sein. Bezugsrahmen ist dabei, anders als im deutschen Recht, nicht eine einzelne nachteilige Maßnahme, sondern eine Gesamtbetrachtung der gruppeninternen Verhältnisse[441]. Für die einzelne Gesellschaft gilt jedoch, dass die Inanspruchnahme aus dem Verbund ihre finanzielle Leistungsfähigkeit nicht übersteigen darf[442]. Eine zeitliche Begrenzung existiert nach dem französischen Ausgangsansatz nicht; das *Forum Europaeum Konzernrecht* verlangt lediglich einen Ausgleich in ‚überschaubarer Zeit'[443]. Auch fordert es eine fortlaufende Dokumentation der Einhaltung der Voraussetzungen sowie einen Bericht der Geschäftsleitung gegenüber der Gesellschafterversammlung, ob die Maßgaben in Anspruch genommen wurden[444].

b. *Rechtsfolgen des Rozenblum-Ansatzes*

Als unmittelbare Rechtsfolge sieht das französische Urteil das Entfallen der strafrechtlichen Verantwortlichkeit der Leitungsorganmitglieder der betroffenen Toch-

---

438 Näher dazu *Falcke*, Konzernrecht in Frankreich S. 42 ff mwN; *Forum Europaeum Konzernrecht*, ZGR 1998, S. 672 (706 mwN).
439 Näher *Falcke*, Konzernrecht in Frankreich S. 46 f; *Forum Europaeum Konzernrecht*, ZGR 1998, S. 672 (707 f mwN).
440 *Forum Europaeum Konzernrecht*, ZGR 1998, S. 672 (707).
441 *Falcke*, Konzernrecht in Frankreich S. 48 ff mwN; *Forum Europaeum Konzernrecht*, ZGR 1998, S. 672 (708).
442 Näher zu diesem Aspekt *Lutter*, FS Kellermann S. 257 (263).
443 *Forum Europaeum Konzernrecht*, ZGR 1998, S. 672 (712).
444 *Forum Europaeum Konzernrecht*, ZGR 1998, S. 672 (712 ff).

tergesellschaften vor. Auf die Frage einer Haftung der Muttergesellschaft für die Verbindlichkeiten der Tochtergesellschaft geht es nicht ein[445].

Auch das *Forum Europaeum Konzernrecht* will in seinem Vorschlag für eine ordnungsgemäße Gruppengeschäftsführung bei Vorliegen der Voraussetzungen des Rozenblum-Ansatzes die Pflichtwidrigkeit des Leitungsorganes einer Gruppengesellschaft entfallen lassen. Über etwaige Sanktionsmöglichkeiten sollen die Mitgliedstaaten entscheiden[446]. Noch zurückhaltender sind die *High Level Group* sowie der Aktionsplan, die sich ebensowenig wie zu möglichen Tatbestandsmerkmalen zu den Rechtsfolgen äußern[447]. Nichts anderes gilt für die am weitesten zurückhaltende Äußerung der *Reflection Group*[448].

2. Argumente für die Rezeption des Rozenblum-Konzeptes auf Europäischer Ebene

Generell begründet das *Forum Europaeum Konzernrecht* seinen Vorschlag für die Einführung einer Regelung über die ordnungsgemäße Gruppenführung damit, dass das Organisationsmodell der Gruppe legitimiert und Rechtssicherheit für die Führung von gruppenzugehörigen Gesellschaften erzielt werden müsse. Dies gelte umso mehr für grenzüberschreitend organisierte Gruppen[449]. Den Aspekt der Rechtssicherheit, insbesondere im Hinblick auf eine zivil- oder strafrechtliche Verantwortlichkeit der Leitungsorganmitglieder, greift die *Reflection Group* auf[450] und verweist darauf, dass eine einheitliche europäische Regelung sich in grenzüberschreitenden Gruppen auch kostensenkend auswirken würde[451].

Die Wahl des Rozenblum-Konzeptes als Regelungsmodell begründet das *Forum Europaeum Konzernrecht* weitgehend in Gegenüberstellung zum Ansatz des deutschen Konzernrechts, insbesondere unter Verweis auf dessen Nachteile[452]. Letztere werden hauptsächlich im System des Einzelausgleiches gem. §§ 311 ff AktG gesehen. Demgegenüber ermögliche das Rozenblum-Konzept es, Vor- und Nachteile umfassend zu erfassen[453]. Dabei könnten auch Vorteile, die sich erst langfristig aus der Einbindung in die Gruppenpolitik ergeben, Berücksichtigung finden[454].

---

445 Näher dazu *Lutter*, FS Kellermann S. 257 (265 f).
446 *Forum Europaeum Konzernrecht*, ZGR 1998, S. 672 (713), zu den Gründen, warum die Sanktionsmöglichkeiten den Mitgliedsstaaten überlassen werden sollen S. 714.
447 Vgl. *High Level Group*, Report II, Kap. V 3 (S. 105 f); Aktionsplan sub 3.3, Abstimmung der Konzernpolitik, S. 23.
448 *Reflection Group*, Report, sub 4.1 (S. 60 ff).
449 *Forum Europaeum Konzernrecht*, ZGR 1998, S. 672 (713).
450 *Reflection Group*, Report, sub 4.1.2 (S. 60).
451 *Reflection Group*, Report, sub 4.1.2 (S. 61).
452 *Forum Europaeum Konzernrecht*, ZGR 1998, S. 672 (709 ff, 713 f).
453 *Forum Europaeum Konzernrecht*, ZGR 1998, S. 672 (711).
454 *Lutter* in Hopt/Jessel-Holst/Pistor (Hrsg.), Unternehmensgruppen in mittel- und osteuropäischen Ländern S. 79 (85).

Die Befürwortung des Rozenblum-Konzeptes wird auch damit begründet, dass es früher ansetze, indem es nicht erst auf den konkreten Ausgleich in der einzelnen Unternehmensverbindung abstelle, sondern bereits die Gruppenstruktur daraufhin analysiere, ob sie ein gleichgewichtiges Zusammenwirken und einen angemessenen Ausgleich überhaupt ermögliche[455]. Nach Bewertung der Frage, ob die Ausgleichsstruktur einer Gruppenpolitik unterworfen sei, gehe es erst um die Angemessenheit des Ausgleiches[456].

Dem Rozenblum-Ansatz wird zudem zugute gehalten, dass er durch die Rechtsprechung effektiv und geschmeidig überprüfbar sei[457]. Dem mag zugrunde liegen, dass diese das Rozenblum-Konzept entwickelt hat. Dagegen hat sich die deutsche Rechtsprechung nur sehr selten mit §§ 311 ff AktG befasst. Dabei handelt es sich aus Sicht des *Forum Europaeum Konzernrecht* quasi um einen Beweis für die Ungeeignetheit des deutschen Ansatzes. Allerdings ist das Urteil des Bundesgerichtshofes, das sich erstmals mit der klassischen Konstellation von §§ 311, 317 AktG befasst, erst im Jahr 2008 ergangen[458]. Zudem ist auch das Rozenblum-Konzept von französischen Gerichten eher selten angewandt worden[459].

Schließlich wird dem deutschen Ansatz zum Nachteil gereicht, dass das System des Einzelausgleiches in der Rechtspraxis ohnehin meist nicht beachtet werde[460]. Daher sei der Rozenblum-Ansatz geeigneter, Rechtspraxis und Gruppenrecht miteinander in Einklang zu bringen[461]. Angesichts der Weite der Tatbestandsmerkmale werden durch diese hervorgerufene Unsicherheiten für möglich, aber nicht für ein Hindernis gehalten. Insoweit wird auf eine zurückhaltende Rechtsprechung gesetzt[462].

3. Kritik am Rozenblum-Konzept sowie an den auf ihm basierenden Vorschlägen

Das Rozenblum-Konzept wird bereits in Frankreich kritisch gesehen[463] und hat in der Form des *Forum Europaeum Konzernrecht*-Vorschlages in Deutschland aus unterschiedlichen Gründen Kritik erfahren[464]. Dies hat zum einen insbesondere mit den

---

455 *Wymeersch* in Hopt/Wymeersch (Hrsg.), Capital Markets and Company Law S. 573 (591).
456 *Forum Europaeum Konzernrecht*, ZGR 1998, S. 672 (711 f).
457 *Forum Europaeum Konzernrecht*, ZGR 1998, S. 672 (705, 712).
458 BGHZ 175, 365 ff – UMTS.
459 So, allerdings ohne Angabe von Zahlen, *Reflection Group*, Report, sub 4.1.2 (S. 63).
460 *Hopt*, ZHR 171 (2007), S. 199 (224); *ders.*, Aufbruch nach Europa, 75 Jahre Max-Planck-Institut für Privatrecht S. 17 (25) zufolge wirke dieser Zustand negativ auf den Ruf des deutschen Konzernrechts im Ausland zurück. Vgl. entsprechend die kritische Sicht des deutschen Ansatzes von *Enriques/Hertig/Kanda* in Kraakman/Armour/Davies u.a., Anatomy of Corporate Law, sub 6.2.5.3 (S. 177).
461 *Forum Europaeum Konzernrecht*, ZGR 1998, S. 672 (704).
462 *Forum Europaeum Konzernrecht*, ZGR 1998, S. 672 (715).
463 Vgl. dazu *Windbichler*, EBOR 1 (2000), S. 265 (268, 272).
464 Dazu zusammenfassend *Hopt*, ZHR 171 (2007), S. 199 (223 mit zahlreichen Nachweisen in Fn 108).

ihm immanenten tatbestandlichen und begrifflichen Unschärfen zu tun[465]. Die Kritik bezieht sich im wesentlichen auf den fehlenden zeitlichen Rahmen[466], sowie die wohl fehlende Erfassung von konglomeraten oder zentralistisch geführten Gruppen[467]. Insbesondere führe die Unschärfe zu der kaum zu beantwortenden Frage, wann eine Einflussnahme nachteilig sei und wann nicht[468].

Schließlich ist darauf hingewiesen worden, dass es sich bei dem ursprünglichen Rozenblum-Ansatz um einen Rechtfertigungsgrund im Rahmen eines strafrechtlichen Verfahrens handele. Diesen unmittelbar und ohne strafrechtliche Absicherung als zivilrechtlichen Rechtsbehelf zu konzipieren, sei problematisch[469]. Einerseits führe dies, gerade angesichts der Unschärfe der Tatbestandsmerkmale, zu Beweisproblemen[470]. Auch bestehe die Gefahr, dass das Gericht letztlich ex tunc die zu erwartenden Erfolgsaussichten der Gruppenpolitik beurteilen müsste[471]. Die Beurteilung von wirtschaftlichen Entscheidungen gehört nach der business judgement rule aber gerade nicht zu den Aufgaben eines Gerichts.

Als problematisch gilt insbesondere das Merkmal der kohärenten und auf Dauer angelegten Gruppenpolitik. Diesem lediglich faktischen Merkmal werde im Vorschlag des *Forum Europaeum Konzernrecht* rechtliche Relevanz zugesprochen. Solle das Merkmal die genannte Funktion (Legitimation oder Haftungsmaßstab) erfüllen, müsste es aber eindeutig objektiv ex ante beurteilt werden können. Dies setze auch voraus, dass diejenigen, die die Gruppenpolitik umsetzen, sie überhaupt kennen. Auch stelle sich die Frage nach der Bindungswirkung derartiger Planungen. Das Merkmal werde somit erst im Zusammenspiel mit entsprechenden Offenlegungsvorgaben handelbar[472].

Daneben ist das Konzept als solches aber auch methodisch in Frage gestellt worden, insbesondere könne es kein rechtlich relevantes Gruppeninteresse geben[473].

Die Überantwortung der Ausfüllung der Tatbestandsmerkmale an die Rechtsprechung wird gerade unter dem Aspekt der Rechtssicherheit kritisch gesehen. Organisatorische Vorgaben erfordern regelmäßig einen hohen Grad der Formalisierung[474].

---

465 Vgl. u.a. *Koppensteiner* in KölnKomm AktG Vorb. § 291 Rn 135; *Lübking*, Ein einheitliches Konzernrecht für Europa S. 146, 293 ff; *Wackerbarth*, Grenzen der Leitungsmacht in der internationalen Unternehmensgruppe S. 341. Eine kritische Sichtweise wird auch von einigen Mitgliedern der *Reflection Group* vertreten, vgl. *Reflection Group*, Report, sub 4.1.2 (S. 64 f).

466 *Kropff* in MünchKomm AktG [2] Vor § 311 Rn 38; *Wymeersch* in Hopt/Wymeersch (Hrsg.), Capital Markets and Company Law S. 573 (592).

467 So *Blaurock*, FS Sandrock S. 79 (86); *Falcke*, Konzernrecht in Frankreich S. 44; *Lübking*, Ein einheitliches Konzernrecht für Europa S. 146; *Wackerbarth*, Grenzen der Leitungsmacht in der internationalen Unternehmensgruppe S. 339 mwN.

468 *Blaurock*, FS Sandrock S. 79 (86 f).

469 Vgl. *Habersack*, NZG 2004, S. 1 (8); *Lübking*, Ein einheitliches Konzernrecht für Europa S. 294.

470 *Kropff* in MünchKomm AktG [2] Vor § 311 Rn 38. Ähnlich wohl auch *Habersack*, NZG 2004, S. 1 (8).

471 *Kropff* in MünchKomm AktG [2] Vor § 311 Rn 38.

472 Zu dieser Kritik *Windbichler*, FS Ulmer S. 683 (690 f).

473 *Koppensteiner* in KölnKomm AktG Vorb. § 291 Rn 135.

474 Vgl. im Zusammenhang mit der Frage nach Gesetzes- oder Richterrecht als Quelle von Konzernrecht *Druey* in Lutter (Hrsg.), Konzernrecht im Ausland S. 310 (357 f).

Dies ist auch im Hinblick auf den Vorschlag der *High Level Group* für die Annahme und Umsetzung einer abgestimmten Gruppenpolitik geäußert worden[475]. Gerade im Hinblick auf börsennotierte Gesellschaften wird der Rozenblum-Ansatz daher als zu dehnbar und somit ungeeignet angesehen[476].

Die Kritik lässt sich zusammenfassen mit der rhetorisch aufgeworfenen Frage, ob nicht mit einer Übernahme des Rozenblum-Konzeptes ins deutsche Recht bestehende Schwierigkeiten lediglich gegen andere, neue eingetauscht werden würden[477].

4. Ergebnis: Verhältnis des Rozenblum-Ansatzes zum italienischen Konzept ordnungsgemäßer Gruppengeschäftsführung

Der italienische Ansatz weist auf den ersten Blick eine Vielzahl an Parallelen zum Rozenblum-Konzept auf[478]. Nicht nur, dass er ebenfalls auf einer Reihe von generalklauselartigen Tatbestandsmerkmalen basiert. Auch stellt er ebenso auf einen Gesamtausgleich ab, ohne dabei auf einen fest umgrenzten Zeitrahmen zu setzen. Dadurch stellt sich jeweils die Frage, wann eine Einflussnahme als nachteilig anzusehen ist. Hinsichtlich der Anknüpfung nicht nur bei Bestehen einer Möglichkeit zur Kontrollausübung, sondern erst bei einer tatsächlichen Ausübung von Leitung und Koordinierung, zeichnet sich eine weitere Parallele zum Rozenblum-Konzept ab, selbst wenn der italienische Ansatz nicht eine strukturelle Verfestigung der Gruppe fordert. Schließlich legen sich beide Ansätze nicht eindeutig auf einen Regelungsadressaten fest: während Adressat des Rozenblum-Ansatzes in seiner ursprünglichen Fassung und auch in dem Vorschlag des *Forum Europaeum Konzernrecht* eindeutig das Leitungsorgan der Tochtergesellschaft ist, scheinen *High Level Group* und darauf fußend der Aktionsplan eher auf die Muttergesellschaft abzustellen. An diese richtet sich das italienische Recht zwar im Hinblick auf den Verhaltensstandard, die Rechtsfolgen treffen sie aber möglicherweise nur vordergründig[479]. Über die gesamtschuldnerische Mithaftung werden weitere Adressaten mit einbezogen. Ob darunter auch das Leitungsorgan der Tochtergesellschaft fällt, ist nach dem italienischen Ansatz aber nicht ausdrücklich vorgesehen und zudem umstritten[480].

Dennoch sind die konzeptionellen Unterschiede erheblich: der italienische Ansatz liefert nicht lediglich einen Rechtfertigungsgrund, er stellt auch eine eigenständige Anspruchsgrundlage dar. Er legitimiert also nicht nur eine abgestimmte Gruppenpolitik, sondern statuiert zugleich die Möglichkeit für eine Inanspruchnahme der Obergesellschaft. Dabei ist er, und insoweit scheint er nicht nur an §§ 312 ff AktG,

---

475 Vgl. *Group of German Experts on Corporate Law*, Stellungnahme, ZIP 2003, S. 863 (876).
476 *Wymeersch* in Hopt/Wymeersch (Hrsg.), Capital Markets and Company Law S. 573 (592).
477 Vgl. *Blaurock*, FS Sandrock S. 79 (86).
478 So auch *Montalenti* in Cottino (Hrsg.), Trattato Diritto Commerciale IV/2, Cap. XII sub 146 (S. 376).
479 Vgl. oben V 6.
480 Vgl. oben V 8.

sondern auch an dem Vorschlag des *Forum Europaeum Konzernrecht* anzuknüpfen, durch ein gruppenspezifisches Informationsinstrumentarium flankiert. Insofern ist insbesondere auf die Pflicht zur Begründung gruppengeleiteter Maßnahmen (Art. 2497-*ter*)[481], aber auch auf die zusätzlichen Angaben im Zusammenhang mit der Rechnungslegung (Art. 2497-*bis* Abs. 4, 5)[482] zu verweisen. Allerdings sind diese in ihren jeweiligen Voraussetzungen und Rechtsfolgen ebenfalls teilweise vage[483], so dass fraglich ist, inwieweit sie die Beweislage im Falle einer Klage zu verbessern geeignet sind. Jedenfalls wird aus Gründen der Erleichterung der Beweislastverteilung die Haftung nach Art. 2497 cod. civ. von der herrschenden Lehre entgegen der Gesetzesbegründung als vertraglicher Art eingestuft[484].

Abschließend bleibt festzustellen, dass der italienische Ansatz dem zurückhaltenderen Vorschlag der *High Level Group* sowie dem des Aktionsplanes, eine abgestimmte Gruppenpolitik zu ermöglichen, die bei gleichzeitigem Ausgleich der Interessen von Gläubigern und Minderheitsgesellschaftern die Einflussnahme legitimiert, zwar nahe kommt[485]. Diese Nähe scheint aber eher theoretischer Natur zu sein. Denn die Kritikpunkte am Rozenblum-Konzept treffen mehrheitlich auch für den italienischen Ansatz zu, insbesondere die Vagheit der Voraussetzungen und das Fehlen eines für den Ausgleich maßgeblichen zeitlichen Rahmens. Beide Ansätze sind daher unter dem Aspekt der Rechtssicherheit fraglich. Deren Verbesserung aber war das mit den europäischen Vorschlägen verbundene Ziel. Die jeweilige Überantwortung der Auslegung der Tatbestandsmerkmale an die Rechtsprechung mutet somit zweifelhaft an. Denn in jedem Fall müssen zunächst die jeweiligen Regelungsadressaten in die Lage versetzt werden, in einer konkreten Entscheidungssituation ihr Verhalten an den ihnen gesetzten Anforderungen auszurichten – auch wenn es sich um ein nur ausnahmsweise zulässiges Verhalten handelt.

VIII. Ergebnis § 5

Abschließend bleibt festzustellen, dass der italienische Ansatz in gewisser Weise zwischen dem deutschen Ansatz und dem Rozenblum-Konzept steht.

Die Nähe zum deutschen Ansatz ist im wesentlichen systematisch durch die Kombination aus Dokumentations- und Haftungsvorschriften bedingt.

§§ 311 ff AktG setzen früher an, da sie im Hinblick auf eine ordnungsgemäße Gruppengeschäftsführung bereits eine nicht dem Einzelausgleich zugängliche nachteilige Einflussnahme für unzulässig ansehen. Als zeitlicher Rahmen ist grundsätzlich ein Geschäftsjahr maßgeblich. Nach dem italienischen Ansatz liegt hingegen erst

481 Vgl. oben § 4 III 5 a.
482 Vgl. oben § 4 III 3.
483 Vgl. oben § 4 III 3 d, 5 a aa.
484 Vgl. oben § 5 V 9.
485 Vgl. *Ferrarini*, Riv. soc. 2004, S. 551 (565); *Montalenti* in Cottino (Hrsg.), Trattato Diritto Commerciale IV/2, Cap. XII par. 146 (S. 376 f); *Tombari*, FS Jayme S. 1589 (1601).

dann ein Verstoß gegen die Grundsätze ordnungsgemäßer Gruppengeschäftsführung vor, wenn selbst bei einer Gesamtbetrachtung aller Vor- und Nachteile die Nachteiligkeit zum Schaden der Gesellschafter oder Gläubiger der Tochtergesellschaft überwiegt. Eine konkrete zeitliche Begrenzung gilt für den Gesamtausgleich nach italienischem Recht nicht.

In der Gesamtbetrachtung liegt wiederum die wesentliche Gemeinsamkeit des italienischen Ansatzes mit dem Rozenblum-Konzept. Die Gesamtbetrachtung ist vielfach als Vorteil gegenüber dem deutschen Konzept des Einzelausgleiches herausgestellt worden, insbesondere im Hinblick auf ihre Praktikabilität. Allerdings ergibt sich aus der Pflicht zum Einzelausgleich, unabhängig davon, ob sie rechtstatsächlich Beachtung findet, auch ein konkreterer Handlungsmaßstab. Dieser lässt sich einer zeitlich nicht eingegrenzten Gesamtbetrachtung kaum entnehmen. Dies gilt um so mehr, wenn auch für die weiteren Anwendungsvoraussetzungen unbestimmte Rechtsbegriffe verwendet werden.

Somit bleiben Zweifel im Hinblick auf die Rechtssicherheit, deren Verbesserung doch eigentlich mit der Vorgabe eines Verhaltensmaßstabes für eine ordnungsgemäße Gruppengeschäftsführung bewirkt werden sollte. Auf die Rechtsprechung zu setzen steht im Widerspruch zu dieser Zielrichtung. Dies muss um so mehr Anlass zu Bedenken geben, wenn mit einem Verhaltensstandard ein europäischer Rahmen geschaffen werden soll, der durch nationale Gerichte ausgelegt werden soll. Denn eine unterschiedliche Rechtsanwendung würde auch nicht zu mehr Rechtssicherheit führen. Vielmehr stellt sich die Frage, ob ein Handlungsrahmen in Form eines Verhaltensstandards, der Entscheidungsträger in einer Gruppengesellschaft in die Lage versetzt, ihr Verhalten an ihm auszurichten, überhaupt herstellbar ist. Schließlich ist zu bedenken, dass sich bereits aus dem allgemeinen Gesellschaftsrecht die Pflicht ergibt, die Gesellschaft in ihrem Interesse zu leiten. Ob es der rechtlichen Anerkennung eines Gruppeninteresses auf europäischer Ebene bedarf, um für die Mitgliedstaaten einen Anreiz zur Harmonisierung ihrer vorhandenen gesellschaftsrechtlichen Regelungen zu setzen, wie die *Reflection Group* meint, scheint vor diesem Hintergrund fraglich.

3. Kapitel – Regelungsfragen im Zusammenhang mit dem Entstehen einer Gruppenbeziehung

§ 6 Regelungsfragen bei Entstehen einer Gruppenbeziehung

Regelungsfragen in Bezug auf die Gesellschaftsgruppe können bereits in einem Stadium auftreten, in dem eine Gruppenbeziehung erst im Entstehen begriffen ist. Klassisch gesellschaftsrechtlicher Ausgangspunkt dazu ist der erstmalige Erwerb oder die Aufstockung einer Beteiligung an einer Gesellschaft[1]. Für diesen Fall sollen weitgehend Maßnahmen Anwendung finden, deren gemeinsamer Regelungsansatz darin besteht, die in einer Gruppenbeziehung möglichen Konfliktlagen gar nicht erst entstehen zu lassen, mithin präventiv wirkende Maßnahmen. Inhaltlich geht es im wesentlichen um den Schutz der von der Gruppenbildung betroffenen Gesellschafter der (potentiellen) Tochtergesellschaft.

In Deutschland wird die zugrunde liegende Thematik gesondert unter dem Stichwort ‚Gruppen- bzw. Konzernbildungskontrolle'[2] diskutiert. Dabei ist dem aktienrechtlichen Konzernrecht das Fehlen eines Konzerneingangsschutzes attestiert worden[3]. Dies hat zur Suche nach allgemein gesellschaftsrechtlichen Lösungen für die im Stadium der Gruppenbildung auftauchenden Rechtsprobleme geführt. Ein entsprechender übergreifender Ansatz wie der einer ‚Gruppen- bzw. Konzernbildungskontrolle' wird, soweit ersichtlich, in anderen europäischen Rechtsordnungen nicht gesucht. Daraus lässt sich aber nicht schließen, dass ihnen die zugrunde liegende Problematik völlig fremd ist[4]. Vielmehr steht insoweit, jedenfalls im Hinblick auf

---

1 Dazu, auch rechtsvergleichend, *Wiedemann*, Die Unternehmensgruppe im Privatrecht S. 41 f.

2 Vgl. u.a. *Binnewies*, Die Konzerneingangskontrolle in der abhängigen Gesellschaft S. 13 ff; *Liebscher*, Konzernbildungskontrolle S. 3 ff; den Begriff des konzernrechtlichen Präventivschutzes bevorzugend *Zöllner* in Baumbach/Hueck GmbHG SchlAnhKonzernR Rn 47, 93; sowie überblicksartig mit Nachweisen zum entsprechenden Schrifttum u.a. *Müller* in Spindler/Stilz (Hrsg.), AktG Vor § 311 Rn 37 ff; *Vetter* in Schmidt/Lutter (Hrsg.), AktG § 311 Rn 134 ff.

3 So u.a. *Blaurock*, FS Sandrock S. 79 (87); *Emmerich/Habersack*, Konzernrecht § 7 Rn 1, 6, § 8 Rn 14; *Krieger* in MünchHdbGesR Bd. 4 § 69 Rn 17; *Lutter/Timm*, NJW 1982, S. 409 (411 f); *Raiser/Veil*, Recht der Kapitalgesellschaften § 52 Rn 13; *Wiedemann*, Die Unternehmensgruppe im Privatrecht S. 45 ff; ausdrücklich in Bezug auf nicht börsennotierte Aktiengesellschaften und auf GmbHs *Kalss*, ZHR 171 (2007), S. 146 (164).

4 Zu Aspekten eines Gruppeneingangsschutzes in Frankreich vor dem Inkrafttreten des Code de Commerce *Falcke*, Konzernrecht in Frankreich S. 62 ff; in Großbritannien unter dem Companies Act 1985 *Schuberth*, Konzernrelevante Regelungen im britischen Recht S. 33 ff.

börsennotierte Gesellschaften, das Übernahmerecht als Regelungsansatz im Vordergrund[5].

Bei der ebenfalls potentiell zu einer Gruppenverbindung[6] führenden Ausgliederung von Unternehmensteilen in eine neu gegründete Gesellschaft geht es hingegen maßgeblich um Fragen der Zuständigkeitsverteilung zwischen Geschäftsführung und Gesellschafterversammlung[7]. Diese Konstellation wird angesichts der Beschränkung dieses Abschnittes auf Regelungsfragen in der Tochtergesellschaft nicht näher untersucht.

I. Der Gruppenbildung zugrunde liegende Problematik auf der Ebene der Tochtergesellschaft

Wird eine Gesellschaft Teil einer Gruppe, sei es erstmalig überhaupt oder sei es durch Wechsel der Obergesellschaft, können sich die den einzelnen übrigen Beteiligungen innewohnenden Chancen zur Einflussnahme auf die gesellschaftsrechtliche Willensbildung ändern[8]. Jedenfalls ist die Obergesellschaft mittels ihrer Kontrollposition in der Lage, auf die vom Leitungsorgan der Tochtergesellschaft verfolgte Geschäftspolitik sowie Fragen der Unternehmensorganisation Einfluss zu nehmen[9]. Dabei wird befürchtet, dass sie als Mehrheitsgesellschafterin bei der Ausübung ihrer Gesellschafterrechte gegenüber der Tochtergesellschaft auch eigene Interessen bzw. Interessen der Gruppe insgesamt berücksichtigt, sich also maßgebliche Entscheidungsmaßstäbe verschieben können[10]. Fraglich dürfte insofern allerdings sein, ob in der Gruppensituation überhaupt eine trennscharfe Unterscheidung zwischen dem Interesse der Tochtergesellschaft und dem Interesse der Obergesellschaft oder der Gruppe insgesamt vorgenommen werden kann[11].

---

5 Vgl. *Forum Europaeum Konzernrecht*, ZGR 1998, S. 672 (725 ff); näher sogleich unten § 6 III.

6 Vgl. *Emmerich/Habersack*, Konzernrecht § 7 Rn 2 ff; *Wiedemann*, Die Unternehmensgruppe im Privatrecht S. 41 f; zum Lösungsansatz im britischen Recht vgl. *Schuberth*, Konzernrelevante Regelungen im britischen Recht S. 219 ff.

7 Rechtsvergleichend *Kalss*, ZHR 171 (2007), S. 146 (160 mwN).

8 Zu strukturellen Verschiebungen durch die Verbindung von Gesellschaften, jeweils rechtsvergleichend, *Immenga*, FS Fischer S. 297 (300); *Veelken* in Mestmäcker/Behrens (Hrsg.), Gesellschaftsrecht der Konzerne im internationalen Vergleich S. 505 (506 f).

9 Vgl. die Beispiele hierzu bei *Kübler/Assmann*, Gesellschaftsrecht § 29 I 4.

10 So etwa *Liebscher*, Konzernbildungskontrolle S. 11 f; *Lübking*, Ein einheitliches Konzernrecht für Europa S. 63 ff; *Wiedemann*, Die Unternehmensgruppe im Privatrecht S. 42 ff. Dies bezeichnend als ‚Konzerngefahr' *Krieger* in MünchHdbGesR Bd. 4 § 68 Rn 6; als ‚Konzernkonflikt' etwa *Hommelhoff*, Gutachten zum 59. Juristentag 1992 G 11. Zu den Auswirkungen des Konfliktes zwischen Gesellschafts- und Konzerninteresse in den Bereichen der Unternehmensführung *Veelken* in Mestmäcker/Behrens (Hrsg.), Gesellschaftsrecht der Konzerne im internationalen Vergleich S. 505 (507 f). Aus italienischer Sicht *Galletti* in Maffei Alberti (Hrsg.), Il nuovo diritto delle società, Art. 2497-*quater* sub 1.1 (S. 2399); *Rordorf*, Società 2004, S. 538 (548).

11 Vgl. *Windbichler* in Hommelhoff/Hopt/v. Werder (Hrsg.), Handbuch Corporate Governance, 2003, S. 605 (609); *dies.* in Hommelhoff/Hopt/v.Werder (Hrsg.), Handbuch Corporate Governance, 2. Aufl., S. 825 (830).

Daneben kann sich der Erwerb eines Anteils, der eine erhebliche Einflussnahme auf die Willensbildung der Gesellschaft ermöglicht, negativ auf die Handelbarkeit der Anteile auswirken[12]. Die Ertragsaussichten für Minderheitsgesellschafter können sich mithin ändern[13].

Dagegen werden Gläubigerinteressen durch die Gruppeneinbindung nicht unmittelbar berührt, bleibt doch die weiterhin rechtlich selbständige Tochtergesellschaft ihre Schuldnerin. Daher gibt es für sie, soweit aus rechtsvergleichender Perspektive ersichtlich, keinen besonderen gesetzlichen Schutz für diesen Fall[14]. Da sich diese Arbeit auf Regelungsfragen beschränkt, die aus rechtsvergleichender Perspektive zu einem Kernbereich gesellschaftsrechtlicher Regelungen von Gesellschaftsgruppen in Europa gehören, werden diesbezüglich mögliche vertragliche Rechtsbehelfe[15] im Folgenden nicht erörtert.

II. Lösungsansätze

Für den Schutz der Minderheitsgesellschafter der Tochtergesellschaft existieren aus rechtsvergleichender Sicht verschiedene Lösungsansätze.

1. Gesonderte Behandlung börsennotierter Aktiengesellschaften

Ein grundlegender Unterschied besteht in der differenzierenden Behandlung börsennotierter Aktiengesellschaften und sonstiger Kapitalgesellschaften. Für die Aktionäre ersterer stellt das europäisch weitgehend harmonisierte Kapitalmarktrecht[16] entsprechende Instrumente zur Verfügung. Im wesentlichen geht es dabei um das durch die Übernahmerichtlinie eingeführte Pflichtangebot, das das jederzeit mögliche Ausscheiden mittels Veräußerung zu einem angemessenen Preis gewährleisten soll[17]. Dem Anwendungsbereich des Kapitalmarktrechts unterfällt aber nur ein geringer Teil der von der Gruppenbildung betroffenen Gesellschaften.

---

12 Vgl. *Armour/Hansmann/Kraakman* in Kraakman/Armour/Davies u.a., Anatomy of Corporate Law, sub 1.2.3 (S. 11 f).

13 *Hommelhoff/Witt*, FS Nobel S. 125 (129); *Lübking*, Ein einheitliches Konzernrecht für Europa S. 77 f; *Schlitt/Ries* in MünchKomm AktG § 35 WpÜG Rn 5; aus italienischer Sicht *Rordorf*, Società 2004, S. 538 (548).

14 Vgl. auch *Lübking*, Ein einheitliches Konzernrecht für Europa S. 73; *Wiedemann*, Die Unternehmensgruppe im Privatrecht S. 57.

15 Zu vertraglichen Rechtsbehelfen für Gläubiger in Großbritannien *Schuberth*, Konzernrelevante Regelungen im britischen Recht S. 89 ff.

16 Zur weitgehenden Harmonisierung des Kapitalmarktrechts in Europa vgl. *Grundmann*, Europäisches Gesellschaftsrecht Rn 623 ff mwN; *Hirte/Heinrichs* in KölnKomm WpHG Einl. Rn 37 ff.

17 Vgl. Erwägungsgrund 9 Übernahmerichtlinie; *Steinmeyer* in Steinmeyer/Häger (Hrsg.), WpÜG § 35 Rn 6 f.

2. Unterschiedliche Rechtslage in nicht börsennotierten Kapitalgesellschaften

Bei den sonstigen Gesellschaften lässt sich rechtsvergleichend keine klare Einteilung treffen[18].

Den Minderheitsgesellschaftern nicht börsennotierter Gesellschaften steht in Portugal im Falle des Entstehens einer Gruppenbeziehung ein Austrittsrecht zu[19]. Seit der Gesellschaftsrechtsreform ist dies auch in Italien der Fall, vgl. Art. 2497-*quater* Abs. 1c). Das Ermöglichen des Ausscheidens (exit) aus der Gesellschaft gilt verbreitet als einfache Variante eines Minderheitenschutzes bei Entstehen einer Gruppenbeziehung[20].

Daneben sehen die meisten Rechtsordnungen vor, dass in den Satzungen Instrumente verankert werden können, die eine Veränderung der Gesellschafterstruktur und damit auch das Entstehen einer Gruppenbeziehung verhindern können[21]. Sie sind allerdings regelmäßig nicht explizit gruppenbezogen ausgestaltet und ihre Anwendung auf die Gruppensituation wird zumeist nicht einmal gesondert herausgestellt[22].

Dagegen herrscht im deutschen Recht eine Diskussion um Zustimmungserfordernisse der Minderheit, und zwar in Bezug auf die jeweils abhängigkeitsbegründende Maßnahme[23]. Teilweise werden auch materielle Zulässigkeitsvoraussetzungen erwogen[24]. Fehlt es an einer entsprechenden privatautonom getroffenen Vereinbarung, wird die Treuepflicht als Grundlage für im einzelnen umstrittene Konstellationen, hauptsächlich für die Annahme eines Wettbewerbsverbotes des Mehrheitsgesellschafters, herangezogen[25]. Auf diese Weise soll den Gesellschaftern auch

---

18 Vgl. *Lübking*, Ein einheitliches Konzernrecht für Europa S. 126 ff, 131.

19 Art. 490 Código das Sociedades Comerciais, näher dazu *Gause*, Europäisches Konzernrecht im Vergleich S. 113 f.

20 *Forum Europaeum Konzernrecht*, ZGR 1998, S. 672 (725).

21 Zu entsprechenden Ansätzen in Portugal *Gause*, Europäisches Konzernrecht im Vergleich S. 139 f; in England und Frankreich *Lübking*, Ein einheitliches Konzernrecht für Europa S. 128 ff.

22 Vgl. *Lübking*, Ein einheitliches Konzernrecht für Europa S. 131.

23 *Binnewies*, Die Konzerneingangskontrolle in der abhängigen Gesellschaft S. 13, 417 ff; *Liebscher*, Konzernbildungskontrolle S. 223 ff (GmbH), 349 ff (AG), 410 ff (zusammenfassend); *Lutter* in Lutter/Hommelhoff GmbHG Anh § 13 Rn 19.

24 BGHZ 80, 69, 74 ff – Süssen; BGHZ 89, 162, 165 – Heumann/Ogilvy; aus der Literatur grundlegend *Lutter/Timm*, NJW 1982, S. 409 (415, 418); ferner *Binnewies*, Die Konzerneingangskontrolle in der abhängigen Gesellschaft S. 224 ff; *Habersack* in Emmerich/Habersack Aktien- und GmbH-Konzernrecht Anh § 318 Rn 12 f; *Liebscher*, Konzernbildungskontrolle S. 283 ff; kritisch dagegen *Emmerich* in Scholz GmbHG Anhang § 13 Rn 52 mwN; *Kübler/Assmann*, Gesellschaftsrecht § 29 I I 6 b.

25 *Binnewies*, Die Konzerneingangskontrolle in der abhängigen Gesellschaft S. 397 ff; *Wiedemann*, Die Unternehmensgruppe im Privatrecht S. 62 ff mwN; jeweils in Bezug auf ein Wettbewerbsverbot des herrschenden Gesellschafters BGHZ 80, 69, 74 ff – Süssen; BGHZ 89, 162, 165 – Heumann/Ogilvy; jedenfalls für ein solches Wettbewerbsverbot, aber gegen eine weiterreichende Ausdehnung *Emmerich* in Scholz GmbHG Anhang § 13 Rn 55a mwN; *Liebscher*, Konzernbildungskontrolle S. 259 f; *Lutter/Timm*, NJW 1982, S. 409 (419); *Zöllner* in Baumbach/Hueck GmbHG SchlAnhKonzernR Rn 95.

bei fehlender Zuständigkeit eine Einflussnahmemöglichkeit auf die Zusammensetzung der Gesellschafterstruktur gewährt werden. Dieser für die GmbH entwickelte, aber auch für sie umstrittene Ansatz wird vereinzelt auf die Aktiengesellschaft übertragen[26]. Er widerspricht jedoch zum einen dem Grundsatz der Handelbarkeit der Aktie[27]. Zum anderen sieht das AktG keinen präventiven Schutz vor Konzerngefahren vor, sondern enthält in §§ 311 ff Verhaltensregeln für die bestehende Unternehmensverbindung, so dass ihm Instrumente mit konzernverhindernder Wirkung fremd sind[28].

Da diese Arbeit vom italienischen Recht ausgeht, das keine Entsprechung kennt, und schwerpunktmäßig das Recht von Aktiengesellschaften behandelt, wird dieser Ansatz im folgenden nicht näher behandelt.

3. Vorschläge auf europäischer Ebene

Regelungsvorschläge für den Schutz von Minderheitsgesellschaftern nicht börsennotierter Gesellschaften bei Entstehen einer Gruppenbeziehung gibt es auf europäischer Ebene nur vereinzelt. Die Erwägung, dass ein in diesem Vorfeldstadium funktionsfähiges Instrument die in der bestehenden Gruppe auftauchenden Probleme gar nicht erst entstehen lässt, ist in ihnen jedenfalls nicht ausdrücklich enthalten. Sie sind vielmehr insgesamt zurückhaltend und beziehen sich alle auf das Instrument des Austrittsrechtes. Das *Forum Europaeum Konzernrecht* empfiehlt den Mitgliedstaaten die Einführung eines Austrittsrechtes auch außerhalb eines Pflichtangebotsverfahrens bei Erreichen einer Schwelle von 90–95 Prozent lediglich und sieht die Einführung nicht als bindend vor. Zudem soll eine Beschränkung nur auf börsennotierte Gesellschaften möglich sein[29].

Ebenso zurückhaltend ist die *High Level Group* und schlägt die Einführung eines Austrittsrechts unabhängig von der vorherigen Abgabe eines Pflichtangebotes nur für börsennotierte und offene Gesellschaften vor[30]. Für geschlossene Gesellschaften

---

Der BGH hat sich im Rahmen einer Nichtzulassungsbeschwerde mit relativ ausführlicher Begründung ausdrücklich gegen ein Wettbewerbsverbot als Instrument der Konzerneingangskontrolle, jedenfalls für den Fall, in dem eine Konkurrenzsitutation zwischen Aktionär und Gesellschaft bereits vor Erwerb der Mehrheit bestand, ausgesprochen, BGH DStR 2008, S. 2077 (2079 Rn 17).

26 Er wird lediglich für nicht börsennotierte Aktiengesellschaften vertreten von *Habersack* in Emmerich/Habersack Aktien- und GmbH-Konzernrecht Vor § 311 Rn 7; Ausnahmen für personalistisch strukturierte Aktiengesellschaften halten für möglich *Krieger* in MünchHdbGesR Bd. 4 § 69 Rn 20; *Liebscher*, Konzernbildungskontrolle S. 385 ff, 392.

27 Allgemein zur Handelbarkeit von Anteilen als maßgebliches Merkmal der Aktiengesellschaft, das sie von dem Modell der Gesellschaft mit beschränkter Haftung unterscheidet *Armour/Hansmann/Kraakman* in Kraakman/Armour/Davies u.a., Anatomy of Corporate Law, sub 1.3 (S. 16 f).

28 BGH DStR 2008, S. 2077 (2079 Rn 17).

29 *Forum Europaeum Konzernrecht*, ZGR 1998, S. 672 (729).

30 Zu diesem bewusst gewählten engen Anwendungsbereich *Hopt*, FS Canaris, Bd. II, S. 105 (114 f).

empfiehlt sie hingegen eine nähere Prüfung, ob nicht vertraglich vereinbarte Ausstiegsrechte Minderheitsaktionären hinreichenden Schutz gewähren[31].

Der Aktionsplan hat lediglich die Einführung eines Andienungsrechtes für Minderheitsaktionäre und eines Ausschlussrechtes von Minderheitsaktionären börsennotierter Aktiengesellschaften herausgegriffen[32], die bei Umsetzung der Übernahmerichtlinie bereits weitgehend berücksichtigt worden sind[33].

III. Kapitalmarktrechtliches Pflichtangebot

Einer der vom *Forum Europaeum Konzernrecht* vorgeschlagenen Bausteine für ein Recht der Gesellschaftsgruppe bezieht sich auf das Pflichtangebot beim Erwerb von Anteilen an einer börsennotierten Gesellschaft[34]. Das Pflichtangebot[35] soll es den Minderheitsaktionären der Zielgesellschaft ermöglichen, ihre Anteile an der unter die Kontrolle der Bietergesellschaft gelangten Zielgesellschaft zu einem angemessenen Preis zu veräußern[36]. Wird die Zielgesellschaft auf diese Weise Teil einer Gruppe, werden gruppenrechtliche Fragestellungen eröffnet. Während die rechtssystematische Einordnung des Pflichtangebotes als konzernrechtliches Instrument in Deutschland noch immer teilweise angezweifelt wird[37], gilt dies für die rechtsvergleichende Perspektive nicht[38].

Die Übernahmerichtlinie von 2005 sieht für das Pflichtangebot einen einheitlichen europäischen Rahmen vor. Dieser verpflichtet die Mitgliedstaaten zudem, im Anschluss an die Abgabe eines Pflichtangebotes ein Ausschlussrecht (squeeze-out) des Bieters gegenüber möglicherweise verbliebenen Minderheitsaktionären[39], sowie ein

---

31 *High Level Group*, Report II, Kap. VI 6 (S. 120 f).
32 Aktionsplan, sub 3.4. Unternehmensumstrukturierung und -mobilität, S. 24 f.
33 Art. 15 und 16 Übernahmerichtlinie. Dazu auch *Hopt*, FS Canaris, Bd. II, S. 105 (113 f).
34 *Forum Europaeum Konzernrecht*, ZGR 1998, S. 672 (728 ff).
35 Vgl. Art. 5 Übernahmerichtlinie, § 35 WpÜG, Art. 106 TUF.
36 Zum Regelungszweck von Art. 106 TUF vgl. *D'Ambrosio* in Rabitti Bedogni (Hrsg.), Il testo unico della intermediazione finanziaria, Artt. 102–112 sub 4.1 (S. 601 f); zum (entsprechenden) Regelungszweck von § 35 WpÜG *Krause/Pötzsch* in Assmann/Pötzsch/U.H. Schneider (Hrsg.), WpÜG § 35 Rn 6, 31; *Schlitt/Ries* in MünchKomm AktG § 35 WpÜG Rn 5 ff.
37 Für eine kapitalmarktrechtliche Einordnung des Pflichtangebots u.a. *Emmerich/Habersack*, Konzernrecht § 9a Rn 31; *Krause/Pötzsch* in Assmann/Pötzsch/U.H. Schneider (Hrsg.), WpÜG § 35 Rn 32 f; *Schlitt/Ries* in MünchKomm AktG § 35 WpÜG Rn 8, alle jeweils mwN, auch zur Gegenmeinung. Die überwiegende Auffassung befürwortet eine gesellschafts- bzw. konzernrechtliche Einordnung, vgl. u.a. *Fleischer*, NZG 2002, S. 545 (546 f); *Hopt*, FS Canaris, Bd. II, S. 105 (113); *Mülbert*, ZIP 2001, S. 1221 (1226). Instruktiv der Überblick zum Streitstand mit abschließender Befürwortung der konzernrechtlichen Sicht bei *Hommelhoff/Witt*, FS Nobel S. 125 (128 f).
38 Dazu u.a. *Böhmer*, Der Schutz der Minderheitsaktionäre bei Übernahmen börsennotierter Gesellschaften in Europa S. 55 f; *Forum Europaeum Konzernrecht*, ZGR 1998, S. 672 (727 f); *Hopt*, ZHR 171 (2007), S. 199 (231 mwN, 234); *Windbichler*, Gesellschaftsrecht § 33 Rn 4, 9; die Schnittmenge zwischen Kapitalmarktrecht und Europäischem Gesellschaftsrecht gerade im Hinblick auf das Übernahmerecht verdeutlichend *Grundmann*, Europäisches Gesellschaftsrecht Rn 948; *Windbichler* EBOR 1 (2000), S. 265 (274 f); *dies.*, FS Ulmer S. 683 (685).
39 Art. 15 Übernahmerichtlinie.

Andienungsrecht letzterer gegenüber dem Bieter vorzusehen[40]. Beide Instrumente waren ebenfalls Teil der Vorschläge des *Forum Europaeum Konzernrecht*[41], ohne jedoch jeweils an die vorherige Abgabe eines Pflichtangebotes geknüpft zu sein. Dementsprechend waren sie auch nicht auf börsennotierte Gesellschaften beschränkt. Die *High Level Group* folgt dem in ihrem zweiten Bericht und schlägt vor, squeeze-out und Andienungsrecht auf Aktiengesellschaften mit offener Aktionärsstruktur zu erstrecken[42]. In Deutschland ist in Anknüpfung an den Vorschlag des *Forum Europaeum Konzernrecht* das squeeze-out als Institut des allgemeinen Aktienrechts unabhängig von einer Börsennotierung geregelt (vgl. §§ 327a ff AktG)[43]. Ein Andienungsrecht steht Aktionären dagegen nur nach Abgabe eines Übernahme- oder Pflichtangebotes zu (§ 39c WpÜG).

Der italienische Gesetzgeber hat auf dem Gebiet des Übernahmerechts dem europäischen – sowie dem deutschen[44] – schon Anfang der 90er Jahre vorgegriffen[45]. Die geltende italienische Regelung ist daher bereits rechtsvergleichend[46], zudem insbesondere in Bezug auf Fragen des Schutzes von Minderheitsgesellschaftern[47], dargestellt worden. Die Umsetzung der Übernahmerichtlinie ist in Italien mit mehr als einjähriger Verspätung erfolgt[48]. Hinsichtlich der auf die Erlangung von Kontrolle über eine börsennotierte *s.p.a.* geltenden Regelungen geht sie nicht über den Regelungsgehalt der Richtlinie hinaus. Auch hat sie in Bezug auf den Schutz von Minderheitsgesellschaftern keine wesentlichen Neuerungen gebracht[49]; daher wird auf eine weitere Erörterung in dieser Arbeit verzichtet.

Anzumerken bleibt, dass in vielen Mitgliedstaaten erhebliche Zweifel am Konzept der Übernahmerichtlinie in ihrer aktuellen Form bestehen. Die Kommission schien

---

40 Art. 16 Übernahmerichtlinie.

41 *Forum Europaeum Konzernrecht*, ZGR 1998, S. 672 (737 ff).

42 *High Level Group*, Report II, Kap. VI 6 (S. 119 f).

43 Zum Zusammenhang zwischen dem Vorschlag des *Forum Europaeum Konzernrecht* und den §§ 327a ff AktG *Grunewald* in MünchKomm AktG Vor § 327a Rn 16.

44 Der deutsche Gesetzgeber hat erst 2001 übernahmerechtliche Aspekte im neu erlassenen WpÜG geregelt. Zur Entstehungsgeschichte *Pötzsch* in Assmann/Pötzsch/U.H. Schneider (Hrsg.), WpÜG Einl. Rn 17 ff.

45 Zur Einführung des TUF allgemein *Dolce*, JbItalR 11 (1998), S. 3 ff (S. 6 f in Bezug auf das Übernahmerecht); *Grundmann/Massari* in Grundmann/Zaccaria (Hrsg.), Einführung in das italienische Recht, 4. Teil 3. Kap. I 3; zum Übernahmerecht im TUF und seinen Vorläufergesetzen *Messina* in Di Noia/Razzante (Hrsg.), Il nuovo diritto societario e dell'intermediazione finanziaria, Cap. I sub 3–3.3.

46 *Kindler* in Hommelhoff/Hopt/Lutter (Hrsg.), Konzernrecht und Kapitalmarktrecht in Italien S. 123 (142 ff); einen Vergleich zwischen dem Entwurf des WpÜG und dem italienischen Recht ziehen *Hommelhoff/Witt*, RIW 2001, S. 561 ff.

47 *Böhmer*, Der Schutz der Minderheitsaktionäre bei Übernahmen börsennotierter Gesellschaften in Europa S. 46 f, 172 ff, 201 f.

48 Umsetzung durch D.lgs. 19 Novembre 2007, n. 229. Zu den Anpassungen des italienischen Übernahmerechts nach der Finanzkrise durch Einfügung von Wahlmöglichkeiten im wesentlichen in Bezug auf Passivitäts- und Neutralitätspflicht sowie Gegenseitigkeitsklauseln *Venturini*, Società 2010, S. 443 ff.

49 Überblicksartig zu den wesentlichen Änderungen *Mucciarelli*, Giur. comm. 2008, I, S. 447 ff; *ders.*, Ma non è una rivoluzione, La Voce 30.11.2007, http://www.lavoce.info/articoli/pagina1000148.html.

sich daher bereit erklärt zu haben, eine Überprüfung bereits vor dem dafür vorgesehenen Jahr 2011 durchzuführen[50]. Entsprechende Aktivitäten waren jedoch nicht zu verzeichnen[51]. Derzeit ist zu dieser Thematik vieles im Fluss und nicht absehbar, in welche Richtung die weitere Entwicklung gehen wird.

IV. Das Austrittsrecht bei Entstehen einer Gruppenbeziehung, Art. 2497-*quater* Abs. 1c) cod. civ.

Art. 2497-*quater* Abs. 1 c) cod. civ. als wohl anwendungsrelevanteste[52] von insgesamt drei unterschiedlichen Tatbestandsvarianten[53] gewährt dem Gesellschafter ein Austrittsrecht unabhängig vom Vorliegen der Voraussetzungen eines Übernahmeangebotes. Damit wird eines der wesentlichen Anliegen der Reform umgesetzt[54]. Das Austrittsrecht steht dem Gesellschafter einer der Leitung und Koordinierung unterliegenden Gesellschaft bei Beginn – sowie bei Beendigung[55] – der Ausübung dieser Tätigkeit zwingend[56] zu, sofern es sich nicht um eine an einem geregelten Markt notierte Gesellschaft[57] handelt. Weitere Voraussetzung ist, dass kein öffentliches Übernahmeangebot[58] abgeben worden ist. Schließlich müssen sich durch den Eintritt in die Gruppe (oder den Austritt aus derselben) die Bedingungen des Investi-

---

50 Ausführlich der Bericht der EU-Kommission zur Umsetzung der Übernahmerichtlinie vom 21.02.2007, abzurufen unter: http://ec.europa.eu/internal_market/company/docs/takeoverbids/2007-02-report_en.pdf; vgl. dazu *Weber-Rey*, AG-R 2007, S. 167 (168).

51 Vgl. *Krause*, AG 2011, S. 469 (473).

52 Vgl. *Ventoruzzo*, Riv. soc. 2009, S. 1179 (1186).

53 Gem. Art. 2497-*quater* Abs. 1 a) steht dem Gesellschafter ein Austrittsrecht zu, wenn die Muttergesellschaft ihre Rechtsform in einer Weise ändert, die sich auf den Gesellschaftszweck auswirkt oder wenn sie den Unternehmensgegenstand in einer Weise ändert, die geeignet ist, sich unmittelbar auf die wirtschaftlichen Bedingungen in der Tochtergesellschaft auszuwirken.
Gem. Art. 2497-*quater* Abs. 1 b) besteht ein Austrittsrecht des Gesellschafters, zu dessen Gunsten es zu einer Verurteilung der Muttergesellschaft gem. Art. 2497 gekommen ist.

54 Art. 10 d) Ermächtigungsgesetz n. 366/2001.

55 *Galletti* in Maffei Alberti (Hrsg.), Il nuovo diritto delle società, Art. 2497-*quater* sub 1.2 (S. 2403); *Ventoruzzo*, Riv. soc. 2009, S. 1179 (1187) fassen darunter auch den Fall des Wechsels der Gruppenzugehörigkeit, differenzierend bzgl. des Wechsels *Associazione Preite*, Morera/Olivieri/Perassi u.a. (Hrsg.), Il diritto delle società, Cap. XX 3 (S. 410).

56 Zum zwingenden Charakter *Aristeia*, Direzione e coordinamento di società nella riforma del diritto societario, Doc. n. 35, ottobre 2003, sub 7; *Chiappetta*, Riv. soc. 2005, S. 487 (517); *Galletti* in Maffei Alberti (Hrsg.), Il nuovo diritto delle società, Art. 2497-*quater* sub 1.4 (S. 2409).
Nicht kapitalmarktorientierte Gesellschaften können ferner die Liste der Austrittsrechte nahezu beliebig in der Satzung erweitern, vgl. Art. 2437 Abs. 4 für die *s.p.a.* und Art. 2473 für die *s.r.l.;* näher hierzu *Chiappetta*, Riv. soc. 2005, S. 487 (517).

57 Dies treffe regelmäßig für die *s.r.l.* zu, *Enriques/Sciolla/Vaudano*, Giur. comm. 2004, I, S. 745 (762).

58 In Italien ist die Abgabe eines Übernahmeangebotes auch in Bezug auf nicht börsennotierte Gesellschaften denkbar, vgl. dazu *Daccò-Tatozzi* in Cian/Trabucchi (Hrsg.), Codice Civile, Art. 2497-*quater* sub VI; *Hommelhoff/Witt*, RIW 2001, S. 561 (562); *Mucciarelli*, Giur. comm. 2008, I, S. 447 (448). Allerdings komme dies nur selten vor, so *Aristeia*, Direzione e coordinamento di società nella riforma del diritto societario, Doc. n. 35, ottobre 2003, sub 7.
Zu Interpretationsschwierigkeiten in Bezug auf dieses Tatbestandsmerkmal statt vieler *Assonime*, Riv. soc. 2005, S. 1390 (1405); *Enriques/Sciolla/Vaudano*, Giur. comm. 2004, I, S. 745 (762).

tionsrisikos für den Gesellschafter geändert haben. Hinsichtlich letztgenannter Voraussetzung trifft den Gesellschafter die Beweislast[59]. Dies dürfte sich als praktisches Anwendungshindernis erweisen[60].

1. Das Austrittsrecht als Regelungsinstrument in nicht börsennotierten Gesellschaften

Aus wirtschaftlicher Sicht soll mit dem Austrittsrecht die Möglichkeit des Gesellschafters zur Desinvestition geschützt werden[61]. Dem liegt die Idee zugrunde, dass ab einer gewissen Konzentration des Anteilsbesitzes auch die Illiquidität des Anteilshandels steigt[62]. Daher ist das Austrittsrecht insbesondere für Gesellschafter nicht kapitalmarktnotierter Gesellschaften von Bedeutung, bzw. allgemein in Fällen, in denen kein Markt für die Anteile besteht[63]. Derartige geschlossene Gesellschaften sind in Italien, aber auch in Deutschland und im europäischen Vergleich insgesamt in der Mehrzahl[64]. Da ein öffentliches Übernahmeangebot wirtschaftlich eine dem Austrittsrecht gleichstehende Veräußerungsmöglichkeit darstellt[65], ist negative Voraussetzung für Art. 2497-*quater* Abs. 1 c) gerade, dass kein solches abgegeben wurde.

In juristischer Hinsicht wirkt sich das Austrittsrecht auf das interne Organisationsgefüge der Gesellschaft aus: mit seiner Hilfe soll der Minderheitsgesellschafter[66] vor Entscheidungen der Mehrheit geschützt werden, mit denen er nicht einverstanden ist[67]. Im Zeitpunkt des Entstehens einer Gruppe geht es dabei nicht um seinen Schutz bei einem konkreten, seinem Interesse zuwiderlaufenden Beschluss, sondern um seinen Schutz vor einer Situation, in der er strukturell geschwächt sein könnte, mithin um einen abstrakten Interessenschutz[68]. Ihm soll es ermöglicht werden, über seinen Verbleib zu verhandeln[69]. Letztlich wird ihm mithilfe des Austrittsrechts eine trotz seines geringen Stimmenanteils im Verhältnis zur Mehrheit verstärkte Verhandlungsposition eingeräumt. Damit werden im Ergebnis wiede-

---

59 *Galgano* in Commentario del Codice Civile Scialoja Branca, Art. 2497-*quater* (S. 160).
60 Vgl. *Daccò-Tatozzi* in Cian/Trabucchi (Hrsg.), Codice Civile, Art. 2497-*quater* sub VI; *Pennisi*, Liber Amicorum G. F. Campobasso, Bd. III, S. 887 (941).
61 *Rordorf*, Società 2003, S. 923 (924); *Rosapepe*, Giur. comm. 2003, I, S. 479 (493).
62 *Ventoruzzo*, ECFR 2005, S. 207 (241 ff).
63 *Ventoruzzo*, ECFR 2005, S. 207 (241), sowie *Grunewald*, FS Claussen S. 103, die zusätzlich nach Marktsegmenten differenziert.
64 Vgl. die Grafik bei *Grundmann*, Europäisches Gesellschaftsrecht Rn 107, sowie oben § 2 I 4, IV.
65 *Pasquariello*, Il recesso nei gruppi di società S. 176; *Patti* in Lo Cascio (Hrsg.), La riforma del diritto societario, Art. 2497-*quater* sub 2 (S. 279); *Peter*, FS Nobel S. 251 (272).
66 *Patti* in Lo Cascio (Hrsg.), La riforma del diritto societario, Art. 2497-*quater* sub 1 (S. 276).
67 Zu den verschiedenen Funktionen des Austrittsrechts *Di Cataldo*, Liber Amicorum G. F. Campobasso, Bd. III, S. 219 (223 f); *Pasquariello*, Il recesso nei gruppi di società S. 101 ff; *Rordorf*, Società 2003, S. 923 (924).
68 *Enriques/Sciolla/Vaudano*, Giur. comm. 2004, I, S. 745 (761); *Rordorf*, Società 2003, S. 923 (928).
69 *Ventoruzzo*, Riv. soc. 2009, S. 1179.

rum seine Vermögensinteressen gestärkt[70]. Insoweit wird eine Parallele zu §§ 304, 305 AktG gezogen[71]: auch bei Errichtung eines Vertragskonzerns hat der Gesellschafter die Wahl, in Kenntnis der Rechtslage bei Gewähr einer wiederkehrenden Ausgleichszahlung in der Gesellschaft zu verbleiben (§ 304 AktG) oder gegen Gewähr eines Nachteilsausgleiches aus ihr auszutreten (§ 305 AktG).

2. Wertberechnung der Abfindung

Art. 2497-*quater* verweist hinsichtlich der Berechnung der Abfindung auf die allgemeinen Austrittsrechtstatbestände für die *s.p.a.* (Art. 2437 cod. civ.) und die *s.r.l.* (2473 cod. civ.)[72].

Für Aktiengesellschaften, deren Aktien an einem geregelten Markt notiert sind, ist der Aktienwert im Rahmen des Abfindungsverfahrens ausschließlich aufgrund des arithmetischen Wertes der Schlusskurse während der sechs Monate bestimmt, die der Veröffentlichung oder dem Erhalt der Ankündigung zur Einberufung der Aktionärsversammlung vorangehen, 2437-*ter* Abs. 3. Art. 2497-*quater* Abs. 1c) gilt jedoch nicht für den Austritt aus einer an einem geregelten Markt notierten Gesellschaft, so dass fraglich ist, ob diese Variante der Wertberechnung überhaupt zur Anwendung kommen kann.

In allen anderen Aktiengesellschaften ist der Wert der Aktien vom Leitungsorgan nach Abgabe einer Stellungnahme jeweils durch das Kontrollorgan sowie den Abschlussprüfer unter Berücksichtigung der Vermögenslage sowie der prognostizierten künftigen Rendite und eines etwaigen Marktwertes festzulegen, Art. 2437-*ter* Abs. 2[73]. Die Satzung kann andere wertbestimmende Kriterien festlegen, Art. 2437-*ter* Abs. 4[74]. Dies würde allerdings wiederum zu einem Austrittsrecht der damit nicht einverstandenen Aktionäre führen[75]. Zudem hat der austretende Aktionär die Möglichkeit, der Wertbestimmung zu widersprechen, was die Wertberechnung durch einen gerichtlich bestellten Gutachter zur Folge hat, Art. 2437-*ter* Abs. 5, 6.

---

70 *Enriques/Sciolla/Vaudano,* Giur. comm. 2004, I, S. 745 (747); *Galletti* in Maffei Alberti (Hrsg.), Il nuovo diritto delle società, Art. 2497-*quater* sub 1.2 (S. 2404 f); *Rosapepe,* Giur. comm. 2003, I, S. 479 (493).

71 Das Austrittsrecht gem. Art. 2497-*quater* Abs. 1 c) scheine von §§ 304, 305 AktG inspiriert, so *Patti* in Lo Cascio (Hrsg.), La riforma del diritto societario, Art. 2497-*quater* sub 1 (S. 276).

72 *Rordorf,* Società 2004, S. 538 (548) weist darauf hin, dass auf das Recht der Personengesellschaften hingegen nicht verwiesen werde, obwohl auch diese Teil einer Gruppe sein könnten.

73 Näher zu den einzelnen Modalitäten der Wertberechnung bei nicht börsennotierten Gesellschaften *De Acutis* in G. Cian/Trabucchi (Hrsg.), Codice Civile, Art. 2437-*ter* sub II Rn 1 ff; zu den durch die Regelung verursachten Anwendungsproblemen *Paciello* in Niccolini/Stagno d'Alcontres (Hrsg.), Le società di capitali, Art. 2437-*ter* sub 1; *Ventoruzzo,* Riv. soc. 2005, S. 309 (363 ff).

74 Näher *Di Cataldo,* Liber Amicorum G.F. Campobasso, Bd. III, S. 219 (236 ff).

75 Maßgeblich wäre ein Austrittsrecht nach Art. 2437 Abs. 1 f), vgl. *Ventoruzzo,* ECFR 2005, S. 207 (245). Ausführlich zu den Kriterien für die Bewertung von Aktien im Falle des Austrittes *Ventoruzzo,* Riv. soc. 2005, S. 309 ff.

Für den Austritt aus einer *s.r.l.* ist lediglich gesetzlich vorgegeben, dass die Gesellschafter das Recht haben, ihren Anteil im Verhältnis zum Gesellschaftsvermögen erstattet zu bekommen, Art. 2473 Abs. 3 S. 1. Das Gesellschaftsvermögen wird zu diesem Zweck unter Berücksichtigung des Marktwertes zum Zeitpunkt der Ausübung des Austrittsrechtes zu bestimmt, Art. 2473 Abs. 3 S. 2. Aus italienischer Perspektive handelt es sich dabei um eine strenge Vorgabe[76].

Mit diesen Vorgaben zur Wertberechnung ist eine Vielzahl von Unsicherheiten tatsächlicher und rechtlicher Art verbunden. Nicht nur, dass die Wertbestimmung von Aktien im Rahmen von Abfindungen allgemein ein nur schwer zu bewältigendes Problem darstellt[77]. Dies dürfte verstärkt gelten, wenn es darum geht, den Wert von Aktien nicht börsennotierter Gesellschaften zu bestimmen. Der Gesetzgeber kann insofern allenfalls einen Rahmen festlegen[78]. Gesetzliche Vorgaben enthält allein das Recht der *s.p.a.*, das der *s.r.l.* jedoch kaum. Gerichtliche Verfahren zur Frage der Wertbestimmung von Aktien im Rahmen von Abfindungen sind allgemein langwierig; dies gilt auch für das deutsche Recht trotz der bisher umfangreichen Rechtsprechung zu § 305 AktG und des Erlasses des SpruchG[79]. Angesichts der Schwächen des italienischen Justizsystems[80] dürfte in absehbarer Zeit nicht mit Urteilen zu rechnen sein, die eine Bewertung standardisieren und damit besser kalkulierbar machen könnten. Verfahrensdauer und Bewertungsproblematik dürften sich in Zukunft vielmehr verstärkt gegenseitig negativ beeinflussen[81].

3. Modalitäten bei Ausübung des Austrittsrechts

Das Verfahren von Austritt und Abfindung richtet sich ebenfalls nach den allgemein für die *s.p.a.* bzw. *s.r.l.* geltenden Vorgaben.

Fristen und Formvorgaben hinsichtlich der Ausübung des Austrittsrechts sind für die *s.p.a.* gesetzlich festgelegt (Art. 2437-*bis*). Art. 2437-*bis* Abs. 1 differenziert für die Fristbestimmung danach, ob das Austrittsrecht durch einen Gesellschafterbeschluss

---

76 Vgl., unter Hinweis auf die Gesetzesbegründung, *Menti* in G. Cian/Trabucchi (Hrsg.), Codice Civile, Art. 2473 Rn 9. Demnach käme es insoweit auf den tatsächlichen Wert des Gesellschaftsvermögens an und nicht auf den sich aus dem Jahresabschluss ergebenden Wert. Möglicherweise entspricht dies dem Anspruch des GmbH-Gesellschafters auf Abfindung grundsätzlich in Höhe des Verkehrswertes des Anteils, vgl. dazu *Hueck/Fastrich* in Baumbach/Hueck GmbHG Anh nach § 34 Rn 25 mwN.

77 Vgl. dazu im Einzelnen *Ventoruzzo*, Riv. soc. 2005, S. 309 (363 ff), sowie den Überblick zu den Bewertungsmethoden der Angemessenheit der Abfindung für den Austritt von Aktionären bei Entstehen eines Vertragskonzerns bei *Hüffer* AktG § 305 Rn 17 ff mit zahlreichen Nachweisen.

78 Zu den Optionen des Gesetzgebers in diesem Zusammenhang *Ventoruzzo*, Riv. soc. 2005, S. 309 (452 ff).

79 Vgl. *Kubis* in MünchKomm AktG SpruchG Vor § 1 Rn 6; zum Erlass des Spruchverfahrensgesetzes (SpruchG) als Reaktion u.a. auf die Überlänge vorheriger Spruchverfahren *Hüffer* AktG Anh § 305 Rn 2.

80 Vgl. oben § 2 IV.

81 *Rordorf*, Società 2003, S. 923 (930) hält es deshalb für fraglich, ob das Austrittsrecht überhaupt ein sinnvolles Instrument zum Schutz des Minderheitsgesellschafters ist.

(S. 1) oder durch eine andere Tatsache (S. 2) ausgelöst wurde. Da das Austrittsrecht nach Art. 2497-*quater* Abs. 1c) unabhängig von einem Gesellschafterbeschluss ausgelöst wird, gilt wohl eine Frist von 30 Tagen ab Kenntnis von den das Austrittsrecht auslösenden Voraussetzungen[82]. Dagegen kann die Frist in der *s.r.l.* durch die Gründungsurkunde bestimmt werden, Art. 2473 Abs. 1[83].

Das Verfahren der Anteilsabfindung läuft in beiden Gesellschaftsformen weitgehend parallel ab. Für die *s.p.a.* schreibt Art. 2437-*quater* vor, dass zunächst den übrigen Aktionären ein Bezugsrecht im Verhältnis ihrer Beteiligungen einzuräumen sei. Damit sollen die in der Gesellschaft verbleibenden Minderheiten geschützt werden[84]. Anders als beim Austrittsrecht nach § 305 AktG besteht keine Möglichkeit der Abfindung in Aktien der Obergesellschaft. In der *s.r.l.* können die Anteile zunächst den übrigen Gesellschaftern oder Dritten angeboten werden, Art. 2473 Abs. 4. Ist eine Veräußerung der Anteile auf diesem Wege nicht möglich, sieht das Gesetz für beide Gesellschaftsformen[85] eine Anteilserstattung aus den verfügbaren Rücklagen vor. Die für den Erwerb eigener Aktien zulässige Höchstgrenze von zehn Prozent (Art. 2357 Abs. 3) gilt dabei ausnahmsweise nicht[86]. Verfügt die Gesellschaft weder über Gewinne noch über verfügbare Rücklagen, hat eine außerordentliche Gesellschafterversammlung über eine Kapitalherabsetzung und als *ultima ratio* über die Liquidation der Gesellschaft zu beschließen (Art. 2437-*quater* Abs. 6, 7 für die *s.p.a.* bzw. Art. 2473 Abs. 4 für die *s.r.l.*).

4. Zusammenfassende Betrachtung der italienischen Konzeption des Austrittsrechtes

Das Austrittsrecht bei tatsächlicher Einflussausübung über eine nicht börsennotierte Gesellschaft stellt, soweit ersichtlich, eine bislang einmalige Lösung im europäischen Vergleich dar.

Zwar kennt das portugiesische Recht ein Austrittsrecht außerhalb des Pflichtangebotsverfahrens[87]. In die gleiche Richtung gehen jeweils die Empfehlungen des

---

82 Vgl. *Ventoruzzo*, Riv. soc. 2009, S. 1179 (1192). Hinsichtlich der Kenntnis von dieser Tatsache handele es sich um eine kaum nachweisbare Tatsache, für die den Aktionär die Beweislast treffe, so *Galletti* in Maffei Alberti (Hrsg.), Il nuovo diritto delle società, Art. 2497-*quater* sub 1.3 (S. 2409). Kritisch zu diesem Aspekt *Pennisi*, Liber Amicorum G. F. Campobasso, Bd. III, S. 887 (933); *Rordorf*, Società 2004, S. 538 (548).

83 Vgl. diesbezüglich die Kritik von *Enriques/Sciolla/Vaudano*, Giur. comm. 2004, I, S. 745 (S. 764 ff): Damit könne zum einen das Austrittsrecht in der *s.r.l.* strenger ausgestaltet werden als in der *s.p.a.*; ferner stelle sich die Frage, wonach sich der Austritt bei fehlender Bestimmung der Modalitäten richte. Die z. Zt. wohl h. L. vertritt in diesem Falle die analoge Anwendung der für die *s.p.a.* vorgegebenen Modalitäten unter Berücksichtigung der strukturellen Unterschiede der *s.r.l.*, vgl. *Menti* in Cian/Trabucchi (Hrsg.), Codice Civile, Art. 2473 Rn 8; *Ferrucci/Ferrentino*, Le Società di capitali, le società cooperative e le mutue assicuratrici, Cap. XCV 2 (S. 1436).

84 *Galletti* in Maffei Alberti (Hrsg.), Il nuovo diritto delle società, Art. 2437-*quater* sub 1 (1602 f).

85 Zum Verfahren der Anteilserstattung in der *s.r.l.* *Enriques/Sciolla/Vaudano*, Giur. comm. 2004, I, S. 745 (767 f).

86 Näher *Chiappetta*, Riv. soc. 2005, S. 487 (514 f).

87 Dazu *Gause*, Europäisches Konzernrecht im Vergleich S. 112 ff.

Forum Europaeum Konzernrecht[88] sowie der *High Level Group*[89]. Die Einführung eines Austrittsrechtes unabhängig vom Pflichtangebot wird auch in Deutschland befürwortet[90] bzw. in Spanien[91] diskutiert. Schließlich sieht das Recht des Vertragskonzerns in § 305 AktG bei Abschluss eines Beherrschungsvertrages ein Recht auf Abfindung (in Form eines Aktientausches oder einer Barabfindung mit Folge des Austrittes aus der Gesellschaft) vor, das allerdings gegenüber dem herrschenden Unternehmen geltend zu machen ist.

Ausgangspunkt für die Regelungen bzw. Regelungsvorschläge ist die steigende Illiquidität von Anteilen, wenn eine bestimmte Schwelle der Konzentration erreicht ist. Dies betrifft verstärkt Gesellschaften mit geschlossenem Gesellschafterkreis. Auch der Wegfall von Minderheitsrechten, die einen bestimmten Anteilsbesitz voraussetzen, ab einer gewissen Konzentration des Anteilsbesitzes wird dabei berücksichtigt[92]. Eine derartige Konstellation sehen die portugiesische Regelung, sowie die Empfehlungen des *Forum Europaeum* und der *High Level Group* erst bei Erreichen einer Schwelle von mindestens 90 Prozent als gegeben an. Insoweit besteht eine Parallele zum kapitalmarktrechtlichen Andienungsrecht für Aktionäre börsennotierter Gesellschaften[93].

Art. 2497-*quater* Abs. 1c) hingegen setzt nicht das Erreichen einer derartig hohen Beteiligungsschwelle voraus, sondern greift dann ein, wenn eine Gesellschaft tatsächlich geleitet und koordiniert wird. Dies kann im Hinblick auf die Vermutungstatbestände bereits bei Halten von 50 Prozent plus einer Stimme der Fall sein. Es ist fraglich, ob bei einer derartigen Anteilskonzentration bereits von einer erheblich eingeschränkten Möglichkeit ausgegangen werden kann, Anteile der Gesellschaft noch zu einem angemessenen Preis veräußern zu können. Insbesondere aber ist das Anknüpfen an ein tatsächliches Merkmal wiederum auch in diesem Zusammenhang problematisch, denn eine genaue Festlegung, ab welchem Zeitpunkt die Tätigkeit von Leitung und Koordinierung tatsächlich ausgeübt wird, scheint kaum möglich[94]. Noch schwieriger ist die Unbestimmtheit des Begriffspaares ‚Leitung und Koordinierung', die auch durch die – grundsätzlich widerleglichen – Vermutungen nur begrenzt abgemildert wird, bestehen doch hinsichtlich deren Anwendungsbereiches wiederum erhebliche Unsicherheiten[95]. Eine formelle Schwelle wie

88 *Forum Europaeum Konzernrecht*, ZGR 1998, S. 672 (736 f, 739).

89 *High Level Group*, Report II, Kap. VI 6 (S. 119 ff).

90 *Hopt* in Aufbruch nach Europa, 75 Jahre Max Planck Institut für Privatrecht S. 17 (29 f); *Koppensteiner* in KölnKomm AktG Vorb. § 327a Rn 8.

91 Vgl. zu Art. 599 *Propuesta de Código de sociedades mercantiles* von 2002 *Embid Irujo*, RabelsZ 69 (2005), S. 724 (742); *Girgado*, ECFR 2006, S. 363 (381).

92 Vgl. *Forum Europaeum Konzernrecht*, ZGR 1998, S. 672 (739).

93 Vgl. Art. 16 Übernahmerichtlinie, der für das Andienungsrecht auf die squeeze-out Schwelle von mindestens 90 % des stimmberechtigten Kapitals verweist.

94 Dies ist auch Gegenstand der Kritik von *Carriello* in Niccolini/Stagno d'Alcontres (Hrsg.), Società di capitali, Art. 2497-*quater* sub 4 (S. 1891 f). Ausführlich zu dadurch möglicherweise entstehenden Anwendungsfragen *Galletti* in Maffei Alberti (Hrsg.), Il nuovo diritto delle società, Art. 2497-*quater* sub 1.2 (S. 2404).

95 Kritisch daher *Galletti* in Maffei Alberti (Hrsg.), Il nuovo diritto delle società, Art. 2497-*quater* sub 1.2 (S. 2405 f); *Montalenti* in Cottino (Hrsg.), Trattato Diritto Commerciale IV/2, Cap. XII

im portugiesischen Recht oder in den Empfehlungen von *Forum Europaeum Konzernrecht* oder *High Level Group*, im Ergebnis auch des deutschen Rechts mit dem Abschluss eines Unternehmensvertrages, erscheint daher in diesem Zusammenhang vorzugswürdig.

Die genannten hohen Schwellen für das Austrittsrecht sind nicht nur wirtschaftlich mit der Illiquidität des Marktes der betroffenen Anteile zu begründen. Sie stehen auch im Zusammenhang mit den einschneidenden rechtlichen Auswirkungen des Austrittsrechts auf die Gesellschaftsstruktur. Grundsätzlich gilt in der Kapitalgesellschaft das Mehrheitsprinzip[96]. Es gewährleistet den effizienten Ablauf gesellschaftsinterner Entscheidungsprozesse. Mit dem Austrittsrecht wird die Position der Minderheit gegenüber derjenigen der Mehrheit aufgewertet[97]. Wenn Minderheitsgesellschafter von Tochtergesellschaften die Obergesellschaft als Mehrheitsgesellschafterin entsprechend unter Druck zu setzen wissen, kann es zur missbräuchlichen Ausnutzung dieses Institutes kommen. So können etwa auch sinnvolle Kontrolltransaktionen erschwert werden[98]. Dementsprechend wird seit der Gesellschaftsrechtsreform befürchtet, dass durch das Austrittsrecht Transaktionen insgesamt teurer werden[99] und für kleine und mittlere Unternehmen regelrecht eine existenzielle Gefahr[100] darstellen können.

Als problematisch werden die möglichen Auswirkungen auf die Vermögenslage der Gesellschaft angesehen[101]. Anders als in den Fällen der Abgabe eines öffentlichen Übernahmeangebotes oder des Abschlusses eines Unternehmensvertrages, in denen die Pflicht zur Befriedigung der Vermögensansprüche den Bieter bzw. den anderen Vertragsteil trifft, trifft sie im Falle des gem. Art. 2497-*quater* Abs. 1c) Austretenden die Gesellschaft selbst. Nach deutschem Recht würde damit der Grundsatz der Kapitalerhaltung berührt, insbesondere die Problematik der verbotenen Einlagenrückgewähr eröffnet werden[102]. Daher ist der Abfindungsanspruch nach § 305 AktG auch gegenüber der Obergesellschaft geltend zu machen. Durch das Austrittsrecht

---

sub 147 (S. 376); *Pavone La Rosa*, Riv. soc. 2003, S. 765 (777); *Pennisi*, Liber Amicorum G.F. Campobasso, Bd. III, S. 887 (930).
Zum Anknüpfungsmerkmal der Ausübung von Leitung und Koordinierung vgl. oben § 3 IV.

96 *Kübler/Assmann*, Gesellschaftsrecht § 3 II 3; *K. Schmidt*, Gesellschaftsrecht § 16 I 2, II 1; für das italienische Recht finden sich insoweit Nachweise lediglich zur *s.p.a. Associazione Preite*, Morera/Olivieri/Perassi u.a. (Hrsg.), Il diritto delle società, Cap. VI A 1 (S. 133); *Campobasso*, Diritto Commerciale 2, Cap. VII.2 (S. 310).

97 *Patti* in Lo Cascio (Hrsg.), La riforma del diritto societario, Art. 2497-*quater* sub 2 (S. 278 f); *Ventoruzzo*, Riv. soc. 2009, S. 1179 (1188).

98 Vgl. diesbezüglich die Kritik an einem allgemeinen Austrittsrecht bei Kontrollerlangung von *Kalss*, ZHR 171 (2007), S. 146 (166).

99 *Galletti* in Maffei Alberti (Hrsg.), Il nuovo diritto delle società, Art. 2497-*quater* sub 1.2 (S. 2405).

100 *Enriques/Sciolla/Vaudano*, Giur. comm. 2004, I, S. 745 (769); *Irace* in Sandulli/Santoro (Hrsg.), La riforma delle società, Art. 2497-*quater* sub 5 (S. 338).

101 Zu dieser Problematik insbesondere *Chiappetta*, Riv. soc. 2005, S. 487 (517); *Irace* in Sandulli/Santoro (Hrsg.), La riforma delle società, Art. 2497-*quater* sub 7 (S. 339); *Pavone La Rosa*, Riv. soc. 2003, S. 765 (778).

102 Vgl. dazu, im Zusammenhang mit einem Recht zum Austritt aus der Aktiengesellschaft, *Grunewald*, FS Claussen S. 103 (106 ff).

werden zugleich auch Gläubigerinteressen berührt. Angesichts der verhältnismäßig geringen Eigenkapitalquote italienischer Unternehmen[103] könnte dies erhebliche praktische Auswirkungen haben. Dies gilt umso mehr, als es sogar zur Auflösung der Gesellschaft kommen kann, wenn diese nicht in der Lage ist, die Abfindung für den austrittswilligen Gesellschafter aufzubringen. Ob der Gesetzgeber möglicherweise gedacht hat, die Leitung und Koordinierung ausübende Gesellschaft würde es dazu nicht kommen lassen, ist nicht bekannt.

Andererseits ist das Austrittsrecht kaum geeignet, Kleinaktionäre und einzelne Minderheitsgesellschafter effektiv zu schützen[104], da es mit zahlreichen Unsicherheiten, insbesondere hinsichtlich des Zeitpunktes, in dem die Voraussetzungen des Austrittsrechts vorliegen[105] sowie der Bewertung der Anteile verbunden ist. Dies ist ein aus rechtsvergleichender Perspektive typischerweise für das Austrittsrecht zu treffender Befund[106]. Vielmehr dürfte es tatsächlich eher Minderheitsgesellschafter schützen, die über einen so großen Anteil verfügen, dass sie die genannten Unwägbarkeiten in Kauf nehmen. In diesem Zusammenhang ist zu berücksichtigen, dass ein Recht zum Austritt bereits dann besteht, wenn einem Gesellschafter 50 Prozent plus eine Stimme zustehen. Austrittsberechtigt ist auch der Gesellschafter, dem ein größerer Anteil – etwa in Höhe von 30 Prozent der Stimmrechte – zusteht. Zwar sind einerseits Minderheitsgesellschafter mit größeren Anteilen, im Hinblick auf das eingeschlossene Investment, vom Erwerb einer Kontrollposition durch einen anderen Gesellschafter besonders betroffen. Andererseits kommen gerade bei ihnen die möglichen destabilisierenden Folgen für die Gesellschaft zum Tragen. Daher ist fraglich, ob ihre Verhandlungsposition ausgerechnet durch ein Austrittsrecht gestärkt werden sollte. Insoweit unterscheidet sich ihre Situation von derjenigen eines Gesellschafters mit einem kleineren Anteil, beispielsweise von einem Prozent. Eine weitergehende Differenzierung wäre in diesem Zusammenhang wünschenswert.

Schließlich wird, soweit ersichtlich, die in Deutschland unter dem Stichwort des Konzerneingangsschutzes geführte Debatte, dass funktionsfähige Regelungsinstrumente im Stadium des Entstehens einer Gruppenbeziehung dazu beitragen können, Regelungsprobleme in der bestehenden Gruppe gar nicht erst auftreten zu lassen, in der Diskussion um die mit dem Austrittsrecht nach Art. 2497-*quater* verbundenen Probleme, trotz der vielfältigen rechtsvergleichenden Blicke auf das deutsche Recht, nicht aufgegriffen.

Im Ergebnis ist das Austrittsrecht in seiner Konzeption geradezu kontraproduktiv. Aus Sorge um die geschilderten destabilisierenden Wirkungen war es vor der Reform in Italien kaum verbreitet, die Gesellschaftsrechtsreform hat diese Situation

103 Vgl. oben § 2 I 2.
104 Vgl. *Di Cataldo*, Liber Amicorum G.F. Campobasso, Bd. III, S. 219 (226).
105 *Cariello* in Niccolini/Stagno d'Alcontres (Hrsg.), Le società di capitali, Art. 2497-*quater* sub 4 (S. 1891); *Pavone La Rosa*, Riv. soc. 2003, S. 765 (777).
106 *Rock/Davies/Kanda/Kraakman* in Kraakman/Armour/Davies u.a., Anatomy of Corporate Law, sub 7.4.1.2 (S. 201 f).

ins Gegenteil verwandelt[107]. Letztlich dürften der mögliche Schaden und der ökonomische Nutzen einer Gruppeneinbeziehung kaum zu kalkulieren sein. Die vorgebrachte Kritik, dass durch die Austrittsrechte die Interessen von Minderheitsgesellschaftern zu Lasten der Gläubiger geschützt werden[108], erscheint daher teilweise berechtigt, jedenfalls wenn man berücksichtigt, dass es kaum zugunsten einzelner Gesellschafter mit kleinen Anteilen zur Anwendung kommen wird. Ob sich dagegen die Befürchtung, das Austrittsrecht bei Gruppenbildung könnte im Ergebnis das Prinzip der freien Übertragbarkeit der Anteile aushöhlen[109], bewahrheiten wird, erscheint eher unwahrscheinlich.

V. Privatautonome Gestaltungsmöglichkeiten

Innerhalb des durch zwingendes Recht gesetzten Rahmens besteht grundsätzlich für die Gesellschafter die Möglichkeit, mittels privatautonomer Gestaltungsinstrumente Vorsorge vor dem Entstehen einer Kontrollposition – also einer Rechtsposition, die eine beherrschende Einflussnahme und damit eine Gruppenbeziehung ermöglicht – zu treffen. Allerdings geht es in den meisten Rechtsordnungen regelmäßig allgemein um Instrumente, die eine Veränderung der Gesellschafterstruktur verhindern bzw. den Gesellschaftern eine Einflussnahme sichern können[110]; eine explizit gruppenbezogene Ausgestaltung findet sich nicht[111].

Dabei geht es vorwiegend um Fragen der Ausgestaltung der Satzung bzw. der Gründungsurkunde[112]. In Italien sind aber auch *patti parasociali* (Nebenabreden) von er-

---

107 Zu den Austrittsrechten vor und seit der Reform insbesondere *Enriques/Sciolla/Vaudano,* Giur. comm. 2004, I, S. 745 ff; *Rordorf,* Società 2003, S. 923 ff. Demnach sehe das italienische Gesellschaftsrecht nunmehr so viele Austrittsrechte vor wie das keines anderen europäischen Staates. Allein für die *s.r.l.* sind 18 gesetzliche Austrittsrechte vorgesehen, deren Anzahl durch Satzungsgestaltung noch erhöht werden kann.

108 *Enriques/Sciolla/Vaudano,* Giur. comm. 2004, I, S. 745 (747 ff); *Montalenti* in Cottino (Hrsg.), Trattato Diritto Commerciale IV/2, Cap. XII sub 146 (S. 375).

109 So die Kritik von *Chiappetta,* Riv. soc. 2005, S. 487 (517); *Irace* in Sandulli/Santoro (Hrsg.), La riforma delle società, Art. 2497-*quater* sub 7 (S. 339); *Pavone La Rosa,* Riv. soc. 2003, S. 765 (778).

110 Zu entsprechenden Ansätzen in Portugal *Gause,* Europäisches Konzernrecht im Vergleich S. 139 f, in England und Frankreich *Lübking,* Ein einheitliches Konzernrecht für Europa S. 128 ff.

111 Vgl. oben § 6 II 2.

112 Die Regeln, die den Ablauf in der *s.p.a.* betreffen, sind in deren Satzung (*statuto*) enthalten. Diese kann, wie andere Dokumente auch, Teil der Gründungsurkunde (*atto costitutivo*) im weiteren Sinne sein. In der Praxis wird sie meist in ein eigenes Dokument gefasst, auch wenn Satzung und Gründungsurkunde (im engeren Sinne verstanden, also die Regeln, die das Entstehen der Gesellschaft betreffen) zusammen einen einzigen Rechtsakt darstellen (Art. 2328 Abs. 3 S. 1 cod. civ.). Im Falle von Divergenzen gelten (Art. 2328 Abs. 3 S. 2) die Regeln aus der Satzung als vorrangig gegenüber denen in der Gründungsurkunde (im engeren Sinne). Für die *s.r.l.* gibt es keine derartige Unterscheidung zwischen Satzung und Gründungsurkunde. Allgemein zum Verhältnis von Gründungsurkunde und Satzung *Associazione Preite,* Morera/Olivieri/Perassi u.a. (Hrsg.), Il diritto delle società, Cap. IV A 9 (S. 55); *Magrini,* Italienisches Gesellschaftsrecht S. 48 f; *Silva* in G. Cian/Trabucchi (Hrsg.), Codice Civile, Art. 2328 sub V Rn 1 ff; sowie zu den Unterschieden bei der *s.r.l.* *Associazione Preite,* Morera/Olivieri/Perassi u.a. (Hrsg.), Il diritto delle società, Cap. VII 2 (S. 247).

heblicher tatsächlicher Bedeutung[113]. Diese entfalten, anders als die Satzung, nur gegenüber den an ihnen Beteiligten rechtliche Wirkungen[114].

Die Gesellschaftsreform hat privatautonome Gestaltungsmöglichkeiten sowohl für die *s.p.a.* als auch für die *s.r.l.* erweitert[115]. Dabei unterscheidet das italienische Recht, wie die meisten europäischen Rechtsordnungen, zunächst allgemein nach der Rechtsform. Anlass hierfür ist die Differenzierung zwischen dem Typus der als Publikumsgesellschaft konzipierten Aktiengesellschaft und dem Typus der kleineren, tendenziell geschlossenen Gesellschaftsform der Gesellschaft mit beschränkter Haftung[116]. Während das Innenverhältnis bei der Gesellschaft mit beschränkter Haftung jedenfalls in Italien[117], wie in Deutschland[118], weitgehend dispositiver Natur ist, ist das Recht der Aktiengesellschaft im europäischen Vergleich insgesamt durch ein ausführlicheres gesetzliches Regelungskonzept geprägt. Dessen Systematik lässt grundsätzlich weniger Raum für privatautonome Gestaltungen[119]. Für das Außenrecht gilt dies im allgemeinen stärker als für Fragen der internen Organisation[120]; die Satzungsstrenge des § 23 Abs. 5 AktG stellt insoweit im europäischen Kontext jedoch einen Sonderfall dar[121].

Zusätzlich differenziert der codice civile bei der *s.p.a.* nach der jeweiligen Realstruktur zwischen kapitalmarktorientierten und sonstigen *s.p.a.*[122].

1. Beschränkungen der Übertragbarkeit

Privatautonome Gestaltungsinstrumente können zum einen das Entstehen einer Kontrollposition – sei es zugunsten eines Gesellschafters, sei es zugunsten eines gesellschaftsfremden Dritten – verhindern, wenn sie sich auf die Übertragbarkeit von

---

113 *Dolce,* JbItalR 11 (1998), S. 3 (8); *Leogrande* in Maffei Alberti (Hrsg.), Il nuovo diritto delle società, Art. 2341-*bis* sub 2 (S. 93); vgl. auch Report on the Proportionality Principle in the European Union, sub 3.2.13 (S. 22), sub 4.4.10 (S. 62 f).

114 *Associazione Preite,* Morera/Olivieri/Perassi u.a. (Hrsg.), Il diritto delle società, Cap. IV A 16 (S. 62); *Ferrucci/Ferrentino,* Le Società di capitali, le società cooperative e le mutue assicuratrici, Cap. X 2 (S. 154 f); *Scimemi* in G. Cian/Trabucchi (Hrsg.), Codice Civile, Sezione III Bis – Dei patti parasociali, sub III Rn 2.

115 Vgl. *Ferrucci/Ferrentino,* Le Società di capitali, le società cooperative e le mutue assicuratrici, Cap. V 3 (S. 82); zur Rechtslage vor der Reform vgl. *Spada* in Lutter/Wiedemann (Hrsg.), Gestaltungsfreiheit im Gesellschaftsrecht S. 310 (314); *Zanarone,* Riv. soc. 2003, S. 58 (65).

116 Aus rechtsvergleichender Perspektive *Hopt* in Lutter/Wiedemann (Hrsg.), Gestaltungsfreiheit im Gesellschaftsrecht S. 123 (139 mwN).

117 Vgl. *Associazione Preite,* Morera/Olivieri/Perassi u.a. (Hrsg.), Il diritto delle società, Cap. VII 1 (S. 243); *Ferrucci/Ferrentino,* Le Società di capitali, le società cooperative e le mutue assicuratrici, Cap. XCII 1 (S. 1407) (zur bei der *s.r.l.* weiterreichenden Möglichkeit der Vereinbarung von Beschränkungen der Übertragbarkeit); *Magrini,* Italienisches Gesellschaftsrecht S. 185 (zu Gestaltungsmöglichkeiten des Innenverhältnisses der *s.r.l.*).

118 Zu Gegenstand und Reichweite der Satzungsautonomie in der GmbH *Ulmer* in Großkomm GmbHG Einl. A Rn A 21; *Zöllner* in Baumbach/Hueck GmbHG § 45 Rn 1 ff.

119 Rechtsvergleichend *Hopt* in Lutter/Wiedemann (Hrsg.), Gestaltungsfreiheit im Gesellschaftsrecht S. 123 (136 ff).

120 *Grundmann,* ZIP 2004, S. 2401 (2409 f).

121 *Hopt* in Lutter/Wiedemann (Hrsg.), Gestaltungsfreiheit im Gesellschaftsrecht S. 123 (126).

122 Vgl. dazu bereits oben § 4 III 4 c aa.

Gesellschaftsanteilen auswirken. Neben dem Ausschluss der Übertragbarkeit (*clausola di esclusione*) kommen zu diesem Zweck Klauseln in Betracht, durch die die Gesellschafter die Person des Erwerbers beeinflussen können, wie etwa Zustimmungsklauseln (*clausola di gradimento*). Ihre Zulässigkeit ist in Italien wie auch in Deutschland gesetzlich geregelt.

a. Beschränkungen der Übertragbarkeit in der Aktiengesellschaft

Von Bedeutung sind derartige Klauseln gerade in kleinen und mittleren Aktiengesellschaften, insbesondere in Familienunternehmen[123].

Für börsennotierte *s.p.a.* sind Beschränkungen der Übertragbarkeit durch die italienische Börsenzulassungsverordnung ausgeschlossen[124]; sie gelten als mit den Grundprinzipien des Kapitalmarktes unvereinbar[125]. Eine derartige Vereinbarung kann allerdings in Form einer Nebenabrede (*sindacato di blocco*) getroffen werden, was tatsächlich häufig vorkommt[126]. Derartige Nebenabreden sind mitteilungspflichtig, Art. 122 Abs. 1 TUF[127]. Sie dürfen grundsätzlich nur für eine Dauer von drei Jahren vereinbart werden, können nach Ablauf dieser Zeit können jedoch erneuert werden, Art. 123 Abs. 1 TUF.

In der nicht börsennotierten *s.p.a.* sind Beschränkungen der Übertragbarkeit ebenfalls häufig[128]. Waren vor der Reform derartige Beschränkungen allgemein zulässig[129], gilt dies nunmehr zeitlich eingeschränkt. In der Satzung können sie für die Dauer von maximal fünf Jahren[130] nach Gründung der Gesellschaft oder nach Einführung der Übertragungsbeschränkung völlig ausgeschlossen werden (Art. 2355-*bis* Abs. 1 cod. civ.). Die Regelung soll es nach dem Willen des Gesetzgebers gerade in

---

123 *Dal Soglio* in Maffei Alberti (Hrsg.), Il nuovo diritto delle società, Art. 2355-*bis* sub 4 (S. 351); zur Bedeutung für die AG *Bayer* in MünchKomm AktG § 68 Rn 35 f; vgl. ferner die Zahlen *bei Bayer/Hoffmann*, AG-R 2007, S. 375 ff.

124 Art. 2.1.3 2.c) Regolamento dei Mercati Organizzati e Gestiti da Borsa Italiana SpA vom 03.10.2011 (italienische Börsenzulassungsverordnung), abzurufen unter www.borsaitaliana.it; vgl. zur rechtlichen Entwicklung der Frage der Zulässigkeit von Beschränkungen der freien Handelbarkeit von Aktien *Meli* in Niccolini/Stagno d'Alcontres (Hrsg.), Le società di capitali, Art. 2355-*bis* sub 1 (S. 336 ff).

125 Vgl. *Dal Soglio* in Maffei Alberti (Hrsg.), Il nuovo diritto delle società, Art. 2355-*bis* sub 2 (S. 340).

126 Allgemein zur Häufigkeit von Nebenabreden in börsennotierten *s.p.a. Dolce,* JbItalR 11 (1998), S. 3 (8).

127 Näher zur Mitteilungspflicht nach Art. 122 Abs. 1 TUF oben § 4 III 4 c ee. Durch die Mitteilungspflichten werde der Unterschied zwischen Satzung und Nebenabrede auf die Außenwirkung reduziert, vgl. *Ferrucci/Ferrentino,* Le Società di capitali, le società cooperative e le mutue assicuratrici, Cap. X 6 (S. 169).

128 *Dal Soglio* in Maffei Alberti (Hrsg.), Il nuovo diritto delle società, Art. 2355-*bis* sub 1 (S. 333).

129 Vgl. dazu *Ferrucci/Ferrentino,* Le Società di capitali, le società cooperative e le mutue assicuratrici, Cap. XXIII 1 (S. 438).

130 Die Höchstdauer von 5 Jahren gilt gem. Art. 2341-*bis* auch für Gesellschaftervereinbarungen. Zu dieser Parallele *Dal Soglio* in Maffei Alberti (Hrsg.), Il nuovo diritto delle società, Art. 2355-*bis* sub 2 (S. 339).
Insgesamt zum Zweck dieser Regelung *Ferrucci/Ferrentino,* Le Società di capitali, le società cooperative e le mutue assicuratrici, Cap. XXIII 2 (S. 443).

Unternehmen in der Gründungsphase ermöglichen, das Gesellschaftergefüge zu stabilisieren und Übernahmen zu verhindern[131].

Die zeitliche Beschränkung gilt auch für den Fall der entsprechenden Regelung in einer Nebenabrede, jedoch kann diese erneuert werden (Art. 2341-*bis* Abs. 1b) cod. civ.)[132]. Eine Nebenabrede diesen Gegenstandes ist für eine kapitalmarktorientierte *s.p.a.* jedoch veröffentlichungspflichtig (Art. 2341-*ter* Abs. 1)[133].

Zulässig ist auch, dass die Satzung einer *s.p.a.*, die Namensaktien[134] ausgegeben hat oder deren Aktien nicht verbrieft sind, die Übertragung an bestimmte Bedingungen knüpft. Als solche kommen insbesondere Zustimmungsklauseln in Betracht[135]. Das AktG sieht ebenfalls Vinkulierungen nur im Zusammenhang mit Namensaktien vor, § 68 Abs. 2 AktG.

Allerdings sind nach italienischem Recht Vinkulierungen, die die Zustimmung zur Übertragung in das bloße Ermessen von Gesellschaftsorganen oder anderer Aktionäre stellen[136], unwirksam, sofern sie nicht entweder ein Austrittsrecht[137] oder eine Pflicht zum Erwerb seitens der Gesellschaft oder der übrigen Aktionäre vorsehen (Art. 2355-*bis* Abs. 2)[138]. Im Falle des Erwerbs durch die Gesellschaft selbst würde die für den Erwerb eigener Aktien geltende Schranke (Art. 2357 Abs. 3) keine Anwendung finden.

Einen derartigen Schutz des austrittswilligen Aktionärs sieht das AktG hingegen nicht vor[139].

---

131 *Galgano*, Diritto Civile e Commerciale III/2, par. 116 (S. 133); vgl. die kritische Auseinandersetzung mit dieser Intention des Gesetzgebers bei *Dal Soglio* in Maffei Alberti (Hrsg.), Il nuovo diritto delle società, Art. 2355-*bis* sub 2 (S. 341).

132 Zu Nebenabreden, die Beschränkungen der Übertragbarkeit regeln *Donativi* in Niccolini/Stagno d'Alcontres (Hrsg.), Le società di capitali, Art. 2341-*bis* sub 5 (S. 167); allgemein *Ferrucci/Ferrentino*, Le Società di capitali, le società cooperative e le mutue assicuratrici, Cap. X (S. 153 ff). Zur Gegenüberstellung der jeweiligen Vor- und Nachteile von Übertragungsbeschränkungen in der Satzung oder in einer Nebenabrede *Galgano*, Diritto Civile e Commerciale III/2, par. 116 (S. 133).

133 Vgl. oben § 4 III 4 c dd.

134 Wegen der faktischen Pflicht zur Namensaktie, die nur sehr wenige Ausnahmen kennt (vgl. oben § 4 III 4 a), sind dies praktisch die meisten *s.p.a.*, vgl. *Dal Soglio* in Maffei Alberti Art. 2355-*bis* sub 1 (S. 333).

135 Diese stellen, neben An- und Vorkaufsrechten, die in der Rechtspraxis am häufigsten vorkommenden dar, vgl. *Meli* in Niccolini/Stagno d'Alcontres (Hrsg.), Le società di capitali, Art. 2355-*bis* sub 1 (S. 337).

136 Ausführlich zur Entwicklung der Diskussion um die Zulässigkeit von reinen Zustimmungsklauseln in der *s.p.a.* *Ferrucci/Ferrentino*, Le Società di capitali, le società cooperative e le mutue assicuratrici, Cap. XXIII 4 (S. 450 ff).

137 Das Austrittsrecht kann vermieden werden, wenn eine derartige Vinkulierung in einer Nebenabrede vereinbart wird (Art. 2341-*bis* Abs. 1 b)), vgl. *Galgano*, Diritto Civile e Commerciale III/2, par. 116 (S. 133).

138 Der Wert des Anteils wäre dabei nach dem für das Austrittsrecht in der *s.p.a.* allgemein geltenden Verfahren nach Art. 2437-*ter* zu bestimmen. Zu diesem oben § 6 IV 2.

139 Vgl. *Bayer* in MünchKomm AktG § 68 Rn 34: Die Vinkulierung wiege doppelt schwer, da grundsätzlich kein Recht zum Austritt bestehe.

b. Beschränkungen der Übertragbarkeit in der Gesellschaft mit beschränkter Haftung

Insbesondere in der *s.r.l.* soll die Gestaltung des Innenverhältnisses von den Gesellschaftern möglichst umfassend bestimmt werden[140]. In der vom Grundkonzept der Rechtsform her tendenziell personalistisch strukturierten[141] Gesellschaft mit beschränkter Haftung dürfte regelmäßig eine engere Bindung der Gesellschafter untereinander und damit auch ein Bedürfnis danach, auf die Auswahl eines Erwerbers Einfluss zu nehmen[142], bestehen. Im Rechtsvergleich sind Beschränkungen der Übertragbarkeit bei dieser Rechtsform daher häufig anzutreffen[143].

Grundsätzlich sind die Anteile einer *s.r.l.*, wie auch die einer GmbH[144], frei übertragbar[145], sofern die Satzung nicht ein anderes bestimmt (Art. 2469 Abs. 1 cod. civ.). Art. 2469 Abs. 2 nennt als solche Möglichkeiten der satzungsmäßigen Beschränkung den völligen Ausschluss der Übertragbarkeit und das Verknüpfen der Übertragung an Zustimmungsvorbehalte von Gesellschaftsorganen, Gesellschaftern oder Dritten[146]. Zustimmungsvorbehalte sind auch nach deutschem Recht das wichtigste Beispiel einer Vinkulierung von GmbH-Geschäftsanteilen[147].

Bei völligem Ausschluss der Übertragbarkeit steht dem veräußerungswilligen[148] Gesellschafter ein zwingendes Austrittsrecht[149] zu (Art. 2469 Abs. 2). Eine Pflicht

---

140 *Lombardi*, Giur. comm. 2003, I, S. 267 (274) unter Verweis auf die Bestimmung in Art. 3 Abs. 1 a) Ermächtigungsgesetz n. 366/2001, derzufolge die *s.r.l.* auf Grundlage der zentralen Bedeutung des Gesellschafters und der vertraglichen Bindungen zwischen den Gesellschaftern modelliert werden solle.

141 Rechtsvergleichend *Hopt* in Lutter/Wiedemann (Hrsg.), Gestaltungsfreiheit im Gesellschaftsrecht S. 123 (139); für das italienische Recht *Associazione Preite*, Morera/Olivieri/Perassi u.a. (Hrsg.), Il diritto delle società, Cap. VII 1 (S. 244); für das deutsche Recht *Windbichler*, Gesellschaftsrecht § 20 Rn 2 f, § 22 Rn 26.

142 *Ferrucci/Ferrentino*, Le Società di capitali, le società cooperative e le mutue assicuratrici, Cap. XCII 1 (S. 1407); *Lutter/Bayer* in Lutter/Hommelhoff GmbHG § 15 Rn 41; *M.Winter/Löbbe* in Großkomm GmbHG § 15 Rn 211.
Zur Bedeutung der Vinkulierung von GmbH-Anteilen im Rahmen eines Konzerneingangsschutzes *Liebscher*, Konzernbildungskontrolle S. 230 f.

143 Vgl. *Armour/Hansmann/Kraakman* in Kraakman/Armour/Davies u.a., Anatomy of Corporate Law, sub 1.3.1 (S. 17); für Deutschland *Hueck/Fastrich* in Baumbach/Hueck GmbHG § 15 Rn 37; für die britische *private company* vgl. *Lübking*, Ein einheitliches Konzernrecht für Europa S. 130 f; *Schuberth*, Konzernrelevante Regelungen im britischen Recht S. 62.

144 Vgl. § 15 Abs. 1 GmbHG.

145 Nach mehrheitlicher Auffassung gilt dies auch für die neue eingefügte Figur des *socio d'opera*, d.h. des Gesellschafters, dessen Einlage in Werk- oder Dienstleistungen besteht, vgl. die Argumentation bei *Pinnarò* in Niccolini/Stagno d'Alcontres (Hrsg.), Le società di capitali, Art. 2469 sub 2 (S. 1505); *Zaganelli* in Sandulli/Santoro (Hrsg), La riforma delle società, Art. 2469 sub 1 (S. 63).

146 Dabei handele es sich nicht um eine abschließende, sondern um eine beispielhafte Aufzählung von Vinkulierungen, *Zaganelli* in Sandulli/Santoro (Hrsg.), La riforma delle società, Art. 2469 sub 2 (S. 64).

147 *M.Winter/Löbbe* in Großkomm GmbHG § 15 Rn 210, 220 ff: daher habe diese Form der Vinkulierung auch exemplarisch Eingang in den Wortlaut des § 15 Abs. 5 GmbHG gefunden.

148 Gleiches gilt, wenn die Klausel Bedingungen oder Beschränkungen aufstellt, die im konkreten Fall die Übertragung von Todes wegen verhindern. Statt um ein Austrittsrecht des Erben handele es sich dann eher um ein Recht auf Liquidation des Anteils, vgl. *Ferrucci/Ferrentino*, Le Società di capitali, le società cooperative e le mutue assicuratrici, Cap. XCII 5 (S. 1415); ebenso *Rosapepe*, Giur. comm. 2003, I, S. 479 (488).

149 Das Verfahren richtet sich nach der allgemeinen Vorschrift des Art. 2473.

zum Erwerb durch die Gesellschaft ist dagegen, anders als in der *s.p.a.*, nicht vorgesehen, da die *s.r.l.* keine eigenen Anteile erwerben darf (vgl. Art. 2474). Das Austrittsrecht gilt für alle Klauseln, die zur Folge haben, dass ein veräußerungswilliger Gesellschafter nicht veräußern kann, insbesondere auch dann, wenn die Zustimmung zur Übertragung im freien Ermessen der Gesellschafter steht[150]. Dem liegt zugrunde, dass der Gesellschafter nicht ‚Gefangener der Gesellschaft' werden und ihm die Möglichkeit zur Desinvestition erhalten bleiben solle[151]. Die Geltendmachung des Austrittsrechts kann durch entsprechende Gestaltungen jedoch vermieden werden[152].

Die Ausübung des Austrittsrechts kann allerdings für die Dauer von max. zwei Jahren ab Gründung der *s.r.l.* oder ab Zeichnung des Anteils[153] ausgeschlossen werden. Diese Ausnahme zeitlicher Art soll, ähnlich wie die entsprechende Regelung bei der *s.p.a.*, die Stabilität der Zusammensetzung des Gesellschafterkreises[154] und damit zugleich die der Gesellschaft gegenüber Dritten sichern helfen[155].

Dem GmbHG ist das Austrittsrecht als Folge des Ausschlusses der Anteilsübertragung ebenso fremd wie dem AktG. Unter bestimmten Voraussetzungen wird dem Gesellschafter lediglich von der Literatur ein Kündigungsrecht aus wichtigem Grund zugesprochen[156]. Im Falle der Verweigerung der Zustimmung kann er auf ihre Erteilung klagen, das rechtskräftige Urteil ersetzt dann die fehlende Genehmigung[157].

Kritisch zum Austrittsrecht in diesem Zusammenhang *Maltoni* in Maffei Alberti (Hrsg.), Il nuovo diritto delle società, Art. 2469 sub 1 (S. 1842). Er geht davon aus, dass in Folge der vielfältigen Austrittsrechte Zustimmungsvorbehalte abnehmen würden, um das Risiko des Austrittes eines Gesellschafters zu vermeiden.

150 *Maltoni* in Maffei Alberti (Hrsg.), Il nuovo diritto delle società, Art. 2469 sub 3 (S. 1847 f). Zur Einschränkung eines freien Ermessens bei der Versagung der Zustimmung zur Anteilsübertragung in der GmbH vgl. *M.Winter/Löbbe* in Großkomm GmbHG § 15 Rn 242 ff mwN.

151 *Maltoni* in Maffei Alberti (Hrsg.), Il nuovo diritto delle società, Art. 2469 sub 1 (S. 1841); *Pinnarò* in Niccolini/Stagno d'Alcontres (Hrsg.), Le società di capitali, Art. 2469 sub 3 (S. 1506 f).

152 Dies kann in der Satzung oder auch in Nebenabreden geschehen, etwa indem die Zustimmung an Bedingungen und Beschränkungen, wie etwa bestimmte berufliche Fähigkeiten, geknüpft wird, bzw. das zustimmungspflichtige Rechtssubjekt vorher bestimmt oder bestimmbar gemacht wird. Zu verschiedenen denkbaren Klauseln *Maltoni* in Maffei Alberti (Hrsg.), Il nuovo diritto delle società, Art. 2469 sub 1 (S. 1842 f), sowie zu Beispielen sub 3 (S. 1847).

153 *Pinnarò* in Niccolini/Stagno d'Alcontres (Hrsg.), Le società di capitali, Art. 2469 sub 3.1 (S. 1508) weist darauf hin, dass die Anteilszeichnung auch im Wege einer Kapitalerhöhung erfolgen kann, wobei die zeitliche Beschränkung aber dann nur für den neu eintretenden Gesellschafter gelten könne, da es sich andernfalls um eine allgemeine Einschränkung aller Gesellschafterbeziehungen handeln würde.

154 *Maltoni* in Maffei Alberti (Hrsg.), Il nuovo diritto delle società, Art. 2469 sub 4 (S. 1848).

155 Vgl. *Pinnarò* in Niccolini/Stagno d'Alcontres (Hrsg.), Le società di capitali, Art. 2469 sub 3.1 (S. 1508 f).

156 Vgl. nur *Hueck/Fastrich* in Baumbach/Hueck GmbHG § 15 Rn 38; zu den einzelnen Voraussetzungen etwa *Lutter/Bayer* in Lutter/Hommelhoff GmbHG § 15 Rn 49 (bei wiederholter Verweigerung der Zustimmung); *M.Winter/Löbbe* in Großkomm GmbHG § 15 Rn 4 (bei völligem Ausschluss der Veräußerlichkeit, wenn die Berücksichtigung des Ausschlusses und die sonstigen Umstände einer weiteren Bindung an die Gesellschaft für den Gesellschafter unzumutbar sind).

157 Statt vieler *Lutter/Bayer* in Lutter/Hommelhoff GmbHG § 15 Rn 53.

Beschränkungen der Übertragbarkeit sind grundsätzlich auch in Nebenabreden denkbar. Aufgrund der mit der Reform starken Erweiterung der Satzungsautonomie in der *s.r.l.* – insbesondere der Möglichkeit, den Gesellschaftern in der Satzung besondere Rechte (Art. 2468) einzuräumen – dürfte der Einsatz von Nebenabreden zu diesem Zweck, gerade angesichts ihrer fehlenden Drittwirkung, aber eher unwahrscheinlich sein[158].

c. An- oder Vorkaufsrechte

Als wirtschaftlich gleichbedeutend mit der Vinkulierung gilt die – alternative oder zusätzliche[159] – Einräumung eines An- oder Vorkaufsrechts (*diritto di prelazione*) für einzelne oder alle übrigen Gesellschafter im Falle der Abtretung von Gesellschaftsanteilen. Weder in Italien noch in Deutschland gesetzlich geregelt, wird es jedoch unter den gleichen Voraussetzungen wie die Vinkulierung für zulässig erachtet[160]. Wie bei der Vinkulierung soll vorrangig der Gesellschafterbestand bewahrt, gleichzeitig aber dem ausstiegswilligen Gesellschafter der Austritt nicht verweigert werden[161]. Daher sieht das italienische Recht in seinem Zusammenhang kein Austrittsrecht vor[162].

d. Zwischenergebnis

Nach der Konzeption des italienischen Rechts soll es den Gesellschaftern einer nicht börsennotierten Kapitalgesellschaft einerseits freistehen darüber zu entscheiden, mit wem sie den gesellschaftlichen Zweck verfolgen wollen. Weitgehende Beschränkungen der Übertragbarkeit sind somit zulässig. Andererseits sieht der italienische Gesetzgeber das zentrale Problem offensichtlich in der Gefahr der Einmauerung des Gesellschafters. Dem liegt die Sichtweise zugrunde, dass nicht nur der Kapitalanteil als solcher, sondern auch seine freie Übertragbarkeit von Wert ist[163]. Dieser soll zwar disponibel sein, nicht aber ohne angemessenen Ausgleich. In der *s.p.a.* sind Klauseln zur Beschränkung der Übertragbarkeit daher unwirksam, wenn sie nicht eine Sicherung des gegebenenfalls sich gefangen fühlenden Gesellschafters vorsehen. Diese können in einem Erwerb der Anteile durch die *s.p.a.* selbst oder die anderen Aktionäre oder einem Austrittsrecht bestehen.

---

158 Ähnlich *Fusi*, Società 2007, S. 689 (691).

159 Für das italienische Recht *Ferrucci/Ferrentino*, Le Società di capitali, le società cooperative e le mutue assicuratrici, Cap. XCII 4 (S. 1413 f), Cap. XXIII 3 (S. 444 ff); *Pinnarò* in Niccolini/Stagno d'Alcontres (Hrsg.), Le società di capitali, Art. 2469 sub 6 (S. 1510); für das deutsche Recht statt vieler *H.Winter/Seibt* in Scholz GmbHG § 15 Rn 117 f.

160 Für das italienische Recht *Ferrucci/Ferrentino*, Le Società di capitali, le società cooperative e le mutue assicuratrici, Cap. XCII 4 (S. 1413 f), die zudem darauf hinweisen, dass die durch An- und Vorkaufsrechte hervorgerufenen Rechtsfragen bei *s.p.a.* und *s.r.l.* identisch seien; für das deutsche Recht *Hueck/Fastrich* in Baumbach/Hueck GmbHG § 15 Rn 37.

161 Dieses sei der Vorteil gegenüber Vinkulierungsklauseln, vgl. *Meli* in Niccolini/Stagno d'Alcontres (Hrsg.), Le società di capitali, Art. 2355-*bis* sub 1 (S. 337); *M.Winter/Löbbe* in Großkomm GmbHG § 15 Rn 268.

162 *Rosapepe*, Giur. comm. 2003, I, S. 479 (487).

163 *Maltoni* in Maffei Alberti (Hrsg.), Il nuovo diritto delle società, Art. 2469 sub 1 (S. 1841).

Dagegen wird die Verhandlungsposition des Gesellschafters in der *s.r.l.* allein mittels des Austrittsrechtes gesichert[164].

2. Stimmrechtsregelungen

Das Entstehen einer Kontrollposition kann auch dadurch verhindert werden, dass die sich jeweils aus der Kapitalbeteiligung ergebenden Stimmrechte modifiziert werden, insbesondere, indem der Gleichlauf von Kapitalanteil und Stimmrecht durchbrochen wird. Zu diesem Zweck kann entweder das Stimmrecht eines potentiellen Mehrheitsgesellschafters der Höhe nach eingeschränkt (Höchststimmrecht)[165] oder die Stimmkraft anteilsschwacher Gesellschafter aufgewertet (Mehrstimmrecht – *voto plurimo*) werden. Mittels entsprechender Stimmrechtsregeln kann also ein von der Kapitalbeteiligung unabhängiges Stimmrechtsverhältnis geschaffen werden. Dies kann den Einfluss der Minderheitsgesellschafter auf Entscheidungen der Gesellschaft sichern, sofern es auf die Stimmenmehrheit ankommt.

a. Aktiengesellschaft

Derartige Abweichungen des Stimmrechts werden insbesondere unter dem Gesichtspunkt eines Verstoßes gegen die Aktionärsdemokratie kritisch gesehen[166]. Grundsätzlich soll ein Aktionär nur einen solchen Einfluss geltend machen können, der seiner Kapitalbeteiligung und damit dem von ihm übernommenen Risiko entspricht (Grundsatz der Proportionalität)[167]. In den meisten Corporate Governance Kodizes wird daher für den Grundsatz ‚one share one vote' plädiert. Die von der Europäischen Kommission entsprechend dem Aktionsplan[168] in Auftrag gegebene Studie[169] zur Proportionalität zwischen Kapital und Kontrolle in börsennotierten Gesellschaften hat ergeben, dass vielfältige Durchbrechungen dieses Grundsatzes in den Mitgliedstaaten vorkommen. Während Mehrfachstimmrechte nach italienischem[170] wie auch nach deutschem Recht[171] in der Aktiengesellschaft unzulässig sind, sind Höchststimmrechte je nach Realstruktur zulässig.

---

164 Zum Unterschied der Rechtslage in *s.p.a.* und *s.r.l. Giampaolino*, Riv. soc. 2008, S. 148 (152 f).
165 Zu den Wirkungen von Höchststimmrechten vgl. Report on the Proportionality Principle in the European Union, sub 1.2.1.2 5) (S. 8), zum Vorkommen in den Mitgliedstaaten sub 3.2.7 (S. 20).
166 Vgl. Aktionsplan sub 3.1.2, Aktionärsdemokratie, S. 17.
167 Vgl. dazu *Brändel* in Großkomm AktG § 12 Rn 4; *Windbichler*, Gesellschaftsrecht § 25 Rn 29.
168 Aktionsplan sub 3.1.2, Aktionärsdemokratie, S. 17.
169 Report on the Proportionality Principle in the European Union, 18.05.2007.
170 Art. 2351 Abs. 4 cod. civ.; zum Zweck dieses Verbotes *Ferrarini/Giudici/Stella Richter*, RabelsZ 69 (2005), S. 658 (665 f); *Stagno d'Alcontres* in Niccolini/Stagno d'Alcontres (Hrsg.), Le società di capitali, Art. 2351 sub 1 (S. 302).
171 § 12 II AktG, zur Abschaffung durch das KontraG *Heider* in MünchKomm AktG § 12 Rn 41 ff. Allerdings dürfen in der Vergangenheit rechtmäßig vereinbarte Mehrfachstimmrechte unter den Voraussetzungen des § 5 EGAktG erhalten bleiben. Die praktische Bedeutung war bereits in der Vergangenheit gering, vgl. diesbzgl. die Nachweise bei *Liebscher*, Konzernbildungskontrolle S. 355. Zur historischen Entwicklung *Windbichler*, Gesellschaftsrecht § 25 Rn 28, § 29 Rn 32.

Seit der Gesellschaftsrechtsreform[172] kann die Satzung einer nicht kapitalmarktorientierten *s.p.a.* das Stimmrecht eines Aktionärs[173] in Form von Höchstbeträgen (*misura massima*) oder Abstufungen (*voto scaglionato* oder *voto a scalare*) einschränken, Art. 2351 Abs. 3[174]. Nach deutschem Recht sind Höchststimmrechte nur bei nicht börsennotierten AG zulässig[175], und im übrigen seit langem rechtspolitisch umstritten[176].

In beiden Rechtsordnungen besteht damit Übereinstimmung hinsichtlich ihrer Unvereinbarkeit mit den Grundsätzen des Kapitalmarktes[177]; hier gilt also weitgehend der Grundsatz ‚one share one vote'. Ein Interesse am Einsatz von Stimmrechtsbeschränkungen dürfte in geschlossenen Aktiengesellschaften überhaupt stärker sein, so kommen sie in Italien insbesondere in familiendominierten Gesellschaften zum Einsatz[178]. In Deutschland wird ihre Bedeutung allgemein in der Möglichkeit einer personenbezogenen Bemessung gesehen[179].

Ferner ist eine Stärkung des Stimmrechtes durch Stimmbindungsvereinbarungen (*sindacati di voto*) denkbar. Sie können die Eigentumsstruktur oder die Leitung der Gesellschaft stabilisieren[180] und sind dementsprechend häufig[181]. Die Reform hat ihre Bedeutung noch verstärkt[182]. In Italien dienen sie meist dazu, eine gemeinschaftliche Position zu stärken, sofern es sich um eine Mehrheit handelt, oder das

---

172 Vgl. *Ferrucci/Ferrentino,* Le Società di capitali, le società cooperative e le mutue assicuratrici, Cap. IXX 4 (S. 346 Fn 95): Zwar sei die Regelung neu, dennoch seien bisher entsprechende Satzungsbestimmungen in Anknüpfung an die Zulässigkeit derartiger Regelungen in anderen europäischen Rechtsordnungen vorgekommen.

173 Die Einschränkung bezieht sich auf den Aktionär und nicht auf die Aktien, dazu *Stagno d'Alcontres* in Niccolini/Stagno d'Alcontres (Hrsg.), Le società di capitali, Art. 2351 sub 3 (S. 307 f). Anders hingegen die Regelung in § 134 Abs. 1 S. 2 i.V.m. S. 5 AktG, wonach die Beschränkung gerade nicht für den einzelnen Aktionär gelten kann, dazu *Hüffer* AktG § 134 Rn 14.

174 Anders als Aktien mit beschränktem Stimmrecht nach Abs. 2 dürfen sie auch mehr als die Hälfte des Gesellschaftskapitals umfassen. Näher hierzu *Blandini,* Giur. comm. 2004, I, S. 467 (483); *Ferrucci/Ferrentino,* Le Società di capitali, le società cooperative e le mutue assicuratrici, Cap. IXX 4 (S. 345).

175 Vgl. § 134 Abs. 1 S. 2 AktG, eingeführt durch das KonTraG (1998). *Volhard* in MünchKomm AktG [2] § 134 Rn 8: üblich seien Beschränkungen auf 5–10 Prozent des Grundkapitals, dann könne ein Mehrheitsaktionär trotz Kapitalmehrheit die AG nicht beherrschen.

176 Vgl. *Windbichler,* Gesellschaftsrecht § 29 Rn 31 mwN; überblicksartig zum Streitstand mit jeweiligen Nachweisen *Altmeppen* in MünchKomm AktG Vor § 311 Rn 66 f.

177 Vgl. *Hüffer* AktG § 134 Rn 4; *Volhard* in MünchKomm AktG [2] § 134 Rn 8; sowie *Blandini,* Giur. comm. 2004, I, S. 467 (486); *Ferrarini/Giudici/Stella Richter,* RabelsZ 69 (2005), S. 658 (666); *Stagno d'Alcontres* in Niccolini/Stagno d'Alcontres (Hrsg.), Le società di capitali, Art. 2351 sub 3 (S. 307 ff).

178 *Blandini,* Giur. comm. 2004, I, S. 467 (482).

179 Vgl. *Heider* in MünchKomm AktG § 12 Rn 35.

180 *Donativi* in Niccolini/Stagno d'Alcontres (Hrsg.), Le società di capitali, Art. 2341-*bis* sub 6 (S. 169 f); *Pavone La Rosa,* Giur. comm. 2004, I, S. 5 (8). Zu dieser Bedeutung gerade in Familienunternehmen *Lamandini,* Giur. comm. 2004, I, S. 350 ff.

181 *Leogrande* in Maffei Alberti (Hrsg.), Il nuovo diritto delle società, Art. 2341-*bis* sub 2 (S. 93); vgl. ferner die Nachweise oben § 4 III 4 c.

182 Vgl. die Vermutung von *Ferrarini/Giudici/Stella Richter,* RabelsZ 69 (2005), S. 658 (666).

Durchsetzen von Minderheitsrechten zu verbessern[183]. Nichts anderes gilt für die deutsche Rechtspraxis[184].

b. *Gesellschaft mit beschränkter Haftung*

In der *s.r.l.* bestimmen sich die Gesellschafterrechte, also insbesondere Stimmrecht und Gewinnbezugsrecht, grundsätzlich nach dem Umfang der Beteiligung, die sich vorbehaltlich einer satzungsmäßigen Abweichung wiederum im Verhältnis zur Einlage bestimmt, Art. 2468 Abs. 2[185].

Die Satzung[186] kann vorsehen, dass einzelnen Gesellschaftern besondere Rechte hinsichtlich der Geschäftsführung[187] der Gesellschaft oder der Gewinnverteilung[188] gewährt werden, Art. 2468 Abs. 3.

Insoweit entspricht die Rechtslage der in der GmbH, in der weitreichende Modifizierungen der mitgliedschaftlichen Rechte aufgrund der Satzungsautonomie für zulässig erachtet werden. Neben Sonderrechten wie dem Recht auf Geschäftsführung gehören dazu auch Abänderungen des Stimmrechts[189]. Ob derartige Änderungen des Stimmrechts, insbesondere Mehrfachstimmrechte, von den besonderen Rechten im Sinne des Art. 2468 Abs. 3 erfasst sind, ist im Hinblick auf die zwingende Zuständigkeit der Gesellschafterversammlung in bestimmten Fragen (Art. 2479 Abs. 2), bei denen dem Gesellschafter zwingend ein Stimmrecht im Verhältnis zu seiner Beteiligung zusteht (Art. 2479 Abs. 5)[190], umstritten[191]. Möglicher-

---

183 *Ferrucci/Ferrentino*, Le Società di capitali, le società cooperative e le mutue assicuratrici, Cap. X 4 (S. 159).

184 Ausführlich zu unterschiedlichen Zielsetzungen und Einsatzbereichen *Noack*, Gesellschaftervereinbarungen bei Kapitalgesellschaften S. 18 ff.

185 *Pinnarò* in Niccolini/Stagno d'Alcontres (Hrsg.), Le società di capitali, Art. 2468 sub 3 ff (S. 1495 ff) zur bisherigen Rechtslage und der Bedeutung der Neuregelung.

186 Derartige Fragen konnten vor der Reform nur Gegenstand von Nebenabreden sein, vgl. *Associazione Preite*, Morera/Olivieri/Perassi u.a. (Hrsg.), Il diritto delle società, Cap. VIII 1 (S. 254); *Pinnarò* in Niccolini/Stagno d'Alcontres (Hrsg.), Le società di capitali, Art. 2468 sub 4.2 (S. 1500 f).

187 Dazu zählen etwa besondere Befugnisse bei der Ernennung der Geschäftsführer oder Vetorechte für bestimmte Maßnahmen, vgl. *Associazione Preite*, Morera/Olivieri/Perassi u.a. (Hrsg.), Il diritto delle società, Cap. VIII 1 (S. 254); *Fazzutti* in Sandulli/Santoro (Hrsg.), La riforma delle società, Art. 2468 sub 3 (S. 58); *Menti* in G. Cian/Trabucchi (Hrsg.), Codice Civile, Art. 2468 Rn 4.

188 Als Grenze der Satzungsautonomie hinsichtlich besonderer Rechte am Gewinn wird dabei zum einen das Verbot des sog. *patto leonino* (Art. 2265 cod. civ.) herangezogen, wonach Anteile ohne Gewinn- oder ohne Verlustbeteiligung unzulässig sind, *Associazione Preite*, Morera/Olivieri/Perassi u.a. (Hrsg.), Il diritto delle società, Cap. VIII 1 (S. 253 f); *Pinnarò* in Niccolini/Stagno d'Alcontres (Hrsg.), Le società di capitali, art. 2468 sub 4.1 (S. 1498).

189 Allgemein zu Modifizierungen der Mitgliedschaftsrechte *Lutter/Bayer* in Lutter/Hommelhoff GmbHG § 3 Rn 49; zur Bedeutung im Gruppenzusammenhang *Lutter/Hommelhoff* in Lutter/Hommelhoff GmbHG Anh. § 13 Rn 7; zu Anforderungen an die Wirksamkeit als gesellschaftsvertragliches Instrument eines Gruppeneingangsschutzes *Emmerich* in Scholz GmbHG Anhang § 13 Rn 48 ff.

190 Die Beteiligung müsse aber nicht im Verhältnis zur Einlage berechnet sein, dazu *Restaino* in Sandulli/Santoro (Hrsg.), La riforma delle società, Art. 2479 sub 5 (S. 165).

191 Vgl. den Überblick zum Streitstand bei *Menti* in G. Cian/Trabucchi (Hrsg.), Codice Civile, Art. 2468 Rn 4.

weise sind Stimmrechtsregelungen als zulässig anzusehen, sofern sie nicht die zwingenden Zuständigkeiten der Gesellschafterversammlung berühren[192].

c. Zwischenergebnis

Stimmrechtsbeschränkungen kommen in Italien im wesentlichen in geschlossenen – und damit in der Mehrzahl aller – *s.p.a.* vor. Der stimmrechtliche Einfluss wird häufig auch mittels entsprechenden Nebenabreden gestaltet. In der *s.r.l.* stehen vielfältige andere Gestaltungsmöglichkeiten offen.

3. Austrittsrecht

Schließlich besteht die Möglichkeit, zusätzlich zu den gesetzlich vorgeschriebenen Austrittsrechten in der Satzung einer nicht kapitalmarktorientierten *s.p.a.* (vgl. Art. 2437 Abs. 4 cod. civ.) oder einer *s.r.l.* (vgl. Art. 2473 cod. civ.) Gründe für ein Austrittsrecht festzulegen. Teilweise findet sich die Überlegung, dass auf diese Weise Konstellationen mit Gruppenbezug, die nicht unter Art. 2497-*quater* fallen, erfasst werden könnten[193]. Indes werden die Überlegungen nicht weiter ausgeführt. Praktische Anwendungsfälle mit Gruppenbezug sind nicht bekannt. Tatsächlich dürfte von der Möglichkeit der privatautonomen Vereinbarung eines Austrittsrechts für derartige Konstellationen kaum Gebrauch gemacht werden[194]. Denn für die Verankerung eines entsprechenden Rechts in der Satzung bedürfte es einer entsprechenden Mehrheit in der Gesellschafterversammlung. Eine Mehrheitsentscheidung kann, wegen der konzentrierten Eigentumsstruktur italienischer *s.p.a.*[195], jedoch nur mithilfe des Mehrheitsgesellschafters zustande kommen. Dieser aber dürfte kaum ein Interesse daran haben, Minderheitsgesellschaftern ein über die gesetzlich vorgeschriebenen Austrittsrechte hinausgehendes, weiteres Austrittsrecht in der Satzung einzuräumen[196].

4. Zusammenfassung privatautonome Gestaltungsinstrumente

Das italienische Recht sieht keine explizit gruppenbezogen ausgestalteten Instrumente vor, mit denen das Entstehen einer Kontrollposition verhindert werden könnte. Es ermöglicht aber in der nicht kapitalmarktorientierten *s.p.a.*, das Stimmrecht in Form von Höchstbeträgen oder Abstufungen einzuschränken sowie Beschränkungen der Übertragbarkeit unter bestimmten Voraussetzungen zu verein-

---

192 Insofern vermittelnd *Maltoni* in Maffei Alberti (Hrsg.), Il nuovo diritto delle società, Art. 2468 sub 5 (S. 1833 f).
193 Vgl. *Chiappetta*, Riv. soc. 2005, S. 487 (517); *Pennisi*, Liber Amicorum G.F. Campobasso, Bd. III, S. 887 (932).
194 Vgl. *Irace* in Sandulli/Santoro (Hrsg.), La riforma delle società, Art. 2497-*quater* sub 1 (S. 335).
195 Vgl. oben § 2 I 4.
196 Entsprechend kritisch gegenüber der Möglichkeit der privatautonomen Vereinbarung von Austrittsrechten *Ventoruzzo*, ECFR 2005, S. 207 (245 f).

baren. Eine erhebliche Bedeutung wird in diesem Zusammenhang Nebenabreden zugesprochen, auch wenn es ihnen an der Außenwirkung fehlt.

In der *s.r.l.* sind die Möglichkeiten vielfältiger, privatautonome Vereinbarungen zu treffen. Vinkulierungen sind in ihr besonders verbreitet. Im übrigen kann die Satzung den Gesellschaftern besondere Rechte einräumen; ob sich dies auch auf Mehrfachstimmrechte erstreckt, ist umstritten.

In beiden Rechtsformen besteht schließlich, jedenfalls theoretisch, die Möglichkeit, ein Austrittsrecht in der Satzung für den Fall des Entstehens einer Kontrollposition zu verankern. Zu einer tatsächlichen Inanspruchnahme dieser Möglichkeit dürfte es im Hinblick auf eine zu diesem Zweck erforderliche Mehrheitsentscheidung der Gesellschafterversammlung nicht kommen. Denn die Schaffung eines weiteren Austrittsrechtes dürfte den Interessen des Mehrheitsgesellschafters kaum entsprechen.

Die Anwendung der vorhandenen privatautonomen Gestaltungsinstrumente gerade auf das Entstehen einer Gruppenbeziehung ist, mit Ausnahme des privatautonom zu vereinbarenden Austrittsrechtes, nicht Gegenstand einer Diskussion oder auch nur von gesonderten Erwägungen. Insoweit entspricht der Befund für das italienische Recht dem an anderer Stelle rechtsvergleichend für das englische und französische Recht getroffenen[197].

VI. Zusammenfassung § 6

Ein europäisch einheitliches Instrument hinsichtlich Regelungsfragen im Zusammenhang mit dem Entstehen einer Gruppenbeziehung existiert lediglich in Form des Pflichtangebotes für börsennotierte Aktiengesellschaften.

Darüber hinaus sind lediglich zurückhaltend formulierte Empfehlungen vorhanden. Der im deutschen Recht diskutierte Gedanke, dass ein funktionsfähiges Instrument des Minderheitsgesellschafterschutzes im Vorfeld des Entstehens einer Gruppenbeziehung dazu beitragen kann, die Regelungsprobleme in der bestehenden Gruppe gar nicht erst zum Tragen kommen zu lassen, ist jedenfalls nicht ausdrücklich aufgegriffen worden. Er wird, soweit ersichtlich, weder auf europäischer Ebene noch in einzelnen Rechtsordnungen gesondert diskutiert.

Im Zentrum der zurückhaltenden Empfehlungen von *Forum Europaeum Konzernrecht* und *High Level Group* steht das Austrittsrecht. Die *High Level Group* sieht indes eine nähere Prüfung des Verhältnisses von Ausschluss- bzw. Andienungsrecht zu vertraglichen Austrittsrechten zunächst als vorrangig an. In diesem Zusammenhang kann das Ergebnis der hier vorgenommenen Untersuchung zum italienischen Recht fruchtbar gemacht werden. Die italienische Regelung verdeutlicht die Schwierigkeiten bei der Konzeption eines gesetzlichen Schutzes von Minderheits-

---

197 Vgl. den Nachweis oben in § 6 II 2.

gesellschaftern geschlossener Gesellschaften durch ein Austrittsrecht. Zwar hat die italienische Vorschrift den Charme einer rechtsformübergreifenden Regelung. Gerade Minderheitsgesellschafter mit kleinen Anteilen dürften von dem Gebrauch jedoch eher abgeschreckt werden, da das Austrittsrecht in seiner Konzeption mit zahlreichen Unwägbarkeiten verbunden ist. Dies gilt zum einen für die einzelnen Tatbestandsmerkmale. Dem Kritikpunkt der Anknüpfung an den Beginn der Ausübung von Leitung und Koordinierung könnte zwar mit der Festlegung einer formellen einheitlichen Schwelle bzw. einer Mindestschwelle, etwa in Höhe von 90–95 Prozent, wie sie das portugiesische Recht oder die Empfehlungen von *Forum Europaeum Konzernrecht* und *High Level Group* vorsehen, begegnet werden. Darüber hinaus zeigt die italienische Regelung, dass das Austrittsrecht Schwierigkeiten im Hinblick auf die Durchführung aufwirft. Problematisch ist, wie die Wertberechnung der Abfindung gerade in Gesellschaften, für deren Anteile es keinen Marktwert in Form des Börsenkurses gibt, erfolgen soll. Fraglich ist auch, ob bei einem Austritt allen verbleibenden Gesellschaftern ein Bezugsrecht im Verhältnis ihrer Anteile zuzusprechen ist, etwa, um wiederum diejenigen Minderheitsgesellschafter zu schützen, die in der Gesellschaft verbleiben wollen. Schließlich stellt sich die Frage, wen die Pflicht zur Befriedigung des Abfindungsanspruches treffen soll. Die italienische Konzeption, wonach diese Pflicht die Gesellschaft letztlich selbst treffen kann, wenn die übrigen Gesellschafter von ihrem Bezugsrecht nicht Gebrauch machen, dürfte allein wegen der damit verbundenen Auswirkungen auf die Vermögenslage der Gesellschaft und damit letztlich auch auf Gläubigerinteressen insoweit nicht als Vorbild dienen. Allerdings dürfte, wie das italienische Recht ebenfalls zeigt, auch eine, gegebenenfalls explizit gesetzlich eingeräumte, Möglichkeit, ein Austrittsrecht für den Fall des Entstehens einer Gruppenbeziehung in der Satzung zu vereinbaren, ein eher ungeeignetes Modell sein. Denn damit geht das Erfordernis eines wiederum kaum zu erzielenden Mehrheitsbeschlusses in der Gesellschafterversammlung einher.

Damit sind auch sonstige privatautonome Gestaltungsmöglichkeiten in den Blick zu nehmen. Diese dürften im italienischen Recht gerade in geschlossenen Gesellschaften gegenüber dem gesetzlich vorgesehenen Austrittsrecht von praktisch größerer Bedeutung sein. Zwar beziehen sie sich, wie auch in anderen europäischen Rechtsordnungen, nicht ausdrücklich auf das Verhindern des Entstehens einer Kontrollposition gegen den Willen von Gesellschaftern der Gesellschaft. Beschränkungen der Übertragbarkeit und entsprechende Stimmrechtsvereinbarungen sind jedoch jedenfalls grundsätzlich geeignet, (zumindest) die bestehenden Gesellschafterverhältnisse zu manifestieren. Beschränkungen der Übertragbarkeit sind dabei nach italienischem Recht nur zulässig, wenn sie zugleich verhindern, dass ein Gesellschafter gegen seinen Willen in der Gesellschaft verbleiben muss. Zu diesem Zweck wird dem Gesellschafter wiederum ein Austrittsrecht gewährt.

Sollte es auf Grundlage des Berichtes der *High Level Group* zu einer näheren Untersuchung der Situation in geschlossenen Gesellschaften kommen, wäre es sinnvoll, auch die sonstigen privatautonomen Gestaltungsmöglichkeiten in diese einzubeziehen. Möglicherweise steht die Vielgestaltigkeit privatautonomer Gestaltungsmöglichkeiten für nicht börsennotierte Gesellschaften einer weiterführenden Diskussion um systematisierte Rechte von Minderheitsgesellschaftern nicht offener Tochtergesellschaften derzeit entgegen. Allerdings ist fraglich, ob – nach einer zwischenzeitlichen Zurückhaltung der Kommission gegenüber der Umsetzung weiterer Ziele aus dem Aktionsplan[198] – die Untersuchung überhaupt Chancen auf Durchführung hat[199]. Gegenwärtig jedenfalls liegt der Schwerpunkt in einer weitergehenden Regulierung börsennotierter Aktiengesellschaften[200].

Zusammenfassend bleibt festzustellen, dass ein einheitliches Schutzinstrument in Form eines Austrittsrechtes jedenfalls nach derzeitiger Erkenntnis für Minderheitsgesellschafter geschlossener Gesellschaften im Stadium des Entstehens einer Gruppenbeziehung kaum denkbar ist. Daneben stellt sich, gerade in Bezug auf den Gedanken der Kernbereichsharmonisierung, die Frage, ob ein solches überhaupt notwendig wäre. Diese Frage kann im Rahmen dieser Untersuchung nicht abschließend beantwortet werden. Hilfreich im Hinblick auf die vorhandenen Zweifel daran, ob die vorhandenen Schutzinstrumente ausreichen, wäre insoweit ein umfassende rechtsvergleichende Bestandsaufnahme.

---

198 Allgemein zur Zurückhaltung der Kommission gegenüber der Umsetzung weiterer Ziele aus dem Aktionsplan *Habersack/Verse*, Europäisches Gesellschaftsrecht § 4 Rn 19; *Hopt*, The European Company Law Action Plan Revisited: An Introduction (2010), S. 2 f, http://ssrn.com/abstract=1554662.

199 Zur Position der Kommission in Bezug auf die Position in nicht börsennotierten Gesellschaften Commission Staff Working Document, Impact Assessment on the Proportionality between Capital and Control in Listed Companies, 12.12.2007, SEC(2007), 1705, S. 5 f, S. 11 – abzurufen unter: http://ec.europa.eu/governance/impact/ia_carried_out/docs/ia_2007/sec_2007_1705_en.pdf.

200 *Bachmann*, WM 2011, S. 1301 (1302); *Habersack/Verse*, Europäisches Gesellschaftsrecht § 4 Rn 25 ff.

4. Kapitel – Zusammenfassung und Schlussfolgerungen für eine europäische Regelung

§ 7 Zusammenfassung der wesentlichen Ergebnisse

Ausgangspunkt der umfassenden italienischen Gesellschaftsrechtsreform war, dass das seit 1942 nahezu unverändert gebliebene Gesellschaftsrecht des *codice civile* als ungeeignet galt, eine Vielzahl unterschiedlicher gesellschaftsrechtlicher Probleme zu lösen. Bei dieser Gelegenheit hat der Gesetzgeber einen zusammenhängenden Regelungsabschnitt betreffend Gesellschaftsgruppen eingeführt sowie vereinzelte allgemeine Vorschriften um gruppenbezogene Ausgestaltungen ergänzt. Ein Anlass für diese aus rechtsvergleichender Sicht die Ausnahme darstellende Vorgehensweise dürfte die erhebliche rechtstatsächliche Bedeutung von Gruppen in Italien gewesen sein.

Inhaltlich ist das italienische Recht teilweise von der rechtlichen Behandlung von Gruppen in anderen Rechtsordnungen, insbesondere in Deutschland und Frankreich, inspiriert. Ferner finden sich deckungsgleiche Parameter mit vergleichenden Arbeiten auf europäischer Ebene. Insbesondere der Bericht der *High Level Group* über moderne gesellschaftsrechtliche Rahmenbedingungen in der Europäischen Union vom 4.11.2002 ist insoweit von Bedeutung, da seine Veröffentlichung in den Zeitraum der Ausarbeitung der Reform fiel.

Ob die getroffenen Regelungen ein angemessenes Instrumentarium zur Lösung der wesentlichen Problemfelder italienischer Gesellschaftsgruppen bereithalten, kann zum gegenwärtigen Zeitpunkt nicht entschieden werden. Insbesondere fehlt es zum einen an Fallmaterial aus der Rechtspraxis. Zum anderen liegen statistische Zahlen lediglich für das Jahr 2005 vor[1]. Unter verschiedenen Gesichtspunkten ist eine positive Antwort jedoch fraglich.

I. Begriffliche Erfassung der Gruppe

Das italienische Recht knüpft wie die meisten europäischen Rechtsakte und mitgliedstaatlichen Rechtsordnungen grundsätzlich an das Control-Konzept an. Für dieses, ebenso wie für das Abhängigkeitsprinzip des deutschen Rechts, ist das bloße

---

1 Vgl. zu den Zahlen aus der von der Mailänder Handelskammer in Auftrag gegebenen Studie die Auswertungen jeweils bei *Montalenti*, Giur. comm. 2006, I, S. 504 (zu Gruppen: S. 519) und bei *Notari*, Riv. soc. 2006, S. 385 (zu Gruppen: S. 393 ff). Zur Problematik der Erhebung des Zahlenmaterials für die genannte Studie *Ghezzi/Malberti*, ECFR 2008, S. 1 (37 f).

Einflusspotential maßgeblich. Die neu eingeführten gruppenrechtlichen Regelungen stellen jedoch auf die Ausübung von Leitung und Koordinierung und damit auf eine tatsächliche Ausübung von Einfluss ab. Zwar wird diese bei Vorliegen von Kontrolle widerleglich vermutet (Art. 2497-*sexies* cod. civ.), so dass eine Begriffskaskade entsprechend derjenigen in §§ 16–18 AktG entstanden ist. Inhaltlich entspricht der Begriff der Leitung und Koordinierung wohl dem bereits aus dem italienischen Gesetz über die Zwangsverwaltung großer Unternehmen in der Krise zwar bekannten, jedoch ebenfalls inhaltlich nicht klar umrissenen Begriff der einheitlichen Leitung. Die Verwendung eines unbestimmten Rechtsbegriffes als Anknüpfungsmerkmal birgt die Gefahr von Problemen bei der Rechtsanwendung, auch wenn er in diesem Fall mithilfe der Vermutung von Kontrolle zu bestimmen ist. Dieselbe Befürchtung lässt der weitere Anknüpfungstabestand aufkommen, wonach die gruppenrechtlichen Regelungen auch Anwendung finden, wenn die Leitung und Koordinierung aufgrund von Verträgen mit den jeweiligen Gesellschaften oder Klauseln in deren Satzung ausgeübt wird (Art. 2497-*septies* cod. civ.). Möglicher Inhalt und Bedeutung dieser Vorschrift werden in der italienischen Literatur diskutiert. Jedenfalls soll damit kein Beherrschungsvertrag nach deutschem Vorbild gemeint sein.

Insgesamt hat diese Regelungsmethode das ‚*babylonische Sprachgewirr*' im italienischen Recht in Bezug auf die gruppenrechtlichen Anknüpfungstatbestände vertieft. Auch hat der italienische Gesetzgeber bei der Wahl der Anknüpfungsmerkmale einen aus rechtsvergleichender Perspektive singulären Weg eingeschlagen. Zwar kennt das deutsche Recht eine entsprechend abgestufte Begriffskaskade. Die Konzernregelungen knüpfen jedoch regelmäßig nicht an den durch einheitliche Leitung gekennzeichneten Konzern (§ 18 AktG) als oberste Stufe der Begriffskaskade, sondern an die darunter liegende Stufe der Abhängigkeit (§ 17 AktG) an, so dass die Begriffskaskade für die Anknüpfung von Rechtsfolgen keine Rolle spielt.

II. Information als Regelungsansatz im italienischen Recht

Der Schwerpunkt der durch die Gesellschaftsrechtsreform eingeführten gruppenrechtlichen Regelungen betrifft Informationsregeln, und zwar solche, die im Außenverhältnis wirken. Darin ist eine Orientierung an den Parametern des Berichtes der *High Level Group* zu erkennen[2].

1. Die Gruppe und die in ihr vorhandenen Rechtsbeziehungen betreffende Informationsregeln

Eines der Hauptziele der Reform lautete, Publizität über das Vorhandensein einer Gruppe und Transparenz der in ihr vorhandenen Rechtsbeziehungen herzustellen[3]. Dem Publizitätszweck dienen im wesentlichen die Eintragungspflicht der Grup-

2 Vgl. auch das Mitglied der Reformkommission *Tombari*, Giur. comm. 2004, I, S. 61 (78 f); *ders.*, FS Jayme S. 1589 (1601).

3 Vgl. Art. 2 Abs. 8 sowie konkretisierend Art. 10 Abs. 1, 3 legge n. 366/2001.

penzugehörigkeit im Unternehmensregister und die Pflicht zu entsprechenden Angaben in den Urkunden und der Korrespondenz der Gesellschaft (Art. 2497-*bis* Abs. 1 cod. civ.). Vorbild dürften weitgehend entsprechende Regelungen im italienischen Bankaufsichtsrecht gestanden haben.

Beide Pflichten trifft jeweils die Tochtergesellschaft. Sie hat die Leitung und Koordinierung ausübende Gesellschaft anzugeben, unabhängig davon, ob diese ihren Einfluss unmittelbar oder durch zwischengeschaltete Gesellschaften ausübt.

Dabei zeigt sich u.a. die Problematik der unbestimmten begrifflichen Erfassung der Gruppe. Denn das Leitungsorgan der Tochtergesellschaft muss eine entsprechende Subsumtion unter die Vermutungstatbestände vornehmen.

Nicht nur diese Schwierigkeit lässt die Vermutung aufkommen, dass nicht alle Gesellschaften der Eintragungspflicht nachkommen. Auch statistische Angaben lassen darauf schließen: so galten 1999 nach einer Untersuchung der italienischen Handelskammern ein Viertel aller Kapitalgesellschaften als gruppenzugehörig. Zum 30.06.2005 haben jedoch nur rund 12,49 Prozent der *s.p.a.* und 1,67 Prozent der *s.r.l.* die Erklärung abgegeben, der Leitung und Koordinierung durch eine andere Gesellschaft zu unterliegen[4]. Die Gesellschaftsrechtsreform hat aber nicht zu einer relevanten Änderung der Anzahl der Kapitalgesellschaften geführt[5]. Dass – erst – seit der Gesellschaftsrechtsreform auch Personengesellschaften als Tochtergesellschaften zulässig sind, dürfte diese zahlenmäßige Diskrepanz daher nicht erklären. Auch eine Maßnahme der Börsenaufsichtsbehörde *Consob* von Ende 2007 spricht dafür, dass eine Vielzahl von Gesellschaften der Eintragungspflicht nicht nachkommt. Demnach ist nunmehr u.a. die Einhaltung der Publizitätspflicht nach Art. 2497-*bis* cod. civ. Voraussetzung für die Zulassung zur Börsennotierung. Zudem müssen börsennotierte Tochtergesellschaften im Lagebericht darlegen, warum sie der Auffassung sind, nicht der Leitung und Kontrolle zu unterliegen. Jedoch ist auch dieser Regelung vereinzelt bereits mangelnder tatsächlicher Erfolg attestiert worden.

Schließlich flankiert eine im Ergebnis wohl wirkungslose Sanktion die Nichtbefolgung der Eintragungspflicht. Anders als in sonstigen Konstellationen der Verletzung von Eintragungspflichten besteht sie nicht in einer Geldbuße. Vielmehr ist eine rein zivilrechtliche Haftung der Leitungsorganmitglieder für Schäden vorgesehen, die Gesellschaftern oder Dritten aus der Unkenntnis der Gruppenzugehörigkeit entstanden sind (Art. 2497-*bis* Abs. 3 cod. civ.). Es ist nicht nur fraglich, wie dieser Schaden konkret bemessen werden soll. Auch der Nachweis des Kausalzusammenhanges zwischen unterlassener Eintragung und Schaden dürfte einem potentiellen Kläger kaum möglich sein. Zudem dürften sich Leitungsorganmitglieder von betroffenen Gesellschaften, wiederum angesichts der unbestimmten Anknüpfungsmerkmale, entlasten können. Daher erscheint es fragwürdig, ob von dieser Sanktion ein Druck auf die Leitungsorganmitglieder ausgeht, die Eintragung zu veranlassen.

---

4 Vgl. oben § 2 I 4; § 4 III 1 b cc (3).

5 Vgl. *Ghezzi/Malberti*, ECFR 2008, S. 1 (38 f).

Aber auch eine ordnungsgemäß bewirkte Eintragung ermöglicht lediglich eine begrenzte Kenntnis der Struktur der Gruppe: ob die eingetragene Gesellschaft etwa selbst Tochter- oder Enkelgesellschaften hat, lässt sich dem Unternehmensregister nicht entnehmen. Anders als dies etwa im Bankaufsichtsrecht der Fall ist, ist die Gruppenstruktur als solche nicht anzugeben. Immerhin lässt sich mithilfe der Eintragung der Obergesellschaft im Unternehmensregister diese ausfindig machen und ihr konsolidierter Abschluss einsehen. Die in diesem enthaltenen Angaben können das Bild über die Gruppenstruktur ergänzen helfen.

Überhaupt sollen im wesentlichen Angaben im Zusammenhang mit der Rechnungslegung, neben der gesonderten Begründungspflicht für von der Obergesellschaft beeinflusste Entscheidungen, die Transparenz der gruppeninternen Beziehungen sichern.

Zum einen muss die der Leitung und Koordinierung unterliegende Gesellschaft ihren Anhang um eine zusammenfassende Aufstellung der wesentlichen Daten des letzten Jahresabschlusses der Obergesellschaft ergänzen (Art. 2497-*bis* Abs. 4 cod. civ.). Ferner müssen in ihrem Lagebericht die Beziehungen angeführt werden, die sie mit der Obergesellschaft und den sonstigen Gruppengesellschaften unterhalten hat, sowie die Auswirkungen, die die Leitung und Koordinierung auf das Unternehmen und dessen Ergebnisse gehabt hat (Art. 2497-*bis* Abs. 5 cod. civ.). Welche Angaben in diesem Zusammenhang im einzelnen zu machen sind, hat der Gesetzgeber jeweils nicht konkretisiert. Die italienische Literatur verweist insoweit bislang auf die Auslegung der allgemeinen aktienrechtlichen Vorschriften über die Auslegung des Jahresabschlusses vor der Aktionärsversammlung bzw. über den Inhalt des Lageberichts[6]. Ebenso wenig hat der Gesetzgeber Sanktionen für den Fall der Verletzung der Offenlegungspflichten vorgesehen; im italienischen Schrifttum werden bisher auch in diesem Zusammenhang unterschiedliche Ansätze diskutiert[7]. Schließlich ist gesetzlich nicht geregelt, wie die Tochtergesellschaften die für die Erfüllung ihrer Publizitätspflichten nötigen Informationen erlangen können.

Dennoch sollen diese periodischen Offenlegungspflichten nicht nur dazu führen, dass die Gruppenstruktur transparent wird. Auch die Auswirkungen der Gruppenzugehörigkeit auf die einzelne Gesellschaft und damit die Einflussnahme auf Entscheidungen sollen erkennbar und messbar werden. Letztlich soll dadurch auch zu einer ordnungsgemäßen Geschäftsführung in der Gruppe angeregt werden.

Demselben Ziel dient die gesonderte Begründungspflicht für von der Obergesellschaft beeinflusste Entscheidungen (Art. 2497-*ter* cod. civ.). Einzelheiten hinsichtlich Gegenstand, Umfang und Adressaten der Begründungspflicht und deren Dokumentation im Lagebericht sind gesetzlich nicht geregelt und im italienischen Schrifttum bislang umstritten[8]. Auch Verstöße gegen diese Pflicht sind nicht ausdrücklich gesetzlich sanktioniert. Nach der wohl überwiegenden Auffassung in der

6 Vgl. oben § 4 III 3 a, b.
7 Näher oben § 4 III 3 c.
8 Vgl. oben § 4 IV 5 a aa, bb.

Literatur ist eine Entscheidung, die nicht oder nicht ausreichend begründet wird, nach den jeweiligen allgemeinen Vorschriften anfechtbar[9].

Weitere nicht gruppenspezifische Informationsregeln betreffen die Pflicht zur Offenlegung über den Umgang von Leitungsorganmitgliedern mit related party transactions in kapitalmarktorientierten *s.p.a.* (Art. 2391-*bis* cod. civ.). Dazu zählen etwa auch Geschäfte mit der Muttergesellschaft. Ferner haben Leitungsorganmitglieder offenzulegen, wenn sie bei einem Geschäft ein eigenes Interesse oder das eines Dritten verfolgen (Art. 2391 cod. civ.). Dies kann sich etwa auf das Interesse einer anderen Gruppengesellschaft beziehen. Allerdings erfolgt die Offenlegung nur organintern sowie gegenüber dem Kontrollorgan.

Das Vorhandensein von Einflussnahmepotential ergibt sich schließlich durch die kapitalmarktorientierte *s.p.a.* treffende Pflicht zur Veröffentlichung von Nebenabreden, die in Italien eine erhebliche rechtstatsächliche Bedeutung haben.

2. Die Bedeutung des Lageberichtes als Informationsquelle

Werden alle Informationspflichten eingehalten, ist der Lagebericht die wesentliche Quelle zur Information über die vorhandenen Gruppenbeziehungen und deren Auswirkungen. In ihm haben die Geschäftsleiter die Beziehungen, die die Gesellschaft zu Mutter- und Schwestergesellschaften unterhalten hat, sowie deren Auswirkungen auf das Unternehmen und dessen Ergebnisse anzuführen (Art. 2497-*bis* Abs. 5 cod. civ.). Die Begründung von Entscheidungen, die durch die Obergesellschaft beeinflusst worden sind, ist ebenfalls im Lagebericht zu dokumentieren (Art. 2497-*ter* S. 2 cod. civ.). Gleiches gilt in kapitalmarktorientierten *s.p.a.* für related party transactions und die Regeln über den Umgang von Leitungsorganmitgliedern mit diesen (Art. 2391-*bis* cod. civ.).

Die Offenlegung an jeweils einem Ort ist eine sinnvolle Herangehensweise. Sie erübrigt eine Suche in unterschiedlichen Offenlegungsquellen. Vom Ansatz her ist die italienische Regelung umfassender als die nach der Abänderungsrichtlinie vorgesehene Pflicht zur Aufnahme von Angaben über Beziehungen mit den Inhabern bedeutender Beteiligungen und erhebliche Geschäfte mit anderen verbundenen Parteien in den Anhang[10]. Unter letztere sollen nur zu nicht marktüblichen Bedingungen durchgeführte Geschäfte fallen[11]. Zudem gelten die vorstehend genannten italienischen Informationsregelungen, insbesondere die Pflicht zur Begründung von gruppenbeeinflussten Entscheidungen, wie auch der Abhängigkeitsbericht, anders als die Offenlegung nach IAS 24 nicht nur für (Mutter-)Gesellschaften, deren Aktien an einem geregelten Markt notiert sind.

---

9 Vgl. oben § 4 IV 5 a cc.

10 Vgl. Art. 1 Nr. 6, 2 Nr. 1 Abänderungsrichtlinie, zur Änderung jeweils der Jahresabschlussrichtlinie sowie der Richtlinie über den konsolidierten Abschluss.

11 Vgl. Erwägungsgrund (6) Abänderungsrichtlinie.

Eine Teilschnittmenge besteht auch mit den nach der Übernahmerichtlinie in den Lagebericht börsennotierter Aktiengesellschaften aufzunehmenden Angaben. Diese sollen ein möglichst umfassendes Bild der Gesellschaftsstruktur ergeben, um etwaige Übernahmehindernisse und damit Einflusspotential offenzulegen. Mitunter sind danach Stimmbindungsvereinbarungen mitzuteilen. Die gruppenspezifischen Offenlegungspflichten zielen dagegen darauf ab, Art und Weise der tatsächlichen Ausübung gruppenspezifischen Einflusses zu dokumentieren. Sie gelten, mit Ausnahme der Offenlegungspflicht hinsichtlich related party transactions, unabhängig von einer Kapitalmarktnotierung oder -orientierung. Allerdings geht aus ihnen nicht eindeutig hervor, welche Angaben jeweils konkret Eingang in den Lagebericht zu finden haben, während die nach der Übernahmerichtlinie zu machenden Angaben enummerativ aufgezählt sind.

3. Schwach ausgeprägte gruppeninterne Informationsflüsse

Informations- und Kontrollrechte gewährt das italienische Recht nur einem Organ, und zwar regelmäßig dem Kontrollorgan *collegio sindacale*. Dessen Untersuchungskompetenz ist in einzelnen Fragen auf den Gruppenkontext erweitert worden. So ist ein Informationsaustausch unmittelbar zwischen den Kontrollorganmitgliedern der Muttergesellschaft mit denen von Tochtergesellschaften zulässig (Art. 2403-*bis* Abs. 2 S. 2 cod. civ). Diese Maßnahme soll die Unabhängigkeit des Kontrollorganes stärken. Ihr liegt eine Betrachtung der Gruppe als wirtschaftliche Einheit zugrunde[12]. Allerdings hängt die Unabhängigkeit der Überwachung entscheidend von der Qualität der ausgeübten Kontrolle durch das *collegio sindacale* ab. In diesem Zusammenhang ist die besondere Rolle dieses internen Organs zu berücksichtigen, das in der überwiegenden Mehrzahl der *s.p.a.* zugleich die Abschlussprüfung durchführt. Die zumeist geschlossenen *s.p.a.* haben insoweit von ihrem entsprechenden Wahlrecht Gebrauch gemacht[13].
Individuelle Informationsrechte bestehen in der italienischen *s.p.a.* lediglich im Rahmen der Umsetzung der Aktionärsrechterichtlinie für börsennotierte Gesellschaften, im übrigen, soweit ersichtlich, jedoch nicht. Insbesondere fehlen solche mit Gruppenbezug. Dem einzelnen Aktionär steht lediglich ein Anzeigerecht gegenüber dem Kontrollorgan zu, wenn Tatsachen vorliegen, die seiner Auffassung nach einen Verstoß des Leitungsorganes gegen das Gesetz oder die Satzung bedeuten (vgl. Art. 2408)[14]. Überhaupt scheint der Gedanke eines berechtigten Informationsinteresses einzelner Aktionäre im italienischen Recht nahezu fremd zu sein, vielmehr wird insoweit ein Störpotential befürchtet. Angesichts der Eigentumskonzentration in italienischen Aktiengesellschaften verwundert das Fehlen individueller Informationsrechte allerdings kaum. Funktional handelt es sich dabei indes weniger um gruppenspezifische Fragestellungen als um Aspekte einer guten Unternehmensführung.

---

12 Vgl. § 4 IV 1 c.
13 Vgl. § 4 IV 1 b bb.
14 Vgl. § 4 IV 2 c.

4. Sonderprüfung

Zwischen den Säulen interne Information und Information im Außenverhältnis befindet sich das Institut der Sonderprüfung. Dieses ist in Italien von erheblicher rechtstatsächlicher Bedeutung[15]. Zwar ist es im Zuge der Reform auf die Überprüfung von Unregelmäßigkeiten der Leitungsorganmitglieder, die einen Schaden für Tochtergesellschaften bedeuten können, ausgedehnt worden. Damit wurde eine entsprechende Vorgehensweise der Rechtsprechung gesetzlich geregelt. Allerdings erfasst die Sonderprüfung nur die Beziehung zur Muttergesellschaft und nicht zu sonstigen Gruppengesellschaften. Auch sind die Aktionäre von Tochtergesellschaften nicht antragsberechtigt zur Durchführung einer gruppendimensionalen Sonderprüfung. Die diesbezüglich weiterreichenden Vorschläge von *Forum Europaeum Konzernrecht* oder *High Level Group* hat der italienische Gesetzgeber im Hinblick auf die Sonderprüfung also nicht aufgegriffen[16].

5. Fazit: kein Informationsmodell hinsichtlich der Gruppe im italienischen Recht

Die Zielsetzung des italienischen Gesetzgebers, die Publizität einer Gruppe und die Transparenz der in ihr vorhandenen Rechtsbeziehungen zu verbessern, ist begrüßenswert.

Allerdings erweist sich bei der Umsetzung nicht nur die unklare begriffliche Erfassung der Gruppe als problematisch. Gleiches gilt auch für im übrigen verwendete unbestimmte Tatbestandsmerkmale. Es bleibt oftmals unklar, welche Informationen jeweils konkret offenzulegen sind. Zwar lässt sich nicht jegliche rechtliche Fragestellung ex-ante durch Regulierung abschließend erfassen. Eine von vornherein in Kauf genommene Klärung der Bedeutung unbestimmter Rechtsbegriffe durch die Rechtsprechung führt jedoch zu Rechtsunsicherheit. Mag dies bei der Schaffung von Verhaltensstandards sinnvoll sein, erscheint diese Vorgehensweise im Hinblick auf Informationsregeln zumindest inkonsequent. Dies gilt um so mehr, als der italienische Gesetzgeber mit der Reform gerade die Verbesserung der Information über Gruppen und ihre Struktur angestrebt hat. Die Wirksamkeit der Informationsregeln im italienischen Recht hängt jedoch maßgeblich davon ab, wie die Rechtsprechung sie auslegen wird[17]. Dabei ist zu bedenken, dass der Zustand der Rechtsunsicherheit angesichts der erheblichen Dauer italienischer Gerichtsverfahren lange andauern dürfte. Bei Berücksichtigung der Eigentumsstruktur italienischer Unternehmen und Gruppen[18] stellt sich schließlich die Frage, wer überhaupt eine gerichtliche Klärung anstreben würde.

---

15 Vgl. § 4 IV 5.
16 Vgl. § 4 IV 5 h.
17 Vgl. die Kritik von *Ferrarini/Giudici/Stella Richter*, RabelsZ 69 (2005), S. 657 (697).
18 Vgl. § 2 I 4.

Ein Informationsmodell erfordert zudem, dass die Verlässlichkeit der Informationen durch Sekundärregeln garantiert wird. Dies geschieht jedenfalls im europäischen Gesellschaftsrecht regelmäßig durch Sanktionierung fehlender oder fehlerhafter Informationen, aber auch durch Überprüfung der weitergegebenen Information durch professionelle Dritte[19]. Das italienische Recht sanktioniert Verletzungen der Offenlegungspflichten entweder durch nahezu wirkungslose Instrumente oder jedenfalls nicht explizit. Auch eine gesonderte Überprüfung ist nicht vorgesehen. Von einem Informationsmodell lässt sich daher nicht sprechen. Somit ist zugleich fraglich, ob die Informationsregeln zugesprochene Präventivwirkung sich entfalten kann.

III. Parallele Funktion von Abhängigkeitsbericht und Begründungspflicht gruppenbeeinflusster Entscheidungen im italienischen Recht

Die Pflicht zur Begründung von Entscheidungen einer Tochtergesellschaft, die durch die Obergesellschaft beeinflusst sind (Art. 2497-*ter* cod. civ.), entspricht funktionsmäßig dem Abhängigkeitsbericht nach § 312 AktG.

Die periodische und systematische Berichterstattung von Vorgängen in der Tochtergesellschaft soll Transparenz über die Art und das Maß von gruppenbedingter Einflussnahme herstellen. Insbesondere soll hinsichtlich jeder konkreten Entscheidung nachvollziehbar sein, ob ein Ausgleich zwischen den Interessen nicht nur der Gruppe, sondern auch der betreffenden Tochtergesellschaft und ihrer Minderheitsgesellschafter getroffen wurde. Insoweit geht dieses Instrument über die Offenlegungspflicht von Geschäften mit nahestehenden Personen und Unternehmen nach der Abänderungsrichtlinie hinaus, die nur zu nicht marktüblichen Bedingungen durchgeführte Geschäfte und Beziehungen erfasst. Entsprechendes gilt im Hinblick auf den Rechnungslegungsstandard IAS 24. Dieser ist zwar einerseits im Anwendungsbereich weiter, da die Offenlegung nicht nur nicht zu marktüblichen Bedingungen durchgeführte Geschäfte und Beziehungen betrifft. Andererseits ist der Anwendungsbereich jedoch beschränkter, da die IAS-Verordnung lediglich für den konsolidierten Abschluss von an einem geregelten Markt notierten Muttergesellschaften zwingend anzuwenden ist.

Die inhaltliche Ausgestaltung unterscheidet sich insbesondere dadurch, dass der Abhängigkeitsbericht nicht veröffentlicht und nur durch den Abschlussprüfer sowie den Aufsichtsrat kontrolliert wird. Lediglich die Schlusserklärung des Vorstandes ist in den Lagebericht aufzunehmen. Dagegen ist nach italienischem Recht über die vorgenommene Begründung angemessene Rechenschaft im Lagebericht abzulegen. Dies soll allgemeine Zugänglichkeit gewährleisten.

---

19 Vgl. entsprechend im Hinblick auf das Informationsmodell im europäischen Gesellschaftsrecht *Grundmann*, ZIP 2004, S. 2401 (2406); *ders.*, DStR 2004, S. 232; *ders.*, FS Lutter S. 61 (67); *Hopt* in Hommelhoff/Hopt/v. Werder (Hrsg.), Handbuch Corporate Governance, 2. Aufl., S. 39 (48).

Die Begründungspflicht gruppenbeeinflusster Entscheidungen ist, wie auch der Abhängigkeitsbericht, im engem Zusammenhang mit der Haftungsregelung zu sehen. Das Instrument soll zum einen eine Geschäftsführungsmaßnahme ex post kontrollierbar machen und die Beweislage im Falle einer Haftungsklage erleichtern. Daher vertritt wohl die Mehrheit der italienischen Literatur, dass die Begründungspflicht nicht nur nachteilige Maßnahmen erfassen, sondern möglichst umfassend alle Einflussnahmen darstellen solle[20]. Ein entsprechend weites Verständnis wird für die im Lagebericht vorzunehmende Dokumentation der Begründung vertreten[21]. Insbesondere soll die Bewertung dessen, was nachteilig ist, nicht allein dem Leitungsorgan im Vorfeld überlassen werden.

Die Berichtspflicht soll zugleich die Voraussetzungen dafür schaffen, dass das in § 311 AktG bzw. Art. 2497 cod. civ. normierte Prinzip der ordnungsgemäßen Gruppengeschäftsführung zur Anwendung kommt. Sie soll daher letztlich verhaltenssteuernd auf die Einfluss ausübende Muttergesellschaft bzw. deren Leitungsorganmitglieder wirken. Die Entscheidungsträger sollen sich über die Ordnungsmäßigkeit ihres Handelns Gedanken machen und von nachteiligen Entscheidungen Abstand nehmen. Zugleich soll sich das Leitungsorgan der Tochtergesellschaft seiner eigenverantwortlichen Leitung bewusst bleiben. Damit wird in beiden Rechtsordnungen jeweils auch auf eine präventive Wirkung des Regelungsinstrumentes gesetzt.

IV. Ordnungsgemäße Gruppengeschäftsführung

Der italienische Gesetzgeber hat mit Art. 2497 cod. civ. eine Vorschrift geschaffen, die zum einen die Voraussetzungen für die Legitimation gruppenspezifischer Einflussnahme in Form eines Verhaltensstandards, zum anderen die haftungsrechtlichen Folgen bei Verletzung dieser Voraussetzungen statuiert. Die Regelung enthält eine Vielzahl unbestimmter Rechtsbegriffe. Der Gesetzgeber setzt insoweit auf eine Interpretation durch Literatur und Rechtsprechung. Inhalt und Reichweite der einzelnen Tatbestandsmerkmale sind in der italienischen Literatur überwiegend umstritten.

Ausnahmsweise ist nach italienischem Recht eine nachteilige Einflussnahme der Muttergesellschaft auf die Tochtergesellschaft zulässig, wenn sie einen Ausgleich erfährt. Dies gilt auch dann, wenn die Einflussnahme auf einem Verhalten beruht, das Prinzipien ordnungsgemäßer Gesellschafts- und Unternehmensführung verletzt. Die Einflussnahme muss nicht explizit zu einem Schaden der Gesellschaft führen. Für die Auswirkungen der Einflussnahme wird vielmehr aus Gläubigerperspektive auf die Verletzung der Unversehrtheit des Gesellschaftsvermögens abgestellt. Für die Gesellschafter muss es dagegen zu einer Einbuße in der Ertragskraft und im Wert der Beteiligung gekommen sein. Diese stellen nach Systematik

20 Vgl. § 4 IV 5 a aa.
21 Vgl. § 4 IV 5 a bb.

der allgemeinen gesellschaftsrechtlichen Haftungstatbestände einen nicht ersatzfähigen Reflexschaden dar. Der Ausgleich kann sich auf einzelne Maßnahmen oder Rechtsgeschäfte beziehen, insbesondere ist auch eine Gesamtbetrachtung möglich. Zudem unterliegt der Ausgleich keinen ausdrücklichen zeitlichen Grenzen. Darin liegt der wesentliche Unterschied zum deutschen Ansatz nach §§ 311 ff AktG und zugleich die Nähe zum auf europäischer Ebene von *Forum Europaeum Konzernrecht, High Level Group* und Aktionsplan favorisierten Rozenblum-Konzept.

Ist auch bei einer Gesamtbetrachtung kein Ausgleich für die Einflussnahme festzustellen, kann es grundsätzlich zu einer Haftung der Muttergesellschaft gegenüber Minderheitsgesellschaftern und Gläubigern und damit zu einem Durchgriff kommen. Allerdings soll dies nur der Fall sein, wenn von der Tochtergesellschaft keine Befriedigung zu erlangen ist. Dies bereitet zum einen dogmatische Schwierigkeiten im Hinblick auf die Situation der Tochtergesellschaft und ist Gegenstand der Diskussion, da es scheint, als würde, bevor es zu einem Durchgriff kommt, zunächst die Tochtergesellschaft selbst haften. Rückgriffsmöglichkeiten sind ihr jedoch nicht eingeräumt. Problematisch ist zudem eine Anwendung auf die Minderheitsgesellschafter. Nach allgemeiner Systematik steht den Gesellschaftern kein Anspruch auf Ersatz einer Einbuße in der Ertragskraft und im Wert der Beteiligung zu, den sie zunächst gegen die Gesellschaft geltend machen könnten, an der sie beteiligt sind. Im übrigen dürfte eine Haftungsklage aus Gläubigerperspektive keine dogmatischen Schwierigkeiten bereiten, da sie parallel zu allgemeinen Haftungsvorschriften gegenüber Gläubigern konzipiert ist. Die Gläubiger müssten ohnehin zunächst ihren Anspruch gegen ihre Vertragspartnerin, die Tochtergesellschaft, geltend machen.

Die maßgebliche Parallele zu §§ 311 ff AktG besteht in der Grundkonzeption des italienischen Ansatzes, der eine Flankierung der Verhaltens- und Haftungsregelung durch ein gruppenspezifisches Informationsinstrumentarium vorsieht. Dabei wird jeweils davon ausgegangen, dass die flankierenden Informationsregeln nicht nur ex-post der erleichterten Durchsetzung der Verhaltensregelung, sondern auch ex-ante der Prävention vor Verstößen gegen selbige dienen.

Trotzdem ist die italienische Regelung unter dem Aspekt der Rechtssicherheit als problematisch anzusehen. Insbesondere geht aus dem unter Verwendung einer Vielzahl unbestimmter Rechtsbegriffe konstruierten Tatbestand nicht eindeutig hervor, unter welchen Voraussetzungen ausnahmsweise die Einflussnahme auf eine Tochtergesellschaft zulässig sein soll. Daher bestehen Zweifel, ob die Vorschrift dem mit ihr verfolgten Interessenschutz dienen und insbesondere auch präventiv wirken kann. Die Überantwortung der Ausdifferenzierung einer Vielzahl von unbestimmten Rechtsbegriffen an die Rechtspraxis ist im Hinblick auf das Regelungsziel, die Interessen von Minderheitsgesellschaftern und Gläubigern besser zu schützen, jedenfalls zweifelhaft. Insoweit lässt sich die am Rozenblum-Ansatz geübte Kritik auf den italienischen Ansatz übertragen. Dabei ist zu berücksichtigen, dass der italienische Ansatz neben dem Handlungsrahmen für die Muttergesellschaft auch konkrete Rechtsfolgen mit Sanktionscharakter beinhaltet.

V. Austrittsrecht bei Entstehen einer Gruppenbeziehung

Das italienische Recht sieht ein besonderes Austrittsrecht bei Entstehen einer Gruppenbeziehung vor (Art. 2497-*quater* Abs. 1 c) cod. civ.). Der Ansatz zeigt, dass ein gesetzlicher Schutz im Sinne systematisierter Rechte für die Minderheitsgesellschafter nicht offener Tochtergesellschaften schwierig in der Konzeption ist, zumal das Austrittsrecht rechtsformübergreifend Anwendung finden soll. Problematisch ist insbesondere die Anknüpfung nicht an ein formelles Kriterium, wie etwa eine bestimmte Schwelle, sondern an den Beginn der Ausübung von Leitung und Koordinierung. Die Unwägbarkeiten auch hinsichtlich der sonstigen Tatbestandsmerkmale sowie die Wertberechnung der Abfindung dürften für den einzelnen Minderheitsgesellschafter eine derart hohe Hürde darstellen, dass das Austrittsrecht ihm kaum zum Schutze gereichen wird[22]. Schließlich sind im Falle eines durchgeführten Austrittes die potentiell negativen Auswirkungen auf die Vermögenslage der Gesellschaft – und damit auch Gläubigerinteressen – zu berücksichtigen, sollten die Anteile des austrittswilligen Gesellschafters nicht von den übrigen Gesellschaftern erworben werden. Gleichwohl zeigen die Kritikpunkte am italienischen Recht die Probleme auf, die sich für ein Austrittsrecht als Schutzinstrument für die Minderheitsgesellschafter geschlossener Gesellschaften auf europäischer Ebene stellen würden.

Demgegenüber eröffnet das italienische Recht privatautonome Gestaltungsmöglichkeiten in unterschiedlicher Form, die es ermöglichen, zumindest die bestehenden Gesellschafterverhältnisse zu manifestieren. Soweit es sich um Beschränkungen der Übertragbarkeit handelt, berücksichtigen sie jeweils auch das Interesse des Gesellschafters, der nicht in der Gesellschaft verbleiben will, durch Gewähr eines Austrittsrechtes. Die ebenfalls vorgesehene Möglichkeit, neben dem gesetzlichen Austrittsrecht weitere Austrittsgründe in der Satzung, etwa auch für den Fall des Entstehens einer Gruppenbeziehung, festzulegen, dürfte kaum von praktischer Bedeutung sein. Denn dazu bedarf es eines Mehrheitsbeschlusses in der Gesellschafterversammlung, der im Hinblick auf die wohl gegenläufigen Interessen des Mehrheitsgesellschafters regelmäßig nicht zu erzielen sein dürfte.

---

22 Vgl. § 6 IV 4.

§ 8 Schlussbetrachtung im Hinblick auf eine Europäische Regelung von Gesellschaftsgruppen

Abschließend sollen mögliche Folgerungen aufgezeigt werden, die aus dem geltenden italienischen Recht im Hinblick auf die bisher nicht umgesetzten Regelungsvorschläge von *Forum Europaeum Konzernrecht, High Level Group* und Aktionsplan gezogen werden können.

I. Relevanz der Entscheidung über einen Anknüpfungstatbestand

Für die Regelung gruppenspezifischer Probleme ist die Frage nach dem maßgeblichen Anknüpfungstatbestand unabdingbar.

Der mehr oder weniger weit gefasste Kreis von Rechtssubjekten als Adressaten einer gruppenrechtlichen Regelung ist eine der Stellschrauben eines Grundtatbestandes. Dieser kann, je nach Regelungszusammenhang, unterschiedlich weit gefasst sein. Dies ist im Hinblick auf den vom *Forum Europaeum Konzernrecht* als Anknüpfungstatbestand befürworteten Art. 1 Abs. 1 Richtlinie über den konsolidierten Abschluss zu berücksichtigen.

Weiteres wesentliches Element eines Anknüpfungstatbestandes ist das Mittel der Einflussnahme. Leitbild ist dabei die Stimmrechtsmehrheit. Schließlich kann danach variiert werden, ob das Einflusspotential oder die tatsächliche Einflussausübung erfasst werden sollen.

Insgesamt ist funktional hinsichtlich des konkreten Regelungszusammenhanges zu differenzieren, welche Elemente maßgeblich sein sollen.

II. Information als Regelungsansatz für die Gruppe

Ein Informationsmodell ist in Bezug auf die Gruppe denkbar und auf europäischer Ebene auch bereits in Teilen umgesetzt.

Es setzt jedoch klare Vorgaben voraus, insbesondere im Hinblick auf den Gegenstand der Offenlegung. Des weiteren erfordert es, wie es im Europäischen Gesellschaftsrecht regelmäßig vorgesehen ist, dass Verstöße gegen Informationsregeln sanktioniert bzw. die Verlässlichkeit der Information durch die Überprüfung durch Dritte garantiert wird.

III. Gesonderte Offenlegung von Gruppenbeziehungen

Die tatsächliche Durchsetzung eines Geschäftsführungsstandards in der Gesellschaftsgruppe bedarf einer gesonderten Dokumentation gruppeninterner Beziehungen. Diese muss über die im Rahmen der Rechnungslegung bereits vorzunehmende hinausgehen. Die Offenlegung von related party transactions nach der Abänderungsrichtlinie gilt zwar für alle Kapitalgesellschaften, erfasst jedoch nur Beziehungen und Geschäfte, die nicht zu marktüblichen Bedingungen durchgeführt wurden. Die insoweit weiterreichenden Vorgaben von IAS 24 finden wiederum zwingend nur auf den konsolidierten Abschluss von an einem geregelten Markt notierten Muttergesellschaften Anwendung. Um ex-post festzustellen, ob die Grundsätze ordnungsgemäßer Geschäftsführung eingehalten wurden, ist jedoch eine vollständige Dokumentation angebracht. Dies dürfte auch für die dieser Informationsregel zugesprochene präventive Wirkung gelten, wenngleich sie nicht messbar ist.

Die Art ihrer Ausgestaltung, ob die Offenlegung gegenüber Adressaten im Außenverhältnis umfassend erfolgt oder nur in zusammengefasster Form, ist eine Frage rechtspolitischer Präferenzen. Gleiches gilt für die Frage, ob die Kontrolle durch die Aktionärsversammlung, das Kontrollorgan oder den Abschlussprüfer erfolgen soll.

Insbesondere ist fraglich, ob es einer gesonderten Offenlegung von Gruppenbeziehungen auch unabhängig vom Vorhandensein eines Standards ordnungsgemäßer Gruppengeschäftsführung bedarf. Dagegen spricht, dass die der gesonderten Offenlegung zugesprochene präventive Wirkung sich nur entfalten dürfte, wenn zugleich die Grenze zwischen zulässiger und unzulässiger Einflussnahme innerhalb der Gruppe gezogen ist. Auch ist der hohe Aufwand für die offenlegungspflichtige Gesellschaft zu berücksichtigen. Schließlich sind die Publizitätsadressaten vor einem ‚information overkill' zu bewahren.

Andererseits ist die gesonderte Offenlegung von Gruppenbeziehungen auch im Zusammenhang mit der Sonderprüfung zu sehen. Sie kann die für die Durchführung einer Sonderprüfung erforderliche Informationsgrundlage überhaupt erst ermöglichen. Dies setzt jedoch voraus, dass einerseits die Informationsregeln hinsichtlich der Offenlegung gruppeninterner Beziehungen auf eine Wirkung im Außenverhältnis gerichtet sind und dass andererseits die Sonderprüfung gruppendimensional ausgestaltet wird. Dabei kann die gesonderte Offenlegung gruppeninterner Beziehungen auch im Interesse des Leitungsorganes sein und seiner Entlastung dienen.

In jedem Fall bedürfte die Nichteinhaltung der gesonderten Offenlegung gruppeninterner Beziehungen der Flankierung durch Sanktionen.

IV. Sonderprüfung

Angesichts der kontinuierlichen Bestrebungen um eine Verbesserung der Corporate Governance ist das Zögern, die Sonderprüfung auf europäischer Ebene zumindest für börsennotierte Aktiengesellschaften einzuführen, nicht zu erklären. Insbesondere sind keine sachlichen Argumente dafür ersichtlich, warum weder das Grünbuch Corporate Governance-Rahmen noch die *Reflection Group* dies aufgegriffen haben. Zumal über die Bedeutung als Kontrollrecht für Minderheitsgesellschafter weitgehend Einigkeit besteht. Die Sonderprüfung ist insbesondere bei komplexen und wenig transparenten Gruppenstrukturen ein für Minderheitsgesellschafter von Tochtergesellschaften bedeutendes Hilfsmittel. Sie ist daher gruppendimensional auszugestalten und nicht auf die Beziehung der Muttergesellschaft zu den Tochtergesellschaften zu beschränken. Insbesondere sollte auch den Gesellschaftern von Tochtergesellschaften, die ein bestimmtes Quorum erreichen, ein Antragsrecht gewährt werden. Befürchtungen einer missbräuchlichen Anwendung können durch entsprechende Einschränkungen, wie etwa eine gerichtliche Genehmigung bei schwerwiegendem Verdacht oder eine entsprechende Kostenregelung, ausgeräumt werden.

V. Ordnungsgemäße Gruppengeschäftsführung

Ein Verhaltensstandard für eine ordnungsgemäße Gruppengeschäftsführung führt nur dann zu einem Mehr an Rechtssicherheit, wenn der zulässige Handlungsrahmen aus Perspektive der Normadressaten erkennbar ist. Dies setzt zunächst eine Festlegung des konkreten Regelungsadressaten voraus. Dieser muss zudem anhand des Verhaltensstandards abmessen können, ob sein Handeln in einer konkreten Entscheidungssituation zulässig, unzulässig oder in einem zweifelhaften Zwischenbereich liegt. Diese Beurteilung sollte, unabhängig von der Perspektive des Betrachters im konkreten Einzelfall, zumindest grundsätzlich objektiv möglich sein.

Ist die Konzeption eines derartigen Handlungsrahmens nicht möglich, bleibt es bei den allgemeinen Grundsätzen des Kapitalgesellschaftsrechts und damit dem Trennungsprinzip. In Konstellationen des Missbrauches der juristischen Person kann die Rechtsprechung wie bisher entscheiden, ob es im Einzelfall zu einer Durchbrechung des Trennungsprinzips und möglicherweise zu einem Durchgriff kommt.

VI. Austrittsrecht bei Entstehen einer Gruppenbeziehung

Ein gesetzlicher Schutz in Form eines systematisierten Austrittsrechtes für die Minderheitsgesellschafter nicht offener Tochtergesellschaften im Falle des Entstehens einer Gruppenbeziehung ist schwierig in der Konzeption. Eine rechtsformübergreifende Lösung ist auf europäischer Ebene kaum denkbar.

In allen Rechtsordnungen dürften privatautonome Gestaltungsinstrumente vorhanden sein, die zwar nicht explizit das Entstehen einer Kontrollposition verhindern sollen, jedoch eine Veränderung der Gesellschafterstruktur verhindern bzw. besondere Rechte gewähren können. Möglicherweise steht die Vielgestaltigkeit privatautonomer Gestaltungsmöglichkeiten für nicht börsennotierte Gesellschaften einer weiterführenden Diskussion um systematisierte Rechte von Minderheitsgesellschaftern nicht offener Tochtergesellschaften derzeit entgegen. Daher wäre die Durchführung der im Bericht der *High Level Group* angesprochenen Überprüfung des Verhältnisses zu vertraglich vereinbarten Ausstiegsrechten zu begrüßen, insbesondere, wenn diese die vielfältigen privatautonomen Gestaltungsmöglichkeiten mit einbeziehen und sich nicht auf das Austrittsrecht konzentrieren würde. Gleichwohl stellt sich die Frage, ob es im Hinblick auf den Grundgedanken einer Kernbereichsharmonisierung überhaupt einer einheitlichen Regelung zum Schutz von Minderheitsgesellschaftern nicht offener Gesellschaften im Stadium des Entstehens einer Gruppenbeziehung bedarf.

Anhang: Gesetzesauszüge in deutscher Übersetzung

I. Codice civile*

Titel V. Gesellschaften

Kapitel V. Aktiengesellschaft

(...)

Abschnitt III-*bis*. – Nebenabreden

Art. 2341-*bis*. Nebenabreden. (1) Die Abreden, in welcher Form auch geschlossen, mit dem Ziel der Stabilisierung der Eigentumsverhältnisse oder der Führung der Gesellschaft, die:

a) die Ausübung des Stimmrechts in Aktiengesellschaften oder in Gesellschaften, die sie kontrollieren, zum Gegenstand haben;

b) Beschränkungen hinsichtlich der Übertragbarkeit der betreffenden Aktien oder Beteiligungen an Gesellschaften, die diese kontrollieren, aufstellen;

c) die auch gemeinsame Ausübung eines beherrschenden Einflusses auf derartige Gesellschaften zum Gegenstand haben oder eine solche Wirkung haben,

dürfen keine längere Dauer als fünf Jahre vorsehen und gelten als für diese Dauer geschlossen, auch wenn die Parteien eine längere Dauer vereinbart haben; die Abreden können nach Ablauf erneuert werden.

---

* Die hier vorgenommene Übersetzung beschränkt sich auf die ausführlich in dieser Arbeit besprochenen Regelungen.
Eine wortlautorientierte Übersetzung des gesamten Codice Civile findet sich in der zweisprachigen Ausgabe Codice Civile, Italienisches Zivilgesetzbuch, Gesetzestext – Synopse. Testo sinottico, herausgegeben von Salvatore Patti, München 2007. Änderungen der dort übersetzten Vorschriften gegenüber der aktuellen Gesetzesfassung haben sich im Bereich des Gesellschaftsrechts im wesentlichen aufgrund der Reform des Rechts der Abschlussprüfung ergeben. Eine Übersetzung verschiedener gruppenrelevanter Vorschriften findet sich zudem in Corinna Leimert, Stand und Entwicklung des italienischen Rechts der Unternehmenszusammenschlüsse (gruppi di società/gruppi di imprese), 2009.
Die hier vorgenommene Übersetzung ist im wesentlichen wortlautorientiert. Allerdings wird der Begriff *collegio sindacale*, entsprechend den vorangegangen Ausführungen, mit Kontrollorgan und nicht, wie oftmals in deutschsprachiger Literatur zum italienischen Recht, mit Kontroll- oder Aufsichtsrat übersetzt. Der Begriff *amministratori*, für den in den vorangegangenen Ausführungen aufgrund der rechtsvergleichenden Perspektive regelmäßig der Begriff Leitungsorganmitglieder benutzt wurde, ist demgegenüber an dieser Stelle aufgrund der Wortlautorientierung mit ‚Geschäftsleiter' übersetzt.

(2) Falls die Abrede keine Dauer vorsieht, hat jede Partei das Recht, unter Einhaltung einer Ankündigungsfrist von 180 Tagen zurückzutreten.

(3) Die Bestimmungen dieses Artikels finden keine Anwendung auf Abreden, die der Übereinkunft zur Zusammenarbeit in der Produktion oder im Austausch von Gütern oder Dienstleistungen dienen und Gesellschaften betreffen, die vollständig den Beteiligten an der Übereinkunft gehören.

Art. 2341-*ter*. Publizität der Nebenabreden. (1) In kapitalmarktorientierten Gesellschaften müssen die Nebenabreden der Gesellschaft mitgeteilt und bei der Eröffnung jeder Gesellschafterversammlung eine Erklärung über sie abgegeben werden. Die Erklärung muss in das Sitzungsprotokoll aufgenommen werden und dieses muss bei der Geschäftsstelle des Unternehmensregisters hinterlegt werden.

(2) Im Falle des Fehlens der im vorstehenden Absatz vorgesehenen Erklärung dürfen die Inhaber der Aktien, auf die sich die Nebenabrede bezieht, ihr Stimmrecht nicht ausüben, und die Gesellschafterbeschlüsse, für deren Zustandekommen ihre Stimmen maßgeblich waren, sind gem. Art. 2377 anfechtbar.

(...)

Abschnitt V. Aktien und andere Finanzinstrumente mit Beteiligungsrechten

(...)

Art. 2359. Kontrollierte Gesellschaften und verbundene Gesellschaften. (1) Als kontrollierte Gesellschaften sind anzusehen:

1) die Gesellschaften, in denen eine andere Gesellschaft über die Mehrheit der in der ordentlichen Gesellschafterversammlung ausübbaren Stimmen verfügt;

2) die Gesellschaften, in denen eine andere Gesellschaft über ausreichend Stimmen verfügt, um einen beherrschenden Einfluss in der ordentlichen Gesellschafterversammlung auszuüben;

3) die Gesellschaften, die unter dem beherrschenden Einfluss einer anderen Gesellschaft aufgrund besonderer vertraglicher Verbindungen mit dieser stehen.

(2) Zum Zwecke der Anwendung der Nummern 1) und 2) des ersten Absatzes sind auch die Stimmen, die kontrollierten Gesellschaften, Treuhandgesellschaften oder einer zwischengeschalteten Person zustehen, anzurechnen: die Stimmen, die Dritten zustehen, sind nicht anzurechnen.

(3) Als verbunden sind die Gesellschaften anzusehen, auf die eine andere Gesellschaft einen bedeutenden Einfluss ausübt. Der Einfluss wird vermutet, wenn in der ordentlichen Gesellschafterversammlung mindestens ein Fünftel oder, sofern es sich um eine an einem geregelten Markt notierte Gesellschaft handelt, ein Zehntel der Stimmen ausgeübt werden kann.

(...)

Abschnitt VI-*bis* Leitung und Kontrolle

(...)

§ 2. - Geschäftsleiter

(...)

Art. 2381. Vorsitzender, Exekutivausschuss und ermächtigte Geschäftsleiter. (1) (...)

(2) Wenn die Satzung oder die Gesellschafterversammlung es zulassen, kann das Geschäftsleitungsorgan eigene Befugnisse einem Exekutivausschuss, der aus einigen seiner Mitglieder besteht, oder auf einen oder mehrere seiner Mitglieder übertragen.

(3) Das Geschäftsleitungsorgan bestimmt den Inhalt, die Beschränkungen und möglichen Bedingungen der Ausübung der Ermächtigung; es kann jederzeit den ermächtigten Organen Weisungen erteilen und Geschäfte, die unter die Ermächtigung fallen, an sich ziehen. Auf Grundlage der erhaltenen Informationen beurteilt es die Angemessenheit der Organsations-, Leitungs- und Rechnungslegungsstruktur der Gesellschaft; es prüft die strategischen, gewerblichen und finanziellen Pläne der Gesellschaft, wenn diese ausgearbeitet sind; es bewertet, auf Grundlage des Berichts der ermächtigten Organe, den allgemeinen Gang der Geschäftstätigkeit.

(4) (...)

(5) Die ermächtigten Organe achten darauf, dass die Organsations-, Leitungs- und Rechnungslegungsstruktur der Art und dem Umfang des Unternehmens angemessen sind und berichten dem Geschäftsleitungsorgan und dem Kontrollorgan, in dem von der Satzung festgelegten zeitlichen Abstand, jedenfalls aber alle sechs Monate, über den allgemeinen Gang der Geschäftstätigkeit und über ihre voraussichtliche Entwicklung, und auch über die von der Gesellschaft und den von ihr kontrollierten Gesellschaften getätigten Geschäfte, die im Hinblick auf ihren Umfang oder ihre Eigenheiten von größerer Bedeutung sind.

(6) Die Geschäftsleiter sind zu informiertem Handeln verpflichtet; jeder Geschäftsleiter kann von den ermächtigten Organen verlangen, dass dem (Geschäftsleitungs-) Organ Auskünfte über die Führung der Gesellschaft erteilt werden.

(...)

Art. 2391. Interessen der Geschäftsleiter. (1) Der Geschäftsleiter muss den anderen Geschäftsleitern und dem Kontrollorgan jedes Interesse mitteilen, das er für eigene Rechnung oder für diejenige Dritter an einem bestimmten Geschäft der Gesellschaft hat, wobei er die Natur, den Umfang, die Herkunft und die Reichweite zu präzisieren hat; wenn es sich um einen ermächtigten Geschäftsleiter handelt, muss er sich außerdem der Durchführung des Geschäfts enthalten und mit dieser das Kollegialorgan beauftragen; wenn es sich um den einzigen Geschäftsleiter handelt, muss er auch der ersten notwendigen Gesellschafterversammlung Mitteilung machen.

(2) In den vom vorstehenden Absatz vorgesehenen Fällen muss der Beschluss des Geschäftsleitungsorganes die Beweggründe und die Verhältnismäßigkeit des Geschäfts für die Gesellschaft angemessen begründen.

(3) In den Fällen der Nichtbeachtung des in den zwei vorstehenden Absätzen dieses Artikels Bestimmten oder auch im Fall von Beschlüssen des Organes oder des Exekutivausschusses, für die die Stimme des interessenbehafteten Geschäftsleiters maßgeblich war, können diese Beschlüsse, falls sie einen Schaden der Gesellschaft verursachen können, von den Geschäftsleitern und vom Kontrollorgan innerhalb von neunzig Tagen ab dem Tag der Beschlussfassung angefochten werden; die Anfechtung darf nicht von demjenigen erklärt werden, der dem Beschluss mit seiner Stimme zugestimmt hat, wenn die vom ersten Absatz vorgesehenen Informationspflichten eingehalten worden sind. In jedem Fall bleiben die Rechte unberührt, die von Dritten auf Grundlage von Handlungen in Ausführung des Beschlusses gutgläubig erworben worden sind.

(4) Der Geschäftsleiter haftet für Schäden, die der Gesellschaft aus seiner Handlung oder seinem Unterlassen entstanden sind.

(5) Der Geschäftsleiter haftet außerdem für Schäden, die der Gesellschaft dadurch entstanden sind, dass er bei der Ausübung seiner Tätigkeit Daten, Mitteilungen oder Geschäftschancen zu seinem eigenen Vorteil oder dem Vorteil Dritter ausgenutzt hat.

Art. 2391-*bis*. Geschäfte mit nahe stehenden Parteien. (1) Die Geschäftsleitungsorgane von kapitalmarktorientierten Gesellschaften stellen, nach allgemeinen, von der Consob benannten Prinzipien, Regeln auf, die die Transparenz und materielle und verfahrensmäßige Ordnungsmäßigkeit von Geschäften mit nahe stehenden Personen sichern und sie machen diese im Lagebericht bekannt; zu diesem Zweck können sie sich von unabhängigen Experten hinsichtlich der Natur, des Wertes oder der Eigenschaften des Geschäfts unterstützen lassen.

(2) Die Prinzipien gemäß des ersten Absatzes finden Anwendung auf Geschäfte, die unmittelbar oder durch kontrollierte Gesellschaften durchgeführt werden und regeln die Geschäfte im Hinblick auf die Entscheidungsbefugnis, die Begründung und die Dokumentation. Das Kontrollorgan wacht über die Einhaltung der im Sinne des ersten Absatzes aufgestellten Regeln und berichtet darüber in seinem Bericht gegenüber der Gesellschafterversammlung.

(...)

§ 3 Kontrollorgan

(...)

Art. 2397. Zusammensetzung des Kontrollorganes. (1) Das Kontrollorgan setzt sich aus drei oder fünf tatsächlichen Mitgliedern, die Gesellschafter oder Nichtgesellschafter sein können, zusammen. Darüber hinaus müssen zwei Ersatzmitglieder ernannt werden.

(2) Mindestens ein tatsächliches und ein Ersatzmitglied müssen unter Abschlussprüfern ausgewählt werden, die in dem vorgesehenen Register eingetragen sind. Die übrigen Mitglieder müssen, wenn sie nicht in diesem Register eingetragen sind, ausgewählt werden unter denjenigen, die in den durch Dekret des Justizministers bestimmten Berufsregistern eingetragen sind, oder unter den planmäßigen Universitätsprofessoren wirtschafts- oder rechtswissenschaftlicher Fachrichtungen.

(...)

Art. 2399. Gründe der Nichtwählbarkeit und des Verlusts. (1) In das Amt als Kontrollorganmitglied können nicht gewählt werden, und wenn sie dennoch gewählt werden sind, verlieren sie ihr Amt:

a) (...)

b) der Ehepartner, die bis zum vierten Grad Verwandten und Verschwägerten der Geschäftsleiter der Gesellschaft, die Geschäftsleiter, der Ehepartner und die bis zum vierten Grad Verwandten und Verschwägerten der Geschäftsleiter der Gesellschaften, die von der Gesellschaft kontrolliert werden, der Gesellschaften, die sie kontrollieren und derjenigen, die unter gemeinsamer Kontrolle stehen;

c) diejenigen, die an die Gesellschaft oder an die Gesellschaften, die von ihr kontrolliert werden, oder an die Gesellschaften, die sie kontrollieren oder an diejenigen, die unter gemeinsamer Kontrolle stehen, durch ein Arbeitsverhältnis oder ein andauerndes Beratungsverhältnis oder ein entgeltliches Werkleistungsverhältnis, oder durch andere Verhältnisse vermögensrechtlicher Art, die ihre Unabhängigkeit beeinträchtigen, gebunden sind;

(2) Die Löschung oder die Suspendierung aus dem Register der Abschlussprüfer und der Abschlussprüfungsgesellschaften und der Verlust der Voraussetzungen des letzen Absatzes des Art. 2397 sind Grund für den Verlust des Amtes als Kontrollorganmitglied.

(3) Die Satzung kann andere Gründe der Nichtwählbarkeit oder des Verlusts vorsehen sowie Inkompatibilitätsgründe, Begrenzungen und Kriterien der Ämterhäufung.

(...)

Art. 2403. Pflichten des Kontrollorganes. (1) Das Kontrollorgan wacht über die Einhaltung von Gesetz und Satzung, über die Beachtung der Prinzipien ordnungsgemäßer Geschäftsleitung und insbesondere über die Angemessenheit der Organisations-, Leitungs- und Rechnungslegungsstruktur, die von der Gesellschaft angenommen worden ist, und über den konkreten Ablauf.

(2) (...)

Art. 2403-*bis*. Befugnisse des Kontrollorganes. (1) Die Kontrollorganmitglieder können jederzeit, auch einzeln, Maßnahmen der Überwachung und Kontrolle durchführen.

(2) Das Kontrollorgan kann von den Geschäftsleitern Mitteilungen, auch im Hinblick auf kontrollierte Gesellschaften, über den Stand der Geschäfte der Gesellschaft oder über bestimmte Geschäfte verlangen. Es kann außerdem Informationen mit den entsprechenden Organen der kontrollierten Gesellschaften über die Leitungs- und Kontrollsysteme und über den allgemeinen Stand der Gesellschaftstätigkeit austauschen.

(3)–(5) (...)

(...)

Art. 2409. Anzeige bei Gericht (Sonderprüfung). (1) Wenn der begründete Verdacht besteht, dass die Geschäftsleiter, in Verletzung ihrer Pflichten, schwere Unregelmäßigkeiten bei der Gesellschaftsführung begangen haben, die einen Schaden der Gesellschaft oder einer oder mehrerer kontrollierter Gesellschaften verursachen können, können die Gesellschafter, die ein Zehntel oder, sofern es sich um eine kapitalmarktorientierte Gesellschaft handelt, ein Zwanzigstel des Gesellschaftskapitals vertreten, die Umstände bei Gericht anzeigen, was auch der Gesellschaft zugestellt wird. Die Satzung kann einen geringeren Prozentsatz hinsichtlich der Beteiligung vorschreiben.

(2)–(7) (...)

§ 4 Abschlussprüfung

Art. 2409-*bis*. Abschlussprüfung der Bücher. (1) Die Abschlussprüfung wird durch einen Abschlussprüfer oder eine Abschlussprüfungsgesellschaft durchgeführt, der bzw. die im entsprechenden Register eingetragen ist.

(2) Die Satzung von Gesellschaften, die nicht zur Erstellung eines konsolidierten Abschlusses verpflichtet sind, kann vorsehen, dass die Abschlussprüfung durch das Kontrollorgan durchgeführt werden soll. In diesem Fall setzt sich das Kontrollorgan aus im entsprechenden Register eingetragenen Abschlussprüfern zusammen.

(...)

Kapitel VII. Gesellschaft mit beschränkter Haftung

(...)

Abschnitt II. – Einlagen und Anteile

(...)

Art. 2467. Finanzierungen der Gesellschafter. (1) Die Rückerstattung der Finanzierungen der Gesellschafter zugunsten der Gesellschaft ist nachrangig gegenüber der Befriedigung der übrigen Gläubiger und muss, sofern sie in dem der Erklärung der Insolvenz der Gesellschaft vorangegangenen Jahr erfolgt ist, ersetzt werden.

(2) Zum Zwecke der Anwendung des vorstehenden Absatzes gelten als Finanzierungen der Gesellschafter zugunsten der Gesellschaft jene, in welcher Form auch immer ausgeführt, die in einem Moment gewährt wurden, in dem, auch unter Berücksichtigung der von der Gesellschaft ausgeübten Tätigkeit, ein starkes Ungleichgewicht zwischen der Verschuldung und dem Eigenkapital besteht oder auch in einer finanziellen Situation der Gesellschaft, in der eine Einlage sinnvoll gewesen wäre.

Art. 2468. Beteiligungsquoten. (1) Die Beteiligungen der Gesellschafter können nicht durch Aktien verbrieft werden und auch nicht Gegenstand eines öffentlichen Angebotes von Finanzinstrumenten sein.

(2) Vorbehaltlich des im dritten Absatz dieses Artikels Vorgesehenen stehen die Gesellschafterrechte den Gesellschaftern in dem Verhältnis zu, das der von jedem gehaltenen Beteiligung entspricht. Wenn die Gründungsurkunde es nicht anders bestimmt, werden die Beteiligungen der Gesellschafter in dem Verhältnis bestimmt, das der Einlage entspricht.

(3) Unberührt bleibt die Möglichkeit, dass die Gründungsurkunde einzelnen Gesellschaftern besondere Rechte hinsichtlich der Geschäftsleitung der Gesellschaft oder der Verteilung der Gewinne zuerkennt.

(4)–(5) (...)

Art. 2469. Übertragung von Beteiligungen. (1) Die Beteiligungen sind durch Rechtsgeschäft unter Lebenden und durch Nachfolge von Todes wegen frei übertragbar, vorbehaltlich gegenteiliger Vorgaben der Gründungsurkunde.

(2) Falls die Gründungsurkunde die Nichtübertragbarkeit der Beteiligungen vorsieht oder die Übertragung der Zustimmung von Gesellschaftsorganen, von Gesellschaftern oder Dritten unterordnet, ohne Bedingungen oder Beschränkungen dafür vorzusehen, oder Bedingungen oder Beschränkungen aufstellt, die im konkreten Fall die Übertragung von Todes wegen verhindern, können der Gesellschafter oder seine Erben ihr Austrittsrecht gem. Art. 2473 ausüben. In diesen Fällen darf die Gründungsurkunde eine Frist bestimmen, nicht länger als zwei Jahre ab der Gründung der Gesellschaft oder der Übernahme der Beteiligung, vor der das Austrittsrecht nicht ausgeübt werden kann.

(...)

Kapitel IX. Leitung und Koordinierung von Gesellschaften

Art. 2497. Haftung. (1) Die Gesellschaften oder Körperschaften, die bei der Ausübung der Tätigkeit der Leitung und Koordinierung von Gesellschaften im eigenen oder fremden unternehmerischen Interesse in Verletzung der Prinzipien ordnungsgemäßer Gesellschafts- und Unternehmensführung dieser Gesellschaften handeln, sind gegenüber den Gesellschaftern von diesen für den Nachteil, den sie der Ertragskraft und dem Wert der Gesellschaftsbeteiligung zugefügt haben, und auch gegenüber den Gesellschaftsgläubigern für die Verletzung der Unversehrtheit des Vermögens der Gesellschaft unmittelbar verantwortlich. Eine Haftung tritt nicht ein, wenn es angesichts des Gesamtergebnisses der Tätigkeit der Leitung und Koordinierung an einem Schaden fehlt oder wenn er, auch infolge von darauf gerichteten Maßnahmen, gänzlich beseitigt ist.

(2) Gesamtschuldnerisch haftet, wer, auf welche Weise auch immer, an der schädigenden Handlung teilgenommen hat, und, im Rahmen des erlangten Vorteils, wer daraus bewusst Nutzen gezogen hat.

(3) Gesellschafter und Gesellschaftsgläubiger können gegen die Gesellschaft oder Körperschaft, die die Tätigkeit der Leitung und Koordinierung ausübt, nur vorgehen, wenn sie nicht von der Gesellschaft, die der Tätigkeit der Leitung und Koordinierung unterliegt, befriedigt worden sind.

(4) Im Fall der Insolvenz, der Zwangsliquidation und der außerordentlichen Verwaltung der Gesellschaft, die der Leitung und Koordinierung durch andere unterliegt, wird die Klage, die den Gläubigern dieser Gesellschaft zusteht, vom Insolvenzverwalter, vom Liquidationskommissar oder vom außerordentlichen Kommissar ausgeübt.

Art. 2497-*bis*. Publizität. (1) Die Gesellschaft muss die Gesellschaft oder Körperschaft, deren Leitung und Koordinierung sie unterliegt, in den Urkunden, in der Korrespondenz und auch durch den Geschäftsleitern obliegende Eintragung in der Abteilung des Unternehmensregisters gemäß des folgenden Absatzes angeben.

(2) Beim Unternehmensregister wird eine eigene Abteilung eingerichtet, in der die Gesellschaften oder Körperschaften, die die Tätigkeit der Leitung und Koordinierung ausüben und jene, die dieser unterliegen, verzeichnet sind.

(3) Die Geschäftsleiter, die die Angabe gemäß des ersten Absatzes oder die Eintragung gemäß des zweiten Absatzes unterlassen oder sie aufrechterhalten, wenn die Unterordnung beendet ist, haften für die Schäden, die die fehlende Kenntnis dieser Tatsachen Gesellschaftern oder Dritten verursacht hat.

(4) Die Gesellschaft muss in einer besonderen Abteilung des Anhangs des Jahresabschlusses eine zusammenfassende Aufstellung der wesentlichen Daten des letzten Jahresabschlusses der Gesellschaft oder der Körperschaft, die ihr gegenüber die Tätigkeit der Leitung und Koordinierung ausübt, vornehmen.

(5) Die Geschäftsleiter müssen im Lagebericht ebenfalls die Beziehungen anführen, die mit demjenigen, der die Tätigkeit der Leitung und Koordinierung ausübt und mit den anderen Gesellschaften, die dieser unterliegen, unterhalten worden sind und auch die Wirkung, die diese Tätigkeit auf das Unternehmen und dessen Ergebnisse gehabt hat, angeben.

Art. 2497-*ter*. Begründung der Entscheidungen. Die Entscheidungen der Gesellschaften, die der Tätigkeit der Leitung und Koordinierung unterliegen, müssen, wenn sie von dieser Tätigkeit beeinflusst sind, analytisch begründet werden und die genaue Angabe der Beweggründe und Interessen, deren Bewertung der Entscheidung zugrunde gelegen hat, enthalten. Darüber ist in angemessener Weise im Bericht gem. Art. 2428 Rechenschaft abzulegen.

Art. 2497-*quater*. Austrittsrecht. (1) Der Gesellschafter einer Gesellschaft, die der Tätigkeit der Leitung und Koordinierung unterliegt, kann austreten:

a)–b) (...)

c) zu Beginn und Ende der Ausübung der Tätigkeit von Leitung und Koordinierung, sofern es sich nicht um eine Gesellschaft mit an einem geregelten Markt gehandelten Anteilen handelt und wenn daraus eine Änderung der Risikobedingungen der Investition rührt und kein öffentliches Übernahmegebot abgegeben wird.

(2) Je nach Sachlage und sofern vereinbar finden die Vorschriften Anwendung, die für das Austrittsrecht des Gesellschafters einer Aktiengesellschaft oder einer Gesellschaft mit beschränkter Haftung vorgesehen sind.

Art. 2497-*quinquies*. Finanzierungen im Rahmen der Tätigkeit der Leitung und Koordinierung. Auf Finanzierungen, die zugunsten der Gesellschaft vorgenommen werden durch denjenigen, der die Tätigkeit der Leitung und Koordinierung ihr gegenüber ausübt oder durch andere Gesellschaften, die dieser unterliegen, wird Art. 2467 angewandt.

Art. 2497-*sexies*. Vermutungen. Für die Zwecke des in diesem Kapitel Vorgesehenen wird vorbehaltlich eines Gegenbeweises vermutet, dass die Tätigkeit der Leitung und Koordinierung von Gesellschaften von der Gesellschaft oder Körperschaft, die zur Erstellung einer konsolidierten Bilanz verpflichtet ist oder diese Gesellschaften jedenfalls gem. Art. 2359 kontrolliert, ausgeübt wird.

Art. 2497-*septies*. Koordinierung zwischen Gesellschaften. Die Vorschriften dieses Kapitels werden außerdem auf die Gesellschaft oder Körperschaft angewandt, die, außerhalb der in Art. 2497-*sexies* vorgesehenen Fälle, die Tätigkeit der Leitung und Koordinierung von Gesellschaften auf Grundlage eines Vertrages mit diesen Gesellschaften oder aufgrund von Klauseln in ihren Satzungen ausübt.

(...)

Titel XI. Strafvorschriften im Bereich von Gesellschaften und von Verbänden

Kapitel IV. Andere rechtswidrige Handlungen, mildernde Umstände und Maßnahmen zur Vermögenssicherung

(...)

Art. 2634. Vermögensuntreue. (1) Die Geschäftsleiter, die Generaldirektoren und die Liquidatoren, die, im Konflikt mit dem Interesse der Gesellschaft, mit dem Ziel, sich oder anderen einen unrechtmäßigen Gewinn oder anderen Vorteil zu verschaffen, allein Rechtsgeschäfte zur Verfügung über das Gesellschaftsvermögen vornehmen oder zusammen Beschlüsse über derartige Rechtsgeschäfte fassen und dadurch der Gesellschaft absichtlich einen Vermögensschaden zufügen, werden mit Freiheitsstrafe von sechs Monaten bis zu drei Jahren bestraft.

(2) (...)

(3) Der Gewinn einer verbundenen Gesellschaft oder einer Gruppengesellschaft ist jedenfalls nicht unrechtmäßig, wenn er ausgeglichen ist durch erlangte oder begründet vorhersehbare Vorteile, die aus der Verbindung oder der Gruppenzugehörigkeit resultieren.

(4) (...)

II. Bilanzgesetzesdekret n. 127/1991

Kapitel III. Konsolidierter Abschluss

(...)

Art. 26. Kontrollierte Unternehmen (1) Für die Wirkungen des Art. 25 werden als kontrollierte Unternehmen jene in Art. 2359 Abs. 1 Nr. 1 und 2 codice civile genannten angesehen.

(2) Für dieselben Wirkungen werden jedenfalls als kontrolliert angesehen:

a) Unternehmen, auf die ein anderes, aufgrund eines Vertrages oder einer Satzungsklausel, das Recht hat, einen beherrschenden Einfluss auszuüben, wenn das anwendbare Recht derartige Verträge oder Klauseln zulässt;

b) Unternehmen, in denen ein anderes, auf der Grundlage von Vereinbarungen mit anderen Gesellschaftern, allein die Mehrheit der Stimmrecht kontrolliert.

(3) Zum Zwecke der Anwendung des vorangegangenen Absatzes werden auch die Rechte, die kontrollierten Gesellschaften, Treuhandgesellschaften und zwischengeschalteten Personen zustehen, berücksichtigt; die Rechte, die Dritten zustehen, werden nicht berücksichtigt.

III. Testo Unico di Intermediazione Finanziaria (TUF)

Teil IV. Emittenten

Titel I. Allgemeine Vorschriften

(...)

Art. 93. Definition von Kontrolle. (1) In diesem Teil werden als kontrollierte Unternehmen, neben denjenigen in Art. 2359 Abs. 1, Nr. 1 und 2 codice civile genannten, auch angesehen:

a) die italienischen oder ausländischen Unternehmen, auf die ein Subjekt, aufgrund eines Vertrages oder einer Satzungsklausel, das Recht hat, einen beherrschenden Einfluss auszuüben, wenn das anwendbare Recht derartige Verträge oder Klauseln zulässt;

b) die italienischen oder ausländischen Unternehmen, in denen ein Gesellschafter, auf der Grundlage von Vereinbarungen mit anderen Gesellschaftern, allein über ausreichend Stimmen verfügt, um einen beherrschenden Einfluss in der ordentlichen Gesellschafterversammlung auszuüben.

(2) Für die Zwecke des ersten Absatzes werden auch die Rechte, die kontrollierten Gesellschaften zustehen oder die durch Treuhänder oder zwischengeschaltete Personen ausgeübt werden, berücksichtigt; die Rechte, die Dritten zustehen, werden nicht berücksichtigt.

IV. Testo Unico di Intermediazione Bancaria (TUB)

Titel II. Banken

Kapitel III. Beteiligungen an Banken

(...)

Art. 23. Kontrollbegriff. (1) Für die Zwecke dieses Kapitels liegt Kontrolle vor, auch hinsichtlich anderer Subjekte als Gesellschaften, in den von Art. 2359 Absatz 1 und 2 codice civile vorgesehenen Fällen und bei Vorliegen von Verträgen oder Satzungsklauseln, die die Befugnis zur Ausübung der Tätigkeit der Leitung und Koordinierung zum Gegenstand oder zur Folge haben.

(2) Kontrolle wird in der Form des beherrschenden Einflusses auch in einer der folgenden Situationen als vorliegend angenommen, sofern diese Vermutung nicht widerlegt wird:

1) Vorhandensein eines Subjektes, welches, auf der Grundlage von Vereinbarungen, das Recht hat, die Mehrheit der Geschäftsleiter oder des Überwachungsorganes[1] zu ernennen oder abzuberufen, oder welches allein über die Mehrheit der Stimmen für Beschlüsse in Angelegenheiten gem. Art. 2364 und 2364-*bis* codice civile verfügt;

2) Innehaben von Beteiligungen, die geeignet sind, die Ernennung oder Abberufung der Mehrheit der Mitglieder des Leitungsorganes oder des Überwachungsorganes zu ermöglichen;

3) Vorhandensein von Beziehungen finanzieller und organisatorischer Art, auch zwischen Gesellschaftern, die geeignet sind, eine der folgenden Wirkungen zu haben:

---

1 Bei dem *consiglio di sorveglianza* handelt es sich um das Kontrollorgan im dualistischen Modell.

a) Gewinnabführung oder Verlustübernahme;

b) die Koordinierung der Leitung des Unternehmens mit derjenigen anderer Unternehmen zum Zwecke der Verfolgung eines gemeinsamen Zieles;

c) die Einräumung von Befugnissen, die gegenüber denjenigen, die sich aus den gehaltenen Anteilen ableiten, weiterreichend sind;

d) die Einräumung von Befugnissen zur Auswahl der Geschäftsleiter, der Mitglieder des Überwachungsorganes oder der Manager von Unternehmen an andere Subjekte als diejenigen, die dazu auf Grundlage des Innehabens von Beteiligungen berechtigt sind.

4) Unterordnung unter gemeinsame Leitung aufgrund der Zusammensetzung der Leitungsorgane oder anderer übereinstimmender Elemente.

(...)

Titel III. Aufsicht

(...)

Kapitel II. Aufsicht auf konsolidierter Grundlage

(...)

Abschnitt I. Bankengruppe

(...)

Art. 61. Gruppenobergesellschaft. (1) Gruppenobergesellschaft ist die italienische Bank oder Finanzgesellschaft mit Satzungssitz in Italien, bei der die Kontrolle der Gesellschaften, die die Bankengruppe bilden, endet, und die nicht ihrerseits durch eine andere italienische Bank oder eine andere Finanzgesellschaft mit Satzungssitz in Italien, die als Gruppenobergesellschaft angesehen werden kann, kontrolliert wird.

(2) (aufgehoben)

(3) (...)

(4) Die Gruppenobergesellschaft erteilt im Rahmen der Ausübung der Tätigkeit der Leitung und Koordinierung Anordnungen gegenüber den Gruppenbestandteilen für die Ausführung der von der Banca d'Italia im Interesse der Stabilität der Gruppe erteilten Anweisungen. Die Geschäftsleiter der Gruppengesellschaften sind verpflichtet, jede Angabe und Information für die Erteilung der Anordnungen zu verschaffen und zur notwendigen Zusammenarbeit im Hinblick auf die Einhaltung der Vorschriften über die konsolidierte Aufsicht.

(5) (...)

V. Kartellgesetz n. 287/1990

Titel I. Regeln über Absprachen, über den Missbrauch einer beherrschenden Stellung und über Konzentrationsvorgänge

(...)

Art. 7. Kontrolle. (1) Für die Zwecke dieses Titels liegt Kontrolle vor in den von Art. 2359 cod. civ. vorgesehenen Fällen und außerdem bei Vorliegen von Rechten, Verträgen oder anderen Rechtsbeziehungen, die einzeln oder gemeinsam und unter Berücksichtigung der tatsächlichen und rechtlichen Umstände die Möglichkeit gewähren, einen bestimmenden Einfluss auf die Tätigkeit eines Unternehmens auszuüben, auch durch:

a) Eigentumsrechte oder Nutzungsrechte an der Gesamtheit oder an Teilen des Vermögens eines Unternehmens;

b) Rechte, Verträge oder sonstige Rechtsbeziehungen, die einen bestimmenden Einfluss auf die Zusammensetzung, die Beschlussfassungen oder Entscheidungen der Organe eines Unternehmens vermitteln.

(2) Die Kontrolle wird erworben durch eine Person, ein Unternehmen oder eine Gruppe von Personen oder Unternehmen:

a) die Inhaber von Rechten oder Begünstigte von Verträgen oder Subjekte der anderen oben genannten Rechtsbeziehungen sind;

b) die, obwohl sie nicht Inhaber von besagten Rechten oder Begünstigte von besagten Verträgen oder Subjekte besagter Rechtsbeziehungen sind, die Befugnis haben, die Rechte auszuüben, die sich aus jenen ableiten.

VI. Gesetzesdekret über die außerordentliche Verwaltung großer Unternehmen n. 270/1999

Titel IV. Gruppenunternehmen

Kapitel I. Ausdehnung der außerordentlichen Verwaltung auf Gruppenunternehmen

Art. 80. Definitionen. (1) Für die Zwecke der Anwendung der Vorschriften dieses Kapitels sind zu verstehen:

a) (...)

b) als Gruppenunternehmen:

1) die Unternehmen, die unmittelbar oder mittelbar die dem Hauptverfahren unterliegende Gesellschaft kontrollieren;

2) die Gesellschaften, die unmittelbar oder mittelbar von dem dem Hauptverfahren unterliegenden Unternehmen oder von dem dieses kontrollierenden Unternehmen kontrolliert werden;

3) die Unternehmen, die aufgrund der Zusammensetzung der Geschäftsleitungsorgane oder auf Grundlage von anderen übereinstimmenden Elementen unter einer gemeinsamen Leitung mit dem Unternehmen stehen, das dem Hauptverfahren unterliegt.

(**2**) Für die Wirkungen von Absatz 1b), Nr. 1 und 2 liegt eine Kontrollbeziehung, auch in Bezug auf andere Subjekte als Gesellschaften, in den von Art. 2359 Abs. 1 und 2 codice civile vorgesehen Fällen vor.

Literaturverzeichnis

Aganin, Alexander, Paolo Volpin: History of Corporate Ownership in Italy (2003), http://ssrn.com/abstract=391180

Alessi, Riccardo, Gustavo Olivieri: La Disciplina della Concorrenza e del Mercato, Commento alla L. 10 ottobre 1990, n. 287 ed al Regolamento CEE n. 4064/89 del 21 dicembre 1989, Torino 1991

Arbeitsgruppe Europäisches Gesellschaftsrecht (Group of German Experts on Corporate Law): Zur Entwicklung des Europäischen Gesellschaftsrechts: Stellungnahme der Arbeitsgruppe Europäisches Gesellschaftsrecht (Group of German Experts on Corporate Law) zum Report of the High Level Group of Company Law Experts on a modern Regulatory Framework for Company Law in Europe, ZIP 2003, S. 863–880

Aristeia, Fondazione, Istituto di Ricerca dei Dottori Commercialisti (Hrsg.), nunmehr Irdcec, Istituto di Ricerca dei Dottori Commercialisti e degli Esperti Contabili: Amministrazione, controllo e tutela delle minoranze nella legge 28 dicembre 2005, n. 262, documento n. 57, 28.03.2006; abzurufen unter: www.irdcec.it/system/files/imce/aree-tematiche/ari/docari57.pdf (*Aristeia,* Amministrazione, controllo e tutela delle minoranze nella legge 28 dicembre 2005, n. 262, Doc. n. 57, 2006)

– Analisi dei primi dati relativi all'applicazione del nuovo diritto societario, documento n. 54, 31.01.2006; abzurufen unter: www.irdcec.it/system/files/imce/aree-tematiche/ari/docari54c.pdf (*Aristeia,* Analisi dei primi dati relativi all'applicazione del nuovo diritto societario, Doc. n. 54, 2006)

– Direzione e coordinamento di società nella riforma del diritto societario, documento n. 35, 20.10.2003; abzurufen unter: www.irdcec.it/system/files/imce/aree-tematiche/ari/docari35c.pdf (*Aristeia,* Direzione e coordinamento di società nella riforma del diritto societario, Doc. n. 35, 2010)

Arnò, Gaetano, Giovanna Ianni: La Riforma Del Diritto Societario. Commento alla Legge delega 3 ottobre 2001, n. 366, Torino 2002

Assmann, Heinz-Dieter, Uwe H. Schneider (Hrsg.): Wertpapierhandelsgesetz, Kommentar, 5. Auflage Köln 2009 (*Bearbeiter* in Assmann/U.H. Schneider (Hrsg.), WpHG)

Assmann, Heinz-Dieter, Thorsten Pötzsch, Uwe H. Schneider (Hrsg.): Wertpapiererwerbs- und Übernahmegesetz, Kommentar, Köln 2005 (*Bearbeiter* in Assmann/Pötzsch/U. H. Schneider (Hrsg.), WpÜG)

Associazione Bancaria Italiana (ABI): Audizione di ABI, Riv. soc. 2002, S. 1599–1618

Associazione Preite, Il diritto delle società, herausgegeben von Umberto Morera, Gustavo Olivieri, Marino Perassi, Gaetano Presti und Francesco Vella, 3. Auflage, Bologna 2009 (*Associazione Preite,* Morera/Olivieri/Perassi u.a. (Hrsg.), Il diritto delle società)

– Il nuovo diritto delle società, herausgegeben von Gustavo Olivieri, Gaetano Presti, Francesco Vella, Bologna 2003 (*Associazione Preite,* Olivieri/Presti/Vella (Hrsg.), Il nuovo diritto delle società)

Associazione Preite (Hrsg.): Rapporto sulla società aperta, 100 tesi per la riforma del governo societario in Italia, Bologna 1997

Assonime – Associazione Italiana fra le Società per Azioni: La disciplina della Consob in Materia di operazioni con parti correlate, Circolare Assonime n. 38/2010, abgedr. in Riv. soc. 2011, S. 99–184 (*Assonime,* Circolare n. 38/2010)

– La nuova disciplina del diritto di recesso: il commento dell'Assonime, Riv. soc. 2005, S. 1390–1414

– Audizione di Assonime presso le Commissioni riunite Giustizia e Finanza della Camera dei deputati, Roma, 7 novembre 2002, Riv. soc. 2002, S. 1592–1598

Bachmann, Gregor: Der „Europäische Corporate Governance-Rahmen" – Zum Grünbuch 2011 der Europäischen Kommission –, WM 2011, S. 1301–1310
– Corporate Governance nach der Finanzkrise, AG 2011, S. 181–193
– Die Einmann-AG, NZG 2001, S. 961–971
Baetge, Jörg, Hans-Jürgen Kirsch, Stefan Thiele: Konzernbilanzen, 9. Auflage Düsseldorf 2011
Baglioni, Marco, Giampaolo Grasso: Operazioni con parti correlate: il Regolamento Consob, Società 2010, S. 727–734
Balp, Gaia: I finanziamenti dei soci ‚sostitutivi' del capitale di rischio: ricostruzione della fattispecie e questioni interpretative, Riv. soc. 2007, S. 345–413
Baumbach, Alfred, Klaus J. Hopt: Handelsgesetzbuch, Kommentar, 35. Auflage München 2012 (*Bearbeiter* in Baumbach/Hopt, HGB)
Baumbach, Alfred, Alfred Hueck: GmbH-Gesetz, Kommentar, 19. Auflage München 2010 (*Bearbeiter* in Baumbach/Hueck GmbHG)
Baums, Theodor: European Company Law beyond the 2003 Action Plan (2007), http://ssrn.com/abstract=973456
– Changing Patterns of Corporate Disclosure in Continental Europe: the Example of Germany, Giur. comm. 2003, I, S. 53–69
Baums, Theodor (Hrsg.): Bericht der Regierungskommission Corporate Governance: Unternehmensführung, Unternehmenskontrolle, Modernisierung des Aktienrechts, Köln 2001
Bayer, Walter: Unterschiede im Aktienrecht zwischen börsennotierten und nichtbörsennotierten Gesellschaften, in: Unternehmen, Markt und Verantwortung, Festschrift für Klaus J. Hopt, Berlin, New York 2010, S. 373–390
Bayer, Walter, Thomas Hoffmann: Vinkulierungsklauseln bei Aktiengesellschaften, AG-R 2007, S. 375–377
– Aktienrecht in Zahlen, Steuerliche Organschaft und Konzernsteuerung durch Unternehmensverträge nach §§ 291, 292 AktG, AG-R 2006, S. 488–489
Bayreuther, Frank: Wirtschaftlich-existenziell abhängige Unternehmen im Konzern-, Kartell- und Arbeitsrecht, Berlin 1999
Beck, Bernhard: Das italienische Kartellgesetz – Überblick und erste Erfahrungen, RIW 1991, S. 707–714
Bellavite Pellegrini, Carlo: Corporate Governance e assemblea delle società quotate in Italia: un'indagine empirica, Riv. soc. 2006, S. 401–444
Bellavite Pellegrini, Carlo, Laura Pellegrini, Emiliano Sironi: Le motivazioni dell'affidamento volontario del controllo contabile al collegio sindacale o al revisore esterno nelle società per azioni non quotate in Italia: un'indagine empirica, Riv. soc. 2009, S. 181–209
Benazzo, Paolo, Sergio Patriarca: La riforma del diritto delle società di capitali: un primo (provvisorio) bilancio, in: Il nuovo diritto societario fra società aperte e società private, herausgegeben von Paolo Benazzo, Sergio Patriarca, Gaetano Presti, Milano, 2003, S. 307–314
Bettermann, Peter, Oliver Heneric: Corporate Governance in börsenfernen Familiengesellschaften, in: Hommelhoff/Hopt/v.Werder (Hrsg.), Handbuch Corporate Governance, 2. Auflage 2009, S. 849–882
Bianchi, Marcello, Magda Bianco: Italian corporate governance in the last 15 years: from pyramids to coalitions? (2006), http://ssrn.com/abstract=952147
Bianchi, Marcello, Magda Bianco, Luca Enriques: Pyramidal Groups and the Separation Between Ownership and Control in Italy, in: The Control of Corporate Europe, herausgegeben von Fabrizio Barca und Marco Becht, Oxford 2001, S. 154–187
Bianchi, Marcello, Luca Enriques: Corporate Governance in Italy after the 1998 reform: what role for institutional investors? (2001), http://ssrn.com/abstract=203112
Binnewies, Burkhard: Die Konzerneingangskontrolle in der abhängigen Gesellschaft, Köln, Berlin, Bonn, München 1996
Bittner, Lydia: Die Struktur der Unternehmensgruppe im deutschen und europäischen Recht, Baden-Baden 2009
Blandini, Antonio: Società quotate e società diffuse, Napoli 2005

– Le azioni a voto limitato nella riforma, Giur. comm. 2004, I, S. 467–490

Blaurock, Uwe: Bemerkungen zu einem europäischen Recht der Unternehmensgruppe, in: Festschrift für Otto Sandrock, Heidelberg 2000, S. 79–93

Böhmer, Till: Der Schutz der Minderheitsaktionäre bei Übernahmen börsennotierter Gesellschaften in Europa, München 2004

Bogdan, Michael: On the value and method of rule comparison in comparative law, in: Festschrift für Erik Jayme, München 2004, S. 1233–1242

Bonfante, Guido, Diego Corapi, Giuseppe Marziale, Renato Rordorf, Vincenzo Salafia (Hrsg.): Codice commentato delle nuove società, Milano 2004 (*Bearbeiter* in Bonfante/Corapi et al. (Hrsg.), Codice commentato delle nuove società)

Bonzanini, Luca, Alessio Martelloni: Le operazioni con „parti correlate" di società „aperte", Società 2005, S. 950–957

Boos, Karl-Heinz, Reinfrid Fischer, Herrmann Schulte-Mattler: Kreditwesengesetz, Kommentar zu KWG und Ausführungsvorschriften, 3. Auflage München 2008 (*Bearbeiter* in Boos/Fischer/Schulte-Mattler, Kreditwesengesetz)

Borsa Italiana s.p.a.: Osservazioni di Borsa Italiana s.p.a., presentate il 2 dicembre 2002, Riv. soc. 2002, S. 1564–1591

Buenger, Florian: Die Reform des italienischen Gesellschaftsrechts, RIW 2004, S. 249–255

Busani, Angelo: Il diritto di porre domande prima dell'assemblea e l'obbligo della società di rispondere, Società 2011, S. 431–439

– Parti correlate: modifiche statutarie e nuove procedure decisionali, Società 2010, S. 1103–1115

Buse, Michael: Reform des italienischen Gesellschaftsrechts, RIW 2002, S. 676–680

Busse von Colbe, Walter, Anne Schurbohm-Ebneth: Neue Vorschriften für den Konzernabschluss nach dem Entwurf für ein BilMoG, BB 2008, S. 98–102

Bussoletti, Mario: Il procedimento ex art. 2409 cod. civ., Riv. soc. 2003, S. 1212–1228

Butturini, Paolo: Invalidità del bilancio d'esercizio in caso di vizi della relazione sulla gestione (con postilla sul prospetto riepilogativo *ex* art. 2497-*bis* c.c., Giur. comm. 2011, II, S. 954–962

Campobasso, Mario: Diritto Commerciale, Volume 2, Diritto delle Società, begründet von Gian Franco Campobasso, 6. Auflage Milano 2006

Canaris, Claus-Wilhelm: Schlußwort: Aspekte der europäischen Rechtsangleichung mithilfe von Richtlinien, in: Die Umsetzung von zivilrechtlichen Richtlinien der Europäischen Gemeinschaft in Italien und Deutschland, herausgegeben von Claus-Wilhelm Canaris und Alessio Zaccaria, Berlin 2002, S. 129–138

Cannari, Luigi, Carlo Gola: La diffusione dei gruppi industriali in Italia, in: I gruppi di società, herausgegeben von P. Balzarini, G. Carcano, G. Mucciarelli, Milano 1996, Vol. II, S. 813–831

Capriglione, Francesco: Disciplina delle Banche e degli Intermediari Finanziari, 2. Auflage Padova 2000

Cariello, Vincenzo: The ‚Compensation' of Damages with Advantages Deriving from Management and Co-ordination Activity (*Direzione e Coordinamento*) of the Parent Company (article 2497, paragraph 1, Italian Civil Code) – Italian Surpreme Court 24 August 2004, no. 16707, ECFR 2006, S. 330–340

– Primi appunti sulla c.d. responsabilità da attività di direzione e coordinamento (nuovi artt. 2497 ss. Cod. Civ. Italiano), in: Festschrift für Erik Jayme, München 2004, S. 1421–1434

Casamassima, Savino: L'impatto della riforma sul sistema informativo delle Camere di commercio e sul registro delle imprese, Società 2004, S. 562–567

Casper, Mathias, Jürgen Reiß: Die Haftung eines Vorstands einer italienischen Aktiengesellschaft nach neuem Recht, RIW 2004, S. 428–434

Cassese, Sabino: La nuova costituzione economica, 3. Auflage Roma 2004

Cera, Mario: I controlli nelle società di capitali „chiuse" fra modelli legali ed evoluzione della realtà, Giur. comm. 2006, I, S. 354–382

- Le imprese e il nuovo diritto societario, in: Il nuovo diritto societario fra società aperte e società private, herausgegeben von Paolo Benazzo, Sergio Patriarca, Gaetano Presti, Milano 2003, S. 257–260

Cerrai, Alessandro: I gruppi di impresa nell'esperienza giuridica europea, Riv. soc. 1995, 389–419

Cheffins, Brian: Tendenze attuali di corporate governance: da Londra a Milano, via Toronto, Giur. comm. 2001, I, S. 161–192

Chiappetta, Francesco: Nuova disciplina del recesso di società di capitali: profili interpretativi e applicativi, Riv. soc. 2005, S. 486–517

Ciampoli, Gaia: Il commento, Cassazione Civile, Sez. I, 24 agosto 2004, n. 16707, Società 2005, S. 168–180

Cian, Giorgio: Fünfzig Jahre italienischer *Codice civile*, ZEuP 1993, S. 120–131

Cian, Giorgio (Hrsg.), Alberto Trabucchi: Commentario breve al Codice Civile, 10. Auflage Padova 2011 (*Bearbeiter* in G. Cian/Trabucchi (Hrsg.), Codice Civile)

Colombo, Giovanni E.: Die Buchführungskontrolle über die notierten Gesellschaften in Italien nach Erlaß des T.U.F. 1998, in: Deutsches und europäisches Gesellschafts-, Konzern- und Kapitalmarktrecht, Festschrift für Marcus Lutter, Köln 2000, S. 343–356

- Gesellschaftsrecht Italien, in: Jura Europae, Gesellschaftsrecht, Band III, München, Berlin 1994

Commissione Nazionale per le Società e la Borsa (Consob): Memoria per le Commissioni riunite Giustizia e Finanze della Camera dei deputati, presentata dalla Commissione Nazionale per le Società e la Borsa, Roma, 28 novembre 2002, Riv. soc. 2002, S. 1552–1563

Conac, Pierre-Henri, Luca Enriques, Martin Gelter: Constraining Dominant Shareholders' Self-Dealing: The Legal Framework in France, Germany, and Italy, ECFR 2007, S. 491–528

Confindustria: Audizione, Riv. soc. 2002, S. 1619–1640

Conti, Corrado: La disciplina del mercato mobiliare, Padova 2001

Corapi, Diego: La riforma italiana delle società di capitali: modelli continentali, modelli di *common law*, modello comunitario, in: Le grandi opzioni della riforma del diritto e del processo societario, herausgegeben von Giorgio Cian, Padova 2004, S. 75–97

Corradi, Marco Claudio: Le opportunità di affari all'ultimo comma dell'art. 2391 c.c.: profili interpretativi tra ‚società' ed ‚impresa', Giur. comm. 2011, I, S. 597–620

Costi, Renzo: L'ordinamento bancario, 4. Auflage Bologna 2007

Cottino, Gastone (Hrsg.): Trattato di Diritto Commerciale, Volume IV, Tomo I – Le Società per Azioni, Padova 2010 (*Bearbeiter* in Cottino (Hrsg.), Trattato Diritto Commerciale IV/1)

- Trattato Di Diritto Commerciale, Volume IV, Tomo II – La Società Quotata, Padova 2004 (*Bearbeiter* in Cottino (Hrsg.), Trattato Diritto Commerciale IV/2)
- La legge Draghi e le società quotate in borsa, Torino 1999 (*Bearbeiter* in Cottino (Hrsg.), La Legge Draghi e le società quotate in borsa)

D'Agostino, Giulio e Raffaele Marcello: L'indipendenza del sindaco con incarico di revisore legale dei conti nelle società chiuse, Società 2011, S. 172–179

D'Ambrosio, Corrado: La denuncia al tribunale per gravi irregolarità dopo la riforma, Società 2004, S. 443–452

De Angelis, Lorenzo: Quale ‚modernizzazione' per il diritto contabile italiano?, Giur. comm. 2010, I, S. 561–583

- Sindaci della holding e delle controllate: non c' è incompatibilità, Società 2004, S. 420–423

De Biasi, Pierluigi: Sull'attività di direzione e coordinamento di società, Società 2003, S. 946–952

Decher, Christian E.: Das Konzernrecht des Aktiengesetzes: Bestand und Bewährung, ZHR 171 (2007), S. 126–145

- Personelle Verflechtungen im Aktienkonzern, Heidelberg 1990

De Cordt, Yves, Patricia Colard: Group of companies governance in Belgium, in: Unternehmen, Markt und Verantwortung, Festschrift für Klaus J. Hopt, Berlin, New York 2010, S. 3043–3058

De Luca di Roseto, Massimo: Operazioni rientranti nell'oggetto sociale, interessi di gruppo e vantaggi compensativi, Giur. comm. 2008, II, S. 819–836

Denozza, Francesco: Rules vs. Standards nella disciplina dei gruppi: l'inefficienza delle compensazioni ‚virtuali', Giur. comm. 2000, I, S. 327–338
Deutsches Aktieninstitut (DAI): DAI-Factbook 2008, Statistiken, Analysen und Graphiken zu Aktionären, Aktiengesellschaften und Börsen, Frankfurt a.M. 2008
– DAI-Factbook 2006, Statistiken, Analysen und Graphiken zu Aktionären, Aktiengesellschaften und Börsen, Frankfurt a.M. 2006
Di Cataldo, Vincenzo: Il recesso del socio di società per azioni, in: Il nuovo diritto delle società, Liber Amicorum Gian Franco Campobasso, Band III, Torino 2006, S. 219–255
Di Giovanni, Francesco: La responsabilità della capogruppo dopo la riforma delle società, Riv. dir. priv. 2004, S. 31–43
Di Noia, Carmine, Ranieri Razzante (Hrsg.): Il nuovo diritto societario e dell'intermediazione finanziaria, Padova 1999 (*Bearbeiter* in Di Noia/Razzante (Hrsg.), Il nuovo diritto societario e dell'intermediazione finanziaria)
Dolce, Rodolfo: Corporate Government – Neues italienisches Kapitalmarkt– und Gesellschaftsrecht, JBItalR 11 (1998), Heidelberg, S. 3–13
Drago, Carlo, Andrea Polo, Paolo Santella: Amministratori in Condominio, La Voce 06.12.2007, http://www.lavoce.info/articoli/pagina1000159html
– The Italian Chamber of Lords Sits on Listed Company Boards. An Empirical Analysis of Italian Listed Company Boards from 1998–2006 (2007), http://papers.ssrn.com/sol3/papers.cfm?abstract_id=1027947
Druey, Jean Nicolas: Das deutsche Konzernrecht aus der Sicht des übrigen Europa, in: Konzernrecht im Ausland, herausgegeben von Marcus Lutter (ZGR Sonderheft 11), Berlin, New York 1994, S. 310–370
Drüke, Helmut: Europas Stiefel drückt und zwickt – Grundprobleme der Wirtschaft Italiens, in: Aus Politik und Zeitgeschichte, Beilage zur Wochenzeitung Das Parlament 23.08.2004, S. 18–25

Ebenroth, C. T., Andreas Kaiser: Das neue italienische Kartellgesetz aus europäischer Sicht, RIW 1991, S. 8–13
Ebke, Werner F.: Going international von kleinen und mittleren Unternehmen, RIW 2004, S. 241–249
Embid Irujo, José Miguel: Searching for a Law of Groups in Europe, RabelsZ 69 (2005), S. 723–745
Emmerich, Volker, Mathias Habersack: Aktien- und GmbH-Konzernrecht, Kommentar, 6. Auflage München 2010
– Konzernrecht, 9. Auflage München 2008
Engrácia Antunes, José: „Law & Economics" Perspectives of Portuguese Corporation Law – System and Current Developments, ECFR 2005, S. 323–377
Enriques, Luca: Scelte pubbliche e interessi particolari nella riforma delle società di capitali (2005), ssrn.com/abstract=701141
– Gruppi di società e gruppi d'interesse, in: Il nuovo diritto societario fra società aperte e società private, herausgegeben von Paolo Benazzo, Sergio Patriarca, Gaetano Presti, Milano 2003, S. 247–253
Enriques, Luca, Stefano Sciolla, Alberto Vaudano: Il recesso del socio di s.r.l.: una mina vagante nella riforma, Giur. comm. 2004, I, S. 745–772
Enriques, Luca, Paolo Volpin: Corporate Governance Reforms in Continental Europe, 2007, ssrn.com/abstract=970796
Eurostat: Yearbook 2010, abzurufen unter www.eds-destatis.de/downloads/publ/KS-CD-10-220-EN-N.pdf

Faini, Riccardo: Piccole imprese non crescono, La Voce 19.9.2005, http://www.lavoce.inf/news/attach/faini_imprese_18lug1.pdf
Falcke, Günther: Konzernrecht in Frankreich, Baden-Baden 1996
Fasciani, Paola: Groups of Companies: The Italian Approach, ECFR 2007, S. 195–231
– Die Reform des Gesellschaftsrechts in Italien, JBItalR 18 (2005), Heidelberg, S. 157–190

Fava, Ilaria: I gruppi di società e la responsabilità da direzione unitaria, Società 2003, S. 1197–1205
Ferrarini, Guido: Corporate Governance Changes in the 20th century: A view from Italy (2005), http://ssrn.com/abstract=695762
– Armonizzare il governo societario in Europa?, Riv. soc. 2004, S. 551–567
Ferrarini, Guido, Paolo Giudici, Mario Stella Richter: Company Law Reform in Italy: Real Progress?, RabelsZ 69 (2005), S. 658–697
Ferri, Giovanni: Diritto societario e Corporate Governance: modelli assoluti o storicamente determinati?, in: Il nuovo diritto societario fra società aperte e società private, herausgegeben von Paolo Benazzo, Sergio Patriarca, Gaetano Presti, Milano, 2003, S. 261–271
Ferri, Giuseppe: Manuale di diritto commerciale, Torino 200
Ferro-Luzzi, Paolo: Indicazione negli atti e nella corrispondenza circa la soggezione della società a direzione e coordinamento di altra società, dircomm.it 2004, n. 4, www.dircomm.it/2004/n.4/02.html
Ferro-Luzzi, Paolo, Piergaetano Marchetti: La disciplina del gruppo creditizio, Riv. soc. 1992, S. 786–792
Ferrucci, Annamaria, Carmine Ferrentino: Le società di capitali, le società cooperative e le mutue assicuratrici, Milano 2005
Fimmanò, Francesco: I gap di informazione e controllo nei crac Cirio e Parmalat e le prospettive di riforma, Società 2004, S. 401–413
Fleischer, Holger: Investor Relations und informationelle Gleichbehandlung im Aktien-, Konzern- und Kapitalmarktrecht, ZGR 2009, S. 505–541
– Organpublizität im Aktien-, Bilanz- und Kapitalmarktrecht, NZG 2006, S. 561–569
– Gesetz und Vertrag als alternative Problemlösungsmodelle im Gesellschaftsrecht, ZHR 168 (2004), S. 673–707
– Empfiehlt es sich, im Interesse des Anlegerschutzes und der Förderung des Finanzplatzes Deutschland das Kapitalmarkt- und Börsenrecht neu zu regeln?, Gutachten F für den 64. Deutschen Juristentag Berlin 2002
– Schnittmengen des WpÜG mit benachbarten Rechtsmaterien – eine Problemskizze, NZG 2002, S. 545–551
– Die Sonderprüfung im GmbH-Recht, GmbHR 2001, S. 45–53
– Aktienrechtliche Sonderprüfung und Corporate Governance, RIW 2000, S. 809–816
– Neue Entwicklungen im englischen Konzernrecht, AG 1999, S. 350–362
Flick, Giovanni Maria: Gli obiettivi della Commissione per la riforma del diritto societario, Riv. soc. 2000, S. 1–13
Forestieri, Giancarlo: Nuovo diritto societario e le prospettive della finanza aziendale, in: Il nuovo diritto societario fra società aperte e società private, herausgegeben von Paolo Benazzo, Sergio Patriarca, Gaetano Presti, Milano 2003, S. 273–277
Fortunato, Sabino: La modernizzazione delle direttive contabili e i principi contabili internazionali (IAS/IFRS), Società 2006, S. 1070–1077
– Fallimento Del Mercato E Revisione Contabile, in: Il nuovo diritto delle società, Liber Amicorum Gian Franco Campobasso, Band III, Torino 2006, S. 83–104
– I principi ispiratori della riforma delle società di capitali, Giur. comm. 2003, I, S. 728–745
Forum Europaeum Konzernrecht: Konzernrecht für Europa, ZGR 1998, S. 672–772
Fusi, Alessandra: I patti parasociali alla luce della nuova disciplina societaria e le possibili applicazioni dei voting trust, Società 2007, S. 689–694

Galgano, Francesco: Globalizzazione e conglomerazione, Contr. e impr. 2006, S. 73–85
– Commentario del Codice Civile Scialoja-Branca, Direzione e coordinamento di società, Art. 2497–2497 septies, Bologna, Roma 2005
– Diritto Civile e Commerciale, Volume Terzo, L'Impresa e le Società, Tomo secondo, Le società di capitali e le cooperative, 4. Auflage Padova 2004
– Trattato di Diritto Commerciale e di Diritto Pubblico dell'Economia, Il nuovo diritto societario, Volume Ventinovesimo, Padova 2003

Gause, Bernhard: Europäisches Konzernrecht im Vergleich – Eine Untersuchung auf der Grundlage des portugiesischen Rechts, Berlin 2000
Gesell, Harald: Prüfungsausschuss und Aufsichtsrat nach dem BilMoG, ZGR 2011, S. 361–397
Ghezzi, Federico: Legami personali tra intermediari finanziari e diritto della concorrenza. Sull'opportunità di introdurre uno specifico divieto 'anti-interlocking' nell'ordinamento italiano, Riv. soc. 2010, S. 999–1034
Ghezzi, Federico, Corrado Malberti: The Two-Tier Model and the One-Tier Model of Corporate Governance in the Italian Reform of Corporate Law, ECFR 2008, S. 1–47
Giampaolino, Carlo Felice: Stabilizzazione della compagine e clausole di *lock-up* sociali e parasociali, Riv. soc. 2008, S. 148–180
Giardino, Andrea: La disciplina della pubblicità *ex* art. 2497-bis c.c., Società 2004, S. 1080–1084
Giovannini, Stefania: La responsabilità per attività di direzione e coordinamento nei gruppi di società, Milano 2007
Girello, Giuseppe: Le scelte di *corporate governance* nelle aziende familiari, Società 2004, S. 29–34
Girgado, Pablo: Legislative Situation of Corporate Groups in Spanish Law, ECFR 2006, S. 363–382
Giudici, Paolo: Neo-quotate, piccole quotate e società con azioni diffuse: lo speciale regime per le operazioni con parti correlate, Società 2010, S. 871–876
– La nuova disciplina della revisione legale, Il Commento, Società 2010, S. 533–541
Grippo, Giovanni (Hrsg.), Commentario delle società, Tomo 2: Articoli 2436–2548, 2602–2642, Torino 2009 (*Bearbeiter* in Grippo (Hrsg.), Commentario delle società)
Grohmann, Uwe: Das Informationsmodell im Europäischen Gesellschaftsrecht, Berlin 2006
Großkommentar Aktiengesetz, herausgegeben von Klaus J. Hopt, Herbert Wiedemann, 4. Auflage Berlin 1992 ff (*Bearbeiter* in Großkomm AktG)
Großkommentar GmbHG, herausgegeben von Peter Ulmer, Mathias Habersack, Martin Winter, Band I, Einleitung, §§ 1–28, Tübingen 2005 (*Bearbeiter* in Großkomm GmbHG)
Group of German Experts on Corporate Law: Zur Entwicklung des Europäischen Gesellschaftsrechts: Stellungnahme der Arbeitsgruppe Europäisches Gesellschaftsrecht (Group of German Experts on Corporate Law) zum Report of the High Level Group of Company Experts on a modern Regulatory Framework for Company Law in Europe, ZIP 2003, S. 863–880
Grundmann, Stefan: Die Struktur des Europäischen Gesellschaftsrechts von der Krise zum Boom, ZIP 2004, S. 2401–2412
– Europäisches Gesellschaftsrecht, 2. Auflage Heidelberg 2011
– Ausbau des Informationsmodells im Europäischen Gesellschaftsrecht, DStR 2004, S. 232–236
– Information und ihre Grenzen im Europäischen und neuen englischen Gesellschaftsrecht, in: Deutsches und europäisches Gesellschafts-, Konzern- und Kapitalmarktrecht, Festschrift für Marcus Lutter, Köln 2000, S. 61–82
– Privatautonomie im Binnenmarkt, JZ 2000, S. 1133–1143
Grundmann, Stefan, Florian Möslein: 2. Kapitel: Europäisierung, in: Aktienrecht im Wandel, Band II – Grundfragen des Aktienrechts, herausgegeben von Walter Bayer und Mathias Habersack, Tübingen 2007, S. 31–112
Grundmann, Stefan, Alessandro Zaccaria (Hrsg.): Einführung in das italienische Recht, Frankfurt a.M. 2007
Grunewald, Barbara: Das Recht zum Austritt aus der Aktiengesellschaft, in: Festschrift für Carsten Peter Claussen, Köln, Berlin, Bonn, München 1997, S. 103–114
Guglielmetti, Romina: Direzione e coordinamento. Oneri pubblicitari, Società 2010, S. 151–157

Habersack, Mathias: Trihotel – Das Ende der Debatte?, Überlegungen zur Haftung für eine schädliche Einflussnahme im Aktien- und GmbH-Recht, ZGR 2008, S. 533–559
– Das Aktiengesetz und das Europäische Recht, ZIP 2006, S. 445–451
– Europäisches Gesellschaftsrecht im Wandel, NZG 2004, S. 1–9
Habersack, Mathias, Dirk A. Verse: Europäisches Gesellschaftsrecht, 4. Auflage München 2011
Henneberger, Barbara: Unternehmensführung und Arbeitnehmerinteressen in Spanien und Deutschland, Berlin 2008

Heuser, Paul, Carsten Theile: IFRS Handbuch, Einzel- und Konzernabschluss, 4. Auflage Köln 2009 (*Bearbeiter* in Heuser/Theile, IFRS Handbuch)
Hilpold, Peter, Verena Brunner: Die Reform des italienischen Gesellschaftsrechts – ein Beitrag zur Öffnung und Modernisierung des italienischen Wirtschaftsrechts, ZVglRWiss 105 (2006), S. 519–543
Hirte, Heribert: Die Organisationsverfassung der italienischen Aktiengesellschaft nach neuem Recht – aus der Sicht des deutschen Juristen, in: Festschrift für Thomas Raiser, Berlin 2005, S. 839–857
Hommelhoff, Peter: Für ein binnenmarktadäquates EU-Gesellschaftsrecht, DB 2011, Standpunkte Nr. 9, S. 65
– Empfiehlt es sich, das Recht faktischer Unternehmensverbindungen – auch im Hinblick auf das Recht anderer EG-Staaten – neu zu regeln?, Gutachten G für den 59. Deutschen Juristentag Hannover 1992
– Konzernrecht für den Europäischen Binnenmarkt, ZGR 1992, S. 121–141
– Praktische Erfahrungen mit dem Abhängigkeitsbericht, ZHR 156 (1992), S. 295–313
Hommelhoff, Peter, Carl-Heinz Witt: Konzernunternehmen im Recht der Pflichtangebote nach deutschem WpÜG, in: Wirtschaftsrecht zu Beginn des 21. Jahrhunderts, Festschrift für Peter Nobel, Bern 2005, S. 125–146
– Bemerkungen zum deutschen Übernahmegesetz nach dem Scheitern der Richtlinie, Zugleich ein Blick auf Italien, RIW 2001, S. 561–569
Hopt, Klaus J.: Ein drittes Grünbuch: Europäischer Corporate Governance-Rahmen?, EuZW 2011, S. 609–610
– Vergleichende Corporate Governance – Forschung und internationale Regulierung –, ZHR 175 (2011), S. 444–526
– The European Company Law Action Plan Revisited: An Introduction (2010), http://ssrn.com/abstract=1554662
– Comparative Corporate Governance: Ein Themenkatalog, in: Festschrift für Uwe Hüffer, München 2010, S. 355–364
– Die internationalen und europarechtlichen Rahmenbedingungen der Corporate Governance, in: Handbuch Corporate Governance, Leitung und Überwachung börsennotierter Unternehmen in der Rechts- und Wirtschaftspraxis, herausgegeben von Peter Hommelhoff, Klaus J. Hopt, Axel v. Werder, 2. Auflage Köln, Stuttgart 2009, S. 39–70
– Konzernrecht: Die europäische Perspektive, ZHR 171 (2007), S. 199–240
– Aktienrecht unter amerikanischem Einfluss, in: Festschrift für Claus-Wilhelm Canaris, Bd. II, München 2007, S. 105–128
– Comparative Company Law, in: The Oxford Handbook of Comparative Law, herausgegeben von Mathias Reimann und Reinhard Zimmermann, Oxford 2006, S. 1161–1191
– Company Law Modernization: Transatlantic Perspectives, Riv. soc. 2006, S. 906–934
– Europäisches Gesellschaftsrecht – Der Aktionsplan und die ersten Durchführungsmaßnahmen, in: Festschrift für Volker Röhricht, Köln 2005, S. 235–249
– Europäisches Gesellschaftsrecht und deutsche Unternehmensverfassung – Aktionsplan und Interdependenzen, ZIP 2005, S. 461–474
– Gesellschaftsrecht im Wandel, in: Festschrift für Herbert Wiedemann, München 2002, S. 1013–1032
– Konzernrecht für Europa – Zur Diskussion um die Vorschläge des Forum Europaeum Konzernrecht, in: Aufbruch nach Europa, 75 Jahre Max-Planck-Institut für Privatrecht, Tübingen 2001, S. 17–38
– Konzernrecht und Kapitalmarktrecht in Deutschland, in: Konzernrecht und Kapitalmarktrecht, herausgegeben von Peter Hommelhoff, Klaus J. Hopt, Marcus Lutter, München, Bern 2001, S. 31–68
– Konzernrecht und Kapitalmarktrecht: Rechtsvergleichende Synthese, in: Konzernrecht und Kapitalmarktrecht, herausgegeben von Peter Hommelhoff, Klaus J. Hopt, Marcus Lutter, München, Bern 2001, S. 279–295

– Disclosure Rules as a Primary Tool for Fostering Party Autonomy – Observations from a Functional and Comparative Legal Perspective, in: Party Autonomy and the Role of Information in the Internal Market, herausgegeben von Stefan Grundmann, Wolfgang Kerber, Stephen Weatherill, Berlin, New York 2001, S. 246–263
– Europäisches Konzernrecht: Zu den Vorschlägen und Thesen des Forum Europaeum Konzernnrecht, in: Corporations, Capital Markets and Business in the Law, Liber Amicorum Richard M. Buxbaum, London, The Hague, Boston 2000, S. 299–314
– Europäisches Konzernrecht?, EuZW 1999, S. 577
– Gestaltungsfreiheit im Gesellschaftsrecht in Europa – Generalbericht, in: Gestaltungsfreiheit im Gesellschaftsrecht, herausgegeben von Marcus Lutter und Herbert Wiedemann (ZGR Sonderheft 13), Berlin, New York 1998, S. 123–147
– Europäisches Konzernrecht – Thesen und Vorschläge –, in: Recht, Geist und Kunst, Liber amicorum Rüdiger Volhard, Baden-Baden 1996, S. 74–88
– Vom Aktien- und Börsenrecht zum Kapitalmarktrecht?, ZHR 141(1977), S. 389–441
– Der Kapitalanlegerschutz im Recht der Banken, München 1975

Hopt, Klaus J., Patrick C. Leyens: Board Models in Europe – Recent Developments of Internal Corporate Governance Structures in Germany, the United Kingdom, France, and Italy, ECFR 2004, S. 135–168

Hopt, Klaus J., Katharina Pistor: Company Groups in Transition Economies: A Case for Regulatory Intervention?, EBOR 2 (2001), S. 1–43

Hüffer, Uwe: Aktiengesetz, Kommentar, 9. Auflage München 2010
– Informationen zwischen Tochtergesellschaft und herrschendem Unternehmen im vertragslosen Konzern, in: Unternehmensrecht zu Beginn des 21. Jahrhunderts, Festschrift für Eberhard Schwark, München 2009, S. 185–198

van Hulle, Karel, Silja Maul: Aktionsplan zur Modernisierung des Gesellschaftsrechts und Stärkung der Corporate Governance, ZGR 2004, S. 484–505

Immenga, Ulrich: International Encyclopedia of Comparative Law, Vol. XIII Business and private organizations, Chapter 7 Company Systems and Affiliation, Tübingen 1985
– Möglichkeiten der Konzernrechtsvergleichung, in: Festschrift für Robert Fischer, Berlin, New York 1979, S. 297–306

Jänig, Ronny: Die aktienrechtliche Sonderprüfung, Baden-Baden 2005

Kallfass, Hermann H.: Ökonomische Analyse der Konzernbildung, in: Das Gesellschaftsrecht der Konzerne im internationalen Vergleich, herausgegeben von Ernst-Joachim Mestmäcker und Peter Behrens, Baden-Baden 1991, S. 19–48

Kalss, Susanne: Alternativen zum deutschen Aktienkonzernrecht, ZHR 171 (2007), S. 146–198
– Gesellschaftsrecht in den Ländern Mittel- und Osteuropas, ZGR 2000, S. 819–869

Kaufmann, Thomas: Das italienische Kartellgesetz von 1990 und sein Verhältnis zum europäischen Recht der Wettbewerbsbeschränkungen, Frankfurt a. M. 1993

von Keitz, Isabel, Corinna Ewelt: Die Möglichkeit der beherrschenden Einflussnahme zur Abgrenzung des Vollkonsolidierungskreises. Ein Plädoyer für die materielle Interpretation des typisierenden Beherrschungstatbestandes in § 290 Abs. 2 Nr. 1 HGB unter Berücksichtigung der internationalen Rechnungslegung, IRZ 2010, S. 447–454

Kersting, Christian: Diskussionsbericht zu den Referaten von Altmeppen und Vetter, ZHR 171 (2007), S. 376–379

Kindler, Peter: Italienisches Handels- und Wirtschaftsrecht, Heidelberg 2002
– Konzernrecht und Kapitalmarktrecht in Italien, in: Konzernrecht und Kapitalmarktrecht, herausgegeben von Peter Hommelhoff, Klaus J. Hopt, Marcus Lutter, München, Bern 2001, S. 123–167
– Neuere italienische Gesetzgebung auf dem Gebiet des Gesellschaftsrechts, ZGR 1995, S. 225–249
– Kapitalschutz im italienischen Aktienrecht, RIW 1994, S. 821–826

Kischel, Uwe: Vorsicht, Rechtsvergleichung!, ZVglRWiss 104 (2005), S. 10–30

Kleindiek, Detlef: Konzernstrukturen und Corporate Governance: Leitung und Überwachung im dezentral organisierten Unternehmensverbund, in: Handbuch Corporate Governance, Leitung und Überwachung börsennotierter Unternehmen in der Rechts- und Wirtschaftspraxis, herausgegeben von Peter Hommelhoff, Klaus J. Hopt, Axel v. Werder, 2. Auflage Köln, Stuttgart 2009, S. 787–823

Kloster, Lars: Grenzüberschreitende Zusammenschlüsse, Eine verfassungs- europa- und steuersystematische Untersuchung, Hamburg 2004

Kölner Kommentar zum Aktiengesetz, herausgegeben von Wolfgang Zöllner und Ulrich Noack,
Band 1: §§ 1–53 AktG, 3. Auflage 2. Teillieferung Köln 2010 (*Bearbeiter* in KölnKomm AktG (2. Bearb.))
Band 6: §§ 15–22 AktG, §§ 291–328 AktG, 3. Auflage Köln, Berlin, München 2004 (*Bearbeiter* in KölnKomm AktG)

Kölner Kommentar zum WpHG, herausgegeben von Wolfgang Zöllner und Ulrich Noack, Köln, Berlin, München 2007 (*Bearbeiter* in KölnKomm WpHG)

Kölner Kommentar zum WpÜG, mit AngebVO und §§ 327a–327f AktG, herausgegeben von Heribert Hirte und Christoph von Bülow, 2. Auflage Köln 2010 (*Bearbeiter* in KölnKomm WpÜG)

Koppensteiner, Hans-Georg: Abhängige Aktiengesellschaften aus rechtspolitischer Sicht, Eine Skizze, in: Festschrift für Ernst Steindorff, Berlin u.a. 1990, S. 79–112

Kraakman, Reinier R., John Amour, Paul Davies, Luca Enriques, Henry Hansmann, Gerard Hertig, Klaus J. Hopt, Hideki Kanda, Edward B. Rock: The Anatomy of Corporate Law, 2. Auflage Oxford 2009 (*Bearbeiter* in Kraakman/Armour/Davies u.a., Anatomy of Corporate Law)

Krause, Hartmut: Die erweiterte Beteiligungstransparenz bei börsennotierten Aktiengesellschaften, AG 2011, S. 469–484

Krolop, Kaspar: Der Rückzug vom organisierten Kapitalmarkt (Delisting), Berlin 2005

Kronke, Herbert: Konditionierung der Unternehmensverfassung von Publikumsgesellschaften durch „Soft Law", Deutschland und Italien im Vergleich, in: Deutsches und europäisches Gesellschafts-, Konzern- und Kapitalmarktrecht, Festschrift für Marcus Lutter, Köln 2000, S. 1449–1461

– Länderbericht Italien, in: Die Gesellschaft mit beschränkter Haftung im internationalen und europäischen Recht, herausgegeben von Peter Behrens, 2. Auflage Berlin, New York 1997, S. 896–929

Kropff, Bruno: Aktiengesetz, Textausgabe mit Begründung des Regierungsentwurfs, Bericht des Rechtsausschusses des Deutschen Bundestages, Düsseldorf 1965

Kübler, Friedrich, Heinz-Dieter Assmann: Gesellschaftsrecht, 6. Auflage Heidelberg 2006

Küting, Karlheinz, Corinna Boecker: Anhangangaben und Offenlegungserfordernisse, in: Das neue deutsche Bilanzrecht, herausgegeben von Karlheinz Küting, Norbert Pfitzer, Claus-Peter Weber, 2. Auflage Stuttgart 2009, S. 553–582

Küting, Karlheinz, Christian Koch: Aufstellungspflicht, in: Das neue deutsche Bilanzrecht, herausgegeben von Karlheinz Küting, Norbert Pfitzer, Claus-Peter Weber, 2. Auflage Stuttgart 2009, S. 379–413

Küting, Karlheinz, Mana Mojadadr: Pflicht zur Konzernrechnungslegung und Abgrenzung des Konsolidierungskreises nach dem neuen DRS 19 – Über Sinn und Unsinn im Spiegel internationaler Entwicklungen, GmbHR 2011, S. 897–907

Küting, Karlheinz, Christoph Seel: Neukonzeption des Mutter-Tochter-Verhältnisses nach HGB – Auswirkungen des BilMoG auf die handelsrechtliche Bilanzierung, BB 2010, S. 1459–1464

– Das neue deutsche Konzernbilanzrecht – Änderungen der Konzernrechnungslegung durch das Bilanzrechtsmodernisierungsgesetz (BilMoG), Beihefter zu DStR 26 2009, S. 37–59

Lamandini, Marco: La trasmissione della ricchezza familiare: i patti parasociali, Giur. comm. 2004, I, S. 350–360

Langen, Eugen, Hermann-Josef Bunte: Kommentar zum deutschen und europäischen Kartellrecht, herausgegeben von Hermann Josef Bunte,

Band 1 – Deutsches Kartellrecht, 11. Auflage München 2011
Band 2 – Europäisches Kartellrecht, 11. Auflage München 2010

Leimert, Corina: Stand und Entwicklung des italienischen Rechts der Unternehmenszusammenschlüsse (gruppi di società/gruppi di imprese), Frankfurt am Main 2010 (*Leimert*, Stand und Entwicklung des italienischen Rechts der Unternehmenszusammenschlüsse)

Lener, Raffaele: L'introduzione della *class action* nell'ordinamento italiano del mercato finanziario, Giur. comm. 2005, I, S. 269–275

Libertini, Mario: Sui requisiti di indipendenza del sindaco di società per azioni, Giur. comm. 2004, I, S. 237–242

Liebscher, Thomas: Konzernbildungskontrolle, Berlin 1995

Lieder, Jan: Das unabhängige Aufsichtsratsmitglied – Zu den Änderungen des Deutschen Corporate Governance Kodex, NZG 2005, S. 569–574

Lo Cascio, Giovanni: Il nuovo diritto societario nelle procedure concorsuali, Fallimento 2003, S. 593–602

Lo Cascio, Giovanni (Hrsg.): La Riforma del diritto societario, Band 9 (artt. 2484–2510 c.c.) von Francesco Abate, Antonino Dimundo, Lamberto Lambertini, Luciano Panzano, Adriano Patti, Milano 2003 (*Patti* in Lo Cascio (Hrsg.), La Riforma del diritto societario)

Löbbe, Marc: Unternehmenskontrolle im Konzern, Die Kontrollaufgaben von Vorstand, Geschäftsführer und Aufsichtsrat, Heidelberg 2003

Lombardi, Giuseppe: I patti parasociali nelle società non quotate e la riforma del diritto societario, Giur. comm. 2003, I, S. 267–285

Lübking, Johannes: Ein einheitliches Konzernrecht für Europa, Baden-Baden 2000

Lüdenbach, Norbert, Jens Freiberg: Mutter-Tochter-Verhältnisse durch beherrschenden Einfluss nach dem BilMoG, BB 2009, S. 1230–1234

Lutter, Marcus: Das unvollendete Konzernrecht, in: Festschrift für Karsten Schmidt, Köln 2009, S. 1065–1076

- Die Business Judgement Rule und ihre praktische Anwendung, ZIP 2007, S. 841–848
- Information und Vertraulichkeit im Aufsichtsrat, 3. Auflage Köln, Berlin, München 2006
- Minderheiten- und Gläubigerschutz im Konzern: Regelungsansätze in der Europäischen Union, in: Unternehmensgruppen in mittel- und osteuropäischen Ländern: Entstehung, Verhalten und Steuerung aus rechtlicher und ökonomischer Sicht, herausgegeben von Klaus J. Hopt, Christa Jessel-Holst, Katharina Pistor, Tübingen 2003, S. 79–88
- Grenzen zulässiger Einflussnahme im faktischen Konzern, Nachbetrachtung zum Mannesmann/Vodafone-Takeover, in: Festschrift für Martin Peltzer, Köln 2001, S. 241–259
- Europäisches Unternehmensrecht, 4. Auflage Berlin, New York 1996
- Zur Privilegierung einheitlicher Leitung im französischen (Konzern-)Recht, in: Festschrift für Alfred Kellermann, Berlin, New York 1991, S. 257–269
- Europäisches Gesellschaftsrecht, 2. Auflage Berlin, New York 1984

Lutter, Marcus (Hrsg.): Holding Handbuch, 4. Auflage Köln 2004 (*Bearbeiter* in Lutter (Hrsg.), Holding Handbuch)

Lutter, Marcus, Peter Hommelhoff: GmbH-Gesetz, Kommentar, 17. Auflage Köln 2009 (*Bearbeiter* in Lutter/Hommelhoff GmbHG)

Lutter, Marcus, Wolframm Timm: Konzernrechtlicher Präventivschutz im GmbH-Recht, NJW 1982, S. 409–420

Maffei Alberti, Alberto (Hrsg.): Commentario breve al Diritto Delle Società, Padova 2007 (*Bearbeiter* in Maffei Alberti (Hrsg.), Diritto delle Società)

- Il nuovo diritto delle società, Commento sistematico al D. lgs. 17 gennaio 2003, n. 6 aggiornato al D. lgs. 28 dicembre 2004, n. 310, Milano 2005 (*Bearbeiter* in Maffei Alberti (Hrsg.), Il nuovo diritto delle società)

Maggiolo, Marcello: L'azione di danno contro società o ente capogruppo (art. 2497^3 c.c.), Giur. comm. 2006, I, S. 171–195

Maggiore, L.: Prima pronuncia della Corte Costituzionale sulla riforma del diritto societario: il controllo giudiziario nella s.r.l., Riv. soc. 2006, S. 165–168
Magliulo, Federico: Il ruolo del registro delle imprese nella riforma societaria, Notariato 2005, S. 50–67
Magrini, P. Paolo: Italienisches Gesellschaftsrecht. Das neue Recht und seine erweiterten Aufbau- und Finanzierungsformen, München 2004
Magrini, P. Paolo, G. Causin: Die Reform des italienischen Zivilprozeßrechts, ZVglRWiss 105 (2006), S. 208–222
Mancinelli, Fabrizio: Novità nei controlli del collegio sindacale: il „modello latino", Società 2003, S. 1314–1325
Mangano, Renato: The Role of Fraudulent Transfer Rules in Corporate Insolvency, ECFR 2008, S. 193–212
Marchetti, Piergaetano: Note sulla nozione di controllo nella legislazione speciale, Riv. soc. 1992, S. 1–16
– Die neuere italienische Gesetzgebung auf dem Gebiet des Gesellschaftsrechts, ZGR 1992, S. 545–562
Marchetti, Piergaetano (Hrsg.): Commentario alla riforma delle società, von Piergaetano Marchetti, Luigi A. Bianchi, Federico Ghezzi, Mario Notari, 1. Auflage Milano 2005:
Artt. 2346–2362 (Azioni)
Artt. 2380–2396 c.c. (Amministratori)
Artt. 2397–2409-*septies* c.c. (Collegio sindacale, Controllo contabile)
(*Bearbeiter* in Marchetti u.a. (Hrsg.), Commentario alla riforma delle società)
Marchetti, Piergaetano, Luigi Carlo Ubertazzi (Hrsg.): Commentario breve alle leggi sulla Proprietà Intellettuale e Concorrenza, 4. Auflage Padova 2007 (*Bearbeiter* in Marchetti/Ubertazzi (Hrsg.), Proprietà Intellettuale e Concorrenza)
Marchisio, Emiliano: Note sulle azioni di responsabilità *ex* art. 2497 c.c., zugleich Anmerkung zu Tribunale Roma, 27 agosto/13 settembre 2007, Riv. dir. comm. 2008, II, S. 225–256
Martens, Klaus-Peter: Die Organisation des Konzernvorstandes, in: Festschrift für Theodor Heinsius, Berlin, New York 1991, S. 523–544
– Die existenzielle Wirtschaftsabhängigkeit, Köln, Berlin, Bonn, München 1979
Maugeri, Marco: Sul regime concorsuale dei finanziamenti soci, Giur. comm. 2010, I, S. 805–838.
Meier-Schatz, Christian: Wirtschaftsrecht und Unternehmenspublizität, Zürich 1989
Mellewigt, Thomas, Wenzel Matiaske: Konzernmanagement, Stand der empirischen betriebswirtschaftlichen Forschung, in: Konzernmanagement, herausgegeben von Horst Albach, Wiesbaden 2001, S. 107–143
Mengoli, Stefano, Federica Pazzaglia, Elena Sapienza: Is it still Pizza, Spaghetti and Mandolino? On the Evolution of Corporate Ownership in Italy (2007), http://ssrn.com/abstract=966085
Mengoli, Stefano, Sandro Sandri: Le Piramidi e il Fisco, La Voce 12.11.2007, http://www.lavoce.info/articoli/pagina1000118.html
Menti, Paolo: Conflitto di interessi e mercato finanziario, Giur. comm. 2006, I, S. 945–965
Merkt, Hanno: Die Zukunft der privatrechtlichen Forschung im Unternehmens- und Kapitalmarktrecht, ZGR 2007, S. 532–541
– Creditor Protection Through Mandatory Disclosure, EBOR 7 (2006), S. 95–122
– European Company Law Reform: Struggling for a More Liberal Approach, ECFR 2004, S. 3–35
– Unternehmenspublizität, Tübingen 2001
Messori, Marcello: Il nuovo diritto societario: una prima valutazione in chiave economica, in: Il nuovo diritto societario fra società aperte e società private, herausgegeben von Paolo Benazzo, Sergio Patriarca, Gaetano Presti, Milano 2003, S. 279–302
Minervini, Gustavo: Gli interessi degli amministratori di s.p.a., Giur. comm. 2006, I, S. 147–166
Montalenti, Paolo: Le operazioni con parti correlate, Giur. comm. 2011, I. S. 320–341
– I gruppi piramidali tra libertà d'iniziativa economica e asimmetrie del mercato, Riv. soc. 2008, S. 318–348
– L'informazione nei gruppi societari, in: Le società per azioni oggi. Tradizione, attualità e pros-

pettive. Atti del convegno internazionale di studi Venezia 2006, herausgegeben von P. Balzarini, G. Carcano, M. Ventoruzzo, Milano 2007, S. 303–316
- Direzione e coordinamento nei gruppi societari: principi e problemi, Riv. soc. 2007, S. 317–344
- Conflitto di interessi e funzioni di controllo: collegio sindacale, consiglio di sorveglianza, revisori, Giur. comm. 2007, I, S. 555–565
- La riforma del diritto societario. Dottrina, giurisprudenza, prassi applicative alla luce dei dati statistici: spunti di riflessione, Giur. comm. 2006, I, S. 504–520
- La responsabilità degli amministratori nell'impresa globalizzata, Giur. comm. 2005, I, S. 435–455
- The New Italian Corporate Law: an Outline, ECFR 2004, S. 368–378
- La riforma delle società di capitali: prospettive e problemi, Società 2003, S. 341–344
- L'amministrazione sociale dal testo unico alla riforma del diritto societario, Giur. comm. 2003, I, S. 422–446
- Gruppi e conflitto di interessi nella legge delega per la riforma del diritto societario, in: Verso un nuovo diritto societario, Associazione Preite, herausgegeben von Paolo Benazzo, Federico Ghezzi, Sergio Patriarca, Bologna 2002, S. 237–245
- La riforma del diritto societario nel progetto della Commissione Mirone, Giur. Com. 2000, I, S. 378–406

Montalenti, Paolo, Stefano Balzola: La società per azioni quotata, Auszug aus: Le nuove s.p.a., herausgegeben von Oreste Cagnasso, Luciano Panzani, Bologna 2010 (*Montalenti/Balzola*, La società per azioni quotata)

Mosco, Gian Domenico: Riforma societaria, organizzazione interna delle società per azioni „chiuse" e piccole e medie imprese, Giur. comm. 2004, I, S. 1079–1086
- La società con azioni diffuse tra il pubblico in misura rilevante fra definizione, norme imperative e autonomia privata. Uno scalino sbeccato, da riparare in fretta, Riv. soc. 2004, S. 863–880

Moxter, Adolf: Der Einfluss von Publizitätsvorschriften auf das unternehmerische Verhalten, Köln u.a. 1962

Mucciarelli, Federico Maria: L'attuazione della Direttiva opa nell'ordinamento italiano, Giur. comm. 2008, I, S. 448–477
- Ma non è una rivoluzione, La Voce 30.11.2007, http://www.lavoce.info/articoli/pagina1000148.html

Mucciarelli, Francesco: Il ruolo dei 'vantaggi compensativi' nell'economia del delitto di infedeltà patrimomiale degli amministratori, Giur. comm. 2002, I, S. 630–634

Mülbert, Peter O.: Übernahmerecht zwischen Kapitalmarktrecht und Aktien(konzern)recht – die konzeptionelle Schwachstelle des RegE WpÜG, ZIP 2001, S. 1221–1229
- Unternehmensbegriff und Konzernorganisationsrecht, ZHR 163 (1999), S. 1–53

Müller-Michals, Olaf, Eugen Wingerter: Die Wiederbelebung der Sonderprüfung durch die Finanzkrise: IKB und die Folgen, AG 2010, S. 903–910

Münchener Handbuch Gesellschaftsrecht, Band 4, Aktiengesellschaft, herausgegeben von Michael Hoffmann-Becking, 3. Auflage München 2007 (*Bearbeiter* in MünchHdbGesR Band 4)

Münchener Kommentar zum Aktiengesetz, herausgegeben von Wulf Goette und Mathias Habersack,
Band 1: §§ 1–75, Band 2: §§ 76–117, 3. Auflage München 2008
Band 5: §§ 278–328, SpruchG, 3. Auflage München 2010
Band 6: §§ 329–410, WpÜG, 3. Auflage München 2011
(alle jeweils zitiert als *Bearbeiter* in MünchKomm AktG)

Münchener Kommentar zum Aktiengesetz, herausgegeben von Bruno Kropff und Johannes Semler,
Band 4: §§ 118–147, 2. Auflage München 2004
Band 8: §§ 278–328, 2. Auflage München 2000
(jeweils zitiert als *Bearbeiter* in MünchKomm AktG [2])

Münchener Kommentar zum Handelsgesetzbuch, herausgegeben von Karsten Schmidt, Band 4: Drittes Buch. Handelsbücher §§ 238–342e, 2. Auflage München 2008 (*Bearbeiter* in MünchKomm HGB)

Musso, Alberto: Il controllo societario mediante „particolari vincoli contrattuali", Contr. e impr. 1995, S. 19–63

Nazzicone, Loredana: La denunzia al tribunale per gravi irregolarità ex art. 2409: le novità della riforma societaria, Società 2003, S. 1078–1084

Neye, Hans-Werner: Gemeinschaftsrecht und Recht der verbundenen Unternehmen – Entwicklungen außerhalb des Gesellschaftsrechts und Auswirkungen auf das deutsche Recht, ZGR 1995, S. 191–207

Niccolini, Giuseppe, Alberto Stagno d'Alcontres (Hrsg.), Società di capitali, Commentario, Napoli 2004 (*Bearbeiter* in Niccolini/Stagno d'Alcontres (Hrsg.), Le società di capitali)

Niutta, Andrea: Modelli di *governance*: amministrazione e controllo nelle piccole e medie imprese italiane, Riv. soc. 2009, S. 347–406

– Sulla presunzione di esercizio dell'attività di direzione e coordinamento di cui agli artt. 2497-*sexies* e 2497-*septies* c.c.: brevi considerazioni di sistema, Giur. comm. 2004, I, S. 983–1006

– La nuova disciplina delle società controllate: aspetti normativi dell'organizzazione del gruppo di società, Riv. soc. 2003, S. 780–798

– La novella del codice civile in materia societaria: luci ed ombre della nuova disciplina sui gruppi di società, Riv. dir. comm. 2003, I, S. 373–419

Noack, Ulrich: Moderne Kommunikationsformen vor den Toren des Unternehmensrechts, ZGR 1998, S. 592–616

– Gesellschaftervereinbarungen bei Kapitalgesellschaften, Tübingen 1994

Notari, Mario: Note a margine dei primi dati statistici sugli effetti della riforma delle società di capitali, Riv. soc. 2006, S. 385–400

Oechsler, Jürgen: Die Anwendung des Konzernrechts auf Austauschverträge mit organisationsrechtlichem Bezug, ZGR 1997, S. 464–492

Oelkers, Janine: Die italienische Aktiengesellschaft im institutionellen Wettbewerb, Wien 2008

– Der Nachteilsausgleich im italienischen Konzernrecht, Konzern 2007, S. 570–577

Onida, Fabrizio: Perchè le imprese non crescono?, La Voce 27.05.2004, http://www.lavoce.info/news/download.php?cms_pk=1096

Opromolla, Gabriella: Corporate governance: voce agli azionisti di „minoranza" e attivismo degli azionisti, Società 2007, S. 925–928

Organismo Italiano di Contabilità (OIC): Informazioni nella nota integrativa relative a operazioni con parti correlate e accordi fuori bilancio (articolo 2427 n. 22-bis e n. 22-ter cod. civ.), Marzo 2010, abzurufen unter: www.fondazioneoic.eu, dort unter: ‚Attività Nazionale', dort unter ‚Principi Contabili Nazionali' (*OIC*, Informazioni nella nota integrativa)

– I principali effetti della riforma del diritto societario sulla redazione del bilancio di esercizio, documento n. 1, 25.10.2004; abzurufen unter: www.fondazioneoic.eu, dort unter: ‚Attività Nazionale', dort unter ‚Principi Contabili Nazionali'

Padoa Schioppa, Antonio: Handelsrecht Italien, in: Handbuch der Quellen und Literatur der neueren europäischen Privatrechtsgeschichte, herausgegeben von Helmut Coing, Band III, Teilband 3: Gesetzgebung zu den privatrechtlichen Sondergebieten, München 1986, S. 3209–3260

Pasquariello, Caterina: Il recesso nei gruppi di società, Padova 2008

Passarge, Malte: Vorstands-Doppelmandate – ein nach wie vor aktuelles Thema!, NZG 2007, S. 441–444

Pavone La Rosa, Antonio: La „trasparenza" dei patti parasociali nelle società per azioni „aperte", Giur. comm. 2007, I, S. 549–554

– I patti parasociali nella nuova disciplina delle società per azioni, Giur. comm. 2004, I, S. 5–15

– Nuovi profili della disciplina dei gruppi societari, Riv. soc. 2003, S. 765–779

– Responsabilità degli amministratori della controllante nella crisi del gruppo societario, Riv. soc. 2002, S. 793–802

– Gruppi di imprese e procedure concorsuali, Giur. comm. 2001, I, S. 557–573

– Il gruppo di imprese nell'amministrazione straordinaria delle grandi imprese in stato di insolvenza, Giur. comm. 2000, I, S. 481–488

– La disciplina della grande impresa tra disciplina della struttura societaria e disciplina del mercato finanziario, Giur. comm. 1999, I, S. 137–144

– Osservazioni sulla proposta di nona direttiva sui gruppi di società, Giur. comm. 1986, I, S. 831–845

Pellens, Bernhard, Holger Amshoff, André Schmidt: Konzernsichtweisen in der Rechnungslegung und im Gesellschaftsrecht: Zur Übertragbarkeit des betriebswirtschaftlichen Konzernverständnisses auf Ausschüttungsregulierungen, ZGR 2009, S. 231–276

Pellens, Bernhard, Adam Strzyz: Rechnungslegung von Unternehmen und Konzernen, in: Handbuch Corporate Governance, Leitung und Überwachung börsennotierter Unternehmen in der Rechts- und Wirtschaftspraxis, herausgegeben von Peter Hommelhoff, Klaus J. Hopt, Axel v. Werder, 2. Auflage Köln, Stuttgart 2009, S. 533–561

Pennisi, Roberto: La disciplina delle società soggette a direzione unitaria ed il recesso nei gruppi, in: Il nuovo diritto delle società, Liber Amicorum Gian Franco Campobasso, Band III, Torino 2006, S. 887–944

Perassi, Marino: Gruppi societari e bancari. Brevi riflessioni sui progetti di riforma del diritto societario, in: Verso un nuovo diritto societario, Associazione Preite, herausgegeben von Paolo Benazzo, Federico Ghezzi, Sergio Patriarca, Bologna 2002, S. 263–275

Perrino, Michele: Il controllo individuale del socio di società di capitali: fra funzione e diritto, Giur. comm. 2006, I, S. 639–669

Peter, Henry: ‚Spaghetti-Konzernrecht' – Die neue und neuartige Regelung des italienischen Konzernrechts, in: Wirtschaftsrecht zu Beginn des 21. Jahrhunderts, Festschrift für Peter Nobel, Bern 2005, S. 251–275

Petrović, Siniša: The Legal Regulation of Company Groups in Croatia, EBOR 2001, S. 281–299

Pinto, Maurizio: La *ratio* del limite di durata dei patti parasociali a tempo determinato e l'art. 2341-bis, ultimo comma, c.c., Riv. soc. 2008, S. 1004–1034

Portale, Giuseppe B.: Neue Perspektiven des italienischen Handelsrechts, in: Festschrift für U.H. Schneider, Köln 2011, S. 969–984

– Riforma delle società di capitali e limiti di effettività del diritto nazionale, Corr. giur. 2003, S. 145–148

Prestipino, Marco: La responsabilità risarcitoria della persona fisica capogruppo, Giur. comm. 2011, I, S. 105–123

Procacci, Giuliano: Geschichte Italiens und der Italiener, München 1983

Rabitti Bedogni, Carla (Hrsg.): Il testo unico della intermediazione finanziaria, commentario al D. Lgs. 24 febbraio 1998, n. 58, Milano 1998 (*Bearbeiter* in Rabitti Bedogni (Hrsg.), Il testo unico della intermediazione finanziaria)

Raiser, Thomas, Rüdiger Veil: Recht der Kapitalgesellschaften, 5. Auflage München 2010

Ranieri, Filippo: Gesellschaftsrecht Italien, in: Handbuch der Quellen und Literatur der neueren europäischen Privatrechtsgeschichte, herausgegeben von Helmut Coing, Band III, Teilband 3: Gesetzgebung zu den privatrechtlichen Sondergebieten, München 1986, S. 3261–3276

Reiland, Michael: IFRS 10: Sachgerechte Abgrenzung des Konsolidierungskreises oder Spielwiese für Bilanzpolitiker?, DB 2011, S. 2729–2736

Rescigno, Matteo: Eterogestione e responsabilità nella riforma societaria fra aperture ed incertezze: una prima riflessione, Società 2003, S. 331–336

– Der Konzern im italienischen Recht, in: Gesellschaftsrecht der Konzerne im internationalen Vergleich, herausgegeben von Ernst-Joachim Mestmäcker und Peter Behrens, Baden-Baden 1990, S. 339–389

Rittatore Vonwiller, Andrea, Mario Ippolito: I Gruppi Societari. Il loro governo nella normativa civilistica, tributaria, finanziaria e relativi aspetti applicativo-operativi, Milano 2005

Rivaro, Rosella: Attività di direzione e regolamenti di gruppo, zugleich Anmerkung zu Tribunale Biella, 12 marzo 2007, Giur. comm. 2007, II, S. 296–303

Roe, Mark J.: Political determinants of corporate governance, Oxford 2003

Rordorf, Renato: I gruppi nella recente riforma del diritto societario, Società 2004, S. 538–549

– Il recesso del socio di società di capitali: prime osservazioni dopo la riforma, Società 2003, S. 923–930
– Importanza e limiti dell'informazione nei mercati, Giur. comm. 2002, I, S. 773–784
Rosapepe, Roberto: Appunti su alcuni aspetti della nuova disciplina della partecipazione sociale nella s.r.l., Giur. comm. 2003, I, S. 479–500
Rossi, Guido: Le c.d. regole di „corporate governance" sono in grado di incidere sul comportamento degli amministratori?, Riv. soc. 2001, S. 6–20
– Il fenomeno dei gruppi ed il diritto societario: un nodo da risolvere, Riv. soc. 1995, 1131–1152
Roth, Markus: Unabhängige Aufsichtsratsmitglieder, ZHR 175 (2011), 605–643
– Besondere Regeln für geschlossene und börsennotierte Gesellschaften, in: Unternehmen, Markt und Verantwortung, Festschrift für Klaus J. Hopt, Berlin, New York 2010, S. 1273–1278
Rotondi, Mario: Entstehen und Niedergang des autonomen Handelsrechts in Italien, AcP 1967, S. 29–63
Ruggiero, Carmine: Responsabilità da direzione e coordinamento del 'socio tiranno' per insolvenza della società del gruppo, Società 2005, S. 565–572

Sacchi, Roberto: Sulla responsabilità da direzione e coordinamento nella riforma delle società di capitali, Giur. comm. 2003, I, S. 661–677
– Sui gruppi nel Progetto Mirone, Giur. comm. 2000, I, S. 358–369
Salafia, Vincenzo: Le operazioni con parti correlate, Società 2010, S. 735–740
– Conflitto di interessi e voto in assemblea, Società 2006, S. 675–679
– Profili di responsabilità nel controllo legale dei conti di società e gruppi, Società 2005, S. 417–422
– La responsabilità della *holding* nei confronti dei soci di minoranza delle controllate, Società 2004, S. 5–12
– La riforma del controllo giudiziario previsto dall'art. 2409 c.c., Società 2002, S. 1329–1331
Salanitro, Niccolò: Gli interessi degli amministratori nelle società di capitali, Riv. soc. 2003, S. 47–57
van de Sande, Carsten: Die Unternehmensgruppe im Banken- und Versicherungsaufsichtsrecht, Baden-Baden 2003
Sandei, Claudia: La responsabilità della Holding nei gruppi di società, Stud. iur. 2010, S. 34–45
Sandulli, Michele, Vittorio Santoro (Hrsg.): La riforma delle società: Commentario del d.lgs. 17 gennaio 2003, n. 6, Tomo 3, artt. 2462–2510 cod. civ., Torino 2003 (*Bearbeiter* in Sandulli/Santoro (Hrsg.), La riforma delle società)
Sangiovanni, Valerio: Die Zusammensetzung des Aufsichtsrates der Gesellschaften mit notierten Aktien in Italien, RIW 2005, S. 112–120
Santagata, Renato: Interlocking directorates ed ‚interessi degli amministratori' di società per azioni, Riv. soc. 2009, S. 310–346
– Autonomia privata e formazione dei gruppi nelle società di capitali, in: Il nuovo diritto delle società, Liber Amicorum Gian Franco Campobasso, Band III, Torino 2006, S. 797–830
Santosuosso, Daniele U.: La riforma del diritto societario, Autonomia privata e norme imperative nei decreti legislativi 17. Gennaio 2003, nn. 5 e 6, Milano 2003
– Sul collegamento societario nell'ambito dei poteri di fatto di società su società, Giur. comm. 2002, I, S. 712–725
Sbisà, Giuseppe: Sui poteri della capogruppo nell'attività di direzione e coordinamento, Impr. e soc. 2011, S. 369–393
– Società e imprese controllate nel d.l. 9 aprile 1991, n. 127, Riv. soc. 1992, S. 906–922
Scarpa, Dario: Controllo societario nel fenomeno dei gruppi tra contrattualismo e interesse sociale, Contr. e impr. 2011, S. 656–686
Scarpetta, Stefano: Perché restano piccole imprese, La Voce 29.9.2005; http://www.lavoce.inf/news/attach/scarpetta_passato_28_settembre.pdf
Schäfer, Achim: Italienisches Bankrecht im Umbruch, JBItalR 7 (1994), Heidelberg, S. 181–188
Scheffler, Eberhard: Rechnungslegung von Unternehmen und Konzernen, in: Handbuch Corporate Governance, Leitung und Überwachung börsennotierter Unternehmen in der Rechts- und

Wirtschaftspraxis, herausgegeben von Peter Hommelhoff, Klaus J. Hopt, Axel v. Werder, Köln, Stuttgart 2003, S. 625–638
Schiano di Pepe, Giorgio: Il diritto di recesso nei gruppi, Società 2003, S. 1205–1208
Schiuma, Laura: Controllo, Governo e partecipazione al capitale, Padova 1997
Schmidt, Karsten: Das Recht der Mitgliedschaft: Ist „koporatives Denken" passé?, ZGR 2011, S. 108–135
– Was ist, was will und was kann das Konzernrecht des Aktiengesetzes?, in: Festschrift für Jean Nicolas Druey, Zürich, Basel, Genf 2002, S. 551–568
– Gesellschaftsrecht, 4. Auflage Köln, Berlin, Bonn, München 2002
– Konzernunternehmen, Unternehmensgruppe und Konzern-Rechtsverhältnis, in: Deutsches und europäisches Gesellschafts-, Konzern- und Kapitalmarktrecht, Festschrift für Marcus Lutter, Köln 2000, S. 1167–1192
– Handelsrecht, 5. Auflage Köln, Berlin, Bonn, München 1999
– Abhängigkeit und faktischer Konzern als Aufgaben der Rechtspolitik, JZ 1992, S. 856–867
– Informationsrechte in Gesellschaften und Verbänden, Heidelberg 1984
Schmidt, Karsten und Marcus Lutter (Hrsg.): AktG, Kommentar, 2. Auflage Köln 2010 (*Bearbeiter* in Schmidt/Lutter (Hrsg.), AktG)
Schmidt, Reinhard H., Gerald Spindler: Path dependence and complementarity in corporate governance, in: Convergence and Persistence in Corporate Governance, herausgegeben von Jeffrey N. Gordon und Mark Roe, Cambridge 2004, S. 114–127
Schneider, Uwe H.: Europäisches Handelsregister? Europäisches Konzernregister?, EuZW 2011, S. 649–650
– Die Fortentwicklung des Handelsregisters zum Konzernregister, WM 1986, S. 181–189
Scholz, Franz: GmbHG, Band 1 (§§ 1–34, Konzernrecht), Kommentar, 10. Auflage Köln 2006
Schön, Wolfgang: Zwingendes Recht oder informierte Entscheidung – zu einer (neuen) Grundlage unserer Zivilrechtsordnung, in: Festschrift für Claus-Wilhelm Canaris, München 2007, Bd. I, S. 1191–1211
– Abschied vom Vertragskonzern?, ZHR 168 (2004), 629–636
– Mindestharmonisierung im europäischen Gesellschaftsrecht, ZHR 160 (1996), S. 221–249
Schuberth, Ernst-Markus: Konzernrelevante Regelungen im britischen Recht, München 1997
Schwarz, Günther C.: Europäisches Gesellschaftsrecht. Ein Handbuch für Wissenschaft und Praxis, Baden-Baden 2000
Scognamiglio, Giuliana: Motivazione delle decisioni e governo del gruppo, Riv. dir. civ. 2009, S. 757–783
– Appunti sul potere di direzione nei gruppi di società, in: I gruppi di società, herausgegeben von P. Balzarini, G. Carcano, G. Mucciarelli, Milano 1996, Vol. III, S. 2107–2138
Semler, Johannes: Rechtsvorgabe und Realität der Organzusammenarbeit in der Aktiengesellschaft, in: Deutsches und europäisches Gesellschafts-, Konzern- und Kapitalmarktrecht, Festschrift für Marcus Lutter, Köln 2000, S. 721–734
Semler, Johannes, Kersten von Schenk: Arbeitshandbuch für Aufsichtsratsmitglieder, 3. Auflage München 2009 (*Bearbeiter* in Semler/v. Schenk, Arbeitshandbuch Aufsichtsratsmitglieder)
Siciliano, Giovanni: Cento anni di Borsa in Italia, Bologna 2001
Silvestrini, Alessandro: Responsabilità degli amministratori nella s.p.a. e nella s.r.l. dopo la riforma societaria, Società 2004, S. 681–698
Silvestro, Paolo: Riflessioni sulla pubblicità in materia di gruppi, dircomm.it 2004, n. 7–8, www.dircomm.it/2004/n.7.8/04.html
Sottoriva, Claudio: L'attuazione della direttiva 2003/51/CE con il D.Lgs. n. 32/2007, Società 2007, S. 657–664
Spada, Paolo: Autorität und Freiheit im Recht der italienischen Aktiengesellschaft, in: Gestaltungsfreiheit im Gesellschaftsrecht, herausgegeben von Marcus Lutter und Herbert Wiedemann (ZGR Sonderheft 13), Berlin, New York 1998, S. 310–329
– Neuere handelsrechtliche Gesetzgebung und Konzernrecht in Italien, in: Konzernrecht im Ausland, herausgegeben von Marcus Lutter (ZGR Sonderheft 11), Berlin, New York 1994, S. 113–125

– Groups of Companies in Italian Law, in: Groups of Companies in the EEC, herausgegeben von Eddy Wymeersch, Berlin, New York 1993, S. 165–229

Sparano, Roberto, Edoardo Adducci: Il nuovo diritto societario italiano alla luce dei principi del Piano d'azione comunitario, Società 2004, S. 237–243

Spindler, Gerold: Die Empfehlungen der EU für den Aufsichtsrat und ihre deutsche Umsetzung im Corporate Governance Kodex, ZIP 2005, S. 2033–2045

Spindler, Gerold, Eberhard Stilz (Hrsg.): Aktiengesetz, Kommentar, 2. Auflage München 2010 (*Bearbeiter* in Spindler/Stilz (Hrsg.), AktG)

Spolidoro, Marco Saverio: Il concetto di controllo nel codice civile e nella legge antitrust, Riv. soc. 1995, S. 457–514

Stella Richter jr, Mario: Le procedure per le operazioni con parti correlate, Riv. soc. 2011, S. 64–76

Steinhauer, Carsten: Neue Formen der Unternehmensfinanzierung in Italien, RIW 2004, S. 772–778

– Die Reform des Gesellschaftsrechts in Italien, EuZW 2004, S. 364–367

Steinmeyer, Roland, Michael Häger (Hrsg.): WpÜG, Kommentar, 2. Auflage Berlin 2007 (*Bearbeiter* in Steinmeyer/Häger (Hrsg.), WpÜG)

Strnad, Oliver: Neue Konzernhaftung in Italien, RIW 2004, S. 255–258

Tedeschi, Claudia: L'indipendenza dei revisori: a proposito della nuova normativa sulla revisione legale dei conti, Riv. soc. 2010, S. 771–804

Teichmann, Christoph: Die Gesellschaftsgruppe im französischen Arbeitsrecht, Baden-Baden 1999

Thelen-Pischke, Hiltrud: Die aufsichtsrechtliche Konsolidierung von Zweckgesellschaften unter Berücksichtigung der Auswirkungen des BilMoG, IRZ 2010, S. 187–195

Timm, Wolfram: Grundfragen des „qualifizierten" faktischen Konzerns im Aktienrecht, NJW 1987, S. 977–987

Toffoletto, Alberto, Clara Nicoletta Bevilacqua: La disciplina della revisione legale dei conti negli enti di interesse pubblico, Speciale Società D.Lgs. n. 39/2010: la revisone legale, S. 25–32 (*Toffoletto/ Bevilacqua,* Speciale Società D.Lgs. n. 39/2010)

Tombari, Umberto: Poteri e doveri dell'organo amministrativo di una s.p.a. „di gruppo" tra disciplina legale e autonomia privata (Appunti in tema di *Corporate Governance* e gruppi di società), Riv. soc. 2009, S. 122–135

– Società cooperative e gruppi di imprese (gruppo cooperativo paritetico e gruppo ccoperativo eterogeneo), Giur. comm. 2007, I, S. 739–755

– The new italian company law: an emerging European modell?, in: Festschrift für Erik Jayme, München 2004, S. 1589–1603

– Disciplina del gruppo di imprese e riflessi sulle procedure concorsuali, Fallimento 2004, S. 1164–1173

– Riforma del diritto societario e gruppo di imprese, Giur. comm. 2004, I, S. 61–79

– La nuova disciplina dei gruppi di società, in: Il nuovo diritto societario fra società aperte e società private, herausgegeben von Paolo Benazzo, Sergio Patriarca, Gaetano Presti, Milano 2003, S. 237–246

– Il gruppo di società, Torino 1997

– Gruppi e diritto societario: profili metodologici, individuazione del problema e tecniche di ricostruzione della disciplina, in: I gruppi di società, herausgegeben von P. Balzarini, G. Carcano, G. Mucciarelli, Milano 1996, S. 2217–2236

Trabucchi, Alberto: Istituzioni di Diritto Civile, 39. Auflage Padova 1999

Tröger, Tobias, Stefan Dangelmayer: Eigenhaftung der Organe für die Veranlassung existenzvernichtender Leitungsmaßnahmen im Konzern, ZGR 2011, S. 558–588

Ulmer, Peter: Das Sonderrecht der §§ 311 ff. AktG und sein Verhältnis zur allgemeinen aktienrechtlichen Haftung für Schädigungen der AG, in: Festschrift für Uwe Hüffer, München 2010, S. 999–1016

Unioncamere: Rapporto Unioncamere 2007, Temi chiave e sintesi dei principali risultati, abzurufen unter www.unioncamere.it

– 2ª Giornata dell'Economia, Rapporto Italia 2004, abzurufen unter www.unioncamere.it
– La rete delle piccole e medie imprese, Osservatorio Unioncamere sui gruppi d'impresa, Primi risultati dell' Osservatorio gruppi d'impresa, 07.02.2002, abzurufen unter www.unioncamere.it

Valzer, Amadeo: Il potere di direzione e coordinamento di società tra fatto e contratto, in: Il nuovo diritto delle società, Liber Amicorum Gian Franco Campobasso, Band III, Torino 2006, S. 831–885
Vanetti, Carlo Bruno: Die Diskussion über die Konzerne und ihre Regelung in Italien, in: Konzernrecht im Ausland, herausgegeben von Marcus Lutter (ZGR Sonderheft 11), Berlin, New York 1994, S. 126–153
Veelken, Winfried: Der Schutz der Minderheitsgesellschafter in der abhängigen Gesellschaft in rechtsvergleichender Sicht, in: Das Gesellschaftsrecht der Konzerne im internationalen Vergleich, herausgegeben von Ernst-Joachim Mestmäcker und Peter Behrens, Baden-Baden 1991, S. 505–561
Ventoruzzo, Marco: Brevi note sul diritto di recesso in caso di direzione e coordinamento di società (art. 2497-*quater*, c.c.), Riv. soc. 2009, S. 1179–1194
– I criteri di valutazione delle azioni in caso di recesso del socio, Riv. soc. 2005, S. 309–458
– Experiments in Comparative Corporate Law: the recent Italian reform and the dubious virtues of a market for rules in the absence of effective regulatory competition, ECFR 2005, S. 207–269
Ventura, Attilio: Gruppi e mercato azionario, in: I gruppi di società, herausgegeben von P. Balzarini, G. Carcano, G. Mucciarelli, Milano 1996, S. 2327–2331
Venturini, Federico: Difese, concerto e derivati nelle ultime modifiche alla disciplina OPA, Il Commento, Società 2010, S. 434–454
Vetter, Eberhard: Der Prüfungsausschuss in der AG nach dem BilMoG – Aufgaben und Zusammensetzung, ZGR 2010, S. 751–793
– Interessenkonflikte im Konzern – vergleichende Betrachtungen zum faktischen Konzern und zum Vertragskonzern, ZHR 171 (2007), S. 342–375
Vietti, Michele: Le linee guida della riforma del diritto societario, Società 2003, S. 266–269
Visentini, Gustavo: La competitività del mercato finanziario italiano: gli obiettivi e le riforme, Giur. comm. 2007, I, S. 695–709

Wackerbarth, Ulrich: Grenzen der Leitungsmacht in der internationalen Unternehmensgruppe, München 2001
Weber-Rey, Daniela: Kommissionsbericht über die Implementierung der Übernahmerichtlinie: der Preis des Kompromisses, AG-R 2007, S. 167–169
Weigmann, Roberto: Aspekte des italienischen Gesellschaftsrechts unter besonderer Berücksichtigung der börsennotierten Aktiengesellschaft als eines neuen Gesellschaftstyps, in: Deutsches und europäisches Gesellschafts-, Konzern- und Kapitalmarktrecht, Festschrift für Marcus Lutter, Köln 2000, S. 203–212
Wiedemann, Herbert: Verantwortung in der Gesellschaft – Gedanken zur Haftung der Geschäftsleiter und der Gesellschafter in der Kapitalgesellschaft, ZGR 2011, S. 183–217
– Aufstieg und Krise des GmbH-Konzernrechts, GmbHR 2011, S. 1009–1016
– Die Unternehmensgruppe im Privatrecht, Tübingen 1988.
– Gesellschaftsrecht, Band I, Grundlagen, München 1980
Windbichler, Christine: Sunlight for a Healthy Body Corporate, in: Unternehmen, Markt und Verantwortung, Festschrift für Klaus J. Hopt, Berlin, New York 2010, S. 1505–1519
– Gesellschaftsrecht, 21. Auflage München 2008
– Corporate Governance internationaler Konzerne unter dem Einfluss kapitalmarktrechtlicher Anforderungen, in: Handbuch Corporate Governance, Leitung und Überwachung börsennotierter Unternehmen in der Rechts- und Wirtschaftspraxis, herausgegeben von Peter Hommelhoff, Klaus J. Hopt, Axel v. Werder, 2. Auflage Köln, Stuttgart 2009, S. 825–848
– Murmeln für Konzerne – Gesellschaftsrecht als Glasperlenspiel, in: Festschrift für Volker Röhricht, Köln 2005, S. 693–707

– Die „kohärente und auf Dauer angelegte Gruppenpolitik“, in: Festschrift für Peter Ulmer, Berlin 2003, S. 683–697
– Prozessspezifika unter besonderer Berücksichtigung des faktischen Konzerns, in: Handbuch Corporate Governance, Leitung und Überwachung börsennotierter Unternehmen in der Rechts- und Wirtschaftspraxis, herausgegeben von Peter Hommelhoff, Klaus J. Hopt, Axel v. Werder, Köln, Stuttgart 2003, S. 605–621
– Unternehmensgrenzen als Sollbruchstelle, Aktuelle Konzernrechtsfragen in Europa, in: Konzernmanagement, herausgegeben von Horst Albach, Wiesbaden 2001, S. 57–77
– „Corporate Group Law for Europe“: Comments on the Forum Europaeum's Principles and Proposals for a European Corporate Group Law, EBOR 1 (2000), S. 265–285

Windbichler, Christine, Kaspar Krolop: Europäisches Gesellschaftsrecht, in: Europäische Methodenlehre, Handbuch für Ausbildung und Praxis, herausgegeben von Karl Riesenhuber, 2. Auflage Berlin 2010, S. 554–604

Witt, Carl-Heinz: Modernisierung der Gesellschaftsrechte in Europa. Einige Sonderwege und manche gemeinsame Pfade, ZGR 2009, S. 872–930
– Das Informationsrecht des Aktionärs und seine Durchsetzung in den USA, Großbritannien und Frankreich, AG 2000, S. 257–267

Wymeersch, Eddy: Do we need a law on groups of companies?, in: Capital Markets and Company Law, herausgegeben von Klaus J. Hopt und Eddy Wymeersch, 2003, S. 573–600
– Company Groups in the face of prudential supervision, in: Festschrift für Jean Nicolas Druey, Zürich, Basel, Genf 2002, S. 675–690
– Groups of Companies, in: European Business Law, herausgegeben von Richard M. Buxbaum, Gérard Hertig, Alain Hirsch, Klaus J. Hopt, Berlin, New York 1991, S. 227–237

Zanarone, Giuseppe: Introduzione alla nuova società a responsabilità limitata, Riv. soc. 2003, S. 58–111

Zöllner, Wolfgang: Vereinheitlichung der Informationswege bei Aktiengesellschaften?, NZG 2003, S. 354–358
– Schutz der Aktionärsminderheit bei einfacher Konzernierung, in: Aktien- und Bilanzrecht, Festschrift für Bruno Kropff, Düsseldorf 1997, S. 333–346

Zülch, Henning, Marco Popp: IFRS 10 – Consolidated Financial Statements: Ein erster Überblick über das neue Control-Konzept, DStR 2011, S. 1532–1538

Zünd, André: Einheitliche Leitung – Bedeutung und Tauglichkeit des Begriffs, in: Das St. Galler Konzernrechtsgespräch, herausgegeben von Jean Nicolas Druey, Bern, Stuttgart 1988, S. 77–85

Stichwortverzeichnis

FSC
www.fsc.org
MIX
Papier | Fördert
gute Waldnutzung
FSC® C083411

Kolibri 360 GmbH
Ferdinand-Jühlke-Straße 7
99095 Erfurt, Deutschland
produktsicherheit@kolibri360.de